【国学精粹珍藏版】

李志敏⊙编著

中国通史

◎尽览中国古典文化的博大精深　◎读传世典籍·赢智慧人生

——受益终生的传世经典

卷一

民主与建设出版社
·北京·

© 民主与建设出版社，2022

图书在版编目（CIP）数据

中国通史/李志敏编著;郑琦绘图
—北京：民主与建设出版社，2015.12（2022.8重印）
ISBN 978 -7 -5139 -0928 -0

I.①中… II.①李…②郑… III .①中国历史 IV.①K20

中国版本图书馆CIP数据核字(2015) 第275516号

中国通史
ZHONG GUO TONG SHI

编　　著　李志敏
责任编辑　王颂
装帧设计　王洪文
出版发行　民主与建设出版社有限责任公司
电　　话　（010）59417747　59419778
社　　址　北京市海淀区西三环中路 10 号望海楼 E 座 7 层
邮　　编　100142
印　　刷　永清县晔盛亚胶印有限公司
版　　次　2016年1月第1版
印　　次　2022年8月第4次印刷
开　　本　710 毫米 ×1000 毫米　1/16
印　　张　32
字　　数　460千字
书　　号　ISBN 978 -7 -5139 -0928 -0
定　　价　278.00元(全四册)

注：如有印、装质量问题，请与出版社联系。

目录

史 前

夏商周

西　周

春　秋

战　国

秦　朝

汉　朝

卷　二

隋　朝

唐　朝

卷　三

五代十国

宋　朝

元　朝

史 前

（约 800 万年前～约公元前 2000 年）

　　中华文明历史悠久，源远流长。从 800 万年前的云南腊玛古猿化石，到 300 万年前的湖北南方古猿的牙齿化石，再到 170 万年前的云南元谋人化石，都向我们讲述着中国这块土地上早期人类进化的轨迹。在此后 170 万年的时间里，由旧石器时代到新石器时代，丰富多彩的石器文明遗迹和神话传说为我们勾画出了夏王朝以前中国先民的文明化进程。

　　80 万年前的陕西蓝田人化石代表着最早直立行走的人类，50 万年前北京周口店的北京猿人已经懂得制作简单的生产工具。他们不仅学会了使用火，而且采用打击制造的石器捕猎动物，同时采撷植物的果实。10 万年前的大荔人和许家窑人，完成了向智人的过渡。山西、河北、内蒙古、宁夏等地都出土了旧石器时代的石器，山西丁村的三棱尖状器，是其中最典型的代表。

　　新石器时代约从公元前 6 000 年开始。这一时期农耕畜牧比渔猎采撷变得更为重要，而花纹斑斓的彩陶和黑陶成为中华文明不断进步的符号和象征。仰韶文化和龙山文化，像黄河和长江一样成为贯穿中国史前文化的两大干流。东到河南，西达甘肃、青海，南到湖北，北达内蒙古河套地区，发掘出美丽的手制泥质红陶和夹砂红陶，上面绘画着植物、动物与几何图案。它们代表着仰韶文化的文明。山东和江苏地区的龙山文化则以黑陶为特征，标志着一个新的文明高度。

　　中华文明的早期基础，在母系氏族社会为主旋律的新石器时代已经逐渐奠定。房屋建构的规制，墓葬的方法和仪式，鬼魂、祖先和生殖崇拜的原始宗教萌芽，各种工具的制造，大体上勾勒出中华文明的基本轮廓。

　　中国史前社会阶段大约是距今 170 万年到公元前 21 世纪，其中包括从猿逐步向人过渡的原始群阶段、氏族公社阶段。这两个时期的人类都以石器为主要生产工具，因此在考古学上称原始社会为石器时代。原始社会为史前文明时期，由于没有文字记载，因而我们对这一段历史的认识，主要通过考古发现获取的化石和实物作为基本材料和依据。神话和传说则为这一段历史增添了许多浪漫主义和英雄主义的色彩，使得我们对这一阶段历史的认识更加丰满。

中国历史的传说时代（一）盘古与女娲

在中华大地漫长的原始时代，有很多神话传说。进入有文字记载的历史时代以后，部分传说被用文字记录下来，保存在《周易》爻辞、《左传》《国语》等古老的文献中。

盘古开天

据传说，在人类还没有出现以前，天和地并不分开，四处一片黑暗混沌，好像一个大鸡蛋。人类的老祖宗盘古就孕育在这里。经过了 18 000 年，神通广大、力大无穷的盘古突然醒来。他什么也看不见，一气之下，抓来一把大板斧，朝前用力一挥，只听"轰隆"一声巨响，"大鸡蛋"裂开了……其中，轻而清的东西飘浮上升，慢慢形成了天空，重而浑浊的东西逐渐下沉凝结，最后变成了大地。盘古怕它们再合拢起来，就用脚踩着大地，头顶着天空，站在当中。天每日升高一丈，地每天加厚一丈，盘古的身体也随着天地的变化而变化，一直撑在那里。直到后来，当天地的构造已经固定下来之后，盘古终于倒下了。临死前，盘古把他呼出的气化作风和云，把声音变成雷电，把左眼变成太阳，右眼变成月亮，头发和胡子化作闪闪发亮的星星。他的四肢五体变成大地的四极和五岳，血液化作江河，肌肉变成田土。就连身上的汗毛也都变成草木，使大地披上了绿装。

女娲造人

传说自从盘古开辟天地以来，大地荒无人烟，毫无生气。这景象使得另一位天神——女娲感到非常的孤独，似乎缺少了什么。一天，女娲找到一处清澈的水池，她在池边蹲下身来，拿起黄泥，按照自己的模样，做了一个泥娃娃。当她把这个泥娃娃放到地面时，泥娃娃居然蹦蹦跳跳地活了起来。女娲心里很欢喜，于是继续用黄泥塑造出许许多多男人女人来。这些赤裸的人围着女娲欢呼跳跃，虔诚地感谢她，然后就分散到各地去了。然而，人总是要死的，为了不使人类灭绝，这位慈祥的人类之母，就替人类建立了婚姻关系，命男女们互相找配偶，让他们生儿育女，一代一代地繁衍下去。

夸父追日

传说夸父是炎帝的后裔，耳垂两条黄蛇，手持两条黄蛇。他一心想追上西沉的太阳，希望阻止太阳落山。到达禺谷之后，由于长途奔走，他十分口渴，可是河的水量不足，他只好北去大泽，最后渴死在途中。临死时他扔出的手杖，化为一片树林，名曰邓林。

中国历史的传说时代（二）五氏

五氏是指有巢氏、燧人氏、伏羲氏、女娲氏、神农氏。有关五氏的传说，反映了远古居民最初的生产和生活状况。五氏时期，中国正处于"民知其母，不知其父"，所有成员一律平等，共同劳动，共同消费，没有阶级对立，所谓"无制令而民从"，"不施赏罚而民不为非"的时代。

有巢氏教民

最先出现的有巢氏，他教导人们不要住在地面上。他在树上用树枝树叶建造出简陋的篷盖，作为示范，这就是原始的房屋了。这种住房虽然十分简陋，但它可以躲避野兽和洪水。人们都学习他，并且在建筑的技能上一天天进步，后来即使把它移到地面，也有同样的作用。这就是传说中的有巢氏教民"构民为巢，为避群害"。

燧人氏取火

五氏传说中的第二位是燧人氏。燧人氏的主要贡献是他把天上最大的一个秘密泄漏给人类，那就是"火"。火无所不在，但没有人知道如何才能得到它。燧人氏教人从木头里把它钻出来。人类有了火，就跟其他所有的动物，永远分道扬镳。其他动物始终不会用火，而人类却因之改吃熟的东西，生活方式呈现划时代的突破。这就是燧人氏"钻木取火"的故事。

伏羲氏八卦

伏羲氏是第三位出现的神祇，他似乎比他前面的两位老前辈还要法力无边。他教人如何用火烹饪，从此人们享受到香喷喷的饮食，这是烹饪艺术的萌芽。他又进一步制作了八卦，八卦是中国最早的计数文字，后来被星相家用来占卜。又设立官员，管理人民。官员身上都画着一条龙，表示他们的高贵身分。又发明乐器，并教导男女固定他们的配偶。又制定夫妇制度，必须经过结婚仪式才能生孩子，以使下一代得到父母很好的教养。他还制造渔网，教导水滨的居民们捕鱼。又教导人们挖掘陷阱，捕捉活的动物，训练它们成为家畜。又教导人们种植桑树养蚕，抽丝纺织。

女娲氏补天

女娲氏是一位女神。相传共工氏撞倒不周山，天庭迸裂，人类面临劫难之时，女娲氏不忍心这个浩劫，她采取山上的五色石头烧炼，炼好之后，用它把天上的裂缝补住。现在天际那些灿烂耀眼的红霞，就是女娲氏补上去的那些五色巨石。她又杀死一只倒霉的神龟，用它的四只脚，当作四根支柱，重把大地支起。因天裂而漏下来的大水，女娲氏用芦草烧灰，把它吸干，这就是中原地区——华北大平原的成因，它正是由芦草灰铺成，所以平坦而又肥沃。

神农氏尝百草

第五位神祇是神农氏。他采集各种花草果实，放到口中咀嚼并一一吃下，借以确定它们的性质功能。相传他撰写了一本巨书，定名《本草》，在这部人类最早的著作上，他详细记载了各种药物的性能。神农氏把一些可作为食用的若干植物，分别定名为"小麦"、"稻米"、"高粱"、"玉蜀黍"等，教人种植。又教人把若干性情驯顺的野兽，豢养到家里，这些就是我们现在所称的"狗"、"马"、"牛"、"猪"的始祖。中国农业社会，在这位伟大的神祇教导下出现了。

中国历史的传说时代（三）五帝

黄帝、颛顼、帝喾、唐尧、虞舜并称五帝，五帝时期，中国社会已由母系氏族社会进入父系氏族社会，部落间的征战反映了这一时期氏族社会已开始解

体了。

黄　帝

　　五帝之首是黄帝，黄帝族原先居住在西北方，据传说，黄帝族曾居住在今陕西北部的山湾里，过着往来不定，迁徙无常的游牧生活。后来他们打败九黎和炎帝族，才逐渐在中部地区定居下来。黄帝姬姓，号轩辕氏，又号有熊氏。古书中有关黄帝的传说特别多，如用玉（坚石）作兵器，造舟车弓矢，染五色衣裳，嫘祖（黄帝正妻）养蚕，仓颉造文字，大挠作干支，伶伦制乐器，虞、夏二代禘祭黄帝。黄帝部落曾与炎帝部落发生过部落战争。炎帝族居住在中部地区。炎帝姓姜，神话里说他牛头人身，大概是以牛为图腾的氏族。姜姓是西戎族的一支，自西

方游牧先入中部，与九黎发生长期的部落冲突。最后被迫逃避到涿鹿，得黄帝援助，涿鹿大战，攻杀蚩尤。后来炎黄两族在阪泉（据说，阪泉在河北怀来县）发生了三次大冲突，黄帝族统率以熊、罴、貔、貅、貙、虎为图腾的各族打败炎帝族，从此黄帝族势力进入中部地区。相传黄帝有子25人，其中14人共得12姓。所谓得姓，大概是子孙繁衍，建立起新的氏族来。《山海经》《大戴礼记》等书记载古帝世系，不论如何分歧难辨，溯源到黄帝却是一致的。历史上唐尧、虞舜以及夏、商、周三代，相传都是黄帝的后裔。

颛顼帝

　　颛顼相传是黄帝子昌意的后裔（《山海经》《国语·楚语》有此说），居帝丘（河南濮阳县），号高阳氏。被黄帝征服的九黎族，到颛顼时，仍奉巫教，杂拜鬼神。颛顼禁绝巫教、逼令顺从黄帝族的教化。当时南方苗族又逐渐向北

发展，自颛顼到禹，传说中常见苗族、黎族与黄帝族的不断冲突。

帝喾帝

帝喾相传是黄帝子玄嚣的后裔，居西亳（河南偃师县），号高辛氏。传说帝喾有四妻、生四子。姜嫄生弃（周祖先），简狄生契（商祖先），庆都生尧，常仪生挚。《左传》文公十八年，季文子说，高阳氏有才子八人，号称八恺，高辛氏有才子八人，号称八元。这16族世世有声名，尧不能举用。舜举用八恺，使主管后土，地平天成；举用八元，使主管教化。

唐尧帝

唐尧相传是帝喾的儿子，距黄帝五世。舜是颛顼的七世孙，距黄帝九世。禹是颛顼的孙子，距黄帝五世。传说中，尧号陶唐氏，都平阳（山西临汾县），居地在西方。

虞舜帝

虞舜号有虞氏。《孟子·离娄篇》说"舜生于诸冯（山东诸城县），……卒于鸣条（河南开封附近），东夷之人也"。禹父鲧居地在崇，崇就是嵩。禹原住阳城（河南登封县），在河南西部。后都阳翟（河南禹县），也略偏西部。他们原先都是部落酋长，后来被推选为部落联盟的大酋长。大酋长有权祭天、巡狩、处罚有罪的酋长，率众攻击敌对的部落。

尧舜禹禅让

尧是我国古代传说中著名的贤君。据说他当帝王后处处为人民着想，不乱使特权，住的是简陋的茅屋，过着粗衣淡饭、节俭朴素的生活。尧一心为民办事，但他的儿子丹朱却是个不肖之子。尧不传位给儿子，就决定让位给舜。舜名重华，是黄帝的七世孙，颛顼的五世孙。舜先被封在虞，于是，又称为虞舜。舜天性笃厚，十分孝顺父母。舜在位长达几十年，深受人民的爱戴。舜也没有把王位传给整天只知唱歌跳舞的儿子商均，而禅让给治洪水有功的禹。

五帝的历史

　　黄帝是少典氏的后代，姓公孙，名轩辕。他生下来就神奇灵异，在襁褓中就会言语，幼小时就很伶俐懂礼，稍大即纯朴敏慧，成年后睿智而练达。

　　轩辕的时候，神农氏的势力已经衰微。诸侯互相侵伐，残害百姓，而神农氏无力征讨。于是轩辕便操练士卒，用来征讨那些不来朝贡的诸侯，四方诸侯便全都前来俯首称臣。炎帝想要欺凌诸侯，诸侯依附轩辕，轩辕便整治军队，研究气候，种植五谷，安抚百姓，测量四方的土地，训练出像熊罴貔貅豹虎一样凶猛的军队，率领他们同炎帝在阪泉的野外交战。经过三次交战，终于取得了胜利。蚩尤作乱，不听从黄帝的命令。于是黄帝便征集各地诸侯的军队，与蚩尤在涿鹿的野外交战，活捉了蚩尤，并把他杀死。各地诸侯都尊奉轩辕为天子，取代了神农氏，称为黄帝。天下若有不顺从的，黄帝便去征讨他，直至平服后才离去。他开山通路，不曾有过安闲的时候。

　　他向东到达大海，登上丸山和泰山。西边到达空桐，登上鸡头山。南边到达长江，登上熊耳山、湘山。北边驱逐荤粥，在釜山与诸侯核验符契，在涿鹿山下宽广平坦的地方建设城邑。迁徙往来，没有固定的居处，用兵营围绕来防卫。百官都用来命名，军队也称云师。设立左右大监，监察各方诸国。各方诸国和顺，在祭祀鬼神山川的封禅大典中，参加黄帝主持的盛典的诸国非常多。黄帝获得了宝鼎，推算日辰历数。他任用风后、力牧、常先、大鸿来治理人民，制定了顺应天地的法则，养生送死的制度，研究国家存亡的道理。按时种植百谷草木，驯化鸟兽昆虫，广泛研究日月星辰的变化，以及水流、土石、金玉的状况，勤思考，勤实践，多倾听，多观察，节用水火材物。

　　黄帝共有二十五个儿子，其中得姓的有十四人。

　　黄帝住在轩辕之丘，娶了西陵氏的女子为妻，这就是嫘祖。嫘祖是黄帝的正妃，生了二个儿子，他们的后代都曾据有天下：一个叫玄嚣，也叫青阳，居住在江水；另一个叫昌意，居住在若水。昌意娶了蜀山氏的女子，名叫昌仆，生了高阳。高阳有高尚的道德。黄帝死后，葬在桥山。他的孙子高阳，继承帝位，这就是帝颛顼。

帝颛顼高阳文静深沉而有智谋，明白通达而知事理；种植各种作物，以尽地力，按时行事，顺应自然；尊奉鬼神，制定礼仪，调理五行之气，教化民众，洁净虔诚地进行祭祀。往北到达幽陵，往南到达交趾，往西到达流沙，往东到达蟠木，无论有生命的和没生命的，无论是大山大河还是小山小河之神，凡是日月所能照临的地方，没有不服从他，归附他的。

颛顼死后，玄嚣的孙子高辛继承帝位，这就是帝喾。

帝喾高辛是黄帝的曾孙。高辛的父亲叫蟜极，蟜极的父亲叫玄嚣，玄嚣的父亲叫黄帝。自玄嚣到蟜极都没有得到帝位，到高辛才即帝位。高辛对于颛顼来说是同族兄弟之子。

高辛刚生下来就是神灵，自己说出了自己的名字。他广施恩泽，利及万物，却毫不为己。他明辨是非，能洞察远方；审事细微，能烛照隐幽。他顺应天帝的旨意，了解百姓的疾苦。他仁厚而威严，慈惠而守信，自我修身，天下归服。他获取大地财物而节制使用，抚育教导百姓，让他们知道利益之所在，用历法来掌握日月节气变化的规律，尊显鬼神，恭敬地奉事。他面容谦恭，品德高尚，举止适当，穿着朴素。帝喾宛如水灌溉土地一样，恩德不偏不倚，遍及天下，凡日月所临，风雨所及的地方，没有不来归顺的。

帝喾娶了陈锋氏的女子，生放勋；又娶了一个女子，生挚。帝喾去世后，由挚继承帝位。帝挚在位，治理的不好，他的弟弟放勋继位，这就是帝尧。

帝尧就是放勋。他的仁德像天（那样浩大无边），他的智慧像神（那样渊深莫测）。人们追随他如同追随太阳那样，人们期待他如同渴望祥云那样。他富有而不骄纵，显贵而不傲慢。他头戴黄色的冠冕，身穿黑色的士服，乘坐红色车子，驾着白色的马。他能发扬高尚的德操，把各部族团结得亲密无间。各部族已经亲密无间，再明确百官的职责，表彰百官中政绩卓著的。百官的政绩卓著，天下万国无不融洽和睦。

于是命令羲氏、和氏，恭敬地顺应上天。依据日月星辰的行迹制定历法，把时令谨慎地传授给各地百姓。发布命令派遣羲仲住在叫旸谷的郁夷之地，恭敬地迎接朝阳的升起，审慎地预报春季耕种的时日。白天同夜晚的时间一样长，黄昏时鸟星在正南方上空出现，根据这种景象来确定春分的日子。这时人们分散到田野里破土耕种，鸟兽交尾生育。又命令羲叔住在南交，审慎地预报夏季耕耘的时日，恭敬地迎接夏至的到来。一年中白天时间最长，黄昏时火星在正南方上空出现，根据这种景象来确定夏至的日子。这时，人们忙着在田里除草，鸟兽的羽毛变得稀疏了。又命令和仲住在叫昧谷的西方，恭敬地送别太阳离去，审慎地预报收获的日子。夜晚同白天的时间一样长，黄昏时虚星在正南方上空出现，根据这种景象来确定秋分的日子。这时人们忙着收割庄稼，鸟兽更换了羽毛。又命令和叔住在叫幽都的北方，审慎地预报储藏谷物的时日。一年中白天时间最短，黄昏时分昴星在正南方上空出现，根据这种景象来确定冬至的日子。这时人们留在屋里取暖，鸟兽的羽毛变得又厚又密。一年有三百六十六天，用置闰月来把四季调整准确。整顿百官，各项事业无不兴旺发达。

尧说："唉！各位首领，我在位已七十年了，你们哪一位能按天命行事，接替我的职位？"首领们答道："我们的德行卑下，会玷辱帝位的。"尧说："（只要是真正贤能的人）无论是达官贵人，至亲至友，还是被疏远和隐居的人，全都要向我举荐。"大家异口同声地对尧说："在百姓中有位尚未娶妻的人，名叫虞舜。"尧说："是的，我听说过这个人，他究竟怎样？"首领们说："他是个盲人的儿子，父亲心地险恶，母亲愚悍奸诈，弟弟骄纵不法，舜能用孝行与他们和睦相亲，使他们人心向善，免于邪恶。"尧说："那么我还是试试看吧！"于是尧把两个女儿嫁给舜，通过他对待妻子的态度来观察他的品德。舜把两个妻子安置在妫水入河处，让她们遵守作媳妇的礼节。尧对此十分满意，便让舜负责推行五教，使百姓能按五教行事。又让他按五教整饬百官，使百官都能遵章守法。又让他在国门招待各方使者，国门充满了肃穆的气氛，各方诸侯和远道来的宾客都十分钦佩。尧又让舜进入山林川泽，遇到暴风雷雨，舜仍能前进，不迷失方向。尧认为舜是伟大的，就召见舜说："你考虑问题周到，说过的事，都能建功立业，已经过了三年，你登上帝位吧！"舜一再推让，认为自己的德行不足以胜任帝位，心中十分不安。正月初一，舜在文祖庙前受命登位，文祖就是尧的太祖。

这时，帝尧已经年迈，让舜代行天子之政，以便观察天帝的意愿。舜就观察璇玑玉衡，调整对日月五星的测算。然后又举行禋礼祭祀上天，举行禋礼祭祀上下四方，举行望礼遥祭名山大川，遍祭群神。准备齐全了玉制的五种礼器，选择吉利的月份和时日，召见四方诸侯君长，向他们颁赐玉制的礼器。这年的二月，舜到东方巡察，到达泰山，烧柴祭天，又举行望礼遥祭名山大川。

然后又接见东方各诸侯国的君长，校正了历法，同他们核对季节、月份和时日；统一音律和度、量、衡，制定五种礼仪，以五种玉制礼器、三种采缯、二种活牲、一种死禽分别作为与诸侯、卿大夫、士相见的礼品。朝觐礼毕，五种玉器全部归还各方诸侯。五月，舜到南方巡察。八月，到西方巡察。十一月，到北方巡察。每到一方都像到东方那样，接见当地的诸侯君长，统一行政制度。回来后，到祖庙父庙举行最隆重的特牲之礼，（祭拜列祖列宗。）舜每五年巡察天下一次，各地诸侯

则每四年朝觐一次。向天下宣告自己的政令，察明各地的政绩，根据功绩的大小赏赐车马服饰。舜开始设立十二州，疏导各地的河流。他用图画的方式公布刑法，用流放的办法来减免五刑，用鞭子作为官府的刑罚，学校用楚作为处罚，罪犯可以用金钱来赎刑。对因偶然过失犯罪的予以赦免，对怙恶不悛的施以重刑。

驩兜推荐共工，尧说："不行。"便试用他为工师，共工果然放纵作恶。四方诸侯首领举荐鲧来治理洪水，尧认为不行，首领们一再恳请试用鲧，经过试用以后，不见成效，百姓依然深受其苦。三苗部族在长江、淮河、荆州一带一再作乱。这时，舜巡视回来，便向帝尧报告，请求把共工放逐到幽陵，变为北狄；把驩兜放逐到崇山，变为南蛮；把三苗迁徙到三危，变为西戎；把鲧放逐到羽山，变为东夷。惩办了这四个罪犯，天下人都心悦诚服。

尧登帝位七十年而得到舜，又过了二十年而告老，让舜代行天子的职务，向上天举荐舜。尧知道儿子丹朱不贤，不能授予他治理天下的责任，认为把帝位传授给舜，天下将得到好处，而丹朱一人忧愁；把帝位传授给丹朱，天下受苦，而丹朱一人得到好处。尧说："总不能让天下人受苦，而仅让一人得利。"

于是破例把帝位传授给了舜。尧让位二十八年后就去世了，百姓很悲哀，如同丧失了亲生父母一样。尧死后的三年中，天下都停止奏乐以表示对帝尧的哀思。帝尧去世，三年的丧期结束后，舜把帝位让给丹朱，自己躲避到南河的南岸。朝见天子的诸侯不到丹朱那里，而去朝拜舜。争讼告状的不到丹朱那里，而去找舜。赞美首领的人不讴歌丹朱，而是歌颂舜。舜说："这是天意吧。"从这以后，舜才来到国中，登上天子之位。

虞舜名叫重华。重华的父亲叫瞽叟，瞽叟的父亲叫桥牛，桥牛的父亲叫句望，句望的父亲叫敬康，敬康的父亲叫穷蝉，穷蝉的父亲叫颛顼，颛顼的父亲叫昌意。从昌意到舜已是七代。从穷蝉到瞽叟，都是不知名的普通平民。

舜是冀州人，曾经在历山种过田，在雷泽捕过鱼，在黄河边上烧制过陶器，在寿丘制作过各种生产工具和生活用具，在负夏做过生意。舜的父亲瞽叟心地险恶，母亲愚悍奸诈，弟弟象骄纵不法，都想杀害舜。舜仍然恭顺，不失为子之道，待弟弟亲爱友善。父母兄弟想杀他，却总也无法实现。如果有事找他，却常在身边。

舜二十岁时，因为孝顺闻名于世。三十岁时，帝尧询问可以重用的人，四方诸侯首领全部推荐虞舜说他可用。于是帝尧便把两个女儿嫁给他，观察他怎样治家。又让九个儿子与他相处，观察他在外怎样待人接物。舜居住在妫水之滨，在家中愈益谨慎。尧的两个女儿也不敢因为出身高贵而以傲慢的态度对待舜的亲戚，非常懂得作媳妇的规矩。尧的九个儿子更加纯朴厚道。舜在历山种田，历山地区的人在划分田界时，都懂得互相谦让；在雷泽捕鱼时，雷泽一带的人都互让自己的住处；在黄河边制作陶器时，黄河边出产的陶器全没有粗制滥造的。他住过一年的地方，便形成了村落，住过二年的地方，便形成了城镇，住过三年的地方，便形成了都市。于是尧便赏赐舜细葛布做的衣服，又赠给他琴，为他建筑容纳粮食的仓廪，送给他牛羊。瞽叟又想杀死舜，指使舜到仓廪上面去涂泥，然后从下面放火焚烧仓廪，舜就用两个斗笠护住身体跳下仓廪逃走，得免于死。后来瞽叟又指使舜去挖井。挖井时，舜在井壁挖了一个通向外面的隐蔽通道。舜下到井的深处，瞽叟同象一起往井下填土，把井填实。舜从隐蔽的通道出来，逃走了。瞽叟和象非常高兴，以为舜已经死去。象说："这主意原是我出的。"象同父母一起瓜分舜的财产，这时他说："舜的两个妻子，也就是尧的女儿，与那把瑶琴，我收取了。牛羊和仓廪给父母。"象就跑到舜的居室住下来，弹着舜的琴。舜去见象，象愕然失色，说："我思念你，正难过伤心呢！"舜说："是这样，（对于兄弟情谊，）你还真差不多呢！"舜侍奉瞽叟，爱护弟弟，更加勤谨。于是尧便试着让舜掌管五种礼教，担任各种官职，舜都做得很出色。

以前，高阳氏有八个很有才干的儿子，天下人都受到他们的恩惠，称他们为"八恺"。高辛氏也有八个很有才干的儿子，世人称他们为"八元"。这十六支宗族，世世代代都能增益他们的美德，从未毁损过他们先人的声誉。舜任用了"八恺"的后人，指派他们负责管理农业生产，总揽各项事务，所有事情都处理得非常及时，井然有序。还任用了"八元"的后人，指派他们到四方传布五教。于是，父亲威严，母亲慈爱，哥哥友善，弟弟恭敬，儿子孝顺，国内太平，域外向往。

从前，帝鸿氏有不成器的儿子，不行仁义，阴毒残忍，专好行凶作恶，天下人称他为"浑沌"。少皞氏也有不成器的儿子，专门诽谤诚实的人，憎恶忠直的人，推崇和粉饰邪恶的言论，天下人称他为"穷奇"。颛顼氏也有不成器的儿子，不接受任何教育，不懂得好话坏话，天下人称他为"梼杌"。这三个部族，使世人感到忧虑，到尧时，尧也没有除掉他们。缙云氏有不成器的儿子，贪吃贪喝，谋取财物，天下人称他为"饕餮"。世人没有不憎恶他的，把他与浑沌、穷奇、梼杌这三个凶恶的人并列。舜在国都四门接待宾客时，流放了这四个凶恶的部族，把他们迁徙到四方最偏远的地方，让他们去抵御妖魔鬼怪。于是国都四门大开，都说没有凶恶的人了。

禹、皋陶、契、后稷、伯夷、夔、龙、垂、益、彭祖这些人，尧在世时就都得到了任用，只是没有封邑和任命适当的官职。舜即位后，同四方诸侯首领们商议，再开四面国门，畅通言路，命令十二个地域的长官评议天子的品德，他认为广施恩德，疏远谄佞的人，那么偏远的部族都会前来归顺。舜对四方诸侯首领说："哪一位能奋力做出成绩，发扬光大帝尧的事业，我将任命他官职，辅佐我治理天下！"首领们都说："让禹出任司空，可以发扬光大帝尧的功业。"舜对禹说："嗯，对！禹，你来平定水土，你可要努力做好这件事啊！"禹跪拜叩头，要推让给弃、契和皋陶。舜说："虽说如此，还是你去吧！"舜说："弃，百姓开始闹饥荒了，你掌管农事，负责种植各种谷物。"舜说："契，老百姓之间不相亲睦，君臣、父子、夫妇、长幼、朋友五者相处，应有的道德得不到信守，你来担任司徒，细心地推行五教，宽厚待人。"舜说："皋陶，野蛮的边民经常到中原来进行骚扰，内外贼寇猖獗。现在任命你担任士，触犯了五刑的要执法，五刑分别在市、朝、野三处执行。五种流放之刑各有居处，五种流放地分别在三个范围之外。只有刑法严明才能取信于民。"舜说："谁能管理好我的各种工匠？"大家都说垂可以胜任。于是任命垂为共工。舜又说："谁能管理好各地的山林原野，草木鸟兽？"大家都说益可以胜任。于是任命益为主管山林原野的虞官。益跪拜叩头，想推让给大臣朱虎、熊罴。舜说："还是你去吧，你很适合。"便派朱虎、熊罴为辅佐。舜说："喂，各位首领们，谁适合为我主持三大祭典？"大家都说伯夷可以。舜说："喂，伯夷，任命你担任秩宗，每天从早到晚，都要恭谨，内心要安静、洁白、公正无私。"伯夷要推让给夔、龙。舜说："好吧，任命夔掌管音乐，教育少年。要正直而温和，宽宏而谨慎，刚强而不暴虐，办事干练而不傲慢失礼。诗是表达思想的，歌能如长诗的音节，声调要依据歌咏，音律要使声调和谐。八种乐器的声音都能和谐，就不会伦理错乱，神灵和世人都将安宁和睦。"夔说："啊！我敲打起石制的乐器，各种兽类都随着我的节拍载歌载舞。"舜说："龙，我最憎恶谗言和暴行，惊扰我的人民，任命你担任纳言，不论早晚负责颁发我的政令，坚守信用。"舜说："啊，你们二十二人，要恭谨啊，每时每刻都要辅佐上天交给我的事业。"舜每三年考核一次大家的政绩，考核三次以后，决定升迁或罢免。因此，无论远近，各项事业都兴盛起来。把三苗部族分别隔离开来。

　　这二十二人都成功地完成了他们的工作，皋陶担任法官，执法公平，实事求是，百姓信服；伯夷掌管礼仪，上上下下都谦恭礼让；垂统领工师，各种工匠都做出了成绩；益管理山泽，山林湖泽都开发利用起来；弃主管农业，各种谷物都长得苗壮茂盛；契作司徒，百姓亲密和谐；龙主管接待宾客，远方的部族都来归附。十二个地区的长官出巡，九州百姓没有哪一个敢躲避和违抗的。他们当中惟有禹的功绩最大。他开通九座山脉，疏通了九个湖泊，治理了九条江河，划定了九州的疆界，各州都以当地的特产前来进贡，没有不符合规定的。疆域方圆五千里，伸延到了遥远的不毛之地。南方安抚了交趾、北发，西方安抚了戎、折枝、氐、羌，北方安抚了山戎、发、息慎，东方安抚了长夷、鸟夷，四海之内，无不感戴帝舜的功德。于是，禹创作了《九招》乐曲，招来珍奇异物，凤凰飞翔。天下的文明德政都始自虞帝时代。

　　舜二十岁时即以孝顺闻名，三十岁时尧举用了他，五十岁代理天子政务，五十八岁时尧去世，六十一岁时继承尧登上帝位。登上帝位三十九年，到南方巡视，死在苍梧的乡间。安葬在长江南面的九嶷山，这就是零陵。舜登上帝位，车子上竖立着天子的旗帜，去朝见父亲瞽叟，态度和悦恭谨，保持着作儿子的规矩。封弟弟象为诸侯。舜的儿子商均也是个不成器的人，舜在自己死前就把禹推荐给天帝。过了十七年，舜去世了。服丧三年后，禹也把帝位让给舜的儿子，就像舜让尧的儿子继承帝位一样。然而诸侯全都归顺禹，后来禹才登上帝位。尧的儿子丹朱，舜的儿子商均，都有自己的封地，用来供奉自己的祖先。他们的服饰都保持着本部族的传统，礼乐制度也照旧。他们以宾客的身份觐见天子，天子也不把他们当臣下看待，表示不敢独自占有天下。

　　从黄帝到舜、禹，都是同姓，只是国号不同，以此来显示各人的美德。所以黄帝号有熊，帝颛顼号高阳，帝喾号高辛，帝尧号陶唐，帝舜号有虞。帝禹称夏后，用不同的氏来区别，姓姒氏。契是商的祖先，姓子氏。弃是周的祖先，姓姬氏。

夏　商　周

（约公元前 22 世纪末～约公元前 11 世纪）

大约在公元前 22 世纪末，禹接任了鲧的职位，并且在总结以往治水经验的基础上，决定放弃鲧"堵"的治水方略，改成以疏导为主的办法治理洪水。这标志着禹的时代开始。因为禹受封于夏，所以他的部落也称为夏。禹在位期间建立了伟大的功勋，他不仅治理了危害多年的洪水，而且征讨三苗，南巡东狩，会诸侯，划九州，用铜制作兵器和传国的宝器。禹死后，他的儿子启打破尧和舜的禅让制度，开创了子承父位的世袭王朝制度，从而出现了中国历史上的第一个王朝——夏朝。

夏朝的政治中心在今河南省偃师、禹州、登封等一带地区，是从陕西、甘肃、河南一带的仰韶文化发展而来的。

夏王朝的政治组织制度相对而言比较简单，设有负责观察天体四时的羲氏、和氏，管理政事的牧正、车正、庖正，有专门囚禁犯人的地方"夏台"。羲氏与和氏制订了"夏小正"的历法，把一年分为 12 个月。这就是最原始的夏历。掌管政事的牧正、车正、庖正负责领导人民制造石器、木器等工具并组织生产活动。

在偃师二里头夏王朝遗址中，发掘出不少石镰刀、石斧头、蚌刀、木耒等农具，也有一些小型青铜制的兵器和工具。陶器则有爵、觚、鼎、豆、罐等器物。

夏代的农业已经相当发达，据考古发现，在夏代已经有谷、稻、麦、菽、瓜等多种农产品。夏实行"五十而贡"的税收制度，即各部落都要按收入的一定比例向中央政府纳税。后世的井田制度在夏代也已经存在，只是还没有大规模地推广。

　　商族是居住在黄河下游的一个古老部落，为东夷的一支，以玄鸟为图腾。《史记·殷本纪》记载：有女戎氏之女名简狄，吞玄鸟之卵而生契。《诗·商颂·玄鸟》曰："天命玄鸟，降而生商。"与《史记》的记载一致。夏朝末年，商的势力由黄河下游发展到中游，渗透到夏的统治地区，建立了强大的部落联盟，并且开始向奴隶制过渡。

　　相土在位时，商的势力进一步发展，把附近的许多部落征服或归入它的控制之下。约公元前16世纪，成汤灭夏建立了商朝，都于亳。汤建商后，汲取夏朝的教训，实行"以宽治民"的政策，注意发展农业生产。同时四方征伐，把疆土逐渐扩大到西部的氏羌地区，商朝统治也随之而巩固。

　　据载，从汤至盘庚，商人"不常厥邑"，曾五次迁都。盘庚迁殷后，商王朝在政治、经济各方面都有程度不同的发展，特别是武丁统治的五十几年间，是商朝最强盛的时期，武丁在商代诸王中颇负盛名。

　　但是到了商朝末年，江淮之间夷人强盛，征战连绵。尤其到了纣王统治时期，由于他滥施酷刑，荒淫侈靡，残忍自大，因而引起了人民的强烈不满，历经17代30王（不包括汤长子太乙），经营了大约500年的商朝终于灭亡了。

　　商朝是中国奴隶社会的一个重要发展阶段。甲骨文的发现，为研究商代历史提供了宝贵资料。同时，商朝灿烂辉煌的青铜技术和文化，为中国古代文化的进一步发展奠定了基础，在世界文明史上同样占有举足轻重的位置。

中国的第一个王朝

　　夏启是大禹的儿子。传说舜年老后禅位于治水成功的禹。禹在涂山（今河南西部会稽山）娶涂山氏（可能是当时的一个部落或方国）长女为妻，生子启。

　　伯益是和禹同时代的人，传说他曾帮助禹治水，并"作井"（发明挖井）、"作占岁"（发明占卜），还负责管理过山林川泽。但是，伯益辅佐禹的时间很短，没有取得天下民众的拥护。禹年老后，按照传统的禅让制，把部落联盟首领的职位传授给伯益，而不传授给启，但"以启为吏"，给了启很高的职位。后来，禹东巡至会稽而去世。这时，启已经拥有相当大的实力，许多诸侯都反对伯益而拥护启。伯益发觉，拘囚了启。后来启设法摆脱拘囚，率领部下攻击伯益，并杀掉了他，即传说中的"益干启法，启杀之"。启遂继位，作了部落联盟首领，结束了禅让制。启继位后，建立了世袭王权，都阳城（今河南登封东）。因启的部落名夏后氏，故史称夏朝。

　　夏朝建立后，不少部落对启不服。于是"启有钧台之享"，在钧台（今河南禹县）召开部落大会。还"征西河"征伐反叛自己的西河部落。反叛启的最大的势力是有扈氏。传说中的有扈氏是夏启的庶兄。《史记·夏本纪》："有扈氏不服，启伐之，大战于甘。"甘是在有扈氏境内南郊的一个地方。在讨伐有扈氏之前，夏启在甘这个地方誓师，列举有扈氏的罪状，说他蔑视国家大法，懈怠所掌管的政事，因此要执行天的意旨，兴兵剿灭他。同时告诫士兵："如果战车左边的士兵不努力射箭，战车右边的士兵不用戈矛奋力刺杀，驾车的士兵不控制好战车，就都是不服从我的命令，我就要在神位面前惩罚你们，贬你们为奴隶，或者杀死你们。如果都努力英勇，我就在神位面前赏赐你们。"这次战争规模很大，战斗也很激烈。最后有扈氏被启击败，夏启君临天下。

夏的历史

夏禹，名叫文命。他的父亲叫鲧，鲧的父亲叫颛顼，颛顼的父亲叫昌意，昌意的父亲叫黄帝。禹就是黄帝的玄孙和颛顼的孙子。只有禹的曾祖父昌意和父亲鲧不曾登过帝位，而是做臣子。

当帝尧的时候，滔滔的洪水，浩浩荡荡地包围了山岳，淹没了丘陵，老百姓陷在愁苦中。尧急着要找到能治水的人，群臣、四岳都说鲧可以。尧说："鲧是个违背上命、败坏同族的人，不可用。"四岳说："这一辈人员中没有比鲧更能干的了，希望陛下试试。"于是尧采纳了四岳的意见，用鲧治水。费了九年功夫，洪水之患没有平息，治水无功。于是帝尧就再设法寻求人才，另外得到了舜。舜被提拔重用，代理执行天子的职务，按时巡行视察各地诸侯所守的疆土。于巡行中发现鲧治水太不像话，就在羽山海边诛杀了鲧。天下的人都认为舜处理得当。这时舜选拔了鲧的儿子禹，任命他继续从事鲧的治水事业。

尧崩后，帝舜问四岳说："有能够很好地完成尧的事业、可以担任官职的人吗？"都说："如果让伯禹做司空，一定能很好地完成尧的勋业。"帝舜说："啊！就这样吧！"因此就任命禹说："你去平定水土，要好好地干啊！"禹下拜叩头，推让给契、后稷、皋陶等人。舜说："还是你去担负起这一任务吧！"

禹的为人，办事敏捷而又勤奋，他的品德不违正道，他仁爱之怀人人可亲，他讲的话诚实可信，发出来的声音自然地如同音律，动作举止自然地可为法度，乃至重要规范准则都可从他身上得出。他勤勉肃敬，可作为人所共遵的纲纪。

禹就和伯益、后稷一起奉帝舜之命，命令诸侯百官征集民夫，展开平治水土工作。随着山势树立标识，确定那些高山大川。禹伤痛父亲鲧治水无功被杀，因此劳身苦思，在外十三年，经过自己家门也不敢进。自己吃穿都很简朴，但对祖先神明的祭祀却丰厚尽礼。自己居住的房屋很简陋，但不惜耗巨资于修渠挖沟等水利工程。他赶旱路坐车，走水路坐船，走泥泞的路坐橇，走山路用履底有齿的履。经常随身离不开的东西，就是测定平直的水准和绳墨，划定图式的圆规和方矩，四时都带着他们，用以从事于开划九州，辟通九州道路，修筑九州湖泽堤障，计量九州山岳脉络。同时叫伯益发放稻种，教群众在卑湿地方种植。叫后稷在群众难以得到食物时发给食物。缺粮少食的地方，便调有余地方粮食来补其不足，务使各诸侯境内丰歉均一。禹又巡视各地所特有的物产以定其贡赋，还视察了各地山川的便利情况。

禹督导治水的行程从冀州开始。冀州已治理了壶口，接着治理梁山和岐山。修整了太原之后，接着修整到岳阳地区。覃怀地区也完工了，就到了衡漳水一带。常水（恒水）、卫水也都随河道流畅了，大陆泽周围土地都可耕作了。这一州的土壤是白壤，田地列在第五等，赋税第一等，不过随年的丰歉杂出第二等。东北的鸟夷族贡纳供贵族享用的珍奇异兽皮毛。他们循海路入贡，在沿海岸（辽东湾西岸）向南航行的航道上，看到右拐角处的碣石便据以转而向西航行，直驶入黄河航道。

济水和黄河之间是兖州。黄河下游的九条河道已畅通了，雷夏洼地已汇聚成湖泽了，雍水、沮水也都会同流到了雷夏泽中，能种桑的土地上已经在养蚕，于是人民得以从躲避洪水迁居的高地下到平地居住。这一州的土壤是黑壤，它上面覆盖着茂盛的长林丰草。田地列在第六等，赋税则为第九等。这一州经过十三年的耕耘，才赶上其他各州。这一州的贡物是漆和丝，还有装在筐子里进贡的文彩美丽的丝织品。它的进贡道路是由船运经济水、漯水，直达黄河。

东边的海直至西边的泰山，这一地域是青州。已经给居住在东北的夷族划定疆界，使获安居；又疏通潍水、淄水，使这一地区也获得治理。这一州的土壤是白壤，海滨则是咸卤盐场。田地列在第三等，赋税则为第四等。这一州的贡物是盐、精细的葛布、海产品以及磨玉的砺石，并有泰山山谷里出的丝、麻、铅、松、似玉之石和莱夷族所献的畜产，还有装在筐子里进贡的山桑蚕丝。它的进贡道路是由汶水船运直达济水。再由济入河。

东边沿海，北边至泰山，南边至淮水之间的地域是徐州。淮水和沂水都已经治理，蒙山、羽山地方也都可耕种，大野泽也已汇积成湖，东原地区的水潦已去，地已平复。这一州的土壤是赤埴壤，草木繁茂。田地列在第二等，赋税则为第五等。这一州的贡物是五色土，羽山谷中所出的五色雉羽，峄山之阳特产的制琴良材名桐，泗水滨的浮磬石，和淮夷族所献的珍珠贝及鱼产，还有装在筐子里进贡的赤黑色细缯和白色绸帛。它进贡道路由淮水船运入泗，再通于菏水，再由菏入济以通河。

北起淮河，东南到海之地是扬州。彭蠡之域已汇集众水成湖，作为每年雁阵南飞息冬之地。彭蠡以东诸江水已入于海，太湖水域也就安定了。于是遍地长满丛生的竹林，到处尽见美盛的芳草、葱翠的乔木。这一州的土壤是涂泥，田地列在第九等，赋税则为第七等，有时杂出为第六等。这一州的贡物是三种成色的铜，以及瑶琨美玉、竹材、象牙、异兽之革、珍禽之羽、旄牛之尾和岛夷族所献的一种称为"卉服"的细葛布，还有装在筐子里进贡的绚丽的贝锦，和妥加包装进贡的橘子、柚子。它的进贡道路是沿着江路入海，再沿海通于淮水和泗水。然后再沿徐州贡道入河。

由荆山一线直到衡山以南的广阔地域是荆州。江水、汉水至此汇合奔流入海，至九江地区得地势之中。两水的支津沱、涔诸水都已疏浚通畅，云梦泽水域也已获得治理。这一州的土壤也是涂泥，田地列在第八等，赋税则为第三等。这一州的贡物是珍禽之羽、旄牛之尾、象牙、异兽皮革，三种成色的铜、杶（柘）木、栝（桧）木、柏木，精、粗两种磨刀石、朱砂和云梦泽边三国所献的制箭良材，以及有名的捆扎起来专供宗庙缩酒之用的菁茅。还有装在筐子里进贡的赤黑色与黄赤色的丝织物和用以佩玉的饰有玑珠称为"玑组"的绶带，更有九江贡纳的大龟。它的进贡道路是用船运经由江水及各支津沱、涔等通于汉水，然后经过陆路运至雒水，再进入南河（冀州以南的黄河）。

荆山和黄河之间是豫州。伊水、雒水、瀍水、涧水都已疏浚入于黄河，荥播地域横溢之水也已汇积成湖，当水盛时，疏导菏泽之水向南泄入明都泽。这一州的土壤是无块柔土，低下之处是坟垆，田地列在第四等，赋税则杂用第二等，有时可上下浮动。这一州的贡物是漆、丝、精细葛布，还有装在筐子里进贡的细丝绵，并进贡磨磬的砺石。它的进贡道路是由雒水船运至黄河。

华山之南和黑水之间是梁州。汶山已可种植了，江汉两水的支津沱涔等水都已疏浚了，蔡山和蒙山的山道也都已平治了，西南夷民的安定也已获致成功了。西倾山一带的西北羌民也沿着桓水互相交往了。这一州的土壤是青骊，田地列在第七等，赋税则为第八等，还可作上下三种浮动。这一州的贡物是黄金、铁、银、镂钢、石、磬石，和熊、罴、狐、狸，以及诸兽之毛织的罽布与用以制裘的兽皮。它的进贡道路是先用船运经由支津潜水入于沔水，再起岸由陆路运至渭水，再由渭水横渡黄河送达冀州。

　　黑水和西河之间是雍州。弱水已经西流了，泾水也流入渭水隈湾里，漆水和沮水合为漆沮水也相从入于渭水，沣水同样地入了渭水。渭水之北，东起荆山西迄岐山的逶迤山道已经平治；渭水之南，东自终南山，西越惇物山，更西北直抵渭源鸟鼠之山，这美丽的千里沃野，不论平原，还是浅浅湿地，都已平治竣工，直达都野泽这一肥沃的湖沼地区。三危山已成人民安居乐业之所，被逐迁居至此的三苗人民生活也大为安定。西边的昆仑、析支、渠搜三个西戎族的人民也归于和顺了。这一州的土壤是黄壤，田地列在第一等，赋税则为第六等。这一州的贡物是称为璆（球）的美玉、带青碧色的琳玉和玉质美石，以及兽毛制成的毳布和用来制裘的兽皮。它的进贡道路是，从积石山下的黄河水上，航行千里，直达龙门山下的黄河，南与渭水航道会于渭水入河处。

　　然后循行九州各山：首沿渭水北岸，从与会汧山、岐山，直至黄河西岸的北条荆山，越过黄河；从壶口山，经雷首山，直至太岳山；南循砥柱山，东过析城山，直至王屋山；东北自太行山、常山，直至碣石山，山势入于海中。其次，自河、湟沿渭水南岸，从西倾山，经朱圉山、鸟鼠山，直至太华山；接着沿大河之南，循熊耳山、外方山、桐柏山，直至负尾山。再次沿汉水，直至南条荆山；接着从内方山，直至大别山。又再次沿江水，从汶山之南蜿蜒以达衡山；接着再过九江，直至敷浅源。

　　又巡视九州各水：弱水，西流到合黎山下，它的下游折而北流，没入沙漠中。黑水，通流至于三危山下，最后长流入于南海。河水，通流于积石山下，直至龙门，更南到华山之北，东过砥柱，又东到盟津，东过雒水入河处，再前流就到了大邳山，然后折而北流，经过降水入河处，再前流注入了大陆泽，又自泽的东北流出，分布为九条河道，各河道下游入海口河段都受海水倒灌成为逆河，最后都入于海中。江水，从汶山开始通流，在流程中从它的东边分出支津为沱水，江水的主河道径自折而东流，直至醴水地带，然后流过九江，到达东陵，再自东陵东去，逶迤北流，会于彭蠡泽，然后自泽中再东出称为中江，最后入于海。沇水，通流向东，称为济水，注入黄河，接着越过黄河向南溢出为荥泽，再自荥泽东出到陶丘北，再东流至与菏水相会处，又向东北流，与来注的汶水相会，然后向东北长流入海。淮水，从桐柏山开始通流，东流会合泗水和沂水，向东流入海中。渭水，从鸟鼠同穴山流出，长驱向东流，与沣水相会合后，再东北流至泾水入渭处，又东流经漆沮水入渭处，然后东注于黄河。雒水，通流自熊耳获舆山，向东北流，与涧水会合后，又向东流会合伊水，再东北流入黄河。

到这时九州都已同样美好，四方境内都可安居了，九州的水已疏通其源流了，九州低洼沼泽之地都已修筑堤防形成湖泊了，四海之内会同一致了。掌收贡赋的官府可以很好地完成其职责了，所有的领土上都可征收赋税了，但必须谨慎地征取税收，一定要以土地肥瘠为准则来定税额，就在中国九州之内完成征收赋税的任务。上帝赏赐禹以天下的土地，并赐给了他的姓氏。

天子国都以外五百里的地域称为甸服，其中离国都一百里内的要缴纳连着秸穗的整捆的禾，二百里内的要缴纳禾穗，三百里内的要缴纳去掉了秸芒的穗，四百里内的要缴纳谷粒，五百里内的要缴纳米粒。甸服以外五百里内的地域称为侯服，其中近百里以内为采地，二百里以内为男爵地，其余三百里地封诸侯。侯服以外五百里内的地域称为绥服，其中内三百里地区度势发扬文教，外二百里地区奋力兴办国防。绥服以外五百里地域称为要服，其中内三百里地区住夷族，外二百里地区则安置判处蔡刑的罪犯。要服以外五百里地域称荒服，其中内三百里地区住蛮族，外二百里地区则安置判处流放刑的罪犯。

大地东边浸在大海中，西边覆盖在辽远的沙漠下，北方和南方以能到达的地境为地境，华夏的声威教化达到了四海的尽头。于是上帝赏赐给禹一个玄圭，用以向普天下宣布大功告成。天下从此太平同治了。

舜任命皋陶为审理刑狱的长官以治理人民。有一天帝舜在朝廷召见大臣，禹和伯夷、皋陶就在舜的面前展开讨论。皋陶阐述他的主张说："要真诚地引导德教，提出明智的谋议，团结一致地辅佐天子。"禹说："说得对！但怎样实现你所说的呢？"皋陶说："啊！要谨慎地修养自身的品德，多从长远考虑，仁厚地团结各氏族，推举众多贤明的人才作辅翼之臣，使清明的政治逐步地由近及远。"禹非常佩服这样的好议论，说："对呀！"皋陶又说："啊！这全在于善于知人，全在于安定老百姓。"禹说："唉！要都能做到这样，连陛下也将感到是一件不容易的事。知人要有知人的明智，才能识拔真正的贤才任职；安民要使人民得到实惠，才能使人民怀恩感德。能够知人善任，又能够施惠于人民，还怕什么欢兜的作乱？还需要什么放逐三苗？还畏惧什么花言巧语善于作伪的坏人呢？"皋陶说："是呀，啊！人们本应有九种德行，有必要谈谈这九种德行。"于是就列举说:"说人有德,要从他的所有行事来看。宽仁而又严肃,柔和而又坚定自立,谨厚而又有干事之才,治事有为而又谦敬,和顺而又果毅,正直而又温良,简率而又有廉洁操守,刚劲而又踏实,强直无所屈挠而又合于义行,这些品德能昭彰为人所共见而又能经常保持这样做,那就好了。对于这九种德行,如果每天能做到其中三种,从早到晚都能敬勉遵行,就能保有你的家;如果每天能进而抓紧做到其中六种,用以诚信地治理政事,就能保有你的国。应该提倡这九德而普加施行,使备有九德的人都获在位,贤俊之才都能任职,所有官吏都肃敬谨饬,不让邪淫和施阴谋诡计的人得逞。如果不合职位的人占着职位,就叫做乱天事,上天是要讨伐有罪的人的,那就按五刑去分别执行惩罚。我这些话可以成功地贯彻实行吗?"禹说:"你的话完全可以成功地实行的。"皋陶说:"我并没有智能,不过是想阐述治国之道罢了。"

帝舜对禹说:"你也说说你的好意见。"禹拜手说:"啊!我说什么呢!我只想到每天要孜孜不倦地为陛下工作。"皋陶于是诘问禹说:"什么叫孜孜啊!"禹说:"滔天的洪水,浩浩荡荡地包围了山岳,淹没了丘陵,老百姓都遭受没溺之患。我走旱路坐车,走水路坐船,走泥泞的路坐橇,走山路用屐底有齿的鞋,循行山岭砍削树木以为表识,和益一道给老百姓稻谷和生鲜食物。我把九州的河流疏通使入海中,把沟渠修通使入河流中。又和稷一道使老百姓在难得到食物时能得到食物。缺粮少食的地方,调有余地方的粮食来补其不足,广大群众才获得安定下来,万国之地都长治久安了。"皋陶插话说:"对啊!你这话真太好了!"

禹对舜说:"啊!您在帝位上要特别谨慎小心呀!应该安于您所能做到的,不要轻率行动。要辅之以德,使天下都顺应您的教化。要具有清新的意志,昭明以待上帝的宠命。上天就会重新赐给您以美好的命运。"帝舜说:"唉!大臣啊!大臣啊!臣子成为我的手足耳目。我要佑助人民,你们应辅助我完成这样的大业;我要观察古人昭分上下等级的章服彩象,那些日、月、星、辰等等服饰上的文绣图案,你们要把它考订明确;我要谛听六律、五声、八音、七始咏等各种乐律,用以结合于维系伦理五常之言,你们要为我详审听清。我有违失之处,你们要匡正辅弼我。你们不要当面颂扬讨好我,下去就在背地里诽谤我。我敬重前后左右近臣,而那些进谗言邀宠幸的邪恶坏人,只要我真正地履行了规范正道，他们自然都会被清除的。"禹说："太对了！陛下倘使不是这样，而使贤愚善恶的人同时在位，那么治国就不会成功的。"

帝舜说："不要像丹朱那样沉溺于淫戏，只知爱好游乐，河中水道不通也强要行船，在家里也肆行淫乱，结果由于这些行为终使他自己的世系断绝了。我们不能像他这样。"禹说："我娶涂山氏的女儿做妻子，是在辛日，到了甲日就离开了家去治水，以后生了我的儿子启，我不曾在家尽过抚育儿子的责任，所以能全力完成平治水土之功。终于辅助陛下完成划天下为五服的大业，使疆域每方达到五千里，每州内又制定十二师的地方行政区划，外则疆域远至四海，五方诸侯各给建立君长，他们都能各按正途建成事功。最后只有苗民顽劣不就事功，陛下要加以注意。"帝舜说："我的德教宣导于天下，这些全是你的功劳所致！"

皋陶于是感到禹的德业特别可敬，便命令全民都要以禹作榜样好好学习。敢有不听话的，就以刑罚加以惩治。这样一来，舜的德业日益昌明了。

到这时，乐官夔举行音乐演奏，感动了祖先神灵全都降临，前来的诸侯也都互相礼让，鸟兽也翩翩飞舞。到演奏《箫韶》大乐章共九章的时候，神鸟凤凰也仪态万方地前来飞翔，地下的百兽也相率舞蹈，百官们也都能配合和谐一致。帝舜因此高兴地作起歌来，序曲说："勤劳卜天的大命，只是在顺时，只是在慎微。"接着唱正曲道："大臣们欣喜啊，元首奋起啊，百官们和乐于治理啊！"皋陶拜手叩头大声说道："注意呀！要带头兴起事功，必须慎重您的法令，可千万要诚敬啊！"接着歌唱道："元首是圣王呀，大臣都是贤良呀，万事就能纲举目张呀。"又唱道："元首治事琐碎啊，大臣们就会怠惰啊，万事都会堕落啊！"帝舜拜手说："对啊！去吧，大家好好地敬谨努力吧！"到这时，天下都崇仰禹能昌明度、数和声音乐律，尊奉他为山脉河流百神之主。

帝舜就向上天推荐禹可继任天子。过了十七年，帝舜崩。三年的丧事完毕，禹为了将天子之位让给舜的儿子商均，便跑到阳城躲起来，但是天下诸侯都离开商均而去朝拜禹，禹于是就即了天子之位，南面以朝见天子，国号叫做夏后，姓姒氏。

禹在会稽崩逝后，启即了天子之位，就是夏后帝启。

夏后帝启，是夏禹之子，他的母亲就是涂山氏的女儿。

一个东方的部族有扈氏抗命不服，启挥师讨伐，大战于甘。临战之前作了誓师词《甘誓》，召集左右六大臣申明这一誓言。启说："嗟！六军用事大臣们，我以誓词告诫你们：有扈氏上不敬五行天象，下不重三正大臣，上天因此要斩绝它的国命。现在我奉行上天的这种惩罚。所有战车左边的战士，如果不好好完成战车左边的战斗任务，就是你们不奉行命令；战车右边的战士，如果不好好完成战车右边的战斗任务，就是你们不奉行命令；驾驭战车的战士，如果不胜任而贻误了御车的任务，也是你们不奉行命令。努力奉行命令的，就在祖庙里给以奖赏；不努力奉行命令的，就在社坛里杀掉，还要连家属也一起杀、一起做奴隶。"就这样灭掉了有扈氏，天下都来朝贺。

夏后帝启崩逝，儿子帝太康继位。帝太康因荒于游乐失国，太康崩逝后，弟弟仲康继位，这就是帝仲康。帝仲康时，掌天文历法的官员羲和因沉湎于酒，玩忽职守，历日时序都错乱，对一次日食未能准时测报，于是命大臣胤前往征讨他，写了一篇记载此次战事的《胤征》。

仲康崩逝，儿子帝相继位。帝相崩逝，儿子帝少康继位。帝少康崩逝，儿子帝予继位。帝予崩逝，儿子帝槐继位。帝槐崩逝，儿子帝芒继位。帝芒崩逝，儿子帝泄继位。帝泄崩逝，儿子帝不降继位。帝不降崩逝，弟弟帝扃继位。帝扃崩逝，儿子帝厪继位。帝厪崩逝，立了帝不降的儿子孔甲，这就是帝孔甲。

帝孔甲立，专喜向往鬼神迷信之事，又好色淫乱，使夏后氏王朝的统治衰败，诸侯叛离他。这时天降两条龙，雌雄各一，孔甲不知道怎样饲养，又找不到舜时善养龙的豢龙氏的后代。恰巧过去有名的部落联盟首领陶唐氏这一族衰败了，他的后代中有一个叫刘累的曾经向豢龙氏学得了养龙的本领，就来给孔甲饲养这两条龙。孔甲赏赐他姓御龙氏，并封他于豕韦国，取代原来姓彭的豕韦国君。那条雌龙死了，刘累竟把龙弄熟了给夏后孔甲吃。到孔甲想起要看这两条龙，派人来取，刘累吓坏了，只好逃走。

孔甲崩逝，儿子帝皋继位。帝皋崩逝，儿子帝发继位。帝发崩逝，儿子帝履癸继位，这就是桀。

帝桀的时候，由于从孔甲以来诸侯多已背叛夏王朝，桀不知道用政治手腕去挽救颓势，却一味用武力去镇压诸侯百族，百族不能容忍。这时桀就把诸侯中最有影响力的汤召来囚禁在夏台狱中，但过后不久又把汤放了。汤能勤修德业，天下诸侯都归服汤，汤就率兵征伐夏桀，桀败逃到鸣条，终于流离逃亡而死。败逃时桀对人说："我真懊悔没有在夏台把汤杀掉，以致有现在这个下场。"汤于是登上天子之位，取得了夏王朝的天下。但汤封了夏代后裔，传至周代时封在杞国。

太史公说：禹姓姒，他的后代分封，就以所分封的国为姓，所以得氏姓的很多，计有：夏后氏、有扈氏、有男氏、斟寻氏、彤城氏、褒氏、费氏、杞氏、缯氏、辛氏、冥氏、斟戈氏。孔子主张实行夏代的历法，所以学者们多半传习《夏小正》一书。从虞夏时代开始，贡纳赋税制度完备地订立起来了。有一种说法是禹曾经召集诸侯到江南以综合核计诸侯功绩等级，就死在那儿，因而就葬在那儿，于是就把那里叫会稽。会稽的意义本来就是会计，即综合核计之意。

殷的历史

殷族始祖契的母亲叫简狄，是有娀氏的女子，帝喾的居次位的妃子。她跟另两个女子一起到水边洗澡，看见一个燕子掉下了蛋，就把蛋拿来吞吃了，因此怀孕生下了契。契长大后帮助禹治水有功，帝舜任命契当司徒，舜说："百姓不相亲睦，家庭关系不和顺，你当司徒，应恭谨地施行伦理道德的教育，要以宽厚为本。"并把他封在商这个地方，赐他这一族姓子。契兴起于唐虞、大禹的时代，给百姓做了很多好事，百姓因此得到了安定。

契死后，儿子昭明继立。昭明死后，儿子相土继立。相土死后，儿子昌若继立。昌若死后，儿子曹圉继立。曹圉死后，儿子冥继立。冥死后，儿子振继立。振死后，儿子微继立。微死后，儿子报丁继立。报丁死后，儿子报乙继立。报乙死后，儿子报丙继立。报丙死后，儿子主壬继立。主壬死后，儿子主癸继立。主癸死后，儿子太乙继立，这就是成汤。

从契到汤，居地迁了八次。汤最终在亳居住下来，这是帝喾住过的地方，《尚书》中的《帝诰篇》就是因为迁居于亳而作的。

汤征伐诸侯。葛伯不奉祭祀，汤首先征伐他。汤说："我有一句话：人从水能看到自己的形象，观察人民就能知道治理得好不好。"伊尹说："真明智啊！能听别人的话，治国的道理才有人向你说。君临国家，视民如子，为善的人就都来任职了。努力啊，努力啊！"汤对众人说："你们如果不能遵从我的命令，我就重重地惩罚你们，决不宽赦。"《尚书》中的《汤征篇》就是这时作的。

伊尹名叫阿衡。他想见汤，苦于没有门路，就去当汤所娶的有莘氏女子的陪嫁奴隶，背着庖厨的用具，通过割烹调味的道理来劝说汤，使他成为天下的圣王。也有人说，伊尹本是个隐士，汤派人聘请他，请了五次他才肯去，跟汤讲无为而治的为王之道以及九种君主的优劣。汤就用他来治理国家。伊尹曾离开汤到夏国去。他看到了夏的丑恶，又回到了亳。他从亳的北门入城，遇到了汤的臣下女鸠、女房，《尚书》中的《女鸠女房篇》就是记伊尹跟他们所说的话的。

商汤外出，看到野外打猎的人四面张网，祷告说："从天下四方都到我的网里来。"汤说："嘿！那样就一网打尽了!"就去掉了三面的网，祷告说："要向左的向左，要向右的向右，不要性命的就到我的网里来。"诸侯们听到这件事，都说："汤的德行好得无以复加了，连禽兽都受到恩惠。"

正当这个时候，夏王桀对人民很暴虐，荒淫无道，诸侯里的昆吾氏也常干坏事。汤就发兵率领诸侯去讨伐，伊尹跟着汤，汤亲自拿着大钺去打昆吾，接着就去打夏桀。汤说："你们大家都来听我讲话。并非我敢起来作乱。夏罪恶多端，我听到你们都说夏有罪。我畏惧上帝，不敢不去惩治。现在夏的罪恶多端，是上天要诛灭他。现在你们大家却说：'我们的君王不怜恤我们，废弃我们的农事去征伐谁呢？'你们还会说：'夏有罪，又拿他怎么样呢？'夏王破坏人民的生产，在整个夏国进行掠夺。民众都不听从他，还诅咒他说：'这个太阳什么时候才灭亡？我们愿跟他同归于尽!'夏的德行坏到了这个地步，现在我一定得去征伐他。你们要帮助我奉行上天的惩罚，我将重重赏赐你们。你们不要不相信，我是不会说话不算数的。你们如果不服从誓言，我就要严惩你们以及你们的妻子儿女，决不宽赦。"当时把这些话当作命令告谕全军，吏官记下来就成了《尚书》中的《汤誓篇》。由于汤说"我非常勇武"，就把武王当作称号。

桀被打败，逃奔到鸣条，夏军溃败。汤接着就打三腰，取得了那里的宝玉，义伯、仲伯因此作了《典宝》。汤胜了夏，想改置社神而不能，因此作了

《夏社》。伊尹向汤报告了各地的情况。这时候诸侯都归服于汤，汤即了天子之位，平定了四海之内。

汤在伐三朡后的归途里走到泰卷这个地方的时候，大臣仲虺作了一篇诰，这就是《尚书》中的《仲虺之诰》。汤推翻了夏朝，回到了亳，作《汤诰》："在三月里，王亲自到东郊，告谕诸侯们说：'不要无功于民，努力干你们的事。（不然，）我就要重重惩罚你们，你们不要怨我。'又说：'古代禹和皋陶长年在外辛劳受苦，才能有功于人民，人民才能安定下来。他们东治江，北治济，西治河，南治淮，这四条大川治理好以后，民众才有地方居住。后稷教民播种，努力繁殖百谷。这三位都有功于民，所以他们的后代才能立国。过去蚩尤跟他的臣下危害百姓，上帝就不保佑他。这些都是有事实。大家应该努力按照先代圣王的话去做。'又说：'如果无道，就不让他统治国家。你们可不要怨我。'"这些话作为命令遍告诸侯。这时还有伊尹作了《咸有一德》，咎单作了《明居》。

汤于是改定建丑之月为正月，把车马等物的颜色改为以白色为上，群臣朝见天子用白昼的时间。

汤死后，由于太子太丁尚未即位就已死去，就立了太丁的弟弟外丙为君，这就是帝外丙。帝外丙在位三年死去，又立外丙的弟弟仲壬为君，这就是帝仲壬。帝仲壬在位四年死去。伊尹于是立太丁的儿子太甲为君。太甲是成汤的嫡长孙，这就是帝太甲。帝太甲元年，伊尹为了训诫太甲作了《伊训》《肆命》和《徂后》。

帝太甲为君三年，不明事理，又很暴虐，不遵守汤的法度，德行败坏。因此伊尹把他放逐到桐宫去。时达三年。伊尹自行代理国政，接受诸侯的朝见。

帝太甲在桐宫住了三年，悔过向善，于是伊尹就把他迎了回来，把政权交给他。帝太甲的德行不断好起来，诸侯都归服殷朝，百姓由此得到了安宁。伊尹很赞赏，就作了《太甲训》三篇来表扬太甲，尊称他为太宗。

太宗死后，儿子沃丁继位。帝沃丁的时候，伊尹死去。安葬伊尹于亳的事办完后，咎单就讲说伊尹的行事，作了《沃丁》。

沃丁死后，弟弟太庚继位，这就是帝太庚。帝太庚死后，儿子帝小甲继立。帝小甲死后，弟弟雍己继立，这就是帝雍己。这时殷朝衰落，有些诸侯就不来朝了。

帝雍己死后，弟弟太戊继立，这就是帝太戊。帝太戊任命伊陟当了宰相。在亳都朝廷上忽然有桑树和楮树合在一起生出来，一晚上就长得要用两手围握那么粗。帝太戊很害怕，就去问伊陟。伊陟说："我听说怪异的事物敌不过好的德行，难道是您治理国家有什么缺点吗？您应该使自己的德行好起来。"太戊听从了他，怪树就枯死而消失了。伊陟向巫咸赞美讲述了这件事，巫咸治理王家也很有成绩，于是作了《咸艾》和《太戊》。帝太戊在宗庙里称赞伊陟，并说为了尊重他不把他当臣下对待，伊陟谦让不敢当，因此作了《原命》。这时殷朝复兴，诸侯归服，所以太戊尊称为中宗。

中宗死后，儿子帝仲丁继立。帝仲丁把都城迁到隞，帝仲丁死后，弟弟外壬继立，这就是帝外壬。《尚书》中的《仲丁篇》已经亡佚不可见。帝外壬死后，弟弟河亶甲继立，这就是帝河亶甲。河亶甲的时候，殷朝又衰落了。

河亶甲死后，儿子帝祖乙继立。帝祖乙即位后，殷朝又兴盛起来，巫贤受到任用。

祖乙死后，儿子帝祖辛继立。帝祖辛死后，弟弟沃甲继立，这就是帝沃甲。帝沃甲死后，立沃甲的哥哥祖辛的儿子祖丁为君，这就是帝祖丁。帝祖丁死后，立沃甲的儿子南庚为君，这就是帝南庚。帝南庚死后，立帝祖丁的儿子阳甲为君，这就是帝阳甲。帝阳甲的时候，殷朝又衰落了。

从仲丁以来，常常撇开嫡子而由王弟和王子们轮流继位，有时王弟和王子还互相争位，接连九世情况都很混乱，于是诸侯就都不来朝见了。

帝阳甲死后，弟弟盘庚继立，这就是帝盘庚。帝盘庚即位的时候，殷都已经迁到了大河之北。盘庚渡河南向，迁回成汤的故居。盘庚迁都之前，殷朝已经迁了五次都，总是定不下来。殷人都愁叹怨恨，不愿再迁徙。盘庚就告谕诸侯和大臣们说："过去先王成汤跟你们的先祖一起定天下，他的法则是可以遵循的。舍弃他的法则而不作努力，怎么能弄得好呢！"于是就渡河南迁，定都于亳，遵行汤的治国方法。这样做了以后，百姓由此安宁，殷朝国势重新兴盛，诸侯都来朝见，这就是由于盘庚能像成汤那样行事的缘故。

帝盘庚死后，弟弟小辛继立，这就是帝小辛。帝小辛即位后，殷朝重又衰落。百姓思念盘庚，就作了《盘庚》三篇。帝小辛死后，弟弟小乙继立，这就是帝小乙。

帝小乙死后，儿子帝武丁继立。帝武丁即位后，想复兴殷朝，但没有找到合适的助手。因此三年不说话，政事都由太宰决定，暗中观察国情。武丁夜里梦到了一个圣人，名叫说。他察看众多的官吏，没有一个跟梦中所见的人相合。于是就派很多画工等类的人在民间到处寻求，终于在傅险这个地方找到了说。当时说作为刑徒正在傅险服建筑方面的劳役。说被送到了武丁那里，武丁一见就说"找对了。"跟他一交谈，果然是个圣人，就任他为宰相，他把国家治理得非常好。于是就根据傅险这个地名来给他定姓氏，称他为傅说。

帝武丁祭祀成汤的第二天，有野鸡飞来站在鼎耳上叫，武丁很害怕。祖己说："王不要忧愁，先搞好政事要紧。"并且告诫王说："上天观察下民，主要看他们的行为是否合乎道理，天赐给人的寿命有长有短，并不是天要使人夭折，使人的生命中断。有的人不顺道理，又不服罪，等到上天已经按照他的表现给了他相应的命运，才说怎么办呢，这就已经迟了。唉！王应该慎重对待民事，大家都是天的后代，举行祭祀的时候，礼仪要合乎道理。"武丁改善政治，布施恩惠，天下的人都很欢欣，殷朝国势又重新兴盛了起来。

帝武丁死后，儿子帝祖庚继立。祖己赞美武丁能由于怪异的野鸡而修德行善，为他立了庙，尊称为高宗，于是作了《高宗肜日》和《高宗之训》。

帝祖庚死后，弟弟祖甲继立，这就是帝甲。帝甲荒淫败德，殷朝又衰落了。

帝甲死后，儿子廪辛继立。帝廪辛死后，弟弟康丁继立，这就是帝康丁。帝康丁死后，儿子帝武乙继立，殷都又由亳迁到了大河之北。

帝武乙无道，做了假人，把他叫做天神，跟他玩博戏，命令人代他走博棋，天神输了，就侮辱他。还用皮革做袋子，盛了血，高高挂起，仰面射他，称为"射天"。武乙在大河和渭水之间田猎，天忽然打雷，武乙被雷震死。儿子帝文丁继立。帝文丁死后，儿子帝乙继立。帝乙即位后，殷朝更加衰弱了。

帝乙的长子叫微子启。启的母亲地位低下，因此启不能继承王位。小儿子是辛，辛的母亲是正后，所以辛成为王位继承人。帝乙死后，儿子辛继位，这就是帝辛，天下人称他为纣。

帝纣天生明察敏捷，耳朵、眼睛都很灵，勇力过人，能徒手跟猛兽搏斗；智慧足够用来驳斥劝谏，口才足够用来掩饰过错；以才能向臣下自夸，以名声来压倒天下，认为所有的人都不如自己。他喜欢喝酒，享乐过度，亲近妇女；尤其宠爱妲己，就听妲己的话。他让乐师涓创作了新的放荡的曲调，还有北里之舞和轻柔颓废的音乐。为了装满鹿台的钱库和巨桥的粮仓，大大加重了各种税收。又大量搜取狗、马和各种珍奇的东西，塞满了宫室。还扩大沙丘的大园子，增建亭台楼阁，取了很多野兽飞鸟放在园子里。他在沙丘大搞舞乐杂技等表演，用大池子盛酒，把大量的肉挂起来就像个树林，让男男女女光着身子在其中相互追逐，通宵饮酒取乐。

百姓怨恨纣，诸侯也有背叛的，于是纣就加重刑法，还造出了残酷的炮烙之刑。纣任命周君西伯昌、九侯和鄂侯为三公。九侯有个漂亮女儿，他把她献给了纣。九侯的女儿不喜欢淫乱，纣大为恼怒，就杀死了她，还把九侯剁成肉酱。鄂侯为这件事跟纣争辩得很激烈，纣把鄂侯也处死，把他的肉做成肉干。西伯昌听到后，私下叹息，被崇侯虎知道，他就向纣告了密，纣把西伯囚禁在羑里。西伯的臣下闳夭等人，搜求美女、珍奇的东西和好马献给纣，纣就赦免了西伯。西伯出狱后献出洛水西面的一块土地，请求纣废除炮烙之刑。纣答应了他，还赐给了弓箭斧钺，使他有权征伐不听令者，让他当西方诸侯的首领。纣任用费仲主持政务。费仲善于拍马屁，又很贪财，殷人都不喜欢他。纣又任用恶来。恶来善于说人坏话，诸侯因此越发跟纣疏远了。

西伯回到自己的国家，暗地修德行善，有许多诸侯背叛纣而投到西伯那里去。西伯不断强大，纣的权威逐渐丧失。王子比干劝谏纣，纣不听。商容是一个贤人，百姓喜欢他，纣却废而不用。等到西伯伐灭了饥国，纣的臣下祖伊知道后，认识到周是殷的大害，非常恐慌，跑去告诉纣说："上天已经终止了我们殷朝的国运，知道天意的人不敢再说我们有好命运，大卜龟也不再显示吉兆，并不是先王不帮助我们后人，是王荒淫暴虐，自绝于天。所以上天抛弃我们，使我们不能安稳生活。大家都不求知道天性，都不按照常法。现在我们的人民没有不希望我们殷朝灭亡的，他们说：'上天为什么不降下惩罚，天命为什么还不到来？'现在王准备怎么办呢？"纣说："我生下来不是有命在天的吗？"祖伊回去后说："纣已经无法劝谏了。"西伯死后，周武王东征，到了盟津，诸侯背叛殷朝来跟周人会合的有八百个。诸侯都说："可以讨伐纣了。"武王却说："你们还没有知道天命。"于是就回去了。

纣的胡作非为愈来愈厉害。微子屡次劝谏，纣都不听，于是微子就跟太师、少师商量，下决心离纣而去。比干说："当臣子的，就是要丢命也得据理力争。"就在纣面前极力谏争。纣发怒说："我听说圣人的心有七个窍。"就剖开比干的胸来看他的心。箕子很害怕，假装发狂去当奴隶，纣把他囚禁起来。殷朝的太师和少师看到这种情况，就带着祭祀时用的乐器逃往周国了。于是周武王就率领诸侯去讨伐纣王，纣也发兵在别都妹邑郊外的牧野抵御周军。甲子那一天，纣军大败。纣逃回妹邑，登上鹿台，穿上他的宝玉衣，投火而死。周武王砍下纣的头，把它挂在叫做"大白"的旗上，并杀死了妲己。另一方面，周武王释放了箕子，给比干的墓加了封土，在商容所居里巷的大门上加了表扬他的标志；又封纣的儿子武庚禄父为君，继续奉祀殷的先人，并要他遵行盘庚的治国方法。殷人十分高兴。于是周武王就当了天子。周朝后来取消帝号，降级称王。殷王的后人封为诸侯，从属于周。

周武王死后，武庚跟周武王的弟弟管叔、蔡叔一起作乱，成王任命周公讨伐，杀了武庚，把微子立为宋君，使殷的先人仍有后代继续奉祀他们。

太史公说：我根据《商颂》来叙述契的事迹。从成汤以下，根据《尚书》和《诗经》。契的姓是子，后代分封，以国名为姓，有殷氏、来氏、宋氏、空桐氏、稚氏、北殷氏、目夷氏。孔子说，殷的路车很好，颜色崇尚白色。

玄鸟生商

契是商部族的始祖。商族是黄河下游一个古老的部落，在灭夏以前，已经经历了很长时间的发展。关于商族的起源，有数种说法，一说在北方辽河流域，一说在东方黄河下游的齐鲁地区，一说在今天中原的冀南、豫北地区的漳水流域。

契的母亲是简狄氏，又作简易，因是有娀氏（今在山西永济西）之女，又称娀简。相传她随本氏族的两个姊妹偶然出行，在玄丘水中洗澡，有玄鸟（即燕子）飞来，生下一只鸟卵，简狄误取鸟卵吞食，因有身孕而生下了契。契长大后，因帮助大禹治水有功，被舜帝任为司徒，掌管教化，封于商地，赐姓子氏。

以神话传说来叙述本民族起源的，乃是一种常见的现象。中国及世界上其他国家均有这种情况。简狄误吞了玄鸟（燕子）卵，因此降生了商的始祖契，虽属神话传说，但也说明两个问题。首先，商族原是东夷旁支，以鸟作为氏族的图腾。所谓"天命玄鸟，降而生商"（《诗经·商颂》），是由夷族鸟图腾推衍而来。图腾崇拜是产生于原始氏族社会的一种古老的宗教形式，这种原始崇拜是将本氏族的产生，同某一种动物或植物联系起来，认为自己的氏族与它之间存在着血缘关系，进而将它当作自己氏族的祖先、保护神或标记。由商代甲骨文中可以找到鸟图腾的证据，卜辞上记载了商王对高祖王亥的询问、祷告或是祭祀，甲骨文写王亥之"亥"字，上面均加一鸟形。王亥是商人的"高祖"，因此将氏族图腾符号"玄鸟"加于其名字之上。除加鸟形之外，更有在旁加手形的，《山海经·大荒东经》"有人曰王亥，两手操鸟，方食其头。"王亥作为商的高祖与鸟有密切关系，说明商族确以玄鸟作为氏族的图腾。在东方夷族中不少氏族即以鸟作图腾，如少昊氏就有"以鸟名官"传说，可见商族也是起源于东方的夷人氏族。其次，商人的始祖是契，契母简狄乃有娀氏之女，为帝喾的次妃，帝喾应是契的父亲。帝喾为传说中的"五帝"之一，他生下来之后，能自言其名曰岌，所以帝喾又叫帝岌。帝喾有四个妃，元妃有邰氏女曰姜嫄，生后稷，次妃有娀氏女曰简狄，生契，次妃陈丰氏女曰庆都，生放勋（尧），次妃娵訾氏女曰常仪，生帝挚。若依此说，当时各族始祖的母亲都是帝喾之妃，帝喾也就不仅是商族的祖先，而是古代几个族的共同祖先。而帝喾与颛顼—夏族、秦族及舜的远祖又有较近的亲缘关系，均为黄帝之后。司马迁《史记》记载，黄帝正妃是嫘祖，嫘祖生二子，一曰玄嚣，一曰昌意，昌意之子便是颛顼，玄嚣之子是蟜极，蟜极之子便是帝喾。颛顼和帝喾又都是几个族的祖先，依此排列，则尧、舜、夏、商、周、秦乃至南方的楚，统统由黄帝与嫘祖繁衍下来，各族均是"黄帝之子孙"，黄帝也就成了汉族的始祖。

夏桀亡国

夏朝传至十四世孔甲时，开始衰落。孔甲"好方鬼神，事淫乱"，以致诸侯方国纷纷背叛他，史称孔甲乱夏。《国语·周语》说："孔甲乱夏，四世而陨。"孔甲之后四世是履癸，即历史上有名的暴君夏桀。

　　夏桀在位时，穷奢极欲。《史记·殷本纪》说桀"为虐政淫荒"，《吕氏春秋》说桀"暴戾顽贪"。夏桀弃礼义，淫妇女。据记载，桀遍收倡优、侏儒、狎徒等人宫，做那些稀奇古怪的游戏；桀还广求美女，积之于后宫，以供自己淫乐。为了满足自己的奢望，耗费大量的粮食酿酒，并蓄酒为池，在池中行船。大臣关龙逄进谏，夏桀不但不听，反而杀了他。还传说夏桀有女乐三万人，都穿非常华丽的衣服。夏桀还宠爱妹喜，并让人创作淫荡的音乐，日夜同妹喜和宫女饮酒取乐，事事听妹喜之言。妹喜喜爱听撕裂丝织品的声音，桀就不断地撕裂丝织品，以使妹喜快乐。《竹书纪年》说："桀筑倾宫，饰瑶台，作琼室，产玉门。"还说桀毫不顾念民众的生死，"殚百姓之财"。同时，夏桀还屠杀下民像割草一样随意，并且赋敛无度，民众无法再生活下去了。民众恨透了夏桀，人人声讨夏桀，纷纷造夏桀的反，夏王朝内部阶级矛盾很尖锐。

　　夏桀时，夏王朝与周围部落、方国之间的关系也很紧张。夏桀不顾国力衰微，为掠夺财富和奴隶，屡次发兵征伐周边小国。掠夺战争给被侵扰的国家带来灾难，也使夏朝民众不堪负担。史载："桀不务德而武伤百姓，百姓弗堪。"

　　夏王朝内部混乱，大小臣僚背叛夏桀的很多，各部落方国也痛恨桀，纷纷反抗。夏王朝岌岌可危，但夏桀竟说："天上有太阳，就好像我统治万民一样，太阳有灭亡的时候吗？太阳灭亡了我才灭亡呢！"人们痛恨地对太阳说："太阳啊！你什么时候灭亡，我愿意和你一块灭亡。"

　　就在夏王朝内忧外患加剧的时候，临近夏王朝东部边界的商族，在首领汤的领导下，逐渐强盛起来。不久，商汤起兵灭夏，鸣条一战，夏桀全军覆没。夏桀逃跑，死于南巢，夏王朝灭亡。

　　夏王朝从启到桀，共传十六世，历时约430年。

商汤灭夏

　　从契传到汤，共传了十四世。汤早期活动的主要地区是现在的河南濮阳县，时间约在公元前十六世纪。商族原是臣服于夏的方国，但汤时夏桀暴虐无道，商族在汤的领导下却乘机壮大起来。与夏桀暴虐统治相对照的，是商汤的仁德之政。《淮南子·修务训》说汤"轻赋薄敛，以宽民氓。布德施惠，以振困穷。吊死问疾，以养孤孀。"以致"百姓亲附，政令流行。"在与周围部族关系问题上，商汤力图取得各方国和部落的拥护和支持。《史记·夏本纪》载："汤修德，诸侯皆归商。"《墨子·非命篇》还说汤时"诸侯与之，贤士归之。"夏桀看出商汤对夏王朝的威胁，于是就把商汤召来，把他囚在夏台（监狱名，又叫钧台，在今河南禹县南），不久又放了汤。

汤任用伊尹和仲虺为左右相，准备兴兵灭夏。商族活动的中心地区是亳（今河南商丘北），汤采用伊尹的计策，首先拓展自己的势力，逐个攻灭夏的属国，最后取夏桀而代之。离亳最近的是葛国（今河南宁陵北），汤先以助祭为名，送牲畜给葛国，又派人为葛伯耕田。葛伯杀了为助耕的人送饭的童子，汤以此为借口，出兵攻葛，灭了葛国。接着，汤又大举兴兵，连灭韦、顾、昆吾等夏桀的属国，"十一征而无敌于天下"，使夏桀失去了依靠力量。

为观察夏桀的反应，汤又采取伊尹的计策，停止对夏桀的贡纳。夏桀大怒，下令"起九夷之师"攻打商族。汤见"九夷"还服从夏桀的命令，便暂时又恢复对夏桀的贡纳，继续积蓄力量。第二年，汤又停止贡纳夏桀。夏桀又大怒，在有仍地区召集属国，举行盟誓大会，准备联合各属国，一起讨伐商国。但"九夷"中的有缗氏带头叛夏，使夏桀更加孤立。汤和伊尹看到"九夷之师不起"，遂正式起兵灭夏。

汤发兵攻夏前，聚集兵士誓师。汤说："并不是我敢发动叛乱，是因为夏桀的罪恶实在太多。我敬畏上帝，夏桀有罪，上帝命我惩罚他，我不敢不去征讨。现在，希望你们跟随我执行上帝的意志，一起去惩罚夏桀。跟随我勇敢作战，我将大大地赏赐。不听从我的话的，我就严厉惩治你们和你们的家属。"

汤起兵后，夏桀率兵迎战，但一触即溃，"未接刃而桀走"。商汤率大军追击。双方在鸣条（今山西境内）又大战，夏桀的军队再次溃退，夏桀大败而逃。汤率大军继续追击。夏桀逃到南巢（今山西中条山），最后死在山中。夏王朝灭亡。

夏王朝灭亡后，商汤继位，建立了商王朝。

（约公元 1070 年~约公元前 771 年）

西周时代以封建的政治制度而著称于史。所谓封建，就是国家政权封而建之，通过封王、封地来治理一个国家。封建制度以宗法制度为基础，西周的宗法制度很有特色，一般来说，它是由相对而言的大宗和小宗的树状结构组成。这种树状结构，以血缘关系为基础，最大限度地保证了各个权力阶层嫡长子式的世袭制度。也就是说，封建制度与宗法制度相辅相成，保证了周的权力存在和运作。

西周的国家机器也有着比较周密的设计。周天子是国家至高无上的统治者，天子之下的各级机构和各种官职，实际上都是为天子个人服务的。天子的主要左右肯有太师、太傅和太保"三公"。三公之下是负责日常政务的百官。封建宗法制的重要特征是等级制。西周统治者为了维护这种等级制，不得不采用一些强制性的手段，其中主要包括军队和法制。

与殷商相比，西周的经济发展水平有了很大的提高。与井田制相适应的集体劳动是周代农业生产的主要特征之一。周人本身就是以农业起家的，因此，农业发展一直是西周经济的重中之重。农业工具、农作物品种和初步的农业技术相结合，使得西周的农业发展强盛一时。与此同时，以纺织、染织、酿造、烧制和冶炼为主的手工业也得到了长足发展。而在商业贸易方面，虽然说货币交易还处于萌芽阶段，但以货易货的贸易方式已经十分流行。这一切，不仅使西周的经济发展水平远胜前人，而且比周边其他部族也高出了几筹。西周经济的相对发达，为社会生活的多样化提供了物质保障。

周人先祖的传说

　　周部族的始祖后稷是与尧舜禹同时的人物。后稷，姬姓，名弃，意思就是被丢弃的孩子。弃的母亲叫姜嫄，是有邰氏（今在陕西武功西）的女儿。相传姜嫄一天与同伴们到野外去游玩，忽然见到路上有一个非常奇怪的大脚印，姜嫄将自己的脚踩到了这个大人的脚印里，她的脚踩上去后，感到肚子里有了什么东西似的，结果怀孕了。孩子生下来以后，姜嫄认为这个没有父亲的小孩会给自己带来灾祸，便将他丢弃，让他自己慢慢地死去。一开始，她把孩子丢在狭窄的小巷子里，好让经过的成群牛马把他踩死。但是众多的牛马穿过小巷子时，都小心地躲开了孩子，没有一只牲畜踩他碰他一下。于是姜嫄抱回孩子，又丢到了荒无人烟的深山密林中，正巧遇到密林中来了很多人。姜嫄又将孩子抱出山林，丢在河面的冰块上，这一次又从天上飞过来许多鸟落在孩子周围，用毛茸茸、暖烘烘的翅膀覆盖在孩子身上，为其驱寒。姜嫄看到孩子大难不死，认为他一定有神保佑，也就改变了初衷，将这个孩子抚养下来。因为曾经想把他丢弃，所以就给他起名字叫做"弃"。

　　弃从孩提时起，就喜爱种植麻、豆等农作物。他所栽种的麻类、豆类作物长得非常好。弃长大成人之后，能够分辨土质的优良，能在适合各种不同农作物生长的土地上种植各种不同的庄稼，收获的时候总能获得很好的收成。周族的百姓们看到弃特别善于种庄稼，也纷纷学着他的样子去耕作，都增加了产量。弃种植庄稼很有学问这件事很快就传开了，后来传到了尧的耳朵里。尧便让人把弃请来，任命他为管理农业的农官，教人民种田耕作，弃便将他种植庄稼的一套好办法向各地区推广。舜时，天降大雨，弃又参加协助大禹治理洪水的事业。大水退去后，赤地千里，颗粒无收，弃又受舜之命帮助百姓种植百谷。刚参加了治水工程的弃，又踏上了广阔的田野，教百姓耕种庄稼。

　　弃为管理种植黍稷的农官，所以人们又称他"后稷"，我国以农立国，后世人们将他作为农神而长期奉祀。在我国最早的诗歌总集《诗经》中，就有一首专门歌颂后稷的诗《生民》，诗中唱道：

厥初生民，时维姜嫄。生民如何？克禋克祀，以弗无子。履帝武
敏歆，攸介攸止。载震载夙，载生载育，时维后稷。……

《生民》记载了后稷诞生的神异，以及他成长的过程。他也由此成为中国
人祭祀的主要神灵之一。

古公迁岐

公刘死后，到第十代时，古公亶父被拥立为姬姓部落的君主。古公亶父依
然延袭着后稷公刘重视农业和治理部落的方法。姬姓部落的经济因此发展较
快。古公亶父为人谦和、善良，因而当时的政事稳定，百姓也安居乐业。

临近的戎狄部落看到姬姓部落的富裕，渐起贪心。熏育戎狄公然对公刘所
在的豳地大举进攻，抢劫姬姓部落的财物，古公不得不把许多财物白白地送给
这些"野蛮人"。但是这样做并没有换来豳地人民的安宁，反而使熏育人更加
变本加厉。古公部落的成员得知这些苛刻条件后，个个怒气冲天，决心要与戎
狄部落决一雄雌。他们纷纷到古公面前请战，古公面对部下说："大家推举我
做君王，为的是让我能多为你们做些好事。眼前戎狄要发动战争，目的是想强
占我们部落的土地和人民。你们在我管理下生活与在戎狄那里生活有别吗？你
们如果决心要与戎狄拼一死活，难道不是为我而战？你们当中有的人的父亲，
或儿子会战死的，他们为我战死，与我把他们杀死有何区别？我绝不忍心让你
们干这样的事。"古公便带着部落人众离开了居住多年的豳地。

古公一行跋山涉水，翻山越岭。渡过了漆水和沮水（今陕西麟游县），爬
过了梁山（今陕西麟游县东南一带），来到岐山（今陕西岐山县东北）下的平
原，在这里安营扎寨。岐山之阳自古就是一片水美土肥的地方。人们称这里为
"周原"，传说连苦菜生长在这里也是甜的。古公向上帝和祖先举行占卜，得
到的是好兆头。于是就在这里建起房子定居了。从此，姬姓部落的人就被称为
"周人"。

古公亶父在周原上带领人民开垦荒地，修筑沟渠。古公亶父还命令官吏修建起一座座宗庙和宫殿。在宗庙和宫殿的外围又垒起坚固的城墙。古公亶父废除了戎狄的一些习俗，设立了司徒、司马、司空、司土、司寇等官位。这样，周人向阶级社会大大迈进了一步，而古公亶父便成了这个新生国家的君主。

由于古公亶父迁到周原，使这个原来野兽出没，到处荆棘丛生的荒野，变为人口兴旺、土地肥沃、庄稼丰硕的美好乐园。周部族也日益强大。所以《诗经·大雅·绵》说古公之后，周人强盛，"虞芮质，厥成，文王蹶厥生。予曰有疏附，予曰有先后。予曰有奔奏，予曰有御侮。"从而形成西方一支强大的力量。

文王求贤

周族日趋强盛，引起了商王朝的恐惧。以致商王文丁借故将周部族首领季历杀死，季历的儿子姬昌继承了王位。姬昌被封为西方诸侯的首领"西伯"，后人又称文王。周与商王之间是一种隶属关系。文王一方面继承后稷、公刘的治理方针，努力发展农业；一方面按照古公亶父、季历的办法，努力把周国治理强大，以报商王朝的杀父之仇。在治理朝政时，牢记古公亶父的遗训，广为招贤纳才，对有真才实学的人倍加敬重，甚至中午饭都来不及吃好，一沐而三握发，一饭而三吐哺，也要招待"贤才"。不少的人听到周文王广求"贤才"的消息都纷纷跑到周国归属于他。

一次，文王出去打猎，在渭水的南岸看到一个垂钓的老者。他与这个白发苍苍两鬓斑白的老人交谈，愈谈愈投机。那老人滔滔不绝地谈论治国安邦的精辟见地，使文王意识到他正是自己需要的贤才。周文王兴奋地对老人说："像你这样有本领的人，我们老太公盼盼好久了！"自此后，把这个老者称为"太公望"。周文王把他请上了车子，与他一同回到王宫，封他为专理军事的太师。这位老人姓姜，名尚，字牙，又叫姜子牙。他老家住在东方，祖先在舜时当过大官，曾与禹一起治水，立过大功，被封在吕，所以又姓吕。到夏朝后，吕姓子孙逐渐分化，很多成为穷人，吕尚家里也很穷。他年轻时，为了维持生活，在商都朝歌宰牛卖肉，后又到孟津开酒铺。在商朝徒有才华，没有施展之地。转眼已成为七十多岁的老人，但还存有一线希望，想找到用武的机会。当听说西方的周文王广求贤德，便每天在岐山西南渭水支流的一条小河钓鱼，等待着能碰见周文王。自周文王得到吕尚后，事事与他商量，用各种计谋动摇商朝的统治基础。周文王不仅加强本国的治理，还与周围各小国联盟，使虞、芮等小国都归属了周朝。同时又对西面的一些少数民族大举征伐，吞灭了犬戎和密须（今甘肃灵台），消除了周国的后患。紧接着东渡黄河，灭了黎国（今山西长治西南），又攻占了邢（今河南沁阳），从邢又回师灭掉了商西部重要的同盟国崇，抓到大批俘虏。在不断对外的战争中，周国不断强大，经济上也有了很大发展，并在沣水西岸修建了丰京（今陕西长安西北）。从此后，天下三分，周文王占其二，政治、经济、军事等力量大大地超过了商王朝，一步步向商都朝歌逼近。

殷纣王的暴虐

　　商朝帝乙的长子叫启，由于他不是王后所生，因而不能立他为太子，只能称庶子。帝乙的小儿子叫受，为王后所生，称为嫡子。帝乙原打算立启为太子，但朝中太史官极力反对，说这是"嫡庶"不分。帝乙只好立受为太子。封长子启于微（今山西潞城东北），后人称他为"微子启"或"微子"。

　　古时，受、纣二字同音，所以称受为纣王，又称商纣王或殷纣王。纣长得又高又大，聪颖多才，勇智超群，能赤手与猛兽搏斗。且善辩能言，因此他恃才傲物，从不听臣僚们的劝谏。帝乙两次率兵征伐人方，虽然没有彻底打败人方，但使商朝的东南部得到暂时的安宁。由于征服了孟方，又使东部地区的矛盾大大缓解。纣继位后，贪图享乐，挥霍无度，整日与美女在一起，常常彻夜嗜酒寻欢。王室中的贵族纷纷效仿，也随之恣意奢靡。有的谀臣为了讨纣的欢心，还时常向纣提出各种玩乐的方式。纣嫌商都（今河南安阳小屯村一带）游乐的地方少，被历代祖先的宗庙和自盘庚后代各王的陵墓所占，再加之每年中都要有不少祭祀活动，于是纣下令在商都朝歌以南（今河北南淇县）建起离宫别馆。在商都以北的邯郸（今河北邯郸市）沙丘（今河北平乡东北）修建了南北长二百多里的林苑亭台。在沙丘又营建一个很大的苑囿，里面饲养了禽兽，种植下果木，供他打猎围捕。

纣王性情残暴，不仅反对他的人，就是向他提出善意劝谏的亲信臣僚，也要一律施以重刑。轻者终生残疾，重者全家丧命。东夷部落由于不愿忍耐纣的暴行，便起来反叛商朝，纣王大怒，决定征伐东夷。大量的军事费用，使百姓的生活更悲惨。对邻近的一些诸侯国，纣王采取威逼的政策，从粮食、牛、羊五畜，到珠宝玉器，无所不取。在商王朝沁阳（即依）田猎区旁有个小属国有苏（今河南武陟东），因地小人稀、物产也不丰富，进献纣的贡赋总有欠缺，纣便认为有苏在故意反商，就派人去征战。有苏无力抵御，又深知纣喜欢美女，只得从族人中挑出一个叫妲己的美女献给纣，以求宽容。纣见妲己生得漂亮，心情一下好转，才撤兵免贡。

纣伐有苏氏后，各属国不敢抗贡，人方是东夷中的一个方国，是纣征伐的主要目标。纣率领上万商军向东夷进攻。纣又下令东方各诸侯国出兵助商伐东夷。在这庞大的征战队伍中，有一支用象组成的队伍，这些象被捉来，经饲养驯服后，用做驮运工具，征战时还可当做进攻敌人的"武器"。东夷各部落经不起商军的攻打，几次战役后，被商俘虏不少士兵，东夷只好投降。纣为了保持东夷的长久安宁，留下商军驻守。由于大批商军的留守，朝聘往来频繁，从经济、文化上都加速了东南地区的开发。纣也得到一段短暂的安泰。但同时在各诸侯国中也种下了不满的种子。

纣生活上更加花天酒地，无心管理朝政。为了弥补由于征战而加大的经济开销，纣用加重赋税的办法，把这些负担全部转嫁于百姓身上。妲己喜欢观看歌舞，纣就命乐师延创作了怪诞之舞。商王朝盛行打猎，纣更加肆无忌惮，不惜把商都附近的大好农田荒废，让禽兽任意践踏，供贵族玩乐。为满足自己的淫乐，纣竟又想出"酒池肉林"的方式。"酒池"就是在人工挖成的池塘中放满了酒，传说池中的酒能在里面划船，可供数千人狂欢而不竭；"肉林"即是把肉悬挂在树上，人们可随便伸手摘取食用。每当纣王朝臣取乐时，就命令成群的赤身裸体的男男女女在酒池肉林间嬉笑寻欢，常常是通宵达旦地狂欢。纣王朝中的谀臣费仲、蜚廉、恶来、崇侯虎，常陷害忠良，向纣进谗言。纣发明了酷刑"炮烙"之法。"炮烙"之刑就是用青铜铸造一根中间空的柱子，把"罪人"绑在柱子上，上面烧火，将人活活烙死。纣的这些惨无人道的暴行引起了朝内诸侯大臣们的反对。有个在朝的诸侯叫梅伯，曾多次劝谏纣不要恣意对臣民滥用重刑。纣一意孤行，竟把梅伯杀了。还将他剁成肉酱分赏给诸侯们吃，并宣布再有劝谏者，照此处罚。被列为商王朝三公（西伯、九侯、鄂侯）之一的九侯（封于今河北临漳），有一女子长得很漂亮，被纣得知欲选入宫中。九侯因为看不惯纣与妲己的淫荡，表示反对，就被纣杀死，并施醢刑。同为三公鄂侯（封于今河南沁阳西北）为此事指责纣，也被纣杀了，后将其尸制成干尸示众。西伯姬昌当时在商都，见两公接连遇害，只是叹惜地说了一句："太过分了"，被崇侯虎听见报告纣，纣下令将西伯囚在羑里。

囚禁西伯的这一消息传到周后，周的大臣闳夭、散宜生等人料到费仲是个好利的谀臣，纣又是喜色之徒，便在莘国（今陕西郃阳东南）选了一个美女，在西戎选了些骏马和美玉、宝物，让费仲向纣贡献，并为西伯说情。纣见莘氏后，果然万分高兴，说："此一物（指美女）足以释西伯，况其多乎？"于是下令放了西伯，并赐予西伯弓矢斧钺等兵器，授命西伯有征伐诸侯的权利。还说："谮西伯者，崇侯虎也"。西伯献出洛水以西的地方，请求纣废除"炮烙"之刑，纣同意，西伯又回到了周。

当商纣王一味沉湎于花天酒地、歌舞升平时，周人开始了灭商的复仇大业。

牧野之战

周文王得到姜尚（姜子牙），如虎添翼，整训兵士，积蓄实力，争取诸方国的支持。在周文王宽厚的政策下，虞、芮等一些小国相继归属周人。周先是攻占西部的犬戎和密须（今甘肃灵台），后又率军东渡黄河，消灭黎国（今山西长治西南）、邢（今河南沁阳）。从邢回师灭掉了商王朝西部的重要同盟国崇。灭崇后便在沣水西岸修建了一个城邑，取名丰（今陕西长安西北）。并迁此为都。迁都后叛商归周的人更加多了。

　　周文王灭商的夙愿还没实现，就病逝了。姜尚又继续辅佐文王的儿子周武王。周武王即位九年后，在太公望（姜尚）、周公旦（文王子）、召公奭（文王子）、毕公高（文王子）等人的辅佐下，开始伐纣。

　　当周武王在孟津检阅军队时，纣根本不作任何防御。朝中众叛亲离，怨声四起。纣的叔父比干、哥哥微子多次劝谏纣都无济于事。于是微子就逃到民间隐蔽起来了。纣的另一个叔父箕子看微子逃走，不忍心离开纣，便在奴隶中装疯。纣知道后命武士把箕子囚禁起来。比干知道后，冒死去劝谏纣，纣恼羞成怒，杀了比干。还剖比干的腹，挖其心，大臣们个个心惊胆战，最后连商朝中两个管理祭祀的乐官太师疵和少师强也抱着宗庙中祭祀时使用的乐器投奔了周。

　　周武王向全国诸侯发表了伐纣檄文说："纣有深重的罪恶，不可不消灭。"率领了戎车300乘、虎贲（敢死队）3 000人，甲士（披甲的士兵）45 000人东进伐纣。

　　周武王的军队来到孟津，会合了伐纣的各路人马。争取到分布在西北、西南和长江、汉水流域的氏族、方国的支持。庸、蜀、羌、髳、微、卢、彭、濮等也来助战。周武王在孟津举行了誓师大会。誓词说："各位邻邦友长，各位将士，大家听我说，天地是万物的父母，人是万物之灵，只有特别聪明有才干的人才能做天子。天子是人民的父母，要爱护人民，而商纣王不敬上天，祸害下民，沉湎酒色，实施暴虐，残害百姓；他听信妇人言，不敬天地，不祭祖宗，遗弃同祖兄弟，任用有罪的逃犯，乱杀忠良，囚禁正直的人，耗竭民力，大修宫苑亭台，这样的无道之人一定要灭亡。我们必须同心同德来消灭他！"誓师后，武王率大家渡过黄河北上进攻。

　　纣此时正在鹿台酒宴歌舞，得知周武王的军队已到孟津，忙命人于东夷各地调兵遣将，又将在王畿内各种劳役的奴隶集中编队，发给矛、戈等兵器，还调集朝歌、沙丘等处的亲军卫队，一共70 000人，纣本打算等驻守东夷的商军到达后再去与周交战，但周武王率领的联合大军已迅速到来。纣只得南下，刚走到朝歌南郊牧野（约今河南淇县南70里）得知周军已先到达。周军人数虽不如商军多，但旌旗鲜明，队列严整，士气高昂。商周两军在牧野交锋，周武王为了鼓动士气，再次宣布了纣的罪行，誓死灭纣，周军士气大振，而"纣师虽众，皆无战之心。"周武王十一年（约前1027）正月甲子日昧爽（拂晓）展开了我国历史上著名的牧野之战。

纣将临时编成的奴隶兵队放在头阵，作为先锋队，亲军、卫队在其后，驱赶奴隶去冲锋陷阵。奴隶们平日在纣王朝的统治下积存了多年的怨恨，曾经多次反抗过，现在又被驱赶送死。当他们一接触到训练有素的周军时，不战自败，奴隶们掉转戈矛向商军杀去。周军在倒戈商兵协助下，直抵朝歌城下。纣见大势已去，深知自己若被擒获，必死无疑。就登上了鹿台，穿好衣服，把多年搜刮来的宝物堆积在身边，然后命人放火焚烧鹿台，自焚而死，结束了他暴虐的一生。

周武王率军在朝歌城下得知纣自焚于鹿台，亲自举旗，将伐纣的诸侯们召集起来。诸侯们向周武王拜贺。然后，周武王率领诸侯进入朝歌，在鹿台前，亲自对着鹿台连射三箭，从车上下来，用剑对着鹿台挥舞三下，以示自己将纣消灭。又命人把纣的尸体抬出，周武王用黄钺斩下商纣的头，挂在大白旗上，昭示商纣已被诛杀。妲己和有莘氏都已自杀，周武王也斩其头，挂在小白旗上。翌日，周武王在朝歌郊设立了祭坛，举行隆重的礼仪，宣告天下："周革了殷（商）的命，商朝灭亡。我受天命管理天下。"自此，"小邦周"取代了"大邦殷"。

周公东征

公元前1027年，周武王灭掉商朝之后，迅速分兵四出，征伐商朝各地诸侯，基本上控制了商朝原来的统治地区。同年四月，武王返回周都。

周武王虽然灭掉了商朝，但周原来是商朝的一个西方属国，现在猝然间取代了商朝统治地位，如何牢固地控制东方地区，是摆在周统治者面前的一个严重问题。师尚父主张把敌人全部杀掉，以绝后患；召公认为应当加以区别，"有罪者杀，无罪者活"。周公提出了分化利用，既要进行武力监视，又要施以笼络的办法。武王最后决定，采用周公的办法，封纣的儿子禄父（即武庚）留在商朝旧都，通过禄父控制商人，而由武王的弟弟管叔、蔡叔和霍叔三人加以监督，称为"三监"。殷都以东为卫，管叔监之；殷都以西为鄘，蔡叔监之；殷都以北为邶，霍叔监之。

不久，周武王病死，子成王继位，由文王的弟弟周公旦摄政称王。管叔、蔡叔对此不满，散布谣言，说周公打算谋害成王，窃取王位。武庚乘机和管叔、蔡叔串通起来，联合了东夷中的徐（今江苏、安徽北部）、奄（今山东曲阜）、薄姑（今山东博兴附近）等方国部落，发动了复国战争。面临这种严峻的形势，周公毅然决定调动大军，举行第二次东征，平定武庚和管、蔡的叛乱。经过三年的持续战斗，周公取得了完全的胜利，杀了武庚和管叔，流放了蔡叔，进一步巩固了周朝的统治。

在《诗经》中，还保存有当年随周公东征的周族将士所唱的诗歌，一首是《破斧》。诗中唱道：

既破我斧，又缺我斨。周公东征，四国是皇。哀我人斯，亦孔之将！……

而最动人的是《东山》。诗是一位东征的战士，在胜利之后返乡的路上，思念阔别三年的妻子而唱的。他抒发了自己远征的劳苦和忧伤，想象妻子在思念自己，又不知离开了三年的家今天已变成了什么样子。妻子和自己结婚的时候，是那样美丽动人，而今也不知道变成了什么样子。这种种的忧思怀念，化为一首哀婉动人的千古绝唱！

周公东征虽然取得了胜利，但商朝潜在的社会势力并没有被彻底消灭，还很顽固地存在着。在周公东征的过程中，大批商朝贵族成了俘虏，周人称他们为"献民"；因为他们顽强地反抗周朝，又被叫做"殷顽民"。这些人时刻梦想着恢复过去的地位和荣华富贵。要制服他们困难很大。文王建都于丰，武王又在丰水东岸建立镐京（今陕西户县境），但都太偏西，不利于控制广大的东部地区。因此，武王在灭商之后便曾经考虑，在原来夏人的居住中心伊、洛流域建立一座新的都城。周公鉴于武庚和管、蔡大规模叛乱的教训，认为听任商朝旧贵族继续留在原来的地区是十分危险的，于是决定营建洛邑（即今之河南洛阳），把"殷顽民"迁到那里，并派大军震慑。周公派召公到武王选定的地区，测量了宫室宗庙的位置，作出了建都计划，监督殷人建筑新邑，作为统治东部地区的政治、军事中心。从此，周朝有了两座都城，西部的镐京称为宗周，东部的洛邑称为成周。周王朝在这里驻扎了八师（每师 12 000 人）的军队，称为"成周八师"，作为统治东方的基本军事力量。

周公对商朝的历史相当熟悉，从中吸取了不少统治经验和教训。他对于商的遗民不用严刑杀戮，而以所谓"义刑义杀"对付被征服的殷人。他告诫殷顽民说："我执行天罚灭掉商朝，把你们迁到洛邑来。现在不杀你们，还给你们房子和田地，你们要老老实实地向周朝臣服，以求得上天的宽恕！如果你们不老实地顺应天命，我不仅要夺去你们的土地，还要执行天罚，杀掉你们。"通过这样的软硬兼施和分化利用，殷顽民在严密的军事、政治监督下，对周朝的统治逐渐降服了。

周昭王南征

周王朝建立后，在南方，巴、濮、庸、卢等"群蛮"各国，以楚国为中心，很多还是商朝附属国，他们在南方延续着商文化。周成王封熊绎为楚君，但在政治上却歧视他们。成王派熊绎在歧阳举行盟会，只做看管祭神火堆的职务，不准他参加大会。楚人对这一事一直耿耿于怀，时刻都在积蓄自己的势力，扩大自己的领土，吞并周围的小国，曾一度自称为楚土，寻找机会与周抗争。周王朝当时是天下共主，当然难容楚国坐大，因此，自周初以来一直没有放弃对楚国及其附属国的征讨。成王时期曾就多次伐楚，并用军队戍守汉水一带。

昭王是西周建国后的第四代君王，周王朝已达到鼎盛时期。于是，征服楚国，平定南方的条件基本成熟。昭王多次率领军队向南方进攻，并多次获得胜利。同时，俘获大量的奴隶及财物，昭王还调用成周的八师驻军前去攻打楚国。成王时期的一件著名的铜器《令簋》记载了这次伐楚事件的铭文："昭王于伐楚伯在炎"。

连年的征战，虽使周王室所收获，但也激起楚国各族人民的憎恨与反抗。昭王五十九年，昭王再次率领浩浩荡荡的六师人马前往伐楚。传说，在南渡汉水的时候，当地人民把一艘用胶粘起来的大船献给了昭王，昭王得意洋洋地上了这艘船，在船行驶到汉水中心时，胶水被河水溶化，船散了，坐在船上的周昭王和同行的祭公一起掉进了水里。恰好有个力气大、胳膊长的侍卫辛游靡，奋力把昭王从水里捞起来，但这时的昭王早已被水淹死了。昭王率领的六师人马也被楚人打得一败涂地。

自此之后，周王朝失去了对南方的控制权，西周时期，楚国及整个南方没有被征服。楚国不断发展壮大自己的力量。夷王时，楚王熊渠分封三个儿子，把势力扩展到汉水长江中下游。到春秋时期，楚国终于成为五霸之一，雄踞南方，问鼎周疆，创造了光辉灿烂的楚文化。

宣王中兴

周共和十四年（前828年），周厉王死后，召公把太子静奉为天子，即周宣王。周宣王针对所处的内外交困的动荡局面，采取了一些措施，缓和了社会矛盾，得到经济短暂兴旺的景象。

首先，周宣王在政治上不专断，有事与大臣共同商议，《毛公鼎》上记载他发出的政令要有毛公的签字才有效。他申令各级官吏不要欺压百姓，不可贪财，不准酗酒，以扭转官府中腐败的作风。其次，在经济上，取消了厉王时期的专利政策，放宽了山林川泽的控制，周宣王还宣布"不藉千亩"，废除藉田典礼。"藉"就是"借"，藉田是让族众耕种王室和贵族的土地。西周以来，周天子和各级奴隶主贵族控制着大面积的良田沃土，这些土地称为公田。由于当时生产技术低下，耕作公田时需要进行大规模的集体耕种。每年春季，周天子和贵族官员都要举行"藉礼"。废除藉田制，是把贵族、王室的公田分给族众们让他们去耕种，然后王室收取成果。

"不藉千亩"的措施，也使一部分国有土地上的奴隶转化为"隶农"，他们的劳动生产积极性有所提高，原没有人格的奴隶，具有了半独立的人格，成为"隶农"，农业生产逐渐有所恢复。宣王凭借暂时得到恢复的国力，开始了对外的征战，北伐猃狁、西戎，南征荆蛮、淮夷，使宣王时局得到"中兴"。

自西周中叶，少数民族就时有犯周的行动，为了解除这些少数民族的威胁，转移国内视线，周宣王先后发动了对西北猃狁、东方徐戎、南方楚和西方戎人的征伐。

周宣王二年（前826年），宣王开始对南方的荆蛮和东南的淮夷发动了战争。他曾命令方叔带兵攻打荆蛮，命令召虎率师攻伐淮夷，命令尹吉甫征讨徐戎。直到公元前810年，历经十六年的苦战，才把这些部落征服，这样，周王朝的版图又扩大了。周宣王把新征伐的土地赏赐给召虎、申伯、仲山甫等功臣。

宣王时的征战，从少数民族手中收复了周朝中期以后因国力衰弱而失去的国土，并且还恢复了边疆少数民族与周王朝的关系。这与周共王以来那日渐冷落的局面形成鲜明的对比。后人称周宣王的这一时期为"宣王中兴"。

宣王晚年，不断的对外战争，使国力损耗很大。周宣王三十六年（前792年），宣王征伐条戎、奔戎，遭到惨败。周宣王三十九年（前789年）征伐西戎时不得不把"南国之师"调来作战。但这一仗宣王再次遭败北，"南国之师"被戎人彻底消灭了。财力和人力的严重困乏，使得宣王想到了利用各级贵族手下没有被国家控制的"隶农"，让贵族们按照实际的人数带领他们从事战争和各种劳役。这便是历史上所说的"料民于太原"。所谓"料民"就是统计人口。在实行这政策前，王室中就设有"司民"，掌握天下人口数字，国家对应服兵役和各种徭役的人数也是清楚的。但由于奴隶是没有姓氏的，没有资格列入统计之内，因此，贵族们就利用奴隶们的剩余劳动为自己开辟私田，想方设法向王室隐瞒人口的实际数字。实行"料民"引起了王室与贵族间的矛盾，当然遭到贵族们的反对。有一个名叫仲山甫的大臣，曾对宣王说，老百姓的人口数目是不能统计的。但周宣王不顾贵族们的反对，坚持"料民"，而使周王朝所能控制的人口数目有所增加，兵源问题也得到暂时的补充。

但是，由于西周奴隶制王朝已不是一朝一王所能挽救的，宣王的"中兴"也只是延缓了社会崩溃。所以，宣王死后，到了他的儿子幽王时，西周王朝终于在天灾、人祸和外族入侵中灭亡了。

周平王东迁

  周宣王死后，太子继位，即周幽王。幽王执政时，暴虐荒淫，百姓怨声载道。幽王宠幸褒姒，褒姒生的儿子取名为伯服，幽王废掉太子，同时又废除太子的母亲王后，立伯服为太子，立褒姒为王后。太史伯阳父说："祸患已经酿成了，谁也没有办法了！"

  周幽王时设有烽燧台和大鼓，当敌寇入侵，就点燃烽火以召集援兵。褒姒不爱笑，幽王为了取悦褒姒，让士兵点燃烽燧，诸侯们率兵赶来，却不见敌人，褒姒见此果然大笑。幽王喜欢她的笑，就屡次点燃烽火。最后诸侯们再也不来了。

  虢石父是幽王时的部下，为人谗佞巧诈，善于逢迎好利，百姓都厌恶他，而幽王任石父为卿，执掌政事。这事使被赶走的太子和被废除的申后极为愤怒，便纠集了缯国和西夷、犬戎一并攻打幽王。幽王燃起烽火，以召唤援兵，但诸侯却都不派兵，最后，犬戎将幽王杀死在骊山下，俘走了褒姒，掳光了周京的财物。而后，诸侯跟着申侯一起拥立前幽王太子宜臼，即平王，以供奉周朝的祭祀。

  周平王即位时，周朝都城镐京（今陕西长安西北）已残破不堪，戎人遍布王畿各地，周王朝常受其滋扰。因此，周平王元年（前770年），周平王在各诸侯的护卫下迁都到洛邑（今洛阳）。由于洛邑在镐京的东部，所以历史上称为"平王东迁"。迁都后的周王朝便称为东周。

  平王东迁时，主要依靠的力量有郑国、卫国、秦国、晋国。这四个国在当时地理位置上是围绕着东周王室，可起到护卫王室的作用，还兼有与东周王朝联系方便的利处。

  郑国的桓公是周宣王的庶弟，被封于郑。他执政有方，颇得郑国百姓的拥戴。周幽王时提升他为王室的司徒，又得到河、洛地带民众的好感。犬戎入侵时，他坚持在王朝守职，和幽王同时被杀。郑桓公的儿子武公一心替父雪耻，在与戎人的交战中，身先士卒，临危不惧，战功显赫，周平王命他继承父职，为周王朝的司徒。

卫国封于周初，卫国的祖先卫康叔原是周武王的弟弟。周夷王时封卫顷侯为侯爵。到了卫武公时期，他一心恢复卫康时实施的各项德政，使国家繁荣、百姓安宁。当卫武公得知犬戎杀死幽王的消息时，他带领将兵立即前往宗周，与戎人勇猛作战，立下了大功，被周平王晋封为"公"的爵位。

秦国的襄公与西戎是世代冤仇，他的祖先是周宣王时的秦仲。宣王时提拔秦仲为大夫，在讨伐西戎的战斗中殉职。秦仲的长子庄公带领四个兄弟，继承父业，得到宣王补充七千人马，大胜西戎。后被宣王封为西垂大夫。秦庄公的长子名世父，他一心想为祖父秦仲报仇，誓言："戎人杀了我祖父，我必得杀死戎王！"他把应他继承的爵位让给了弟弟襄公，自己则率兵与西戎拼搏去了。后来出师未归，战败后成为戎人的俘虏，被关押了一年多才回来。秦襄公在幽王被杀以后，为雪祖恨兄辱，带兵竭尽全力挽救周王室，并立下功勋。

春 秋

（公元前 770 年～公元前 476 年）

东周被史家分为春秋和战国两个时期，这一时期的政治中心逐渐从周王室转移到了诸侯各国。

公元前 770 年，周平王东迁之后，中央政权的权力受到了极大的削弱，不再有控制诸侯的力量。诸侯国互相兼并，大国陆续出现，从而打破了诸侯并列、王室独尊的局面。在兼并过程中，西周原有的旧制度逐渐遭到破坏，特别是宗子世袭不得买卖的宗族土地所有制，开始向个人私有可以买卖的家族土地所有制转化，这种转化成为东周社会各种变动中最基本的一个变动。一般来说，西周社会比较安静，东周则进入动荡时期，频繁的兼并战争，加重了人民的痛苦，与此同时也推动了社会向前进步。这一时期，既是诸侯、大夫兼并盛行的时期，也是华族和南方蛮国争霸的时期。战争破坏了旧秩序，产生了新制度，其主要标志是：旧的领主阶级逐渐被新的地主阶级所代替，旧的农奴阶级逐渐被新的农民阶级所代替。

战争的频繁发生和军费的巨大支出是春秋时出现的一个新矛盾。为了缓解这种矛盾，以鲁国"初税亩"为首，开始了一系列的经济改革。另外铁器农具和牛耕的广泛使用，大大提高了农业生产力，促进了手工业和商业在诸侯国间的广泛发展。

东周文化已经有了相当大的发展。许多思想家、政治家、军事家纷纷著书立说，逐渐演化出中国历史中著名的战国时期"百家争鸣"的文化高潮。

郑庄公兄弟相残

　　春秋时期的郑国为姬姓国，其始封者为周宣王母弟郑桓公姬友，始封地则在今陕西华县东北。周幽王时，郑桓公为王室司徒，深感王室多变故，欲为后世寻避难之所，将一些王室财产藏匿于虢、郐之间，后来郑武公取而都之；其地即今河南新郑。春秋初年，郑国实为诸侯中之大国。但不久，当武公子庄公即位之后，郑国却发生了内乱。

　　当初，郑武公娶于申（姜姓诸侯），妻子曰武姜。武姜生了郑庄公和段两个儿子。庄公出生的时候，是逆着生出（足先出而头在后），被姜氏视为不祥，因而厌恶他，而喜爱小儿子段，并且想立段为太子，以便将来继承王位。姜氏几次向郑武公请求，都被郑武公拒绝。后来郑庄公即位之后，武姜向庄公要求把制（今河南荥阳汜水镇）作为段的封邑。郑庄公拒绝了，说："制是国家的险要之邑，东虢君恃之以作乱，而死在这里。其他不论哪个邑都行。"武姜又要求京（在今河南荥阳南二十余里），庄公答应了，让段居于京。郑大夫祭仲看出了其中潜藏的危险。他对郑庄公说："都邑的城墙长度超过百雉（一雉三堵，一堵长一丈、高一丈，则一雉高一丈长三丈，百雉长三百丈），就会对国家产生危害。按照先王的制度，大的都邑不能超过国都城墙长度的三分之一；中等都邑不得超过五分之一；小的不能超过九分之一。而如今，京邑却不合于法度。这样下去，君将不堪。"其实，郑庄公心里比谁都明白，却不在面上露出来。听了祭仲的话，郑庄公回答说："姜氏（指其母武姜）想这样，我有什么办法？"祭仲说："姜氏何厌之有？对太叔段，您应及早处置，不要让他发展起来。等到他地盘、势力蔓延发展起来，您可就难办了。蔓延生长开来的野草都不可除，何况是君之宠弟呢？"郑庄公说："多行不义，必自毙。你等着就是了。"

　　过了不久，太叔段又下令让郑国西部与北部边境的两个城邑"贰于己"，即使这二邑，既属郑庄公管辖，又要听他的号令。此事在郑国大臣中引起了不安。郑大夫公子吕对郑庄公说："国家是不可能同时听命于两个人的。您若是想把君位让给太叔，我请求您允许我去服事他。如果您不让，则请您除掉他，不要让民众的心倒向他那边。"郑庄公听了以后，说："用不着，他将自己找祸。"又过了不久，太叔段将西边和北边两属的城邑收为己有，势力一直发展到廪延（在今河南延津东北）。这一来，有些大臣更惊慌了。公子吕对郑庄公说："行了，该行动了。让他的势力再增长下去，便可能获得国人的支持。"郑庄公心里早已有数，说："不义则不能获众心，势力发展下去，只能走向崩溃。"

太叔段为夺取君位，更加紧准备。修缮城墙，积聚粮食，修补甲兵，征召军队，训练士卒。等这一切准备停当之后，太叔段准备偷袭郑国国都，而庄公母武姜将暗中接应，打开城放他们进来。从一开始，郑庄公便密切注意着太叔段的一切行动，并采取相应的对策。只是庄公过于狡猾，不像太叔段那么张牙舞爪。他只在暗中准备，因而别人看不出来。这时，庄公派出去的间谍向庄公报告了太叔段行动的准确日期。郑庄公听了以后，说："行了，到时候了。"立即先发制人，派公子吕率二百战车向京邑发动进攻。太叔段只想着要进攻庄公，却没想到庄公突然派兵来攻他，毫无准备，被打了个措手不及。而京邑的人也不支持太叔段，背叛了他而向郑庄公投降。太叔段被打败，从京邑逃到鄢（今河南鄢陵西）。郑庄公的军队又追踪到鄢。太叔段又从鄢出奔到共（卫国邑，今河南辉县）去了。郑庄公在这场斗争中取得了完全的胜利。这一年是周平王四十九年（前722年）。

太叔段出奔以后，郑庄公余怒未消，把母亲武姜也抓了起来，囚禁在城颍（今河南临颍西北），并发誓说："不及黄泉，无相见也。"意思是不死不相见。

可过了一段时间后，郑庄公又后悔了。因为武姜毕竟是自己的母亲。但话已出口，不好收回。

颍谷（地在今河南登封西南）封人（边疆地方长官）颍考叔知道了郑庄公的窘境以后，便去为郑庄公出主意，给庄公找台阶下。他去见郑庄公，郑庄公赐之食，颍考叔食而舍肉不吃。郑庄公问为什么，颍考叔回答说："小人的母亲已备尝小人奉献的食物，却还未尝过您赐给的羹饭。请您允许我带给她。"郑庄公听了，长叹一声说："你有母亲可以带肉给她，而我却没有。"颍考叔明知其故，却故意问道："敢问这是何意？"郑庄公就把事情的前后经过都告诉了颍考叔，并说自己很后悔不该那样做。颍考叔听了以后说："您有什么可担忧的？如果掘地及泉，在地下的隧道中相见，别人谁还能说什么？"郑庄公听了，认为是个好主意，便照颍考叔的话办了。隧道挖好后，郑庄公和母亲即在隧道中相见。遂恢复了母子关系。

周王室的衰落

西周末年，周天子地位衰微，强大起来的诸侯逐渐不听从王室的指挥。到春秋前期，这种状况愈演愈烈，以致在周桓王十三年（前707年），爆发了周、郑繻葛（今河南长葛东北）之战，郑国的祝聃竟敢于以箭去射天子周桓王。

春秋初年，郑国同王室的关系最为密切。郑武公以大军保护周平王东迁，其后成为王室卿士。郑庄公继位后，仰仗祖先的功劳，在王朝内专横跋扈。庄公在国内与其弟公叔段不和，经常不理王室之政，于是周平王就打算让虢公与庄公为左右卿士共同掌管王事。郑庄公得知这个消息后，即责问平王。平王矢口否认，并提出君臣互相交换人质，以示信任。周平王五十一年，平王去世，太子林继位，是为桓王。桓王上台后便准备授虢公政以分庄公之权，庄公得知，想给新即位的天子一个下马威，派祭足带领人马把王室在温地（今河南温县）的麦子割掉，把成周（今洛阳东）的禾割走。至此，周、郑交恶。

　　桓王毫不示弱，郑庄公很快意识到失去同周天子的密切关系，对自己在诸侯中争雄不利，于是便试图和解，于周桓王三年（前717年）亲自到王都朝见桓王，桓王却不加礼遇，不久又任命虢公忌父为王室右卿，与郑庄公共理朝政。周桓王八年（前712年），桓王又用本来不属于王室的十二个邑作为空头支票，换取郑国四邑，使郑国白白丢了四个邑；到周桓王十三年，桓王干脆罢免了庄公的左卿士之职，因而庄公也就不去朝见他。这样，桓王便率领王师及蔡、卫、陈之师讨伐郑国，郑国也出兵抵抗，两军在繻葛摆开阵势。

　　王师方面的部署是：桓王亲率中军，虢公林父将右军，周公黑肩将左军；蔡、卫两国军队属右军，陈国的军队属左军，呈"鸟阵雁行"的阵势，突出中军。郑国方面针对王师的部署，采取"鱼网之阵"的阵法，把主力放在左右两方阵上，中军摆在两方阵中间靠后，郑庄公率中军，祭仲将左方阵，曼伯将右方阵，左右方阵中把战车排列在前面，步卒配置于战车之后，填补车与车之间的空隙，构成密集队形。开战时让左右方阵先接敌，打垮对方力量较弱的左、右军，然后三军呈鱼网状合围对方中军主力。

　　两军交战，郑庄公在原繁、高渠弥护卫下坐阵中军，并与祭仲、曼伯约定中军大旗挥动时，左右两方阵同时发起攻击。开战后，陈国由于内政处于动乱之中，士气不高，遇到郑军方阵的攻击，立即溃逃，周王室的左军士卒跟着也败下阵来；蔡、卫两国的军队本无战斗力，在受到攻击后，抵挡不住，转身而逃，王室的右军也随之溃败。然后，郑国三军合围周王中军，祝聃一箭射中周桓王的肩膀。桓公忍着箭痛，指挥军队退却。祝聃请求庄公下令追击，庄公认为君子对一般人尚且不能逼之太甚，何况对于天子！如果能够使国家免于危亡，这就足够了。因此，按兵不动。当天晚上，郑庄公派遣祭仲去慰问周天子及其随从，表示郑国只是不得已应战，愿同王室和好。繻葛之战是诸侯强大、王室衰微的一个标志，祝聃"射王中肩"，王师惨败于诸侯军队名下，这使周天子的威风扫地，事实上等同于诸侯。同时这一仗也拉开了列国争雄的序幕。

晋楚城濮之战

　　周襄王十九年（前633年），楚成王准备围攻宋国，派前令尹子文在睽地演习练兵，派令尹子玉在蒍地作战前演习。子文一早就完事，没有惩罚一个人；子玉整整一天才结束，鞭打七人，箭穿三个人的耳朵。子文设宴，元老们都表示祝贺，年轻大夫蒍贾却不祝贺，认为子文把楚国政权让给子玉，而子玉刚愎自用，内不能治理百姓，对外率领兵车超过三百乘，恐怕就要吃败仗。子玉如果失败，那是由于子文的推荐，等到子玉胜利归来再祝贺，也不算迟。不久，楚成王便会同陈侯、蔡侯、郑伯、许男围宋。

　　宋国的公孙固急忙到晋国报急求救。晋国名将先轸认为，报答宋襄公在晋君流亡时的施舍，救援宋国被围之难，成就晋国的霸业，都在这一次了。晋文公之舅狐偃认为，楚国刚刚得到曹国，又新近同卫国结成婚姻，如果攻打曹、卫，楚国一定会救援，那么宋国和齐国就可以免遭楚军的进攻了。于是，晋国就在被庐举行大规模的阅兵式，组建上、中、下三军，晋文公委派却谷统率中军，却溱辅佐他；委派狐偃率领上军，狐偃把上军之帅让给狐毛，自己做副帅；又派栾枝率领下军，先轸辅佐他。荀林父为晋文公驾御戎车，魏犨为车右。

　　周襄王二十年春，晋文公打算攻伐曹国，向卫国借路，卫国不答应。晋军回师，从南河渡过黄河，袭击曹国，攻打卫国。正月，晋军占领了卫国的五鹿；二月，晋中军元帅却縠去世，先轸继任中军之帅，胥臣补先轸的空缺辅佐下军。晋侯与齐侯在卫国的敛盂结盟，卫成公向晋请求订立和约，晋国不答应。于是卫成公想投靠楚国，卫国的贵族不同意，就赶走他们的国君，以此来向晋国讨好。卫成公只好离开国都居住在襄牛。鲁国大夫公子买率鲁军助卫防守，楚军救援卫国，不能取胜。鲁僖公害怕晋国伐鲁，就杀了公子买来讨好晋国，对楚国人却说，公子买没有完成戍守的任务，所以杀了他。

　　晋军在打败卫国后，又包围了曹国国都，攻打城门，战死许多人。曹国的士卒把晋军的尸体陈列在城墙上，以此打击晋军士气。晋侯很为此事担忧，士卒们献策说：让军队在曹人的墓地扎营，示意掘他们祖先的坟。文公采纳了士卒们的意见，曹人果然非常恐惧，就把晋军的尸体用棺材装好送出城来，晋军乘机发起进攻，攻破曹都，俘获曹共公。晋文公当年流亡在曹，曹共公无礼地观看他洗澡，文公一直耿耿于怀，现在俘获了他，于是文公列举曹共公罪状，责备他不用贤臣僖负羁，却大封亲戚故旧，使曹这样一个小小的国家，大夫就多达三百余人。为了报答僖负羁当年赠飧置璧的恩惠，文公下令不许晋军进入僖负羁的住宅，同时赦免了他的族人。当年跟他流亡的魏犨、颠颉很生气，认为文公不考虑有功之臣，却去报答那些小恩小惠。于是两人带兵就放火烧了僖负羁的住宅，魏犨放火时伤了前胸。文公很恼怒，打算杀死他，但又爱惜他的勇武，就派人去察看伤情，如果伤势严重，就准备杀他。魏犨伤得不重，文公于是饶恕了他，杀颠颉在军中示众，又命舟之侨为兵车右卫。

　　晋军袭击卫国进攻曹国，原是为解宋国之围。但楚国见此二国已失，并不前来相救，反而率陈国、蔡国的军队加紧围攻宋国。于是宋国派大夫门尹般向晋君告急求救。晋文公十分为难，舍弃不管，宋国就会与晋绝交；请楚国退兵，楚国肯定不会答应；如果与楚国作战，齐国和秦国不会支持。进退两难之际，中军元帅先轸献上一计：让宋国用财物去贿赂齐、秦两国，请他们出面求楚国退兵，晋国扣留曹共公，然后分曹国、卫国的土地给宋国。楚国同曹、卫两国友好，其国土被分，必定不会答应齐、秦的调解，而齐、秦二国接受了宋国的贿赂、又恼恨楚国不给面子，就必然出兵伐楚。晋文公同意了先轸的离间计。果然，齐、秦与晋联合了起来。

　　楚成王见形势不利，退回申地（今河南南阳）驻扎，防备秦国的袭击，又命令成守齐国谷邑的申公叔时和围攻宋国的子玉率部撤退，避免与晋军交战。他认为晋文公在外流亡了十九年，险阻艰难，全都经历了：民情真假，他都知道了，上天使他享有高年，同时除掉他的祸患。天所予，不可败。但是子玉却骄傲自负，坚持要与晋军作战，他说：虽不敢保证一定能建立什么了不起的战功，但希望用胜利堵住奸邪小人（指楚大夫蒍贾）进谗言的嘴。于是，子玉派大夫宛春到晋军中谈判，条件是恢复卫侯的君位，同时退还曹国的土地，楚军解除对宋国的包围。狐偃认为子玉太无礼，晋君（文公）只得到释宋之围一项好处，而楚臣（子玉）却得到恢复曹、卫两项好处，先轸不同意，他认为楚国一句话就使曹、卫复国、宋解围，三个国家都安全，晋国如果不同意，这三国就均被灭亡，这就是晋国无礼。不如暗中答应恢复曹、卫两国，使他们叛离楚国；再用扣留楚军使者宛春的办法来激怒子玉，等打完仗再考虑曹、卫的问题。晋文公很高兴，就采纳了先轸的意见。曹、卫两国果然派人到子玉营中同楚断交。子玉十分气愤，立即率军北上与晋军作战。文公见楚军逼近，下令退避三舍（古时一日行军 30 里为一舍）。将士们对后退很不理解，认为晋君躲避楚臣是极大的耻辱，何况楚军攻宋不下，在外转战多时，已经疲惫不振。狐偃向他们解释这样做是为了报答文公当年逃亡时楚君给予的恩惠，兑现文公当年所许的"两国若交兵，退避三舍相报"的诺言。于是晋文公、宋成公、齐国大夫国归父、崔夭、秦穆公之子小子憗率军退后九十里，在卫国的城濮（今山东濮县南）驻扎下来。楚军随即逼了上来，在城濮附近的险要地带扎营。

晋文公既害怕别人议论自己忘恩，又担心士卒不愿尽力作战，所以在与楚交战的问题上犹豫不决。三军将领都劝他下决心打。狐偃认为，这一仗若打胜，就可以得到诸侯国的拥戴，取得霸主的地位；即便打不胜，晋国外有黄河之阻，内有太行之险，没什么可担忧的。栾枝也说，汉水北面的姬姓国都被楚国吞并，思念小恩小惠而忘记大耻大辱，于国不利，应当与楚国交战！文公这才坚定了决心。

子玉误把晋军礼让性的后撤误认为是害怕楚军，于是刚扎下营盘便派大夫斗勃向晋文公挑战道："请和您的部下游戏一番，您可以扶着车前横木观赏，我也陪您来开开眼界。"文公让栾枝回答说：我们国君领教命令了。楚王的恩惠不敢忘记。既然得不到谅解，那就烦请大夫告诉你们的将帅：准备好你们的战车，敬奉你们的君命，明天早晨战场上相见！

晋楚城濮大战前，晋军方面，有战车 700 乘，兵员 37 000 人，另有齐、秦、宋的支援。中军元帅是先轸，却溱为副；上军主将是狐毛，狐偃为副；下军主将是栾枝，胥臣为副。楚军方面，子玉为中军主帅，指挥警卫王室的西广、东宫及若敖六卒，共有战车 180 乘；子上为右军主将，指挥陈、蔡两国的军队；子西为左军主将，指挥申、息两地的地方部队。晋军的上军对楚军的左军，下军对右军，临战，子玉夸下海口说："今天晋军必定覆没！"

战斗开始，晋下军副将胥臣命令士卒把驾车的马蒙上虎皮，首先向楚右军发起攻击，陈、蔡的军队跟从楚军本是不得已，遭到这一突然进攻，立即溃不成军，蔡国公子印也被杀死，晋上军主将狐毛另设前军两队，出击楚军的逃兵，楚军右翼被彻底打垮；晋下军主将栾枝让士卒砍伐木柴拖在车后，扬起尘土，伪装败逃，楚中军立即发起追击，左军主将子西求胜心切，以为晋军主力溃逃，带部率先追赶，造成楚军侧翼空虚。晋见楚中计，元帅先轸率领中军精锐拦腰截击，狐毛、狐偃反转回头杀来，前后夹击，楚国的左军也被打垮。子玉见左右两军全垮，急忙收兵，这才不至于全军覆灭。

城濮之战以晋胜楚败而告结束。晋军在楚营内歇兵三天，班师而归。向周天子献上俘获的战车 100 辆和俘虏的步兵 1 000 人。周天子设宴款待晋文公，命令大臣尹氏、王子虎和内史叔兴父用策书颁命晋文公为诸侯之长，并赏赐了文公许多财物。

楚成王本不愿与晋交战，听说子玉大败而回，就派人对子玉说："你失败回来，有何面目见申、息两地的父老呢？"逼子玉自杀谢罪。但在打发走使者后，成王又后悔起来，忙派人收回成命，这时子玉在连谷（今河南西华县南一带）已自杀了。

城濮之战使晋国国威大振，以前与楚国结盟的国家纷纷投靠晋国。文公在践土（今河南原阳县西南）建造王宫，与诸侯会盟，占据了霸主的地位。而楚国北上的战略在这一战中受到沉重的打击，此后一段时间只好转向南方经营。

秦晋殽之战

周襄王二十二年（前 630 年），烛之武说退秦师后，秦、郑结盟，杞子、逢孙、杨孙等大夫带二千人马被派往郑国戍守。二年后，杞子从郑国派人向秦穆公报告说：他已经掌管了郑国都城北门的钥匙，如果秘密发兵前来，里应外合，郑国肯定会到手。秦穆公召集大臣商量出兵之事，年迈的蹇叔和百里奚都不赞同，认为军队劳苦跋涉去袭击远方的国家，将卒辛劳、精疲力尽，郑国又有防备。再说千里行军，谁人不知？劳苦而无所得，将士也不会满意。秦穆公不听蹇叔的劝告，召见百里奚的儿子孟明视和蹇叔的儿子西乞术、白乙丙三人为大将，率领大军从国都东门处出发。蹇叔哭着对孟明视说，我只能看见军队开出去，却看不到他们回来了！秦穆公派人对他说：你知道什么？如果你六七十岁死了，你坟上的树现在也该有两手合抱那么粗了？蹇叔的儿子参加了出征的队伍，蹇叔哭着送他说："晋国必定在殽山（今河南济宁西北）一带阻击秦军。殽山有两座大的山陵，南面的山陵，是夏后皋的坟墓；北面的山陵，是周文王避过风雨的地方。你们必将死于两座山陵之间，我在那里为你们收尸吧！"

秦军向东进发。周襄王二十五年春天，秦军经过周王都洛邑的北门，兵车的左右卫脱去头盔，下车步行，以表示对周王的敬意，但是随即就跳上车，战车有 300 多辆。周共王的玄孙王孙满年纪还小，看到秦军的这种举动，认为秦国的军队轻佻而无礼，必然打败仗。

秦军到达滑国（今河南巩县西北），遇上了准备到周王都贩牛的郑国商人弦高。弦高见秦军突然而来，郑国毫无准备，急中生计，自称是郑国派来的使臣，先致送四张熟牛皮，然后又奉送 12 头牛犒劳秦军，假称受国君的委托来犒赏秦军，对秦穆公说：敝国并不富厚，为了您的随从能够在这里生活方便，住下就提供一天的食物，离开就准备一夜的守卫。同时，派人火速向郑国报告。

郑穆公得到消息后，派人去馆舍探视杞子等人的动静，发现他们已经装束完毕，磨利兵器、喂饱战马了，于是派皇武子下令逐客。杞子逃跑到齐国，逢孙、杨孙二人逃到宋国。秦军得到报告，主将孟明视认为郑国已有准备，没有得到郑国的希望了。攻郑不能取胜，围郑又无后续，建议早日回军。因此，秦军回师，顺路灭掉滑国。

就在这时，晋文公刚刚去世，晋国大臣认为秦国此举严重威胁晋国的霸业。晋国大夫先轸认为机不可失，放走秦军要生后患，一定要阻止秦军。栾枝则认为，先君复国，靠的是秦国的支持，未及报恩就攻打人家，对不起死去的先君。先轸反驳说：秦国不因我们的丧事而悲伤，反而攻打我们的同姓国，这是秦国无礼。一旦放走敌人，几辈子要受祸患，我们为晋国子孙后代着想，这可以对去世的国君说！于是就发布命令，紧急动员姜戎的军队，晋襄公染黑丧服，领兵出征，梁弘驾御车，莱驹做保镖。

同年夏四月，晋军在殽山击败秦军，俘虏了孟明视，西乞术、白乙丙，胜利而回，然后身着黑色的丧服安葬了晋文公。晋文公的夫人（秦穆公的女儿、晋襄公的母亲）文嬴请求释放秦国的三位将帅，说是他们三人挑拨晋、秦两国国君的关系，如果父王（秦穆公）得到这三人，就是吃了他们的肉也不满足，何必屈尊晋君去惩罚他们！莫如让三人归秦接受刑戮，也使父王快意。于是，晋襄公就答应了她的请求。

先轸入朝进见晋襄公，问起秦国的囚犯。襄公说："母亲代他们求请，我把他们放了。"先轸大怒，认为将士们拼力把他们从战场擒获，一个妇人说几句谎话就把他们从国都释放，毁伤自己的战果、助长敌人的气焰，亡国没几天了！说着说着对着晋君就往地下吐唾沫。晋襄公十分后悔，立即派阳处父去追赶孟明视等人，追到黄河岸边，孟明视等已经上船离岸了。阳处父解下车左的骖马，说是晋襄公要赠送他们，请他们上岸。孟明视等在船上叩头辞谢道：蒙晋君的恩惠，不用我等的血涂军鼓，使我们回归秦国接受刑戮。秦君如杀了我等，死而不朽；如托晋君的恩惠得到赦免，三年之后，必将拜谢晋君的恩赐。这实际上是说三年之后必来报仇。

秦穆公衣着素服，在郊外对着释放归国的将士号哭，说："我不听蹇叔的忠告，致使你们几位蒙遭耻辱，这是我的罪过！"继续任用孟明视等人。

殽之战以及其后的秦晋彭衙之战，使秦国向东扩张的战略连连受挫，无法东进。于是，秦穆公就把战略重点转向西，展开了称霸西戎的大业。

战 国

（公元前 475 年～公元前 221 年）

战国是指从公元前 475 年春秋战国之交到公元前 221 年秦统一中国的这一历史时期。经过春秋时期长期的争霸战争，许多小诸侯国逐步被大诸侯国吞并。战国开始，诸侯国已经为数不多，其中主要有齐、楚、燕、韩、赵、魏、秦等七国，历史上称作"战国七雄"。战国时期，封建社会的君主专制中央集权制度开始形成。由于社会经济的发展，新旧势力之间进行着激烈的斗争，各国纷纷实行变法改革。在各国激烈的兼并战争中，变法最彻底、最成功的秦国力量最强，并在长期的较量中最后统一了中国。战国时期，历史经历着划时代的变革，华夏各国社会政治制度、经济制度、军事制度、教育制度都在发生深刻的变革，与此相应，社会各阶层的思想观念也在发生着重要而深刻的变化。当时的人形容这种变化是"高岸为谷，深谷为陵"。经济的发展，社会的变革，使社会分割成更多的不同利益集团，他们对变革的反映和主张是多种多样的。西周以来"学在官府"的局面也被打破，学术下移，私学普遍出现。教育过程和教育内容不受政治干预，教育内容由教师自己决定，教师往往不以传授成说成名，而以创造新说来吸引弟子，所以这一时期教育大师几乎同时又是思想大师。由于各国统治者图谋富国强兵，新出现的官僚机构也都需要知识分子来出谋划策，因而这个时期，各诸侯国都十分重视网罗并重用知识分子，"礼贤下士"成为一时风气。在这种大的政治气候之下，当时的士几乎都可以无所顾忌地品评时政鼓吹自己的理想，不同学派之间互相驳斥，又互相吸收，大都能表现出一种尊重真理的态度。所以士们往来穿梭于列国之间各抒己见，形成了一个"百家争鸣"的文化繁荣和思想开放的局面，从而也把我国的思想文化推向了一个空前的高峰。

　　进入战国时代之后，中国文明在行为、生活方式、科学与艺术形象上更加深刻而丰富，并因此而具有更多的联系性。春秋以来的个体化发展使得七国人发展出了各自不同的性格。秦人具有边远游牧民族朴实、坚强、重实利的性格，他们的耕战使得他们力量最为强大；另一方面，他们却是最正统的中国人，他们的文字风格继承了西周的标准字体，他们的石鼓文保持了周代诗歌的特色；他们有实干精神，品格坚毅，但文明的创造力却相对缺乏。楚人带有一些边远民族的特色，更多的是具有华丽和神秘的南方色彩，楚国人的绘画、神秘宗教以及诗歌都是如此。中国的神话和占星、巫术主要来源于楚和南方各民族。但那时的楚人和晋东渡以后的江南人的柔媚毫无关系，他们多的是壮烈、奇谲的色彩。齐鲁由古代文化中心变为一个没落的小国，有一股破落户的味道，教养高而意志消沉，它培养了稷下学派。燕赵自古多壮士，但它的壮士是古典的、英雄主义的，根本无法抵挡纪律严明和高度组织化的秦国士兵，正像浪漫主义的悲剧英雄项羽不能战胜精明的政客刘邦。潇潇易水河畔的悲歌只能使后人徒然叹息。韩魏等中原各国在很多方面继承了东周的遗产，有一种中央意识，但也更多的是机会主义，在夹缝中左支右绌。战国时代的政治仍以各国之间的征战为特征，但出现了联合的明显趋势。合纵、连横就是其中的显著代表，联盟作战有了比春秋松散联盟更重要的意义，并最终走向统一。

三家分晋

春秋初年，晋国还是一个弱小的国家。从晋献公开始，国力逐渐增强，先后灭掉了周围不少小国，疆域日益扩大。到了春秋中期，晋国已占有今山西省的大部分，河北省的西南部，河南省的北部和西部，陕西省的东部和山东省西部的一小块。献公死后，他的四个儿子夷吾、重耳、奚齐、卓子互相争夺君位，晋国一度大乱。后来，重耳在秦国等国的帮助下返国即位，是为春秋五霸之一的晋文公。晋文公在位时，当年跟随他出亡的赵衰、魏犨日益显贵，继而辅佐他称霸的荀林父（中行氏），敬首（智氏）也先后被重用，加上稍后兴起的范会、韩厥，在晋国出现了赵、魏、韩、范、中行、智氏新兴的六大异姓贵族。这就是所谓的"六卿"。

"六卿"的势力日益强大，同晋国公室展开激烈的斗争，如赵氏家族，竟敢把晋灵公杀死。到了晋厉公即位后，异姓公族势力之大，已经到了难以驾驭的地步，为了巩固晋公室的统治地位，晋厉公笼络了胥童、夷阳五、长鱼矫等一些姬姓旧贵族，想凭借这些力量，扫除六卿的势力。而当时晋国朝中和赵氏关系密切的郤氏，同旧贵族之间积怨甚重，于是旧贵族栾书便与其他旧贵族串通，聚积甲士八百人，准备用武力歼灭郤氏，长鱼矫认为强攻未必能取胜，主张用计消灭郤氏。当他得知郤至、郤犨、郤锜正在讲武堂议事时，便同厉公豢养的力士清沸魋各带兵器，装作两人斗殴前来告状，闯入讲武堂将郤锜、郤犨杀于座位之上，郤至明白中计，拔腿就跑，被长鱼矫赶上来，一戈毙命。晋厉公把三郤尸体陈列在朝堂，以此威胁和公室对抗的家族。但不久，厉公出游，栾书、中行偃（荀林父之孙）便率家兵囚捕了厉公。斩了胥童，并在周简王十三年（前573年）派人杀死厉公，迎立晋悼公。

晋悼公任魏犨之子魏绛为中军司马，掌管军法。魏绛执法严明，不阿权贵，协助晋悼公改革内政，外和戎狄，使晋国一时间又称霸中原，而魏氏家族也因此更加显赫。

在当时的旧贵族中，栾氏是极为显贵的家族之一，居于卿位，世代相袭，亲属和党羽在朝中做官的很多，非常霸道。到栾书的儿子栾黡时，更是变本加厉，引起了新兴家族和国人的不满和反对。六卿之中，赵氏、韩氏、中行氏、智氏、范氏都与栾氏不和，尤其是栾、范两家，相为仇敌，只有魏舒因其父与栾盈有旧交。在这种情况下，范氏家族凭借自己的职权，挟持平公到固宫（有台、观等防御工事的别宫）。而这时，栾氏家族已经准备好进攻晋国都城绛（今山西曲沃西南），要发动兵变，歼灭新贵族的势力。终未能如愿。

晋之旧族衰落不振后，六卿内部的矛盾便日益突出。从他们在各自的领地所推行的税收制度来看，范氏、中行氏最重，智氏的剥削次之。韩、魏二氏又次之，赵氏最轻，因此最能笼络民心。经济上发展的不平衡，导致了政治、军事之间的不平衡，六卿之中，赵氏的势力急遽膨胀。终于导致了赵氏与范、中行氏之间的一场激烈战争。

周敬王二十三年（前497年），中行寅（中行偃之孙）、范吉射（范鞅之子）与赵氏旁支宗族赵稷结成同盟，背后取得晋定公的支持，外联齐、郑等国的统治者，对赵氏发起大规模的军事行动，赵鞅失利，退守晋阳。范吉射、中行寅穷追不舍，在城外修筑工事，围攻晋阳。而此时，与范氏、中行氏有仇隙的魏曼多（魏舒之孙）、智跞却胁迫晋定公讨伐范氏、中行氏。

同年冬天，智跞、魏曼多、韩不信（韩起之孙）率兵讨伐范、中行二家族，未能取胜。范吉射、中行寅乘胜反攻晋国都城，结果被韩、魏、智的军队打败，二人逃走，投靠了齐国。与此同时，经魏、韩两家的斡旋，赵鞅从晋阳返回国都。并于周敬王二十六年，周敬王二十八年，周敬王二十九年多次率兵围歼范氏、中行氏，到周敬王三十年，范氏、中行氏被彻底打垮，这样，晋国六卿只剩下了四卿。

四卿专权之后，一方面继续削弱公室，一方面展开了内部激烈的斗争。智氏在四卿中势力最大，因而在周贞定王十一年四卿私分已经收归晋公室所有的范氏、中行氏的领地中，得到的最多，但智瑶贪心不足，又胁迫韩康子和魏曼多各送他一片有万户居民的领地。随即，又得寸进尺，向赵氏索要土地。不料，遭到赵无恤的严辞拒绝。于是，智瑶就又胁迫韩、魏，于周贞定王十四年（前455年）出兵攻打赵氏。赵氏寡不敌众，退保晋阳。智瑶率三家的军队把晋阳城团团围住，但围攻了一年多的时间也未攻下。智瑶又想出一计，开渠引汾水来淹晋阳城，几天之后，晋阳城外一片汪洋，水位离城头仅有三尺高。城内灶里都生了青蛙，人们只好悬锅作饭；城内粮绝，居民甚至有易子而食的；士卒病饿交加，身体非常虚弱，晋阳城的形势万分危急。智瑶约魏驹，韩康子一同乘车在城外高地上观水，智瑶居中，魏驹驾车，韩康子陪乘。智瑶洋洋得意地说："哈哈！今天我才知道用水可以灭掉别人的国家！"魏、韩二人听了，心中一震，他们想：若是引汾水和绛水，不是同样可以灭掉魏都安邑（今山西夏县西北）和韩都平阳（今山西临汾）吗？魏驹下意识地用胳膊碰了碰韩康子，韩康子也用脚踩魏驹，两人心照不宣。

赵无恤死里求生，派家臣张孟谈坐筏子偷偷出城，来见魏驹、韩康子。相见后，张孟谈讲了一顿唇亡齿寒的道理，力陈赵氏灭亡之日，就是魏、韩大难临头之时，说服魏、韩与其跟从智氏灭赵取祸，不如联合赵氏破智求安。最后相约联合灭智。

到了约定的时间，魏、韩乘夜色派兵杀了守堤的智氏士卒，掘堤放水，直灌智氏营寨。随即两翼夹击，赵氏士卒也从城内杀出。智瑶三面受敌，士卒溃败逃散，他本人被擒枭首。然后，韩、魏、赵三家灭掉智氏的家庭，瓜分了智氏的领地。

智氏被灭，晋国六卿只剩三家，号称"三晋"。三家不断蚕食晋公室的土地，到晋幽公为国君时，不但不能号令三晋，反而降到了从属的地位，得去朝拜他们。周威烈王二年（前424年），魏驹之子魏斯继位，称魏文侯；周威烈王十七年，赵无恤之孙赵籍继位，称赵烈侯；同年，韩康子之孙韩虔继位，称韩量侯。于是，晋国形成韩、魏、赵三家鼎立的格局。周威烈王二十三年，周威烈王正式承认魏斯、赵籍、韩虔为诸侯，此前三家已各有独自的纪年三家分晋的事实被认可，晋国灭亡。

三家分晋是战国时期的一个重大历史事件，由此，我国进入了由封建割据走向兼并战争统一全国的新时期。

商鞅变法

春秋战国之际，秦国与中原各国一样，内部产生了一些新的封建因素，不过秦国的旧势力很强大，贵族侵凌公室，干涉君位，使秦国政权分散，国势日衰。中原各国都看不起秦国，重要的朝会和会盟，都不请秦国参加。魏国任用吴起为将，曾一举连拔秦国五城，夺去了秦国河西的大片土地。周定王十八年（前 384 年），秦献公即位，力图改变秦国内忧外患的局面，于是采取了迁都、清理户籍，整顿卒伍、废除人殉和开辟市场交易等项措施，使秦国的国势有所好转。

周显王八年（前 361 年），秦孝公即位，下决心改革图强，恢复春秋时代秦穆公的霸业。他广泛地招揽人才，下令求贤。许多有才能的人都投奔秦国。其中就有卫国贵族子弟卫鞅。卫鞅在到秦国去之前，曾受知于魏国执政公叔痤。公叔痤深知卫鞅的才干，多次向魏惠王举荐，并说，如果不用，就把他杀掉。但魏惠王一直不肯任用他。卫鞅见自己在魏国没有机会发挥才能，听说秦孝公在招贤，便毅然来到秦国。

卫鞅入秦，住在孝公的亲信景监家里，并通过他先后三次与秦孝公相见。头两次，卫鞅游说孝公学尧舜禹汤的仁义，行帝王之道。秦孝公听不进去，直打瞌睡，还生气地对景监说，你的客人简直太迂腐了，我怎么能用他呢？卫鞅请求第三次见孝公，以富国图霸之术说孝公，孝公听得津津有味，一连和卫鞅谈了好几天，并决定重用卫鞅，变法图强。

但是变法并不是一件简单的事，从一开始就遭到保守势力的坚决反对。秦国大夫甘龙认为：圣贤之人不用改变民众的习俗来推行教化，明智的人不改变原来的制度来治理国家。依据原有的旧法来治理国家，官吏民众都熟悉，不会引起混乱；如果不按老规矩办事，随意变动旧法，天下的人就要议论。大夫杜挚也反对变法，认为：没有百倍的好处，不必改变旧有的法度；没有十倍的功效，就不必更换原有的规矩。遵守古法不会错，按照传统规矩办事不会差。卫鞅针锋相对地批驳道：三代礼不同而各成王业，五霸法不同也都各成霸业；贤明的人根据形势变更礼俗，不贤之人只能按照旧的规矩行事；恪守老一套的人，不配与他们商讨大事。再说，前代的政教各有不同，该效法哪一代？过去的帝王并不是走同一条路，该仿效哪个帝王？成汤与周武王，他们并没遵循古代的制度，也兴旺发达起来；夏桀和殷纣王，也没有改变旧的制度，却照样灭亡了。卫鞅的观点得到了秦孝公的赞同，使孝公坚定了变法的决心。他说："穷僻巷子里，遇事多觉奇怪；思路褊狭的人，喜欢辩论。愚者高兴的，正是智者感到可怜的；狂人称快的，正是贤人所忧虑的。我应该对拘泥于现状的人说，我不再疑惑了。"于是，他任用卫鞅为左庶长，掌握军政大权，开始进行一系列重大改革。

卫鞅变法分为两次。第一次是在周显王十三年。主要内容是：编定户籍，实行"连坐"法。全国按照五家为"伍"、十家为"什"编定户籍，互相监督。一家犯法，别家若不告发，则十家连坐，处以腰斩；告发的人赐爵一级，藏匿坏人者，按投敌者论处。旅店不能收留没有官府凭证的人住宿，否则店主连坐。废除世卿世禄制，实行按军功授爵。国君亲属没有军功的不能列入宗室的属籍，按照军功大小分为二十级，然后按等级不同确定爵位、田宅，奴婢以及车骑、衣服等等的占有，不许僭越；奖励军功，禁止私斗。规定凡为国家立有军功的，按功劳大小授予爵位和田宅；在战争中杀敌一人，赐爵一级或授予五十石俸禄的官；杀敌军官一人，赏爵一级，田一顷，宅地九亩。私斗按情节轻重，受不同的刑罚。奖励耕织，凡努力从事农业生产，使粮食和布帛超过一般产量的，免除本人的劳役和赋税；凡不安心务农而弃农从事工商业或游手好闲而贫穷的，全家罚做官奴。同时招徕韩、赵、魏无地的农民到秦垦荒、为他们提供方便。鼓励个体小农经济，新法规定，凡是一家有两个以上的成年男子就必须分家，各立户头，否则要加倍交纳赋税。

为了表示推行新法的决心，他还采取立木赏金的办法取信于民。新法公布之后，很多人议论纷纷，旧贵族极为不满，而太子则明知故犯。卫鞅认为：推行新法之所以困难，主要原因在于那些自恃势大位高、以为别人不敢触动的大贵族不遵守。于是，卫鞅决定依法处理太子。由于太子是国君的继承人，不能施刑，因而"刑其傅公子虔，黥其师公孙贾"。这样一来，就没有谁再敢不遵守新法了。

新法推行十年，成效显著。人民"勇于公战，怯于私斗"，出现了"道不拾遗、山无盗贼"的大治局面。于是秦孝公提拔卫鞅为"大良造"，总揽军政大权。周显王十九年，秦国迁都咸阳，卫鞅推行第二次变法。主要内容为：推行县制。全国统一规划，合并乡村城镇为县，设立三十一县，县设令、丞，由国君直接任免。废井田，开阡陌，鼓励开辟荒地，承认土地私有，允许买卖土地，按照土地多寡征收赋税。统一度量衡，即"平斗桶、权衡、丈尺"，方便交换与税收。同时革除了秦人中存留的许多戎狄风俗，促进了社会进步。

新法的推行使秦国从一个贫穷落后的国家一跃而为战国七雄中最为强盛的国家。秦孝公因卫鞅功著于秦，封给他商地十五邑，号为商君，所以后人称之为商鞅。但是，商鞅变法遭到旧贵族的疯狂反对。周显王三十一年，支持变法的秦孝公死后，旧贵族乘机报复，诬告他谋反。商鞅外逃，途中被抓，旧贵族对他施以车裂的极刑。

商鞅虽然被杀，但他推行的新法并没有全部废止。新法的推行为秦国能够最后消灭六国，统一中国打下了良好的基础。商鞅变法的历史作用是巨大的，从此法家思想在秦国成为占统治地位的思想。当然，法家的严刑峻法以及"焚诗书、禁游说"的高压政策，也在中国历史上留下了很恶劣的影响。

合纵与连横

战国中期的秦国，自秦孝公任用商鞅实行变法以后，国力迅速强大起来。而山东诸侯国中，魏国的力量这时已经衰落，最东端的齐国力量和秦国相当。由于领土的互相接壤，各大国之间的冲突更加剧烈。秦、齐两个大国彼此展开争取友国，孤立敌国的斗争。而赵、魏、韩等国国内，由此分成联秦抗齐和联齐抗秦两大派，由此演绎出错综复杂、跌宕起伏的合纵与联合的历史活剧。

所谓合纵连横，从地域上说，原是以韩、赵、魏为主，北连燕，南连楚为纵；东连齐或西连秦，东西相连为横。从策略上讲，合纵是"合众弱以攻一强"，是阻止强国进行兼并的策略；连横是"事一强以攻众弱"，是强国迫使弱国帮助它进行兼并的策略。起初，合纵既可以对秦，也可以对齐，连横既可以连秦，也可以连齐。直到秦赵长平之战后，才凝固成合纵是六国合力抵抗强秦，连横是六国分别投降秦国之意。适应这种需要，当时产生了一些在诸侯国之间四处活动，朝秦暮楚，凭借三寸不烂之舌打动诸侯王，或取合纵，或采连横，而自己借机谋取高官厚禄的人。后来把这些人称之为"纵横家"。其中最有名的，是苏秦和张仪。

苏秦是东周洛阳（今河南洛阳）人，先师从于齐鬼谷先生习纵横游说之术。出游数年，无所遇，饥困而归。苏秦之兄弟嫂妹妻妾都在背后耻笑他不事产业、力工商，弃本务而事口舌。苏秦听说后，既自感惭愧，又感悲伤，尔后绝门不出，埋头读书。一年后，觉得自己可以游说当世之君，便出而求说周显王。周显王不信其言。苏秦又西至秦国，欲说秦惠王。恰巧秦国刚杀了商鞅，嫉辩士，不用苏秦之言。苏秦被迫又北至燕国，一年多后，才见到燕文公。苏秦对燕文公说："燕国之所以不被诸侯国侵扰，是因为赵国在燕国之南而为之障蔽。而且，秦若攻燕，需战于千里之外；赵若攻燕，只须战于百里之内。不忧百里之患而重千里之外，燕国没有比这更错误的政策了。愿大王与赵国纵亲，天下为一，则燕国必无后患。"燕文公从其计，资给苏秦车马，让他到赵国去。苏秦到了赵国，对赵肃侯说："当今之世，山东诸侯国没有比赵国更强大的。秦国之所嫉恨的，亦莫如赵国。然而秦国之所以不敢举兵伐赵，是害怕韩、魏攻其后背。秦国若进攻韩、魏，二国无名山大川之险可守，必然地尽而后止。韩、魏不能抵挡，必然入臣于秦。秦国无魏之忧，便必然加兵于赵国。臣研究了天下的地图，诸侯国之地五倍于秦，诸侯之兵卒十倍于秦。六国为一，并力而西向攻秦，则必然击败秦国。搞连横的人，都想割诸侯之地给秦国，秦国成功，则其享荣华富贵，自己的国家被秦国进攻却从不放在心上。所以他们日夜以秦国的威权来恐吓诸侯，以求割地。愿大王认真考虑这一点！为大王计，莫如图结韩、魏、齐、楚、燕、赵为纵亲以抗秦国，合天下之将相会于洹水（流经今河南安阳境）之上，定下盟约，相互救援，则秦兵必不敢出函谷关（今河南灵宝北）以为害山东诸侯。"赵肃侯大悦，隆重招待苏秦，让他纵约诸侯。

苏秦到韩国，劝韩宣惠王说："韩国之地方圆九百余里，带甲战士数十万，天下之利剑、强弓、劲弩皆从韩出。以韩国士兵之勇，被坚甲，带利剑，以一当百，不足与言。大王如果臣事秦国，秦国必求韩之宜阳（今河南宜阳西）、成皋（今河南荥阳西北）。今天给了它，明年又来要求割地，与之则无地可给，不与则必受后患。大王之地有限而秦国之求无已，只能积怨结祸，不战而地已削减了，俗话说：'宁为鸡首，无为牛后'。以大王之贤，挟强韩之兵，而有牛后之名，臣窃为大王感到羞耻。"韩王也听从了苏秦的话。

苏秦又奔波到魏国劝魏王说："大王之地方圆千里，地方虽不大，却人口稠密，繁荣富庶。大王之国不下于楚国。大王之士兵，武士二十万，苍头二十万，奋击二十万，厮徒十万，战车六百乘，骑兵五千人，却听从群臣之说，而想臣事于秦。所以，赵王让臣来效愚计，奉明约，只要听大王您一句话就行。"魏王也听从了苏秦之言。

苏秦又到齐国劝齐王说："齐国四塞之国，方圆二千多里，带甲数十万，粮食堆积如山。军队之精锐，进入锋矢，战如雷霆，解散如风雨。都城临淄有七万户，每户三个男子，不用到远县发兵，即可得到二十一万士兵。临淄又十分富实，居民无不斗鸡、走狗、六博、蹋鞠。临淄的大街上，车毂相击，人肩相摩，连衽可成帷幕，挥汗如同下雨。韩、魏所以畏惧秦国，是因为与秦国接壤。两军交战，不出十天，胜败就决定了。韩、魏即使能战胜秦国，军队也要损失一半，而无余力守卫四境；如果不能战胜，随之而来的便是国家的危亡。故韩、魏宁愿向秦国称臣而不轻易和秦国作战。秦若攻齐则不然，必须经韩、魏之地，过亢父（今山东金乡东北）之险，车不得方轨，骑不得并列，百人守险，千人不敢过。秦虽相深入，却要担心韩、魏从背后袭击。所以，只能虚张声势而不敢进。所以，秦国不能为害齐国是明显的。而群臣却劝您西向事秦，这是错误的。"齐王认为有道理。

苏秦之南到楚国，劝楚威王说："楚国是天下之强国，地方六千余里，带甲百万，战车千辆骑兵万匹，粮食可以支持十年，这是称霸天下的资本。秦国之所担忧的莫如楚国，楚强则秦弱，楚弱则秦强，其势不两立。所以，为大王计，莫如合纵以孤立秦国。臣请令山东之诸侯承大王之明诏，委社稷，奉宗庙，练士厉兵，惟大王所用而已。所以，合纵则诸侯割地以事楚；连横则楚国割地以事秦。这两者相去甚远，大王您站在哪一边呢？"楚王也答应了。

于是，苏秦成为合纵的纵约长，同时担任山东六国的相国，身佩六国相印。苏秦完成任务，回赵国报告之时，跟在后面的车骑辎重排成长队，气派跟国王差不多。这一年是周显王三十六年（前333年）。

苏秦之后的著名纵横家是张仪。

张仪是魏国人，曾和苏秦一起师事鬼谷先生。据说他游说时，曾与楚相喝酒，楚相丢失一块玉，其手下认为张仪"贫无行"，诬赖他偷了楚相的玉，抓起来拷打。他的妻子嘲笑他，他反而张开嘴让妻子看舌头还在不在，妻子笑对说：还在。张仪说：这就够了。当苏秦在山东六国搞合纵的时候，张仪受苏秦资助西入秦国，取得了秦王的信任。周慎靓王五年（前317年），张仪成为秦国的相国。

当时，山东诸侯的合纵活动仍在进行。特别是齐、楚两个大国结为联盟，对秦国非常不利。所以，张仪首先把力量放在了破坏齐、楚联盟上。他取得了成功，并使楚国蒙受了巨大损失。周赧王四年（前311年），秦惠王使人告诉楚怀王，请以武关以外的秦地换楚国的黔中地（今湖南西部）。楚怀王正恼恨先前上了张仪的当，说："不愿换地，愿得张仪而献黔中地给秦。"张仪听说后，请求前往楚国。秦惠王说："楚王必杀你而后甘心，你为何要去呢？"张仪说："秦强楚弱，有大王在，谅楚国也不敢杀我。而且，我和楚王之嬖臣靳尚关系很好，靳尚深得楚王宠姬郑袖信任。郑袖之言，楚王无不听从。"张仪遂前往楚国。楚怀王将他抓起来，准备杀他。靳尚对郑袖说："秦王十分喜爱张仪，准备以上庸六县和美女来赎回他。"郑袖怕秦女夺其宠爱，便在楚怀王面前日夜哭泣。昏庸的楚怀王便释放了张仪，并隆重地款待他。张仪乘机劝楚怀王说："搞合纵无异于驱群羊而攻猛虎，明摆着不行。大王若不臣事秦国，秦国胁迫韩、魏攻楚，楚国就危险了。秦之西有巴、蜀（今四川），打造船只，积聚粮食，顺江而下，一日夜行五百里，不出十天便可达扦关（今湖北宜昌西）。扦关动则扦关以东之楚地尽皆无守，黔中和巫郡（今湖北西南部）便不再为楚国所有。秦军出武关，则楚国北部就完了。秦军攻楚，三个月内即可定胜负，而楚待诸侯之救兵要在半年以上。待弱国之救而忘强秦之祸，我为大王感到担忧。大王诚能听我之言，我可使秦、楚长为兄弟之国，不相攻伐。"楚怀王答应了。

张仪随后到韩国，劝韩王说："韩国地势险恶，山居野处，粮食不过支持二年，士卒不过二十万。秦国披甲百万。山东诸国以兵攻秦，秦兵应战，左手提人头，右手挈俘虏，如虎入羊群。用孟贲、乌获那样的勇士之军以攻弱国，就像在鸟卵之上垂千钧之重，必然没有好结果。大王不臣事秦国，秦军据宜阳，塞成皋，大王之国便被切为两段。鸿台之宫殿，桑林之花，必非大王所有。为大王计，莫如事秦以攻楚，将祸害转到楚国而讨秦国的欢心，没有比这更好的计算了。"韩王听从了。

张仪归报，秦以六邑封之，号武信君。张仪又向东到齐国劝齐王说："搞合纵的人劝说大王，必定说：'齐国西散三晋，地广民众，兵强士勇，就是有一百个秦国，也无可奈何。'大王只知道好听而不算计一下是否真实。如今秦、楚两国嫁女娶妇，为兄弟之国、韩国献宜阳，魏国献河外（指黄河以西原属魏国的上郡地区），赵王入朝秦国，割地以事秦。大王若不事秦，秦驱韩、魏以攻齐国南部，派赵军进攻临淄。那时虽想臣事秦国，已经晚了。"齐王答应了。

张仪到赵国劝赵王说："今秦与楚为兄弟之国，韩、魏称东藩之臣，齐献鱼盐之地，这是断了赵国之右臂。秦派三将军，一军塞午道（在齐之西），一军军成皋，率韩、魏之军以攻赵之西境，一军军渑池（今河南渑池），约四国为一以攻赵国，赵国就危险了。为大王计，莫如与秦王当面相约，常为兄弟之国。"赵王答应了。

张仪又北到燕国，劝燕王说："现在赵王已入朝秦国。王若不事秦，秦军下云中，过九原，又率赵军攻燕，则易水和长城非大王所有。如今齐、赵和秦国相比，如郡县一般。若王能事秦，则长无齐、赵之患。"燕王许之。

张仪回秦国报告，未到咸阳，而秦惠王死，秦武王立。秦武王为太子时就讨厌张仪。诸侯听说此事后，都背叛连横，重新合纵。但张仪凭着自己能言善辩，又取得了秦武王的信任。后来，张仪又当了魏国的相国。

苏秦和张仪皆以纵横之术游说诸侯而致富贵，引得天下之士竞相仿效。当时有名的纵横家，还有魏国人公孙衍。此外如苏秦的弟弟苏代和苏立、周最、楼缓等也都十分有名。

秦赵长平之战

阏与之战不久，秦赵两国又爆发了战国史上规模最大的战争长平（今山西高平县境）之战。周赧王五十三年（前262年），秦国发兵攻打韩国的野王（今河南沁阳县），野王守将降秦，使韩国上党郡与韩都之间的通道被切断。上党郡守冯亭火速派使者去赵国求救，愿以上党等十七个城邑降赵，以共同抵御秦国，赵王接受了平原君的主张，派平原君领兵援助上党，派大将廉颇进军长平，成犄角之势，互相呼应。

周赧王五十五年，秦将王龁攻取上党，上党守军败退到赵国，秦军随即进攻长平。廉颇修筑营垒，坚守长平，阻挡住秦军的攻势，两军呈相持状态。秦军不能推进，派奸细以千金贿赂赵国权臣，散布流言说，廉颇容易对付，准备投降，秦国最担心赵奢的儿子赵括为将领兵。昏庸的赵孝成王，以为廉颇固守长平而不出战是畏惧秦军，又听到流言，便撤换了廉颇，准备以赵括代替。蔺相如极力劝阻，他认为将要误大事。赵王不听，坚持派赵括去代替廉颇。赵括的母亲得知赵王要用其子为将，也上书劝阻。赵王还是不听。秦国听说赵括已取代了廉颇，立即暗中改派武安君白起为将，以王龁为副将，通令全军：谁若是泄漏了白起为将的消息，马上斩首！

赵括走马上任，更换了赵国原来的将官，改变了廉颇的战略，下令大举进攻秦军。秦军伪装溃败，同时派出两支部队包抄赵军的后路，转而前后夹击赵军。白起又派五千骑兵攻破赵军原来的阵地，赵军被分割包围，粮道也被切断。赵军被迫原地坚守，等待援救，并向齐国请求粮食支援，齐国置之不理。这时，秦王亲往河北征发十五岁以上的男子，全部开往长平，投入战争，阻断了赵军的救兵和粮饷。赵军被困40多天，粮尽援绝，暗中互相残杀，拿人肉充饥。赵括亲自率领一队精兵突围，结果被秦军射死。赵军全面崩溃，40万人投降秦军。秦将白起恐怕赵军作乱，除把240个小孩放归赵国外，其它士卒全部活埋。

长平之战是战国史上最大的一次战役，这次战役使山东各国对秦国更为怨恨，迫使各国联合起来共同对付强秦。不久，便爆发了邯郸之战和五国攻秦。

秦 朝

（公元前221年～公元前206年）

　　"六王毕，四海一"，秦国以秋风扫落叶之势，先后消灭了韩、魏、赵、楚、燕、齐六国，于公元前221年统一了中国。梁惠王曾问孟子：天下怎样才能安定？孟子答：统一才能安定，不喜欢杀人的人才能统一。荀子也主张天下为郡县，四海成一家。儒家的政治理想，反映出战国时期人民厌恶战争，要求统一的愿望。秦国的政治、经济制度和军事体系比山东六国都进步，军力也较强，所以秦国自然能够担负统一中国的伟大历史使命。

　　秦王朝一统天下，是中国历史上的第一次大统一，因此被史学家称为"万世开基"。这个开基之人即是始皇嬴政。秦王朝也是中国历史上第一个中央集权的封建王朝。秦王朝废除了周代的封建制，代之以郡县制，将全国划分为36郡，后又增设闽中、南海、桂林、象郡4郡，郡守县令都由朝廷任免，中央对地方有直接的控制权。此外，秦始皇还北伐匈奴、修筑万里长城以定边疆，统一了文字、货币和度量衡，为中国做出了许多开创性的贡献。举世闻名的万里长城，已成为中华民族的象征，而留给后世的秦始皇陵兵马俑则空前绝后，成为世界第八大奇迹。

　　然而，秦始皇显然过于乐观了，他错误地认为秦朝的统治可以像太阳一样，万世不灭。他过度征用民力，他采取的许多措施虽然有利于统一，有利于统一的巩固，但由于生产力发展水平的制约，人民也确实疲惫不堪了。以"焚书坑儒"为标志的一系列暴政加上秦二世的昏暴无能，人民大众忍无可忍，被迫起义，迅速推倒了秦朝的统治。

　　秦朝是短命的朝代，但又是中国历史极为重要的朝代。

统一中国，开创帝制

始皇二十六年（前221年），秦统一六国，建立了中国历史上第一个统一的多民族专制主义中央集权的封建王朝，为封建社会的经济发展奠定了稳定的政治基础。秦王嬴政改称始皇帝，开创了中国历史上的帝制。秦始皇接受了丞相李斯的建议，把全国分成36郡，以后又陆续增设至41郡，中央集权的制度从此确立。秦始皇以战国时期秦国官制为基础，建成一套适应统一国家需要的新的政府机构，即三公九卿制及郡县制。在这个机构中，中央设丞相、太尉、御史大夫；而丞相、太尉、御史大夫之下，是分掌具体政务的诸卿；地方行政机构分郡、县两级，郡设守、尉、监（监御史），县达万户以上者设令，万户以下者设长。这样，从中央到地方就形成了一个严密的封建统治体系。

修筑万里长城

公元前221年，秦统一中国，主要的外来威胁已转为北方匈奴的骚扰和岭南少数民族的叛乱。始皇三十年（前217年）秦始皇巡游前往碣石时，曾派燕人卢生访求仙人，卢生回来后，为了向秦始皇说明鬼神之事，就奏上了一份谶纬文字。秦始皇看到其中有"亡秦者胡也"的言语，对匈奴问题更加重视，于始皇三十二年（前215年）派将军蒙恬率军30万北击匈奴，由长公子扶苏做监军，收复了沿黄河以东直至阴山的大片土地（原属赵国后被匈奴占据），设立了44座县城，并在黄河险近筑城作为要塞。随后，秦始皇一方面命令蒙恬渡河攻取高阙（内蒙五原北）、阴山（内蒙阴山）等地，一方面又迁徙犯了罪的人进驻新设的34县。并于始皇三十四年（前213年）下令焚书的同时，又令发"罪人"修筑长城，迁民几万家到河套。

长城本是秦统一以前许多诸侯国家就有的沿着国界修筑的防御性工事。尤其是位居北方的秦国、赵国和燕国，还都分别修筑了防御匈奴进袭的北长城。其中燕国有两条长城，一条是西起造阳（今河北省独石口）、东至辽东，为防胡人而修筑的北长城，另外一条是用以防备齐国和赵国的南长城。赵国也有两条长城，北长城西起高阙（今内蒙古临河）东至代地（今河北省蔚县）用以防御匈奴的骚扰，而南长城则是为防备齐国和魏国而沿着漳河修筑的。秦国也有一条西起临洮（今甘肃省岷县）向东北经固原（今宁夏回族自治区境内）直至黄河的北长城，和与赵国魏国临界的两条南长城。除此以外，当时还有一条沿着洛水修筑的，魏国防备秦国的长城，以及齐国、韩国、楚国等几个国家之间的长城。秦、赵、燕三个国家的北长城本是三条彼此互不衔接的长城，秦始皇下令重新修筑长城，就是要将诸侯国之间的那些已失去使用价值且又妨碍交通、妨碍统一集权的长城拆除，而将北面的三段长城衔接在一起，以建成一条完整的防御工事。

秦国最早的长城始建于简公七年（前408年）。是为了防备魏国而沿洛河修筑的，称为"堑洛"。到了惠文王元年（前324年）为防备赵国，又修建了位于洛河中上游沿岸的一条长城，称为"筑上都塞"。秦国的北长城修筑于昭襄王时期，当时有个叫义渠的戎族人国家，其戎王曾与昭襄王的母亲宣太后私通淫乱，还生了两个私生子。后来宣太后在甘泉宫中用计杀掉了义渠戎王，又起兵攻破了义渠国。从此，秦国的疆域包括了陇西、北地、上郡等地，便在北面修筑长城以御胡人。秦国的这条北长城从临洮起直向东北伸延，到达了今陕西省安塞境内则分为两支，一支止于秦上郡（今陕西省榆林）的肤施附近，另一支一直到达今内蒙古自治区托克托县十二连城附近的黄河岸旁。秦始皇下令修筑的长城，就是以原有的燕、赵、秦三国的北长城为基础的，不仅要把这三段长城连成一线，而且还要扩大加固，使之成为一座完善的防御体系。这在当时而言，其人力与物力的投入必然是庞大的。为此，秦始皇不断强制性征调民夫百姓和派驻军队，并把有过失的官吏和违反焚书令的获罪者都罚去修筑长城。这对于战乱定息未久，生产力尚未恢复，人民生活尚未安定、尚未得到喘息之机的国家来说，实在是太困难了，但从后来汉初匈奴对中原地区的破坏情况而言，此举也势在必行。

秦始皇为抵御匈奴而下令修筑的长城，在工程建筑上主要由关隘、城墙、城台、烽燧四部分组成。关隘又叫关城，一般设立于高山峡谷等险要之处，或扼守交通要塞，可以少数兵士抵御众多敌兵，起到"一夫当关，万夫莫开"的作用。墙身内部的一面，每隔不远就有一个券门，是用石砖砌成的拱顶门，有石阶通向墙顶供守城兵士上下。城台又分为墙台、敌台和战台三种，相隔半里左右而设，凸出墙外。有的不设敌楼，只是外砌垛口，内开铺房供兵士巡逻放哨。有的设双层敌楼，楼下砌筑屋室供小队兵士驻守。烽燧也叫烟墩或烽火台。或设于高山之巅，或设于平地转折之处，或设于敌楼之顶，专供传递军情而建，如遇敌情，白天燃烟，夜间举火。秦始皇在下令修筑长城的同时，不仅派大军沿长城驻守屯防，而且还在长城附近一带，设立了陇西（今甘肃省东南部）、北地（今甘肃省东北部）、上郡（今陕西省西北部）、九原（今内蒙古乌拉特旗一带）、云中（今内蒙古托克托县东北）、雁门（今山西省西北部）、代郡（今山西省东北部及河北省蔚县一带）、上谷（今河北省西北部）、渔阳（今北京市东北部）、右北平（今河北省喜峰口至内蒙古喀喇沁旗以南）、辽西（今辽宁省东南部）等十二个郡，以管辖和开发长城沿线的地方。并大量移民前往开垦，以保证边防供应。还开辟了驰道、直道以加强边关与中央的联系。

长城的建成，在保护中原地区的政治稳定、经济发展、人民生活诸方面起到了一定的作用，也为建筑艺术留下宏伟的篇章。

统一货币、文字和度量衡

秦统一中国以前，诸侯各国的货币十分复杂，由于各国的政府、法令都是独立的，又由于官、民都有铸造货币的权力，所以种类繁多，形状各异，轻重大小都不一致。特别是计算单位的差异，使货币的换算、流通，以及赋税的征收，商品的交换，都受到很大的妨碍。当时使用的货币主要有齐、燕等国使用的铜铸刀形货币、称"刀货"；魏、韩、赵等国，则以铜铸铲形货币为主，称"鎛币"（或"布币"）；楚国用的是两端凹入呈长方形的金铸货币，因其正面用铜印钤成小方格，格内多印有"郢爰"币文，所以称"郢爰"，以及被称为"鼻蚁钱"的形如海贝的铜铸货币；再就是秦、魏、赵等黄河两岸地区使用的铜铸圆"钱"，但这些圆"钱"的大小、轻重、形状也仍然是不尽相同的。尤其是有的国家在不同地区也使用不同的货币。最典型的像赵国，刀货、币和圆钱都可以同时流通。秦统一全国以后，必须改变这种现象。于是始皇下令废除原来在秦以外通行的六国货币，在全国范围内，一律只准通行秦国的货币。重新改铸新版的圆钱，使货币有一个统一、规范的标准版，新版钱就是秦"半两钱"。为了使用方便，半两钱采用仿自璧瑗的圆线，外呈圆形内开方孔（或有天圆地方之说），直径一寸二分，铜铸，重半两（合十二株）钱面分左右铸有钱文"半两"二字。规定统一的换算制律，分货币为三等，以黄金为上币，镒为单位，每镒重二十四两。以铜半两钱为下币，一万铜钱折合一镒黄金。据考中币为布，并规定：珠玉、龟、贝、银、锡之类，做为装饰品和宝藏，不得当作货币流通，可见秦的基本货币的货币换算基准，都是以半两钱为法定标准的。又规定货币铸造权为国家所有，私人不得铸币，由国家将过去重量不一的旧铜钱全部重新改铸成半两钱。地方政府铸币，必须按国家规定的标准版设计铸造。并印上铸造地方的名称。在法律上明定私铸货币者有罪，并对其严加制裁。秦始皇的改革，实现了中国的第一次货币统一，也为经济发展开辟了道路。

中国度量衡的首次统一，是在秦始皇二十六年（前221年），也就是秦统一全国的当年。是年始皇下诏，诏曰"廿六年，皇帝尽并兼天下诸侯，黔首大安，立号为皇帝。乃诏丞相状、绾（两位丞相的名字），法度量则不一，歉疑者，皆明一之。"秦始皇的这一诏令被刻在所有的官府制作的标准度量器上。从此天下度量衡器，实现了标准上的统一。在此以前，中国度量衡的情况也和货币一样，呈原始状态，有着各种不同的计数单位和各种不同的计算进制。以量制为例：一是单位名称不一样，秦国以升、斗、捅（斛）为单位；魏国以半斤、斗、钟为单位，赵国以升、斗（镒）为单位，齐国以升、豆、区、釜、钟为单位；二是单位量质不一样，秦、魏、赵都有斗，但秦斗约合今2 010毫升，赵斗约合今2 114毫升，而魏斗约合今7 140毫升；三是各国的进制不一样，秦国用十进位，齐国在升、豆、区、釜之间用五进制，而釜、钟之间都是用的十进位。这种复杂多样的度量衡只能适合政治割据社会的需要。为了不使其影响秦王朝的经济交流和发展，秦始皇命令由丞相隗状、王绾负责，废除六国旧制，把度量衡从混乱不清的状况，明确统一起来。统一后的度量衡包括：度制以寸、尺、丈、引为单位，采用十进制计数，十寸一尺，十尺一

丈，十丈一引；量制以合、升、斗、桶（斛）为单位，也采用十进制计数，十合一升，十升一斗，十斗一桶（斛）；衡制以铢、两、斤、钧、石为单位，二十四铢为一两。十六两为一斤、三十斤为一钧，四钧为一石。这种度量衡制实际上是商鞅变法时所定度量衡制的推广和发展。早在秦孝公十八年（前 344 年）商鞅变法时就曾着力统一过秦国的度量衡制，改变了度量衡标准，铸造了标准度量衡器。当时一升合今 0.2 升，一尺约合今 0.23 米。所以，秦始皇统一度量衡，实际上是以法令形式肯定了秦国原有的制度，并向全国推行。为了有效地统一制式，划一器具，秦始皇一方面铸造大量标准量器以为模范，一方面大力宣传度量衡统一的优越性，同时从制度和法律上也采取了有效的措施。秦朝规定了定期检查度量衡的制度，规定每年"仲春之月，一度量，平权衡，齐斗桶"以保障新度量衡的精确与实施。秦朝还在法律上明确了对度量衡不正者的处罚条例。在出土的《秦律》中，有许多具体详实的有关规定。通过这些有力的措施，秦始皇统一度量衡的行动收到了很大的成果。并且影响了以后几千年的计量制度。

文字的统一，更是秦统一全国后的一项迫在眉睫的事业。中国的文字，从半坡村新石器时代的彩陶刻划文字萌芽，经殷商甲骨文和西周金文（钟鼎文）成长到春秋、战国时期，已经历了漫长的演变和发展。但由于长期的割据、混战和社会秩序不稳定，文字也缺乏管理，各诸侯国的文字有很大分歧。有不同方音产生的假借字，不同字形造就的简笔字和异形文字。这样的混乱和分歧，不但妨碍秦王朝政令的推行，而且不利于经济、文化的交流和发展。于是，全国统一的当年，丞相李斯就向秦始皇提出了"书同文字"的建议，秦始皇接受了这一建议，命令全国禁用各诸侯国留下的古文字，而一律以秦篆为统一书体。由李斯、赵高和胡毋敬三人,分别编写了《仓颉篇》《爰历篇》《博学篇》三书,作为推行秦篆的典范。秦篆又叫小篆,是从大篆(包括钟鼎文、石鼓文、籀文等在内的一切古篆的总称)中演化而来的。小篆与大篆的区别主要是有固定的偏旁符号、有固定的部首位置和有确定的笔画数量。小篆的形体也比大篆更为整齐和定形化,线条笔画均匀,比起大篆来更便于读写。这些特点又是后来汉字发展所遵守的基本原则。秦始皇为了实现文字的统一,身体力行的推行小篆,他东巡时所刻写的碑文,都是由他的丞相李斯亲手所写的标准的小篆。李斯是至今为止最著名的篆书家之一,又是小篆的创始人,著名的《琅琊刻石》《泰山刻石》等都是出自他的手。秦始皇在推行小篆统一文字的同时,还倡导了另一个书体"隶书"。隶书原本也是从篆书中演化出来的,它改篆书的曲笔为直笔,结构平稳,书写方便,为民间所乐用。到了秦始皇统一文字时,秦下杜(今陕西西安市)人程邈将其搜集整理,呈报给了秦始皇。还有一位叫王次仲的隐士,也曾上书给秦始皇,请求他准许使用民间流行的隶书体。秦始皇看到了隶书体,由于隶书特有的更好写更通俗的长处,致使实际上秦朝所使用的字包括官方也是以它为主的,除去一些庄重、重要的诏书必须使用正规秦篆之外,连一般的公文都使用隶书来写。秦始皇以小篆和隶书为统一文字,对中国的文化、政治、经济发展,都产生了深远的影响。

蒙恬征匈奴

战国时期,匈奴族是居住在我国北方游牧少数民族之一,在蒙古高原上过着逐水草而居的生活,其活动范围南达阴山,北至贝加尔湖之间,成为北方一个强大的游牧民族。战国后期,匈奴人凭借骑兵行动迅速的优势,经常深入中原,屡次侵扰内地。当时,秦、赵、燕三国边境与匈奴毗邻,经常发生战争。但是,由于七国相争,三国也无力出兵抗击,只是在边境上采取守势,修筑长城并派军队戍守。

秦始皇二十六年(前221年),秦始皇完成统一六国的大业后,匈奴族对秦朝的威胁依然存在,秦始皇为了保障大一统免受侵扰,加强了对匈奴的防范。秦始皇二十七年，为了向匈奴表示秦朝的实力，对匈奴起威慑作用，车驾出巡边郡，并登鸡头山（今宁夏回族自治区泾源县西）。秦始皇二十九年，秦始皇调集30万大军，派蒙恬为将，向匈奴居住地河南地（今内蒙古河套及鄂尔多斯市）大举进攻。秦始皇三十二年，将匈奴赶出河南地。秦始皇三十三年，蒙恬又率军渡过黄河，占领了高阙（今内蒙古乌拉特中后旗西南）、阳山（今内蒙古狼山）、北假（今内蒙古河套以北、阴山以南地区）等地。为了加强防御，秦朝在榆中（今内蒙古鄂尔多斯市）以东，黄河以北直到阴山的广大地区内，设置34个县，并重新设立九原郡，将有罪官吏及内地人民迁徙到这一地区。三十六年，始皇又令内地30 000户移居北河（今内蒙古河套地区）、榆中，垦田生产，开拓边疆。

在设置郡县的同时，蒙恬又沿袭战国时期筑长城拒匈奴的方法，于秦始皇三十四年，从内地征发在刑犯人，与边军戍卒一起，把秦、赵、燕三国长城连接起来，修成西起临洮（今甘肃岷县）东到辽东的万里长城。为加强关中与河套的联系，始皇又命蒙恬修筑从九原（今内蒙古包头西北）到云阳（今陕西省淳化西北）的直道，工程十分浩大。这条道至今遗迹尚存。

蒙恬率军在北地、上郡居住十余年，功劳卓著，威振匈奴，深得始皇宠信。秦始皇三十七年，胡亥篡位，蒙恬被赵高陷害，被捕入狱，后吞药自杀。

焚书坑儒

秦始皇二十六年（前221年），秦王政统一六国，结束了长期封建诸侯割据的局面，确立了专制主义中央集权的封建行政体制。这种专制皇权与自周代以来形成的封国建藩制度并不相容。许多人仍认为应沿袭周代的分封制度。当时的一些儒生、方士，抱着《诗》《书》、百家语不放，以古非今。新旧两种制度的维护者意见分歧很大。

秦朝统一的当年，在有关国家的行政体制上即发生一场争论。以丞相王绾为首的一部分官吏，认为诸侯初破，燕、齐、楚等国离国都较远，主张立诸子为王，封国建藩。朝中不少大臣随声附和。廷尉李斯坚决反对，他认为战国时期之所以诸侯纷争，完全是西周实行分封诸侯造成的，只有废除分封制，才可能免除诸侯争立天下的战乱。秦始皇采纳了李斯的主张，在全国确立并推行郡县制。

秦始皇三十四年，秦始皇在宫中设宴款待群臣。宴会上，博士仆射周青臣称颂秦始皇灭诸侯、立郡县、统一中国的功德，认为这是前无古人的事业。博士淳于越反对，认为周青臣对始皇阿谀奉承，主张重新实行分封制。他认为，殷、周两代都分封子弟功臣，让他们辅助王室。现在始皇统一天下，而诸子都是平民，他们无法辅助始皇。一旦发生变故，无法互相帮助。凡事不师法古人而能够长久的，从来没有听说过。丞相李斯对淳于越以古非今的论调进行驳斥。他认为五帝不相重复，三代不相因袭。各代采用自己的方法去治理国家，并不意味着一定要和前代相悖，而是时代有所变迁。现皇帝创建万世功勋，那些愚蠢的儒生们根本不可能理解，再照搬三代之法，毫无道理。因此他指出：现在天下安定，政令归于皇帝，百姓应致力于生产，读书之士应认真学习政府法令。但是现在的儒生置法令于不顾，不学习当代的东西，一味地模仿古制。他们标榜私学，攻击政府，入则心非，出则巷议，诽谤朝政，惑乱人心。政府如果不加以禁止，必有损于皇帝的权威，下臣结成惑乱朝政的私党，危及中央统治。李斯建议秦始皇焚书，把秦纪以外的各诸侯国史书和私人收藏的《诗》《书》、百家语通通烧掉。以后敢有议论《诗》《书》的，处以死刑。以古非今的，杀掉全家。官吏知情不报的，与犯人同罪。命令下达30天不烧的，脸上刺字，发配边疆，罚筑城劳役四年。又规定，国家藏书及医药、卜筮、农业方面的书不在此列。同时禁止私学，提倡法治，以吏为师。秦始皇采纳了李斯的建议，并下了焚书令。大批书籍被付之一炬，古代文化典籍遭到严重破坏，并使"经书缺失而不明，篇章弃散而不具。"这一事件，历史上称之为"焚书"。

秦始皇晚年，笃信方术。希求长生不老。秦始皇二十八年，在东巡途中，齐国方士徐市（福）上书说，东海之中有蓬莱、方丈、瀛洲三座神山，可觅到仙人和长生不老药。始皇信以为真，派徐市率童男童女千余人乘船入海，求寻仙药。徐市出海后找到一座大岛屿，便就地称王，不再回来。秦始皇三十二年，始皇东巡到碣石，又派方士侯生、卢生再次入海觅求仙药。三十五年，卢生等求不到仙药，怕遭诛杀，认为始皇刚愎自用，野蛮专横，贪于权势，只任用酷吏治理朝政。声称对这样无德行的人不能为他去觅求仙人仙药，随后便逃亡了。秦始皇得知后，十分气恼，"诽谤我，以重吾不德。"此前几次让人寻长生不老药，没有结果，现在更觉方士无用。下诏指责方士、儒生用妖言蛊惑天下百姓，并责派御史查讯他们的罪状。方士惹祸，连带了儒生，方士和儒生们为推脱责任，相互牵连告发，结果查出460余人。秦始皇下令将这些人全部在咸阳附近活埋。史称"坑儒"。

焚书坑儒是秦朝在建立国家行政体制上激烈斗争的表现。在当时的历史条件下，为巩固统一，禁止以古非今，采取统一的思想是很必要的。但是，焚书坑儒的手段却是愚蠢而又残酷的，特别是焚书，毁灭了许多古代文化典籍，使战国纪年至今无法搞清楚，造成了文化上的重大损失。焚书坑儒加速了秦朝的灭亡。

陈胜吴广起义

秦二世即位以后，秦朝的政治达到了极其黑暗的程度，人民已无法生活下去，只好铤而走险。农民大起义终于爆发了。

陈胜是阳城（今河南登封东南）人，字涉。吴广是阳夏（今河南太康）人，字叔。陈涉少时即有大志。曾给人打短工在田里耕地。干活休息的时候，陈胜怅恨久之，对同伴们说："苟富贵，勿相忘。"同伴们都笑着说："你为别人打短工，哪里来的富贵？"陈涉叹了一口气，说："唉，燕雀哪里知道鸿鹄的志向呢？"

秦二世元年（前209年）七月，秦政府调发闾左（指贫民）到渔阳（今北京密云西南）戍边。陈胜和吴广皆被征发而编在这个行列之中，并被指定为屯长（领队）。当他们一行九百人行至大泽乡（今安徽蕲县东北）时，遇上了大雨，洪水泛滥，淹没了道路，估计已经不能按期到达渔阳。而按秦朝的法律，失期皆斩。陈胜和吴广商讨说："如今逃亡是死，发动起义也是死。同样是死，为国而死可以吗？"陈胜又说："天下人受苦于暴秦的统治已经很久了。我听说秦二世是秦始皇的小儿子，不当立为皇帝，应当立为皇帝的乃是公子扶苏。扶苏因为几次劝谏秦始皇，秦始皇派他出外带兵。他本无罪过，而二世杀害了他。百姓多听说他的贤能，却不知他已经死了。项燕当楚国大将，立下许多大功，又爱护士卒，楚国人很爱戴他。有的说他死了，有的说他还活着。现在要是以我们带的这些人诈自称奉了公子扶苏和项燕之命倡导天下，肯定有许多人响应我们。"吴广认为有理。他们去占卜吉凶，卜者猜到了他们的意图，说："足下事皆成，有大功。但足下还应向鬼神问卜。"陈胜、吴广一听，马上明白了卜者的意思，说："这是教我们先借鬼神在众人中取得威望。"便找来一块帛，在上面写上三个红字"陈胜王"，然后将帛塞到别人打来的鱼肚子里。戍卒买鱼烹食，得到鱼腹中的帛书，都觉得很奇怪。陈胜又让吴广夜里溜到戍卒驻地旁树丛中的一个神祠里，点燃一堆篝火，并学着狐狸的声音叫"大楚兴，陈胜王"。戍卒们在夜里听到这个声音，都十分惊恐。第二天，戍卒中谈论纷纷，都注目于陈胜。

吴广平素十分爱护别人，因而戍卒们都很爱戴他，愿意听他的话。这一天，押他们到渔阳的二个将尉喝醉了酒，吴广便故意在他们面前说想要逃走，使将尉发怒而侮辱自己，以激怒戍卒们。将尉果然用棍子揍吴广，并拔出剑要砍。吴广乘起一把夺过剑来把一个将尉杀死，陈胜帮助他杀了另一个将尉。之后，陈胜把九百个戍卒召集到一起说："诸位遇上大雨，都已误了期限。而按秦朝之法，误了期限是要斩首的。即使不被斩首，而当戍卒十个就有六七个会死。身为男子汉，不死则已，死就要死得壮烈。王侯将相难道是天生的吗？"戍卒们齐声高呼："我们听您的指挥"。他们便诈称公子扶苏、项燕，以从民望，袒右（光着右膀），称"大楚"。陈胜自立为将军，吴广为都尉，攻大泽乡，收而攻蕲（今安徽蕲县）。攻下蕲后，陈胜分兵四出，令人分别攻打苦（今河南鹿邑）、谯（今安徽亳县）、鄼（今河南永城西北）等。陈胜自己率军攻陈（今河南淮阳），一边走，一边招募、扩充军队。等到打陈，已经有战车六七百乘，骑兵一千多人，步兵几万人。起义军攻打陈，秦陈之守令都已逃跑，只有守丞率人抵抗，很快便被起义军消灭。

起义军占领陈几天后，陈胜派人召来当地的三老豪杰，和他们共商大事。豪杰们都说："将军您披坚执锐，伐无道，诛暴秦，重新建立楚国的社稷。按您的功劳，应该为王。"陈胜乃立为王，国号为"张楚"。

这时的秦朝形势，像一堆干透了的柴草，遇到一点火星，立刻便燃起冲天大火。陈胜、吴广起义后，天下郡县群起响应，纷纷杀掉秦朝官吏，揭竿起兵。为扩大战果，陈胜以吴广为假王，监督诸将西击荥阳（今河南荥阳）；令陈人武臣和张耳、陈余等人率一军北向攻略赵地；令汝阴（今安徽阜阳）人邓宗率一军攻略九江郡（治今安徽寿县）。吴广率军包围了荥阳，秦三川郡守李由（李斯的儿子）坚守，吴广军不能攻克。为打击秦朝心脏，陈胜决定遣军进袭关中。陈有一个叫周文的人，曾经在项燕的军中当过视日（占候卜筮之人），自称可以领兵打仗。陈胜便给了他将军之印，让他向西击秦。周文一边作战，一边扩充队伍。等打到函谷关（今河南灵宝西南），已经有战车一千乘，步兵数十万。他们攻破函谷关，向西一直打到戏（今陕西临潼东）。关中大震。戏距秦都咸阳仅数十里。秦二世急令少府章邯率军抵御。当时秦军主力尚在边境，关中空虚。无奈之下，秦二世下令免去在骊山服役的数十万刑徒的罪，发给他们武器，由章邯率领进攻周文军。周文军被打败，被迫向东退出函谷关。章邯在调集到西北边防的秦军主力后，紧追出关，双方在曹阳（亭名，今河南灵宝东）相战数十天。周文军又败，退至渑池（今河南渑池西），坚持了十多天，最后被秦军击败，周文自杀，军遂不战。

这时，陈胜所派出的将领，开始背叛陈胜，六国旧贵族也乘机而起。武臣到达邯郸（今河南邯郸）之后，自立为赵王，以陈余为大将军，张耳和召骚为左右丞相，拒绝服从陈胜指挥。陈胜无奈，只好加以承认，又想令武臣西向击秦。武臣却遣韩广北上，攻略燕地，韩广至燕，也自立为燕王，不听武臣指挥。陈胜派周市攻略齐地，狄（今山东高青）人田儋杀狄令，自立为齐王，遣军攻击周市军。周市只好回兵攻略魏地。

章邯在击败周文军之后，向东逼近荥阳。围攻荥阳的吴广军这时仍未能攻下荥阳，有陷入腹背受敌的危险。将军田臧等人因为吴广不善于指挥打仗，便矫陈胜之命，杀害了吴广。陈胜无奈，只好赐田臧楚令尹之印，使为上将。田臧留一部分军队继续围攻荥阳，自己率精兵西上迎击章邯军。两军战于敖仓（今河南荥阳西北），田臧战死，起义军失去指挥，因而大败。章邯随即进兵，击败了围攻荥阳城的起义军。随后，章邯引军东下攻陈。陈胜亲自率军出战，被秦军打败。这一年的腊月，陈胜逃至汝阴，又至下城父（今安徽涡阳东南），陈胜的御手庄贾杀害了陈胜，投降秦军。

陈胜从起义至牺牲，前后总共只有六个月时间。当陈胜在陈称王以后，曾经和陈胜在一起为人耕地的伙伴听说陈胜称了王，就到陈去找陈胜，扣陈胜的宫门说："我想见陈胜。"宫门令想抓他，他辩解了半天才得脱，但不肯为他通报。后来陈胜从宫里出来，客人在道上拦呼，陈胜认出了他，召他和自己一起进宫。客人入宫后，见陈胜所住殿屋和帷帐十分华丽，便惊叹说："啊呀！陈涉当王真是豪华!"以后，客人在陈胜的宫中出入越来越随便，并老是向别人谈陈胜过去的事情。有人劝陈胜说："客人愚昧无知，专门胡说八道，无视您的威严。"陈胜听了，就下令把这个客人杀了。陈胜的故旧朋友见陈胜如此，都离开了陈胜。因此，陈胜便没有了亲近的人。陈胜所信用的朱房、胡武等人，又徇私舞弊，以苛察为忠，诸将因此不肯亲附。所以，陈胜最后失败了。

陈胜虽然死了，但他所封任的王侯将相最终推翻了秦朝。

项梁起兵

项梁是秦代下相（今江苏宿迁）人。他的父亲就是原楚国著名的大将、被王翦打败的项燕。项家在楚国世代为将，有着很久的尚武传统。因战功显赫，被封于项（今河南沈丘），成为楚国的贵族。

秦始皇二十六年（前223年），楚国被秦军攻灭。项燕战死。项家随即成为秦朝政府的打击对象。项梁万不得已，带着自己的侄子项羽逃到栎阳（今陕西临潼北）。这里距秦都咸阳很近，反而比较安全。可项梁在栎阳出了事，被栎阳县官抓起来，关进了栎阳狱，后被救出。但没过多久，项梁又杀了人，因而不得不带着项羽离开关中，逃到了几千里外的吴中（今江苏南部）。当时，六国诸侯虽然被秦吞灭，但六国贵族的后代时刻都在寻找时机，准备恢复自己昔日的割据局面，项梁也不例外。到达吴中后，项梁表面上和吴中的士大夫阶层处得非常好，暗中却交结豪杰，利用给别人主办徭役和丧事的机会，用兵法"部勒宾客及子弟"，还要项羽学习兵法。而"吴中贤士大夫皆出项梁下"，由此，项梁集结了一定的力量，为起兵反秦打下了基础。

秦二世元年（前209年）七月，陈胜在大泽乡起义，天下纷起响应。秦会稽郡守殷通见天下义军蜂起，秦亡势成必然，也想乘机捞点利益。他素知项梁之能，便把项梁找来商议，欲以项梁和另一个豪杰桓楚为将。但项梁有自己的打算，他向殷通谎称，只有他一个人知道当时逃亡在外的桓楚的下落，然后以商议军情为名，让项羽持剑闯入，杀了殷通，夺取了印绶。"乃召故所知豪吏"，告诉他们，自己要起兵反秦。"遂举吴中兵。使人收下县，得精兵八千人"。公开打起了起义的大旗。很快占领了吴中地区。

是年腊月，陈胜被章邯军击败。广陵（今江苏扬州）人召平奉陈胜之命徇广陵，未能下。听说陈胜败走，不知下落，秦军很快就要打来，局势严重。他当机立断，渡江到吴中，"矫陈王命"，拜项梁为楚王上柱国，并令他"急引兵西击秦"。项梁乃受命，以八千人渡江而西。一路上，他陆续收编了陈婴、黥布和蒲将军等人领导的几支义军。等到下邳（今江苏睢宁北）时，兵力已达六七万人。

项梁军下邳时，广陵人秦嘉已经立景驹为楚王，驻扎在彭城（今江苏徐州）东。他听说项梁接受陈胜的指挥，便欲进兵攻击项梁。项梁大怒，谓军吏曰："陈王先举事，战不利，未闻所在。今秦嘉背叛陈王而立景驹，逆无道"。随即挥军进击，击败秦嘉，追击至胡陵，杀死了他。

项梁消灭秦嘉后，准备挥兵向西。这时，章邯率领的秦军攻了过来。项梁派别将朱离石和余樊君二人率兵迎战。但二人被秦军打败，余樊君战死，朱离石逃了回来。项梁大怒，杀掉了朱离石，引兵入薛（山东滕县）。这时，陈胜被杀的消息传来。项梁感到有必要重新树立一面反秦的大旗，便召集各路将领至薛商议大事。刘邦此时已在沛起兵，也参加了这次会议。会上，居鄡人范增劝项梁立原楚国王室之后，认为"秦灭六国，楚最无罪。自怀王入秦不反，楚人怜之至今，故楚南公曰：'楚虽三户，亡秦必楚'"。立楚王之后，具有更大的号召力。项梁听从了范增的意见，乃求楚怀王的孙子、在民间为人牧羊的心立为楚王，仍号楚怀王，以从民望，而项梁自号为武信君。

在薛休整数月之后，项梁引兵西攻，在东阿（今山东东阿）大败秦军。他又派刘邦和项羽二人率军进攻定陶（今山东曹县），向西攻至雍丘（今河南杞县），在这里大败秦军，杀死了秦丞相李斯的儿子、三川郡守李由。

接连获得几次胜利之后，项梁对秦军轻视起来，认为秦军不足惧。部下宋义劝项梁提高警惕，认为秦军在几次失败之后，必然要增加兵力，寻机反扑。但项梁听不进去，并派宋义出使齐国。

秦军在几次失利之后，见项梁指挥的义军如此强大，便把进攻的重点对准了项梁。秦朝政府调集了所有的精锐部队，由章邯指挥，开始向义军反扑。这时，项梁还沉浸在胜利的欢乐中，对敌军的动向注意不够。章邯在作了充分准备之后，在一天晚上，趁着夜色急行军，令人马皆"衔枚"，向项梁的义军发起突然袭击。毫无准备的义军被打得大败，项梁也在混战中被杀。

项梁虽然死了，但他领导的义军主力并未被消灭。项羽和刘邦当时正率军在外，逃过了这场大难。以后，他们成为反秦、灭秦的主力。项梁的功绩是不可磨灭的。

汉　朝

（公元前 206 年～公元前 220 年）

西汉二百余年的统治，使得中国此后近两千年的专制政治制度得以确立。

西汉政治的繁荣和安定主要集中在前几代帝王的在位时期。汉高祖统治时，由于与异姓王的矛盾不断加剧，战争从未彻底停止。到文帝、景帝年间，随着异姓王与同姓王相继被铲除，国家才逐渐走向安宁、繁荣，出现了"文景之治"。景帝之后的汉武帝，是西汉最有作为的君主，在他统治的半个世纪中，"外事四夷，内兴功利"，达到了全盛时期。但由于他一生与匈奴作战，也留下了西汉政权由极盛转向衰败的祸根。即使有后来的"昭宣中光"，但毕竟元气大伤，无法恢复盛势。而从昭帝、宣帝时出现的外戚专权局面，最终发展到王莽篡汉称帝。

西汉时期，休养生息政策促进了社会经济的发展，科学技术的进步发挥了重要的作用。农业生产工具、生产技术得到了更新，工、商业得到了长足发展，以纸的发明为代表的科技成果得以运用。张骞出使西域，丝绸之路的凿通，揭开了中外文化交往新时代的序幕，更促进了西汉经济的发展。

政治、经济的统一，必然要求思想文化的统一。汉初崇尚黄老思想。汉武帝时，采纳了董仲舒的建议，"罢黜百家，独尊儒术"，把儒学确立为封建统治思想。

大一统的西汉史，是极其丰富而又复杂的。它经历了兴衰更替，包含着治乱得失；它优劣长短并存，既有巨大成就，又有诸多弊端。这些都使得西汉在中国历史上有着特殊的地位。

公元 25 年，刘秀称帝，重新建立起汉朝的统治。其后经过 10 年左右，逐步消灭了各地割据势力，基本完成了全国的统一。因他建都洛阳，历史上称他所建的汉朝为东汉。

东汉王朝所依托的核心力量是以南阳豪强为基础的豪强地主。对于开国功臣，刘秀采取了在政治上限制，经济上优待的政策。为了巩固自己的统治，刘秀多次下诏释放官私奴婢，并下诏检查垦田与户口实数，使西汉后期极其紧张的土地问题和奴隶问题得到部分解决。刘秀还改革官僚制度，裁撤地方武装，注意招揽人才，严厉抑制诸侯王势力，从而有力地加强了中央集权制。与此同时，刘秀还不断调整经济政策，发展生产，休养生息。明帝、章帝都继承了刘秀的做法，使东汉的社会经济得到了较大发展。与西汉相比，东汉的农业和手工业生产，都有一定程度的提高。科学技术也有了发展，造纸术的改进，水车等农机的出现，数学、天文学、医学的进步，不仅促进了经济文化的发展，还对后世产生了深刻的影响。

东汉政权从公元25年建立到公元220年曹丕废黜汉王朝最后一个挂名皇帝献帝共经历了196年，但实际上早在东汉中期，刘氏帝位便开始由外戚和宦官两大权力集团所控制。公元184年爆发的黄巾大起义基本上摧毁了东汉王朝，使其陷入分崩离析的境地，实际上已经名存实亡。继而爆发董卓之乱，新立的汉献帝成为名副其实的傀儡。公元196年之后，献帝又落入曹操之手，因而东汉皇帝实际上只是"守位而已"。公元220年，曹丕废献帝为山阳公，自己称帝。刘氏汉室终为曹氏所代替。

刘邦事迹

　　高祖，沛县丰邑中阳里人。姓刘，字季。父亲叫太公，母亲叫刘媪。先前刘媪曾经在大湖岸边休息，睡梦中与神相交合。这时雷电交作，天昏地暗。太公去看刘媪，见到一条蛟龙在她身上。后来刘媪怀了孕，就生了高祖。

　　高祖，高鼻梁，像龙一样丰满的额角，漂亮的须髯，左腿上有七十二颗黑痣。仁厚爱人，喜欢施舍，胸襟开阔。常有远大的志向，不从事一般百姓的生产作业。到了壮年，试做官吏，当了泗水亭亭长，公廷中的官吏，没有一个不混得很熟，受他戏弄。爱好喝酒，喜欢女色。常常向王媪、武负赊酒，喝醉了卧睡，武负、王媪看见他上面常有一条龙，感到很奇怪。高祖每次来买酒，留在酒店中饮酒，酒店的酒比平常多卖几倍。等到发现了这个奇怪的现象，年终时，这两家酒店常折毁帐目，放弃债权。

　　高祖曾经到咸阳服徭役，（有一次秦始皇车驾出巡，）放任人们观看，他看到了秦始皇，喟然长叹说："啊，大丈夫应当像这个样子！"

　　单父人吕公与沛县县令关系很好，为了躲避仇人到县令家做客，因而举家迁移到沛县。沛县中的豪杰官吏听说县令有贵客，都去送礼祝贺。萧何为县里的主吏，主管收礼物，对各位贵客说："礼物不满一千钱的，坐在堂下。"高祖做亭长，向来轻视那些官吏，于是欺骗地在名刺上说"贺万钱"，其实没有拿出一个钱。名刺递了进去，吕公大惊，站起来，到门口迎接高祖。吕公这个人，喜欢给人相面，看见高祖的相貌，就特别敬重他，领他到堂上入座。萧何说："刘季本来大话很多，很少成事。"由于受到吕公的敬重，高祖便戏弄侮辱堂上的客人，自己坐在上座，毫不谦让。酒席就要散尽，吕公以眼色示意高祖不要走。高祖喝完了酒，留在后面。吕公说："我从年少时就好给人相面，相过的人多了，没有一个像你刘季这样的贵相，希望你刘季保重。我有一亲生女儿，愿意作为你刘季执帚洒扫的妻子。"酒席结束后，吕媪生吕公的气，说："你最初常想使女儿与众不同，把她嫁给贵人。沛县县令与你相友好，求娶女儿，你不答应，为什么自己自作主张许配给了刘季？"吕公说："这不是妇孺之辈所能懂得的。"终于把女儿嫁给了刘季。吕公的女儿就是吕后,她生了孝惠帝、鲁元公主。

高祖作亭长时,曾经请假回家。吕后与两个孩子在田间除草,有一老人路过,要些水喝,吕后就请他吃了饭。老人家给吕后相面,说:"夫人是天下的贵人。"吕后让他给两个孩子看相。老人看了孝惠,说:"夫人所以显贵,就是这个孩子的缘故。"看了鲁元,也是贵相。老人已经走了,高祖正好从别人家来到田间,吕后告诉他一位客人从这里经过,给我们母子看相,说将来都是大贵人。高祖问老人在哪儿,吕后说:"刚走不远。"高祖追上了老人,向他询问。老人说:"刚才相过夫人和孩子,他们都跟你相似,你的相貌,贵不可言。"高祖便道谢说:"如果真像老父所说,决不忘记您对我的恩德。"等到高祖显贵,竟然不知道老人的去处了。

高祖做亭长,以竹皮为帽,这帽子是他派求盗到薛县制作的,经常戴着它,等到显贵时,仍然常常戴着,所谓"刘氏冠",就是指这种帽子。

高祖因身任亭长,为县里送徒役去骊山,徒役多在途中逃亡。他估计,等走到骊山,大概都逃光了。到丰邑西面的沼泽地带,停下来喝酒,夜间高祖就释放了所有押送的徒役。高祖说:"各位都走吧,我也从此一去不返了!"徒役中有十多个年轻力壮的愿意跟随高祖。高祖带着酒意,当夜抄小路通过这片沼泽,派一人前行探路。前行探路的人回来报告说:"前面有条大蛇横在路当中,请回去吧。"高祖醉醺醺地,说:"好汉走路,有什么值得恐惧的!"于是,就走上前去,拔剑击蛇,斩为两段,道路打通了。走了几里地,酒性发作,便躺下睡觉。后面的人来到斩蛇的地方,见有一个老太太在夜里哭泣。人们问为什么啼哭,老太太说:"有人杀了我的儿子,所以我哭。"人们又说:"老太太,你的儿子为什么被杀了?"老太太说:"我儿子,是白帝的儿子,变为蛇,横在路当中,现在被赤帝的儿子杀了,所以我才哭。"人们以为老太太不诚实,想要给她点苦头吃,老太太忽然消失了。落在后面的人到了高祖休息的地方,高祖已经醒了。他们把刚才发生的事告诉了高祖,高祖听了暗自高兴,觉得自命不凡。那些跟随他的人对他日益敬畏。

秦始皇常说:"东南有天子气。"因而巡游东方,借以镇伏东南的天子气。高祖怀疑这件事与自己有关,就逃跑藏了起来,隐身在芒山、砀山一带的山泽岩石之间。吕后和别人一块儿寻找,常常一去就找到了高祖。高祖感到奇怪,就问吕后，吕后说："你所处的地方上面常有云气。向着有云气的地方去找，常常可以找到你。"高祖心里非常高兴。沛县子弟有的听到这件事，很多人都想归附于他了。

秦二世元年秋天，陈胜等在蕲县起义，到了陈县自立为王，号称"张楚"。各郡县大多都杀死长官，响应陈胜。沛县县令恐惧，想要以沛县响应陈胜。主吏萧何、狱掾曹参对他说："你身为秦朝的官吏，如今要背秦起义，率领沛县子弟，恐怕他们不愿听命。希望您召集逃亡在外面的人，可以得到几百人。利用这股力量胁持群众，群众就不敢不听您的命令。"县令就派樊哙去召唤刘季，刘季的队伍已经近百人了。

于是樊哙跟着刘季来到沛县。沛县县令又后悔了，恐怕刘季发生变故，就关闭城门，派人防守，不让刘季进城，打算杀掉萧何、曹参。萧何、曹参恐惧，翻过城墙依附刘季。刘季用帛布写了一封信，射到城上，告诉沛县父老说："天下苦于秦朝的暴政已经很久了。现有父老为沛令守城，但各国诸侯都已起来反抗，一旦城破，就要屠戮沛县。如果沛县父老共同起来杀死沛令，选择子弟中可以立为首领的做领导，以响应诸侯军，那就能保全自家性命。不然的话，父子全被杀害，死得毫无意义。"父老们就率领子弟共同杀了沛令，打开城门，迎接刘季，想让他做沛县县令。刘季说："天下正在混乱当中，诸侯都已起事，如果推选的将领不胜任，就会一败涂地。我不是吝惜自己的生命，只怕才劣力薄，不能保全父兄子弟。这是件大事，希望另外共同推选一位能够胜任的人。"

萧何、曹参都是文官，看重身家性命，怕事情不成，秦朝会诛灭他们的全族，所以都推刘季。父老们都说："我们平时听到刘季许多奇异的事情，看来刘季是该显贵的。而且又经过占卜，没有比刘季更吉利的。"这时刘季再三谦让，大家都不敢担任，最后还是立刘季为沛公。在沛县衙门的庭院里祭祀黄帝和蚩尤，又用牲血衅鼓旗。旗子一律红色，因为刘季所杀蛇是白帝的儿子，杀蛇的是赤帝的儿子，所以崇尚红色。于是少年子弟和有势的官吏，如萧何、曹参、樊哙等人，都为沛公征集兵员，集合了两三千人，攻打胡陵、方与，回军固守丰邑。

秦二世二年，陈胜将领周章的军队西至戏水而还。燕、赵、齐、魏都自立为王。项梁、项羽在吴起兵。秦泗水郡郡监平率兵围攻丰，两天后，沛公出兵应战，打败了秦军。沛公命令雍齿守卫丰邑，自己引兵赴薛，泗水郡郡守壮在薛战败，逃到戚。沛公左司马擒获泗水郡郡守壮，杀死了他。沛公回军亢父，到了方与，没有交战。陈王陈胜派魏人周市攻城略地。周市使人对雍齿说："丰，原来梁王曾迁徙到这里。如今魏地已经攻占的有数十城，你雍齿如果降魏，魏封你雍齿为侯，仍然驻守丰邑。不投降的话，就要血洗丰邑。"雍齿本来就很不愿隶属沛公，等到魏国招降他，就背叛沛公，为魏防守丰邑。沛公引兵攻丰，没有攻下。

沛公病了，便回到沛县。沛公怨恨雍齿和丰邑子弟都背叛他，听说东阳宁君、秦嘉立景驹为假王，住在留县，就去依附他们，想借兵攻打丰邑。这时，秦将章邯在追击陈王的部队，别将司马㰘率军北向，攻占楚地，在相屠城，到了砀县。东阳宁君、沛公引兵西进，与司马㰘在萧县西面交战，没有占着便宜。退回来收集散兵，屯聚留县，引兵攻砀，三天就攻下了砀邑。收编砀县降兵，得到五六千人，进攻下邑，攻打了下来。沛公回军丰邑。听说项梁在薛县，带了随从骑兵一百多人去见项梁。项梁给沛公增拨士兵五千人，五大夫一级的将领十人。沛公回来，引兵攻丰。

沛公跟随项梁一个多月，项羽已经攻克襄城回来。项梁把各路将领都召集到薛县，听说陈王确实死了，就立楚国后人楚怀王的孙子心为楚王，建都盱台。项梁号为武信君。停了几个月，项梁向北攻打亢父，救援东阿（被围的齐军），打败了秦军。齐军回到齐，楚军单独追击败兵。派沛公、项羽另率军队攻打城阳，大肆杀戮城中军民。沛公、项羽驻军濮阳东面，与秦军接战，击破了秦军。

秦军又振作起来，固守濮阳，决水自环。楚军离去，转攻定陶，定陶没有攻下。沛公和项羽向西攻城略地，到了雍丘城下，与秦军交战，大破秦军，杀了李由。回军攻打外黄，外黄没有攻克。

项梁又一次打败了秦军，有骄傲的神色。宋义劝诫他，他不听。秦派兵增援章邯，夜间衔枚偷袭项梁，在定陶大破项梁，项梁战死。沛公和项羽正在攻打陈留，听说项梁死了，带兵和吕将军一块向东进发。吕臣驻扎在彭城东面，项羽驻扎在彭城西面，沛公驻扎在砀。

章邯已经打垮了项梁的军队，以为楚地的敌人不用担心了，就渡过黄河，北进攻打赵地，大破赵军。这个时候，赵歇为赵王，秦将王离围困赵歇在钜鹿城。被围在钜鹿的军队，这就是所谓的"河北之军"。

秦二世三年，楚怀王看到项梁的军队被打垮了，心里恐惧，迁离盱台，建都彭城，合并吕臣、项羽的军队，亲自统率。以沛公任砀郡长，封为武安侯，统领砀郡的军队。封项羽为长安侯，号为鲁公，吕臣任司徒，他的父亲吕青作令尹。

赵多次请求救援，楚怀王就以宋义为上将军，项羽为次将，范增为末将，北上援救赵。命令沛公西出略地，打入关中。同将领们约定：先攻入关中的，就封在关中做王。

这时候，秦军强盛，常常乘胜追击，众将领没有认为先入关是有利的。惟独项羽痛恨秦打垮了项梁的军队，心中愤激，愿和沛公西进入关。怀王的老将都说："项羽为人轻捷而凶猛，狡诈而残忍。项羽曾经攻打襄城，襄城没有留下一个活人，全都活埋了。所经过的地方，无不残杀毁灭。况且楚军多次进兵攻取，没有获胜，以前陈王、项梁都失败了。不如另派宽厚长者，以正义为号召，向西进发，把道理向秦国父老兄弟讲清楚。秦父老兄弟受苦于他们君主的统治很久了，现在如果真能有宽厚长者去关中，不加欺凌暴虐，应该能够拿下关中。而今项羽剽悍，不可派遣。"终于没有答应项羽，而派遣沛公西进攻取秦地。沛公收集陈王、项梁的散兵，路经砀，到达成阳，与杠里的秦军对垒，打败了秦军的两支部队。楚军出兵攻击王离，把他的军队打得片甲不留。

沛公引兵西进，在昌邑遇见彭越，就和他一起攻打秦军，这一仗没有打赢。回到栗县，遇到刚武侯，夺了他的军队，大约四千多人，（与沛公原来的队伍）合并在一起。沛公与魏将皇欣、魏申徒武蒲的军队联合攻打昌邑，昌邑没有攻下，西进路过高阳。郦食其为里监门，说："将领们路过这里的很多，我看沛公是一个大人物，有仁厚长者的风度。"就去求见游说沛公。沛公正坐在床上，伸着两腿，让两个女子给他洗脚。郦生不下拜，深深地作了个揖，说："足下一定要消灭残暴无道的秦朝，就不应该伸着两腿接见长者。"于是沛公站了起来，整理好衣服，向他道歉，请他到上座。郦食其劝沛公袭击陈留，获得陈留积聚的粮米。沛公就封郦食其为广野君，郦商为将领，统率陈留的军队，和沛公一起攻打开封，开封没有攻下。向西与秦将杨熊在白马打了一仗，在曲遇的东面又接着战斗，大破杨熊军。杨熊逃往荥阳，秦二世派使斩首示众。沛公向南攻打颍阳，屠了颍阳城。依靠张良攻占了韩国的轘辕。

　　这时，赵将司马卬正要渡过黄河进入函谷关，沛公就北进攻打平阴，切断黄河渡口。向南进发，在雒阳东面交战。战斗不顺，沛公回到阳城，集中军中的骑兵，与南阳郡郡守齮战于犨，打败了齮军。攻取南阳郡的城邑，齮逃走，退守宛县。沛公引兵绕过宛城西进。张良进谏说："沛公你虽然急于打入函谷关，但秦兵还很多，又据守险要。如今不拿下宛城，宛城守军从背后攻击，强大的秦军在前面阻挡，这是一种危险的战术。"于是沛公就在夜间率兵从另外一条道路返回，更换了旗帜。

　　天亮时，他就把宛城包围了三层。南阳郡郡守想要自杀。他的舍人陈恢说："死的还早。"他就翻过墙去见沛公，说："我听说阁下接受楚怀王的约定，先攻入咸阳的称王关中。现在阁下停留守在宛城。宛城是大郡的治所，连城数十，口多粮足，官吏和民众认为投降肯定被处死，所以都登城固守。如果足下整天地留在这里攻城，士卒死伤的一定很多；如果引兵离开宛城，宛城守军自然跟踪追击。足下向前则失去先入咸阳的约定，后退又有强大的宛城守军为患。为足下设想，不如明约招降，封南阳郡守官爵，让他留守，足下带领宛城士卒一道西进。许多没有攻下的城邑，听到这个消息，争先打开城门，等待足下，足下可以通行无阻。"沛公说："好。"就以南阳郡守为殷侯，封给陈恢一千户。引兵西进，没有不降服的。到达丹水，高武侯鳃、襄侯王陵在西陵投降。回军攻打胡阳，遇到番君的别将梅鋗，与他一起，迫使析县、郦县投降。沛公派遣魏人宁昌出使秦关中，使者没有回来。这时章邯已经带领全军在赵地投降项羽。

　　起初，项羽和宋义北进援救赵，等到项羽杀死宋义，代替他为上将军，许多将领和黥布都从属项羽。打垮了秦将王离的军队，使章邯投降，诸侯都归附了他。等到赵高已经杀了秦二世，派人来见沛公，想要定下约定瓜分关中称王。沛公以为是诈骗，就采用张良的计策，派郦生、陆贾去游说秦军将领，用甜头引诱，趁机袭击武关，攻破关口。同时他又和秦军在蓝田南面交战，增设疑兵，多树旗帜，所经过的地方不许掳掠。秦国的群众很高兴，秦军懈怠了，因此大破秦军。又在蓝田北面接战，再次打败秦军。乘胜追击，彻底打垮了秦军。

　　汉元年十月，沛公的军队先于各路诸侯到达霸上。秦王子婴素车白马，用丝带系着脖子，封了皇帝的印玺和符节，在轵道旁投降。将领们有的主张杀死秦王。沛公说："当初楚怀王派遣我，就是因为我能宽大容人。况且人家已经降服，又杀死人家，不吉利。"于是就把秦王交给了官吏，向西进入咸阳。沛公想要留在宫殿中休息，樊哙、张良劝说后，才封闭了秦宫的贵重珍宝、财物和库房，把军队驻扎在霸上。

沛公召集各县的父老、豪杰说："父老们苦于秦朝的严刑峻法已经很久了，诽谤朝政的要灭族，相聚议论的要在街市上处斩。我和诸侯们约定，先入关的在关中称王，我应当称王关中。同父老们约定，法律只有三章：杀人的处死，伤人和抢劫的处以与同犯罪相当的刑罚。其余的秦朝法律全都废除。官吏和百姓都要安居如故。我所以到这里来，是为父老们除害，不会有欺凌暴虐的行为，不要害怕。我所以回军霸上，是等待诸侯们到来制定共同遵守的纪律。"沛公派人与秦朝官吏在县城乡间巡行，告谕百姓。秦地的百姓大为高兴，争先恐后地拿出牛羊酒食款待士兵。沛公又谦让不肯接受，说："仓库的谷子很多，不缺乏，不愿让百姓破费。"百姓更加高兴，惟恐沛公不做秦王。

有人劝沛公说："秦地比天下富足十倍，地势好。如今听说章邯投降了项羽，项羽就给了雍王的封号，在关中称王。现在即将来到关中就国，你沛公恐怕不能占有这个地方了。应赶快派兵把守函谷关，不让诸侯军进来，逐渐征集关中兵，以加强实力，抵抗诸侯兵。"沛公赞成他的计策，照着做了。

十一月间，项羽果然率领诸侯军西进，想要入关，而关门闭着。听说沛公已经平定关中，项羽大怒，派黥布等攻破了函谷关。十二月间，就到了戏水。沛公左司马曹无伤听说项王发怒，要攻打沛公，派人告诉项羽说："沛公想要称王关中，令子婴为相，珍宝被他全部占有了。"打算以此求得封赏。亚父劝项羽进攻沛公。当时项羽饱餐士卒，准备明日会战。这时项羽兵四十万，号称百万。沛公兵十万，号称二十万，兵力敌不过项羽。恰巧项伯要救张良，夜间去见他。（回来后）用道理劝说项羽，项羽取消了进攻沛公的计划。沛公带来了一百多骑兵，飞奔至鸿门，来见项羽，表示歉意。项羽说："这是你沛公左司马曹无伤向我说的。不然，我项羽何至于做这样的事。"沛公因为樊哙、张良的缘故，得以脱身返回。回来后，他立刻杀了曹无伤。

项羽向西进军，屠杀无辜，焚毁咸阳秦宫室，所过之处，无不遭到摧残破坏。秦地的百姓大失所望，然而心里恐惧，对他不敢服从。

项羽派人回去报告楚怀王，楚怀王说："按照原来的约定办。"项羽怨恨楚怀王不肯让他与沛公一起西进入关，而派他北上救赵，在天下诸侯争夺称王关中的约定中落在后面。他就说："怀王，是我家项梁所立，没有什么功劳，凭什么主持约定。本来安定天下的，是诸位将领和我项籍。"就假意推尊楚怀王为义帝，实际上不听从他的命令。

正月，项羽自立为西楚霸王，在梁、楚地区的九个郡称王，建都彭城。背弃原来的约定，改立沛公为汉王，在巴、蜀、汉中称王，建都南郑。把关中瓜分为三，封立秦朝的三个将领：章邯为雍王，建都废丘，司马欣为塞王，建都栎阳，董翳为翟王，建都高奴。封楚将瑕丘申为河南王，建都洛阳。封赵将司马卬为殷王，建都朝歌。赵王歇迁徙代地称王。封赵将张耳为常山王，建都襄国。封当阳君黥布为九江王，都六县。封楚怀王柱国共敖为临江王，建都江陵。封番君吴芮为衡山王，建都邾县。封燕将臧荼为燕王，建都蓟县。原来的燕王韩广迁徙辽东称王。韩广不服从，臧荼攻杀韩广在无终。封成安君陈余河间三县，住在南皮。封给梅鋗十万户。四月，在项羽麾麾之下罢兵散归，诸侯各自回到封国。

汉王回国，项王派三万兵士跟随，楚国和其他诸侯国的士卒仰慕汉王而追从的有几万人。他们从杜县南面进入蜀中，离开后就烧断栈道，以防备诸侯军和匪徒的袭击，也向项羽表示没有东进的意图。到达南郑，那些将领和士卒很多在中途逃亡回去，士卒都唱歌表示思念回到东方。韩信劝汉王说："项羽封诸将有功的为王，而大王独自被封在南郑，这实际上是贬徙。军中官吏和士卒都是崤山以东的人，日夜盼望回家乡。乘他们气势旺盛时加以利用，可以建立大的功业，等到天下已经平定，人人都安下心来，就不能再利用了。不如决定向东进军，争夺天下大权。"

项羽出了函谷关，派人迁徙义帝。说："古代做帝王的统辖千里见方的土地，必须居住上游。"就派使者把义帝迁徙到长沙郴县，催促义帝快走。群臣渐渐地背叛了义帝，项羽就暗地里让衡山王、临江王袭击他，把义帝在江南杀死。项羽怨恨田荣，封齐将田都为齐王。田荣恼怒，就自立为齐王，杀死田都，反叛项楚，把将军印给予彭越，让他在梁地起兵反楚。楚派萧公角攻打彭越，彭越大败萧公角。陈余怨恨项羽不封自己为王，派夏说游说田荣，借兵攻打张耳。齐借兵给陈余，击败了常山王张耳，张耳逃跑后归附了汉王。陈余从代接回赵王歇，又立为赵王，赵王就封陈余为代王。项羽大怒，出兵北向击齐。

八月，汉王用韩信的计策，从故道回军，袭击雍王章邯。章邯在陈仓迎击汉军，雍王兵败退走，在好畤停下来接战，失败后，逃到废丘。汉王随即平定了雍地。向东到达咸阳，率军围困雍王于废丘，而派遣将领攻占了陇西、北地、上郡。派将军薛欧、王吸出武关，借助王陵驻扎在南阳的兵力，迎接太公、吕后于沛县。楚听到这一消息，出兵在阳夏阻挡，汉军不能前进。楚让原吴县县令郑昌为韩王，抵抗汉军。

二年，汉王东出夺取城邑，塞王司马欣、翟王董翳、河南王申阳都投降了。韩王郑昌不愿归附，汉王派韩信打败了他。于是设置了陇西、北地、上郡、渭南、河上、中地各郡，关外设置了河南郡。改立韩太尉信为韩王。将领中以一万人或一郡投降的，封给一万户。汉王下令整修河上郡内的长城。各处原来的秦朝苑囿园池，都让百姓开垦耕种。正月，俘虏了雍王的弟弟章平。汉王大赦有罪的人。

汉王出函谷关到达陕县，抚慰关外父老。回来后，张耳来拜见他，汉王给了他优厚的待遇。

二月，汉王下令废掉秦社稷，改立汉社稷。

三月，汉王从临晋关渡过黄河，魏王豹率兵随从，攻下河内，俘虏了殷王，设置河内郡。向南渡过平阴津，到达洛阳。新城三老董公拦住汉王，用义帝死这件事游说汉王。汉王听了，袒臂大哭，于是为义帝发丧，哭吊三天。派遣使者通告诸侯说："天下共同拥立义帝，对他北面称臣。现在项羽把义帝放逐，在江南袭击杀害了他，大逆无道。我亲自为他发丧，诸侯都要穿白色丧服。全部调拨关内的兵力，征集三河的士卒，沿江汉南下，愿意跟随各诸侯王讨伐楚国杀害义帝的人。"

当时项王北进攻打齐国，田荣和他在城阳作战。田荣兵败，逃到平原，平原的百姓杀了他，齐地都投降了楚国。楚兵焚烧齐人的城郭，掳掠他们的子女，齐人又反叛楚国。田荣的弟弟田横立田荣的儿子田广为齐王，齐王在城阳反楚。项羽虽然闻知汉军东进，但既然已经与齐军交战，就想打垮齐军之后迎击汉军。汉王利用这个机会劫取了五诸侯的兵力，进入彭城。项羽听到这一消息，就带兵离开齐，由鲁地出胡陵，抵达萧县，与汉军在彭城灵壁东面的睢水上激战，大败汉军，杀死了很多士卒。由于尸体的堵塞，睢水都不能流通了。

楚军从沛县掳取了汉王的父母妻子，放在军中作为人质。这个时候，诸侯看到楚军强盛，汉军败退，又都离开汉归附楚。塞王司马欣也逃到楚国。

吕后的哥哥周吕侯为汉带领一支军队，驻扎在下邑。汉王到他那里，渐渐收集士卒，驻军于砀县。汉王西行经过梁地，到了虞县，派谒者随何到九江王黥布那里，汉王说："你能让黥布举兵叛楚，项羽必定留下来攻打他。如果能够滞留几个月，我一定可以取得天下。"随何去说服九江王黥布，黥布果然背叛了楚国，楚国派龙且去攻打他。

汉王兵败彭城后向西撤退，行军中派人寻求家属，家属也逃走了，没有互相碰见。战败后就只找到了孝惠帝。六月，汉王立他为太子，大赦罪人。命令太子驻守栎阳，诸侯国人在关中的都集中在栎阳守卫。引水灌废丘，废丘投降，章邯自杀。把废丘改名为槐里。于是命令祠官祭祀天、地、四方、上帝、山川，以后按时致祭。汉王又征发关内士卒登城守卫边塞。

这时九江王黥布与龙且作战，没有取胜，和随何潜行归汉。汉王渐渐地征集了一些士卒加上各路将领和关中兵的增援，因此军势大振于荥阳，在京、索之间击破了楚军。

三年，魏王豹请假回去省视父母的疾病，到了魏地就断绝了黄河渡口，叛汉归楚。汉王使郦生劝说魏豹，魏豹不听。汉王派遣将军韩信进攻魏豹，大破魏军，俘虏了魏豹，于是平定了魏地，设置了三个郡，名叫河东、太原、上党。汉王命令张耳和韩信向东攻下井陉，进击赵地，杀了陈余、赵王歇。第二年，汉王封张耳为赵王。

汉王驻军在荥阳南面，修筑甬道与黄河相连，以便取用敖仓的粮食，并与项羽对峙了一年多。项羽多次夺取了汉军甬道，汉军缺少粮食，项羽于是围攻汉王。汉王请求讲和，划分荥阳以西的土地归汉。项王没有同意。汉王忧虑，就采取陈平的计策，给陈平黄金四万斤，用来离间楚国君臣。于是项羽对亚父产生了怀疑。亚父这时劝项羽乘势攻下荥阳，等到他知道已被怀疑，就很生气，推托自己年老，要求乞身引退，回家乡当老百姓。项羽答应了，亚父没有到达彭城就死了。

汉军断绝了粮食，就在夜间从东门放出女子二千多人，披戴铠甲，楚军便四面围击。将军纪信乘坐汉王的车驾，伪装成汉王，欺骗楚军。楚军都高呼万岁，争赴城东观看，因此汉王能够与几十骑兵出西门潜逃。汉王命令御史大夫周苛、魏豹、枞公留守荥阳，将领和士卒不能随从的，都留在城中。周苛、枞公商量说："魏豹这个叛国之王，很难和他共守城池。"因此就杀死了魏豹。

汉王逃出荥阳进入函谷关，收集士卒，想再次东进。袁生劝汉王说："汉与楚在荥阳相持了几年，汉军常处于困境，希望君王从武关出去，项羽肯定引兵向南行进，君王深沟高垒，让荥阳、成皋之间得到休息。派韩信等安辑黄河以北的赵地，联合燕、齐，君再赴荥阳，也为时不晚。这样，楚军多方设防，军力分散，汉军得到休整，再与楚军作战，肯定可以打破楚军了。"汉军采纳了他的计策，出兵宛县、叶县之间，与黥布在进军中收集兵马。

项羽听说汉王在宛县，果然带兵南下。汉王坚壁固守，不和他交战。这时彭越渡过睢水，与项声、薛公在下邳作战，彭越大败楚军。于是项羽率军向东攻打彭越，汉王也率兵向北驻军成皋。项羽已经取胜，赶走了彭越，得知汉军又驻扎在成皋，就又领兵西进，攻克荥阳，杀了周苛、枞公，俘虏了韩王信，于是进围成皋。

汉王逃走了，单身一人与滕公同乘一辆车出了成皋玉门，向北渡过黄河，驰至修武住了一夜。自称为使者，早晨进入张耳、韩信的营中，夺取他们的军队，就派张耳去北边赵地收集更多的兵力，派韩信东进攻齐。汉王得到韩信的军队后，军威又振作起来。率军来到黄河岸边，向南进发，在小修武南面让士卒吃饱喝足，打算与项羽再一次交战。郎中郑忠劝阻汉王，让他挖深沟道高堆城墙，不要和项羽交锋。汉王采用了郑忠的计策，派卢绾、刘贾率兵两万人，几百个骑士，渡过白马津，进入楚地，与彭越在燕县城西又打败了楚军，随后又攻下梁地十多座城邑。

淮阴侯已经接受命令向东进军，在平原没有渡过黄河。汉王派郦生去说服齐王田广。田广背叛了楚，与汉讲和，一起攻打项羽。韩信采用蒯通的计策，突然袭击，打败了齐国。齐王烹杀了郦生，向东逃到高密。项羽听到韩信已经全部利用黄河以北的兵力打垮了齐、赵，而且要攻打楚军，就派龙且、周兰前去阻击。韩信与楚交战，骑兵将领灌婴配合出击，大败楚军，杀了龙且。齐王田广投奔彭越。在这个时候，彭越领兵驻扎在梁地，前来骚扰楚军，断绝它的粮食。

四年，项羽对海春侯大司马曹咎说："谨慎防守成皋。如果汉军挑战，千万小心，不要应战，不让汉军东进就行了。我十五天一定平定梁地，再与将军会合。"于是就进军攻打陈留、外黄、睢阳，都拿了下来。汉军果然屡次向楚军挑战，楚军不肯出战。汉军派人辱骂了楚军五六天，大司马十分气愤，让士卒渡过汜水。士卒渡过一半，汉军出击，大败楚军，全部缴获了楚国的金玉财宝。大司马曹咎、长史司马欣都自刎在汜水上。项羽到达睢阳，听到海春侯兵败，就带兵返回。汉军正在荥阳东面围攻钟离昧，项羽一到，汉军全部撤走到险阻地带。

韩信已经打垮了齐国，派人对汉王说："齐国靠近楚国，如果权力太小，不立为暂时代理的国王，恐怕不能安定齐地。"汉王想要攻打韩信。留侯说："不如就此封他为王，让他自己防守齐地。"汉王便派遣张良带着印绶立韩信为齐王。项羽听到龙且的军队战败了，心里很恐惧，派盱眙人武涉前去游说韩信。韩信不肯听从。

楚、汉长期相持，胜负未决，年轻力壮的苦于当兵打仗，年老体弱的疲于转运粮食。汉王、项羽一同站在广武涧两边对话。项羽想跟汉王单身挑战。汉王一一数落项羽的罪过说："最初我和你项羽都受命于怀王，说是先入关平定关中的，就在关中做王。你项羽违背约定，让我在蜀、汉做王，这是第一罪。你项羽假借怀王的命令，杀了卿子冠军，而自尊为上将军，这是第二罪。你项羽已经援救了赵地，应当返回复命，而你擅自胁迫诸侯的军队进入函谷关，这是第三罪。怀王约定到了秦地不要残暴掠夺，你项羽火烧秦朝宫室，挖了始皇帝的坟墓，私自聚敛秦朝财物，这是第四罪。又硬是杀掉了秦朝投降的国王子婴，这是第五罪。在新安，用欺骗的手段坑杀了秦朝子弟二十万，而封他们的将领做王，这是第六罪。你项羽让自己的将领都在好地方做王，而迁走原来的诸侯王，使臣下争着叛逆，这是第七罪。你项羽把义帝驱逐出彭城，自己建都彭城，夺取韩王的土地，合并梁、楚称王，多划给自己土地，这是第八罪。你项羽派人在江南暗杀义帝，这是第九罪。为人臣下而杀害了他的君主，屠杀已经投降的人，执政不公允，主持约定不守信用，为天下人所不容，大逆不道，这是第十罪。我带领正义之师随从诸侯来诛除残暴的贼人，派受过刑的罪人杀死你项羽，我何苦与你挑战！"

项羽大怒，埋伏的弓弩射中了汉王。汉王伤了胸部，却摸着脚说："这个贼人射中了我的脚趾！"汉王身受创伤，卧床不起，张良请汉王勉强起来巡行慰劳士卒，以安定军心，不让楚军乘机取胜于汉。汉王出来巡视军队，伤势加重，就驱车进入成皋休养。

汉王病好了，向西进入函谷关，来到栎阳，慰问父老，设酒招待。砍了塞王司马欣的脑袋，挂在栎阳街市上示众。汉王在这停了四天，又回到军中，驻扎在广武。关中的兵力大举出动。

当时，彭越带兵驻扎梁地，来来往往地骚扰楚军，断绝它的粮食。田横前往依附彭越。项羽多次攻打彭越等人，齐王韩信又进攻楚军。项羽恐惧，就与汉王约定，平分天下，割鸿沟以西归汉，鸿沟以东归楚。项王送回汉王的父母妻子，汉军全都高呼万岁，楚军告别汉军回到了驻地。

项羽解散兵队东归。汉王想要带领士兵西还，后来采用留侯、陈平的计策，进兵追击项羽，到达阳夏南面收兵驻扎。与齐王韩信、建成侯彭越约定时间会合攻打楚军。到了固陵，韩信、彭越不来会合。楚军出击汉军，大败汉军。汉王又进入营垒，挖深了壕沟进行防守。他使用了张良的计策，于是韩信、彭越都前来会合。又有刘贾进入楚地，围攻寿春。汉王在固陵战败，就派使者去召大司马周殷，用全部的九江士卒迎接武王黥布。黥布、周殷在进军中攻下城父，大肆屠杀。他们随从刘贾和齐、梁的诸侯大会垓下。汉王封武王黥布为淮南王。

五年，高祖和诸侯军队一起攻打楚军，与项羽在垓下决一胜负。淮阴侯率兵三十万独当正面，孔将军布兵在左面，费将军布兵在右面，皇帝居后，绛侯、柴将军跟随在皇帝后面。项羽的士兵大约十万。淮阴侯首先出战，没有取胜，向后退兵。孔将军、费将军随后出击，楚军不利，淮阴侯又乘势反攻，大败项羽于垓下。项羽的士兵听到汉军中的楚歌声，以为汉军全部占领了楚地，项羽就败退逃跑，因此楚兵全军溃败。汉王派骑兵将领灌婴追击项羽，在东城杀了他，斩首八万，于是平定了楚地。鲁县为楚国坚守城池，汉军没有攻下，汉王带领诸侯军北上，把项羽的头给鲁县父老们看，鲁县才投降了。于是就用鲁公的封号在谷城埋葬了项羽。汉王回到定陶，驰入齐王营垒，夺了他的军队。

正月，诸侯和将相一起请求尊崇汉王为皇帝。汉王说："我听说皇帝这一尊号，属于有贤德的人，虚言浮语，空有其名，不是这种人所能占有的，我不敢承受皇帝之位。"群臣都说："大王出身贫寒，诛暴讨逆，平定四海，有功的就割地封王侯。大王不尊崇名号，大家对自己的封号都要疑虑，不敢信以为真。臣等誓死坚持大王尊称皇帝。"汉王再三谦让，迫不得已地说："大家一定以为这样做吉利，是因为有利于国家，我只好做皇帝了。"甲午，在汜水北面即皇帝位。

皇帝说："义帝没有后代。齐王韩信熟悉楚地风俗，迁徙为楚王，建都下邳。封建成侯彭越为梁王，建都定陶。原来的韩王信仍为韩王，建都阳翟。迁徙衡山王吴芮为长沙王，建都临湘。番君的将领梅鋗立有战功，跟随进入武关。淮南王黥布、燕王臧荼、赵王张敖都保持旧封。"

天下基本平定。高祖建都洛阳，诸侯都成为高祖的属臣。原来的临江王共欢为了项羽起兵叛汉，高祖命令卢绾、刘贾围攻共欢，没有攻克。几个月后共欢投降，在洛阳被杀。

五月，士卒都脱下盔甲回家。诸侯国的士卒留在关中的免除徭役十二年，那些回家乡的免除徭役六年，发给粮食供养一年。

高祖在洛阳南宫摆设酒席。高祖说："各位诸侯和将领不要隐瞒我，都要说心里话。我所以能够得到天下是什么原因？项氏所以失去天下是什么原因？"高起、王陵回答说："项羽傲慢而侮辱人，陛下仁慈而爱护人。然而陛下派人攻城略地，所招降攻占的地方就封给他，与天下人利益相共。项羽嫉贤妒能，有功的人加以陷害，贤能的人受到怀疑，打了胜仗而不论功行赏，取得了土地而不与分利，这就是他所以失去天下的原因。"高祖说："你们只知其一，不知其二。说到那在帷帐中运筹划策，决胜于千里之外，我不如子房；镇守国家，安抚百姓，供给军粮，畅通粮道，我不如萧何；连兵百万，战必胜，攻必克，我不如韩信。这三个人，都是人中俊杰，我能任用他们，这是我所以取得天下的原因。项羽有一个范增而不能任用，这是他所以被我擒杀的原因。"

高祖想长期建都洛阳，齐人刘敬劝阻高祖，等到留侯说服高祖入都关中，当天高祖命驾起身，进入关中建都。六月，大赦天下。

十月，燕王臧荼反叛，攻下代地。高祖亲自统率军队攻打他，擒获燕王臧荼，随即立太尉卢绾为燕王。派丞相樊哙领兵攻代。这年秋天，利几反叛，高祖亲自带兵平叛，利几逃走了。利几，是项氏的将领，项氏失败时，利几为陈县县令，没有跟随项羽，逃走投降了高祖，高祖封他在颍川为侯。高祖到达洛阳，根据全部通侯名籍遍召通侯，利几也被召。利几很慌惧，因此起兵反叛。

六年，高祖每五天朝见一次太公，朝他跪拜如同一般百姓的父子礼节。太公家令劝诫太公说:"天无二日,地无二主,如今高祖虽然是你的儿子,但他是万民的君主;太公虽然是高祖的父亲,但属于臣下。怎么能让君主拜见臣下!这样,就使君主失去了威严和尊贵。"后来高祖朝拜太公,太公抱着扫帚,在门口迎接,倒退着行走。高祖大惊,下车搀扶太公。太公说:"皇帝是万民的君主,怎么能因为我的缘故破坏了天下的法纪!"于是高祖就尊奉太公为太上皇。高祖心中赞美家令的话,赏赐给他黄金五百斤。

十二月,有人上书告发楚王韩信谋反。高祖询问左右大臣,大臣们争着要去攻打韩信。高祖采用陈平的计策,假装巡游云梦泽,在陈县会见诸侯,楚王韩信去迎接,就乘机逮捕了他。这一天,大赦天下。田肯来祝贺,就劝高祖说:"陛下抓到韩信,又建都秦中。秦地是地理位置优越的地方,有阻山带河之险要,与诸侯国悬隔千里,持戟武士一百万,秦比其他地方好上一百倍。地势便利,从这里出兵诸侯,犹如高屋建瓴。要说那齐地,东有琅琊、即墨的富饶,南有泰山的险固,西有浊河这一天然界限,北有渤海鱼盐之利,地方二千里,持戟武士一百万,与各诸侯国悬隔千里之外,齐比其他地方好上十倍。所以这两个地方是东秦和西秦。不是陛下的亲子弟,不要派他在齐地做王。"高祖说:"好。"赏赐黄金五百斤。

后来十多天,封韩信为淮阴侯,把他的封地分作两个国。高祖说将军刘贾屡建战功,封为荆王,称王淮东。弟弟刘交为楚王,称王淮西。儿子刘肥为齐王,封给七十余城,百姓中能讲齐地语言的都归属齐国。高祖论定功劳大小,与列侯剖符为信,封侯食邑。把韩王信迁徙到太原。

七年,匈奴在马邑攻打韩王信,韩王信就与匈奴在太原谋反。他的部将在白土城的曼丘臣、王黄拥立原来的赵国将领赵利为王,反叛汉朝,高祖亲自前往讨伐。正遇上天气寒冷,士卒十人中有两三个都冻掉了手指头,终于到达了平城。匈奴在平城围困高祖,七天之后才撤兵离去。汉王命令樊哙留下来平定代地,立哥哥刘仲为代王。

二月,高祖从平城经过赵地、洛阳,到了长安。长乐宫已经建成,丞相以下迁到新都长安。

八年,高祖率军东去,在东垣攻打韩王信的残余叛贼。萧丞相修筑未央宫,建立东阙、北阙、前殿、武库、太仓。高祖回来,看见宫阙极为壮丽,非常生气,对萧何说:"天下喧扰不安,苦战数年,成败尚未可知,现在为什么要修建宫室豪华过度呢？"萧何说："正是因为天下没有安定，所以才乘这个时机建成宫室。况且天子以四海为家，宫室不壮观华丽，就不足以显示天子的尊贵和威严，并且也是为了不让后世的宫室有所超过。"于是高祖高兴了。高祖去东垣，经过柏人县，赵相贯高等想谋杀高祖，高祖心跳异常，因而没有在柏人停留。避免了被谋害的灾祸。

九年，赵相贯高等策划谋杀高祖的事被发觉，高祖处死了他们的三族。废赵王张敖为宣平侯。这一年，把楚国贵族昭氏、屈氏、景氏、怀氏和齐国贵族田氏迁徙到关中。

未央宫建成了。高祖大朝诸侯和群臣，在未央宫前殿摆设酒宴。高祖手捧玉制酒杯，起身给太上皇祝寿，说："当初大人常常认为我是无以谋生的二流子，不能料理产业，不如老二勤劳。如今我成就的事业与老二相比，谁的多呢？"殿上群臣都高呼万岁，大笑作乐。

十年春夏无事发生。

七月，太上皇崩于栎阳宫，楚王、梁王都来送葬。赦免栎阳的囚犯。郦邑改名新丰。

八月，赵相国陈豨在代地反叛。高祖说："陈曾经做过我的使者，很守信用。代地是我所看重的地方，因此封陈豨为列侯，以相国名义守卫代地，如今竟和王黄等劫掠代地。代地的官吏和百姓并非有罪，可以赦免代地的吏民。"九月，高祖亲自东去攻打陈豨。到达邯郸，高祖高兴地说："陈豨不南去据守邯郸，而凭借漳水为阵，我知道他是没有本事的。"听说陈豨的将领都是过去的商人，高祖说："我知道该怎样对付他们了。"于是就用黄金引诱陈豨的将领，陈豨的将领有很多投降的。

十月，淮南王黥布、梁王彭越、燕王卢绾、荆王刘贾、楚王刘交、齐王刘肥、长沙王吴芮都来长乐宫朝见。十一年，高祖在邯郸讨伐陈豨等人还没有结束，陈豨的将领侯敞带领一万多人流动作战，王黄驻军曲逆，张春渡过黄河进攻聊城。汉派将军郭蒙与齐国的将领出击，把他们打的大败。太尉周勃从太原进军，平定代地。他们到了马邑，刚开始没有攻克，后来直打到城破人亡。

陈豨的将领赵利防守东垣，高祖攻打东垣，没有攻下。一个多月后，赵利士卒辱骂高祖，高祖十分气愤。东垣投降了，命令交出辱骂高祖的人斩首处死，没有辱骂高祖的就宽恕了他们。于是划出赵国常山以北的地方，封儿子刘恒为代王，建都晋阳。

春天，淮阴侯韩信谋反关中，高祖处死了他的三族。

夏天，梁王彭越谋反，高祖废除他的封号，迁徙蜀地。他又要反叛，于是就处死了他的三族。高祖封儿子刘恢为梁王，儿子刘友为淮阳王。

秋天七月，淮南王黥布反叛，向东兼并了荆王刘贾的土地，北进渡过淮水。楚王刘交逃跑到薛县。高祖亲自前往讨伐他，封儿子刘长为淮南王。

十二年十月，高祖在会甄已经击败黥布的军队，黥布逃走。高祖命令将领追击他。

高祖率军归还，路过沛县，停留下来。在沛宫摆设酒宴，把过去的朋友和父老子弟全部召集来纵情畅饮。挑选沛中儿童，得到了一百二十人，教他们唱歌。酒喝到酣畅，高祖击着筑，自己作了一首诗，唱起来："大风起兮云飞扬，威加海内兮归故乡，安得猛士兮守四方！"让儿童都跟着学唱。高祖又跳起舞，感慨伤怀，泪下数行，对沛县父兄们说："远游的人思念故乡。我虽然在关中建都，千秋万岁后，我的魂魄还是怀想思念着沛县。我从做沛公开始，诛暴讨逆，终于取得了天下。用沛县作为我的汤沐邑，免除沛县百姓的徭役，世世代代不用服徭役。"沛县父老兄弟、长辈妇女、旧日朋友，天天开怀畅饮，极为欢欣，说旧道故，取笑作乐。

过了十多天，高祖想要离去，沛县父老兄弟执意挽留高祖。高祖说："我的随从人员众多，父兄们供养不起。"于是高祖就动身了。沛县百姓倾城而出，都到城西贡献牛酒。高祖又停留下来，搭起帐篷，饮宴三天。沛县父兄们都叩头请求说："沛县幸运地得到免除徭役，丰邑还没有获准免除。请陛下哀怜丰邑。"高祖说："丰邑是我生长的地方，绝不会忘记，我只是因为丰邑因雍齿的缘故，背叛我而去帮助魏国，（所以才不免除它的徭役）。"沛县父兄们坚持请求，高祖这才一并免除了丰邑的徭役，和沛县相同。封沛侯刘濞为吴王。

汉军将领在洮水南北两路追击黥布的军队，都击破黥布军，在鄱阳追获杀死了黥布。樊哙另带一支部队平定代地，在当城杀死了陈豨。

十一月，高祖从征讨黥布的军队中回到长安。十二月，高祖说："秦始皇帝、楚隐王陈涉、魏安厘王、齐缗王、赵悼襄王都绝嗣无后，分别给予十户人家看守坟墓，秦始皇二十家，魏公子无忌五家。"代地官吏和百姓被陈豨、赵利所胁迫的，全部赦免。陈的降将说陈豨反叛时，燕王卢绾派人去陈豨那里参预了阴谋策划。高祖派辟阳侯去接卢绾,卢绾称病不来。辟阳侯回来,详细说明了卢绾反叛已有征兆。二月,高祖派樊哙、周勃率军出击燕王卢绾,赦免燕地官吏和百姓参加反叛的人,并封皇子刘建为燕王。

高祖攻打黥布时,被乱箭射中,行进途中得了病。病情严重,吕后请来高明的医生。医生进去见高祖,高祖询问医生,医生说:"病可以治好。"于是高祖谩骂医生说:"我以一布衣平民,手提三尺剑取得天下,这不是天命吗?命运在天,虽有扁鹊,又有什么用处!"高祖不让医生治病,赏赐黄金五十斤,叫他离去。不久吕后问高祖:"陛下百年以后,萧相国如果死了,让谁接替他?"高祖说:"曹参可以。"又问其次,高祖说:"王陵可以。然而王陵稍为憨直,陈平可以帮助他。陈平智慧有余,然而难以独任。周勃稳重厚道,缺少文才,但能安定刘氏天下的一定是周勃,可以让他做太尉。"吕后又问其次,高祖说:"这以后也不是你所能知道的。"

卢绾和数千名骑兵停留在边塞等待着,希望高祖病好了,亲自去向高祖请罪。

四月甲辰,高祖崩于长乐宫,过了四天不发丧。吕后和审食其商量说:"将领们和皇帝同为编户平民,如今北面称臣,为此常常快快不乐。现在事奉年轻的皇帝,(心里会更不高兴,)不全部族灭这些人,天下不会安定。"有人听到了这个消息,告诉了郦将军。郦将军去见审食其,说:"我听说皇帝已经驾崩,四天不发丧,想要诛杀将领们。如果真是这样,天下就危险了。陈平、灌婴统率十万士卒驻守荥阳,樊哙、周勃统率二十万士卒平定燕、代,这时他们听到皇帝驾崩,将领们全都被杀,必定带兵回来向关中进攻。大臣叛乱于内,诸侯造反于外,天下覆灭可以翘足而待了。"审食其进宫把这些话告诉了吕后,于是就在丁未发丧,大赦天下。

卢绾听说高祖驾崩,就逃入匈奴。

丙寅,安葬了高祖。己巳,立太子为皇帝,来到太上皇庙。群臣都说:"高祖起于细微平民,拨乱反正,平定天下,是汉朝的开国始祖,功劳最高。"上尊号为高皇帝。太子袭号为皇帝,这就是孝惠帝。命令各郡和各国诸侯建立高祖庙,按照每年的时节祭祀。到了孝惠帝五年,孝惠帝思念高祖回沛时的悲乐情景,就把沛宫作为高祖原庙。高祖所教唱歌的一百二十名儿童,都让他们做高祖原庙中演奏音乐的人员,以后有缺额,就立刻找人补上。

高皇帝八个儿子：长子是庶出的齐悼惠王肥；其次是孝惠帝，吕后所生；再次是戚夫人生的赵隐王如意；再次是代王恒，已立为孝文帝，薄太后所生；再次是梁王恢，吕太后时徙为赵共王；再次是淮阳王友，吕太后时徙为赵幽王；再次是淮南厉王长；再次是燕王建。

雄才大略的汉武帝

汉武帝在位几十年，为西汉历史中留下了深刻的印记。公元前 140 年至公元前 106 年，他多次要求地方上推举孝廉、贤良方正、秀才。并规定要按人口比例每年每郡推荐 1~6 人不等。不推举人才的地方官要问罪。被推荐的人按四个科目分类。第一科是德行，第二科是儒学和学术，第三科是明习法令的人，第四科是行政人员，后来又增设了茂材异图科。他的这种选举官员方式，就是"察举"制。同时，允许官吏和平民直接向皇帝上书言事，有才能的人可以自荐。他在位时通过上书自荐得官的很多，如东方朔、徐乐、主父偃、严乐等。主父偃出身贫寒，怀才不遇，元朔元年（前 128 年），他上书陈陈政见为武帝赏识，一年之内，四次升迁。第二年，主父偃建议武帝实行"推恩令"。规定，诸侯王除由长子继承王位外，还可以推恩将其余的儿子在自己的封地内再度封侯，但新封的侯不再受原封国的管辖，直接由各地郡县管理。此举名为皇帝恩德的推广，实际上剥夺和缩小了诸侯王的势力和实权，许多大的封国被分成几个或十几个小侯国。淮南王刘安就是由于对此不满而起兵叛乱的。

元封五年（前 106 年），汉武帝将全国分为 13 个监察区，称为部（州）。每部派刺史 1 人，在每年秋季巡行各郡国，监督地方豪强和官员的违法舞弊行为。经刺史考察优秀的地方官可以向朝廷推荐，有劣迹的可以罢免。刺史品级不高，不处理日常政事，使地方官惧怕，又不会危害朝廷的权力。同时武帝在朝中任用张汤、赵禹等一班酷吏，专门惩办违法官吏。武帝开挖昆明池时，所用十万劳役，竟全是因违法而被追究治罪的官吏。

武帝还进一步强化皇帝的用人权，削弱丞相的权力。汉初丞相都是由功臣充任。丞相总揽朝政，百官恭谨听命。即便是内史（都城最高长官）这样的高官，若与丞相冲突，丞相也可以先斩后奏。丞相推举的人，往往可直接任命为郡守或朝中的九卿。丞相与皇帝可以坐而论道，皇帝一般都很尊重丞相的意见。汉武帝改变丞相一职由功臣充任的传统，任用儒生为相。如出身贫苦的公孙弘，就被武帝破格任用为相，而不像功臣那样居功自傲，更不会与皇帝争权。后来汉武帝又把朝官分为中朝和外朝。将一些随时侍奉左右的文人充实到"尚书"（原来主管文书档案）机构，让他们审阅公文，起草诏令，谋划政事。这些品级不高的尚书与同样品级不高的侍中、中书一起构成一个朝中之朝——"中朝"。实际上也是皇帝的智囊团。他们商量大事，作出决策后，再交给外朝的丞相去发布执行，丞相成了执行机构。外朝的九卿也可不通过丞相而直接上奏疏给皇帝。这样丞相一职实际被架空了，皇权得到加强。

建元年间，汉武帝接受董仲舒建议，兴建太学、设五经博士。太学应该算作我国第一个国立大学，是专门用来培养文官的。第一次将教育与选拔官吏结合起来，使西汉各级官吏的成份发生了很大变化。汉武帝时官吏人才辈出，群星璀璨。如司马迁、司马相如、卫青、霍去病、赵过、张骞、桑弘羊、金日磾、韩安国、霍光、东方朔、苏武等等。这些令后人也崇敬的人物，足以说明汉武帝时代，人才之盛。如果没有这些人，西汉历史，就会大失光彩的。

汉武帝的雄才大略，更体现在开拓疆土，为中国多民族统一国家的发展所做的贡献。中原王朝大规模远距离奔袭草原民族的现象在中国历史上并不多见，而汉武帝终其一生，始终保持了对北方民族军事上的优势，在历次大战中一直保持进攻态势，在中国历史上也是少见的。正由于这一点，使西汉王朝也借势打通了西域的道路；加强了中原与天山南北地区的联系。

更为难得的是，武帝晚年能反思自己一生得失，公开检讨自己的过错。征和四年（前89年）武帝东巡至海，眼望波涛滚滚，无边无涯，终于放弃了与海中神仙相会的念头。回程时，在钜定（今山东广饶县北）看到田里农耕正忙，便操起农具，亲自到田里参加劳动。在泰山祭祀时，对天神和大臣检讨自己一生好大喜功，"使天下愁苦"。并发誓，"自今，事有伤百姓，糜费天下者，悉罢之！"。回到长安，遣退了所有的方士。当桑弘羊上疏，请求在轮台（今新疆轮台）筑亭帐、驻军屯田时，汉武帝下了一个著名的"罪己诏"，向天下宣示，自己不忍再"扰劳天下"，而要"禁苛暴，止擅赋，力本农"与民休息。所以他任命田千秋为丞相，封其为"富民侯"，意思是让他"思富养民"。又任命农学家赵过为"搜粟都尉"，让他在全国范围内推广先进的"代田法"和先进的农具。

武帝一生，南征北讨，耗费无数财力，建立巨大功业。晚年却能检讨自己，向天下表示忏悔，及时改弦易辙，在中国古代帝王中是少见的。正由于武帝晚年政策的调整，西汉社会又趋于安定，为以后的"昭宣中兴"奠定了基础，西汉盛世又延续了一段相当长的时间。司马光译论说"其所以有亡秦之失而无亡秦之祸"是由于他"晚而改过"。汉武帝上承"文景之治"，下启"昭宣中兴"，不愧为一代雄才。

王莽篡汉

王莽，字巨君，汉元帝皇后王政君的侄子。王政君的父亲和兄弟在汉元帝、成帝之际皆被封侯，居位辅政，家里被封侯者九人，居大司马位子者五人。惟王莽的父亲王曼早死，未得封侯。王莽的群辈兄弟皆五侯之子，乘时奢侈华靡，以舆马声色佚游相高。只有王莽孤贫无依，遂折节为恭俭，读书博学，被服如儒生，奉养母亲及寡嫂、又养活哥哥的儿子，十分勤备，又外表英俊，内事诸位叔父，恭敬有礼。阳朔年间，大将军王凤病重，王莽去侍候王凤，亲尝医药，蓬首垢面，连月不解衣带，使王凤大为感动。临死时，王凤便将王莽托付给太后和汉成帝，王莽被拜为黄门郎，迁射声校尉。其后，成都侯王商、长乐少府戴崇，中郎陈汤等当世名士都交相称赞王莽，汉成帝认为王莽确有才干，便于汉永始元年（前16年），封王莽为新都侯，又迁骑都尉光禄大夫侍中。王莽宿卫谨敕，节操愈谦。又散家财振施宾客，家无余财。收赡名士，交结了许多将相卿大夫。所以，在位之人更相推荐王莽，游说者为之谈说，王莽声名由此大起，超过了几个叔父。王莽又敢于做些常人不敢做的事情以博取声誉，并且一点不感到难堪，似出于天性一般。当时，太后姐姐的儿子淳于长以材能为九卿，位置比王莽高，王莽暗中寻求其罪过，通过大司马王根上告，淳于长被杀，王莽却获忠直之名。王根退休时，便推荐王莽自代。汉成

帝便擢王莽为大司马。这一年是汉绥和元年（前8年），王莽时年38岁。王莽继几位叔父辅政之后，想让自己的名誉超过前人，便克己不倦，招聘贤良之士以为掾史，赏赐和封邑中的收入全用于宴享士人，自己更加俭约。王莽的母亲生病，公卿列侯遣夫人问疾，王莽的妻子来往迎接，衣不曳地，布才蔽膝，见到的人都以为是王莽家中的僮仆。仔细一问，方知是王莽夫人，都大吃一惊。

王莽辅政一年多后，汉成帝死，汉哀帝即位，夺去了王莽手中大权。太后诏王莽就第归家以避汉哀帝的外家亲戚。王莽失权后，杜门自守。王莽的中子王获杀了一个奴婢，这在当时算不了什么，而王莽却逼令王获自杀谢罪，由此更获得巨大声誉。在野三年，官吏上书讼王莽之冤者以百数。汉元寿元年（前2年），发生日食，贤良周获、宋崇等对策，极力歌颂王莽的功德。于是，汉哀帝下令重新召回王莽。一年多后，汉哀帝死，没有儿子。太皇太后王政君即日至未央宫，收取皇帝玺绶，派使者驰召王莽。又诏尚书，朝中发兵符节、百官奏事、中黄门、期门兵等皆属王莽指挥调动。王莽派人迎年仅九岁的汉平帝继位，太皇太后临朝称制，而国家政事令部委于王莽，为大司马，录尚书事。

王莽以大司徒孔光当世名儒，连相成、哀、平三朝，太后之所信敬，天下信之，便极力尊事孔光，荐孔光家人为官。那些平素不为王莽所喜欢的人，王莽都找借口加以治罪。红阳侯王立是太皇太后的亲弟弟，王莽的叔父。王莽怕王立在太后面前讲自己所为，令自己不得肆志，便令孔光上告王立的罪恶，遣王立出朝就封邑。太后不听，王莽便说："如今汉家衰败，连着几代都无后嗣，太后独代幼主统政，诚可畏惧。用力以公正行于天下，当恐不从，何况以私恩逆大臣之议，群下倾邪，乱从此起。"太后不得已，乃遣出王位。王莽由此在朝中独专朝政。顺附者拔擢，忤恨者诛灭，以王舜、王邑为腹心，甄丰、甄邯主击断，平晏领枢机之事，刘秀（即刘歆）典文章，孙建为爪牙。丰子寻、秀子棻、涿郡崔发、南阳陈崇等人皆以才能受到王莽重用。王莽外示凛厉之色，假为方直之言。欲有所为，微微透露点口风，党羽们便顺其旨意而显奏之；王莽稽首涕泣，极力推让，上以迷惑太后，下用示信于百姓。大司空彭宣以王莽专权，上书求退。王莽恨彭宣不支持自己，故意不按惯例赐给黄金和安车、驷马。

朝中大权在握后，王莽开始延誉天下。汉元始末年（1年），王莽风使益州（今四川），令塞外蛮夷自称越裳氏重译而献白雉、墨雉，王莽让太后下诏，以白雉荐宗庙（即用于祭祀）。于是，群臣盛陈王莽功德，以为他"致周成王白雉之瑞；周公及身在而托号于周，王莽应赐号曰安汉公。"王莽装模作样，极力推辞，又非要太后加赐孔光、王舜等人而后起，太后同意。为寻求更多的支持，王莽又建言褒赏宗室群臣，封宣帝之孙36人皆为列侯；太仆王恽，等26人皆赐爵关内侯，又令诸侯王公、刘侯、关内侯无子而有孙者，皆得以为嗣。天下官吏比二千石以上年老退休者，皆得拿原来三分之一的俸禄。还有平民百姓、鳏寡孤独，王莽都照顾到，无所不施。王莽知太后年老厌事，便以太后年高，不宜省事为由，让太后下诏将国家一委之于己，又恐汉平帝的外家夺自己的权，便命其家人留在地方郡国，永远不得到京师来。南海之中有一国叫黄支国，离长安有三万里。王莽为炫耀威德，派人贿赂黄支国王，让黄支国王遣使贡献犀牛。汉元始二年，山东郡国发生大旱灾，人民到处流亡。王莽上书，愿出钱百万，献田30顷，付大司农以助贫民。朝中公卿跟着仿效。王莽又在长安城中修起大片房子供流民居住。为巩固自己的权力，王莽又使诡计立自己的小女儿为汉平帝皇后，又出钱数千万贿赂王太后的左右侍从。这些人便在太后面前日夜称颂王莽。王莽又知太后是个妇人，讨厌久居深宫，便让太后四时驾车出城巡游四郊，存见孤、寡、贞妇，所至属县，辄加恩赐，赐民钱帛、牛酒，岁以为常。汉元始四年（4年），群臣上奏，请加王莽九锡之礼，位在诸侯之上。匈奴派使者入朝称颂王莽威德。王莽又派中郎将平宪等人多带钱财，引诱塞外羌人，让他们献地愿内属，吹牛说："羌人首领良愿等愿内属，说：'太皇太后圣明，安汉公至仁，天下太平，五谷成熟，或禾长丈余，或一粟三米，或不种自生，或茧蚕自成；甘露从天下，醴泉自地出；凤凰来仪，神爵降集。羌人无所疾苦，故乐意内属。'"

王莽的所作所为，在当时博得了巨大的声誉。汉元始五年，吏民仅因为王莽不接受新野（今河南新野）的封田而上书者前后共达四十八万七千五百多人。诸侯王公、列侯、宗室都认为应赶快给王莽加封赏。王莽派王恽等八人至天下郡国，使行风俗。四年后，称天下风俗齐同，又伪造了许多歌颂王莽的郡国歌谣。又称当时市无二价，官无狱讼，邑无盗贼，野无饥民，道不拾遗，夜不闭户，男女按礼分路而行，牛皮吹上了天。元始五年，汉平帝已有十四岁，非常精明懂事，对王莽将自己的外祖母家压制在郡国不许到京师感到不悦。王莽怕平帝长大后驱逐自己，便在酒中下了毒，毒死了汉平帝。汉平帝死后，王莽为掌权，在宗室中选了一个年仅二岁的孩子为皇太子，号为孺子。王莽自己则堂而皇之地称起了"假皇帝"，改年号为居摄。

居摄二年（7年），东郡太守翟义见王莽即将篡夺汉室江山，便在东郡起兵反莽，另立宗室东平王刘信为天子，率军向西进攻。此至山阳（今山东金乡）军队发展到十几万人。王莽闻之，大为恐惧，派其死党孙建、王邑等人为将军，率军前往镇压，击败翟义军，杀死翟义。于是，王莽威德日盛，便开始谋划当真皇帝。此意一出，王莽的党羽们闻风而动，到处贡献各种祥瑞之事。梓潼（今四川梓潼）人哀章在长安读书，素无行，好为大言，见王莽有篡位之心，便做了两个铜柜，里面装上两个书简，一曰"天帝行玺金匮图"，一曰"赤帝玺某传予帝金策书"，书中声称王莽应为真天子，而哀章自己和其余王莽大臣等十几人受天帝之命辅佐王莽。弄好后，在一天夜里穿上黄衣，将铜柜送到高陵（刘邦陵园，在今陕西高陵境）。王莽明知是假，但正好用来表明"天意"，便装模作样地到高陵拜受铜柜，并声称，既然是天意，自己只好勉为其难，当真天子。并随即下令改国号为"新"，改正朔，易服色，以承天命。

王莽即将当真皇帝，先派人将各种所谓符瑞拿给王太后看，王太后大吃一惊，这才醒悟过来，但为时已晚。当时孺子尚未即位，皇帝御玺藏在长乐宫中。等王莽即位，派人向王太后要皇帝玺，太后不给。王莽又派安阳侯王舜去要。王太后平素很喜欢王舜，见王舜来，知道是为了要皇帝玺，便怒骂说："你们父子宗族，蒙汉家之力，累世富贵，既无以报恩，受人孤寄，反而乘机谋取其天下，不复顾恩义。人如此者，猪狗不食其余。天下居然有你们这样的人。且若自以金柜为新皇帝，变正朔，易服色，也当自己另外制作皇帝玺，以传之万世，还要这亡国不祥之玺干什么？我是汉家老寡妇，快要死了，想和这御玺一同入土，不给你们。"一边说，一边哭。王舜也悲不能止，说："臣等已无话可说。然王莽必欲得传国之玺，太后最终能够不给吗？"王太后知道事情已难以挽回，又怕王莽威胁，自己一个妇人抵抗不了，便捧出御玺，摔在地上，说："我快要死了，还要知道你们兄弟被族灭！"

　　王莽得到御玺后，大为高兴，即日在宫中宴请群臣，以示庆贺，始建国元年（9年）春，王莽正式即皇帝之位，去汉号，改国号为"新"。汉朝的江山就这样被王莽篡夺。

【国学精粹珍藏版】

李志敏⊙编著

◎尽览中国古典文化的博大精深 ◎读传世典籍，赢智慧人生—— 受益终生的传世经典

中国通史

卷二

民主与建设出版社
·北京·

绿林赤眉起义

　　绿林军和赤眉军，是西汉末年推翻王莽政权的农民起义军中，起决定性作用的两支部队。西汉末年，土地兼并，贫富两极分化的社会问题日益加剧。王莽篡权以后，不仅又增加了统治集团内部的矛盾，而且还搞了许多不合宜的改制，使原有的社会危机更加严重了。终于导致了全国性的反抗斗争。

　　率先举起反抗大旗的是并州（今山西、内蒙古一带）人民。天凤二年（15年），五原郡（今内蒙古包头西）、代郡（今河北蔚县）人民相继造反，聚民数千转战于当地；天凤四年，临淮（今江西泗洪）人瓜田仪举义，在会稽（今江苏苏州）一带活动；同年，海曲（今山东日照）妇女吕母，为给被县宰冤杀的儿子报仇在海上起事，自称"将军"，破海曲杀县宰，队伍从几百人一直发展到数千成万人。

　　绿林军起义发生在新天凤四年，起义者首领王匡、王凤本是新市（今湖北京山）的饥民，因为他们经常为大家排解争议，得到了处事公平的称誉，所以渐渐地成了饥民的领袖。他们集合了数百人，又收留了外地流亡来的马武、王常、成丹等人，便以绿林山（今湖北大洪山）为基地，数月而得七八千众，攻打乡镇，举起了绿林军的起义大旗。新地皇二年（21年）荆州牧调拨两万大军进攻绿林山，王匡率义军迎击，大破官军于云社（今湖北沔阳西北）杀敌数千人，缴获全部辎重。荆州牧向北逃窜，又遇到马武的截击，骖乘被杀。义军乘势攻入竟陵（今湖北天门县），转而进击云杜、安陆等地，获得了重大战果。新地皇三年，绿林军因疾疫损失近半，于是分兵两路下山活动。王常、成丹、张卬等西下南郡（今湖北江陵），称下江兵；王匡、王凤、马武、朱鲔等北上南阳，称新市兵。下江兵先是受到了由严尤和陈茂率领的莽军的挫伤，成丹等人收集残部转入蒌溪一带，不久又重新振兴起来。新市兵北攻随县，各方纷纷响应，平林人陈牧、廖湛聚众数千，称平林兵，南阳汉宗室刘縯、刘秀集七八千人，称春陵兵。新市、平林、春陵三军会合后，进击长聚，破唐子乡，杀湖阳尉节节胜利。十一月，联军欲攻宛，刘𬙂率春陵兵与莽军甄阜、梁丘赐部在安聚遭遇，大受挫折，退保棘阳。甄阜、梁丘赐留辎重于蓝，引精兵十万追踪而至，自断后桥，追求一战而灭义军。此时下江兵在上唐刚刚大败荆州牧，引兵到达宜秋，为击败甄阜的莽军，王常深明大义立刻加入联军，四军联合锐气大增，休军三日之后，猛攻莽军。除夕之夜联军潜入蓝，尽获莽军辎重。黎明春陵兵自西南攻甄阜军，下江兵猛扑梁丘赐军；莽军经不住下江兵的冲击大败，义军乘胜追击，莽军因断后桥纷纷落水，死两万多人，甄阜、梁丘赐被斩。义军进而"焚积聚，破釜甑，鼓行而前"，败严尤、陈茂于淯阳，一战杀敌三千余众，并将宛城团团包围。新地皇四年，绿林军发生内部分歧。新市、平林二军欲立刘玄（平林兵首领之一）为帝，春陵军欲立刘𬙂为帝，刘𬙂和刘玄本是同宗，但刘𬙂举兵起义较晚，是以春陵军为实力的"南阳豪杰"（地主分子）的代表，而刘玄参加起义较早，又没有军事实力，是起义农民军将领的理想人选。经过反复推举，在农民军将领的坚持下，刘玄终于于该年二月称帝，改年号为更始，重新挑起了汉旗，至此绿林军改称为汉军。其后，此军又经历了决定乾坤的昆阳大战和攻打长安推翻王莽政权的战斗，最终却因为内部分裂和刘秀地主势力的破坏而被另一支农民起义军，赤眉军所攻灭。

反抗王莽统治的另一支主力大军赤眉军，起义于新天凤五年，起初是琅琊（今山东诸城）人樊崇率领百多人在莒县举兵，自称"三老"，转战于泰山一带。由于他勇猛善战，四方归附，一年就发展到了上万人。与此同时，东海（今山东郯城）人徐宣、杨音等也各自起兵，来与樊崇会合，诸部会合之后，形成了一支数万人的劲旅，即由樊崇指挥，先攻莒县不下转扑姑幕，然后在青州击败驻军田况部，歼敌一万多人。取得了第一个巨大胜利后，义军北入青州，折还泰山，屯人东海南城，终于发展成了有十多万人的强大军事力量。樊崇所部是清一色贫苦农民组成，以"杀人者死，伤人偿创"为口号，以"最尊者号三老，次从事，次率史"为排位，以"巨人"为相互称谓，无文号旌旗，无官爵封位，是一支单纯、质朴、实在、刚正的农民武装。新地皇元年，王莽令各州牧、郡守、县宰皆带军职，署将军、校尉称号，以加强对义军的镇压。第二年，又派太师义仲景尚，更始将军护军王党率兵镇压义军，结果翌年二月大败，景尚被义军打死。两个月后，王莽又派其亲信太师王匡和更始将军廉丹，领精兵十八万东行镇压。莽军所到之处烧抢掠，闹得民愤冲天，说是："宁逢赤眉，莫逢太师；太师尚可，更始杀我！"新地皇三年冬，廉丹、王匡的莽军，首先攻下了无盐（今山东东平县东），屠杀了起义民众一万多人，继而又乘胜进逼，双方终于在成昌（今山东东平县西）拉开了决战的帷幕。樊崇考虑到交战军队众多，两军搅在一起时不易识别，就下令义军一律用朱红涂眉。从此，这支农民义军便有了"赤眉"的称号。这一战，赤眉军以逸待劳，大败王匡，杀莽军一万多人，以乘势进扑无盐，继续与廉丹交战，杀死廉丹及所部校尉二十多人，以辉煌的成绩结束了王莽政权在东方的统治。此后，赤眉军复攻莒县，转战东海，游动于楚、沛、汝南、颖川一带，入陈留、进濮阳，回旋于鲁、苏、皖、豫之间。践平豪强营堡，镇压政府官吏，迅速发展成为拥有数十万大军的农民武装，并数战数胜于王匡、袁章所率领的莽军。

新地皇四年，更始政权迁都洛阳后，派史招抚赤眉军，樊崇当即屯兵濮阳，亲带首领二十多人赴洛。刘玄封樊崇等人为列侯，而未安置其部下大军。樊崇因大军无着落，为了团聚部众而逃回军营，赤眉军与更始政权分裂。此后，赤眉军自濮阳转入颖川，分兵两路，一路出樊崇、逢安率领；一部出徐宣、谢禄、杨音率领，向西挺进。这一行动立即引起了从更始政权中分裂出来的刘秀的注意。刘秀预感到赤眉军必能攻下关中，便令邓禹、冯等参预夹攻。刘玄更始二年（24年），樊崇与徐宣分击武关和陆浑关。次年正月会师于弘农，击败苏茂，自立牧童刘盆子为帝，徐宣任丞相，樊崇任大司马。三月，再败更始丞相李松军与蓣乡。东汉军邓禹趁机攻杀更始大将樊参，又打败了王匡、成丹所部，尽夺河东之地。七月间，王匡、张印等投入赤眉。九月，赤眉军攻入长安，刘玄投降，绿林军溃散。建武二年（26年），关中营保兵长看到赤眉军只代表农民利益，并不是他们的依靠对象，便采取坚壁清野之术与其相抗，致使长安粮尽。赤眉军再度西行，转战于安定，北地一带，又攻陇西不入而转回长安。邓禹率东汉军摄其后。年底，长安大饥，赤眉军二十万人开始东撤，归途已被刘秀所切断。建武三年初，赤眉军于崤底被冯异所率汉军击破，东向宜阳又陷入刘秀所设下的重重包围，终因饥寒交迫无力再战，十余万大军被刘秀所收编。

至此为止，曾经声威大震，浴血奋战，推翻王莽政权的绿林、赤眉两支出色的农民武装，终于在内部分裂、失策，以及东汉政权的镇压和地主势力的反对面前，全部瓦解，只留下了他们的历史英名。

窦宪征匈奴

东汉建武二十四年（46年），匈奴分裂为南北两部。南匈奴虽然内附，但北匈奴因据有天山以北的草原和天山以南的沙漠田，仍然不时犯边。汉明帝时，北匈奴寇掠更加频繁，焚烧边郡城邑，使汉河西一带城门昼闭。北匈奴的侵扰势力的存在及其不时入侵，对汉朝社会经济的发展，始终是一个莫大的威胁。随着东汉中原政治局面的统一，社会经济的恢复和发展，汉朝国力的加强，以及在南匈奴的积极协助下，东汉政府决定征伐北匈奴。

东汉永平十五年（72年），汉政府派遣窦固和耿秉出屯凉州（今甘肃省清水县北），作北征匈奴的准备。第二年，征召沿边守兵，命诸将率领南匈驻及乌桓、鲜卑等骑兵数万人，分四路出塞北征。这次出征，除了窦固出酒泉塞一路，在天山（今新疆维吾尔自治区吐鲁番市北）击败呼衍王部，将匈奴追至蒲类海（今新疆巴里坤湖）占据伊吾卢城（今新疆哈岳县）外，其余三路都因北匈奴闻风逃往漠北，没有战果而还。经过这次北伐，不断有匈奴人南下附汉。东汉建初八年（83年），北匈奴三木楼訾部落在大人稽留斯等率领下，有38 000人，驱马20 000匹，牛、羊十几万头，至五原塞归附汉朝。随后，元和二年（85年），又有以大人车利涿兵等为首的73批匈奴，先后入塞归附汉朝。北匈奴部分部落的归附，大大削弱了北匈奴侵扰集团的力量。加以南匈奴对北匈奴的攻击，以及平时受到北匈奴控制和奴役的部族乘机反抗，北匈奴在漠北难以立足，只得举族迁至安侯河（今鄂尔浑河）以西去。章和元年（87年），鲜卑族兵又从左地猛地攻北匈奴，大破之，斩优留单于，这便引起了北匈奴的混乱。有意归附汉朝的居兰、储卑、胡都须等58部二十多万人，乘机纷纷南下至朔方、五原、云中、北地等郡附汉。正在这个混乱之时，漠北又发生了蝗灾，人民饥馑，族内矛盾尖锐起来。而北匈奴统治集团自优留单于被斩之后，优留的异母兄弟争立单于，各部分势力并各离散。这为汉朝进一步打击北匈奴势力创造了条件。于是，建初二年中止的军事远征，现在又重新被提到议事日程上来。

东汉永元元年（89 年）春，和帝力排众卿谏阻，着手准备出兵北匈奴。六月，窦宪、耿秉等率八千骑兵，汇合南匈奴单于骑兵 3 万，分三路出击北匈奴。窦宪、耿秉一路兵出朔方鸡鹿塞，南单于一路兵出击满夷谷，度辽将军邓鸿将一路兵出击稠阳塞，三路兵在涿邪山汇合。窦宪分遣副校尉阎盘、司马耿夔、耿潭率领南匈奴精锐骑兵一万余人，与北单于在稽落山（今漠北西北部的额布根山）展开激战，北匈奴大败，单于落荒逃走。汉军乘胜追击，斩杀北匈奴名王以下 13 000 余人，俘获大批匈奴士兵，并缴获牛羊马百余万头。匈奴军中的小首领相继投降汉军，前后共有 81 部 20 多万人。窦宪挥军追击匈奴至燕然山（今杭爱山），命令中护军班因在此刻石立碑纪功，以宣扬汉朝威德。窦宪又派军司马吴记、梁讽携带金帛赠给北单于，向北单于宣扬汉朝国威，北单于叩首拜受。梁讽又劝说北单于仿呼韩邪单于尊奉汉朝的先例，称臣汉朝。单于非常高兴，派其弟右温禺鞬王奉贡，随梁讽入朝拜见汉天子。

永元二年（90 年）五月，窦宪又派副校尉阎盘率领 2 000 余骑兵出击盘踞伊吾的北匈奴，夺取伊吾卢地，并派兵与南匈奴共同出击鸡鹿塞（今内蒙古杭锦后旗西），北单于受伤遁逃，仅以身免。永元三年，窦宪又派左校尉耿夔、司马任尚出居延塞，将北单于围困于金徽山（今阿尔泰山），北单于只身逃往康居，匈奴政权全部瓦解，从此匈奴退出了漠北地区。从公元前 209 年冒顿单于建立政权起，匈奴在大漠南北的活动，至此整 300 年。

黄巾大起义

东汉末年，宦官专政，吏治废弛，民不聊生，农民起义连绵不断，中平元年（184年）爆发了大规模的黄巾军起义。黄巾军领袖张角，钜鹿（今河北鸡泽县东北）人，起义之前，张角自称大贤良师，尊奉黄、老之道，蓄养弟子。用神道符水为人治病，病人跪拜首过，病或痊愈，颇得百姓信任。张角分别派遣他的弟子周行四方，发动百姓，十余年间徒众达十万人，青、徐、幽、冀、荆、扬、兖、豫八州之人，没有不响应的。有的变卖家产，流移奔赴，堵塞道路。郡县不解其意，反而说张角是以善道实行教化，而为民所归。张角把徒众设置三十六方，方即大将军的称号。大方一万多人，小方六七千人，各设立渠帅。提出"苍天已死，黄天当立。岁在甲子，天下大吉。"用白土书写京城城门及州郡官府府门，皆作甲子字。中平元年大方马元义等先收荆、扬数万人，与张角同时举事。马元义数次往来于京师洛阳，以中堂侍封谓，徐奉等为内应，约好在三月五日，内外俱起，皆包黄巾作为标志，因此当时人称为黄巾，也有称为蛾贼（意思是人数众多）。张角称天公将军，张角的弟弟张宝称地公将军，张宝的弟弟张梁称人公将军。所到之处，焚烧官府，攻打城邑。州郡官吏大多仓惶逃之。旬日之间，天下响应，京师震动。汉朝廷遂拜卢植为北中郎将，持节，以护乌桓中郎将宗员为副将，率领北军五校士兵，又发天下各郡之兵共同征讨黄巾军。张角军连战失利，败走广宗（今河北威县东）。卢植筑围挖壕，并制造云梯，正当要攻下广宗时，灵帝派遣小黄门左丰视察军队，有人劝卢植以物贿赂左丰，卢植不愿这样做。左丰因一无所获而回归上言灵帝说："广宗之贼极易攻破，但卢中郎固垒息军，而等待天诛贼。"灵帝大怒，以槛车惩治卢植，减死罪一等；随即又派遣东中郎将陇西董卓来代替卢植，结果董卓在下曲阳（今河北晋县西）被黄巾军打得大败。这时皇甫嵩为左中郎将，领命持节，与右中郎将朱俊共发五校、三河骑士，又招募精兵勇士，共有四万多人，征讨颍川的黄巾军。后来又派遣骑都尉遭曹操带兵前往助战，黄巾军被打得大败，曹操乘胜追击，进讨汝南、陈国的黄巾军，二郡也被曹操攻下，曹操连占三郡，名声大震。东汉又进击东郡（今河南濮阳县南），诏皇甫嵩讨伐张角。

中平元年冬十月，皇甫嵩与张角的弟弟张梁在广宗发生激战，张梁兵精士众，皇甫嵩不能攻克；到第二天，就闭营休兵以观黄巾军的变化，当得知黄巾军的意志稍为松懈，就连夜布兵，天将拂晓之时，驱兵直赴黄巾军的阵地，战斗持续到午后四时，黄巾军失败，张梁被斩首，黄巾军被敌人杀死者三万多人，而赴河死者五万多人。在此战斗之前，张角已经得病而死，敌人仍不放过他，就开棺戮尸，把首级取到京师，悬挂示众。十一月，皇甫嵩又向下曲阳张角的弟弟张宝进攻，东汉朝廷也选拜王允为豫州刺史，征讨黄巾军的其他分支，黄巾军相继被打败，士兵共被俘获者达数十万人。

南阳黄巾军张曼成起兵，自称神上使，兵众数万人，杀郡太守褚衰，声势很大。后来张曼成被后任太守秦颉杀害，黄巾军就推举赵弘为帅，黄巾军又逐渐强盛，兵众遂达十多万人，占据宛城（今湖北荆门县南）。朱俊与荆州刺史徐璆及秦颉合兵围攻赵弘，从六月到八月围城，一直攻克不下；有司上奏弹劾朱俊，主张对朱加以惩治，司空张温上疏灵帝为朱俊辩解："昔秦用白起，燕任乐毅，都经过旷年历战，才得以克敌。朱俊在讨伐颍川的黄巾军时已立有战功，引师南指，方略已定；临军易将，为兵家之大忌，应该宽限时日，责其成功"。灵帝听从张温之言而没有惩治朱俊。朱俊开始向赵弘发动进攻，并杀死了赵弘。黄巾军的将帅韩忠又重新占据宛城，以抗拒朱俊。朱俊采取声东击西的办法，一方面鸣鼓攻打城的西南角，逼迫黄巾军全力抵抗来自西南方向敌人的进攻，使黄巾军的兵力受牵于此；一方面朱俊自己率领精锐将士潜到城的东北角，乘虚而进入宛城。韩忠率兵退入小城，被敌人层层围困，意觉不能破敌，准备投降。但朱俊却认为黄巾军投降只是迫于目前的窘势，不完全出于真心，他说："兵固有形同而势异者。过去秦、项之际，民无定主，因而对来归附给予赏赐，对未归附者施以规劝、招降。而现在天下一统，惟有黄巾叛逆。纳降不足以劝善，讨伐却足以惩恶。如果受黄巾投降，更升逆意，使黄巾有利则战，无利则降，纵长敌寇，绝非良计！"因此继续对黄巾发动紧急攻势，连战仍攻克不下。朱俊登高望城，对司马张超说：

"贼人现在外围坚固，内营逼急，乞降不受，欲出不得，所以必会决一死战。万人一心势尚不可挡，又何况有十万多人呢！我们不如先撤围，把军队合并入城，韩忠看到撤围，肯定会自动出来，一旦出来士兵的意志就会涣散，而这正是破敌之道。"随即率人撤围，韩忠果然出战，朱俊进而发动攻击，斩杀黄巾军万余人。太守秦颉对韩忠恨之入骨，因而杀了韩忠。

黄巾军的余部又推孙夏为帅，还归屯居宛城。朱俊又发动急攻，司马孙坚率众先登；癸巳，攻下宛城。孙夏败走，朱俊追到西鄂（今河南南阳市北）精山（在西鄂南），打败孙夏，黄巾军被杀者又达一万多人。于是南阳黄巾军败散。

张角率先举起反抗大旗，各地纷纷响应。诸如黑山、白波、黄龙、左校、牛角、五鹿、羝根、苦蝤、刘石、平汉、大洪、司隶、缘城、罗市、雷公、浮云、飞燕、白爵、杨凤、于毒（各起义军的别号，如骑白马的就称为张白驹，轻捷快速的称为张飞燕，声音大的称为张雷公，胡须长的称张羝根等等）等各自起兵，大者二三万人，小者不下数千人。汉灵帝讨伐不及，就使出招降的手段，派人拜杨凤为黑山校尉，统领其他各支黄巾军，并授以朝廷官职。黄巾军大股被敌人平定，但响应黄巾军而起义的小股黄巾军依然还有一定的势力及影响。

中平五年二月，黄巾军的小股余部郭大在西河白波谷（今山西汾城县东南）起义；六月，益州黄巾军马相攻杀刺史郗俭；八月，汝南（今河南新蔡县北）葛陂黄巾攻设郡县；十月，青州、徐州的黄巾军复起，攻打郡县，杀官吏。汉献帝初平二年（公元191年）十一月，青州黄巾军攻打泰山，被太守应劭打败，转而攻打渤海，与公孙瓒在东光（今河北东光县东）发生激战，结果又被公孙瓒打败。初平三年四月，青州黄巾军在东平（今山东东平县）击杀兖州刺史刘岱，东郡太守曹操在寿张打败黄巾军，黄巾军投降。建安十二年（207年）十月，黄巾军杀济南王赟。小股黄巾军虽不是浩浩荡荡，但也搅得统治者坐卧不安。整个黄巾军起义，历时之长，断断续续，二十多年，蔓延之广，中原自不必说，延及吴蜀。东汉政权终被推翻。

《九章算术》

　　我国的数学研究发端很早。早在汉代，就已经出现了数学著作《九章算术》。《九章算术》是我国古代数学的经典著作，是先秦数学成就集大成的总结。它的出现，标志着中国古代数学体系的形成。《九章算术》并非出自一时一人之手，而是经历了漫长的过程，由多人先后删改、修补并在东汉初年（50）最后形成定本的。《九章算术》内容丰富，题材广泛。全书共9章，分为246题202术。《九章算术》不仅在我国，而且在世界数学史上都占有十分重要的地位。欧洲在16世纪才有人研究三元一次方程组，而线性方程组的理论及解法到18世纪末叶才出现仅此两例就足可以看出《九章算术》的先进性。在我国先秦的典籍中，记录了不少数学知识，却没有《九章算术》那样的系统论叙，尤其是它由易到难、由浅入深、从简单到复杂的编排体例，形成了中国传统数学的理论体系。后世的数学家，大都从此开始学习和研究。唐宋时，《九章算术》还是国家明令规定的教科书，北宋时由政府刊刻，又是世界上最早的印刷本数学书。隋唐时就已传入朝鲜、日本，现已被译成日、俄、德、法等多种文字。作为中国古代数学的系统总结，《九章算术》对中国传统数学的发展产生了极其深远的影响。

三 国

（公元 220 年～公元 280 年）

东汉末年，先是黄巾起义，又出现董卓之乱，后来便陷入割据政权间无休止的争夺和纷争之中，其结果导致呈鼎足之势的三个政权——魏、蜀、吴。继秦汉统一之后，中国历史再次陷入割据与动乱之中。

三国鼎立的政治分裂，必然带来不断的动乱。每一个政权都以东汉的正统后继者自居，以消灭对方、壮大自己为目标。消灭对方，常攻城掠地，杀人无数。动乱带给人民的是无尽的苦痛，但壮大自己却代来了经济的发展。于是，曹魏大兴军屯、民屯，在西北，在两淮，凋敝零落的中原又重新恢复生机；蜀本就据有"沃野千里，天府之土"的成都平原，荆州亦有"帝王之资"的美誉，诸葛亮平定南中，屯田汉中，尽据地力；江东也屡次经营山越，我国东南经济开发史由此揭开。中原经济的恢复，江东农业的发展，四川、云南的开发，为即将来临的大统一奠定了经济基础。

三国时期是我国魏晋南北朝时期民族大融合的起点。中原的混乱，中央集权的衰落，为少数民族提供了新的历史舞台，而中原人口的锐减，也为内迁各族人民提供了适宜的生存空间。江左出山越，川蜀定南中，东南、西南诸夷也深深受到汉文化的熏陶。少数民族的不断内徙以及随之而出现的民族融合成为一种不可逆转的历史潮流。

三国时期，因鼎立三强各自力量的平衡而暂存，也必将因平衡格局的打破而走向统一，完成统一大业的是代魏而起的西晋。

曹操事迹

　　太祖武皇帝，沛国谯县人，姓曹，名操，字孟德，是汉朝相国曹参的后代。汉桓帝的时候，曹腾官居中常侍大长秋，被封为费亭侯。曹腾的养子曹嵩继承了他的爵位，官做到太尉。谁也说不清曹嵩原来的家世渊源。曹嵩的儿子就是魏太祖武皇帝曹操。

　　太祖小时候很机警，有应变本领，但喜好打抱不平，行为不检点，不注意增进自己的操行和事业。所以当时人并没觉得他有什么奇特之处，只有梁国桥玄，南阳何颙认为他不是普通人。桥玄对太祖说："天下就要乱了，除非出色政治家解决不了问题，能安定天下的，大概就是你了。"太祖二十岁的时候，被推荐为孝廉，任命为郎，转任洛阳北部尉，升为顿丘县令，又被征召入朝任议郎。光和末年，发生了黄巾起义，太祖被任命为骑都尉，讨伐颍川盗贼。升任济南国相，济南国有十多个县，各县的官吏大多巴结讨好权贵外戚，贪赃受贿，胡作非为。于是太祖奏请罢免了八个官吏。太祖还禁绝不合礼制的祭祀活动。这些措施使坏人逃奔境外，郡内社会秩序清平安定。过了很长时间，又被调回京城，改任东郡太守；他不去上任，借口有病，返回家乡。

　　不久，冀州刺史王芬、南阳许攸、沛国周旌等联络地方豪强，策划废黜汉灵帝，立合肥侯为帝。他们把这个谋划通知了太祖，太祖拒绝参加，王芬等因而失败。

　　金城边章、韩遂杀死刺史、郡守，发动叛乱，有兵十几万，天下因而骚动。朝廷征召太祖为典军校尉。这时正碰上汉灵帝去世，太子即位，太后临朝听政。大将军何进和袁绍谋划诛杀宦官，太后不同意。何进就召董卓进京，想借董卓的兵力胁迫太后。董卓还没抵达京城，何进就被杀了。董卓到达京城后，废黜皇帝为弘农王，另立汉献帝，京都大乱。董卓奏表请求任命太祖为骁骑校尉，想和太祖共商朝廷大事。太祖于是改名换姓，从小路东行，逃回故乡。出了关，过中牟县，受到亭长怀疑，被逮捕押送到县城。中牟县有人认出了他，并为他说好话，释放了他。这时董卓已经杀了太后和弘农王。太祖抵达陈留，拿出家产，募集义兵，准备讨伐董卓。中平六年冬天十二月，在己吾县开始成立部队。

初平元年春正月，后将军袁术、冀州牧韩馥、豫州刺史孔伷、兖州刺史刘岱、河内太守王匡、渤海太守袁绍、陈留太守张邈、东郡太守桥瑁、山阳太守袁遗、济北相鲍信同时起兵，各有几万人军队，推举袁绍为盟主。太祖为代理奋武将军。

二月，董卓听说袁绍等人起兵，就把天子迁到长安去住，自己留驻洛阳，接着烧毁了洛阳的宫殿。这时袁绍驻扎在河内，张邈、刘岱、桥瑁、袁遗驻扎在酸枣，袁术驻扎南阳，孔伷驻扎颍川，韩馥驻扎邺县。董卓兵力强大，袁绍等人谁也不敢率先出击。太祖说："发动义兵，讨伐暴乱，大军已经会合了，诸位还迟疑什么呢？假使董卓听说山东发动义兵，他就凭借王室的威势，紧守二周的险要，东向控制天下，虽然他是倒行逆施，那也还值得忧虑。现在他烧毁宫室，强制迁徙天子，天下震动，不知道该投向何人，这是老天要他灭亡的时刻，一仗下来天下就安定了，机会不可放过啊。"接着领兵西进，打算去占领成皋。张邈派将军卫兹分领一些军队跟随太祖到荥阳汴水，遇到董卓手下将军徐荣，和徐荣交战失败，士兵死伤很多。太祖被流矢射中，骑的马也受了伤，堂弟曹洪把马给太祖，太祖才得以趁夜逃走。徐荣见太祖带兵虽然不多，却仍能拼命坚持一整天战斗，估计酸枣不易攻取，也就带兵回去了。

太祖到酸枣，见各路军马十多万人，天天酒席聚会，不考虑进取。太祖批评他们，并给他们出主意说："你们诸位接受我的建议，让渤海太守领河内兵把守孟津，酸枣的各位将军守住成皋，占有敖仓，堵住轘辕、太谷通道，全面控制住险要地势，让袁术将军率领南阳军队驻扎丹、淅，攻进武关，威胁三辅。然后各军都高筑壁垒，不出战，多设疑兵，向天下表明讨伐董卓的强大优势。以正义的军队，讨伐叛逆。胜利立即可得。现在为伸张正义而发动了军队，却又迟疑不进，让天下失望，我私下里为诸位感到羞耻。"张邈等没有采纳太祖的建议。

太祖兵少，于是和夏侯惇等到扬州去募兵刺史陈温、丹扬太守周昕拨给他四千多名士兵。返回的途中在龙亢停歇时，许多士兵叛逃了。到铚县和建平县，又招募到一千多兵，进驻河内郡。

刘岱与桥瑁关系恶化，刘岱杀了桥瑁，派王肱代理东郡太守。

袁绍和韩馥策划拥立幽州牧刘虞为皇帝，太祖拒绝支持。袁绍曾得到一颗玉印，和太祖共坐时，把玉印向太祖臂肘举去，让太祖看。太祖因此耻笑他，并开始讨厌他了。

初平二年春，袁绍、韩馥终于拥立刘虞为皇帝。刘虞却到底也不敢接受。夏四月，董卓回长安。秋七月，袁绍胁迫韩馥攻取冀州。

黑山贼于毒、白绕、眭固等十多万人进占魏郡、东郡，王肱抵挡不住。太祖带兵进攻东郡，在濮阳进攻白绕，打败了他。袁绍因而表奏朝廷推荐太祖做东郡太守，郡治设在东武阳。

初平三年春，太祖驻扎顿丘，于毒等进攻东武阳。太祖带兵西行入山，进攻于毒等人的大本营。于毒听说了，放弃武阳回救。太祖在半路拦击眭固，又在内黄攻击匈奴於夫罗，把他们全都打得大败。

夏四月，司徒王允和吕布联合杀了董卓，董卓部将李傕、郭汜等杀了王允，进攻吕布，吕布失败，向东败出武关。李傕等把持了朝政。

青州黄巾军一百多万人涌进兖州，杀了任城国相郑遂，又转入东平国境。刘岱打算进攻黄巾军，鲍信劝阻说："现在贼寇多达一百万人，百姓都非常恐惧，士兵没有斗志，不能和他们硬拼啊。我看贼寇拖家带口，军队没有稳定供应，只靠临时抢夺，现在不如保存兵力，先做好防守，他想打没人和他打，想攻又攻不进来，势必离散解体，然后我们选拔精锐部队，占据的要害地势，一进攻，就可以取胜了。"刘岱不听，坚持出战，果然被黄巾军杀死。鲍信于是和兖州的属吏万潜等人到东郡迎接太祖来兼任兖州牧。接着太祖和鲍信等进兵，在寿张东攻击黄巾军。鲍信奋战而死，才勉强打败了黄巾军。悬赏也没找寻到鲍信尸体，大家就雕刻一尊鲍信木像，哭祭一番。追击黄巾军直到济北，黄巾军请求投降。冬天，

接受黄巾投降士兵三十多万人，随行家属一百多万。太祖收编其中精锐部分，号称青州兵。

袁术和袁绍有矛盾，袁术向公孙瓒求援，公孙瓒派刘备驻扎高唐县，单经驻扎平原县，陶谦驻扎发干县，进逼袁绍。太祖和袁绍联合反击，把三支人马全都打败了。

初平四年春，太祖驻扎在鄄城。荆州牧刘表截断袁术粮道，袁术带兵进入陈留，驻扎在封丘，黑山残余盗贼以及於夫罗等帮助袁术。袁术派将军刘详驻扎匡亭。太祖进攻刘详，袁术救刘详，太祖和袁术交战，大败袁术。袁术坚守封丘。太祖包围封丘，还未来得及合围，袁术又逃奔襄邑。太祖追到太寿，决开渠水灌城。袁术逃向宁陵。太祖又追击他，他就逃奔九江。夏天，太祖回师驻扎定陶。下邳阙宣聚兵几千人，自称天子，徐州牧陶谦和他共同发兵，夺取了泰山郡的华、费两地，攻占任城。秋天，太祖征讨陶谦，攻占十几座城。陶谦固守徐州不敢出城。

这一年，孙策奉袁术命令渡江，几年之内，就占有了江东。

兴平元年春天，太祖从徐州返回。当初，太祖父亲曹嵩卸任后回到谯县，董卓之乱时在琅琊避难，被陶谦杀害，所以太祖一心想着复仇东伐。夏天，派荀彧、程昱守鄄城，再一次征讨陶谦。攻占五座城，接着扩大占领地区直至东海。回师经过郯县，陶谦的部将曹豹和刘备在郯东驻扎，拦击太祖，太祖打败他们。接着攻占了襄贲。对所过之处，都大加摧残。

正在这时，张邈和陈宫反叛，去迎接吕布，郡县都起来响应。荀彧、程昱鄄城和范、东阿两县。太祖于是领兵返回。吕布攻打鄄城没能攻下，向西转移，屯驻于濮阳。太祖说："吕布一个早上就得到了一个州，但不能占据东平，切断亢父、泰山之间的通道，利用险要地形拦击我，却远远地屯驻到濮阳去，我知道他办不出什么大事了。"于是进兵攻打他。吕布出兵交战，先用骑兵冲青州兵，青州兵溃逃。太祖阵势变乱，太祖冒火奔逃，从马上坠落，烧伤了右手掌。司马楼异扶太祖上马，于是撤退。还没到营地就停下来了。诸将见不着太祖，都恐慌了。太祖就强撑着慰劳军队，下令军中加紧准备攻击器具，把部队向前开进，再一次攻打吕布军队。和吕布相持一百多天。这时发生了蝗灾，老百姓普遍挨饿，吕布军粮也用尽了。于是双方各自撤兵。

秋九月，太祖回鄄城。吕布到乘氏，被乘氏县人李进打败，向东转移，驻扎山阳。这时袁绍派人劝说游说太祖，想和太祖和好。太祖新失去兖州，军粮用尽了，打算答应袁绍的要求。程昱劝阻太祖，太祖接受了程昱意见。冬十月，太祖到东阿。这一年，谷子一斛值五十多万钱，出现了人吃人的现象，于是太祖解散新招募的官兵。陶谦死了，刘备接替了他的职位。

二年春，太祖袭击定陶。济阴太守吴资守卫南城，太祖没攻下来。正碰上吕布领兵来到，太祖打败了吕布。夏，吕布部将薛兰、李封驻屯钜野，太祖进攻他们，吕布来救薛兰，薛兰被打败，吕布逃走了，于是太祖杀了薛兰等人。吕布又和陈宫领兵一万多从东缗来交战。当时太祖兵少，布置了埋伏，出其不意，发动攻击，大败吕布。吕布连夜逃走，太祖再一次进攻，占领了定陶，分兵平定各县。吕布东逃投奔刘备，张邈跟从吕布，让弟弟张超携带家属守卫雍丘。秋八月，太祖包围雍丘。冬十月，天子任命太祖为兖州牧。十二月，雍丘城破，张超自杀。太祖灭了张邈三族。张邈去向袁术求救，被自己的部下杀死。兖州平定，太祖接着向东攻打陈地。

这一年，长安发生变乱，天子东迁，在曹阳被打败，渡河到达安邑。

建安元年春正月，太祖兵临武平，袁术任命的陈国国相袁嗣投降。

太祖想要去迎接天子，有的将军怀疑这个举动恰当与否，荀彧、程昱劝太祖去迎接。太祖于是派遣曹洪带兵向西去迎接，卫将军董承与袁术部将苌奴占据险要地势抗拒，曹洪无法前进。

汝南、颍川黄巾军何仪、刘辟、黄邵、何曼等，各有兵几万人，先响应袁术，后来又归附孙坚。二月，太祖进兵打败他们，杀了黄邵等人，刘辟、何仪和他们的部属全都投降。天子任命太祖为建德将军。夏六月，调任镇东将军，封费亭侯。秋七月，杨奉、韩暹带着天子回洛阳。杨奉在梁县驻扎。太祖随后到达洛阳，在京都设防，韩暹逃走，天子赐予太祖节钺，录尚书事。洛阳残破，董昭等劝太祖迁都到许县去。九月，皇帝出烜辕关东行到许县，以太祖为大将军，封武平侯。自从天子西迁，朝廷一天比一天混乱，直到这时，才把宗庙、社稷制度重新建立起来。

天子东迁时，杨奉从梁县出发，企图中途拦截，没来得及。冬十月，曹公征讨杨奉，杨奉南逃去投奔袁术，曹公就攻打杨奉的梁县营地，攻下来了。在这时候，朝廷封袁绍为太尉，袁绍耻于班次在曹公之下，不肯接受太尉职位，曹公就坚决辞职，把大将军的职位让给了袁绍。天子任命曹公为司空，代理车骑将军。这一年，采纳枣祗、韩浩等人建议，开始兴办屯田。

吕布袭击刘备，攻占了下邳。刘备来投奔曹公。程昱劝曹公说："我看刘备有雄才大略而又很得人心，终究是不会甘居人下的，不如趁早除掉。"曹公说："现在正是招收人才的时候，杀一个人而失掉天下人心，这办法不行。"

张济从关中逃到南阳。张济死后，侄子张绣率领他的部队。二年春正月，曹公进兵到宛，张绣投降，接着又后悔了，发动反叛。曹公和他交战，失败了，被流矢射中。长子曹昂，侄子曹安民遇害。曹公于是带兵回舞阴，张绣领骑兵来抢夺辎重，曹公打败了他，张绣逃奔穰县，和刘表会合。曹公对诸将说："我接受张绣等人投降，错在没有马上就要他的人质，以致弄到这个地步。我明白失败的原因了。你们诸位看着，从今以后，不会再有这类失败了。"接着就回许县去了。

袁术想在淮南称皇帝，派人告诉吕布。吕布逮捕送信使者，把袁术的信转呈朝廷。袁术很愤怒，进攻吕布，被吕布打败。秋九月，袁术侵扰陈郡，曹公东征袁术。袁术听说曹公亲自来了，丢下大军自己逃跑，留下将军桥蕤、李丰、梁纲、乐就统领军队。曹公到，打败桥蕤等人，把他们都杀了。袁术逃过淮河。曹公撤兵回许县。

曹公从舞阴回许县的时候，南阳、章陵等县再次反叛，投向张绣，曹公派曹洪去攻打，战事不顺利，驻于叶县，多次受到张绣、刘表部的侵袭。冬十一月，曹公亲自南征，到达宛县。刘表将军邓济据守湖阳，曹公攻破湖阳，活捉邓济，湖阳军民投降。

三年春正月，曹公回许县。开始设置军师祭酒官职。三月，曹公把张绣包围在穰县。夏五月，刘表派兵来救张绣，抄曹军后路。曹公将要退兵，张绣带兵来追，曹公军队前进不了，就聚拢部队，缓慢推进。曹公给荀彧写信说："贼来追我，我虽然一天只能前进几里，但我预计，走到安众县，一定可以打败张绣。"到了安众，张绣和刘表会师，守住了险要，曹公军队前后受敌。曹公于是趁夜在险要处开凿地下通道，把辎重全部运送过去，埋下伏兵。这时天亮了，贼军以为曹公逃走了，调动全军来追。曹公就发动埋伏的步兵夹攻，把贼兵打得大败。秋七月，曹公回到许县。荀彧问曹公："事前已经料到贼军必败，是怎么回事?"曹公说："贼阻拦我回撤的部队，和我身处死地的部队作战，我所以知道必胜。"

吕布又为了袁术而派高顺进攻刘备，曹公派夏侯惇救援刘备，战斗不利，刘备被高顺打败。九月，曹公东征吕布。冬十月，曹公屠杀彭城军民，捉住了彭城国相侯谐。进军到下邳，吕布亲自带骑兵反击。曹公大败吕布，捉住了吕布的猛将成廉。追到城下，吕布恐惧，打算投降。陈宫等人阻拦吕布投降，派人向袁术求援，又劝吕布出战，又败了，于是回城固守。曹公攻不进城，士卒疲苦，打算撤兵回返。后来还是采纳荀攸、郭嘉的计策，决开泗水沂水灌城。过了一个多月，吕布将军宋宪、魏续等逮捕陈宫，献城投降。曹公活捉吕布、陈宫，都杀了。太山臧霸、孙观、吴敦、尹礼、昌豨各自都聚合了一些部队。吕布打败刘备时，臧霸等全都跟从吕布。吕布失败，曹军捉住了臧霸等人，曹公以优厚待遇接收了他们，接着又割青、徐两州沿海地区给他们。从琅琊国、东海郡、北海国中分出一部分地区建立城阳、利城、昌虑郡。

当初，曹公任兖州牧时，任命东平国的毕谌为别驾。张邈叛变的时候，劫持了毕谌的母亲、弟弟、妻子、儿女。曹公向他表示歉意，让他走，对他说："你老母在他那里，你可以离开我到他那里去。"毕谌叩头表示没有二心。曹公夸赞了他，为他流了泪。毕谌退出去以后，就逃到张邈那里去了。等到打败吕布，毕谌被活捉了，大家都为毕谌担心。曹公说："一个人对父母孝顺，难道能不对君主忠心耿耿吗！这正是我所需要的人啊。"任命他为鲁国国相。

四年春二月，曹公回到昌邑。张杨部将杨丑杀了张杨，眭固又杀了杨丑，带着张杨部队投降袁绍，驻扎在射犬。夏四月，曹公进军到黄河边，派史涣、曹仁渡过黄河进攻眭固。眭固派张杨原来的长史薛洪、河内太守缪尚留守，自己带兵向北去向袁绍求救，在犬城遇到了史涣、曹仁。相互交战，曹军大败眭固，杀了眭固。曹公于是渡过黄河，包围射犬。薛洪、缪尚领兵投降，被封为列侯。曹军回军驻扎在敖仓。以魏种为河内太守，把河北地区事务托付给他。

当初，曹公荐举魏种为孝廉。兖州反叛时，曹公说："只有魏种不会背弃我啊。"等到听说魏种逃跑了，曹公愤怒地说："魏种，你南逃到越，北逃到胡，否则我绝不放过你！"攻下射犬后，活捉了魏种，曹公说："只是考虑到他是个人才啊!"解开了绑他的绳子并任用了他。

当时袁绍已经吞并了公孙瓒,兼有了四州的土地,有军队十多万,准备进军攻打许县。曹公手下诸将认为打不过袁绍。曹公说:"我了解袁绍的为人。他志向大,智慧小;声色严厉,内心怯懦;好忌妒人,好争胜,但缺乏威信;士兵多,但组织混乱,隶属关系不明确;将领骄横,不听指挥,政令不统一。土地虽然广阔,粮食虽然丰富,恰好可以变成奉送给我的礼品。"秋八月,曹公进驻黎阳,派臧霸等人进入青州攻打齐、北海、东安等地。留于禁驻扎在黄河边。九月,曹公到许县,分兵守官渡。冬十一月,张绣率兵投降,被封为列侯。十二月,曹公进驻官渡。

袁术自从在陈郡失败,日渐窘困,袁谭从青州派人迎接他。袁术想经由下邳北行,曹公派刘备、朱灵去拦击。就在这时,袁术病死。程昱、郭嘉听说曹公派遣刘备出征,对曹公说:"刘备不能放出去。"曹公后悔了,派人去追赶,已经来不及了。刘备没东去之前,暗地和董承等谋反,到下邳,就杀了徐州刺史车胄,宣布脱离曹公,带兵驻扎在沛国。曹公派刘岱、王忠去攻打,没有取胜。庐江太守刘勋带兵投降、被封为列侯。

五年春正月,董承等人的阴谋泄漏,都被处死。曹公将要亲自东征刘备,诸将都说:"和您争天下的,是袁绍啊。现在袁绍正要来,您却丢下袁绍去东征,袁绍趁机抄我们的后路,怎么办?"曹公说:"那刘备,是人中豪杰啊,现在不打,必成后患。袁绍虽有大志,但遇事反应迟钝,必然来不及行动。"郭嘉也劝曹公攻刘备,于是向东进攻他,打败了刘备,活捉刘备部将夏侯博。刘备逃奔袁绍。曹公俘虏了刘备的妻子和孩子。刘备的将军关羽驻扎在下邳,曹公又攻下邳,关羽投降。因为昌豨叛投了刘备,曹公又进兵打垮昌豨。曹公回到官渡,袁绍到底也没有出击。

二月,袁绍派遣郭图、淳于琼、颜良去白马攻打东郡太守刘延,袁绍亲自带兵到黎阳,准备渡河。夏四月,曹公北救刘延。荀攸劝曹公说:"现在我军兵少,不是敌人对手,把敌人兵力分散开来才好。您到延津做出要渡河抄他后路的样子,袁绍必然向西去救应,然后您用轻兵奔袭白马,攻其不备,颜良可以打败。"曹公接受了他的建议。袁绍听说曹军渡河,马上分兵向西去救应。曹公就带兵急行军赶奔白马。离白马还有十多里时,颜良大惊,仓惶迎战,曹公派张辽、关羽上前进攻，打败敌军，杀了颜良。于是解了白马之围，迁出白马民众，顺河西行。袁绍渡河追赶曹公军队，追到延津南。曹公停住部队，在南阪下扎营，派人登高瞭望，瞭望人报告说："大约有五六百个骑兵。"等了一会儿，又报告："骑兵渐渐增加，步兵数不过来。"曹公说："不要报告了。"就下令骑兵解下马鞍放开战马。这时，从白马运出的辎重都已上路，诸将认为敌方骑兵多，不如退回去结营自保。荀攸说："现在正好可以用辎重引诱敌人，怎么撤走？"袁绍骑兵将领文丑和刘备带领五、六千人先后赶到。诸将又报告："可以上马了。"曹公说："没到时候。"等了一会儿，敌骑渐多，有的散开奔向辎重。曹公说："可以了。"于是大家上了马。当时曹公手下骑兵不到六百，就坚决发动攻击，大败敌军，杀了文丑。颜良、文丑都是袁绍名将，两次战斗就全被杀掉，袁绍军队大为震动。曹公回军驻扎官渡。袁绍向前推进，守卫阳武。关羽逃归刘备。

八月，袁绍聚拢部队，一点儿一点儿向前推进，紧靠沙堆扎营，营垒东西相连几十里。曹公也展开部队和袁军一一对垒。相互交战，曹军不利。当时曹公军队不到一万人，带伤的有十分之二、三。袁绍又向前推进到官渡，堆土山，掘地道。曹公也在营垒里堆土山挖地道和他对抗。袁绍向曹公营内射箭，箭如雨下，士兵走路都要蒙着盾牌，兵士非常恐惧。这时曹公军粮不足，给荀彧写信，和他商量想撤回许县。荀彧认为："袁绍把全部军队集中到了官渡，打算和您决战。您是以最弱小的兵力对抗最强大的敌人，若不能战胜他，就要被他战胜，这是决定天下大局的关键时刻啊。再说，袁绍不过是一般人中的强者而已，能聚集人，但不会使用。凭您的英明威武，再加上是为朝廷讨伐叛逆名正言顺，能有什么事办不成!"曹公听从了荀彧的意见。

孙策听说曹公和袁绍在官渡相峙，就计划袭击许县。还没出发，被刺客杀死了。

汝南归降的盗贼刘辟等反叛曹公响应袁绍，进攻许县附近地区。袁绍派刘备援助刘辟，曹公派曹仁反击刘备。刘备逃走，曹仁接着攻破刘辟营垒。

袁绍几千辆运粮车到了前线，曹公用荀攸的计策派徐晃、史涣拦击，大败袁军，把运粮车全部烧掉。曹公和袁绍对抗几个月，虽然一仗接一仗杀敌斩将，但兵少粮尽，士卒疲乏。曹公对运粮的人说:"再过十五天为你们打败袁绍，就不再劳累你们了。"冬十月，袁绍调车运输粮食，派淳于琼等五人带兵一万多人护送。停驻在离袁绍军营北四十里的地方。袁绍谋臣许攸贪财，袁绍不能满足他，他就来投奔曹公，于是趁机劝曹公进攻淳于琼。曹公身边的人怀疑许攸的建议，但是荀攸、贾诩劝曹公采纳。曹公于是留曹洪守营，自己带步兵骑兵五千人趁夜出发，天亮就到了袁绍屯粮之所。淳于琼等望见曹公兵少，就在营门外列阵。曹公迅速冲击，淳于琼退保营垒，曹公又进攻营垒。袁绍派骑兵援淳于琼。身边有人对曹公说:"贼骑渐近了，请您分兵抵抗。"曹公生气地说:"贼至我身背后再报告!"士兵都拼死作战，大败淳于琼等人，把他们都杀了。袁绍刚听说曹公进攻淳于琼时，对长子袁谭说:"乘他进攻淳于琼，我攻占他的营地，他就没有地方可以退回了。"就派张郃、高览攻击曹洪。张郃等听说淳于琼被打垮，就来投降曹公。袁绍部队彻底崩溃，袁绍和袁谭等人弃军逃走，渡过了黄河。曹公派兵追赶没有追上，但缴获了袁绍的全部辎重、图书档案和珍宝，俘虏了袁绍大部分士兵。曹公缴获的袁绍书信档案里，有许多许县和前线军中人给袁绍的信，曹公把这些信全都烧毁了。冀州各郡大都献出城邑投降。

桓帝时，有黄星在楚宋分野出现，辽东人殷馗精通天文，说此后五十年，应当有真人兴起于梁、沛之间，他的发展不可阻挡。到此时一共五十年，而曹公打败袁绍，天下无敌了，正应了此说。

六年夏四月，曹公在黄河边炫耀武力，进攻袁绍在仓亭的驻军，打败了它。袁绍回冀州后，再次收聚溃散的兵士，攻取平定各个反叛的郡县。九月，曹公回到许县。袁绍没败之前，派刘备攻取汝南，汝南贼共都响应刘备。曹公派遣蔡扬攻打共都，不顺利，被共都打败了。曹公南征刘备。刘备听说曹公亲自出征，就逃奔刘表去了，共都等人全都溃散。

七年春正月，曹公驻扎在谯县，下令说："我发动义兵，为天下除暴乱。故乡人民，几乎死光了，在故乡走一天，碰不到一个熟人，这让我非常悲痛。现在我命令，发动义兵以来，将士绝了后代的，在亲戚中找人过继给他做后代，授给他们土地，官府供给他们耕牛，设置学校教育他们。替活着的人建立庙宇，让他们祭祀死去的亲人，魂如果有灵，我死之后还有什么遗憾呢！"接着到浚仪县，整修睢阳渠，派人用太牢祭祀桥玄。曹公进驻官渡。

袁绍自从军队被打败以后，生病吐血，夏五月死了。小儿子袁尚继承职位，大儿子袁谭自称车骑将军，驻扎在黎阳。秋九月，曹公征讨他们，接连作战，袁谭、袁尚一次一次败退，退守自保。

八年春三月，曹公进攻黎阳外城，袁军出战，曹军进击，大败袁军，袁谭、袁尚连夜逃走。夏四月，曹公进驻邺县。五月回许县，留贾诩驻扎黎阳。

己酉，曹公下令说："《司马法》说'将军败退的要处死'，所以赵括的母亲请求不受赵括的连累。这表明古代的将军，在外打败仗的，家中人要牵连承受罪罚。我自从派遣将军出征讨伐以来，只赏功而不罚罪，这不是完善的国家制度。现在我命令：将领出征，损耗军队的，要抵罪；作战失利的，要免去官职、爵位。"秋七月，下令说："战乱以来，十五年了，青年人没有机会看到仁义礼让的社会风尚，我很伤心。现在我命令，各郡国都要研究文献典籍，满五百户的县设置校官，选拔当地学有成就的人对青年人进行教育，以使先王之道不被废弃，而有益于天下。"

八月，曹公征刘表，驻军于西平。曹公离开邺县南征时，袁谭、袁尚争夺冀州，袁谭被袁尚打败，逃到平原县设防坚守。袁尚攻打紧急。袁谭派辛毗来找曹公，请求接受投降，并请求派兵去援救。诸将全都怀疑袁谭，荀攸则劝曹公答应他，曹公于是带兵北返。冬十月，到达黎阳，让儿子曹整和袁谭的女儿订立婚约。袁尚听说曹公北来，就解除了平原之围回邺县去。东平国吕旷、吕翔反叛袁尚，驻扎在阳平，率领部属投降曹公，被封为列侯。

　　九年春正月，曹公渡过黄河，拦截淇水导入白沟以通粮道。二月，袁尚又攻袁谭，留苏由、审配守卫邺县。曹公进军到洹水，苏由投降。进军到邺县，攻城，堆土山，挖地道。袁尚的武安县长尹楷屯驻毛城，保证上党粮道的畅通。夏四月，曹公留曹洪攻邺，自己带兵进攻尹楷，打败了尹楷，然后回师。袁尚部将沮鹄守邯郸，曹公又攻取了邯郸。易阳县令韩范、涉县长梁岐带领全县投降，被封为关内侯。五月，曹军平毁土山、地道，挖围城壕沟，决漳水灌邺城。城中饿死的人超过总人口的半数。秋七月，袁尚回师救邺。诸将都认为"这是回老家的部队，人人都会自动奋战，不如回避一下。"曹公说："如果袁尚从大道回来，应当回避，如果顺着西山回来，这就要变成我的俘虏了。"袁尚果然顺着西山回来，在滏水岸边扎营。袁尚夜里派军队来冲邺县城外的曹军包围圈。曹公反击，赶走袁军，接着包围袁尚军营。包围圈还没合拢，袁尚害怕了，派原先的豫州刺史阴夔和陈琳来请求投降。曹公不同意，更加紧包围。袁尚夜里逃出包围，去守祁山。曹公追击袁尚，袁尚部将马延等临阵投降，袁军溃散。袁尚逃奔中山。曹公缴获了袁尚的全部辎重，得到了袁尚的印授节钺，让投降的袁尚部下拿给袁尚家属看，邺县因此人心瓦解。八月，审配哥哥的儿子审荣，夜里打开他把守的城东门放进曹公军队。审配反击失败被活捉了。曹公杀了他，邺县平定了。曹公到墓上去祭祀袁绍，痛哭流泪，慰劳袁绍妻子，归还他们家人的宝物，赐给各种丝织品，由官府供给口粮。

　　当初，袁绍和曹公共同起兵时，袁绍问曹公："如果事情不成，那么，什么地区可以据守呢？"曹公问："您的看法呢？"袁绍说："我南面守住黄河，北面守住燕、代，联合戎狄兵力，向南争夺天下，也许可以成功吧？"曹公说："我依靠天下人的才智，用恰当方法去组织运用他们，没有哪处地方不可以据守。"

　　九月，曹公下令说："河北遭受袁氏的灾难，特令今年不交田租、赋税！"曹公还加重惩治兼并贫民的豪强，百姓很高兴。天子任命曹公兼任冀州牧，曹公辞去兖州牧。

　　曹公围邺县的时候，袁谭攻取了甘陵、安平、渤海、河间。袁尚败回中山。袁谭攻中山，袁尚逃奔故安，袁谭于是兼并了袁尚的军队。曹公给袁谭写信，责备他不遵守约定，和他断绝婚姻关系，送回袁谭的女儿，然后进军。袁谭恐惧，撤出平原郡逃往南皮县据守。十二月，曹公进入平原郡，平定郡内各县。

十年春正月，进攻袁谭，打败了袁军，杀了袁谭和他的妻子儿女，冀州平定。下令说："跟袁氏办过坏事的，允许改过自新。"下令百姓不许报复私仇，禁止厚葬，违者一律依法制裁。这个月，袁熙手下大将焦触、张南反叛袁熙、袁尚，并进攻熙、尚，袁熙、袁尚逃奔三郡乌丸。焦触等带着他们属县投降，被封为列侯。开始讨伐袁谭时，征发百姓凿冰通船，有的百姓畏惧苦累，逃跑了。曹公下令，以后这些人来归降，不得接受。不久，有的逃亡百姓来军营自首。曹公对他们说："允许你们投降，就破坏了军令；杀了你们，那又是杀认罪自首的人。你们赶快回去藏得隐秘一些，别让官吏抓住。"百姓们流着眼泪离去了。后来，他们到底还是被抓回来办了罪。

夏四月，黑山贼张燕率领十几万士兵投降，被封为列侯。故安的赵犊、霍奴等杀幽州刺史、涿郡太守。三郡乌丸攻打驻守圹平的鲜于辅。秋八月，曹公出征，斩了赵犊等人，又渡潞河援救圹平，乌丸奔逃出塞。

九月，下令说："偏袒同伙，相互勾结，是古代圣人所痛恨的。听说冀州风俗，即使是父了，也各有帮伙，称颂自己，诽谤对方。以前直不疑本来没有哥哥，而世人竟说他与嫂嫂通奸，第五伯鱼三次娶的都是无父的孤女，但有人却说他打过岳父；王凤专权跋扈，谷永却把他比作申伯，王商进献忠言，张匡却说他搞旁门左道骗人。这都是以白为黑，欺骗上天、蒙蔽君主的行为，我打算整顿风俗，这四种坏行为铲除不尽，我认为是我的耻辱。"冬十月，曹公回师邺县。

当初，袁绍以外甥高干兼并州牧，曹公攻占邺县时，高干投降，被任命为并州刺史。高干听说曹公讨伐乌丸，就在并州反叛，拘押了上党太守，发兵把守住壶关口。曹公派乐进、李典去进攻高干，高干退守壶关城。十一年春十月，曹公征讨高干。高干听说曹公亲自来征，就留下独立活动的将军守城，自己逃进匈奴，向单于求救。单于不接纳。曹公围壶关三个月，攻下了壶关。高干于是向荆州奔逃，被上洛都尉王琰逮捕杀掉。

秋八月，曹公东征海贼管承，到达淳于，派乐进、李典打败管承，管承逃到海岛上去了。曹公割出东海郡的襄贲、郯、戚县并入琅琊国，撤销昌虑郡。

三郡乌丸趁天下大乱，攻入幽州，掳掠汉民共计十多万户。袁绍把他们的首领都立为单于，以百姓的女儿冒充自己的女儿嫁给他们。辽西单于蹋顿尤其强大，受到袁绍优待，所以袁尚兄弟投奔他，他一次次入塞骚扰。曹公准备去征讨蹋顿，就开凿渠道，从呼沱河通入泒水，命名为泉州渠，以通渤海。

十二年春二月，曹公从淳于回邺县。丁酉，下令说："我发动义兵讨灭暴乱，到现在十九年了，所征必胜，难道是我的功劳吗？是贤士大夫的力量啊。天下虽然还没全部平定，我将会同贤士大夫一起去平定；但现在我独自享受功劳奖赏，我怎么能心安呢？希望加紧评定功劳、施行封赏。"于是大封功臣，二十多人都封为列侯。其余的各按等受封。并且为死者的孤儿免除徭役负担。奖赏轻重各有差别。

曹公将北征三郡乌丸，诸将都说："袁尚只不过是一个在逃的贼寇罢了，夷狄贪婪而不讲交情，哪能被袁尚利用呢？现在深入其境去征讨，刘备必然劝说刘表袭击许县。万一事态恶化，后悔就来不及了。"只有郭嘉料定刘表不会任用刘备，劝曹公出征。夏五月，曹军到达无终。秋七月，大水泛滥，沿海道路不通，田畴请求当向导，曹公同意了。田畴带领军队出卢龙塞，塞外路断了，无法通行。于是平山填谷五百多里，经过白檀，穿过平冈，到达鲜卑庭，向东进攻柳城。离柳城只有二百里了，敌人才发觉。袁尚、袁熙和蹋顿以及辽西单于楼班、右北平单于能臣抵之等带领几万骑兵迎战。八月，部队登上白狼山，突然遇上了声势强大的敌军。曹公辎重还在后面，披甲兵士少，身边人都恐惧。曹公登上高处，望见敌阵不严整，于是挥兵进攻。派张辽为先锋，敌军大崩溃，斩了蹋顿及名王以下首领，胡、汉投降的有二十多万人。辽东单于速仆丸及辽西、北平各个乌丸首领，丢下本族人，和袁尚、袁熙带着几千骑兵逃奔辽东。

当初，辽东太守公孙康凭仗地处偏远，不服从朝廷。等到曹公打败乌丸，有人劝曹公接着去征讨公孙康，袁尚兄弟就可以捉住了。曹公说："我正要让公孙康斩送袁尚、袁熙首级来，不需要麻烦兵士了。"九月，曹公领兵从柳城回返，公孙康果然斩了袁尚、袁熙及速仆丸等，送来了首级。诸将中有人问道："您回师而公孙康斩送袁尚、袁熙，这是什么原因呢？"曹公说："他一向畏惧袁尚等人，我紧逼，他们就要合力对付我，我放松他们，他们就自相残杀了，这是必然之势啊。"十一月，到达易水，代郡乌丸行单于普富卢、上郡乌丸行单于那楼带着他们的名王来祝贺。

十三年春正月，曹公回到邺县，开凿玄武池来训练水军。汉朝撤销三公官职，设置丞相、御史大夫。夏六月，以曹公为丞相。

秋七月，曹公南征刘表。八月，刘表去世，他儿子刘琮接替他的职位，屯驻襄阳。刘备屯驻樊城。九月，曹公军到新野，刘琮就投降了，刘备逃奔夏口。曹公进军江陵，下令荆州吏民，废除旧制度，实行新规定。接着，评论荆州归降者的功绩，封侯的有十五个人。以刘表大将文聘为江夏太守，叫他统领本部兵马。邀请任用了荆州名士韩嵩、邓义等人。益州牧刘璋开始接受摊派给他的租赋和徭役义务，派遣兵卒补给朝廷军队。十二月，孙权为刘备进攻合肥。曹公从江陵出发征讨刘备。到巴丘，派遣张熹救合肥。孙权听说张熹到了，就逃走了。曹公到赤壁，和刘备作战，不利。这时又流行瘟疫，死了不少官兵，于是领兵回返。刘备于是占领了荆州、江南诸郡。

十四年春三月，曹公领兵到谯郡，修造轻便船只，整训水军。秋七月，从涡水入淮水，出淝水，驻扎在合肥。辛未，下令说："最近以来，多次出征，有时还遇到瘟疫，官兵死亡，不能回家，妻子失去丈夫，百姓流离失所，仁慈的人难道希望这样吗？是不得已啊！现在下令，战死者的家属没有产业不能自己生活的，官府不得断绝食粮供应。主管官吏要抚恤慰问，以称我的心意。"为扬州郡、县委派主管官吏，开辟芍陂地区屯田。十二月，领兵回谯郡。

十五年春，下令说："自古接受天命开国及中兴的君主，何曾不是得到贤人君子和他共同治理天下呢！在他得到贤才的时候，简直不需要走出里巷，难道是侥幸碰到的吗？只是有时在上位的人不肯去求贤啊。现在天下还没有平定，这正是求贤最迫切的时候啊。'孟公绰担任赵国、魏国的家臣是才力有余的，但不能任命为滕、薛一类小国的大夫。'如果限定只有廉洁的人才可以任用，那齐桓公靠谁帮助成为霸主呢！现今天下难道没有身穿粗布陋衣，胸怀超凡见识，而在渭水边钓鱼的姜尚一类的人吗？又难道没有蒙受'私通嫂嫂'恶名，确有接受贿赂事实，并且还没有得到魏无知力荐的陈平一类的人吗？希望你们帮助我广泛发现人才连最卑微的人也不要漏略，只要有才干就荐举，我好选拔任用。"冬，建造铜雀台。

　　十六年春正月，天子任命曹公嫡长子曹丕为五官中郎将，设置官属，为丞相副手。太原人商曜等在大陵反叛，曹公派夏侯渊、徐晃包围并打败了他们。张鲁割据汉中。三月，派钟繇讨伐他。又派夏侯渊等从河东出发与钟繇会师。

　　这时关中诸将怀疑钟繇将要袭击自己，于是马超和韩遂、杨秋、李堪、成宜等反叛。曹公派曹仁讨伐他们。马超等屯驻潼关。曹公告诫诸将说："关西兵精悍，你们坚守营垒别和他们交战。"秋七月，曹公亲自西征，和马超等隔着潼关驻扎。曹公紧紧牵制住敌军，而暗派徐晃、朱灵等夜渡蒲阪津，占据河西扎营。曹公从潼关北渡河，还没渡过去时，马超急攻渡船，校尉丁斐放出牛马引诱贼兵，贼兵只顾夺取牛马，曹公才得以渡过河去，顺着河向南，边筑甬道边推进。贼后退，挡住渭口。曹公就多设疑兵，暗地用船运兵进入渭水。架设浮桥。夜里，在渭水南岸分兵扎营。贼夜里攻营，伏兵起来打败了他们。马超等屯扎渭水南岸，派使者请求割让黄河西岸土地以缔结和约，曹公不同意。九月，进军渡渭水，马超等多次挑战，曹公又不应战。马超等又坚持请求割地并送来人质以缔结和约。曹公用贾诩的计策，假装答应他们。韩遂请求与曹公相见。曹公和韩遂父亲同一年被举为孝廉，又和韩遂本人年龄不相上下，两人相见交谈多时，但不涉及军事，只谈京都老友往事，拍手欢笑。谈完以后，马超问韩遂："您和他说了什么？"韩遂说："没说什么。"马超等怀疑不信。另一天，曹公又给韩遂写信，多处涂改，弄得像是韩遂涂改的一样。马超等更加怀疑韩遂。曹公见离间他们的计谋已见成效，于是和他们约定日子交战。曹公先以轻装士兵挑战，交战很长时间，才派出勇猛骑兵夹攻，于是大败敌军，斩了成宜、李堪等人。韩遂、马超等逃奔凉州，杨秋逃奔安定，关中平定。

　　诸将中有人问曹公："当初，贼守潼关，渭水北岸防卫空虚，您不从河东攻冯翊反而守潼关，拖延一段时间后才北去渡河，这是为什么呢？"曹公说："贼兵守潼关，如果我进入河东，贼必然分守各个渡口，那样一来，西河就不能渡过了。我故意大兵向潼关，贼集中全力防守南部，西河守备空虚，所以两位将军能夺取西河！后来领兵北渡，贼无法和我争夺西河，那是因为西河已经有了我方两位将军的部队啊。连接兵车树立栅栏，筑甬道掩护着南进，既是要造成敌方不易取胜的态势，又是向敌方故意示弱。渡过渭水后构筑坚固壁垒，敌人来了不出战，为的是助长敌人的骄傲之心啊。所以贼不筑营垒而要求割

地。我顺口答应了他，为的是顺从他的意思，使他们自己感到安全而不做战争准备。因而我得以蓄积战斗力，突然出击，这就是所谓的迅雷不及掩耳。兵势的变化，本没有一个固定的格式啊。"开始时，贼兵每有一部到达前线，曹公就有喜色。贼兵失败之后，诸将问他一再有喜色的原因，曹公回答说："关中地域广道路远，若贼各在一处据险而守，征讨他们，没有一两年不能平定。现在都集中起来，他们兵虽多，但谁也不服从谁，军队没有主帅，一仗就可以消灭，取得成功很容易，我因此高兴。"

冬十月，军队从长安北征杨秋，围攻安定。杨秋投降，曹公恢复了他的爵位，让他留任，安抚当地百姓。十二月，从安定回师，留夏侯渊驻扎在长安。

十七年春正月，曹公回到邺县。天子特许曹公朝拜时，司仪宣呼行礼仪式，不直呼其名；入朝时，不须小步快走；上殿时，可以穿鞋佩剑，就像当年萧何一样。马超的残余部队梁兴等屯驻在蓝田，曹公派夏侯渊打败了这支军队平定了蓝田。割河内郡的荡阴、朝歌、林虑，东郡的卫国、顿丘、东武阳、发干，钜鹿郡的廮陶、曲周、南和、广平郡的任城，赵国的襄国、邯郸、易阳等县来扩大魏郡。冬十月，曹公征讨孙权。

十八年春正月，曹公进军濡须口，攻破孙权的江西营地，捉俘虏获孙权都督公孙阳，才带兵回返。天子下诏，把天下由十四州恢复为九州。夏四月，曹公回到邺县。

五月丙申，天子派御史大夫郗虑持节册命封曹公为魏公，册文说：

朕由于不修德行，年少时遭遇忧患。先是远迁在西土，后又东迁到唐、卫，在这时候，像缀旒一样任凭别人摆布。宗庙缺乏祭祀，社稷没有固定的位置；许多坏人觊觎皇位，分裂天下。境内百姓，朕不能管理，即使我高祖创建的皇权，也都几乎要被人取而代之。朕因此日夜忧虑，潜心默念："历代祖先啊，先代辅佐大臣们啊，你们谁能怜悯我啊？"这才感动了上天，诞生了丞相，保佑我皇室平安，在艰难中给我皇室巨大帮助，朕于是有了依靠。现在我将授予您典法礼仪，希望您恭敬地听我的命令。

以前董卓首先作乱，给国家带来灾难，各位州牧郡守放下本管区域的政务来拯救王室，您引导他们前进，首先进攻敌军，这是您忠于本朝的表现啊。后来黄巾违犯天道，侵扰我三州，祸乱连累到百姓，您又打败他们，安定了东夏。这又是您的功劳啊。韩暹、杨奉专擅朝政您就讨伐他们，消除他们制造的灾难。把朝廷迁到许都，建造京城重地，设置官府，开始祭祀，不遗弃应有的典章制度，天地鬼神于是获得安宁。这又是您的功劳。袁术僭称帝号，在淮南胡作非为，但畏惧您的神威，您运用伟大英明谋略，蕲阳战役，杀死桥蕤，威势南指，袁术毙命，党羽溃散。这又是您的功劳。回师东征，吕布被杀，战车将返，张杨受戮，眭固伏罪，张绣来降，这又是您的功劳。袁绍叛逆，扰乱天道，阴谋颠覆社稷，凭恃他兵多，发动军队进犯朝廷。这个时候，国家兵力薄弱，上下恐惧，谁也没有坚定信心。您坚守保卫朝廷的大原则，精诚感动上天，发挥您的武威，运用您的神妙策略，亲临官渡，打败了叛贼。把国家从危亡中拯救出来，这又是您的功劳。后来您又挥师渡过大河，开拓疆域，平定四州，袁谭、高干，都被杀头，海盗奔逃，黑山归顺，这又是您的功劳啊。三支乌丸，作乱两世，袁尚投奔他们，占据塞北，威胁中原。您包裹马脚，挂牢车子，以防跌滑，穿隘过险，一战就消灭了他们，这又是您的功劳啊。刘表违抗朝廷命令，放纵胡为，不履行对朝廷的义务。王师出发，威风先到，百城八郡，屈全部投降，这又是您的功劳啊。马超、成宜，狼狈为奸，占据潼关，企图作恶逞凶，您在渭南把他们打垮，献上万颗首级，接着平定边境，安抚戎、狄并与他们通好。这又是您的功劳啊。鲜卑、丁零也来朝见，单于白屋也愿意臣服，愿意纳贡，这又是您的功劳啊。您有平定天下的大功，又有完美的德行。您理顺全国上下的社会政治秩序，倡导美好的风俗，普遍地施行教诲，顾惜民命，审慎处理刑狱，官吏不施残暴，百姓不怀恶意，诚恳地尊崇帝族。您显扬、接续中断的封爵，以前有功有德的人，没有谁没得到应有的安排。虽然伊尹功勋上感皇天，周公业绩光照四海，也全都赶不上您。

朕听说先王都分封德高功大的人为诸侯，赐给他们土地，分给他们人民，增高他们的荣誉，完备他们用以显示特权的礼器，为的是让他们能够保卫王室，辅佐朝廷。周成王时，管叔、蔡叔作乱，叛乱平定以后，吸取叛乱教训，想念有功之臣，于是派邵康公向齐太公授权：在东到海、西到河、南到穆陵、北到无棣的范围之内，大小诸侯有过错，齐太公都有权征讨。把这权利世世赐予太公，使齐成为显赫于东方的大国。到周襄王时，也有楚人不对周王尽义务的事发生，于是又命令晋文公担任侯伯，赐予他二辂、虎贲、铁钺、秬鬯、弓矢，开辟南阳大片土地，世世代代做诸侯的盟主。周室之所以没有灭亡，就是因为有这两个国家可以依赖。现在您发挥大德，保卫朕的安全，顺应天命，发展大业，平定全国，没有谁不服从，功劳比伊尹、周公还高，而奖赏比齐、晋却低，朕很惭愧。我是一个渺小的人，高居万民之上，常想做皇帝的艰难，就像走近了深渊，就像在薄薄的冰面上行走，不是您帮我走过去，我没有人可以依靠。现在以冀州的河东、河内、魏郡、赵国、中山、常山、钜鹿、安平、宁陵、平原共十郡，封您为魏公。赐予您黑红色的土，用白茅包上，您可以去占卜吉日，建立您魏国的社稷。过去在周朝时，毕公、毛公身有封国但又入朝任辅佐周王的卿，周公、召公以朝廷太师太保身份出朝兼为诸侯。这种朝内朝外的重任，您都能同时担当起来。我命令您以丞相身份兼任冀州牧，像原来一样。再加赐您九锡，希望您听从我的命令。考虑到您筹建制度，为人民提供行动规范，使民安居乐业，没有二心，因此赐予您大辂、戎辂各一辆，黑红色的马八匹。您鼓励农业，农民耕作努力，粮食丝帛都有积存，国运因而兴盛，因此赐予您衮服冕服，再配上一双赤舄。您提倡谦让，并使人民实际去做，因而都讲礼貌，社会上下一片和谐，因此赐予您轩辕之车，六佾之舞。您辅佐朝廷发扬汉朝风俗教化，直达四方，使远方民族精神面貌改变，中原精神生活更加充实，因此赐予您用朱红颜色漆门的特权。您深明道理，思虑皇帝的困难，把有才能的人任用为官，把善良的人都提拔起来，因此赐予您在殿前纳陛的特权。您执掌国家大政，保持严肃公正不偏不倚的态度，即使一点点小的坏人坏事，都不会不加压制、惩罚，因此赐予您虎贲战士三百人。您严格按国家法律办事，揭露犯罪行为，触犯国法的，没有谁能逃脱惩处，因此赐予您鈇和钺各一件。您高瞻远瞩，明察八方，计划周密地讨伐逆贼，平息全国的叛乱，因此赐予您彤弓一张，彤矢百支，秬铁弓一张，旅矢千支。您以温和恭敬为根本，孝顺友爱为美德，明智、公平、忠厚、诚实，深深感动了我，因此赐予您秬鬯一卤，配上圭瓒。魏国设置丞相以下各种官职，都和汉初诸侯王的制度一样。慎重啊，您要普遍地关怀您的臣民，帮助他们做好各种事务，用这些行动来完成您的伟大功德，报答、颂扬我高祖传留下来的美好天命。

秋七月，开始建立魏国的社稷宗庙。天子聘魏公的三个女儿为贵人，岁数还小的，就暂且留在魏国。九月，建造金虎台，凿渠引漳水进入白沟以通达黄河。冬十月，分魏郡为东西两部，设置都尉管辖。十一月，开始设置尚书、侍中、六卿等官职。

马超在汉阳，又联合羌、胡作乱，氐王千万反叛朝廷，响应马超，在兴国驻兵。魏公派夏侯渊讨伐马超。

十九年春正月，魏公开始举行"耕籍田"礼。南安赵衢、汉阳尹奉等讨伐马超，斩了马超妻子、儿子的头，马超逃奔汉中。韩遂转移到金城，又进入氐王千万的部落，率领羌、胡一万多骑兵和夏侯渊交战；夏侯渊出击，大败韩遂，韩遂逃奔西平。夏侯渊和诸将攻兴国，屠杀了兴国军民。朝廷撤销了安东和永阳郡。

安定太守毋丘兴将去赴任，魏公告诫他说："羌、胡想和中国交往，自然会派人来联系，你千万不要先派人到羌、胡中去联系。善良的人难找到，不善良的人一定会教羌、胡乱提要求，他们趁机从中取利。不答应他们要求，就错失了羌、胡求好的美意，答应了要求则对事情没有好处。"毋丘兴到任，派遣校尉范陵进入羌中，范陵果然给羌人出主意，叫他们提出要当属国都尉的要求。魏公说："我预先就知道会出这种事了，不是我聪明，是我经历的事情多罢了。"

三月，天子命令把魏公的位次排列在诸侯王的上面。改授金玺、赤绂、远游冠。秋七月，魏公出征孙权。

当初，陇西宋建自称河首平汉王。在枹罕聚集军队，改纪元，设置百官，统治那里三十多年。魏公派夏侯渊从兴国出发去征讨。冬十月，屠杀枹罕军民，斩宋建，凉州平定。魏公也从合肥返回。

十一月，汉皇后伏氏，给她的任过屯骑校尉的父亲伏完写信，信中说皇帝因为董承被杀而怨恨魏公，语句恶毒，事情被人揭发，伏皇后因此获罪，被废黜杀死，皇后兄弟也被杀死。

十二月，魏公到孟津。天子命令魏公在出行仪仗队中配置旄头骑兵，宫殿中设置钟虡。已未，魏公说："一般地说，品行好的，未必能有所作为，有所作为的，未必品行好。难道陈平厚道，苏秦难道守信吗？但陈平奠定了汉朝基业，苏秦扶助了弱小的燕国。这样说来，士人有缺点，能废弃不用吗？主管部门要是明白这个道理，那么贤士就不会被遗漏，官府也就不会耽误工作了。"又说："一般说来，刑律是百姓的生命线啊。但军中负责刑律的，有时不是合适的人选，把三军生死大权交给他，我很害怕。希望选择明白法律道理的人，让他主持刑法事务。"于是，设置理曹掾属。

二十年春正月，天子立魏公的二女儿为皇后。撤销云中、定襄、五原、朔方郡，在每郡原来辖区设置一个县，管理当地居民，合并原四个郡为新兴郡。

三月，魏公西征张鲁，到陈仓，将要从武都进入氐人住地。氐人挡住道路。魏公派张郃、朱灵等打败了氐人。夏四月，魏公从陈仓出散关，到河池。氐王窦茂有兵一万多人，凭仗有险可守，不投降。五月，魏公进攻并屠杀了氐人。西平、金城诸将麹演、蒋石等人共同斩了韩遂首级送给魏公。秋七月，魏公进攻到阳平。张鲁派弟弟张卫和将军杨昂等据守阳平关，他们在山腰筑城十多里，魏公攻不破，于是带兵回撤。贼见大军后退，守备就松解了。魏公趁机秘密派遣解摽、高祚等穿越险要地段，在夜间发起进攻，大败张鲁军队，杀死了张鲁手下将领杨任。进攻张卫，张卫在黑夜中逃走。张鲁军队溃散，逃往巴中。魏公军队进入南郑，全部缴获了张鲁库藏的珍宝。巴和汉地区全都归降。把汉宁郡恢复为汉中郡，分出汉中郡的安阳县、西城县组成西城郡，设置太守。合锡、上庸为上庸郡，设置都尉。

八月，孙权包围合肥，张辽、李典打败了他。

九月，巴人七姓戎王朴胡、賨邑侯杜濩带巴夷、賨民来归附。于是分开巴郡，以朴胡为巴东太守，杜濩为巴西太守，都封为列侯。天子命令魏公可以秉承皇帝旨意分封诸侯，任命太守、国相。

冬十月，开始设置名号，从侯到五大夫，连同旧有的列侯、关内侯，共六等，用于奖赏军功。

十一月，张鲁从巴中带领残余兵力来投降。张鲁和五个儿子都被封为列侯。刘备袭击刘璋，占领了益州，接着占有巴中。魏公派张郃去攻打刘备。

十二月，魏公从南郑返回，留夏侯渊驻扎在汉中。

二十一年春二月，魏公回邺。三月壬寅，魏公亲耕籍田。夏五月，天子封魏公为魏王。代郡乌丸行单于普富卢和他部下的侯王来朝。天子下令魏王女儿称公主，享受汤沐邑。秋七月，匈奴南单于呼厨泉带着部下名王来朝，魏王用客礼接待他，接着把他留在魏国，派右贤王去卑监管匈奴国。八月，魏王以大理钟繇为相国。冬十月，魏王整训部队，接着出发征讨孙权，十一月，魏王到谯县。

二十二年春正月，魏王驻扎居巢。二月，进军驻扎江西郝溪。孙权在濡须口筑城拒守，于是魏王进逼攻打，孙权后退逃走。三月，魏王带兵返回，留夏侯惇、曹仁、张辽等驻屯在居巢。

夏四月，天子命令魏王设置天子旌旗，出入称警跸。五月，建造泮宫。六月，魏王任命军师华歆为御史大夫。冬十月，天子命令魏王冕上悬垂十二枚旒，乘坐金根车，驾六匹马，配设五时副车。以五官中郎将曹丕为魏国太子。

刘备派遣张飞、马超、吴兰等驻屯下辩。魏王派遣曹洪去对抗。

二十三春正月，汉太医令吉本和少府耿纪、司直韦晃等造反，进攻许都，烧毁了丞相长史王必的军营，王必和颍川典农中郎将严匡攻杀了吉本等人。

曹洪打败吴兰，杀死吴兰部将任夔等人。三月，张飞、马超逃往汉中，阴平氐人强端杀了吴兰，把首级送给朝廷。夏四月，代郡、上谷乌丸无臣氐等人反叛，魏王派遣鄢陵侯曹彰去打败了他们。

六月，魏王下令说："古代埋葬死者，一定要找瘠薄的地去埋。现命令划出西门豹祠西边的一片地，来建造我的寿陵，就用原地高度为基点，不堆坟丘，不栽树为标志。《周礼》冢人掌管公墓土地，凡是诸侯都葬在王墓左右两侧的前方，卿大夫在后方。汉朝制度也叫做陪陵。现决定有功的公卿大臣列将，死后陪葬我的寿陵。把寿陵墓地规划得广阔一些，以便容纳得下陪葬的陵墓。"

秋七月，魏王训练部队，接着西征刘备，九月，到达长安。

冬十月，宛县守将侯音等人造反，逮捕南阳太守，掳掠官民，据守宛县。在这以前。曹仁奉命讨伐关羽，屯驻樊城。这个月，魏王派曹仁包围宛县。

二十四年春正月，曹仁屠杀宛县军民，杀了侯音。

夏侯渊与刘备在阳平交战，被刘备杀了。三月，魏王从长安出发，经过斜谷派军队占据了军事要地，进军汉中，接着又到阳平。刘备利用险要地势防守抵抗。

夏五月，魏王带兵回长安。秋七月，魏王封夫人卞氏为王后。

魏王派于禁帮助曹仁进攻关羽。八月，汉水泛滥，淹了于禁军队，于禁军队全部溃散，关羽活捉了于禁，接着包围曹仁。魏王派徐晃援救曹仁。

九月，魏相国钟繇因为西曹掾魏讽造反而获罪，被免职。冬十月，魏王大军回师洛阳。孙权送来书信，言愿意讨伐关羽报效朝廷。魏王从洛阳南征关羽，还未到前线，徐晃已经打败了关羽，关羽逃走，曹仁解围，魏王驻扎在摩陂。

二十五年春正月，魏王到达洛阳，孙权攻杀了关羽，把关羽首级献给朝廷。

庚子，魏王在洛阳去世，死年是六十六岁。留下命说："天下还没安定，不能够一切遵从古代礼制办事。埋葬以后，全部除去孝服。那些带兵驻扎戍守的，都不许离开驻屯地。各部门官吏照常做自己的本职工作。用现在流行穿用的服装装殓，不要陪葬金玉珍宝。"魏王被谥为武王。二月丁卯，葬在高陵。

评：汉朝末年，天下大乱，英雄豪杰同时兴起，而袁绍占有四州土地，虎视眈眈，强盛无敌。太祖运用计谋，征讨天下，采纳申不害、商鞅的法术，兼用韩信、白起的奇谋，把官职授予有知识有才能的人，根据人才特点授予不同官职，控制感情，重视计谋，不记旧仇。终于能全面掌握大权，完成建国大业的原因，在于他有英明的谋略啊。他可以称得上是非常之人，盖世的英杰了。

曹丕称帝代汉

220 年正月，曹操病死，其子曹丕继位为魏王，同年十月，汉献帝让位，曹丕称帝，是为魏文帝。至此，历 14 帝，195 年的东汉王朝名实俱亡。十月十三日，早已徒存名号的汉献帝刘协被迫将象征皇位的玺绶诏册奉交曹丕，宣布退位。曹丕照例三让之后于同月二十九日升坛受禅，登上皇帝的宝座，改国号为魏，建元黄初。十一月一日，曹丕封刘协为山阳公，允许他行使汉朝正朔和使用天子礼乐。同时追尊曹操为武皇帝，庙号太祖。且授匈奴南单于呼厨泉魏国玺绶，并赐青盖车、乘舆等。十二月，定都洛阳。曹丕在改朝换代之际，对职官制度进行了若干重要改革。改相国为司徒，御史大夫为司空，由此恢复了被曹操于汉建安十三年（208）废除的三公官制（太尉、司徒、司空）。此后司徒、司空位号虽尊贵，但一般不干预朝政。曹丕又设秘书监和中书省，中书省置监令，主管通达百官奏事，起草诏令，以此分掉尚书台的权力，改变东汉后期尚书权职过重的现象。

刘备称帝

221 年，汉中王刘备在成都称帝。220 年十一月，曹丕称帝后，蜀中传闻汉献帝刘协已被杀害，身为宗室的刘备于是发丧制服，追尊刘协为孝愍皇帝。事后，刘备部下纷纷劝刘备即帝位，刘备没有答应。军师将军诸葛亮上言，刘备才同意，并让军师诸葛亮、博士许慈、议郎孟光设定礼仪，选择吉日良辰，上了尊号。魏黄初二年（221）四月六日，刘备在成都即皇帝位，是为汉昭烈皇帝、蜀先主。因为他以兴复汉室为号召，所以国号仍为汉，改元章武。因仅有益州一隅之地，又称"蜀汉"或"季汉"。刘备以诸葛亮为丞相，许靖为司徒。设置百官，建立宗庙，祭祀先帝。五月十二日，刘备立夫人吴氏为皇后，并立儿子刘禅（阿斗）为太子，娶车骑将军张飞的女儿为皇太子妃。

西 晋

（公元 265 年～公元 420 年）

　　魏、蜀、吴三国鼎立的平衡格局终因近半个世纪的政治演变、经济发展以及军事力量的对比而被打破了，雄踞中原的曹魏政权以其强大的实力于公元263年灭掉蜀国。曹氏政权在为统一南北做出努力的同时，自身的生存却出现了危机。265年，司马炎终于从幕后走到台前，他登台祭天，受魏"禅让"，建立了一个新的王朝——晋（史称西晋），十余年后，晋平吴成功，于是，汉末近一个世纪的分裂局面就此结束。

　　作为统一的国家，西晋确立了一整套官僚制度。在经济方面，西晋统治者实行与民生息的政策，恢复社会经济，安定社会秩序。然而，好景不长，公元290年司马炎死后，爆发了"八王之乱"，司马氏集团内部开始了一场长达16年腥风血雨的大屠杀。而饱受灾难的五胡民族乘机挣脱枷锁，大败晋军。其中匈奴贵族刘渊和氐族首领李雄分别建国独立。公元311年，匈奴割据政权将洛阳化为废墟，俘虏西晋皇帝怀帝。一部分西晋官民逃至长安后，不甘失败，又立秦王司马邺为帝苟延残喘；另有大批官民纷纷渡江南逃，并在建康建立了东晋。公元316年，司马邺被迫投降于刘曜，西晋至此灭亡。

　　西晋虽然是一个统一国家，但由于晋政权始终伴随着前所未有的民族冲突，其统一之中包含着分裂的因素和不安定的成分，它的文化很难表现出一种大一统的格调。思想上玄学盛行，佛教也得到相当的发展。虽然玄学与佛教作为新的思想因素会给没落的儒学注入一些新的活力，但终难掩其腐朽没落的一面。

　　从晋室南迁到刘裕建宋的103年中，中国处于南北分状态。由于双方实力相当，无论南方祖逖、桓温等人的北伐，还是北方苻坚声势浩大的南侵，均以失败而告终。在长江以北，各少数民族纷纷登场，轮番扮演着政治舞台上的各种角色。在长江以南，晋宗室建立了一个流亡政权，虽为西晋正统传人，却一直没能积累起强大的实力去收复江北，因而也就难圆往昔司马氏的辉煌之梦。

西晋灭亡以后，匈奴、鲜卑、羯、氐、羌等少数民族先后在中国北方建立起近二十个少数民族政权。政权更迭频繁，民族矛盾尖锐，社会动荡不安，经济衰落凋敝，北方各族劳动人民生活在水深火热之中。

永嘉之乱后，洛阳陷落，中原人民纷纷南迁。公元 318 年，司马睿正式称帝，建立东晋。东晋政权的政治基础是流寓江南的门阀贵族，他们满足于门第的清高、官职的显要，缺乏必要的政治素养与理政能力，导致东晋政权很快走向衰败。东晋末年，内有桓玄专权，外有孙恩、卢循起义的打击，东晋政权奄奄一息。出身寒门的刘裕以挽救朝廷危亡起家，安内平外，并最终成为东晋王朝的掘墓人，代晋自立。

东晋时期，南方的农业生产有了很大发展，北方农民不断渡江南来，补充了南方劳动力的不足，同时也带来了更加先进的生产工具和生产技术。南北农民的合作，北方的生产工具和劳作技术同南方水田种植经验的互补，直接促进了南方农业的发展。于是，中国的经济重心从此开始南移。

司马炎事迹

武皇帝，名炎，字安世。他是文帝司马昭的长子。为人宽容厚道，慈善好施，喜怒不形于色，有容人的气量。魏国嘉平年间，赐爵北平亭侯，历任给事中、奉车都尉、中垒将军，同时还兼任散骑常侍，经过多次提拔后作了中护军、假节。后来，他奉命到东武阳县去迎接常道乡公曹奂，被提升作中抚军，进封爵位为新昌乡侯。到晋王国建立的时候，便被确定为王国的继承人，授官抚军大将军、开府，作相国的副手。

开初，文帝因为景帝司马师是宣帝司马懿的直系长子，早年去世，没有后代，便将武帝的弟弟司马攸过继给他，作为子嗣，并特别加以宠爱，自己认为是代司马攸担任相国职位的，今后死了，晋王的王位应当交还给攸。于是，他便常常说："这是景王的天下，我怎么去分享啊。"当议论王国继承人的时候，他总是有意使司马攸继承。何曾等人坚决反对说："中抚军聪察明智，神明威武，才华出众，旷世少有。又立发垂地，手长过膝，这不是一般人臣的长相啊。"由于大臣们的坚持，就定了下来。咸熙二年五月，司马炎被立为晋王的太子。

八月初九，文帝司马昭去世，太子司马炎继承了相国、晋王的职位。发布命令：放宽刑罚，赦免犯人，安抚百姓，减轻徭役，国内举行三日的丧礼。这一月，身材高大的人出现在襄武县境，长达三丈，告诉该县县民王始说："现在天下应当太平了。"

九月初七，任命魏国的司徒何曾担任晋王国的丞相，镇南将军王沈担任御史大夫，中护军贾充担任卫将军，议郎裴秀担任尚书令、光禄大夫；他们都设置办公机构，聘请办事人员。

十一月，初次设立四护军，来统率京城以外的军队。十五日，下令各郡中正官，按六条标准推荐沉抑在下、不得升进的人员：一是忠诚恭谨，奋不顾身；二是善事尊长，合乎礼仪；三是友爱兄弟，尊敬兄长；四是洁身自好，勤劳谦虚；五是讲究信义，遵守诺言；六是努力学习，陶冶自身。

这时候，晋王的恩德普及，四方归心。由于这样，魏国的皇帝曹奂知道天命已经有了归属，就派遣太保郑冲送策书说："您这位晋王，我的祖先虞舜大受上天安排的命运，从唐尧处承继了帝位，也因天命又禅让给了夏禹。三位君主死后的灵魂上升天庭，而且都能广布天子恩德。自从夏禹受禅以后，上天又将伟大的使命降落在汉帝身上。因火德而兴起的汉帝已经衰微，于是又选中并授命给我的高祖。媲美于虞夏四代的光明显赫，这不是我一个人知道，是四海公认的。晋王，您的祖辈和父辈，衷心信服贤明的先哲，辅弼光大我曹氏宗族，功业德泽广布四海八方。至于天地神灵，无不亲善和顺，水土得到平治，万物得到成长，各方因此得到安宁。应当接受上天的使命，协调帝王统治天下的中正法则。于是，我虔诚地遵守帝王世系的传递，将帝位恭敬地禅让给你。帝王相继的次序已经落在你身上了，诚实的执行公平合理的原则吧，上天赐予的禄位得以长久。伟大的晋王，您应恭敬地顺从天帝的意旨，一切遵循常规法则，安抚周边国家，用来保持上天赐予的吉祥，不要废弃我武帝、文皇的伟大功业。"起初，武帝还表示礼貌的谦让，后来在魏国的公卿大臣何曾、王沈等人的坚持请求之下，他才接受了魏帝的禅让。

泰始元年冬季，在南郊设置坛场，百官有爵位的以及匈奴南单于等四方各国到会的有数万人，举行烧柴祭天的仪式，将继承帝位的事报告天帝说："新任皇帝臣司马炎冒昧使用黑色的公牛做祭品，明白地告诉光明而伟大的天帝：魏帝考查了帝位转移的运数，秉承了上天神圣的意旨来命令我：从前的唐尧，发扬了崇高的精神，将帝位禅让给虞舜，舜又将帝位禅让给夏禹，他们努力推行德政，留下了光辉的典范，因此而世代相传，历年久远。到了汉朝，道德衰微，太祖武皇帝平息动乱，匡时救世，扶持拥戴刘氏，因此又接受了汉帝的禅让。就说进入魏朝吧，仍然是几代动乱，几乎到了灭亡的地步，实实在在依靠晋王匡扶拯救的功德，因此得以保存魏国的宗庙祭祀，在艰难危险的时候，晋王给予了极大的帮助，这都是晋王对魏国的大功啊。广阔的四方，无不恭敬顺从，肃清梁、岷，席卷扬、越，极远的荒外也得到统一，吉祥与符瑞多次出现，天命与人事互相呼应，四方无不服从。所以我效法尧、舜、禹三帝，接受上天授予的帝位。我司马炎的威德不足以继承帝统，辞让又得不到准许。因为，公卿大臣，百官僚佐，庶民仆隶以及各族酋长，都说：'皇天洞察下方，寻求民间的疾苦，既然授命为贤明的君主，就不要再谦让拒绝和违背这样的事情。帝王的世系不可以无人继续，庶民的生计与神灵的祭祀不可以无人主持。'我虔诚地奉行帝王传递的命运，恭谨地畏惧天命的威严，慎重地选择了吉日良辰，登坛接受魏国的禅让，举行祭天仪式将登基的事报告天帝，并决心不负众人的厚望。"禅让的典礼结束，武帝就来到洛阳宫，亲临太极前殿，发布诏令说："从前，我的祖父宣王，聪慧明智，敬慎明察，顺应上天的运数，弘扬帝王的功德，开创了宏伟的基业。伯父景王，身行正道，明达事理，使国家兴旺发达。到了父亲文王，思虑精密远大，和洽天地神灵，适应天命，顺从时运，接受了晋王的封爵。仁慈普及四海，功业惊动天地。因此，魏国曹氏借鉴先王的法则，效法唐尧的禅让，访求诸侯公卿，归结天命于我本人。我敬畏上天的成命，因此不敢违背。想到我的威德不足，承担如此宏大的功业，置身在王侯公卿的上面，得以主宰天下，内心不安，十分畏惧，不知该如何治理国家。过去只有依靠你们这些在我左右的得力助手，忠心耿耿的文武大臣。你们的祖辈父辈辅佐过我的祖先，光大兴隆了我晋国的基业。打算与天下各方共同享受这美好的岁月。"与此同时，颁布天下大赦，更改年号。赏赐功臣爵位，每人五级；鳏寡孤独生活困难的人，每人稻谷五斛；免收一年的田租、户徭和关市的商税；老账、旧债全部免去；调解过去嫌隙，废除原来的禁令，撤去官职、削除爵位的人，全都给予恢复。

十八日，武帝派遣太仆刘原到太庙禀告接受禅让的事。分封魏帝曹奂为陈留王，食邑一万户，居住在邺城的王宫中；曹氏诸王都降为县侯。追加尊号：宣王司马懿称宣皇帝，景王司马师称景皇帝，文王司马昭称文皇帝，宣王妃张氏称宣穆皇后。尊称太妃王氏为皇太后，居住的宫名崇化宫。分封叔祖父司马孚为安平王，叔父司马干为平原王、司马亮为扶风王、司马伷为东莞王、司马骏为汝阴王、司马彤为梁王、司马伦为琅琊王，弟弟司马攸为齐王、司马鉴为乐安王、司马机为燕王，堂伯父司马望为义阳王，堂叔父司马辅为渤海王、司马晃为下邳王、司马瑰为太原王、司马珪为高阳王、司马衡为常山王、司马子文为沛王、司马泰为陇西王、司马权为彭城王、司马绥为范阳王、司马遂为济南王、司马逊为谯王、司马睦为中山王、司马陵为北海王、司马斌为陈王，堂兄司马洪为河间王，堂弟司马懋为东平王。以骠骑将军石苞任大司马，赐爵乐陵公，车骑将军陈骞赐爵高平公，卫将军贾充任车骑将军、鲁公，尚书令裴秀赐爵钜鹿公，侍中荀勖赐爵济北公，太保郑冲任太傅、寿光公，太尉王祥任太保、睢陵公，王国丞相何曾任太尉、朗陵公，御史大夫王沈任骠骑将军、博陵公，司空荀顗赐爵临淮公，镇北大将军卫瓘赐爵菑阳公。其余人员增加封邑、进封爵位各有不同的等次，文武百官普遍增加爵位二级。改《景初历》名为《太始历》，腊祭百神用酉日，祭祀社神用丑日。

十九日，武帝下达诏令，大力倡导勤俭节约，拿出皇宫库藏的珍珠玉石、赏玩等物品，分赏王公以下人员，按不同等次进行。设置中军将军，用来统领宿卫的左卫、右卫、骁骑、游击、前军、左军、右军等七军。

二十日，武帝诏令陈留王曹奂使用天子的旗帜，备用按东、西、南、北、中方位配置的青、白、红、黑、黄五色侍从车，沿用魏国的历法，照常在南郊祭天、北郊祭地，礼乐制度也不改变，上书晋帝不必称臣。赐给山阳公刘康、

安乐公刘禅的子弟各一人为驸马都尉。二十六日，任命安平王司马孚担任太宰、假黄钺、大都督中外诸军事。又下诏令说："从前，王凌策划废黜齐王曹芳，但曹芳终究未能保住自己的帝位。邓艾虽然自夸功勋，有失臣节，但他没有反抗，而是接受了处罚。现在，彻底赦免他们家属的罪行，

各自回到原地并确定他们的直系继承人，使衰败的世家兴旺起来，灭绝的大族后继有人。简化法典，省并刑律，废除曹魏时期对宗室担任官职的禁令。将官佐吏遇到三年丧期的丧事，准许回家服完丧礼。百姓免去他们的徭役。停止部曲将领、州郡长吏以下人员的人质制度。减少郡国供给皇宫的征调，禁止主管音乐的部门演出奢侈华丽的散乐、杂技等伎艺，以及雕刻彩饰这类出游、田猎的器具。鼓励众人敢于讲真话，设置谏官来主管这件事情。"

这一月，六只凤凰、三条青龙、二条白龙、一只麒麟在郡国境内出现了。

二年春季正月初七，武帝派遣兼任侍中侯史光等人，给予符节，出使四方，视察民间的风俗，禁止不合礼制的祭祀。初八，有大臣请求建立供奉七代祖先的庙堂，武帝难于为这事征发徭役，没有批准。十一日，撤去宫中在五更的时候，主唱鸡歌的卫士。二十二日，尊称景皇帝夫人羊氏为景皇后，居住的

宫名弘训宫。二十七日，册立杨氏为皇后。

二月，解除原魏国对汉朝宗室任官的禁令。十一日，常山王司马衡去世。武帝下诏书说："五等爵位的分封，都是选取过去建立了功勋的人。本封是县侯的传爵位给次子降为亭侯，乡侯的降为关内侯，亭侯的降为关中侯，都收取他的封户租税的十分之一作为俸禄。"二十九日，郊外祭天，用宣皇帝司马懿配享，在太庙中祭祀祖先，用文皇帝司马昭配天帝。二十二日，诏书说："古代百官，都可以规诫帝王的过失。但是，保氏官特别以直言规劝天子作为自己的职责，现在的侍中、散骑常侍，实际上处在保氏官这样的职位上。挑选那些能够不徇私情、矫正过误、匡扶救助、弥补不足的人兼任侍中、散骑常侍。"

三月二十日，吴国派遣使臣前来吊唁文帝司马昭，有大臣上奏回答吴国称诏书。武帝说："从前，汉文帝、后汉光武帝怀柔安抚尉他、公孙述，都没有辨正君臣的名分礼仪，这是用来笼络还没有归服的人的啊。孙皓派遣使臣的时候，还不知道晋国已经接受了魏帝的禅让，只用书信的方式来回答他。"

夏季五月戊辰，武帝下达诏令说："陈留王品德谦恭，每有一事就上表奏闻，这不是优待尊崇他的办法啊。主管的人应该向他讲明用意，不是重大的事情，就由王国的官属用表的方式上奏。"

壬子，骠骑将军、博陵公王沈去世。

六月二十五日，济南王司马邃去世。

秋季七月初五，营建太庙，运来荆山的木材，开采华山的石料，铸造铜柱十二根，表面涂上黄金，雕刻各种奇珍异兽，用明珠加以装饰。

二十二日，谯王司马逊去世。三十日，发生日蚀。

八月初十，裁减右将军官职。

起初，武帝虽然遵从汉魏的制度，安葬了文帝后，便脱去丧服，但是只穿居家的衣服，头戴白色的帽子，不侍御座，撤去御膳，悲哀恭敬如同居丧时期一样。二十二日，有臣子上奏，请求武帝改穿官服，恢复御膳，武帝没有答应；直到三年丧期服满以后，才恢复平日的服食起居。后来服太后的丧礼，也是这样。九月二十日，散骑常侍皇甫陶、傅玄兼任谏官，上书直言规诫，有关部门上奏武帝，请求搁置这件事。武帝下诏书说："大凡涉及谈论人主的过失，臣下最感困难，又苦于人主不能倾听与采纳，这就是从古以来忠臣直士所以容易慷慨激愤的原因啊。常常将陈述的事交主管的人，又大多近乎严厉的挑剔，说是优容宽厚应该由皇上施予，这像什么话吗？一定要详细评论议定。"

二十三日，有大臣上奏："晋继承伏羲、神农、黄帝的业绩，踏着虞舜、夏禹的脚印，适应天命，顺从时运，接受魏帝的禅让，应当统一使用前朝的历法和车马、祭牲的颜色，都如同虞舜遵守唐尧典制的先例。"奏章被批准。

冬季十月初一，发生日蚀。初二，武帝下诏书说："从前，虞舜下葬苍梧，当地的农夫并未让出耕地；夏禹下葬成纪，那里的市井依旧照常营业。追思祖先清廉简易的宗旨，所迁徙陵地十里这件事，烦扰骚乱居民，应该完全停止它。"

十一月初五，倭国人来朝进贡。合并冬至圆坛祭天、夏至方坛祭地于南郊祭天、北郊祭地，使冬至与夏至的祭祀统一于南郊与北郊。撤销原魏国监视山阳公国的督军官职，废除对它的有关禁令与限制。十五日，景帝夫人夏侯氏被追加尊号为景怀皇后。十七日，迁徙已死祖先的牌位进入太庙。

十二月，撤销屯田制的农官系统，将它与郡县合并。

这一年，六只凤凰、十条青龙、九条黄龙、一只麒麟分别出现在郡国境内。

三年春季正月癸丑，又有二条白龙出现在弘农郡的渑池县境。

丁卯，武帝册立长子司马衷作晋国的太子。颁布诏令说："我以不足的德望，被推尊为天子，小心恭谨，心怀畏惧，担心不能安定匡救天下，想同全国上下，共同整饬、发扬王者的政教，从根本上进行变革，对于设置继承人，明确嫡长子，不是最紧迫的事情。加上近代每次建置太子，必定有赦免罪犯、施行恩惠的事，其间往往是不得已才这样做的，都是顺从王公百官的奏请罢了。当今，盛衰治乱的更迭变化即将稳定，准备用道德仁义的道理去教化他们，用真善丑恶的典型去诱导和警戒他们，使百姓放弃投机侥幸的念头，笃守终始如一的行为，小恩小惠，所以没有必要采用它了。这样的政策要使大家都能明白。"

三月初六，初次准许二千石以上的官吏可以守完三年的丧礼。丁未，白天如同黄昏一样黑暗。裁减武卫将军官职。任命李熹作太子太傅。太山发生石崖崩裂。

夏季四月十六日，张掖郡的太守焦胜上书说：氐池县的大柳谷口有一处黑色石崖，白天显现出彩色纹理，实在是大晋国的吉祥，所以将它描画下来，进献朝廷。武帝下令用一丈八尺长的绢帛作祭品，上告于太庙，并将图像藏在秘府中。

秋季八月，撤销都护将军机构，将它所管辖的五官、左、右以及虎贲、羽林五署交还给光禄勋。

九月十四日，武帝下诏书说："古时候，用德行高低来评定爵位等级，按功劳大小来制定俸禄多少，虽然是最低一级的官吏，还享有上等农夫的收入，对外能够做到奉公守法，丢掉私念，对内完全可以赡养家人，周济亲友。现在，有爵位的官员，俸禄还不能养家糊口。这不是用来倡导教化的根本方法啊。当议论增加官吏的薪俸。"赏赐王侯公卿以下人员数量不等的绢帛。升太尉何曾任太保、义阳王司马望任太尉、司空荀顗任司徒。

冬季十月，准许士兵中遭遇父母死亡的人，只要不是在边疆战场上，都可以回家奔丧。

十二月，改封宗圣侯孔震为奉圣亭侯。山阳公刘康入京朝见。禁止占星望气、预言吉凶的法术。

四年春季正月初三，武帝任命尚书令裴秀担任司空。

十八日，晋国的律令修订完成，参与的人分别增封不同等级的爵位、赏赐绢帛等。光芒四射的名字称孛的彗星出现在轸宿星区。十九日，武帝在用于宗庙祭祀的农田上，举行耕田的仪式。二十日，下诏令说："古代，设置象征五刑的特异服饰来表示耻辱，但是百姓都不去犯法，如今，虽然有诛灭父族、母族和妻族的酷刑，可是作奸犯科的事不断发生，为什么德化与刑治的差别有这么大呢！文帝十分爱惜百姓，怜悯狱讼，于是命令众大臣参考历代刑典，修订晋朝的法律。我继承父祖留下的基业，想使天下长治久安，愿同各方用德化作为治国的根本。当前，温暖的春天万物生长，春耕刚刚开始，我亲自带领王公百官，耕种用于宗庙祭祀的农田千亩。加上律令已经修订完成，将它颁布于天下，准备采用简化刑律、致力德化，来仁抚境内的百姓。应当从宽处理犯法的人，使他们得到改正过错、重新做人的机会，对天下已经判刑的罪犯，实行免刑或减刑吧。长吏、郡丞、长史每人赐马一匹。"

二月初三，山阳公国增设相、郎中令、陵令、杂工宰人、鼓吹车马，数量各有不同。废除中军将军官，设置北军中候代替它。十七日，由于东海人刘俭有突出的德行，被任命为郎官。调中军将军羊祜担任尚书左仆射、东莞王司马仙担任尚书右仆射。

三月二十一日，皇太后王氏去世。

夏季四月初二，太保、睢陵公王祥去世。初三，将文明皇后王氏与文帝合葬于崇阳陵内。废除振威、扬威护军等官，设置左、右积弩将军。

六月初一，武帝下达诏书说："郡国的守相每三年必在春季巡视一次所属的各县，这是古代地方官吏用来陈述职守、传布风化、展示礼仪的方式啊。接见长吏，观察风俗，协调礼律，考查度量，慰问老人，拜访高年；讯视囚徒，受理冤狱，仔细考察政令、刑罚的成功与失败，深入了解百姓所忧虑与痛苦的事情。不分远近，都如同我亲身巡视这些地方。督促教导五常，勉励从事农耕；劝勉求学的人，使他们专心致意于六经，不要学习诸子百家的非根本之学，妨碍了自己的远大前程。士人和庶民中有勤奋学习，遵循道德，孝亲敬兄，诚实守信，廉洁奉公，品行优异的人，推荐并进用他们；有在父母面前不孝敬，在亲族面前不仁爱，违反礼义，抛弃纲常，不遵守法令的人，举发并惩治他们。田地垦辟，生产发展，礼教普及，令行禁止，这是地方官吏的才干；百姓穷困，农田荒芜，盗贼四起，狱讼繁多，欺下瞒上，礼教废弛，这是地方官吏的无能。如果地方官吏任职期间，有秉公廉洁，不谋私利，刚正不阿，不图虚名的人，以及那些自身贪赃受贿，靠献媚黩货求得安身，公正节操没有树立，但是私家财富却日益增加的人，都要细心考察他们。奖善惩恶，进贤去邪，这正是我垂衣拱手，总揽大纲，督责完成治理天下的任务于贤能的郡国守相的目的。你们一定要警戒啊！"

秋季七月，太山发生石崩，一群陨星向西流失。戊午，武帝派遣使臣侯史光巡视天下。十四日，祭拜崇阳陵。

九月，青、徐、兖、豫四州发生严重的水灾，伊河、洛河洪水泛滥，与黄河连成一片，政府开仓以赈救灾民。武帝下诏书说："即使诏令已作了规定，以及奏请得到批准的事情，但在实施中有不符合实际的，都要如实上报，不可隐瞒。"

冬季十月，吴国将领施绩入侵江夏，万郁寇扰襄阳。武帝派遣太尉、义阳王司马望出屯龙陂。荆州刺史胡烈打败了万郁。吴将顾容入寇郁林，遭到太守毛炅沉重打击，并失去交州刺史刘俊、将军修则两名官员。

十一月，吴国将领丁奉等人出兵苟陂，安东将军、汝阴王司马骏与义阳王司马望反击，打退了这次入侵。二十七日，武帝诏令王公百官以及郡国守相，推荐德行高尚、公正耿介、直言无讳的人士。

十二月，武帝向郡国守相颁布五条诏书：一是修养心身，二是厚待百姓，三是体恤孤寡，四是重农抑商，五是杜绝请托。二十八日，武帝到听讼观查阅廷尉府洛阳地区在押囚犯的案卷，并亲自审讯罪犯，进行判决。扶南、林邑国分别派遣使臣来朝，贡献物品。

五年春季正月初一，武帝一再告诫郡国掌管税收、财务的计吏以及守相、令长，务必使农民充分耕种土地，禁止他们弃农经商。初四，武帝到听讼观，查阅囚犯的案卷，并亲自审讯，大多从宽释放。青龙二条出现在荥阳郡境内。

二月，分雍州的陇右五郡以及凉州的金城、梁州的阴平，建置秦州。二十日，二条白龙出现在赵国境内。青、徐、兖三州发生水灾，武帝派遣使臣去救济慰问灾民。壬寅，任命尚书左仆射羊祜都督荆州诸军事，征东大将军卫瓘都督青州诸军事，东莞王司马伷镇东大将军、都督徐州诸军事。二十六日，武帝下诏令说："古时候，每年记录各级属吏的功绩与过误，积累三年再惩罚或奖励他们。现在，令史这类属吏，只淘汰粗疏低劣的人，起不到鼓励、劝进的作用，不是晋升勤能、罢黜疏劣的好办法啊。当分别记录勤恪能干、功绩卓著，德行优异的人，年年如此，成为制度，我将评论他们的事功劳绩。"

三月二十八日，诏令蜀汉丞相诸葛亮的孙子诸葛京，根据他的才能，安排适当的官职。

夏季四月，发生地震。

五月初一，凤凰出现在赵国境内。特赦交趾、九真、日南这三郡刑期五年以下的囚犯。

六月，邺城的奚官督郭廙上书武帝，陈述五件事情，用来谏净，言辞恳切直率，武帝破格提升他担任屯留县的县令。西平人麹路敲打朝堂外面供吏民进谏、明冤用的登闻鼓，上奏的言辞大多妖妄诽谤，被奏请斩于市场，陈尸示众。武帝说："是我的失误啊。"释放了麹路，不加追究。撤销镇军将军，重新设置左、右将军的官职。

秋季七月，延请诸公入朝，征询正直的言论。

九月，彗星出现在紫宫星座。

冬季十月十九日，武帝因汲郡太守王宏治理有方，成效卓著，赐谷一千斛。

十一月，武帝给弟弟司马兆追加封爵、谥号为城阳哀王，并将儿子景度过继给司马兆，作为后嗣，继承他的爵位。

十二月，武帝下令州郡推荐勇敢有力、优秀奇异的人才。

六年春季正月初一，武帝不侍正殿而来到殿前，也没有陈列乐队。吴国将领丁奉入侵涡口，扬州刺史牵弘将他打败并赶走了。

三月，武帝下令赦免判处五年以下刑期的囚犯。

夏季四月，白龙二条出现在东莞境内。

五月，分封寿安亭侯司马承为南宫王。

六月初四，秦州刺史胡烈在万斛堆处进讨叛虏秃发树机能，奋力战斗，死在战场上。武帝下诏派遣尚书石鉴代行安西将军、都督秦州诸军事，和奋威将军田章共同讨伐叛虏。

秋季七月十四日，武帝下令陇右五郡遭受叛虏侵扰的百姓，免收田租、户徭，无法维持生活的人，开仓救济他们。二十二日，城阳王司马景度去世。武帝下诏令说："自从泰始初到现在，重大的事件都编撰记录下来，保存在秘书府内，还抄写有副本。今后凡有这类事件，都应加以编撰汇集，并把它作为经常的制度。"二十四日，任命汝阴王司马骏担任镇西大将军、都督雍、凉二州诸军事。

九月，大宛国进献汗血马，焉耆来朝进贡。

冬季十一月，武帝亲自来到太学，举行祝贺学业有成的"乡饮酒"古礼，分不同的等次，赏赐太常博士、学生绢帛牛酒。分封儿子司马柬为汝南王。

十二月，吴国的夏口督、前将军孙秀率领兵众前来投降，授官骠骑将军、开府仪同三司，赐爵会稽公。十七日，又恢复设置镇军将军官职。

七年春季正月二十六日，武帝给太子司马衷举行表示成人的加冠典礼，王公以下人员分别赏以不同等次的绢帛。匈奴族酋帅刘猛反叛，出奔塞外。

三月，吴帝孙皓率领兵将进军寿阳，武帝派遣大司马司马望出屯淮北来防御他。初七，司空、钜鹿公裴秀去世。十四日，任命中护军王业担任尚书左仆射、高阳王司马珪担任尚书右仆射。孙秀所部将领何崇带领五千人，前来投降。

夏季四月，九真郡太守董元被吴国将领虞汜围攻，军队战败，死在战斗中。北地胡人寇金城，凉州刺史牵弘讨伐叛胡。鲜卑等族在内地叛变，将牵弘围困在青山地界；弘军战败，死在战场上。

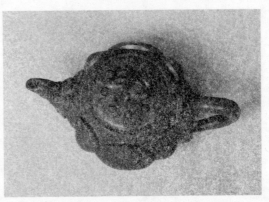

五月，武帝封儿子司马宪为城阳王。雍、凉、秦三州发生饥荒，武帝下令赦免这三州境内判处斩刑以下的罪犯。

闰五月，武帝举行求雨的祭祀，太官减低膳食标准。又下令交趾三郡、南中各郡，免交今年的户徭。

六月，武帝诏令公卿以下人员，每人推荐将帅一名。二十四日，大司马、义阳王司马望去世。大雨连绵，伊河、洛河、黄河洪水泛滥成灾，受灾居民四千多家，淹死三百多人，诏令救济灾民，死了的赐予棺材。

秋季七月二十六日，调车骑将军贾充担任都督秦、凉二州诸军事。吴国将领陶璜等人围攻交趾，太守杨稷和郁林太守毛炅以及日南三郡向吴国投降。

八月初九，调征东大将军卫瓘担任征北大将军、都督幽州诸军事。十九日，城阳王司马宪去世。分益州的南中四郡建置宁州，特赦这四郡判处斩刑以下的囚犯。

冬季十月初一，发生日蚀。

冬十一月十二日，卫公姬署去世。

十二月，天降大雪。撤销中领军官署，将它与北军中候机构合并。调光禄大夫郑袤担任司空。

八年春季正月，监军何桢出讨匈奴族刘猛，多次打败了他。匈奴左部酋帅李恪杀了刘猛，前来投降。十九日，武帝在祭祀宗庙的农田里，举行耕田仪式。

二月初一，禁止制造违反规定的装饰品、丝织物。十八日，太宰、安平王司马孚去世。诏令中央、地方各级官吏，每人推荐能胜任边郡职事的人三名。武帝和右将军皇甫陶议论政事，陶与武帝发生争论，散骑常侍郑徽上表请求依法处治皇甫陶。武帝说："我希望在我身边的人都敢于讲真话。君主常常因为有了阿谀奉承的人，才造成祸患，那里会由于有了正直的大臣，使国家遭受损害的啊！郑徽超越职权，妄自上奏，这才是违背我的本意。"于是，撤了郑徽的官职。

夏季四月，增设后将军，用来完备前、后、左、右四军的建制。六月，益州牙门张弘诬陷他的刺史皇甫晏谋反，并将晏杀害，通过驿站送人头到京都。张弘坐罪被处死，诛灭了他的父、母、妻三族。二十日，武帝颁布对已判刑囚犯的赦令。二十四日，诏令陇右四郡遭受叛虏侵害的人家，免交田租。

秋季七月，调车骑将军贾充担任司空。

九月，吴国西陵督步阐前来投降，授官卫将军、开府仪同三司，赐爵宜都公。吴国将领陆抗进攻步阐，武帝派遣车骑将军羊祜带领兵众从江陵进军，荆州刺史杨肇到西陵迎接步阐，巴东监军徐胤进攻吴国的建平郡，来牵制吴国，救援步阐。

冬季十月初一，发生日蚀。

十二月，杨肇进攻陆抗，不能取胜，被迫撤军退回。西陵城陷落，步阐被陆抗擒获。

九年春季正月二十二日，司空、密陵侯郑袤去世。

二月二十五日，司徒、乐陵公石苞去世。武帝分封安平亭侯司马隆为安平王。

三月，分封儿子司马祗为东海王。

夏季四月初一，出现日蚀。

五月，发生旱灾。任命太保何曾兼领司徒。

六月二十九日，东海王司马祗去世。

秋季七月初一，发生日蚀。吴国的将领鲁淑围攻弋阳，征虏将军王浑将他击败。撤销五官、左、右中郎将、弘训太仆、卫尉、大长秋等官职。鲜卑族入侵广宁，杀戮、掳掠五千人。武帝下诏选聘公卿以下人员的女儿来充实后宫，搜罗挑选没有结束以前，暂时禁止婚嫁。

冬季十月十七日，武帝发布命令，女子满了十七岁，父母还没有将她出嫁的，由当地官吏给她婚配。

十一月初三，武帝来到宣武观，举行盛大的阅兵典礼，初十才结束。

十年春季正月十八日，武帝在宗庙祭祀的农田里，举行耕田仪式。

闰正月十一日，太傅、寿光公郑冲去世。十七日，高阳王司马珪去世。十八日，太原王司马瑰去世。

二十五日，武帝下诏书说："分别嫡子与庶子是为了分辨上下，表明贵贱。但是，近代以来，大多宠爱姬妾，使她们升上了后妃的位置，搞乱了尊卑贵贱的秩序。从今往后，都不准选用妾媵作为嫡系正妻。"

二月，分幽州的五郡建置平州。

三月初二，发生日蚀。

夏季四月二十八日，太尉、临淮公荀颉去世。

六月初三，武帝到听讼观，查阅囚徒的案卷，亲自审讯犯人，多数被从宽发落，得到释放。这一年的夏季，出现严重的蝗灾。

秋季七月初六，杨皇后去世。二十二日，吴国平虏将军孟泰、偏将军王嗣等人，带领军队来投降。

八月，凉州的叛虏入寇金城等郡，镇西将军、汝阴王司马骏讨伐叛虏，杀了他的酋帅乞文泥等人。十九日，将元皇后杨氏安葬在峻阳陵内。

九月初四，武帝调大将军陈骞担任太尉。晋军攻下了吴国的枳里城，活捉吴国立信校尉庄祐。吴国将领孙遵、李承率领军队，入侵江夏，太守嵇喜打败了他们。在富平津修建了黄河大桥。

冬季十一月，在洛阳城东的七里涧处，修建了石桥。十二日，武帝来到宣武观，大规模地检阅军队。

十二月，彗星出现在轸宿星区。武帝设置管理在春耕前举行亲耕仪式这种农田的藉田令。分封太原王的儿子司马辑为高阳王。吴国威北将军严聪、扬威将军严整、偏将军朱买来晋投降。

这一年，凿通陕南山，在黄河堤岸上打开缺口，使河水向东流入洛河，疏通漕运。

咸宁元年春季正月初一，颁布对已判刑罪犯的赦令，更改年号。

二月，由于将官、士兵已到娶妻年龄娶妻的人众多，便规定了凡是养育有五个女儿的人家，就免去他的租调徭役。辛酉，原任郏县县令夏谡做官清廉，名声远扬，赏赐稻谷一百斛。由于官吏的俸禄菲薄，所以下令按不同等级，赏赐公卿以下人员的绢帛。叛虏树机能送来人质，请求归降。

夏季五月，下邳、广陵两地区发生风灾，吹倒了树木，毁坏了百姓的房屋。

六月，鲜卑族力微派遣儿子来朝贡献。吴国入寇江夏。西域戊己校尉马循讨伐叛虏鲜卑，击败并杀了他的渠帅。二十四日，设置总管东宫事务的太子詹事官。

秋季七月三十日，发生日蚀。郡国出现螟虫灾害。

八月十八日，沛王司马子文去世。武帝将死去的太傅郑冲、太尉荀颙、司徒石苞、司空裴秀、骠骑将军王沈、安平献王司马孚等王公，以及还健在的太保何曾、司空贾充、太尉陈骞、中书监荀勖、平南将军羊祜、齐王司马攸等功臣，都将其书名于旗幡上，配享于太庙。

九月十一日，青州发生螟害，徐州洪水泛滥成灾。

冬季十月初二，常山王司马殷去世。初十，彭城王司马权去世。

十一月十一日至十七日，武帝在宣武观检阅军队。

十二月初五，追加尊号：宣帝庙称高祖，景帝庙称世宗，文帝庙称太祖。这一月，发生了严重的瘟疫，洛阳地区的百姓死亡过半。武帝分封裴颜为钜鹿公。

二年春季正月，由于瘟疫流行，停止了元日的朝会。按不同的等次，赏赐没有固定职事的闲散官吏至士兵蚕丝。

二月初五，河间王司马洪去世。十三日，武帝下令赦免判处五年以下刑期的囚犯。东方夷族有八国归顺。并州的叛虏侵犯边塞，被监并州诸军事胡奋打败。

起初，敦煌太守尹璩去世，凉州刺史任用敦煌县令梁澄代领太守的职务，议郎令狐丰罢黜梁澄，擅自代领该郡事务。丰死以后，弟弟令狐宏又代行郡职。随后，凉州刺史杨欣杀了令狐宏，通过驿站将生狐宏的头送到洛阳。

早些时候，武帝患病，到现在病体痊愈，大臣们祝贺平安。武帝下诏书说："每次想到近来遭遇瘟疫死去的人们，心里就为他们十分难过。难道能因我一个人的病体康复，就忘了百姓的苦难了吗？凡是来祝贺平安的人，都应该予以谢绝。"

夏季五月，镇西大将军、汝阴王司马骏讨伐北胡，杀了北胡渠帅吐敦。创立专门供五品以上官员子弟读书的国子学。二十一日，武帝举行了隆重的求雨祭祀。

六月癸丑，武帝在太庙中进献荔枝。甲戌，氏宿星区出现彗星。从春季发生旱灾，到这一月才降雨。吴国京下督孙楷率领军队来降，被任命为车骑将军，赐爵丹杨侯。白龙二条出现在新兴郡的井中。

秋季七月，大角星附近出现彗星。吴国的临平湖自后汉末年淤塞，到这时自行开通。年老的人都在传说："此湖堵塞，天下大乱；此湖畅通，天下太平。"初五，安平王司马隆去世。东方夷族有十七国归附。河南、魏郡洪水泛滥成灾，淹死了一百多人，武帝诏令赐予棺材。鲜卑族阿罗多等寇侵入边境，西域戊己校尉马循奉旨征讨，杀敌四千多人，生俘九千多人，在这种形势下，阿罗多等人来晋投降。

八月初二，河东、平阳发生地震。二十一日，以太保何曾任太傅，太尉陈骞任大司马，司空贾充任太尉，镇军大将军、齐王司马攸任司空。彗星出现在太微星座，九月又出现在翼宿星区。丁未，在洛阳城东修建太仓，又在东、西市场修建常平仓。

闰九月，荆州有五郡发生水灾，受灾居民四千多家。

冬季十月，任命汝阴王司马骏担任征西大将军、平南将军羊祜担任征南大将军。二十一日，册立杨氏为皇后，颁布对已判刑罪犯的赦令，分别赏赐王公以下人员以及鳏寡。

十一月，二条白龙出现在梁国境内。

十二月，武帝征召从未任官的士人安定郡皇甫谧，出任太子中庶子。进封皇后的父亲镇军将军杨骏爵位为临晋侯。这一月，由于平州刺史傅询、前任广平太守孟桓作官清廉、名声远扬，赏赐傅询绢帛二百匹，孟桓一百匹。

三年春季正月初一，发生日蚀。武帝分封儿子司马裕为始平王、安平穆王司马隆的弟弟司马敦安平王。又下诏书说："宗族和亲属，都是国家的辅翼，应该遵守和奉行道德礼仪的规范，成为天下人们学习的榜样。但是，身处富贵地位又能谨慎行事的人很少，召穆公召集兄弟在一起，以《唐棣》的诗篇作为训诫，这是周代姬氏本宗和支庶能够传递百代、没有凋残的原因啊。现在任命卫将军、扶风王司马亮担任宗师，所有应当施行的事情，都要在宗师那里征询意见啊。"十五日，始平王司马裕去世。彗星出现在西方。武帝派遣征北大将军卫瓘征讨鲜卑族的力微。

三月，平虏护军文淑讨伐叛虏树机能等人，打败了他们。彗星出现在胃宿星区。二十一日，武帝准备打猎，后因担心践踏了麦苗而停止。

夏季五月十五日，吴国将领邵凯、夏祥带领兵众七千多人前来归降。

六月，益、梁二州有八郡发生水灾，淹死居民三百多人，淹没了屯积军粮的简易仓库。

秋季七月，调都督豫州诸军事王浑担任都督扬州诸军事。中山王司马睦由于犯罪，削爵为丹阳县侯。

八月二十一日，武帝改封扶风王司马亮为汝南王、东莞王司马伷为琅琊王、汝阴王司马骏为扶风王、琅琊王司马伦为赵王、渤海王司马辅为太原王、太原王司马颙为河间王、北海王司马陵为任城王、陈王司马斌为西河王、汝南王司马柬为南阳王、济南王司马耽为中山王、河间王司马威为章武王。分封儿子司马玮为始平王、司马允为濮阳王、司马该为新都王、司马遐为清河王，钜平侯羊祜为南城侯。任命汝南王司马亮作镇南大将军。大风吹倒树木，突然降温，水面结冰，五郡国降霜成灾，庄稼受害。

九月十七日，调左将军胡奋任都督江北诸军事。兖、豫、徐、青、荆、益、梁七州发生严重的水灾，淹没了秋季作物，武帝诏令开仓赈济灾民。分封齐王的儿子司马蕤为辽东王、司马赞为广汉王。

冬季十一月十六日至二十二日，武帝来到宣武观，大规模地检阅军队。

十二月，吴国的将领孙慎入寇江夏、汝南，掳掠一千余家后撤走。

这一年，西北杂居的各族，以及鲜卑、匈奴、五溪蛮夷、东方夷族的三个国家首领，先后十多人次，各自带领本族部落归顺。

四年春季正月初一，发生日蚀。

三月十五日，尚书左仆射卢钦去世。辛酉，调尚书右仆射山涛任尚书左仆射。东方夷族有六国来京朝贡。

夏季四月，光芒类似蚩尤旗状的彗星出现在井宿星区。

六月初十，阴平郡的广武县发生地震，二十七日又震。州刺史杨欣在武威地区与叛虏若罗拔能等人交战，大败，死在战场上。弘训皇后羊氏去世。

秋季七月二十三日，武帝将景献皇后羊氏与景帝合葬于峻平陵内。二十二日，高阳王司马缉去世。二十六日，范阳王司马绥去世。荆、扬二州有二十个郡国，都发生了严重的水灾。

九月，调太傅何曾任太宰。十五日，调尚书令李胤任司徒。

冬季十月，武帝调征北大将军卫瓘任尚书令。扬州刺史应绰进攻吴国的皖城，杀敌军五千人，焚毁囤聚的谷米一百八十万斛。

十一月十六日，太医官署的司马程据，进献用雉鸡头部羽毛制成的羽衣，武帝因其为新奇特异的服饰，是被典制礼仪禁止的东西，在大殿前面焚烧了它。十九日，又敕令中央、地方官吏敢

有再违犯此令的，将遭惩罚。吴国昭武将军刘翻、厉武将军祖始来晋投降。二十六日，调尚书杜预出任都督荆州诸军事；征南大将军羊祜去世。

十二月初一，西河王司马斌去世。十三日，太宰、朗陵公何曾去世。

这一年，东方夷族有九国归附。

五年春季正月，叛虏酋帅树机能攻陷凉州。初一，武帝派遣讨虏护军、武威太守马隆讨伐他。

二月初一，白麟出现在平原国。

三月，匈奴族都督拔弈虚带领部落归顺。十二日，由于百姓正度荒年，武帝减少了一半的膳食费用。彗星出现在柳宿星区。

夏季四月，彗星又出现在女御星区。武帝颁布赦令，废除部曲督以下将吏的人质制度。

五月二十五日，有八郡国降冰雹，秋季农作物以及百姓的房屋受损。

秋季七月，彗星出现在紫宫星座。

九月初四，有麟出现在河南郡。

冬季十月十九日，匈奴余渠都督独雍等人带领部落归顺。汲郡人不准发掘战国魏襄王的墓葬，得到有小篆字体的竹简古书共十多万字，收藏在保存国家秘籍的书库。

十一月，武帝大规模地征伐吴国，派遣镇军将军、琅琊王司马伷出兵涂中，安东将军王浑出兵长江西岸，建威将军王戎出兵武昌，平南将军胡奋出兵夏口，镇南大将军杜预出兵江陵，龙骧将军王浚、广武将军唐彬率领巴蜀的士兵，顺长江向下游进军，东西共有军队二十多万。任命贾充担任大都督，行冠军将军杨济作他的副手，总领各路军队。

十二月，马隆进攻叛虏树机能，彻底打败了叛虏，杀了树机能，平定了凉州的叛乱。肃慎国派遣使臣，前来贡献楛木箭杆和石制箭镞。

太康元年春季正月初一，五色云气覆盖了太阳。二十五日，王浑攻克吴国的寻阳、赖乡等城池，活捉了吴国的武威将军周兴。

二月初一，王浚、唐彬等人攻下了丹杨城。初三，又攻克西陵，杀了吴国的西陵都督、镇军将军留宪，征南将军成璩，西陵监郑广。初五，王浚又攻占夷道、乐乡等城，杀了夷道监陆晏、水军都督陆景。十七日，杜预攻陷江陵，杀了吴国的江陵督伍延；平南将军胡奋攻克江安。在这时候，晋国各路军队同时并进，乐乡、荆门等地的吴国守军，相继前来归降。十八日，武帝任命王浚担任都督益、梁二州诸军事，又下达诏令说："王浚、唐彬向东进军，肃清巴丘以后，与胡奋、王戎共同攻克夏口、武昌，再顺流东下，直达秣陵，与胡奋、王戎审时度势，相机行事。杜预应当稳定零、桂，安抚衡阳。大军既已前进，荆州的南部地区，定当传布檄文就可平定，杜预应分一万人给王浚，七千人给唐彬；夏口既已攻下，胡奋应分七千人给王浚；武昌既已得手，王戎应分六千人增加唐彬的兵力。太尉贾充移驻项城，总管监督各方事宜。"王浚率军向前，攻陷了夏口、武昌。战舰顺流东下，凡是到达的地方，没有遇到抵抗就平定了。王浑、周浚在版桥地界，与吴国的丞相张悌交战，大败吴军，杀了张悌以及随同他的吴国将领孙震、沈莹，将他们的人头送往洛阳。孙皓穷困紧迫，请求投降，向琅琊王司马仙送上吴国皇帝的御玺及绶带。

三月十五日，王浚率领水军，直达建邺的石头城，孙皓十分恐惧，反缚双手，载着棺材，在晋军营门前投降。王浚手持符节，代表武帝解开了他的双手，烧毁棺材，送他上京都洛阳。收集吴国的地图户籍，取得四州，四十三郡，三百一十三县，五十二万三千户，三万二千吏，二十三万兵，男女共二百三十万口。吴国原来任命的州牧郡守以下的官吏，都继续留任，废除了孙皓繁琐残酷的政令，宣布了简便易行的措施，吴国百姓十分高兴。

夏季四月二十九日，武帝颁发赦令，更改年号，特别准许民间举行五天的集会饮宴，以示欢庆，赈恤孤寡老弱、贫困穷苦的人。河东、高平降下冰雹和雨，秋季作物受损。武帝派遣兼侍中张侧、黄门侍郎朱震，分别出使扬、越地区，抚慰刚刚归顺的百姓。白麟出现在顿丘境内。三河、魏郡、弘农降下冰雹和雨，麦苗受损。

　　五月二十五日，武帝赐孙皓爵位为归命侯，任命他的太子孙瑾担任中郎，其余的儿子任郎中。吴国德高望重的人，根据他们的才能，任命相应的官职。在交战中阵亡的吴国高级将领，将他们的家属搬迁到寿阳县居住；将吏渡江北来定居的，免除十年的租调徭役；百姓和各种工匠，免除二十年。

　　六月十一日，武帝来到殿前，举行盛大的朝会，并引孙皓上殿。众大臣都高呼万岁。十二日，在太庙中进献酃渌美酒。有六郡国遭遇雹灾，伤害了秋季农作物。十五日，武帝诏令凡士兵中年龄在六十岁以上的人，都免去徭役，回归家中。二十五日，任命王浚为辅国大将军、襄阳县侯，杜预当阳县侯，王戎安丰县侯，唐彬上庸县侯，贾充、琅琊王司马伷以下人员，都增加封邑。与此同时，论功行赏，按不同等次赐予公卿以下人员绢帛。

　　二十二日，初次设置翊军校尉官职。复封丹水侯司马睦为高阳王。二十九日，东方夷族有十国归附。

　　秋季七月，叛虏轲成泥入寇西平、浩亹，杀晋督将以下三百多人。东方夷族有二十国入朝贡献。初五，调尚书魏舒任尚书右仆射。

　　八月，车师前部国王派遣儿子入侍武帝。初五，武帝分封弟弟司马延祚为乐平王。三条白龙出现在永昌境内。

　　九月，众大臣由于天下统一，多次请求到泰山举行祭祀天地的典礼，武帝谦让，没有允许。

　　冬季十月初四，废除家中养育五个女儿免除租调徭役的法令。

　　十二月十五日，广汉王司马赞去世。

　　二年春季二月，淮南、丹杨发生地震。

　　三月十五日，安平王司马敦去世。分别不同等次，将俘掠的吴国人口赏赐给王公以下人员。武帝下令挑选原孙皓的妓妾五千人进入后宫。东方夷族有五国入朝贡献。

　　夏季六月，东方夷族五国归顺。有十六郡国大降冰雹和雨，大风吹倒树木，毁坏百姓的房屋。江夏、泰山发生水灾，受灾居民三百多家。

　　秋季七月，上党又遭暴风、冰雹大雨袭击，毁坏了秋季作物。

　　八月，彗星出现在张宿星区。

　　冬季十月，鲜卑族的慕容瘣侵扰昌黎郡。

　　十一月二十五日，大司马陈骞去世。彗星出现在轩辕星区。鲜卑族入侵辽西郡，平州刺史鲜于婴讨伐，将之逐退。

三年春季正月初一，撤销秦州建制，与雍州合并。十八日，调尚书令张华出任都督幽州诸军事。

三月，安北将军严询在昌黎地界，打败了鲜卑族慕容瘣，鲜卑死伤数万人。

夏季四月二十五日，太尉、鲁公贾充去世。

闰四月初一，司徒、广陵侯李胤去世。

五月初九，二条白龙出现在济南境内。

秋季七月，废除平州、宁州刺史每三年一次入朝奏事的制度。

九月，东方夷族有二十九国归服，入朝进贡。吴国原将领莞恭、帛奉起兵反叛，攻陷建邺县城，杀了县令，围攻扬州；徐州刺史嵇喜讨伐，平定了这次叛乱。

冬季十二月十三日，调司空、齐王司马攸任大司马、督青州诸军事，镇东大将军、琅琊王司马伷任抚军大将军，汝南王司马亮任太尉，光禄大夫山涛任司徒，尚书令卫瓘任司空。二十五日，武帝诏令国内水灾、旱灾特别严重的地区，不交田租。

四年春季二月十四日，调尚书右仆射魏舒任尚书左仆射、下邳王司马晃任尚书右仆射。戊午，司徒山涛去世。

二月十九日，武帝分封长乐亭侯司马寔为北海王。

三月初一，发生日蚀。十四日，大司马、齐王司马攸去世。

夏季四月，任城王司马陵去世。

五月初一，大将军、琅琊王司马伷去世。改封辽东王司马蕤为东莱王。

六月，增加九卿官职的礼遇与品秩。牂柯境内的獠族二千多部落归顺。

秋季七月十四日，调尚书右仆射、下邳王司马晃出任都督青州诸军事。二十八日，兖州洪水成灾，免收灾区百姓的田租。

八月，鄯善国王派遣儿子入侍，武帝赐给归义侯的封号。任命陇西王司马泰担任尚书右仆射。

冬季十一月二十二日，新都王司马该去世。调尚书左仆射魏舒担任司徒。

十二月初五，武帝在宣武观大规模地检阅军队。

这一年，河内郡以及荆州、扬州都发生了严重的水灾。

五年春季正月初四，二条青龙在武器库内的井中出现。

二月初二，封南宫王的儿子司马玷为长乐王。二十八日，发生地震。

夏季四月，任城、鲁国的池水色红如血。五月十三日，宣帝庙的大梁断折。

六月，初次设置奉皇帝诏令关押犯人的黄沙监狱。

秋季七月十六日，武帝的儿子司马恢去世。任城、梁国、中山降下雨和冰雹，损坏了秋季农作物。减少征收天下户调的三分之一。

九月，南安地区遭受风灾，树木被吹断。有五郡国发生严重的水灾，降霜成害，损伤了秋季农作物。

冬季十一月十四日，太原王司马辅去世。

十二月初十，武帝发布赦令。林邑、大秦国分别派遣使臣来朝上贡。

闰十二月，镇南大将军、当阳侯杜预去世。

六年春季正月初一，由于连续几年农业歉收，免除了百姓所欠田租、债务中的旧账。初九，调征南大将军王浑任尚书左仆射、尚书褚䂮都督扬州诸军事、杨济都督荆州诸军事。

三月，有六郡国遭遇霜灾，损害了桑树和麦苗。

夏季四月，扶南等十国来朝进贡，参离四千多部落归附。有四郡国发生干旱，十郡国洪水泛滥成灾，百姓的房屋遭到毁坏。

秋季七月，巴西地区发生地震。

八月初一，发生日蚀。武帝下令减少征收百姓三分之一的绵绢。有白龙出现在京兆郡内。调镇军大将军王浚任抚军大将军。

九月二十一日，山阳公刘康去世。

冬季十月，南安境内发生山崖滑坡，地下水从中流出。南阳郡捕捉到只有两只足的野兽。龟兹、焉耆国王派遣儿子入侍武帝。

十二月初一，武帝在宣武观大规模地检阅军队，经过十天才结束。十七日，抚军大将军、襄阳侯王浚去世。

七年春季正月初一，发生日蚀。初二，武帝下诏令说："近几年来，自然灾害和怪异现象多次出现，日蚀发生在正月初一，地壳震动，山崖滑坡。国家治理得不好，责任完全在我一人。公卿大臣每人都密封上书，尽你们所知，讲述灾异多次出现的原因，不要有任何隐瞒或忌讳。"

夏季五月，有十三郡国发生旱灾。鲜卑族慕容瘣入侵辽东。

秋季七月，朱提出现山崩，犍为发生地震。

八月，东方夷族有十一国归顺。京兆发生地震。

九月二十九日，骠骑将军、扶风王司马骏去世。有八郡国发生严重的水灾。

冬季十一月初四，武帝任命陇西王司马泰都督关中诸军事。

十二月，武帝派遣侍御史视察遭受水灾的各郡国。释放后宫女官才人、歌妓舞女二百七十多人，令各回自己的家中。初次颁发大臣服满三年丧礼的制度。二十一日，河阴地区下降赤雪，面积达二百亩。

这一年，扶南等二十一个国家、马韩等十一个国家派遣使臣，来朝纳贡。

八年春季正月初一，发生日蚀。太庙大殿下塌。

三月十九日，临商观发生地震。

夏季四月，齐国、天水降霜成灾，损害了麦苗。

六月，鲁国发生严重风灾。大风吹倒了树木，毁坏了百姓的房屋。有八个郡国出现了严重的水灾。

秋季七月，前殿的地面下陷，深达几丈，其中发现有埋在下面的破船。

八月，东方夷族有二国归顺。

九月，改建太庙。

冬季十月，南康郡的平固县县吏李丰反叛，聚集同党围攻郡县，自称将军。

十一月，海安县的县令萧辅，聚集徒众反叛。

十二月，吴兴郡人蒋迪，聚集党徒反叛，围攻阳羡县。州郡发兵捕捉讨伐，全部判处死刑。南方夷人扶南、西域的康居等国，分别派遣使臣，来朝纳贡。

这一年，有五郡国发生了地震。

九年春季正月初一，发生日蚀。武帝下诏书说："振兴教化的根本，在于政治安定清明，讼事平允及时，地方官吏不去多方体恤百姓的疾苦，却因为私人的恩怨，制造扩大狱讼；又大多贪残污浊，扰乱百姓。当敕令刺史、郡守，纠察那些贪赃枉法的人，推荐那些公正清廉的人，讨论他们的罢黜或升迁。"又要求中央、地方各级官吏，荐举出身微贱清廉有才能的人。长江东岸的四郡发生地震。

二月，尚书右仆射、阳夏侯胡奋去世，调尚书朱整任尚书右仆射。

三月初七，杨皇后在洛阳城西的郊外，举行亲身蚕事的典礼，按不同等次赏赐绢帛。二十二日，初次将春季祭社和秋季祭社合并为春季祭社。

夏季四月，长江南岸有八郡国发生地震；陇西郡降霜成灾，伤害了越冬麦苗。

五月，义阳王司马奇触犯刑律，削爵为三纵亭侯。武帝诏令中央、地方各级官吏推荐能胜任郡守、县令职事的人才。

六月初一，发生日蚀。改封章武王司马威为义阳王。有三十二个郡国发生严重旱灾，损害了麦田。

秋季八月十四日，陨石坠落有如雨点。武帝下令各郡，将判处五年以下刑期的囚犯马上结案发遣，不要滞留各种讼事。

九月，东方夷族有七国到东夷校尉府归顺。二十四个郡国发生螟灾。

冬季十二月初七，分封河间平王司马洪的儿子司马英为章武王。十二日，一条青龙、黄龙分别出现在鲁国境内。

十年夏季四月，由于京兆太守刘霄、阳平太守梁柳办事有方，成效卓著，分别赏赐稻谷一千斛。有八郡国发生霜灾。太庙改建完成。十一日，迁徙死去祖先的牌位进入新建的太庙。武帝在道旁亲自迎接，并举行祭祀远祖、近祖的典礼；颁布赦令，文武百官增加爵位一级，参加修建太庙的增加二级。十三日，尚书右仆射、广兴侯朱整去世。十九日，崇贤殿发生火灾。

五月，鲜卑族慕容瘣归降，东方夷族有十一国归顺。

六月初七，山阳公刘瑾去世。又恢复分别设置春季祭社与秋季祭社。

冬季十月二十一日，改封南宫王司马承为武邑王。

十一月丙辰，代行尚书令、左光禄大夫荀勖去世。武帝疾病初愈，以不同等次赏赐王公以下人员绢帛，各有不同等次。含章殿练武的鞠室发生火灾。

　　二十三日，武帝任命汝南王司马亮担任大司马、大都督、假黄钺。改封南阳王司马柬为秦王、始平王司马玮为楚王、濮阳王司马允为淮南王，都授予假节的权力，去到各自的封国，并分别统率封国所在地附近数州的军事。分封儿子 司马乂岭为长沙王、司马颖为成都王、司马晏为吴王、司马炽为豫章王、司马演为代王，孙子司马遹为广陵王。又分封濮阳王的儿子司马迪为汉王、始平王的儿子司马仪为毗陵王、汝南王的次子司马羕为西阳公。改封扶风王司马畅为顺阳王、畅的弟弟司马歆为新野公、琅琊王司马觐的弟弟澹为东武公、繇为东安公、漼为广陵公、卷为东莞公。各王国的属官相，改名内史。

　　二十九日，太庙的大梁断折。

　　这一年，东方夷族三十多个僻远的国家、西南方夷族的二十多个国家，来朝纳贡。叛虏奚轲率男女十万人归降。

　　太熙元年春季正月初一，更改年号。初九，调尚书左仆射王浑任司徒、司空卫瓘任太保。

　　二月十二日，东方夷族有七国入朝纳贡。琅琊王司马觐去世。

　　三月初五，调右光禄大夫石鉴任司空。

　　夏季四月十二日，调侍中、车骑将军杨骏任太尉、都督中外诸军、录尚书事。二十日，武帝在含章殿逝世，时年五十五岁，葬在峻阳陵地，庙号世祖。

　　武帝胸襟宽广，待人厚道，一切事情都本着仁恕的原则办理，能容纳直言正论，从不以粗暴的态度待人；明智通达，长于谋略，能断大事，因此，得以安定各方，平定天下。继魏国奢侈苛刻的风气之后，百姓怀念过去古朴的风尚，武帝就用恭敬节俭原则来加以鞭策，用清心寡欲思想来加以劝导，曾经有人上奏宫中的牛青丝鼻绳断了，武帝命令用青麻绳代替它。当朝处理政事能宽容，法令制度有常规，高阳许允被文帝司马昭处死，允的儿子许奇担任太常丞。武帝将要在太庙中行事，朝臣议论因为许奇出身在曾经出过犯官的家庭，不想要他在行事的时候接近武帝，请求将他调离太常府，出外任长史。武帝追述许允旧日的声誉，称赞许奇的才能，反而提拔他担任了祠部郎，当时的舆论都赞扬武帝这种公正豁达的气度。但是，平定吴国以后，天下太平，于是对施政方略产生了厌倦，沉溺在游荡宴乐的生活之中，放纵偏爱皇后家族，亲近并优待当朝权贵，经验丰富的老臣宿将，得不到信任和重用，典章制度遭到破坏，请托徇私公开流行。到了晚年，明知惠帝司马衷不能承担大任，但是仗持孙子司马遹天资聪颖，智力过人，所以没有另立太子的打算。又考虑到司马遹不是贾后亲生的儿子，担心最终会导致危机与失败，于是便和亲信共同商议死后的保证措施。出主意的人各说不一，长时间又不能作出决断，最后采用了王佑的谋划，派遣太子司马衷的弟弟秦王司马柬都督关中，楚王司马玮、淮南王司马允同时镇守要害的地方，来增强皇室司马氏的力量。又担心皇后杨氏的逼迫，再任命王佑作北军中侯，来统率保卫皇帝的禁军。不久，武帝卧病不起，不见好转，渐渐进入危险状态，共同缔造晋国的功臣，都已先期死去，文武百官惶恐不安，也不知该怎么办才好。适逢武帝的病情稍稍缓了过来，诏令任命汝南王司马亮辅佐朝政，并且在朝臣中挑选几位名声好、年纪轻的人协助司马亮辅政；杨骏隐藏诏令，不予公布。武帝转眼间又迷糊错乱，杨皇后趁机拟定诏书，任命杨骏辅佐政务，催逼司马亮马上出发，到镇赴任。武帝一会苏醒，询问汝南王司马亮来了没有，示意想见到他，有重要的事情向他交代，身边的人回答没有到，武帝便进入了昏迷垂危的地步。朝廷内部的动乱，实在是源于这些密谋计划啊。

八王之乱

西晋太熙元年（290年），晋武帝死后，惠帝即位，年32岁，天生痴呆，由武帝的杨皇后之父杨骏辅政。武帝因为自太康年后期始便不留心政事，宠幸后党，以致使杨骏、杨珧、杨济独揽大权，时号"三杨"。武帝死后，杨骏竭力排斥异党，亲宠左右。

当时汝南王司马亮为大司马、出督豫州，镇守许昌，司空石鉴与中护军张劭监统山陵，有人传告杨骏，说汝南王司马亮到许昌，想举兵讨伐杨氏。杨骏听后十分恐惧，便找杨皇后商量，杨皇后让惠帝写了一封手诏，命令石鉴与张劭去讨伐汝南王司马亮。石鉴认为这样不妥，按兵不动，只是派人秘密窥视情况的发展。见汝南王司马亮并没有什么迹象，于是杨骏也就不再催促。

元康元年（291年），生性酷毒、与杨氏嫌恨甚深的贾后，不甘杨氏的专政，便带信给汝南王司马亮，让他连夜起兵讨伐杨骏。汝南王司马亮说："杨骏凶暴，死期不远了，不足为虑。"贾后又带信让楚王司马玮率兵前来。楚王司马玮先入朝，请惠帝废除杨骏，东安公司马繇则率领殿中四百人尾随其后。大傅主簿朱振听说此事后便对杨骏说："你可以派人烧了云龙门，然后追索带头起事的。再打开万春门，调来东宫及外营的部队，拥翼皇主子，进宫抓起犯乱者。"杨骏素来胆小，正遇上殿中的兵马赶到，杀了杨骏。贾后接着秘密授令诛杀杨氏亲党，灭其三族。杨皇后在宫中发现叛乱已起，便在布帛上写着："救太傅者有赏"，射到城外，事平后，贾后以杨皇后为杨骏同谋，将他废为庶人，第二年杨皇后绝食而死。

杨骏被杀之后，便由汝南王司马亮与太保卫瓘共同辅政。以楚王司马玮为卫将军，进东安公司马繇为王。司马繇兄长司马澹对司马繇一直很讨厌，而司马繇也想因这次平乱后独揽朝政，于是王澹便到汝南王司马亮处离间。司马亮听了王澹的话，免了司马繇的官，又将他废徙到带方（今朝鲜镜内）。楚王司马玮年少果锐，事刑威厉，朝廷对他不放心，汝南王司马亮与卫瓘商量，让他回自己的藩地。楚王司马玮于是便到贾后处谮言亮与卫瓘。贾后便让惠王下诏废除二公，并命楚王司马玮行事，杀了司马亮与卫瓘。楚王司马玮的亲信这时献计说："你可应趁用兵之时，也杀了贾后的族兄贾模、从舅郭彰等，以此匡正王室，安抚天下。"楚王司马玮犹豫不决。天亮时，贾后则先走一步，以楚王司马玮矫诏专杀之罪，杀了楚王司马玮。此后，贾后专权，以张华为侍中、中书监、裴頠为侍中，与贾模一同辅政。

不久，贾后与太子遹之间矛盾加剧。永康元年（300年），贾后矫诏废杀太子。赵王司马伦、孙秀趁机命翊军校尉齐王司马冏带兵入宫中，将贾后抓起，废为庶人，旋又杀之，灭贾氏族党，并杀死贾后亲信张华、裴頠等。接着，赵王司马伦自任使持节，督中外诸军事、相国、侍中、以孙秀为中书令，控制了朝廷的大权。

淮南王司马允此进正担任中护军，密养敢死之士，密谋驱逐赵王司马伦。赵王司马伦听说后恐惧，将淮南王司马允转升为大尉，另外多加优厚，想以此夺取他的兵权。淮南王司马允知其阴谋，便假称有病不赴。赵王司马伦派御史逼淮南王司马允前行，并扣留了他的官属，指责他大逆不道。允无奈，就率领国兵及帐下的七百人出讨赵王伦。快到宫前时，尚书左丞王舆见势不好，便关闭了东掖门，不让淮南王允进去，司马允只好不去围攻相府。当时赵王司马伦之子虔正在门下省，便派司马督护伏胤率领四百人从宫中出来，诈称援助，淮南王司马允急需救助，不知是计，就下车接见，被伏胤杀死。孙秀一直与潘岳、石崇有隙，这时就趁机指责他们是淮南王党，也一起捕起杀死。

永康二年，赵王司马伦专权心切，便将惠帝移到金墉，自立为王，改元建始。不久，齐王司马冏起兵反赵王司马伦，成都王司马颖在邺（今河南临漳），常山王司马乂在其藩地，也一同起兵响应。河间王司马颙在关中，派张方去援助赵王司马伦，但一见齐王司马冏，成都王司马颖势力甚大，便反过来又支持二王。由于诸王的投入，"八王之乱"开始发展为一场大混战。四月，左卫将军王舆与尚书广陵公漼带兵入宫，杀了孙秀，先逐赵王伦归第，随后一同杀了，将惠帝重新从金墉迎回。齐王冏带兵至洛阳，甲兵十万，旌旗招展，震动京师，惠帝拜为大司马，都督中外军事，加九锡之命，又封成都王司马颖为大将军，录尚书事也加九锡。但卢志却不出来私下劝司马颖推崇齐王冏，以显无私欲之心。成都王司马颖授受了他的建议，以母亲身体不佳为托辞不受九锡，回到邺城。

齐王冏辅政，一开始就大建官邸，沉湎酒色，不入朝见，外事惟亲是宠，选举不均，以至朝廷侧目，海内失望。司马冏兄东莱王司马蕤与王舆一起计谋废除齐王司马冏，但事情泄密，东莱王冏蕤被免为庶人，王舆被杀。

永宁二年（302 年），河间王司马颙起兵反齐王冏，成都王司马颖响应，长沙王也率兵前来协助。长沙王见了成都王司马颖，说："天下之事，应以先帝之业为先，我们应当维护它。"听者对他都有所惧怕。李含这时便对河间王司马颙说："可以放令让长沙王去讨伐齐王冏，并且同时把这事预先透漏给齐王冏，齐王冏一定会起兵灭杀长沙王，然后再将罪归于齐王冏，消灭齐王冏而立成都王司马颖。"河间王司马颙听从了李含的计策。果然，齐王冏派将领董艾去袭击长沙王，双方交战后齐王冏部败阵。长沙王抓住了齐王冏，并将他杀了。河间王司马颙原以为长沙王弱而冏强，可是结局却出乎意料，于是便发布通告，动员诸方力量讨伐长沙王。

太安二年（303 年），成都王司马颖、河间王司马颙起兵攻打长沙王。河间颙王以张方为都督，领精兵七万开赴洛阳，成都王司马颖以陆机为将军，督王粹、牵秀、石超等二十余万人，浩浩荡荡向洛阳逼近。惠帝暂避洛阳西十三里桥，参军皇甫商率兵在宣阳（属河南）抵抗张方，被张方击败。张方进入洛阳，烧毁清明、开阳二门，死者万计。石超带兵追赶惠帝的随从。攻下缑氏（河南偃师）后，放火焚烧。不久，王师回旋洛阳，在东阳门击破牵秀，在建春门击破陆机。长沙王奉惠帝之命讨伐张方，在洛阳城中交战，张方部下见惠帝乘舆前来，便往后退去，张方阻止不住，大败而去，退到十三里桥。这时人心沮丧，有人便劝张方趁夜溜之大吉，张方说："兵之胜败是常事，贵在因败而反过来取胜。我们可以出其不意袭击洛城，这才叫做用兵之奇。"于是在夜里偷偷带兵逼进洛城。长沙王刚刚打了胜仗，有些大意，这时率兵出战，被张方打败。张方围城多日，但始终不能攻克，想撤回长安。

这时，被张方所围的洛阳缺粮大饥，殿中的一些将领也苦于死守，便密谋趁夜抓住长沙王，逼东海王司马越出来作主，并通知惠帝免除长沙王的职位，将他送到金墉。张方则趁机派部将赶到金墉，杀了长沙王。八王之中，长沙王是最有才略的一个，等到长沙王死，大局便越发不可收拾。永兴元年（304 年），东海王越于是开城迎成都王司马颖，以成都王司马颖为丞相，东海王越为尚书令。成都王司马颖仍率部还邺城，张方也在掠劫奴婢万余人后西还。

该年七月，右卫将军陈眕及长沙王的旧将上官已等人起兵讨伐成都王司马颖，惠帝也亲自北征，聚兵十万以上，逼近邺城。成都王司马颖派石超迎战，结果王师被打败，并抓获了惠帝，侍中嵇绍（嵇康子）保护惠帝，被兵士所杀。河间王司马颙起兵来协助成都王司马颖，命令张方率兵进入洛阳，东海王越逃回东海。

与此同时，王浚在幽州起兵，联合鲜卑、乌桓及并州刺史东嬴公腾，南下讨伐成都王司马颖。成都王司马颖命石超等人抵抗，被击败。邺中大震，人心涣散。卢志劝成都王司马颖将惠帝送回洛阳，五天后至洛城。王浚乘胜追击，攻克邺城，杀烧劫掠，荼毒百姓。张方也趁势逼惠帝走洛阳，行前，军士抢劫后宫、分争府藏，将魏晋以来的宝藏，一扫而空。十一月，惠帝一行到达长安，立豫章王炽为皇太帝，以河间王司马颙都督中外军务，张方为中领军，录尚书事，领京兆太守。

永兴二年，东海王司马越起兵征伐河间王司马颙及张方，王浚等推东海王司马越为盟主，东海王司马越于是以刘乔为冀州刺史，以范阳王司马虓领豫州。刘乔与范阳王雄有隙，河间王司马颙便命其部将配合刘乔一起攻打范阳王司马虓。司马虓失败，派人去幽州求兵，得到突骑八百余人，打败了刘乔。河间王司马颙命令刘弘等去援助刘乔，刘弘认为张方一伙残暴无度，一定会败，便派合得到东海王司马越处求和。成都王司马颖进驻洛阳，与河间王司马颙一同抵御东海王司马越。永兴三年，范阳王司马虓渡官渡（河南中牟县北），攻下荥阳，杀死石超，分兵许昌，又破刘乔。河间王司马颙听说刘乔败，大为惊惧，心想罢兵，但又恐怕张方不会答应，正犹豫不定时，有人劝他还是赶紧杀了张方，以此谢罪。于是河间王司马颙派郅辅去杀了张方，将首级示之东军，并要求与东海王司马越求和。

东海王司马越不答应，发兵西进。成都王司马颖从洛阳逃至华阳。东海王司马越派其部将祁弘等进兵长安迎惠帝。河间王司马颙知道大势不妙，先派人杀了郅辅，然后派彭随等前去迎战祁弘，但大败而归。河间王司马颙又派马瞻等抵御祁弘部队，也战败而亡。河间王司马颙一人乘马，逃往大白山。祁弘于是率兵进入长安，所部鲜卑在城中大掠，杀人二万人余。不日便奉命护惠帝返回洛阳。惠帝以东海王司马越为太傅，录尚书事。成都王司马颖则从华阳过武关，想回自己藩地，被刘弘中途截住，成都王司马颖丢下母亲、妻子，单车与二子渡河奔朝歌，想搜罗故将残兵，归属公师藩，被冯嵩在中途抓住，送到邺城，不久被杀。河间王司马颙逃到南山后，此时正被麋晃等围在城中，不久诏他为司马，河间王司马颙信以为真，结果在中途为南阳王司马模部将杀死在车中。永兴三年十一日，惠帝中毒而死，传为东海王司马越所害，太帝炽即位，是为怀帝。"八王之乱"自此结束。

八王之乱前后历经十六年，给了建立不久的晋王朝以毁灭性的打击，从内部挫伤了它的元气，并因无暇顾及边防，而使少数民族的贵族乘机起兵，扶植势力，对此后历史产生了巨大的消极作用。

西晋的灭亡

永安三年（306年），西晋"八王之乱"终于降下帷幕。东海王司马越取得最后的胜利。不久，司马越毒死惠帝，另立司马炽为帝。是为怀帝。第二年改元永嘉（307～313年）。永嘉时期，民族矛盾、阶级矛盾非常尖锐，自然灾难十分严重，西晋政权处于风雨飘摇之中。

永嘉元年（307年）二月，东莱豪族王弥从青、徐起兵反晋，自称为征东大将军。司马越派公车令鞠羡讨伐王弥，被王弥所杀。稍后，汲桑、石勒招集奴隶、囚徒和流民，队伍不断壮大，攻破邺城，杀西晋邺城都督、新蔡王司马腾。司马越令兖州刺史苟晞迎战，双方在阴平（今河北大名东）、平原（今山东平原）一带对垒数月，大小三十余战，互有胜负。由于苟晞实力雄厚，经验丰富，终于击溃汲桑、石勒。后汲桑战死。石勒投奔匈奴贵族刘渊建立的汉政权。王弥被晋将苟纯击败亦归附于汉。这时，西晋军队比反晋势力略占优势，但当晋军在战场上取得局部胜利后，统治者内部猜嫌又起。司马越因苟晞镇压汲、石有功，升其为抚军将军，都督青兖二州。于是，司马越拜苟晞征东大将军、开府仪同三司、侍中、假节、都督青州诸军事、青州刺史，又进其爵为东平郡公。苟晞立下大功，反失去兖州地盘，对司马越十分不满。到青州后，苟晞不再服从中央，而擅自置立参佐和守令。

永嘉二、三年，北方各族反晋斗争力量都集中到汉王刘渊的旗帜下，反晋浪潮再度高涨，刘聪南据太行，石勒东下赵魏，王弥攻击青、徐、兖、豫等州。永定嘉三年秋冬，刘渊对洛阳发起两次攻击。九月，刘聪率军长驱至宜阳（今河南宜阳西）。自持兵强，懈怠不设备，遭到西晋弘农太守垣延的夜袭，大败而归。十一月，刘聪、王弥、刘曜等以精骑五万在前，呼延翼部以步卒后继，再次进攻洛阳。由于晋军顽强抵抗，呼延翼兵败，被部下杀死，汉军损失惨重。汉军两次失利，说明晋军尚有一定实力。但是，西晋统治者内部，尤其是司马越与怀帝之间的矛盾日益尖锐。怀帝稍亲政事，司马越立即流露出不悦之色，怀帝有心腹近臣缪播、缪胤、王延数人，被司马越诬陷犯上作乱，杀之于帝侧。怀帝亦悲亦惧，惟欷歔叹息而已。后来，司马越悉数驱逐殿中武官，代之以东海国兵。

永嘉四年。汉军分兵消灭各地晋军有生力量，积聚粮食，扩大武装。八月，刘渊病死，刘聪篡夺大位。这年冬天，刘聪发起对洛阳的总攻，声势浩大。洛阳危如累卵。司马越遣使征发各地援军，怀帝悲悲切切地嘱咐使者转告各征镇说："现在还有救，晚了就没救了。"可是使者如泥牛入海，杳无消息，始终不见各地都督、刺史发来一兵一卒。其时并州刘琨不能自保，王浚割据幽燕，或派不出兵，或按兵不动，荆湘交广四州都督山简"优游卒岁，惟酒是耽"，他派出的勤王之师在半路上就被打败。荆州刺史王澄也是只知纵酒，不亲庶事，他领着援军出来，听说山简败了，当即散众而还。洛阳文官武吏闻后都惶惶不安，很多人主张迁都避难。而身为宰辅与最高军事统帅的司马越既无退敌良策，又无坚守之志，以征讨石勒为借口，把皇帝扔在洛阳，而带领大军和一大批公卿官吏，匆匆出发。

司马越屯兵于项（今河南淮阳），留下潘滔为河南尹，总摄洛阳之事。潘滔不顾大局，再次挑起内部事端，诬害荀晞，荀晞兵力强盛，有恃无恐，岂能善罢甘休，上表强烈要求诛杀潘滔。司马越不许，荀晞更是怒不可遏，公开与司马越决裂，移文诸州郡列举自己的功绩与司马越的罪状。怀帝本来就憎恶司马越擅权，便诏令荀晞为大将军讨伐司马越，在汉军大兵压境的情况下，荀晞、司马越剑拔弩张，自相残杀。司马越心力交瘁，忧愤成疾。永嘉五年四月，病死于项。

司马越既死，众人推王衍为元帅，王衍不知所措，推让于襄阳王司马范，司马范也不敢接受，军中无人主事，乱作一团。他们置洛阳安危和怀帝的死活于不顾，扶司马越的灵柩回东海国，一二十万大军跟着向东逃跑。石勒闻报，立刻率轻骑追到苦县（今河南鹿邑东）、大败晋军，然后又指挥骑兵围攻晋军，乱箭齐发，晋军将士相互践踏，尸积如山，几无幸免者。王衍、司马范等王公贵族都束手就擒，石勒令对司马越剖棺焚尸，以示惩罚。又与王衍见面，王衍陈说西晋祸乱的原因，一再诉说自己不预政事，与己无关。为求活命，王衍劝石勒称帝。石勒怒喝道："你名重天下，身居要职，且是少年登朝，直至白首，怎么能说不预政事？破坏天下，正是你的罪恶！"当晚，石勒派人推倒王衍等人住处的墙壁，把他们埋在残垣断壁里。

在洛阳危难中，荀晞曾建议迁都仓垣，又派兵迎接怀帝，由于潘滔阻拦，也由于近臣贪恋洛阳财产，迁都没能实现，只能困守愁城。待到洛阳陷入绝境，宫廷侍卫或死或逃，没剩下几个人，车子也没有一辆时，怀帝才在几十名官吏的陪同下，步行走出宫门，准备逃离洛阳，一行人刚刚走到铜驼街，突然遇见一群拦路抢劫的饥民，只得退回宫中。七月，汉军呼延晏、刘曜、石勒、王弥等攻陷洛阳，俘获怀帝。汉军大肆烧杀掠夺，官吏百姓死者三万多人，城内一片大火，宫庙、官舍化为一片废墟。

汉帝被俘虏到平阳（今山西临汾），在他被杀之前，西晋各地的残余势力纷纷建立临时朝廷。司徒傅祗首先在洛阳建立行台，接着司空荀藩也在密县建立行台，奉秦王司马业为主，后徙屯许昌。同时，荀晞拥豫章王司马端为皇太子，而自命都督中外诸军事、录尚书事并在仓垣建行台，稍后，幽州王浚又立一个皇太子，这些临时朝廷的创立者或有复兴晋室的忠心，或有取代晋室的野心，但都维持不长。傅祗征兵四方，久候不至，自己染暴疾而亡。荀藩手下无兵，依赖阎鼎控聚的数千流民，反受阎鼎所制，荀晞骄奢苛暴，部众离叛，加上疫病饥馑，不久被石勒打败，他与司马端都当了俘虏。王浚局促于幽燕，调役繁重，属下不堪其命，鲜卑、乌桓都叛逃而走，兵势不断削弱，他所立的皇太子也莫名其妙地失踪了。

永嘉五年九月，刘曜占领长安，杀死守将南阳王司马模，其时关中诸郡，"百姓饥馑，白骨蔽野，百无一存"。晋安定太守贾疋，冯诩太守索琳，安夷护军鞠允，率领州刺史鞠特、扶风太守梁综合兵十五万围攻长安，屡败刘曜，刘曜不得不放弃长安，驱掠关中男女八万口退还平阳。时值阎鼎裹胁秦王司马业入关，贾疋迎之入居长安，立为皇太子。不久，贾疋战死，朝中诸将因争权大动干戈，阎鼎杀死梁综、鞠允、索綝等，又攻阎鼎，阎鼎出奔被杀。永喜七年（313年）五月，怀帝死讯传到长安，司马业继位为帝，他就是西晋的末代皇帝愍帝。这位13岁的皇帝即位时，"长安城中，户不盈百，蒿棘成林，公私有车四乘，百官无章服、印绶，惟桑版署号而已"。

鞠允在关中辅佐愍帝，艰苦地坚持了三年多，经常遭到刘聪、刘曜的攻击。建兴四年（316年），刘曜又攻入关中，进围长安。长安城中大饥，米一斗值黄金二两，人相食，死者大半。太仓中只余面饼数十个，鞠允磨为粉屑，熬粥以供帝室，很快也吃光了。十一月，愍帝出降刘曜，被送到平阳，次年被杀，西晋灭亡。

东晋的建立

西晋惠帝末年，由于中原地区战乱不已，司马氏王室面临严重危机，无论是司马氏内部还是北方的世家大族都感到需要到相对安定的南方找一块立足之地，以便退守自保。

当时，琅琊（今山东临沂）的大族王衍，担任晋朝太尉，便向执掌朝廷大权的东海王司马越建议："中原已乱，需要依靠方伯（各州之长）的支持，应派文武兼备的官员前往任职。"这一想法与司马越的思想正好吻合，于是遣王衍的弟弟王澄任荆州刺史、都督，族弟王敦出任青州刺史。不久，司马越又改王敦为扬州刺史，以此使琅琊王氏家族控制了荆、扬二州，为晋王室南迁做了准备。

此前，琅琊王司马睿因在"八王之乱"中"恭俭退让"，得以与司马越保持较好的关系。居京都洛阳时，也与王衍族弟王导"素相亲善"。王导便常劝司马睿回到自己的琅琊国，并为其治理琅琊国出谋划策。由于当时中原战乱，晋朝王室垂危，王导便想借司马睿兴复王室，对司马睿"倾心推奉"。司马睿也同样对王导"雅相器重，契同友执。"晋永兴元年（304 年），司马越收兵下邳（今江苏邳县南），封司马睿为平东将军，监徐州诸军事，镇守下邳。司马睿即请王导为安东司马，"军谋密策，知无不为"。晋永嘉元年（307 年）一月，晋怀帝继惠帝即位，司马越以太傅身份辅政，进一步感到中原难以维持而意迁南方。七月，司马越让司马睿以安东将军身份都督扬州、江南诸军事，渡江移镇建邺，为司马氏退守江南奠定了基础。

由于司马睿才能平庸，在司马氏宗室中名望不高，初到建邺时，江南世家大族对他都较为冷淡，一个多月过去，还没有一位有名望的士族前去拜见。王导很担心，便与从兄王敦商量："琅琊王仁德虽厚，但名望尚轻，兄长威风已振，应帮助他复兴晋室。"王敦也表示支持。于是，在三月三日当地人们的修禊日，王导请司马睿乘坐华丽的轿子，排出威严的仪仗队列，由王导、王敦和一批北方名士骑马跟从。南方士族顾荣等在门隙中窥看，大为惊讶，赶快相继到路旁拜见。王导接着向司马睿献计说："古代的帝王，无不宾礼故老，存问风俗，虚己倾心，招揽俊杰。况且当今天下大乱，九州分裂，我们大业初创，急于用人。顾荣、贺循是南方士族的首领，招他们来任职，以收揽人心。其他的士人自然就会前来。"司马睿便让王导亲自登门去招顾、贺。顾循、贺循曾在洛阳晋朝做过官，中原大乱后回江南。顾荣还认为"中国丧乱，胡夷内侮，观太傅司马越今日不能复振华夏"，只有江南如孙权之类的人物才可能独立称雄。这时见司马睿前来招抚，便欣然而至。顾荣出任军司马后，还向司马睿推荐了不少名士，以致出现了吴越国人心所向的局面。

当时，南北士族间的隔阂仍然很深。王导为联络南方士族，常常学说吴语。北方士族骄傲自大，他们讽刺王导没什么特长，只会说说吴语。王导向南方士族陆玩求婚。陆玩推辞说，小山上长不了大树，香草臭草不能放在一起，我不能开乱伦之先。义兴郡今（江苏宜兴）强族周玘因被北士轻侮，起兵杀北方士族，败兵后忧愤而死，并嘱咐儿子周勰要报仇雪恨。周勰纠集了一些怨恨北方士族的豪强束谋攻王导、刁协等人。事败后，王导并不追究。为争取南北士族间的平衡，王导采取了十分忍让的态度。

王导除了争取南方世族支持司马睿中兴晋室之外，还鼓励北方南下的大族坚定信心，合力协助司马睿定安南方。北方战乱以来，避乱南渡的北方世族很多。琅琊国随司马睿一起南渡的就有近千户，中原士族南下的也有十分之六七。王导建议司马睿要同时安抚好南、北两方的士族们，以获得他们的支持。司马睿听取了王导的意见，选用了一百多北方名士担任官职，如汝南人周顗、渤海人刁协、颖川人庾亮等。王导还制定了侨寄法，在南方士族势力较弱的地区设立侨州、侨郡、侨县，安置北方而来的士族与民众。这种侨州郡县大都在丹阳、晋陵、广陵等郡境内，形势上可护卫建康，又可使北方流亡士族仍在寄居地管辖逃来的民众，使流民得以安置。

北方官僚士族初到南方时，对司马睿振兴晋室表示怀疑。谯国（今安徽亳县）人桓彝，原为西晋骑都尉，初来时见司马睿势单力薄，对周顗说："因为中原战乱，我才来到这里避难。不料如此不济，看来前途不佳。"以致忧心忡忡，和王导谈话后，知道他有些办法，才安心任职。一次，名士们到江边的

"新亭游宴，周顗目睹了长江美景之后，叹息说："风景没有变，只是黄河边成了长江边！"在座的北方人士都哭了起来。王导也在座，他正色道："大家应当共同努力辅佐王室，克复神州，何至于像楚囚一样那样对泣呢！"名士们听了都停哭认错。于是，人们就把王导称为管仲式的人物，心里逐渐踏实下来。

由于王导、王敦等的辅佐，司马睿在南北世家大族中的威望剧增。西晋之前，司马睿虽名为琅琊王，但已控制了长江流域的荆、扬二州，成为司马氏中惟一强盛的诸侯王。西晋亡后，司马睿政权中的官僚纷纷上书拥立司马睿为皇帝，在北方忠于晋室的汉族官僚刘琨，及乌丸、鲜卑族贵族一百八十人也上书劝解。晋大兴元年（318 年），司马睿称帝。登基之日，司马睿登上御床，并叫王导与他一起就坐，共受百官朝拜。王导再三推辞，司马睿才独自坐到皇帝座上。

新建的东晋王朝，是在王氏家族的一手扶持，和在南北世族大家的支持下建立起来的。王导身历元、明、成三帝，辅政执权，推行政务求清的政策，相对保证了东晋的稳定发展。

淝水之战

前秦消灭前燕以后，把矛头指向东晋，南北关系日趋紧张。前秦建元八年（即东晋咸安二年，372 年）冬，苻坚派遣将领率军攻占东晋梁、益二州。建元十二年，前秦又先后消攻灭前凉与代国，统一了北方。建元十四年，前秦分兵两路，同时开辟了东西两个战场，从而揭开了秦晋之间大规模战争的序幕。

在西部战场，苻坚的儿子苻丕负责指挥各项军事行动，率领步、骑兵七万人进攻襄阳。与此同时征虏将军石越、京兆尹慕容垂、领军将军苟池等共同率领步骑兵十万从三个方向与苻丕会合。秦兵进抵汉水北岸，东晋梁州刺史朱序认为秦兵没有舟楫，难以过江，便不加防备。当听说石越已率领五千骑兵浮渡汉水时，他才慌忙地命令放弃外城，退守中城。秦军十倍于晋军，但由于苻丕不进行强攻，也由于襄阳军民顽强抵抗，直到次年二月，秦军才攻克襄阳，俘虏了朱序。在东部战场，前秦后将军俱难、右禁将军毛盛等率领步骑兵七万进攻淮阴（今江苏清江西南）、盱眙，扬武将军彭超率军进攻彭城（今江苏徐州），并负责指挥东部各项军事行动。襄阳陷落后，东晋兖州刺史谢玄出兵救援彭城，但只是救出彭城的兵众，彭城、淮阴、盱眙随即相继失守。建元十五年五月，秦兵六万包围三阿（今江苏宝应县），三阿距离广陵不过百里，建康受到威胁。东晋执政谢安命令谢石带领水军驻防涂中（今安徽滁县、全椒一带），又派谢玄援救三阿。谢玄战胜俱难、彭超，收复了盱眙、淮阴，秦军退守彭城。此后，西部战场两军又起战事。建元十七年十一月，秦荆州刺史都贵派兵 20 000 进攻竟陵（今湖北潜江），结果被晋荆州刺史桓冲部下打败，死了7 000 人，被俘万人。次年九月，桓冲派兵攻打襄阳，焚烧践踏了沔水以北的屯田稻谷，掠取六百多民户而去。

　　早在建元九年，王猛临终时，曾语重心长地劝诫苻坚要防备鲜卑人、羌人，不要进攻东晋，因为东晋政权得汉族人心，上下相安，局势稳定，而前秦国内的鲜卑、羌族上层分子表面上唯唯诺诺，其实心怀叵测。但是苻坚未把王猛的话放在心上，当军事上取得节节胜利后，骄傲轻敌之心陡长，统一天下之志更加强烈。建年十八年（382 年）十月，苻坚召集大臣举行开会，讨论大举进攻东晋之事。苻坚踌躇满志地说："我承继大业将近 30 年，四方大体平定，惟有东南一隅不投降，我准备率领 97 万大军亲征，你们以为如何？"秘书监朱彤立即随声附和说："陛下应天顺时，恭敬地执行天的惩罚，率领百万之众，必然有征而无战，马到成功！"但是左仆射权翼却反对说："如今晋朝王室君臣和睦，上下同心，执政谢安、桓冲皆是杰出人才，所以不要轻举妄动。"太子右帅石越也说："东晋既有长江之险，又无君昏臣叛之象，暂时还不适宜出兵。"苻坚虽然扬言"吾之众旅，投鞭于江，足断其流"，但见群臣意见不一，只好暂不论。退朝后，苻坚留其弟阳平公苻融继续商议。苻融也劝谏苻坚，苻坚发怒说："你也如此，我还能和谁商量？我有强兵百万，粮食、器仗如山，虽不敢自称为明君，但也绝非是庸主，而今乘屡胜之威，攻击垂亡之国，岂有不克之理！"苻融哭泣说："晋不可伐，理由很充足。臣不但忧虑伐晋劳而无功，更忧虑国内发生变故。陛下宠待鲜卑、羌、羯、使布满京畿，如果倾国南下，一旦京畿风云变幻，将追悔莫及。臣见识肤浅，诚然不足采纳，但王猛是一时奇士，他临终之言不能不重视。"苻坚仍然不从。后来，朝臣进谏的人很多，苻坚的太子苻宏、宠幸的张夫人、幼子苻诜和苻坚尊重的僧人释道安都来劝阻，但苻坚主意已定，谁的话也听不进。这时，京兆尹慕容垂装出一副忠心耿耿的样子对苻坚说："弱并于强，小并于大，是势所必然。陛下圣武，有强兵百万，猛将满朝，而江南蕞尔之虏，岂可留给子孙。陛下圣心独断，何必广询朝臣以乱圣虑!"苻坚十分高兴地说："能与联共定天下的只有你一人而已!"

建元十九年五月，桓冲发兵十万进攻襄阳和蜀，苻坚派其子苻睿等率兵抵御，桓冲畏惧秦兵，便退回上明（今湖北松兹西北）。这年七月，苻坚下达大举进攻东晋的诏令，规定民户十丁抽一，富家子弟年20以下身强力壮者均授予羽林郎，同时征用州郡公私马匹。诏令中又说："其以司马昌明（即东晋孝武帝）为尚书左仆射，谢安为吏部尚书，桓冲为侍中，势还不远，可先为修曼府第"。这就是说，秦军尚未出发，苻坚就认为必胜，准备俘虏东晋君臣，预先为他们修建府第。八月，苻坚以苻融督张蚝、慕容垂等步骑25万为前锋，以姚苌督梁、益诸军事，苻坚随后从长安出发。当他到达项城（今河南项城）时，凉州兵才抵达咸阳，蜀、汉兵才从长江顺流东下。幽、冀兵进至彭城，只有苻融等所领的30万军队进至颖口（今河南颍上），前秦全军有步兵60万、骑兵27万，前后相望，绵延千里，东西万里，水陆并进。

大敌当前，东晋急命谢石为征讨大都督、谢玄率领北府兵为前锋都督，与谢琰、桓伊等共率领八万之众抵抗秦军。又另派将领胡彬率领五千水军增援寿阳（今安徽寿县）。这时，建康城中人心惶惶。谢玄也不放心，出兵前又问计于谢安，见状谢安却显示出若无其事，悠然出游山中的别墅，与谢玄下起围棋，大家见状，才宽下心来。十月，苻融指挥秦军攻下寿阳，擒获晋将徐元喜等人。晋将胡彬听说寿阳陷落，于是退据硖石（今安徽寿县西北）。苻融一面进攻硖石，一面派将军梁成率领五万军队屯守洛涧（今安徽淮南市东淮河支流洛河），截断胡彬的退路，也遏制在东面的援军。谢石、谢玄率领的大军果然忌惮秦军，在距离洛涧25里处停了下来。胡彬困守硖石，粮食已经吃光，派人送信向谢石告急求援，送信人被秦军捉住，押送苻融。苻融见信上写道："今贼（指秦兵）盛粮尽，恐怕不能再见到大军"，不禁大喜，派使者驰报苻坚说："贼军（指晋军）弱，容易擒获，但恐以后逃逸而去，应该迅速进攻。"苻坚闻报，便把大军留在项城，只带领轻骑八千，急忙赶赴寿阳。苻坚到达寿阳，并没有立刻发动进攻，而是派东晋降将朱序到谢石军中劝降。朱序却为晋军献策说："如果百万秦军都开到前线，势难为敌，而现在全部军队尚未集结，应该快速出击，只要打败其前锋，挫折其锐气，就可以击溃秦兵。"谢石开始因为听说苻坚在寿阳，非常害怕，本来已经决定不主动出击，这时接受了朱序的建议。十一月，谢玄命部将刘牢之率北府精兵五千人急行军到洛涧，秦将梁成严阵以待。刘牢之乘夜挥军抢渡洛水夜，袭梁成军营，临阵斩梁成等十员将领，又分兵截断退路的渡口，秦兵步骑一时崩溃，落水而死者一万五千多人。刘牢之继而纵兵追击，俘虏秦将王显等人，缴获了大量秦军丢弃的军资器仗。洛涧之捷后，晋军水陆并进，声势大振。苻坚在寿阳城上亲见晋军部阵严整，又远眺八公山（在寿县城北四里）上影影绰绰的草木，以为都是晋兵，不觉面现惧色，回头对苻融说："这也是一支劲敌，怎么能说是弱旅呢！"

秦、晋两军夹淝水布阵。晋军意在速战，谢玄派遣使者向苻融提议说："将军领兵远道而来，却在岸边列阵，这是作持久战之计，并非作速战打算。如若将军能够稍稍往后移动阵地，使我军渡淝水，以决胜负，不更好吗？"秦军诸将认为，我众敌寡，不如遏制不使其过河，是万全之策。苻坚却说："只要引兵稍退，乘晋兵才到河中间，我则以铁骑突然出击，没有不获胜的道理。"苻融也以为正确，便指挥军队退却。秦军一退而不能复止，被迫当兵的汉族和各少数民族人民乘机逃跑。这时，朱序在阵后大喊："秦兵败了！秦兵败了！"不明真相的兵众大乱，更加狂奔起来。谢玄、谢琰、桓伊等率领晋军渡河猛攻，苻融飞骑驰入溃退的队伍中，想阻止秦兵溃退，结果坐骑被乱兵冲倒，摔下马来，被追赶的晋兵杀死。晋军一鼓作气，追击秦军至寿阳三十里外的青冈。秦兵大败，自相蹈藉而死者，蔽野塞川。逃跑的人风声鹤唳，都以为是晋兵追来了，昼夜不敢休息，草行露宿，加以饥冻，死去的人十有七八。苻坚在逃路中身中流箭，挣扎着回到淮北，见到所宠幸的张夫人，潸然泪下说："我今日还有何面目治天下呵！"

苻坚有志于统一全国，但时机尚未成熟，前秦国内民族矛盾仍然比较尖锐，统治秩序尚未稳定，近百万的军队其实是一群乌合之众。淝水之战败后，鲜卑贵族慕容垂、慕容暐和羌族贵族姚苌等纷纷摆脱苻坚的控制，貌似强大的前秦王朝顷刻陷于瓦解。

南北朝

（公元 420 年～公元 589 年）

公元 420 年，出身贫寒的刘裕取代了名存实亡的东晋，建国称帝，国号为宋。在此后的半个多世纪中，江南相继出现了齐、梁、陈三个以建康为都城的政权，历史上将这四个政权称为南朝。而北方各少数民族政权经过吞并战争，北魏道武帝拓跋焘于公元 439 年统一了北方。历史上将北魏与魏末分裂的东魏、西魏，以及继起的北齐、北周合称为北朝。

从公元 420 年刘宋王朝建立，到 589 年陈被隋所灭，南北朝共存在 170 年。刘裕创宋，利用北府兵建立了皇权政治，奠定了南朝各代政治的基本格局。但南朝先后出现的四个政权的寿命都不长，王朝的过快更迭致使南方经济发展缓慢，到 557 年陈霸先称帝建陈时，江南已呈衰势，陈政权难以实现对整个江南地区的统治，只因北方暂时分裂，才得以苟延 20 余年。刘宋初建不久，北方鲜卑拓跋氏建立的北魏政权经过长期的战争，再次统一北方。鲜卑人入主中原，促进了民族大融合，尤其是孝文帝于公元 494 年迁都洛阳并实施改革，更将北方千百年来的民族融合大势推向高潮。北魏政权最终被北魏末年爆发的边镇暴动及农民起义的浪潮所淹没。在北魏的废墟上，先后出现过东魏、西魏的并存与北齐、北周的对立，最后北周再次统一北方。公元 581 年，隋王杨坚废黜北周末代皇帝宇文衍，另建隋政权。公元 559 年，隋灭陈，南北朝至此结束。

南北朝时期，创造了灿烂的文化，涌现出祖冲之、陶渊明、沈约、贾思勰等永载史册的科学家、文学家，留下了莫高窟、龙门石窟、云冈石窟等著名的文化遗迹。

刘裕建宋

晋元熙二年（420 年）六月，刘裕称帝，改国号为宋。刘裕（363～422），字德舆，小名寄奴，原籍彭城（今江苏徐州）。其曾祖刘混，永嘉之乱时渡江居于丹徒的京口（今江苏镇江），至刘裕时家境已衰败。刘裕起初投奔北府军，靠平定桓玄之乱而官至侍中、车骑将军，逐渐掌握东晋王朝的军权。东晋义熙六年（410 年），刘裕率军北伐平定南燕，受封为太尉、中书监，执掌朝权。此后四五年间，刘裕相继除掉刘毅、诸葛长民、司马休之等政敌，然后，他第二次北伐，克复关中，以功于义熙十四年受封为相国、宋公。至此，刘裕取代东晋的条件已经成熟。晋元熙二年，刘裕拿着自己手下拟好的禅位诏，让晋恭帝抄录，"恭帝欣然操笔，书赤纸为诏"。刘裕筑坛于南部，登上皇位，国号宋，是为宋武帝。宋武帝改元永初，定都建康（今江苏南京），改《泰始历》为《永初历》，废晋恭帝为零陵王。次年六月，刘裕派人将他毒死，开了杀"禅让"退位者的先例。至此，历时 104 年、共 11 帝的东晋王朝结束，南北朝时期开始。

北魏入主中原

淝水之战后，强大的前秦土崩瓦解了，拓跋部便乘机复国。北魏登国元年（386 年），拓跋珪被诸部推戴，即位代王，并任命张衮为长史，许廉为右司马。同年，改国号为魏，表示已不愿再受晋朝的封号。

拓跋珪称帝后施行的重要措施就是务农息兵，并首先取得后燕（慕容垂）的援助，借以抵御内部诸部酋长的不稳定性。拓跋部属游牧民族，那些酋长往往叛服无常，不懂得要在一个固定的国家内服从一个国王对自己有什么益处。因此，在登国二年，拓跋珪制定了一条措施，即在每次战争胜利后，按战功分赏给群臣将士应得的战利品。这使得诸部酋长和鲜卑兵可凭战功得利，由此而大大增加了他们的好战心理，不致随时叛逃。在取得内部的团结之后，登国三年，魏便开始攻打库莫奚（东胡），并获大胜。登国四年破解如部与高车诸部。次年，又大破高车袁纥（回纥）部，并再于次年打败了拓跋部的世仇刘卫辰部（南匈奴的别支），缴获马三十余万匹，牛羊四百余万头。魏开始占据黄河以南（河套）的广大牧地，由于国力剧增，便开始窥视中原。

当时，占据北方广大地区的后燕国前来向拓跋部索取马匹，并扣留了拓跋部派往后燕的使臣，拓跋珪便决定断绝与之友好的关系。北魏登国十年，后燕皇帝慕容垂下令太子慕容宝统兵 8 万，进攻北魏。张衮建议可暂退避其锋芒，拓跋珪率领部众退到河套一带。后燕出兵三个月，却未找到北魏主力。九月，传来慕容垂病逝的消息，慕容宝便烧毁准备渡河的船只，准备退兵。拓跋珪带领两万兵马，迅速渡过黄河，日夜追赶，到达参合陂（今山西大同东）西，截断后燕的退路，将后燕军队团团围住。慕容宝见势不好，抛弃大军，轻骑出逃。北魏兵乘机攻击。后燕大败，俘获的四五万人全被活埋杀死。后燕由此开始衰落。

魏皇始元年（396 年），拓跋珪率大军四十余万攻打后燕，夺得并州（大同西南），同年，从林阰（属河北）进入河北，围攻后燕都城中山（今河北定县）。一年后，中山被攻陷，后燕的残部退到龙城（今辽宁朝阳）等。大河以北诸州全被北魏占有。北魏天兴元年（398 年），拓跋部定都平城（大同）。次年，改称魏道武帝，至此南北朝对峙的局面，基本形成。

灭后燕之后，北魏迁徙原后燕境内的吏、民及鲜卑等杂夷 36 万，百工伎巧十余万人到魏京，给内徙的新民耕牛，计口授田，此发展农业。平城附近，被划为"王畿"。王畿之外，又设"方"、"维"，由皇帝直接派官管理。四"方"、四"维"合称"八国"，管理这些地方的官员称为"八部大夫"或"八部帅"。原来以游牧为业的鲜卑族人，便在此"八国"中定居下来，而原来的"部大人"（酋长）被皇帝任命的官员所替代。官员的主要职责变为监督和劝课农耕。朝廷按各地收入的多少，来考核官员的政绩。这种新的行政法令，使得北魏的政府结构得以转变，并使落后的游牧业过渡到了先进的封建式农业生产方式中，使新兴的北魏有了强大的物质力量为后盾。

天兴二年，拓跋珪于京城设置太学，置五经博士，增生员三千。拓跋珪格外重视寻找汉族士大夫对他的支持，以利用汉族文化改造处于原始状态的鲜卑民族。崔宏归附北魏之后，把拓跋部的历史与汉族的历史联系起来，说黄帝最小的儿子昌意"受封北土"，是拓跋部的祖先，拓跋珪对此深表赞同。一次，拓跋珪问博士李先："世界上什么东西最好，可以增长见识与智慧？"李先生回答说："书籍。"于是拓跋珪就命郡县在民间搜罗书籍，送到京都。另一位博士公孙表，则把韩非的著作介绍给拓跋珪，告诉他如何做一个封建专权国家的皇帝。天兴四年，拓跋珪亲祭先圣周公、先师孔子，并任用大量汉族士人作文官，依靠这些汉族文官的支持来建立封建政治制度的专治机构。

与此同时，北魏政府中的鲜卑贵族与皇帝之间的矛盾仍一直继续。鲜卑旧贵族在过去已不能容忍一个国王，在此时则更不能容忍一种新的体制下的皇帝，一有机会，便觊觎这一宝座。天赐三年（406年），拓跋珪下诏称："人们认为汉高祖以布衣而得天下，这是错误的。汉高祖有天下是因为有天命。无天命而妄图非分，便会遭殃。"因而劝臣下安分知足，以"保荣禄于天气，流余庆于后世。"接着又下诏书，劝臣下不要争名夺利，要讲道义。此后，贵族有反对皇帝的许多都被处死，其中最著名者是拓跋珪的堂兄拓跋遵和拓跋仪。但同时，他自己也常常心怀疑虑，烦闷不安，或几天不吃饭，或通宵不眠，自言自语，见神见鬼。朝臣见他时，不小心说错一句话，或表情失常，便怀疑其心怀恶意，被当场处死。拓跋珪终精神失常，北魏永兴元年（409年），被其子拓跋绍杀死。年仅39岁。同年，拓跋珪太子拓跋嗣回平城，再杀拓跋绍，即帝位，是为魏明元帝。

魏明元帝称帝后，便采取拓跋部四部大人与大酋长共同管事的惯例，命长孙嵩、安同、崔宏等八大臣共听朝政，号称八公。又让燕凤、封懿等共议政事。鲜卑贵族和汉族士人都可参与朝政，使得北魏的紧张局面得以缓和。神端二年（415年），魏国已连年霜旱，平城附近不少民众被饿死。有人主张迁都到邺城（今河南安阳北）去，崔浩、周澹反对认为，山东人现不知鲜卑虚实，还认为人畜众多，如现在迁去，一旦见鲜卑人数有限，定会生轻侮之心。不如等明春草生，取马牛乳和蔬菜充饥，挨到秋熟，就可渡过难关。魏明元帝赞同他们的主张，但仍怕无法挨到来秋，便选穷困的本族人到山东定、相、冀三州，下令汉民每户出租米五十石来养活这些穷困人。

当时，北方鲜卑的又一支柔然开始强大起来，又有匈奴族铁弗部所建立的夏国在关中一带自称一霸，对北魏具有一定的威胁性。柔然还常常侵犯北魏的边境。泰常二年（417 年），刘裕打后秦，后秦向北魏求救，拓跋嗣本想派一支精锐骑兵直逼彭城（江苏徐州）和寿春（安徽寿县），便向崔浩问计。崔浩以为现在"西有屈丐（夏），北有柔然"，出师对北魏不利。同年，宋武帝灭后秦，取得黄河以南州郡，魏则守黄河北岸，无力渡河相争，魏用兵机会大减，穷人增多，遇天灾就要饿死。泰常七年，宋武帝死，魏明元帝立即大举渡河攻宋，崔浩极力谏阻未成。次年，魏夺得司州（治洛阳）全部，兖州、豫州大部。北魏在黄河以南取也得了许多州镇后，重新确立了南北两朝对立的形势。

泰常八年，魏明元帝拓跋嗣死，其子拓跋焘继帝位，是为魏太武帝。魏太武帝是北魏历史上一位杰出的君主，在其在位期间，北魏的社会极为繁盛，他依靠崔浩的谋略和鲜卑人的凶悍，几乎战无不成胜。始光元年（424 年）始，北魏开始大举进攻柔然，迫使它逃奔漠北，暂时不敢南犯。始光三年，又分兵两路攻夏，一路攻长安，一路攻统万（夏都城，今陕西榆林西南），当年即克长安，次年又攻下了统万。神麚元年（428 年），俘获了夏国君主赫连昌。神麚二年，魏太武帝又一次进攻柔然。柔然大败，原来臣服于它的那些高车等小部落乘机摆脱羁绊，被北魏降服的柔然达三十多万家，掳获马牛羊达几百万头，敕勒也有几十万人向北魏投降。另一部分柔然人向漠北逃亡。两年后，又攻取夏最后都城平凉，夏亡，魏取关中。太延二年（436 年），灭后燕国，取辽河流域。太延五年，灭北凉国，取凉州。至此，自晋永安元年（304 年）开始的十六国大乱已经结束，黄河流域得到了统一。

平定北方之后，太平真君十一年（450 年），魏太武帝认为进攻南方的时机已经成熟，便率大军南下攻宋。当时正是宋文帝在位，国力极强。魏宋大战，魏军无法攻克宋的重要城镇，便在城外大肆杀掠，尽量破坏。宋军民痛击魏军，魏死伤大半。次年，魏太武帝只得退兵平城。这次战败，大伤魏国元气，又遭国人怨恨，北魏从此害怕再与南朝交战。正平元年（451 年），魏太武帝被宦官宗爱杀死。从此，魏始由盛转衰。

北齐的鲜卑化

　　北齐政权的奠基人是高欢。在高欢、高洋父子建立东魏、北齐政权的过程中，形成了一个以北边六镇兵民基础，以六镇中怀朔镇军人新兴贵族为核心的统治集团。怀朔镇军人原是六镇起义队伍中的一部分。六镇起义后，六镇首领先后有破六韩拔陵、杜洛周、鲜于修礼与葛荣。尔朱荣击败葛荣后，六镇兵民二十余万被迫迁居到并州和肆州，归尔东兆统辖。尔朱兆部下虐待六镇兵民，迫使六镇兵民不断举行武装反抗。尔朱兆深感头痛，便把六镇兵民交给高欢，命他统率，于是高欢成为继葛荣之后的六镇统帅。他率领六镇兵民占据了河北，打败了尔朱氏集团，建立了东魏。高欢死后，高洋能轻而易举地以禅代方式建立北齐，也是依靠着六镇军人。从葛荣到高欢，又到高洋，在六镇军人当中，逐渐产生出一个"怀朔集团"。葛荣曾是怀朔镇将领，他当六镇首领时，曾重用潘乐、任延敬、王基、可朱浑元、张琼等怀朔镇人，使怀朔镇将领在六镇军人中的地位开始上升。后来高欢成为六镇首领时，这些人也随之成为高欢的骨干将领。高欢本人也是怀朔镇人，他在怀朔镇一度任过队主、信使等职，当时便与怀朔镇省事司马子如、户曹史孙腾、外兵史侯景等官吏以及刘贵、贾显智、尉景、蔡俊等人相互友好。在他起家的过程中，这些人也都追随着他，立下了许多功勋。除早死者外，其余人都成为东魏和北齐高氏政权中的核心人物。另外，在高氏统治集团中，一些将领大臣，如段荣、窦泰、韩轨、尉长命、斛律金、傅伏、库狄盛、贺拔允、莫多娄贷文、步大汗萨、赵猛、韩贤、徐远、万俟普、破六韩常等人，也都是怀朔人，高氏政权中的上层统治集团主要由这些新兴的军事贵族组成。

　　鲜卑军事贵族和鲜卑化的汉人军事贵族在东魏和北齐仗着他们的权势，以及强大的六镇兵民组成的社会基础，在朝野形成一股强大的鲜卑化势力，使自孝文帝汉化改革后逐渐缓和的民族之间矛盾又激化起来。早在高欢起兵时，就针对上升的民族矛盾与六镇鲜卑约定："不得欺汉儿。"但事实上这个约定无效，他的军队依赖汉族农民养活，却不断欺压汉族农民，使鲜、汉民族矛盾日益尖锐。高欢恐民族矛盾影响他的政权统治，曾力图调和这种矛盾。他在鲜卑军人面前说："汉民是你们的奴婢，男子为你们耕种，女子为你们纺织，供给你们粮食布帛，使你们温饱，你们为何要欺凌他们？"他在汉族人面前则说："鲜卑人是你们雇来的客人，吃你们一石粮，穿你们一匹布，却为你们作战，使你们得以安宁，你们为何要仇恨他们？"

高欢既想调和民族矛盾，又想维护鲜卑人的特殊利益和社会地位，实际上他只实现了后者，民族冲突是越来越激烈。表现在政治上是维护鲜卑贵族的利益，不断打击汉族士大夫。鲜卑勋贵为政不廉，贪污发受贿赂，横行霸道，搞得东魏政治一团黑暗，汉族大臣杜弼请求首先要澄清吏治，严惩贪官，后又建议"先除内贼，后讨外寇"。高欢问内贼是谁，杜弼说："诸勋贵掠夺万民者皆是。"高欢大怒，令军人张弓举刀、分站两列，令杜弼从中间通过，恫吓杜弼，不让他再攻击鲜卑勋贵。北齐建立后，高洋曾问杜弼："治国当用何人？"杜弼回答："鲜卑车马客，会须用中国人。"高洋听后默然无言，却对杜弼怀恨在心，这构成了杜弼后来被杀原因之一。侍中、尚书右仆射高德政也常建议，治天下应多用汉族士大夫，少用鲜卑人。高洋杀了他后，公开宣布，这是杀他的一个重要原因。北齐政治中鲜卑化色彩之浓，最典型地表现在杨愔事件上。高洋称帝后，尚书令是高欢的女婿、中原世族大地主杨愔。高洋委政杨愔，杨愔也始终以选拔人才为己任，重用贤才，对稳定社会、巩固北齐政权统治来说是颇有成效，故到高洋后期，仍能保持"主错于上，政清于下"的局面。高洋死后，子高殷继位，是为废帝，杨愔、燕子献、郑颐等人受遗诏辅政。这几人都是汉人，高殷的母亲李太后也是汉人，鲜卑勋贵不希望他们掌权。不久之后，高洋弟高演、高湛在鲜卑勋贵高归彦、贺拔仁、斛律金、斛律光等人的支持下，发动政变，杀了杨愔、燕子献、郑颐、宋钦道等大臣。高欢妻娄太后不仅不指责高演等人，还对高殷母说："岂可使我们母子受汉族老太婆摆布！"连废帝高殷也说："岂敢惜此汉辈？"

经过这次政变，鲜卑勋贵更加嚣张，汉族大臣的地位也就更进一步降低。高演未执朝政时，汉族名士王晞是他的至交密友，执朝政后，却恐王晞不合勋贵之意，每入夜便用车载入宫商议，到白日则甚至连话也不交谈。直至北齐末年，政治上歧视汉族官吏的情况仍未改观。齐后主高纬时期，高纬的近幸韩凤虽是一个鲜卑化的汉人，曾任禁军都督，但他对于汉族大臣，屡次骂："狗汉大不可耐，惟须杀却。"后主要到晋阳，崔舒、张雕、刘逖等台湾省族大臣联名进谏，劝阻韩凤竟上奏说：汉族文官联名进谏，表面上是劝阻去并州，实际上有反心，应诛杀这些人。齐后主昏庸至极，听信韩凤的话，立即将联名上奏的汉族官吏召集在含章殿，把为首的崔季舒、张雕、齐逖、封孝琰、裴泽、郭遵等人当场斩杀，弃尸于漳水。

除了在政治上鲜卑化特征非常明显，汉族官吏常遭到歧视打击外，在当时的北齐社会上，也是鲜卑化风气兴盛，一切早被北魏孝文帝改革掉或禁止的东西又广泛流行。如鲜卑语、鲜卑服，早被禁断，而这时纷纷复兴，尤其是鲜卑语，在北齐成了最时髦的语言，通晓鲜卑语是汉族官吏得宠和晋升的一个重要条件。北方少数民族的乐器，如琵琶、笛子、五弦等，也渐渐日益兴盛，许多汉族士大夫反过来学习鲜卑语或其乐器，还有的汉族士大夫为求名利，教子女也学习鲜卑语和鲜卑乐器。齐后主高纬常常是"自弹胡琵琶而唱之"，被人称为"无愁天"，又大大助长了社会上的鲜卑化之风。

北齐兴盛的鲜卑化风潮，尤其是政治上的鲜卑化，使汉族许多较先进的统治思想和制度难以推行到底或遭到破坏。固然鲜卑勋贵依仗着铁骑甲士野蛮掠夺，很快暴发，但从根本上和北齐全部历史来看，它也加速了北齐政权的腐败和崩溃，北齐很快失掉人民的拥护而被北周灭亡。

北周的建立

北魏永熙三年（534年），北魏分裂为东魏和西魏，西魏丞相宇文泰一直牢牢控制着西魏政权。西奔关中的孝武帝元修因想得到最高权力，很快与丞相宇文泰产生了矛盾。这年冬季闰十二月，宇文泰鸩杀元修，改立南阳王元宝炬为帝，是为文帝。最高决策及指挥权仍在相府里。

宇文泰在积极与东魏进行战争的同时，逐渐把汉族世家大族也拉入他的统治集团，扩大了他的统治基础。他又依靠汉族大地主和士人在各个领域实行了一系列的改革，把一个比较落后的军事集团逐渐改造为一个富有朝气的封建政权。西魏大统元年（535年），宇文泰便命一批汉族士人斟酌今古，参考变通，以"益国、利民、便时、适治"为准则，制定出"二十四条新制"，然后奏请文帝推行。这就是西魏最基本的制度。初期在制度建设上最有贡献的人是汉族士人周惠达。宇文泰忙于前方军务，后方的营造戎仗，储积食粮，简阅士马等事，都委托周惠达办理。仪礼制度也是在周惠达

领导下创制的，当时关右政权草创，礼乐制度残缺，周惠达与礼官对北魏旧制进行一番改革，才使得"仪轨稍备"。大统七年，宇文泰在大统元年"二十四条新制"的基础上，又令人制定出"十二条制"，奏请实行，从而进一步完善了西魏制度。这时周惠达将著名士人苏绰推荐给宇文泰，宇文泰问苏绰治天下之道，苏绰为他陈述帝王之道和申不害、韩非的法治之术，使宇文泰不禁"整衣危坐"，从天黑听到次日清晨而不觉厌倦，从此对汉族士人更为重视。宇文泰极想改革时政，寻求强国富民之道，苏绰也有了施展才能的机会，先后制定了文案程式，朱出墨入，计帐、户籍等法，及其裁减冗官、设立闾正、保长二长，实行屯田以资军国等措施。大统十年，西魏文帝把宇文泰前后所呈的"二十四条"和"十二条新制"，规定为"中兴永式"，命苏绰重加修订，合为五卷，颁行天下。苏绰又根据汉族统治者的经验，结合实际情况，概括为六条：一是治心身，二是敦教化，三是尽地利，四是擢贤良，五是恤狱讼，六是

均赋役。这六条，史称"六条诏书"，是西魏和北周总的施政纲领。宇文泰对此六条极为重视，把它作为自己的座右铭，并命令百官都必须认真学习。同时规定，牧守令长等地方官，不精通"六条诏书"内容和计帐的人，不得为官。此外，宇文泰又继续推行均田制度，创建了府兵制度，通过各项制度的创建、改革和实行，西魏政权逐步得到了巩固和发展。随着西魏政权的发展和军事斗争的不断胜利，宇文泰在西魏的势力也自然就越来越大。

大统十七年，西魏文帝元宝炬病死，宇文泰立太子元钦为帝，是为废帝。废帝二年（553年）十一月，西魏尚书元烈谋杀宇文泰，但事情败露，元烈被诛。元钦对宇文泰杀元烈极为不满，于是召集宗室诸王商议夺权，淮安王元育、广平王元赞等人都认为不可，垂泣劝谏，但元钦不听。当时宇文泰诸婿李基、李晖、于翼等人均是武卫将军，分掌禁旅，元钦与宗室诸王的密谋被李基等人侦知，宇文泰任命心腹尉迟纲为大将军，兼领军将军，总典禁旅，密做防备。次年正月，宇文泰召集群臣的议，废掉了元钦，改立文帝元宝炬第四子齐王王元廓为帝，是为恭帝。信以尉迟纲为中领军，总领宿卫军，以监视元廓。这时，宇文泰诸子或幼或弱，不能堪当大任，故宇文泰对几个女婿寄以厚望，引为心腹。宇文泰还有两个侄儿，章武公宇文导和中山公宇文护，宇文导任陇右大都督、秦南等十五州刺史，宇文护任大将军，行六官之制后后，又拜为小司空。另外军队大将和朝廷重臣，也皆是早日随他起兵的六镇军官和心腹，因此西魏政权的核心人物，就是宇文泰集团的核心人物。

西魏恭帝三年（556年）四月，宇文泰巡狩北方，在途中染病。九月，宇文泰回到云阳，病势转重，他遣人召来侄子宇文护，令他接替自己掌握西魏军政大权。宇文泰死后，世子宇文觉继位太师、大冢宰，年仅15岁。宇文护虽受宇文泰重托，但因他的名声和地位都不是很高，那些元老不肯服他，于是他向大司寇于谨求教。第二日，召开元老会议时，于谨正色严厉地对大家说："中山公乃安定公（宇文爵号）亲兄弟的儿子，兼受顾托，军国之事，理所应当归他总管，我们都应服从他。"说罢，带头下拜，那高级将领和大臣也被迫随着于谨下拜，于是他的地位才得以保住。宇文护也尽力抚循文武，重新稳定了人心。

西魏早在元宝炬即帝位时，就已经是"权归周室"，从文帝、废帝，直至恭帝，实际上都是受宇文泰摆弄的傀儡而已，一切政令全是出于宇文泰一人之口，皇位的取代早已只是时间上的问题了。宇文泰安葬后，宇文护便开始着手安排禅代之事。这年十二月，他奏请西魏恭帝以岐阳之地封宇文觉为周公。到同月庚子这一天，恭帝元廓正式下诏让位于周公宇文觉，西魏由此而亡，共历三世，二十四年。次年正月辛丑，宇文觉即皇帝位，就是北周孝闵帝。北周建立。孝闵帝以大司徒、赵郡公李弼为太师，大宗伯、南阳公赵贵为太傅、大冢宰，大司马、河内公独孤信为太保、大宗伯，柱国、中山公宇文护为大司马。大司马掌军事，宇文护居之，把兵权掌握在自己手里。

北周建立以后，因孝闵帝宇文觉年幼，实际上仍然只是个傀儡，军政大事均由宇文护决定。宇文护专政，又引起了一系列争权的斗争。先是赵贵自以为是北周元勋，常怏怏不乐，联合独孤信密谋杀宇文护，有人密报了宇文护，宇文护捕杀了赵贵，并逼独孤信自尽。孝闵帝对宇文护擅权也十分不满，密令司会李植、军司马孙恒等人杀宇文护。宇文护得悉后，把李植、孙恒遣离京城，然后把其在京党羽捕杀，逼宇文觉逊位，然后改立宇文泰庶长子宇文毓为帝，是为北周明帝。明帝在位四年，又被宇文护派人毒杀，又改立宇文泰第四子鲁公宇文邕为帝，是为北周武帝。周武帝即位后，不动声色地诛杀了宇文护，北周皇帝才真正掌握了最高的统治权。

北周灭北齐

从西魏宇文泰到北周武帝宇文邕，宇文氏政权经过宇文泰等几十年的苦心经营和不断改革，国势日渐昌盛。在政治方面，遵循"六条诏书"中"擢贤良"的精神，吸纳许多贤才。在军事方面，创建了府兵制度，加强了武装力量。在经济方面，释放奴婢、杂户，禁断佛、道二教，大大增加了国家的均田农民的数量和经济实力。通过这些改革，到北周武帝后期，不仅中央集权制得到加强，而且国家实力与东方的北齐相比，也是由弱变强，蒸蒸日上。与此相应的是，军事局势也发生变化，由对北齐的积极防御转变为主动出击，全面进攻。

与北周相反，北方的政治和社会状况却是每况愈下，帝王贵族荒淫腐败，倾轧不已，国内各种矛盾日趋激化，齐后主高纬上台后，政治更为混乱。他厌倦政事，整日怀抱琵琶弹唱"无愁之曲"，和唱者数百人，被人称之为"无愁天子"。而且他又宠幸一干奸佞之人，委宦官重任，让他们参预朝政，允许他们卖官鬻爵。此外州县之官多来自富商大贾，这些人得官后不顾百姓死活，贪赃枉法，税括百姓，大发横财，造成了"官由财进，政以贿成"民不聊生的政治局面。他又胡乱封官拜爵，庶姓封王者以百数，开府一千多人，仪同无数。他豢养的跑马、斗鸡、鹰、犬等，竟也被授予仪同、郡居、开府等官爵，与大臣一样享有同等俸禄。后宫婢女也皆封为郡君，宫女中宝衣玉食者达五百余人，宫女一裙值万匹，一个镜台值千金。又大发徭役，盛修宫苑，极为装丽，建成后稍不如意，则折毁重建，致使百工匠人，连休息的时间都没有，"劳费亿计，人牛死者不可胜纪"。与北周武帝和北周的政治相比，形成极为鲜明的对比。

周武帝即位以后，北周就不断进攻北齐，北周保定三年（北齐河清二年，563 年），北周大将杨忠、达奚武与突厥曾联合分路讨伐北齐，一度兵临晋阳城下，后被北齐军中的精锐部队击退。北齐名将斛律光还乘势反攻入北周境内，俘掠三千余人。此后北周军队又数次东进，由于北齐有斛律光、段韶等名将名臣，政治虽然败坏，而军事上却还保持一定实力，故北周军队收获并不大。

周武帝杀宇文护后，亲自掌握了军权，他一面与北齐通商和好，使对方麻痹松懈，一面却加紧练兵，积极准备，伺机灭齐。周武帝杀宇文护后三个月，齐后主诬蔑斛律光谋反，将其诛杀，尽灭其族。周武帝听到此讯大喜，为之大赦。北周建德四年（北齐武平六年，575 年），周武帝与诸将伐齐。大将韦孝宽献计三策：一为联合陈朝、稽胡等军队，数道并进，可一举而成。二为广事屯田，招募强悍之士，严加训练，与陈朝军队互相配合，使其疲于奔命。一二年后，待其内部离叛，然后乘机一举攻下。三为作长期打算，签订盟约，安民和众，蓄锐养威，观衅而动。周武帝又与齐王宇文宪，内史王谊、安州总管于翼长计议，于这年七月下诏伐齐。出兵十八万，命宇文纯、司马消难、达奚震为前三军总管，宇文盛、侯莫陈崇、宇文招为后三军总文宪，于谨、李穆等将所向势靡，连取北齐三十余城。周武帝大军在金墉城下遭到北齐洛州刺史独孤永业的顽强抵抗，数攻未克。这时，周武帝忽然患病，又逢北齐右丞相高阿那肱率援军自晋阳赶至河阳，故周军不得不弃城撤军。

次年，北周再次大举攻齐，周武帝认为前一年未能灭齐，原因主要在于"直为拊背，未扼其喉"。这次应直攻高欢发迹之地晋州，争得此地，北齐必派重兵援救，我军可严军以待，击之必胜，然后乘破竹之势，挥军东进，定可"穷其巢穴"，灭亡高齐。十月，周武帝再次亲征，以宇文盛、宇文亮、杨坚为右三军，宇文俭、窦泰、丘崇为左三军，宇文宪、宇文纯为前军，亲率中军，开入齐境，并驻军于晋州汾曲（今山西临汾市南）。然后分判派遣宇文宪率精骑二万驻守雀鼠谷，宇文纯率步骑二万驻守千里径，达奚震率步骑一万守统军川，韩明率步骑五千守齐子岭，尹升率步骑五千守鼓钟镇，辛韶率步骑一万驻守汾水关。又遣王谊监诸军进攻平阳城（今山西临汾市），但是北齐海昌王尉相贵据城坚守。周武帝宇文邕赶赴平阳城下督战，城中情况紧急，北齐诸将纷纷投降，北周军队占领了平阳，生擒尉相贵及其部下八千余人。宇文宪率领的另一路军也攻克洪洞、永安二城。本计划乘胜前进，但由于北齐军焚桥守险，军不得进，只好屯守永安。

齐后主此时正带着冯淑妃与右丞相高阿那肱在天池（今山西宁武县西）围猎。晋州告急的信使，从清晨至中午，连来三批。高阿那肱却拦住信使，不准报告，说："皇帝正围猎高兴，何必急着报告。"到了黄昏，又一信使赶到，报告"平阳已陷"，高阿那肱乃转报齐后主。齐后主闻讯准备立即返回晋阳，但冯淑妃此时正在兴头上，请再围猎一次，齐后主便又留下继续围猎。猎毕，齐后主才携带冯淑妃回晋阳，调兵遣将，分军向千里径、汾水关发动反攻。齐后主自率主力开上鸡栖原。驻守汾水关的宇文盛派人告急，宇文宪马上率兵来援，大破这一路齐军。齐后主率大军到达平阳城下，周武帝见齐军声势颇盛，周军疲惫，长留下一些将士镇守平阳，自率主力军西退。

齐军包围了平阳，昼夜攻城。城已残破不堪但仍不能攻克。北周守将梁士彦慷慨激昂，身先士卒，激励了士卒。守城军民士气大振，无不是以一当百。齐军再次挖地道攻城，城墙塌陷十余步，齐军将士呼喊着要冲进去，被齐后主下令阻止。齐后主派人召冯淑妃来观看，冯淑妃正在化妆，等她化妆完毕，周军已用木棍塞住缺口，齐军再次进攻，已经冲不进去。

周武帝本已引兵西归，闻平阳危急，又率军赶至平阳，会集诸军，向齐军发起猛烈攻击。齐后主与冯淑妃在阵后并骑观战，东边稍退，齐后主便与冯淑妃率先逃走，齐军见皇帝先跑，随之全线溃败。齐后主逃回晋阳不久，周军又尾追而来。齐后主便命安德王高延宗为相国、并州刺史，总领山西兵，自己却不顾群臣劝阻，在夜里砍杀守城门的士兵，率少数侍卫逃出晋阳城。他想投奔突厥，侍官多所不愿，许多人半路悄悄溜走。领军梅胜郎也百般谏阻，他这才带着剩下的数十人逃到邺城。穆提婆见大势已去，不得已投降了周军。

周军包围了晋阳，高延宗在北齐留守将帅的坚决要求下，即皇帝位。周军四面攻城，终于攻破东门，周武帝率数千人冲进去，却在城内展开激战，周武帝几乎被困在城内，好不容易才突围出城。直到第二次组织攻城，才占领了晋阳，俘虏了高延宗。谁知齐后主在邺城，听望气的人说，当有革易，遂禅位于太子高恒。次年正月，高恒即位，是为幼主。改元承光，尊齐后主高纬为太上皇，朝政大权却仍掌握在高阿那肱手里。高阿那肱对主战将领颇为猜忌，于是齐军士气聚而复散，更加离心离德。周军进兵邺城，齐军出击，大败而归，高纬只得带上高恒东逃。周军攻入城内，俘获百官。高纬逃至济州，留下高阿那肱守济州关，又与穆后、冯淑妃、高恒、韩凤等数十人逃至青州、准备投奔江南的陈朝。不料高阿那肱表面上虽劝高纬先居住青州，暗地里却勾结周军速至青州，将高纬、高恒等人全部俘虏。北齐灭亡。北齐自显祖文宣帝高洋至幼主高恒，凡6帝，28年（550～557年）。

北方自东西魏分裂以来，已近半个世纪，至此终于统一。周武帝准备乘势"平突厥，定江南"，统一全国，可是不久他便病死在征讨突厥的途中，统一全国的事业未能由他完成。但是他为统一所作的一切准备并没有白费，为后来隋文帝杨坚统一全国奠定了坚实的基础。

元嘉之治

元嘉是宋文帝统治时期（424～453年）所用的年号。在这一时期中，由于文帝君臣竭心尽力，使政治清明、经济发展、文化昌盛，呈现出一派欣欣向荣的景象，这种局面是两晋和南北朝中都极为少见的，后人赞誉，称之为"元嘉之治"。

宋文帝先后任用徐羡之、傅亮、王弘、王昙首、王华、刘义康、殷景仁、刘湛、刘义恭、谢纪微、范晔、沈演之、庚炳之、江湛、徐湛之、何尚之、王僧绰等有才干的人担任宰相或其它需要职务，他们大都竭心尽职，为统治秩序的正常运转作出贡献，如刘义康，精于吏治，引用贤人。最高统治集团虽然也有过矛盾和裂痕，却并未形成大的动乱，所以没有影响统治的稳固和社会的安定。

文帝君臣都很关心吏治和狱讼，以确保整个统治机构能正常而有效的运转。文帝在元嘉三年（426 年）派官员到地方上检查吏治，观省风俗，访求民隐，以听取下层意见，然后予以奖惩。单在这一年，文帝三次亲临延贤堂听讼，以使刑狱公允。元嘉五年，文帝又下令臣属不要隐讳，指出施政得失，以便改正。元嘉九年，又针对益、梁、交、广等偏远地区（今四川、两广等地），专门派人了解民众 地方官统治的情况，以考察官吏。元嘉时期，吏治算是相当清明的。有一次，担任司徒左长史要职的颜延之以强

凌弱，并请求罢其官，文帝就把颜延之免官。

文帝君臣大都很关心民间疾苦，尤其对突发的疾疫、旱涝等灾害都及时采取了措施，予以补救，以保持整个社会机器能正常运行。文帝即位之初，就下令免去民众拖欠的租谷和旧债，元嘉四年，国都疾疫，文帝派使慰问，分发医药，若有已死亡而无家属的人，给予棺材埋葬。次年，国都地区发生水灾，派人赈济救助。元嘉八年，扬州（今苏南、浙江一带）大旱，下令简息徭役。元嘉十年，又赐给孤老、六病等无生活能力的人每人五斛谷。元嘉十二年，国都和三吴等地发生大水灾，他立即从其它地区调粮米几百万斛救济，并免去遭

灾郡县欠债。这种记载是很多的。一直到元嘉三十年，国家多次减免百姓欠债、租布，赐孤老谷帛等，使得百姓生活基本上安定，无背井离乡，流离失所之苦。

宋文帝对农业非常重视，多次下令劝课农桑。元嘉八年，宋文帝指出：近来农桑停滞，无所事事的人增加，荒地也得不到开垦，官吏也不督促。一遇水旱灾情，就有人缺衣少吃。于是命令各级地方官员要高度重视采取得力措施，要奖励训导农民，使人尽其力，地尽其利。政府还贷给贫穷百姓田粮种子。元嘉二十年，文帝又一次发布命令，强调各级官吏要切实采取措施，劝课农桑。宋文帝还下令准备籍田，要亲自种地为天下表率。元嘉二十一年，文帝还亲自对一些农业种植品种问题发表指导性意见，下令南徐、兖、豫等地今后应督促种麦，以解决粮食缺乏的问题。并立即从彭城（今江苏徐州）等地调集粮种，然且委派刺史贷给百姓。而徐、豫等州土地适宜种稻，而百姓多种植陆地作物，命令该地官员主持重修水利，尽快修整旧陂，加以改造；如原为稻田而改为陆作的，应恢复种稻。文帝又一次强调各地官员要劝课农桑。想从事农业而粮种缺乏的人，可以政府那里借贷。元嘉二十九年，下令遭战乱的地区要及时种地，需要粮种的由政府随时给之。

为了发展农业，各级政府特别重视兴修水利，元嘉五年，张邵出任雍州刺史，到襄阳（今湖北省襄樊）后，修筑长围，修立堤堰，开垦田地几千倾，当地民众因此而富裕。元嘉七年，宋豫州刺史刘义欣命部属殷肃修治芍陂（今安徽寿县）。芍陂本有良田一万多顷，因堤堰久坏，秋天夏天常受旱灾。以前本有旧沟可引引水入陂，但由于长时无人治理，被树木堵塞。殷肃令人供木开榛，疏通水路，从此万余顷良田不遭旱灾。元嘉二十一年，宋武陵王、雍州刺史刘骏命刘秀之修治襄阳六门堰，六门堰坏了很长时间，使数千顷良田无由灌溉，国家和个人都受到了很大的损失。刘秀之修复以后，整个雍州屡获大丰收。元嘉二十二年，宋疏治理淮水，开垦湖垫废田一千多顷。排涝也是兴建水利工程的重要目的之一，刘宋为疏导吴兴一带水道壅塞，以解决该地区频繁发生的水患，在进行大量实地考查的基础上，制订了周详的施工计划，可惜因为政治原因，这项重要的水利工程未能进行，但足以证明刘宋政权对水利的重视。

两晋时政府不铸钱，建国之初因钱贷缺少，国用不足，一些大臣就纷纷建议铸钱，因群起反对未能实行。在元嘉七年，文帝下令设立钱署，铸四铢钱。元嘉二十四年，下令铸大钱。铸钱的效果虽然不是很好，但它却反映出了刘宋统治集团对经济问题的高度重视。

宋文帝的这些措施稳定了正在趋于没落的自耕农阶层，使他们的情况比较稳定，农村经济也不断发展起来。史家称赞这一时期，民不外劳，役宽务简，氓庶繁息，余粮栖亩，夜不闭户。百户之乡，有市之邑，歌谣舞蹈，触处成群。

宋文帝时期，文化方面的发展也是极为引人瞩目的。元嘉十五年，宋文帝立玄、史、文、儒四学。玄学以何尚之、史学以何承天、文学以谢元、儒学以雷次宗分别教授。许多人都聚集在他们门下学习，如后来的南齐创始人兰陵萧道成就曾在雷次宗门下攻读儒学。元嘉十九年，文帝开始设国子学，后又于元嘉二十四年亲临国子学，策试学生，下令表彰奖励。元嘉十九年，文帝下令鲁郡（今山东曲阜）重造孔子庙、孔子墓、重修学舍，并召集生徒。迁孔景等五户到孔墓旁，免去他们的租赋，专门看管孔墓。他们种植了六百多棵松树，表达了对这位圣人先师的仰慕。

宋文帝对军事问题也很重视，元嘉期间时曾三次北伐，试图统一中国，但均以失败告终。原因一是北方无机可乘，出兵时机不好；二是文帝用将非才，只用其亲信而不用真正的军事人才，如檀道济；三是文帝不善军旅武略，却每每遥制兵略，瞎指挥。军事问题是"元嘉之治"的败政，尤其是元嘉二十七年（450年）北伐失败，使北魏饮马长江，撤退时掳掠兖、徐、兖、豫、青、冀六州，宋朝也由此转衰。

南齐的建立

宋明帝为加强控制，大肆任用亲信寒人阮佃夫、王道隆、杨远长等签典掌机要，掌握大权。明帝因儿子幼小，非常猜忌诸弟，相继杀害了刘休祐、刘休仁，刘休若等，只留下一个貌似无能的刘休范。明帝还把他认为可能危及幼主的大臣也尽数杀掉，如大将吴喜、大臣王景文等。泰豫元年（472年），明帝死，刘昱即皇帝位，褚渊、袁粲、蔡兴宗、沈攸之、萧道成并受顾命辅政。

萧道成，南兰陵人，其家族是宋武帝刘裕的继母孝懿萧皇后的远宗。其父萧承之，在宋代立功。萧道成初隶于萧后内侄萧思话。后来，明帝仲令萧道成镇淮阴，萧道成开始收养豪俊。继而升为南兖州刺史。泰始七年（471年）萧道成入朝，任为散骑常侍，太子左卫率。明帝临死时，因大臣褚渊与道成关系很好，引荐道成同掌机密，遂升为右卫将军。萧道成由此进入统治中枢。

后废帝即位，因其年幼不能主政，由大臣执政，而皇帝身边的宠臣专权。江州刺史刘休范认为自己与皇帝关系最近，应当宰相。但事与愿违，他十分怨恨，其典签许公舆为其谋划，让刘休范折节下士，厚相资给，远近数万有雄心的人，都投奔到刘休范旗下。刘休范还准备兵器，朝廷也知道刘休范有野心，也在暗暗防备。元徽二年（474年）六月，桂阳王刘休范据江州起事，率众20 000、马500匹从寻阳出发，日夜兼程直奔建康，萧道成、张永率兵抵御。双方激战于新亭（今江苏南京南）。萧道成军不利，使用诈降计杀刘休范。但刘休范所遣进攻台城的军队大败朝廷军队，杀刘勔和王道隆，当时都传言台城已陷。白下、石头的朝廷军队也纷纷溃散，张永逃回宫中说新亭也沦陷于敌。吓得太后握着小皇帝的手哭着说"完了"。萧道成暗自遣军入卫宫省，随后大败叛军。朝廷任命萧道成为中领军。南徐州刺史、建平王刘景素素有贤能之名。这时后废帝凶狂失德，朝野对景素颇为信赖，认为应由他当皇帝。后废帝外家陈氏很憎恶他，而杨运长、阮佃夫等人想长期禀权，不愿立年长之君，也想除掉景素。景素自己也在倾财招接勇士，朝廷勇将黄回等人暗中与其通谋，杨远长等人派周天赐假装投奔景素，并劝其举兵。刘景素却杀天赐送首级给朝廷。元徽四年八月，刘景素因误信桓祖所报京师溃乱的消息，据京口起兵，成千的人都争着归顺景素，但景素不熟悉军旅，不善长武略，很快被朝廷军队击败并杀害。

后废帝在东宫时就喜怒无常，刚当皇帝时，还害怕太后、太妃、大臣，不敢胡作非为。后来，经常出宫游玩，有时竟夜宿旅馆，对统治国家毫不经心。景素败后，更加骄横，没有一天不出宫胡作非为的，随从们都拿着武器，无论男女老少还是犬马牛驴只要碰上就杀。一天不杀，就不高兴。老百姓都十分害怕，白天都关着门，商贩停业，路上几无行人。统治阶层的人士也担忧惶恐。阮佃夫与制局监朱幼等人想废帝另立，商议趁帝出城射雉之时，称太后命令，命其护卫还诚，然后关闭城门，派人抓帝，然后废掉立安成王刘准，然而谋泄被杀。不久，后废亲率卫士诛夷大臣沈幼文等三家。太后几次教训后废帝，后废帝很不高兴。曾想毒死太后，为左右诡言所劝止。后废帝曾入萧道成官府。当时天热，萧道成白天没穿什么衣服，后废帝在他肚子上画个靶，引满弓想射死道成，为左右劝止，去掉箭头，射了一下，正中肚脐，拔弓大笑。后废帝猜忌萧道成威名，必欲杀之而后快，被陈太妃制止。

在这种情况下，萧道成十分害怕，密谋与袁粲、褚渊谋废帝另立。袁粲不同意，褚渊却不表态。其下属纪僧真力劝萧道成果断从事。有人劝萧道成出奔广陵（今江苏扬州）然后起兵。萧道成则想让其子萧赜率郢州兵东下到京口（今江苏镇江）。又派人让青冀二州刺史刘善明引北魏南下，刘善明劝其以静制动，见机行事，不再离开建康。桓荣祖也劝萧道成留在建康。纪僧真、萧顺之、萧嶷等都认为应在建康见机行事，萧道成停止外逃之想。命令越骑校尉王敬则暗中交接后废帝身边人杨玉夫、杨万年等二十五人在宫中伺机行事。元徽五年八月，后废帝忽然憎恶杨玉夫，咬牙切齿，声言要第二天杀他。这时后废帝出入宫殿无规律，省内诸阁夜不关门。宿卫都纷纷逃避值班，上下无人管事，杨玉夫等帝睡熟后，和杨万年一起偷后废帝防身刀杀死后废帝。然后把后废帝首级交给王敬则，由他转交萧道成。萧道成闻讯入宫，召请诸大臣议事，下令迎立安成王刘准，是为宋顺帝。由此萧道成就掌握了宋朝内外大权。

司徒袁粲、尚书令刘秉、荆州刺史沈攸之见萧道成权势渐大，而且有取代刘宋当皇帝的野心，都暗中策划反对萧道成。这年年底，沈攸之在荆州起兵，东下讨伐萧道成。湘州刺史王蕴因丧还都，与袁粲、刘秉等密谋诛杀死萧道成，将帅黄回等人与其联谋。由于刘秉胆小害怕，提前携家属逃奔袁粲所据石头城，暴露了起事秘密，使萧道成做了充分的准备，双方经过短暂而激烈的战斗，袁粲父子俱死，起事也失败。沈攸之东下讨伐的军队受阻于郢州，后败归荆州。萧道成亲信、雍州刺史张敬儿偷袭并攻占了荆州江陵，沈攸之闻讯自杀。

萧道成平定沈攸之之后，就消除了代宋建齐的最后一个障碍。经过一系列传统的所谓禅代方式，由宋顺帝下令进萧道成为相国，封齐公，加九锡。然后进爵封王，形式上由宋顺帝下诏禅位，萧道成假装再三辞让，群臣再三吁请，萧道成终于在升明三年（479 年）五月登上皇位，是为高帝，建国号曰齐。至此南齐建立，建康为都。

　　萧道成即位前后，杀尽刘宋皇族，以绝后患。萧道成曾为了缓和国内的阶级矛盾，巩固政权，针对宋末情况，曾减免一些百姓逋租宿债，减轻市税。也曾下令禁断招募部曲，安抚流民还乡等措施。并检定黄籍，整顿户口。对于从军征战、未被录用和乡土沦陷的士庶，下令量才予以任用。曾下令修建学校。这一切对当时的政治、经济、文化的发展都具有积极作用，从而给南方带来一段稳定的时期。

隋　朝

（公元 581 年～公元 618 年）

公元 581 年，北周大丞相、都督内外诸军事隋王杨坚废除周静帝，自称皇帝，改国号隋，杨坚成为隋朝的开国皇帝，即隋文帝。为了加强中央集权，隋文帝实行了一系列措施，诸如在中央设置五省六曹，分散宰相之权，使之相互制约；在地方精简州县数目，实行州县两级制；又颁行《开皇律》，加强中央权力，维护社会秩序；以科举制取代九品中正制，清理门阀政治的影响；等等。

在巩固政权的同时，隋朝进行了统一全国的战争，并于公元 589 年击败南方最后一个政权陈朝。于是，自西晋永嘉之乱后近 300 年的分裂局面就此结束。隋政权统治的疆域东南至海，西达且末（今属新疆），北抵五原（今属内蒙古），东西 9 300 里，南北 14 815 里，形成了一个强大的王朝。隋炀帝继位后，以强大的经济实力为后盾，营造东京，开凿运河。如果东京的精致奢华是为了满足帝王个人欲望的话，那么长达 4 800 里的大运河的开通，则大大促进了大江南北经济文化的发展，巩固了国家的统一。另外，隋文帝开创的制度也得到隋炀帝的发展和完善，成为隋初之制走向唐代制度的一个必要中介。隋炀帝还加强了与西域以及东南亚邻国的联系。在炀帝末年，隋朝的疆域达到极盛。然而，好景没有持续太久，隋朝便很快衰落了。文帝时积累的财富迅速被挥霍，文帝时奠定的政局在炀帝时急剧地动荡起来。隋炀帝好大喜功，穷兵黩武，在他短暂的一生之中，3 次南巡江都，几次出征高丽，致使举国就役，扫地为兵，田亩荒芜。于是，人民不堪重负，全国反隋起义蜂起，统治集团内部分化，隋统治迅速瓦解。

公元 618 年，李渊废黜隋恭帝杨侑，称帝建唐，隋王朝至此灭亡。

杨坚称帝

隋代皇室的祖先据说是出自汉代高门弘农杨氏。北魏初期，杨坚五世祖杨元寿才迁居至北方六镇之一的武川镇（今内蒙古武川西）。西魏宇文泰组建府兵系统时，置八柱国、十二大将军，杨坚父杨忠为十二大将军之一，赐姓普六茹氏。入北周，官至柱国大将军，乃隋国公。杨忠死，杨坚袭爵。

北周建德七年（578 年），北周武帝死，子宣帝宇文赟立。坚女为宣帝皇后。宣帝诛戮大臣，排斥异己，刚即位，就杀死叔父齐王宇文宪，后又逼杀宗室重臣宇文神举、宇文孝伯等人。

宣帝即位第二年，即大成元年（579 年）二月，将皇位传给其子宇文阐，是为周静帝，改元大象。宇文赟以天元皇帝的名号执掌政权。次年五月宇文赟死，静帝此时年仅 8 岁。掌握机要的内史上大夫郑译，御正下大夫刘昉等假传遗诏，召杨坚入宫，任左大丞相、都督内外诸军事。同时，由静帝叔父汉王宇文赞出任并无实权的右大丞相。

杨坚为了巩固统治，召周宗室赵王宇文招、陈王宇文纯、越王宇文盛、代王宇文达、腾王宇文逌等在外藩的诸王回京。不久就将周室五王及明帝、武帝诸子陆续诛杀殆尽。

在剪灭诸王的同时，杨坚还平定了三方之乱。相州（今河南安阳南）总管尉迟迥是宇文泰的外甥，武帝让他统治旧齐之地，他的权力极大。大象二年六月，尉迟迥起兵反对杨坚。郧州（今湖北安陆）总管司马消难的女儿是北周静帝的皇后。他在尉迟迥起兵的下一月也起兵反对杨坚。益州（今四川成都）总管王谦，是十二大将军之一王雄的儿子。他也在益州发兵叛乱。

当时三方起兵，"关天之下，汹汹鼎沸"。势力最大的就是东方的尉迟迥。于是杨坚征发关中精兵，任命韦孝宽为行军元帅，向东讨伐尉迟迥。关中军攻陷邺城，迥遂自杀。在南方战场，杨坚以王谊为行军元帅，率荆襄兵进攻司马消难。司马消难逃奔陈朝。在西方战场上，杨坚任命梁睿为行军元帅，出兵20 万，深入蜀境，进逼成都，王谦也被杀。

从大象二年六月尉迟迥起兵到十月王谦失败，三方之乱只持续了不到四个月的时间。在消灭内外敌对势力后，杨坚从左大丞相迁大丞相，并于北周大定元年（581年）代周称帝，国号隋，改元开皇。

隋朝建国之始，在政治、经济等方面进行了一系列的改革。

开皇元年（581年），隋文帝废除了西魏、北周时期仿照《周礼》制定的中央官制，即所谓六官制，代之以尚书、门下、内史（即中书，避杨忠讳改）三省，作为最高的政权机构。这一制度后为唐代所继承和发展。接着，又对地方行政制度等做了重要改革。周、齐时期，州郡设置繁多。北周灭北齐后，废除了许多州郡，但是到大象二年（580年），仍有州211，郡508、县1124。开皇三年，隋王朝按照"存要去闲，并小为大"的原则，废罢五百余郡，将州、郡、县三级制改为州、县两级制（大业三年，607年），后又改为郡县两级制。州置刺史，废除以往刺史例加的将军号及军府、州府两套僚佐的旧制，将州府和军府合二为一。地方行政机构的简化，节省了国家的开支，同时也加强了中央对地方的控制。

在选举制度方面，隋代废除了汉以来形成的公府长官及地方州、郡、县长官自辟僚佐的制度，开皇末年，创立了六品以下官吏全部由吏部任免的制度，地方州、县的属官自此全部由中央委任，也并不局限于本地人。这样，隋王朝基本结束了汉以来地方豪强大族通过垄断州郡僚佐之职操纵地方政权的局面。

九品中正制在隋代时被废止。地方设州、县学。原有的秀才、明经两种科目，可由州县学的生徒"升进于朝"，进行考试，也可由诸州把人才选送到中央，然后考试录用。隋炀帝时又增设了进士科。科举制度的建立，为普通地主参加政权开辟了道路。尽管如此，由于关陇军事贵族集团是统治阶级的核心，他们的子弟仍可以按照父祖官位取得入仕的资格，升任高官，所以门阀世袭制在隋代科举中仍占有着相当大的比重。

在兵制方面，隋代对西魏、北周以来的府兵制度进行了改革。府兵制初创立时，士兵来源基本局限于鲜卑人。后又由于兵源不足，汉人也被募充府兵，并赐予鲜卑姓，力图使府兵部落化。这是与民族融合的历史趋势相违背的。大象二年，杨坚任北周大丞相后，下令受赐鲜卑姓的汉人一律恢复汉姓。旧制曾规定，士兵参军后，全家即由民籍转入军籍。开皇十年（590年）文帝下诏，府兵全家一律归入州县户籍，并受田耕作，士兵本人仍由军府统领。这种寓兵于农的制度在唐代也得到了延续。

北周宣帝时，法律苛重，大象元年（579年），杨坚对法律进行了大幅度修改。开皇元年、开皇三年，又制订和修改了隋律，即《开皇律》。隋朝虽承自北周，但隋律却是在《北齐律》的基础上加以修订的。隋炀帝时曾修改《开皇律》中某些苛重的条文，于大业三年重又颁行，即《大业律》。

在经济方面，隋代继续实行均田制。其主要内容是：自诸王以下直至正七品的都督，受永业田自100顷递减至40亩；普通百姓受田依照北齐之制，丁男一人受露田80亩（妇人40亩）、永业田20亩，在限额内的奴婢（继承北齐制度，亲王限额300人，递减至八品以下及百姓，限额60人）和普通百姓一样受田。受田百姓必须承担国家赋役。一夫一妇为一床，交纳租粟三石，调绢一匹（四丈）或布一端，绵三两或麻三斤；单丁和奴婢或部曲客女，按半床交纳。开皇三年，隋文帝又下令，将受田并承担赋役的成丁年龄从十八岁提高到了21岁。丁男每年给政府服役的时间从一个月减至了20天，未服役的丁男则纳绢代替，称为"庸"。以后又规定年满五十岁者，免役收庸。户调绢从一匹（四丈）减为二丈。

隋文帝还采纳了左仆射高颎的建议，实行输籍之法。高颎认为，政府虽然每年按定额征收租调，但军事的调发，徭役、差役的征用，附加税的收取和授田的先后，都和户等有直接关，因此，长吏肆情，户等划分不实的情况必然促使农民逃亡到豪强门下，伦为浮客。为使农民愿意离开豪强，做国家的编民，高颎建议由中央来确定划分户等的标准，叫做"输籍定样"，颁布到各州县，依定样确定户等，并写成定簿。输籍之法实行以后，大量隐漏、逃亡的农民成为国家的编户。

均田令在实施中并未能完全得到贯彻，开皇年间，在地少人多的狭乡，每丁只受田20亩，只相当于规定受田额的五分之一。这主要是由于贵族官僚广占土地以及应受田户口增加所造成的。

隋王朝采取的一系列的改革措施，促进了经济的迅速发展。到开皇九年，中央政府控制的户口迅速地由隋初的四五百万户增加到700万户左右。而且各地广置粮仓。西京大仓、东都含嘉仓、洛口仓、华州永丰仓、陕州太原仓所储存的米粟，多的达千万石，少的也有数百万石。长安、洛阳和太原府库所储存的布帛，也有几千万匹。这些，再加上全国各地的储积，据史载，可够隋统治

者支用五六十年。为了维持农业的发展，隋王朝还在各地大力兴修水利事业。文帝恪守以农为本的经济政策，于开皇十六年，下诏不准工商业者入仕为官。

手工业也继续发展。河南、河北诸郡和蜀郡一带，都是当时重要的丝织品产地。在河南巩县和河北磁县都发现了隋代的青瓷窑址。造船技术也有所提高，能够制造四层、高四十五尺、长二百尺的龙舟。长安和洛阳的官手工业作坊，集中了全国最优秀的工匠。

开皇元年，隋王朝统一货币，更铸五铢钱，重五铢，解决了周齐以来货币名品甚多，轻重不等的问题，由此也便利了商品的流通。

为了巩固北部边疆，开皇三年，隋王朝发兵打败突厥，促使突厥内部分裂为东、西二部。为了防范突厥族的再次进攻，隋王朝还几次征发大量农民整修长城。

北部边疆得到巩固后，隋王朝的力量开始转向江南。开皇八年（588 年）二月，隋文帝下诏伐陈。十一月，五十余万隋军，以晋王杨广为统帅，沿着长江中、下游分兵八路，大举南进。次年正月，隋军直捣建康（今江苏南京），俘后主陈叔宝。这场统一战争从发兵到战事结束，还不到四个月。至此，持续了近 300 年的分裂状况终于又为统一局面所代替。

隋文帝独孤皇后

　　隋文帝文献皇后姓独孤，河南洛阳人，是北周大司马、河内公独孤信的女儿。独孤信看到高祖杨坚长得相貌奇特，因此把皇后嫁给他作妻，这时皇后才14岁。高祖和皇后相互情投意合，发誓不要别人生的孩子。皇后性情很温柔，为人恭敬孝顺，遵守妇道。当时皇后的姐姐做了北周明帝皇后，大女儿又做了北周宣帝皇后，皇亲国戚的尊荣显贵，没有人能够与她相比，可是皇后还是能守住自己的节操，保持着谦逊卑下的风度，社会上认为她是个贤德的人。到了北周宣帝死后，高祖在皇宫中掌握了朝政，皇后派人对高祖说道："国家的事态已经是这样的结果了，就如同骑在虎背上，一定无法下来，你要尽力而为！"高祖杨坚接受禅让，做了隋文帝以后，把她立为皇后。

　　北方的突厥曾经和中国作互市贸易，有一箱明珠，价值800万，幽州总管阴寿把这事禀告皇后，劝她买下那箱明珠。皇后说："那不是我需要用的。现在，北方的戎狄一再地侵犯我国疆域，作战的将士们疲惫劳碌，不如拿这800万分赏给作战有功的将士。"所有的官员们听说这件事以后，都对皇后的行为表示庆贺。高祖非常宠爱皇后，又畏惧她。文帝每次去上朝处理国事的时候，皇后都要把自己乘坐的车，和文帝乘坐的车并列着，一同前往，直到阁门才止步。皇后还派宦官注意文帝的事情，政治上有了过失的地方，就及时规劝匡正文帝，对他有很多补益。等到望见文帝退朝回来了，皇后又和文帝一道返回他们居住的寝宫中，相互看着，心里非常愉快。皇后因为自己早年丧失了父母，经常怀念自己的亲人，而爱慕着家族的情谊，看到公侯贵族中那些有父母的人们，常常让他们代向他们的父母行礼问候。有关官署的负责官员上奏：按照《周礼》，百官的妻子品级，要由皇后来任命，这个制度在以前就订立下了，请求依照古代的旧例去做。皇后说："让妇人参预管理国家的事情，或许就是由这里而逐渐发展出来的，我不能开这个头。"没有答应。皇后经常对各位公主说："北周的公主，大多丧失妇德，对舅姑不以礼相待，挑拨离间宗室之间的情谊，这样不孝顺的行为，你们应当把她们当作戒鉴。"大都督崔长仁，是皇后的表兄弟，做了犯法的事，应当判死刑。高祖因为他是皇后亲戚的缘故，打算免除他的死罪。皇后对高祖说："关系到国家的事情，怎么可以顾念私情！"崔长仁终于被定罪，处死了。皇后有个同父异母的兄弟叫独孤陀，因为用猫鬼巫术诅咒皇后，犯了法，应当被判处死罪。皇后为此三日不肯吃东西，为了保全独孤陀的性命，向文帝乞求道："独孤陀如果做了损害国家、危害人民的事情，我不敢替他求情。现在，他犯罪是因为我的缘故，我才敢乞求免除她的死罪。"独孤陀减轻为比死罪轻一等的刑罚。皇后每逢与文帝谈到国家的政务，她的想法和主张，常常符合文帝的心意，皇宫中的人们称颂他们是二位圣人。

皇后为人非常仁慈，每次听到大理寺处决囚犯，她都要掉眼泪。可是她的性情好妒忌，后宫中的妃嫔们，没有谁敢与文帝共寝。尉迟迥的孙女长得十分美丽，原来住在宫中。一次文帝在仁寿宫见到了她，非常喜欢，她因此得到文帝的宠爱。皇后就乘文帝上朝听政的机会暗地里把她杀了。文帝知道这件事后，大发脾气，一个人骑着马从宫苑中跑出去，不择道路，跑进山谷中二十多里。高颎、杨素等人骑着马，追赶到文帝面前，牵住他的马再三规劝，请他回宫去。文帝长长叹息了一声，说道："我作为高贵的天子，竟然不能得到自由！"高颎说："陛下，您难道就因为一个妇人而轻弃天下吗！"文帝的怒气稍稍地消了一些，停住马在山谷中站立了很长时间，半夜才刚返回宫中。皇后在阁内等候着文帝。等到文帝回来时，皇后流着眼泪，跪在地上向他谢罪。在高颎、杨素等人的劝说下，文帝和皇后才重归于好。文帝设置了酒宴，喝得非常高兴。皇后从这件事以后，心中受到很大的打击。当初，皇后因为高颎是她父亲家的宾客，对他非常亲近有礼。这时，听说高颎在文帝面前称自己是一个妇人，由此怀恨在心。又因为高颎的妻子死了以后，他的妾为他生了个男孩，更不喜欢他。逐渐对他加以诋毁，诬陷高颎。文帝也是所有的事情完全按照皇后说的去办。皇后只要看到诸王和朝中官员们中，谁的妾怀了身孕，就必定劝说文帝废黜他们。当时，皇太子杨勇内宫中宠幸的女人很多，太子妃元氏突然死去了，皇后认为是被皇太子的爱妾云氏所害。于是，暗中劝说文帝，罢免了高颎，最终废掉皇太子杨勇，而立了晋王杨广，这些事情，都是出自于皇后的计谋。

隋朝仁寿二年八月甲子那天，环绕月亮周围的光气有四圈，己巳那天，金星的星光冲犯了轩辕星。这天夜里，皇后在永安宫去世，当时五十岁。埋葬在太陵。在她以后，宣华夫人陈氏、容华夫人蔡氏都受到文帝的宠爱，文帝被她们迷惑得很深，由此得了疾病。到病重垂危的时候，文帝对在身边服侍他的人说道："如果皇后还在的话，我不会到了这样的地步啊。"

统一南北

开皇元年（581年）隋文帝刚即位不久，为了给日后平陈做准备，接受左仆射高颎的建议，任命上开府仪同三司贺若弼为吴州总管，出镇广陵（今江苏扬州），任命和州刺史韩擒虎为庐州总管，出镇庐江（今安徽合肥）。当时由于北方突厥族势力正强盛，隋王朝尚不可能全力南攻。开皇二年（582年），隋军挫败了入侵河西以至弘化、上郡、延安的突厥军，突厥汗国内部矛盾也随之激化。开皇三年，突厥分裂为东西两个汗国。开皇五年，东突厥沙钵略可汗归附隋朝，率部内迁于白道川（今内蒙古呼和浩特西北）。北方获得了安定，隋力量始转向江南。

开皇七年隋为平陈作好准备，开山阳渎，北起山阳（今江苏淮安），东南经射阳湖与邗沟相接，沟通了山阳、江都（今江苏扬州）之间自淮河入长江的运河。同一年内，隋灭掉建都江陵（今湖北江陵）的后梁，又扫除了向江南进军的障碍。隋文帝又命杨素在永安（今四川奉节）造大舰，名曰五牙。上起楼五层，高百余尺，可容纳士兵800人，又造黄龙舰，置兵百人。与此同时，隋文帝还与大臣频频商讨平陈之事。

江南的陈朝自陈霸先称帝以后，就未得到各地武将的支持。南方各地许多寒族豪强乘候景之乱后的形势，自署为州郡牧守，不遵守陈朝法度，陈朝的政治局势也很不稳，他们既无力制止内战，又无力抵抗北朝的进攻。陈一度收复江北之地，但是不久以后就又放弃了。陈的经济也十分凋敝不堪。陈宣帝屡次下诏安置淮南流民，鼓励隐户归籍，但是均无实效。开皇二年，陈宣帝死，子叔宝（后主）即位。陈后主荒淫奢侈。到他统治的时期，陈的政治更加腐败，官吏"惟以刻削百姓为事"，自耕小农"各不聊生，无能自保"，繁重的兵役更使他们"身充苦役，至死不归"。

开皇八年二月，隋文帝下令伐陈。发到江南宣布陈后主罪状的诏书，多达30万页纸。十月，隋军正式出兵，以晋王杨广、秦王杨俊为大臣，并任命杨素为行军元帅。杨广军从六合（今江苏六合）出发，杨俊军从襄阳（今湖北襄樊）出发，杨素军从永安出发，刘仁恩军从江陵出发，王世积军从蕲春（今江苏常熟西北）出发。各路军共有总管九十员，兵五十一万八千人，都要受到晋王杨广节度。面对隋军西起巴蜀、东至于海数千里战线的进攻，陈王朝却以为长江天险足资凭借，防备十分松懈。开皇九年正月，贺若弼自广陵渡江，韩擒虎自采石渡江。南北二路直指建康（今江苏南京）。贺若弼激战于钟山，打败了前来迎战的陈军，韩擒虎因陈将领任忠投降，得以先入官城，俘虏了陈后主陈叔宝。长江中下游的陈军随即败降。在岭南方面，在高凉（今广东阳江西）太守冯宝之妻冼夫人的协助下也迅速安定。这场统一战争前后不到四个月。

隋平陈以后，得州30，郡100，县400，在籍户数50万，人口200万。

陈亡后，拥有实力的江南地方豪强势力在开皇十年又发动了反隋的暴动，"陈之故境，大抵皆反"，他们多则数万人，少则数千人，到处屯聚。隋王朝派遣杨素为行军总管，领兵镇压。不久，暴乱遂被平息。

自西晋灭亡以后，中国经历了三百多年的分裂时期。汉族与少数民族的矛盾，各少数民族之间的矛盾使统一局面迟迟不能到来。北朝后期，经过长期的民族斗争和民族融合之后，北方的民族关系已发生了根本的变化，因而由南北对立引起的民族矛盾的性质完全消失了，隋对南方经常发动的战争，已经转化为争取封建统一的战争了。

在南北关系上，周、齐以来也出现了显著的变化。南北使节往来日益频繁，充任使节的人往往是南北方闻名的高门名士。随着南北经济的恢复和发展，打破关禁的要求也日益迫切，淮、汉边境经常进行民间交易，南北守将也违禁互市牟利。北方人民过去由于民族压迫而大规模地向南逃亡的现象停止了，南北人民正常的、相互往来的现象却逐渐增多起来。南北双方的官僚，常常由于政治上失势而投奔对方，依旧得到高官厚禄，不至于受到民族歧视。这一切现象，说明南北统一的条件已经具备。由于北方隋王朝的经济、政治、军事力量都远胜于陈，所以统一中国的使命自然便由隋王朝实现。

隋炀帝及其暴政

　　杨广是杨坚的次子，隋朝的第二代皇帝。开皇元年（581年）被封为晋王。六年，任淮南道行台尚书令。八年冬，任行军元帅，统50万大军伐陈。平陈后，进位为太尉。杨广兄勇是杨坚长子，隋建立后立为太子，参预军国大事，并获文帝信任，后由于奢侈好色，便逐渐失宠。杨广假装孝顺、节俭，博得了文帝与独孤皇后的宠爱。他与朝中权臣杨素勾结，由杨素向文帝进言，揭发杨勇的过错。开皇二十年十月，文帝废杨勇，十一月，改立杨广为太子。仁寿四年（604年）文帝死，杨广即位，是为隋炀帝。据说文帝也是被杨广所害。

　　炀帝即位后，伪造文帝遗诏缢杀杨勇。文帝第五子并州总管、汉王杨谅以讨伐杨素为名，在并州起兵。炀帝派杨素率军镇压。杨谅被降后被幽禁而死。

　　隋炀帝是历史上有名的暴君。在他的统治下，徭役征发异常苛重。仁寿四年十一月，他为了拱卫洛阳，在今山西、河南境内开掘长堑，为此征发丁男数十万人。大业元年（605年），隋炀帝命宇文恺营建东京（洛阳），仅每月服役的丁男多达300万人。此项工程历时十个月。接着又在洛阳西面筑西苑，周200里。苑内有人工海，方圆十余里。海中造三神山，高出水面百余尺，山上有许多亭台楼阁，极为华丽。苑内树木秋冬凋谢时，剪彩绫为花叶，满缀树上，色坏更换新花，使常像春天。为营建宫殿，又征发了大江以南、五岭以北的奇材异石、珍禽奇兽尽数送到洛阳。据统计，从仁寿四年十月到大业元年十月的一年内，被征发的丁男不少于400万，平均每二户征发一丁。

　　隋炀帝还征发民丁修筑长城和运河。大业三年和四年在松林（今内蒙古托克托西南）以东修长城，两次调发丁男120万人，且死者过半。大业元年，征发河南、淮北诸郡男女百余万人开凿通济渠，征发淮南民十余万疏浚并改造沟通江淮的邗沟。这两项工程用时不到半年。据粗略统计，自大业元年至六年，开发各段运河，先后调发河南、淮北、淮南、河北、江南诸郡的农民和士兵多达300多万人。开永济渠时，因丁男不足，竟以妇人供役。

炀帝在位期间，年年都要出巡，曾三游江都，两巡塞北，一游河右，三到涿郡，还在长安和洛阳之间频繁往来。他每次巡游，都要兴师动众，宫人、侍卫和各色随从人员多达十几万人。沿途一切消耗，都由所经过的州县供给。第一次游江都时，船队首尾相接，长达二百余里。他为了巡游江都，还在江南制造龙舟和数以万计的各种大小船只。自长安至江都，沿运河营造离宫四十余所，江都离宫尤为壮丽。这一切的负担最终都落在人民身上。

炀帝曾三次亲征高丽。当时，朝鲜半岛上存在着高丽、百济、新罗三个国家，其中以高丽最为强大。开皇十八年，高丽王高元兴兵进攻辽西。隋文帝便发动大规模反击，派兵 30 万攻打高丽。高元遣使谢罪，双方才罢兵修好。

炀帝即位后，因高丽王高元不肯入朝，便决定大举东征。大业四年开凿永济渠，就是为东征作交通运输准备的。大业七年二月，炀帝命令在东莱（今山东掖县）海口造船三百余艘，官吏督工极其苛酷，任意鞭打工匠。工匠不得不日夜站在水里工作，自腰以下无不生蛆，死者十之三四。五月，又令河南、淮南、江南人民造戎车五万乘，由士兵自己牵挽，送至高阳（今河北高阳）。同时，还大量地征发各地民夫送粮至涿郡。仅在山东一带，就征发了运粮的鹿车（即独轮车）夫 60 余万人，二人共推一车，装米三石。因路途遥远，往往未达目的地，米已经消耗殆尽。车夫无米可交，就只得逃亡。

大业八年隋炀帝第一次亲征高丽。陆军 113 万人，号称 200 万，分 24 军从涿郡出发。每日出发一军，每军相去四十里，队伍长达千里。运输粮饷器械的民夫，大约就有 200 多万。水军从东莱海口出发，由来护儿率领，指向平壤。当年二月，炀帝率大军渡过辽水，围攻辽东城（今辽宁辽阳）。高丽军据城坚守，奋勇抵抗。隋军遭到惨败，士兵役丁死亡大半，物资装备也几乎全部丢失。来护儿率领的水军，也在平壤城下被高丽军队打得大败。宇文述、于仲文率领军队 305 000 人，进到距离平壤 30 里的地方，粮尽而不得不还，受到高丽军的四面包抄，高丽军乘胜追击，在萨水（青川江）击溃隋军。隋军士兵或战死或逃散，回到辽东城的只有 2 700 人。

大业九年正月隋炀帝第二次进攻高丽，炀帝下诏在全国征发兵士集中于涿郡。四月，再渡辽水围攻辽东城。攻守二十余日，双方死伤惨重。六月，在黎阳督运兵粮的杨玄感起兵进攻东都。炀帝在前线得洛阳告急书，大惧，连夜退兵，军用物资，竟然全部放弃。

大业十年隋炀帝第三次进攻高丽。此时，杨玄感虽已兵败身亡，但全国范围内的农民起义已成燎原之势。隋炀帝下诏征天下兵，但诸郡多留兵不发，征集到的士兵也多因道路阻隔，不能如期到达，沿途士兵还在纷纷逃亡。这使隋军兵员严重不足。这年三月，炀帝到涿郡。七月，到达怀远镇（今辽宁北镇），再不敢渡辽河东进了。高丽军虽两败隋军，但因连年战争，损失惨重，所以高丽王只好遣使请和。炀帝也无力把战争继续下去，只得乘势收兵。

隋炀帝的暴政"使天下死于役而家伤于财"，大规模的修建和远征，经常是在农忙的季节里进行。官吏强迫农民做过度的劳动，先后有上百万的壮丁死于徭役。为了躲避徭役兵役，农民不惜伤残自己的肢体，称做"福手福足"。这一切，终于导致了隋末农民大起义的爆发。

隋炀帝之死

自大业七年（611年），王薄在长白山首倡起义之后，各地响应者蜂起，隋炀帝不遑宁日，常因惊恐而夜不能眠。大业十一年，因旧有的龙舟在杨玄感起兵后被毁，炀帝又下诏，在江都（今江苏扬州）重造龙舟。大业十二年（616年），新制龙舟被送到东都。大臣宇文述竟还鼓动炀帝南游江都。迫于北方农民起义的压力，七月，炀帝自东都乘龙舟至江都。上表谏阻南游的官吏此时均遭屠戮。

到江都后，炀帝更加荒淫无度。他接见江淮的地方官，以送礼多寡来决定是升降。江都郡丞王世充献铜镜屏风，即升为江都通守。历阳郡丞赵元楷献异味，即升为江都郡丞。因此地方官尽量搜刮，制备礼物。江淮人民赋税奇重，生计断绝，开始以树皮草叶充饥，甚至人相食。

大业十三年，农民起义有了进一步的发展。杜伏威领导的江淮起义军转战至淮南六合（今江苏六合），逼近江都，打败了前来镇压的隋军，又乘胜攻破了高邮（今江苏高邮），占领历阳（今安徽和县），控制江淮地区。江都已处于东、西、北三面的包围之中。在农民起义形势不断高涨之下，地主官僚也纷纷起兵。隋王朝崩溃之势已成。

隋炀帝预感末日即将来临，引镜自照，对萧后说："好头颈，谁当斫之!"他逃避现实，终日饮酒作乐，并不准人说"盗贼"众多。如有人报告，轻则免官，重则处死。他还命王世充挑选江淮美女充实后宫，宫中立百余房，置美女，每日一房轮流做主人。此时炀帝所能控制的地域已经非常狭小了，粮仓被占，租调不入，江都粮食供应也越发困难。内史侍郎虞世基等江南籍官僚建议炀帝南渡。炀帝也已感到中原已乱，无心北归，欲迁往丹阳（今江苏南京），据守江东。

炀帝的随从禁军被称为"骁果"。骁果中多数是关中人，他们一向不愿久留南方，往往逃亡。为了稳定骁果，大业十三年九月，炀帝采纳裴矩的建议，搜括江都境内的寡妇及未嫁女子强配给他们。但是此举并未收到什么效果。大业十四年三月，禁军将领利用骁果思乡的情绪，发动了兵变。参预此谋的有：右屯卫将军宇文化及、化及弟将作少监宇文智及、虎贲郎将司马德戡、元礼和监门直阁裴虔通等人。三月乙卯日深夜，元礼和裴虔通在殿内策应，司马德戡于东城集兵数万人，自玄武门入。炀帝闻兵变事发，更换服装逃入西阁，但还是被捕获。因惧怕刀剑，炀帝自解巾带，被缢杀，时年五十。禁军将领推宇文化及为主，北归，但被农民起义消灭。

江都兵变与隋炀帝之死，宣告残暴的隋王朝的统治在事实上已经结束了。

唐 朝

（公元 618 年～公元 907 年）

公元 618 年，李渊逼隋恭帝退位而自称皇帝，李唐政权从此建立。此后，经过长达 10 年的战争，削除了各方割据势力，使中国历史又一次进入统一强盛的时期。唐朝是中国历史上贡献最大、国力最强、历时最长的王朝之一，它的疆域在极盛时东北到达日本海，西北到达里海，北界包括贝加尔湖和叶尼塞河上游，南至日南（今越南广治一带）。

自建国之初，唐王朝就十分注重社会的安定和政治的开明，太宗李世民一代，出现了五谷丰登，百姓安居的"贞观之治"；玄宗李隆基时期达到国富民强、综合实力大增的"开元盛世"，经济的发达，社会的繁荣使唐朝成为中国历史上封建社会最为繁荣的鼎盛时期。在政治上，唐朝打破魏晋以来的九品中正制度，进一步完善科举制，建立起良好有序的政府管理机制。在经济上，推行均田制，实现租庸调法，奖励垦荒，劝课农桑，使农业和手工业都得到了前所未有的发展。在军事上，继续实行府兵制，实现中央高度集权。唐朝的文化和科学技术也得到了空前的繁荣，尤其是诗歌发展达到了中国古典诗歌的顶峰。作为当时全世界最强盛的国家之一，唐朝与周围邻国都保持着密切的联系，有着密切的经济文化交流。当然，在唐朝繁荣强盛的背后也潜伏着深重的内忧外患，李隆基执政后期，唐朝已开始由盛而衰。

公元 755 年爆发的长达八年之久的"安史之乱"，使唐朝元气大伤，从此一蹶不振。后来虽有宪宗中兴，但颓波难挽。公元 875 年爆发的黄巢起义，给唐朝带来了致命的打击，唐朝由此进入军阀混战，名存实亡的历史时期。公元 907 年，朱温逼迫唐末帝禅位，另立新政，唐朝从此灭亡。

李渊事迹

唐高祖神尧大圣大光孝皇帝姓李，名渊。祖籍在陇西狄道，是西凉武昭王李暠的第七代孙。李暠生李歆。李歆的儿子李重耳，任北魏弘农太守。李重耳的儿子李熙，任金门守将，带领一些有才之人镇守武川，于是迁居到这里。唐高宗仪凤年间，李熙被追尊为宣皇帝。李熙的儿子李天锡，任北魏的禁军主将。西魏文帝大统年间，赠司空。仪凤年间，被追尊为光皇帝。唐高祖的祖父名叫李虎，任西魏左仆射，封陇西郡公，与北周文帝宇文泰及太保李弼、大司马独孤信等人因功同任辅政大臣，当时被称为"八柱国家"，李虎还被赐姓为大野氏。北周接受西魏的禅让后，追封李虎为唐国公，赠谥号为襄。到隋文帝作北周宰相时，又恢复本姓李氏。唐高祖武德初年，李虎被追尊为景皇帝，庙号太祖，陵墓称永康陵。唐高祖的父亲名叫李昞，曾任北周安州总管、柱国大将军，承袭唐国公爵位，赠谥号为仁。武德初年，被追尊为元皇帝，庙号世祖，陵墓称兴宁陵。

唐高祖于北周天和元年在长安出生，七岁时承袭唐国公爵位。长大后，洒脱豁达，坦率直爽，毫不做作，宽厚仁爱。能容纳人，无论贵贱，他都好意相待。隋接受北周的禅让后，高祖任千牛备身。隋文帝独孤皇后，是高祖的姨妈，因此高祖特别受隋文帝的亲近和宠爱，连续迁任谯、陇、岐三州刺史。有个叫史世良的人，擅长看相，对高祖说："您的骨骼、相貌非同一般，将来一定会当皇帝，希望您自爱，不要忘掉我的鄙薄之言。"高祖听后颇以此自负。

隋炀帝大业初年，高祖任荥阳、楼烦二郡太守，又被征召入朝担任殿内少监。大业九年，升任卫尉少卿。隋炀帝远征辽东时，高祖奉命在怀远镇督察运粮。等到杨玄感造反时，炀帝命高祖速乘驿车前去镇守弘化郡，兼主管关右各郡军事。高祖历任中央和各地方的官吏，一向注意树立个人的恩德，到这时更是广泛结交当世豪杰，大家也大都诚心归附于他。当时炀帝多猜忌臣下，人人自危。正好炀帝下诏命高祖到他所在的地方，高祖因病，未能按时谒见炀帝。当时高祖的外甥女王氏在后宫，炀帝问她说："你舅舅为什么迟迟不来？"王氏回答说舅舅得了病，炀帝问："会死吗？"高祖听说这事后更加害怕，于是尽情饮酒，收受贿赂，故意使自己的行为污浊。大业十一年，炀帝驾临汾阳宫，命令高祖前往山西、河东督察官吏，进荐人才，罢免不称职的官吏，讨捕盗贼。高祖率军暂驻龙门，盗贼首领母端儿领徒众数千逼近龙门城下。高祖带领十多名骑兵攻打他们。高祖射出七十支箭，敌人都应声倒地，贼寇于是大败。大业十二年，高祖升任右骁卫将军。

大业十三年，高祖任太原留守，郡丞王威、武牙郎将高君雅任副留守。这时各路盗贼纷起，太原与住在江都的炀帝被阻断联系。唐太宗李世民和晋阳县令刘文静首先在一起谋划，劝高祖起兵反隋。没过多久马邑校尉刘武周占领汾阳宫起兵造反，唐太宗与王威、高君雅准备调派军队讨伐他。高祖于是命令太宗和刘文静以及自己的门客长孙顺德、刘弘基分别到各地去招募士兵，十日内就得到士兵将近一万名，高祖又秘密派人到河东召来自己的长子李建成以及次子李元吉。王威、高君雅见大军集结，担心高祖起兵叛变，心里感到疑虑和忧惧，于是请高祖到晋祠祈雨，准备乘机害死高祖。晋阳乡长刘世龙知道这件事，将它报告给高祖，高祖暗中作了防备。五月甲子，高祖与王威、高君雅在一起办公，太宗暗中在府衙外严密地布下军队，以防事变。高祖派开阳府司马刘政会告发王威等人图谋造反，于是立即将他们斩首示众，然后宣布起兵反隋。甲戌，高祖派刘文静出使突厥，让突厥始毕可汗派兵与高祖相呼应。

六月甲申，高祖命太宗领兵夺取西河，攻占该地。癸巳，建立大将军府，设置三军，分为左三军右三军：任命嫡长子李建成为陇西公、左领军大都督，左三统军由他统领；任命太宗为敦煌公、右领军大都督，右三统军由他统领。任命裴寂为大将军府长史，刘文静为大将军府司马，石艾县长殷开山为大将军府掾，刘政会为大将军府属，长孙顺德、刘弘基、窦琮等分别担任左右统军。高祖下令开仓放粮救济穷困的百姓，远近的人们都争相响应。

秋季七月壬子，高祖率兵西行谋取关中，任命李元吉为镇北将军、太原留守。癸丑，高祖由太原出发，拥兵三万。丙辰，军队停驻灵石县，在贾胡堡扎营。隋朝的武牙郎将宋老生屯兵霍邑以抵抗义军。恰好连续下了十天大雨，军粮无法运到，高祖下令回师太原，经太宗极力劝阻才没有这样做。有一位穿白色衣服的老人到义军的营门说："霍山神派我来谒见和告诉高祖说：'八月雨停，你路经霍邑东南，我当帮助唐高祖的军队。'"高祖说："这神不欺骗赵无恤，难道会背弃我吗！"

八月辛巳，高祖领兵攻击霍邑，杀了宋老生，平定霍邑。丙戌，进兵攻下临汾郡及绛郡。癸巳，高祖到龙门，突厥始毕可汗派康稍利带领士兵五百人、马二千匹前来龙门，与刘文静会合于帅旗下。隋朝骁卫大将军屈突通镇守河东，通往关中的蒲津黄河浮桥断裂，关中地区心向义军的人感到这是一个阻碍。于是河东地区居住在水滨的百姓，竞相向高祖进献船只，不约而同前来进献的人，前后达数百名。

九月壬寅，冯翊盗贼首领孙华、土门盗贼首领白玄度各自率领部下归附高祖，并准备好船只等待义军渡过黄河。高祖命令孙华与统军王长谐、刘弘基领兵渡过黄河。屈突通派他手下的武牙郎将桑显和率领数千士兵，在晚上袭击王长谐，义军作战失利。唐太宗带领数百名流动骑兵从背后向敌人发动突然袭击，桑显和的军队溃散，义军的士气又振作起来。丙辰，隋冯翊太守萧造率郡中军民投降高祖。戊午，高祖亲自率兵包围河东城，隋将屈突通坚守不出，高祖于是下令攻城，结果因失利不得不撤军。文武官员请求高祖担任太尉，并增置僚佐，高祖接受了他们的建议。隋华阴县令李孝常献永丰仓投降高祖。庚申，高祖带领军队渡过黄河，住进长春宫。三秦士民每天到长春宫来的，数以千计，高祖对他们全都以礼相待，超出他们原先的期望，因此大家都非常高兴。丙寅，高祖派陇西公李建成、司马刘文静领兵屯驻永丰仓，兼守卫潼关，以防备别处的盗贼入关。太宗率领刘弘基、长孙顺德等前后共数万人，由渭北夺取三辅，所到之地，攻无不克。高祖的堂弟李神通在鄠县起兵，柴绍的妻子在司竹起兵，这时候都领兵前来与太宗会合。鄠县盗贼首领丘师利、李仲文、盩厔盗贼首领何潘仁等，聚集徒众数万，来投降太宗。乙亥，高祖命令太宗自渭汭领兵屯驻阿城，陇西公李建成由新丰率兵赴霸上。高祖统率大军由下邽西上，一路上经过隋炀帝的行宫、园林，高祖都下令拆除，宫女一律释放回家。

冬季十月辛巳，高祖到长乐宫，有军队二十万人。隋京师留守、刑部尚书卫文升、右翊卫将军阴世师和京兆郡丞滑仪胁持隋代王杨侑以抵抗义军。高祖派使者到京师城下，告谕他们自己愿意挽救扶助隋室，几次派使者反复申明此意，都得不到答复。各位将领坚决请求围攻京城。十一月丙辰，攻下京城。卫文升在这之前已经病死，高祖认为阴世师、滑仪等人抗拒义军，都将他们斩首。癸亥，高祖带领百官，准备好天子的车驾，立代王杨侑为皇帝，遥尊隋炀帝为太上皇，大赦天下，改年号为义宁。甲子，隋帝杨侑下诏加授高祖可借用天子的仪仗黄钺、使持节、大都督内外诸军事、大丞相，进封唐王，总揽朝政。提供武德殿作为丞相府，唐王对百官的教谕改称为令。以陇西公李建成为唐国太子；任命太宗为京兆尹，改封秦公；改封姑藏公李元吉为齐公。

十二月癸未，丞相府设置长史、司录等属官。金城盗贼首领薛举进犯扶风，任命太宗为元帅领兵攻打薛举。派赵郡公李孝恭招抚山南地区，所到之地官吏百姓无不归服。癸巳，太宗在扶风大败薛举的部队。屈突通由潼关逃往东都，刘文静等人领兵追击，在阌乡将他抓住，又俘虏了他的部下数万人。河池太守萧瑀率郡中军民投降高祖。丙午，高祖派云阳县令詹俊、武功县正李仲衮攻取巴蜀地区，攻下了它。

义宁二年（618 年）春季正月戊辰，高祖任命太子李建成为抚宁大将军、东讨元帅，太宗为副元帅，领兵七万，进攻东都。二月，清河盗贼首领窦建德僭越称为长乐王。吴兴人沈法兴占据丹阳起兵。三月丙辰，隋右屯卫将军宇文化及在江都宫杀死隋太上皇杨广，立秦王李浩为皇帝，自称为大丞相。改封唐太宗为赵国公。戊辰，隋帝杨侑进封高祖为相国，让他统领百官，又加赐九锡之礼。唐国设置丞相以下官员，在长安通义里私宅立唐高祖的已故高祖父以下四代祖先的祠庙。

夏季四月辛卯，停止使用竹使符，另发给各郡银兔符。戊戌，太子李建成与太宗从东都班师回朝。五月乙巳，隋帝杨侑下诏让高祖戴皇帝用的有十二旒的冕，并立天子的旌旗，像天子那样出入戒严，禁止行人来往。王后、王女的封号，都依照旧规办理。

隋帝杨侑派遣使持节、兼太保、刑部尚书、光禄大夫、梁郡公萧造，以及兼太尉、司农少卿裴之隐将皇帝的印玺进献给高祖，高祖辞让。百官联名上表劝高祖即帝位，高祖没有接受。经再三上表，高祖才接受。隋帝杨侑退位居于旧府第。将大兴殿改名为太极殿。

甲子，高祖在太极殿即皇帝位，任命刑部尚书萧造兼任太尉，在南郊祭告上天，发布大赦令，改隋义宁二年为唐武德元年。官吏百姓，赐给一级爵位。义军经过的地方，免除三年徭役。撤销郡改设州，将郡太守改为州刺史。丁卯，高祖在太极殿宴请百官，按功论赏，分别赐给他们多少不等的丝织品。隋朝东都留守等官一起立隋越王杨侗为皇帝。壬申，高祖命令相国府长史裴寂等人制定唐律令。

六月甲戌，太宗李世民任尚书令，相国府长史裴寂任尚书右仆射，相国府司马刘文静任纳言，隋朝民部尚书萧瑀、相国府司录窦威都任内史令。废除隋朝的《大业律令》，颁布新的大唐律令。己卯，预备好天子的车驾，把唐高祖的高祖父宣简公以下四代祖先的神主迎进太庙受祭。给已故高祖妃窦氏追加谥号为太穆皇后，她的陵墓称寿安陵。庚辰，立嫡长子李建成为皇太子。封太宗为秦王，齐国公李元吉为齐王。封皇族子弟蜀国公李孝基为永安王，柱国李道玄为淮阳王，长平公李叔良为长平王，郑国公李神通为永康王，安吉公李神符为襄邑王，柱国李德良为长乐王，上开府李道素为竟陵王，上柱国李博义为陇西王，李奉慈为渤海王。各州总管都加使持节的名号。癸未，高祖封隋帝杨侑为酅国公。秋季七月丙午，刑部尚书萧造任太子太保。追封已故皇子李玄霸为卫王。凉州盗贼首领李轨献出他的辖地投降唐朝，高祖任命他为凉州总管，又封他为凉王。

九月乙巳，高祖亲自查审囚徒的罪状，看有没有处治不当的情况；改银兔符为铜鱼符。辛未，给隋太上皇杨广追加炀帝的谥号。宇文化及到了魏州，毒死隋秦王杨浩，僭越称天子，定国号为许。

夏季四月乙巳，王世充篡夺隋越王杨侗的皇位，僭越称为天子，定国号为郑。辛亥，李轨的伪尚书安兴贵逮捕李轨，投降唐朝，河西平定。突厥始毕可汗去世。

五月己卯，酅国公杨侑去世，高祖追尊他为隋帝，定谥号为恭。

六月戊戌，命令国子学建立周公、孔子庙，四季都举行祭祀，并在全国广泛找寻周公、孔子的后代。癸亥，尚书右仆射裴寂担任晋州道行军总管，讨伐刘武周。

秋季七月壬申，设置十二军，让关内各州府分别隶属于十二军。王世充派他的将领罗士信领兵进犯唐朝谷州，罗士信率领他的部下归附唐朝。西突厥叶护可汗和高昌国都派使者来朝见高祖，进献贡品。

九月辛未，盗贼首领李子通占据江都，越分自称为天子，定国号为吴。沈法兴占据毗陵，越分自称为梁王。丁丑，和州盗贼首领杜伏威派使者前来投降唐朝，高祖任命杜伏威为和州总管、东南道行台尚书令，并封他为楚王。裴寂与刘武周的将领宋金刚在介州交战，唐军战败，右武卫大将军姜宝谊战死。唐并州总管、齐王李元吉担心刘武周进逼，逃往京师长安，并州于是沦陷。乙未，京师发生地震。

冬季十月己亥，高祖封幽州总管罗艺为燕郡王，赐姓李氏。任命黄门侍郎杨恭仁为纳言。杀死民部尚书、鲁国公刘文静。乙卯，秦王李世民讨伐刘武周，率兵驻扎于蒲州，与唐各军声势相通，互为援助。壬子，刘武周进兵围攻晋州。甲子，高祖亲自祭祀华山。

武德三年春季正月辛巳，高祖到达蒲州，下令祭祀舜庙。癸巳，从蒲州回到长安。二月丁酉，京师西南地里发出像山崩一样的声音。庚子，高祖到华阴。工部尚书独孤怀恩企图谋划造反，被处死。

三月癸酉，西突厥叶护可汗、高昌国王麴伯雅派使者入唐朝拜见天子，进献贡物。突厥向唐进献条支大鸟。己卯，将纳言改为侍中，内史令改为中书令，给事郎改为给事中。甲戌，内史侍郎封德彝兼任中书令。高祖封盗贼首领刘孝真为彭城王，赐姓李氏。

夏季四月壬寅，高祖自华阴回到长安。唐在益州设立行台尚书省。甲寅，加封秦王李世民为益州道行台尚书令。秦王李世民在介州将宋金刚击败，宋金刚与刘武周一起逃往突厥，于是平定了并州。刘武周手下的总管尉迟敬德、寻相献出介州投降唐朝。

六月壬辰，高祖改封楚王杜伏威为吴王，赐姓李氏，并加授他为东南道行台尚书令。丙午，高祖亲自审查囚徒的罪状，看是否有处治不当的情况。高祖封皇子李元景为赵王，李元昌为鲁王，李元亨为酆王；封皇孙李承宗为太原王，李承道为安陆王，李承乾为恒山王，李恪为长沙王，李泰为宜都王。

秋季七月壬戌，高祖命秦王李世民统率各路军队讨伐王世充。派皇太子李建成镇守蒲州，以防备突厥的入侵。丙申，突厥在白道杀死刘武周。

冬季十月庚子，怀戎盗贼首领高开道派使者前来投降，高祖任命高开道为蔚州总管，并封他为北平郡王，赐姓李氏。

武德四年春季正月丁卯，窦建德的行台尚书令胡大恩率领大安镇的士兵和百姓投降唐朝，高祖封他为定襄郡王，赐姓李氏。辛巳，高祖命令皇太子率兵讨伐稽胡。

三月，改封宜都王李泰为卫王。窦建德领兵前来援救王世充，攻陷唐朝的管州。

夏季四月甲寅，高祖封皇子李元方为周王，李元礼为郑王，李元嘉为宋王，李元则为荆王，李元茂为越王。首次设置都护府官员。

丁卯，高祖发布大赦令。朝廷下令废除五铢钱，发行开元通宝钱币。在长安将窦建德斩首；王世充被流放蜀地，还未启程，被他的仇人杀死。甲戌，窦建德的余党刘黑闼占据漳南造反。唐在洺州设立山东道行台尚书省。

十二月丁卯，高祖命令秦王李世民及齐王李元吉讨伐刘黑闼。壬申，改封宋王李元嘉为徐王。

武德五年春正月丙申，刘黑闼占据洺州，越分自称为汉东王。

三月丁未，秦王在洺水边击败刘黑闼，全部收复被刘黑闼攻陷的州县，刘黑闼逃往突厥。蔚州总管、北平王高开道起兵反叛朝廷，进犯易州。

夏季四月庚戌，秦王回京师长安，高祖到长乐宫迎接慰劳秦王。壬申，代州总管、定襄郡王李大恩被突厥打败，战死。

六月，刘黑闼领突厥兵进犯太行山以东地区。朝廷设立谏议大夫的官职。

秋季七月丁亥，吴王杜伏威前来朝见高祖。隋朝汉阳太守冯盎献南越之地投降唐朝，岭南地区因而全部平定。

八月辛亥，在洺、荆、并、幽、交五州设立大总管府。改封恒山王李承乾为中山王。在扬州改葬隋炀帝。丙辰，突厥颉利可汗进犯雁门。己未，又进犯朔州。高祖派皇太子李建成和秦王李世民讨伐突厥，取得胜利。

冬季十月癸酉，高祖派齐王李元吉到洺州攻打刘黑闼。当时太行山以东的州县多被刘黑闼控制，到处有人杀死州县长官来响应刘黑闼。行军总管、淮阳王李道玄在下博与刘黑闼交战，李道玄兵败被杀。

十一月甲申，高祖命令皇太子李建成率兵讨伐刘黑闼。丙申，高祖到宜州，检阅将士。

十二月丙辰，高祖在华池围猎。庚申，高祖自宜州回到长安。皇太子在魏州击败并杀死刘黑闼，太行山以东地区从此平定。

武德六年春季正月，吴王杜伏威担任太子太保。

二月辛亥，高祖在骊山围猎。

三月乙未，高祖到昆明池，在那里宴请百官。

夏季四月己未，高祖登基以前的旧宅改名为通义宫。因特殊情况赦免京城的在押囚徒。于是高祖在通义宫大宴群臣，并赐给随从的官吏多少不等的丝织物。癸酉，高祖任命尚书右仆射、魏国公裴寂为尚书左仆射，中书令、宋国公萧瑀为尚书右仆射，侍中、观国公杨恭仁为吏部尚书。

秋季七月，突厥颉利可汗进犯朔州，高祖派皇太子和秦王领兵驻扎并州以防备突厥。

八月壬子，东南道行台仆射辅公祏占据丹阳造反，越分自称为宋王，高祖派遣赵郡王李孝恭及岭南道大使、永康县公李靖带兵讨伐他。丙寅，吐谷浑归附大唐。

九月丙子，突厥退兵，皇太子班师回朝。东都改名为洛州。高开道领突厥兵进犯幽州。

冬季十月，高祖到达华阴。

十一月，高祖在沙苑围猎。

十二月乙巳，把奉义监改为龙跃宫，将高祖在武功的旧宅改为庆善宫。甲寅，高祖从华阴回到长安。

武德七年春季正月己酉，高祖册封高丽王高武为辽东郡王，百济王扶余璋为带方郡王，新罗王金真平为乐浪郡王。

二月，高开道被他的部将张金树杀死，张金树献出高开道的地盘投降唐朝。丁巳，高祖到国子学，亲自祭祀圣贤先师。将大总管府改为大都督府。吴王杜伏威去世。

三月戊寅，废除尚书省六部侍郎的官职，将吏部郎中的级别提升为正四品，总管选拔官吏的事务。戊戌，赵郡王李孝恭把辅公祏打得大败，并活捉了他，丹阳地区宣告平定。

夏季四月庚子，在全国实行大赦，颁行新的律令。由于天下已安定，高祖下诏规定官吏凡遇父母去世，听任他离职守满三年之丧。

五月，在宜州的宜君县建造仁智宫。李世勣受命讨伐徐圆朗，平定了他的叛乱。

六月辛丑，高祖到仁智宫。

秋季七月甲午，高祖从仁智宫回到长安。巂州因出现地震而出现山崩，江水被堵塞。

八月戊辰，突厥进犯并州，京城戒严。壬午，突厥退兵。乙未，京城解除戒严。

六月庚申，秦王李世民因皇太子李建成和齐王李元吉合谋要杀害自己，便领兵将他们诛杀了。高祖下诏立秦王为皇太子，承继高祖总领天下的纷繁政务，并在全国实行大赦。

八月癸亥，高祖下诏把帝位传给皇太子李世民。李世民尊高祖为太上皇，高祖迁居弘义宫，将弘义宫改名为太安宫。

贞观九年五月庚子，高祖病危，下诏说："朕停枢以后，皇帝应当在正殿以外的地方处理军政大事。皇帝守丧的礼节，都依照汉朝的制度，用一日代替一月。陵园的制度规模，务必遵从俭约的原则。"这一天，高祖在太安宫的垂拱前殿驾崩，享年七十岁。群臣进献谥号为大武皇帝，庙号高祖。十月庚寅，高祖葬于献陵。唐高宗上元元年八月，改进献尊号为神尧皇帝。唐玄宗天宝十三载二月，改进献尊号为神尧大圣大光孝皇帝。

唐太宗李世民

唐太宗李世民，是唐高祖李渊的第二子。母亲是太穆顺圣皇后窦氏。隋代开皇十八年十二月戊午，出生于高祖在武功县的别墅里。传说当时有两条龙在别墅门外游戏，三天才离开。高祖到岐州任刺史，太宗当时4岁。有个书生自称擅长算命，晋见高祖说："您是贵人，而且有贵子。"见到太宗，说："龙凤的姿貌，天庭隆起的仪表，年近20，必定能济世安民。"高祖怕他把这话泄露出去，准备杀掉他，书生忽然不见了，于是取"济世安民"的意思作为名字。太宗年幼时聪明多智，见解深远，处事果断，不拘小节，当时人都摸不透他。

大业末年，隋炀帝在雁门被突厥围困，太宗应募前去救援，隶属于屯卫将军云定兴的部队。临出发时，对定兴说："一定要携带旗鼓，用来虚设队伍，迷惑敌人。始毕可汗敢于来围困天子，一定以为国家仓促间派不出援兵。我方部署队伍，让数十里旗帜相连，夜晚则钲鼓声相应，敌人必定会以为救兵云集，望见我军的行尘而逃。要不然，敌众我寡，敌人全军来战，我方一定支持不住。"定兴听从太宗的意见。部队在崞县宿营，突厥的侦察骑兵跑回去报告始毕说：隋朝的大军已到。突厥因此解围而去。高祖守太原的时候，太宗18

岁。有高阳盗贼首领魏刀儿，自己起个号叫历山飞，来攻太原，高祖袭击敌人，深入贼阵。太宗用轻骑兵突围进入贼阵，箭射贼兵，所到之处，敌皆倒退，于是把高祖从上万贼兵的围困中救出。这时正好遇上步兵开到，高祖与太宗又奋力进击，大破敌兵。

这时隋朝气数已尽，太宗暗中图谋起义，常屈己下人，舍财养客，群盗大侠，无不愿效死力。等到义军一起，便率兵夺取西河，攻下了它。拜右领军大都督，右三军都归他统领，封敦煌郡公。

起义大军西上贾胡堡，隋将宋老生率领精兵二万屯驻霍邑（今山西霍县），以抵挡义军。正遇上连天阴雨，军粮用尽，高祖与裴寂商议，暂且领兵回太原，再谋划以后的行动。太宗说："原本兴立大义是为了拯救百姓，应当先攻入咸阳，号令天下；遇到小敌就回师，恐怕随从起义的人将会一朝解体。回去守太原一城之地，这不过是贼寇罢了，怎么能保全自己！"高祖不接受，催促他带兵出发。太宗于是在营帐外啼哭，声音传入营帐中。高祖召太宗进帐，询问原因，回答说："现在部队凭借正义而出动，前进、战斗就必定胜利，退回就一定会散伙。大家散伙于前，敌人趁机追击于后，死亡将顷刻而至，因此悲伤。"高祖醒悟，停止退兵。八月己卯，雨过天晴，高祖领兵直趋霍邑。太宗怕宋老生不出战，于是率领数名骑兵先到霍邑城下，拿着马鞭指点比划，好像要围城的样子，以激怒宋老生。宋老生果然发怒，开门出兵，背城列阵。高祖与李建成一起列阵于城东，太宗和柴绍列阵于城南。宋老生指挥兵士迅速前进，先逼近高祖，这时建成忽然坠马，宋老生趁机进攻，高祖与建成的部队都往后退。太宗自城南高地率领两名骑兵急驰而下，冲断了老生的部队，又领兵奋力进击，敌军大败，各扔掉兵器逃跑。城上的闸门放下，老生手拉绳子想上城，被砍死，霍邑平定。

部队到河东，关中豪杰争着跑来参加义军。太宗请求进兵入关，夺取永丰仓用来救济穷苦百姓，收编各路盗贼以便谋取京师，高祖认为这个建议很好。太宗带领先锋部队渡过黄河，先平定渭北。三辅的官吏百姓以及各式强宗豪族，到营门请求让自己效力的每日有上千人，扶老携幼，拥挤于将旗之下。太宗收纳优秀人才，用以充任朝廷官吏，远近听到消息的人，无不自求托身于此。部队在泾阳宿营，有优秀兵士9万名，击破贼寇胡人刘鹞子，兼并了他的部下。留下殷开山、刘弘基屯驻长安旧城。太宗自己奔赴司竹、盗贼首领李仲文、何潘仁、向善志等都来相见，停留于阿城，获得兵士13万人。长安父老牵牛担酒到营门劳军的不可胜数，太宗都加以慰问，然后送走他们，东西一概不收。军令严肃，秋毫无犯。接着与大军一起平定京城。高祖任宰相时，太宗当唐国内史，改封秦国公。恰巧薛举率精壮的士兵十万逼近渭水边，太宗亲自迎击，大破敌兵，追杀万余人，夺取的土地一直到了陇坻。

义宁元年（617年）十二月，太宗又任右元帅，统兵十万前去夺取东都洛阳。到了准备回师的时候，对部下说："贼寇见我回去，必定会追赶。"设三处埋伏等待敌军。没多久隋将段达率领一万多人尾随而至，走过三王陵，伏兵出击，段达大败，太宗的部队追击逃敌一直到了东都城下。于是在宜阳、新安设置熊、谷两州，派兵防守而后回京。太宗改封赵国公。高祖接受隋帝禅让，太宗拜尚书令、右武侯大将军，进封秦王，加授雍州牧。

武德元年七年，薛举死亡，他的儿子薛仁杲继位。太宗又任元帅带兵攻打仁杲，双方相持于折墌城，各挖深沟筑高垒，对抗六十余日。贼寇有十多万人，军队的锋芒甚锐，多次来挑战，太宗按兵不动以挫折他们的锐气。贼寇的粮食用完，他们的将领牟君才、梁胡郎前来投降。太宗对手下的将军们说："敌军已经气衰，我应该征服它了。"派将军庞玉先在浅水原南列阵以引诱敌人，

敌将宗罗睺率全军出战，庞玉的部队几乎被打败。接着太宗亲自统领大军，忽然从浅水原北出现，出敌不意。罗睺望见后，又回师抵抗。太宗率领数十名骁勇的骑兵冲入贼阵，于是朝廷的军队里外一起奋战，罗睺溃不成军，斩敌兵首级数千，落入涧谷而死的人更多得没法统计。太宗率领左右二十多名骑兵追击逃敌，直趋折墌城下以便乘机破城。仁杲非常害怕，环城固守。快到傍晚的时候，大军到达，四面合围。第二天早晨，仁杲请求投降，俘获他的精兵一万多人、随军的男女五万名。

接着将领们向太宗表示祝贺，于是问道："开始大王在野外击破贼寇，他们的主子还保有坚固的城池，大王没有攻城的器具，靠轻骑兵奔驰追逐，不等候步兵，直逼城下，大家都怀疑不能攻克这个城，却竟然攻下了，这是为什么呢？"太宗说："这是用随机应变的方法逼迫敌人，使他们的计谋来不及形成，所以能攻克。罗睺依恃往年的胜利，加上养精蓄锐的日子很长，见我们不出战，便有相轻之意。现在高兴我们出战，于是率领全部人马迎击，我们虽然击破敌人，但擒获、杀死的人不多。如不急追，使敌人还跑回城里，仁杲收聚、安抚这些败卒，那我们就得不到这个城了。而且罗睺的部下都是陇西人，一打败仗，溃散后退，来不及回头，便逃归陇西，那么折墌城自然空虚，我军随着逼近他们，所以就害怕而投降。这可说是既定的计划，诸位都没看到吗？"将领们说："这不是我们这些凡人所能赶得上的。"获得敌军精壮的骑兵甚多，还让仁杲兄弟及敌军首领宗罗睺、翟长孙等统领。太宗和他们一起骑马打猎，没有什么隔阂。这帮贼寇蒙受恩惠，屏息丧气，全愿舍命效力。当时李密刚归附朝廷，高祖命他乘驿车到幽州迎接太宗。李密见太宗容貌精明而威武，军威严肃，惊畏叹服，私下对殷开山说："真是英明的主子。不这样，怎么能平定祸乱呢？"太宗凯旋回京，到太庙进献战利品。拜为太尉、陕东道行台尚书令，坐镇长春宫，关东的兵马都归他指挥调度。接着加授左武侯大将军、凉州总管。

宋金刚攻陷浍州的时候，军队的锋芒甚锐。高祖因为王行本还占据蒲州，吕崇茂在夏县反叛，晋州、浍州相继陷落，关中震惊，就亲自给太宗写诏书说："贼寇的势力像这样，难以同他们争斗以决胜负，应该放弃河东，谨慎防守关西。"太宗进上奏章说："太原是王业的奠基之地，国家的根本，河东富足，京城依托于它。如果攻下而又放弃它们，臣私下感到愤恨。愿陛下借给精兵三万，必定能消灭刘武周，克复汾州、晋州。"高祖于是全部征调关中的军队以增强太宗的兵力，又亲临长春宫送太宗。

武德二年十一月，太宗率领部队奔赴龙门关，踩着冰过河，进驻柏壁，与贼将宋金刚相持。接着永安王李孝基在夏县打了败仗，于筠、独孤怀恩、唐俭都被贼将寻相、尉迟敬德抓获。敌军将回浍州，太宗派殷开山、秦叔宝在美良川拦击，大破敌军，寻相等只独自逃脱，他们的部下全被俘虏，殷开山、秦叔宝又回到柏壁。于是将领们全来请战，太宗说："宋金刚孤军千里，深入我们的地方，精兵骁将，都集中在这里。刘武周据有太原，专依靠金宋刚保卫自己。敌人士卒虽多，内实空虚，意在速战。我们加固营垒、养精蓄锐以挫折敌人的锋芒，一朝粮尽计穷，敌人自当逃走。"

武德三年七月，太宗总领各军往洛邑攻打王世充，武德四年二月，太宗又进驻青城宫。营垒还没有建立起来，王世充的部队二万人即出方诸门临谷水列阵。太宗率精壮骑兵在北邙山列阵，命令屈突通率步兵 5 000 渡过谷水攻击敌军，告诫屈突通说："等两军交战就放烟为号，我当率骑兵南下。"军队刚交战，太宗率骑兵冲击敌人，挺身走在队伍前方，与屈突通里外相应。贼军拚死战斗，多次散而复合。自辰时到午时，敌人才开始后退。太宗趁势纵兵追击，俘虏和杀死敌军 8 000 人，部队前进到洛阳城下扎营。王世充不敢再出来，只环城固守，以等待窦建德的援兵。太宗派各部队在营外挖壕沟，营四周布满长围子以利防守。

正好窦建德领兵十多万前来援救世充，到了酸枣。萧瑀、屈突通、封彝德都认为腹背受敌，恐怕不是万全之策，要求退兵到谷州以观察敌情。太宗说："王世充粮尽，内外离心，我们合当不费力攻击，坐等他自己破败而得利。窦建德新破孟海公，将骄兵惰，我们应该进兵据守虎牢，扼制要害之地。贼寇如果冒险与我们决战，击破他们是必然的。如果贼寇不战，十日间王世充当自崩溃。如果不迅速进兵，贼寇一入虎牢，各城新归附我们，必定无法守住。那时王世充、窦建德两贼协力，我们将怎么办呢？"屈突通又要求解东都之围移军险要之地以等待敌军的变化，太宗不允许。于是留下屈突通辅助齐王李元吉包围世充，亲自率领步、骑兵 3 500 人奔赴虎牢。

窦建德由荥阳西上，筑营垒于板渚，太宗驻虎牢，双方相持二十余日。间谍报告说："窦建德等候官军草料用尽，侦察到官军在黄河北岸放马，就将袭击虎牢。"太宗知道敌人的计划，于是在黄河北岸放马以引诱敌人。

第二天早晨，窦建德果然倾巢出动，列军汜水，王世充的将领郭士衡也列阵于窦建德之南，绵延数里，击鼓呼叫，将领们非常害怕。双方激战多时，窦军溃败，太宗追击逃兵跑了 30 里地，斩敌军首级 3 000 余，俘获敌兵五万名，在阵中活捉了窦建德。太宗责备他说："我兴师问罪，目标本在王世充。得失存亡，不干你事，为什么越过自己的境域，触犯我军的锋芒？"窦建德吓得两腿发抖说道："现在我如果不来，怕还要有劳您到远方去拿我。"高祖听到胜利的消息非常高兴，亲自给太宗写诏书说："隋朝分崩离析，崤山函谷关隔绝不通。两个豪杰势力相联，一时就把他们清除。军队既打胜仗，又没有死伤。无愧是臣子的表率，不让自己的父亲忧虑，这些都是你的功劳。"

太宗于是带着窦建德到东都城下。王世充害怕，率领他的部属2 000多人到营门要求投降，山东全部平定。太宗进驻东都宫城，命令萧瑀、窦轨等封闭和防守仓库，一无所取，命令记室房玄龄收集隋朝的地图和户籍。于是诛杀和窦、王一起作恶的段达等50余人，无辜被囚禁的人一律释放，无罪被杀害的人都加以祭奠并作悼辞。大宴将士，分等级颁赏。高祖派尚书左仆射裴寂到军中慰问。

当时海内逐渐平定，太宗于是专心研读经籍，开设文学馆以接待四方的士人。行台司勋郎中杜如晦等18人任学士，常轮流在馆里值班，太宗和颜悦色，同他们讨论经义，有时到夜半才休息。

武德九年，皇太子建成、齐王元吉图谋杀害太宗。六月四日，太宗率领长孙无忌、尉迟敬德、房玄龄、杜如晦、宇文士及、高士廉、侯君集、程知节、秦叔宝、段志玄、屈突通、张士贵等在玄武门杀建成、元吉。甲子，太宗立为皇太子，政务都由他裁定。太宗于是放走禁苑中所养的鹰犬，并命各地停止进献珍异之物，政治崇尚简约严肃，天下人非常高兴。又命令百官和上密封的奏章，细述安民治国的要旨。

八月癸亥，高祖传位给皇太子，太宗在东宫显德殿即位。派司空、魏国公裴寂在南郊烧柴祭告上天。大赦天下的罪人。武德元年以来究问得实被流放到边远地区的人全部放回。文武官五品以下原先无爵的赐给最低一等爵，六品以上各加勋官一级。天下免除徭役一年。癸酉，放走后宫里的宫女3 000多人。甲戌，突厥颉利、突利可汗侵犯泾州。乙亥，突厥进犯武功，京师戒严。丙子，立妃子长孙氏为皇后。突厥颉利可汗到了渭水便桥北边，派他的酋长执失思力入朝窥探，擅自察看地形，太宗下令囚禁他。太宗亲自出玄武门，乘六匹马驾的车疾驱到渭水上，与颉利隔着河谈话，指责他负约。一会儿各个部队接着开到，颉利见军容壮盛，又知道思力被囚禁，因此很害怕，要求讲和，太宗允许。当日回宫。乙酉，又亲临便桥，与颉利杀白马订盟，突厥退兵。

九月丙戌，颉利献马3 000匹、羊一万头，皇帝不收，让颉利送回所掠夺的中国户口。

贞观元年，太宗对随侍左右的臣子说："神仙的事本来虚妄，不过空有其名。秦始皇不安本分地爱好神仙，于是被方士欺骗，便派童男童女数千人随徐福入海求仙药。方士为躲避秦朝暴政，留在那里不回来，始皇还在海边徘徊等待他们，后来回到沙丘便死了。汉武帝为求神仙，就把女儿嫁给有道术的人，后来事情既无效验，便杀掉方士。根据这两件事，神仙是不必劳神去妄求的。"

贞观二年，派御史大夫杜淹巡视关内各州。取出皇宫府库里的黄金和宝物，赎回自己卖身为奴的男女，送还给他们的父母。大赦天下的罪人。

贞观三年，户部报告：中国人自塞外归来和突厥人前后归附中国以及开辟四境异族地区而建立的州县所增加的人口，合计共有男女一百二十多万。

贞观四年，定襄道行军总管李靖大破突厥，俘获隋朝皇后萧氏和炀帝的孙子杨正道，送到京师。二月李靖又在阴山击败突厥，颉利可汗轻装骑马远逃。这一年的四月，皇上临顺天门，军中的官吏押解颉利向天子献战利品。自这以后西北各藩属都请求皇上用"天可汗"的尊号，于是皇上下诏书册封各藩属的君长，就兼用这个称号。

秋七月甲子初一，日蚀。皇上对房玄龄、萧瑀说："隋文帝是个怎么样的君主？"回答说："约束自己，使言行符合于礼，辛勤思考政事，每次一坐到朝廷上，有时直到太阳偏西。领着五品以上官吏议论政事，皇宫的卫士不能下岗，站着传递干粮而食。虽然不能说品性仁爱、贤明，也可算是一个励精图治的君主了。"皇上说："你们看到他的一个方面，而不了解他的另一个方面。这人本性极其明察而内心并不贤明。内心昏昧那么览察事理就不能都通达，极其明察就会临事多疑。自己靠欺骗孤儿寡母得到天下，认为众臣不可信任，凡事都自己决定，虽然使精神劳累、身体受苦，处事也未能都符合道理。朝廷的臣子既然了解皇上的这种心理，也就不敢直言，自宰相以下，接受皇帝的命令罢了。朕的意思不认为这样做对。以天下事物之广，难道可以凭一个人的思考独自决断？朕将选用天下的人才，治理天下的事务，信任人才，要求他们完成任务，使他们各尽其用，这样做也许可以达到政治的清明安定。"因此命令官吏："天子的诏令如果不适合于时世，就应当坚持上报，不得顺旨施行。"

太宗非常重视儒学的教化作用，贞观七年亲自到国子学，参预祭奠先师孔子，赦免大理寺、万年县在押的囚犯，国子祭酒以下学官及在学生徒成绩优异学习勤奋的，提升一级，赐给丝织品，多少不等。庚辰，左骁卫将军、淮阳王李道明送弘化公主远嫁吐谷浑。壬午，天子到温泉。辛卯，自温泉回到长安。乙未，发布诏令说梁皇侃、褚仲都，周熊安生、沈重，陈沈文阿、周弘正、张讥，隋何妥、刘焯、刘炫等前代名儒，他们的学生多能实行老师的道义，命令寻找这些名儒的后代。

　　贞观十五年春正月丁卯，吐蕃派他的国相禄东赞前来迎亲。丁丑，礼部尚书、江夏王李道宗送文成公主远嫁吐蕃。

【国学精粹珍藏版】

李志敏⊙编著

中国通史

◎尽览中国古典文化的博大精深 ◎读传世典籍，赢智慧人生————受益终生的传世经典

卷三

民主与建设出版社
·北京·

女皇武则天事迹

　　高宗则天顺圣皇后武氏，并州文水（今在山西）人。父亲武士彟，太宗文德皇后去世后，过了许久，太宗听说士彟的女儿长得很美，召她入宫为才人，当时她才14岁。才人的母亲杨氏，和女儿告别，失声痛哭，只有才人还像平时的样子，她说："能见到天子，怎知不是福分，为什么要像女孩子那样悲伤呢！"母亲认为她的想法对，不再啼哭。才人见到太宗后，太宗赐给她武媚的称号。等到太宗去世，才人与太宗的侍妾、宫女都当了比丘尼。高宗当太子的时候，入宫侍奉太宗，见到才人后很喜欢。高宗王皇后长期没有儿子，萧淑妃正受到高宗的宠幸，王皇后暗地里很不高兴。有一天，高宗经过佛寺，才人见到他后直流眼泪，高宗的感情受到触动。王皇后查知这一情况，将才人领进后宫，希望借此使萧淑妃的得宠受到削弱。

　　才人有权术，诡诈多变，没有穷尽的时候。起初，她低声下气、卑躬屈节地侍奉王皇后，王皇后高兴，多次在高宗面前称赞她，所以她被进封为昭仪。一旦她受天子的眷顾、宠幸超过萧淑妃，便逐渐与王皇后不和。王皇后性情高傲庄重，不会曲意奉承上下左右的人，而她的母亲柳氏见到宫女和女官时不讲外表的礼节，所以昭仪有机可乘，她侦察到王皇后薄待的人，必定勤勤交结，得到高宗的赏赐，全都分送给她们。因此王皇后和淑妃的所作所为，武昭仪必定知道，知道了就报告高宗，但还没有找到足以攻击陷害她们的材料。武昭仪生了一个女儿，王皇后前来看望、逗弄孩子，王皇后离开后，武昭仪偷偷在被里把女儿掐死，等到皇帝到来，武昭仪佯装高兴地和高宗交谈，一会儿掀开被子看女儿，已经死了。她又吃惊地询问左右的人，都说："王皇后刚才来过。"武昭仪立即放声痛哭，高宗不能察知实情，发怒道："王皇后杀死我的女儿！过去她与淑妃互相说坏话、嫉妒，现在又如此可恶！"从此武昭仪得以在高宗那里不断地诋毁王皇后，王皇后无法自己解释清楚，因而高宗对武昭仪更加相信和宠爱，开始有废掉王皇后的意思。过了许久，高宗想进封武昭仪为"宸妃"，侍中韩瑗、中书令来济说："天子的妃嫔有一定的数目和称号，现在另立封号，是不合适的。"武昭仪于是诬告王皇后与她的母亲请巫师施厌胜术，诅咒昭仪,高宗对皇后心怀旧恨,因此认为武昭仪的话符合实情,准备废掉王皇后。长孙无忌、褚遂良、韩瑷及来济坚持冒死争辩,高宗犹豫不决;而中书舍人李义府、卫尉卿许敬宗一向邪佞不正,窥测形势即上表请求立武昭仪为皇后,高宗不再犹豫,下诏废掉王皇后。命令李勣、于志宁手捧玺印进封武昭仪为皇后,又命令群臣及四方少数民族酋长到肃义门朝见皇后,宫廷内外受有封号的妇女入宫谒见皇后。群臣朝见皇后是从这个时候开始的。

皇后到宗庙见祖先。天子又追赠皇后的父亲武士彟官至司徒,爵位周国公,谥号忠孝,在高祖庙陪从受祭;母亲杨氏,又进封代国夫人,赐给她家在魏州的封户 1 000。皇后于是作《外戚戒》献给朝廷,以消释人们的非议。于是她贬逐长孙无忌、褚遂良,至于处死、流放,可谓荣宠炽盛,威势显赫。皇后心机深隐难测,极尽柔媚驯服,不感到羞耻,借以成就大事,高宗以为她能侍奉自己,所以违背公议立她为皇后。等到她一得志,就窃取权力,扬扬自得,无所畏避。高宗也懦弱、糊涂,皇后全能加以钳制、约束,使他不得自作主张,时间一久,高宗渐觉不平。麟德初年,皇后召术士郭行真入宫施行用诅咒害人的邪术,宦官王伏胜向天子告发这事,高宗发怒,因此召见西台侍郎上官仪,上官仪指出皇后独断专行,任意而为,使天下人失望,不宜奉祀宗庙,正和高宗的心意相合,高宗于是催促他草拟诏书废掉皇后。高宗左右的人跑去报告皇后,皇后急忙到高宗那儿为自己申诉,高宗羞涩畏缩,又像原先那样对待皇后,还猜测皇后会怨恨,对她说:"这都是上官仪教我的!"皇后示意许敬宗诬陷上官仪,将他杀掉。

起初,天子的长舅、大臣违旨,没过多久就被杀灭,人们在路上相遇都不敢说话,只以目示意,等到上官仪被杀,政权就都归于皇后,天子不过拱手无为而已。群臣朝见、四方奏章,都称呼"二圣"。每次临朝处理政事,殿中放下帘子,高宗与皇后相对而坐,生杀赏罚都听皇后吩咐。当她狠心决断的时候,虽是她很宠爱的人,也不稍加怜悯。高宗晚年患风邪病更加厉害,身体不能支持,天下的事情全交付给皇后。皇后于是接连做一些太平年代的以文教治民的事情,聚集诸儒于皇宫的殿堂内,撰成《列女传》《臣轨》《百僚新戒》《乐书》等书,大致有一千余篇。皇后又让学士们秘密裁决群臣的奏议,借此分宰相的权。

起初,武士彟娶相里氏,生儿子元庆、元爽。又娶杨氏,生三个女儿:大女儿嫁给贺兰越石,很早就守寡,被封为韩国夫人;二女儿就是皇后;三女儿嫁给郭孝慎，早死。杨氏因为皇后的缘故，蒙受的恩宠日盛一日，改封为荣国夫人。起初，士彟哥哥的儿子惟良、怀运与元庆等待杨氏和皇后礼薄，皇后一直怀恨在心。到这时候，元庆任宗正少卿，元爽任少府少监，惟良任司卫少卿，怀运任淄州刺史。有一天，荣国夫人设宴，酒正喝得高兴，对惟良说："你们还记得从前的事吗？现在有什么话好说？"惟良回答说："惟良等有幸以功臣子弟的身分列居于朝廷，最近因为是外戚而进身，只感到忧虑而不觉得荣耀。"荣国夫人发怒，示意皇后假意退让，请求天子让惟良等出任地方官，以免向天下人显示天子有私心。因此，惟良出任始州刺史；元庆任龙州刺史；元爽任濠州刺史，不久因事犯罪死于振州。元庆到了龙州，因忧虑而去世。韩国夫人出入宫中，有一个女儿姿容极美，都受到高宗的宠爱。韩国夫人去世，她的女儿被封为魏国夫人，高宗想让她担任宫廷女官，因害怕皇后，没有决定下来，皇后心里很嫉妒，正好天子到泰山祭天，惟良、怀运以地方长官的身分会集于泰山，又随从天子回京师，皇后毒死魏国夫人，归罪于惟良、怀运，将他们杀死，改他们的姓为"蝮"，让韩国夫人的儿子贺兰敏之承继士彟的血脉。起初，魏国夫人去世，敏之入宫吊唁，高宗极其悲痛，敏之只哭不说话。皇后说："这孩子怀疑我！"皇后厌恶他。不久敏之被贬逐而死。杨氏又改封�、卫二国夫人，咸亨元年去世，追封鲁国夫人，赐谥号"忠烈"，命令文武官员九品以上及杨氏的五服以内亲属与宫廷外有封号的妇女都往杨氏的宅第吊唁，用亲王的礼仪葬杨氏于咸阳，官府供给手持班剑、羽葆的仪仗队和鼓吹乐。当时天下大旱，皇后假意上表请求离开皇后的位置，天子不允许。不久天子又加赠武彟为太尉兼太子太师、太原郡王，鲁国忠烈夫人杨氏为太原郡王妃。

上元元年，皇后进尊号为天后，提出十二条建议：一、鼓励种田养蚕，减轻赋税徭役；二、免除三辅地区的徭役；三、停止战争，用道德教化天下之人；四、南、北、中尚署都禁止制作没有实际用处的奇巧之物；五、减省各种工程费用和百姓的劳役负担；六、广开言路；七、堵塞谗言；八、王公以下都必须学习《老子》；九、父亲仍在世，为死去的母亲服丧，着齐衰三年；十、上元以前的勋官，朝廷已给凭证的，不复追查核实；十一、京官八品以上的增加薪俸；十二、官吏长期任职、才能高地位低的可以进阶升级。高宗下令施行这些建议。

萧淑妃的女儿义阳、宣城公主被幽禁在宫中旁舍，年近40还没有出嫁，太子李弘把这事告诉高宗，皇后大怒，用毒酒毒死李弘。高宗准备下诏把皇位让给皇后，宰相郝处俊坚持劝谏，高宗于是没有这样做。皇后想要向外显示自己的宽大，夺取人心，使天下人归附自己，就向天子进言说："现今群臣交纳一半薪俸、百姓交纳人口税以供给边防军队，恐怕四方异族会因此而胡乱揣度国家的虚实，请求把这些负担一律免除。"高宗同意了。

仪凤三年，群臣、四方少数民族酋长在光顺门朝见皇后。同年，又在并州建太原郡王庙。高宗头晕不能看东西，高宗的医官张文仲、秦鸣鹤说："这是风邪上升，用针刺头使它出血可以治好。"皇后心里正庆幸高宗病危，自己可以独断专行，所以听到这话后生气地说："这应该斩首，高宗的贵体哪里是可以用针刺的地方？"医师跪下磕头，请求保全生命。高宗说："医师议论疾病，怎么可以定罪？而且我的头晕得受不了，就听任他们治吧！"医师用针刺了两次，皇帝说："我的眼睛能看清东西了！"话还没有说完，皇后就在帘子里拜谢了两次，说道："这是上天赐给我们的医师啊！"她亲自拿来珍贵的丝织物赐给医师。

高宗去世，中宗即帝位，天后改称皇太后。高宗皇帝的遗诏说，军政大事听凭太后参与决定。嗣圣元年，太后废中宗为庐陵王，亲自临朝听政，让睿宗即帝位。太后坐在武成殿，睿宗率领群臣进上尊号、册书。过了三天，太后临殿前平台，命礼部尚书代理太尉武承嗣、太常卿代理司空王德真册立继位的皇帝。从此太后常到紫宸殿，挂上浅紫色的帷帐处理政事。太后追赠武氏五代祖父后魏散骑常侍克己为鲁国公，五代祖母裴氏为鲁国夫人；高祖父齐殷州司马居常为太尉、北平郡王，高祖母刘氏为郡王妃；曾祖父永昌王谘议参军、赠齐州刺史武俭为太尉、金城郡王，曾祖母宋氏为郡王妃；祖父隋东郡丞、赠并州刺史、并州太都督武华为太尉、太原郡王，祖母赵氏为郡王妃。都为他们设立守护陵园的居民区，每个陵园五十户人家。追赠父亲为太师、魏王，加赐封户满五千，母亲为王妃，魏王的护陵居民区有一百户人家。当时睿宗虽立为皇帝，实际上等于被囚禁，而武氏家族诸人得以擅自发号施令。太后又赠给鲁国公谥号为"靖"，裴氏为"靖夫人"；北平郡王谥号为"恭肃"，金城郡王为"义康"，太原郡王为"安成"，郡王妃的谥号都随从丈夫。太后派遣在武成殿册封其祖先官爵的使臣到她的五代祖先的祠堂报告册封之事。

柳州司马李敬业、括苍县令唐之奇、临海县丞骆宾王憎恶太后威迫、放逐天子，愤恨到极点，于是招募兵士，杀死扬州大都督府长史陈敬之，占据扬州想迎立庐陵王，聚众达到十万人。楚州司马李崇福同李敬业等联合。盱眙人刘行举据城固守不肯跟从李敬业。李敬业进攻盱眙，没有攻下。太后任命刘行举为游击将军，提拔他的弟弟刘行实为楚州刺史。李敬业南渡长江夺取润州，杀润州刺史李思文，曲阿县令尹元贞率兵抵抗，战败而死。太后命令左玉钤卫大将军李孝逸为扬州道行军大总管，率兵 30 万讨伐李敬业，在高邮与李敬业作战，前锋左豹韬卫果毅成三朗被唐之奇杀死。太后又任命左鹰扬卫大将军黑齿常之为江南道行军大总管，与李孝逸合力讨伐李敬业。李敬业起兵三个月便失败了，他的首级传送到东都，扬、润、楚三州于是平定。

起初，武承嗣请求太后设立七庙供奉武氏七代祖先，中书令裴炎阻止，等到李敬业起兵，太后将裴炎下狱，杀了他，又杀死左威卫大将军程务挺。太后感到愤怒，有一天，召集群臣在朝廷上当面责问他们道："朕没有什么对不起天下人的地方，你们知道吗？"群臣连声称是。太后说："朕辅佐先帝超过三十年，为天下人而担忧操劳。你们的爵位富贵，是朕给予的；天下人的安闲逸乐，是朕培育的。先帝丢下群臣而去，以国家相托，朕不敢爱惜自己，而知道爱民，现在成为叛乱主谋的人都是将相，为什么这样快就辜负朕呢？而且接受先帝遗命辅政的老臣中，傲慢跋扈难于控制有像裴炎的吗？当代的将门子孙中能收聚逃亡者的，有像李敬业的吗？老将中英勇善战，有像程务挺的吗？他们都是人中豪杰，不利于朕，朕能将他们杀掉。你们中有才能超过他们想造反的，请早点动手。如果不想这样，那就恭恭敬敬地侍奉朕，不要让天下人讥笑你们。"群臣跪下磕头，不敢仰视，都说："一切听陛下吩咐。"

过了许久，太后下诏，假装要把政权归还给睿宗。睿宗估计这不是太后的真意，坚持请求太后临朝听政，太后下诏同意。于是太后下令铸造一个大铜匦，中间隔成四室，东边一室题名"延恩"，接受求赏赐者的自述；南边一室叫"招谏"，接受议论时政得失的奏疏；西边一室叫"申冤"，接受有冤屈者的申诉；北边一室叫"通玄"，接受观测天象灾异预言未来的文字和有关军事机要的秘密计策，太后命令中书、门下省选一名官员掌管铜匦。

太后不吝惜爵位，用它笼络四方豪杰辅助自己，虽是狂妄男子，言谈有符合自己心意的地方，就不按寻常的次序任以官职，至于不称职，接着或罢免或诛杀，从不稍加宽纵，致力于选拔真正的贤才。太后又害怕天下有图谋反叛的人，下诏允许直接向朝廷密告谋反事件，有告密的人，所在地方供给轻便驿车和五品官的饮食，送他们到京师，太后即时召见，用厚利的诱惑、官爵的赏赐打动告密者。凡报告谋反之事，官吏不得究问，即使是农人樵夫，太后也必定亲自接见，命鸿胪寺的客馆供给食宿。对告密者，有敢于拖延不送的，按被告发人的罪名论处。因此向朝廷密告谋反事件的人遍布全国，人人都屏住呼吸，没有敢说话的。

新丰县因地震而涌出一座山，太后认为是祥瑞，下令赦免该县的囚犯，改新丰县为庆山县。荆州人俞文俊上书说："人气不和，身上就会长出肉瘤；地气不和，地上才会生出土山。现在陛下以太后而居于帝位，所以山变化形成灾害，臣以为并不是喜庆之事。"太后发怒，把他流放到岭南。

太后命令毁掉乾元殿建造明堂，让僧人薛怀义当使臣监督这项工程。薛怀义，鄠县人，本姓冯，名小宝，身躯魁梧，色欲极强，在洛阳市场上装疯，受到千金公主的宠爱。公主报告太后说："小宝可入宫侍奉太后。"太后召见小宝，与他私通，很喜欢他。太后想掩盖与小宝私通的痕迹，使小宝得以出入皇宫，于是就让他剃发为僧，担任白马寺寺主。又命他改姓名，与太平公主的丈夫薛绍互认为同族，叫薛绍将他当父辈来侍奉。又供给他御厩的马匹，出入有宦官充任侍从，即使是武承嗣、武三思，对他也都十分恭谨。到这时候薛怀义监造明堂，动用民工数万名，大木头一般一根要一千人才能拉得动。他又测量明堂后面的土地建造天堂，建筑的宏大、华丽、庄严、幽深仅次于明堂。明堂、天堂建成，太后封薛怀义为左威卫大将军、梁国公。

太后开始在西京建造崇先庙，供奉武氏祖先。武承嗣在洛水的石头上伪造刻辞，以此诱导太后称帝，派雍州人唐同泰献上石头，太后为它命名，称为"宝图"，并提拔同泰为游击将军。汜水人又进献吉祥的石头，太后于是在南郊祭祀天帝，感谢上苍的赐予。太后自称圣母神皇，制作圣母神皇玺印，又改称"宝图"为"天授圣图"，改称洛水为永昌水，给得到圣图的地方命名，称"圣图泉"，在洛水坛左刻石，文字是"天授圣图之表"，又将汜水县改名为广武县。当时，皇室失去权力，朝廷的重臣大将都屈从太后，不能有所作为，宗室和失去依靠的皇室异姓亲属没有立足之地。于是，韩王李元嘉等图谋起兵，给全国起带头作用，以迎回中宗。琅琊王李冲、越王李贞首先行动，因时间匆促诸王没有能响应，于是失败。李元嘉与鲁王李灵夔等都自杀，其余全由于犯罪被杀，诸王受牵连几乎死尽，他们的子孙虽仍在襁褓之中也被放逐到岭南。太后亲自拜洛水，接受"天授圣图"，睿宗率领太子、群臣、少数民族酋长依次排列，大量珍禽、奇兽、贡品、仪仗陈列于洛水坛下，一起到受图典礼结束后太后才离开。

永昌元年，在万象神宫祭祀。太后改穿衮冕，腰带上插着大圭，手里拿着镇圭，祭祀时由她第一个献盛了酒的爵，睿宗第二个献，太子第三个献。第一次是合祭天地，五方帝、众神随从受祭，以唐高祖、太宗、高宗配享，又拉上魏王武士珪随从配享。太后在万象神宫颁布九条政令，用它教导百官。于是大宴群臣。太后又追赠谨为周忠孝太皇，杨氏为周忠孝太后。称武氏在文水的陵墓为章德陵，在咸阳的陵墓为明义陵。追赠太原安成王为周安成王，金城郡王为魏义康王，北平郡王为赵肃恭王，鲁国公为太原靖王。

载初年间，太后又在万象神宫祭祀。祭皇地祇时，以唐高祖太穆、唐太宗文德二皇后配享，又拉上周忠孝太后随从配享。造曌、椠等十二个字。太后自己用"曌"作名字。改称诏书为制书。确定以周、汉两朝的王族后裔为"二王"，虞、夏、殷三朝的王族后裔为"三恪"，废除唐皇族名册。太后拜怀义为辅国大将军，又封他为鄂国公，命令他同和尚们一起撰写《大云经》，谈圣母神皇受命于天的事。春官尚书李思文诡称："《周书·武成》篇中，有'垂拱天下治'的话，是太后受命于天的凭证。"太后高兴，把这些都颁布于天下，逐渐图谋改朝换代。但害怕人心不肯归附，于是她阴毒残忍，像鸷鸟一样凶暴，大肆杀戮，借以恐吓天下之人。她暗中怂恿酷吏周兴、来俊臣等数十人为爪牙，有不满意或一向疑忌的人，必定用酷法陷害。唐皇族侯王及其他正直大臣、将相大批被杀，鲜血染红监狱，家家不能自保。太后不过手拿梳妆用具坐在皇宫的层层帷幕之中，而国家的权力却已经转移了。

御史傅游艺率领关内父老请求太后顺应天命，实施变革，改皇帝的姓氏为武。又胁迫群臣坚持请求，胡说凤凰停留于上阳宫，赤雀出现在朝堂上。天子心中不安，也请求赐姓武氏，表示天下以武一姓为尊。太后知道权柄掌握在自己手中，于是大赦天下，改国号为周，自称圣神皇帝，旗帜尊尚赤色，以睿宗皇帝为皇位继承人。在神都洛阳建立武氏七庙。追尊周文王为文皇帝，称始祖，先妣姒氏称文定皇后；周武王为康皇帝，称睿祖，先妣姜氏称康惠皇后；五代祖父太原靖王为成皇帝，称严祖，五代祖母称成庄皇后；高祖父赵肃恭王为章敬皇帝，称肃祖，高祖母称章敬皇后；曾祖父魏义康王为昭安皇帝，称烈祖，曾祖母称昭安皇后；祖父周安成王为文穆皇帝，称显祖，祖母称文穆皇后；父亲忠孝太皇为孝明高皇帝，称太祖，母亲称孝明高皇后。改唐太庙为享德庙，春夏秋冬四季祭唐高祖以下三庙，其余废弃不复祭祀。冬至这一天，太后在万象神宫祭祀天帝，以始祖和她的父母亲配享，以众神随从受祭。太后全部封武氏家族诸人为王。下令改并州文水县为武兴县，与汉代的丰、沛县一样，县中百姓世代免除徭役。太后下令尊称始祖墓为德陵，睿祖墓为乔陵，严祖墓为节陵，肃祖墓为简陵，烈祖墓为靖陵，显祖墓为永陵，又改章德陵为昊陵，明义陵为顺陵。

太后虽然年高，却擅长修饰自己的容貌，即使她左右的人，也没有感觉到她的衰老。不久她长出两颗新牙，下诏改年号为长寿。第二年，在万象神宫祭祀，太后自编大型乐舞，所用舞蹈者达到900人。祭祀时太后让武承嗣第二个献盛了酒的爵，让武三思第三个献。睿宗作为皇位继承人，公卿大臣往往能见到他，正好尚方监裴匪躬、左卫大将军阿史那元庆、白润府果毅薛大信、监门卫大将军范云仙暗中晋见睿宗，都被押赴闹市腰斩，所以从此公卿大臣不再晋见睿宗。

有人上密封的奏章，说被流放到岭南的人图谋造反，太后派代理右台监察御史万国俊前去查验，告诉他符合实情就定罪判决。万国俊到广州，召集所有被流放的人，诈称皇帝的命令，赐他们自尽，被流放的人都大声哭叫，心中不服，万国俊将他们赶到水边，让他们无法逃跑，一天就杀掉三百多人。然后捏造事实向太后报告，说被流放的人都心怀不满，请求将他们全部除掉。于是太后派右卫翊府兵曹参军刘光业、司刑评事王德寿、苑南面监丞鲍思恭、尚辇直长王大贞、右武卫兵曹参军屈贞筠，都任代理监察御史，分别到剑南、黔中、安南等六道审讯被流放的人，而提拔万国俊为左台侍御史。刘光业等人也想从朝廷求功名，杀人惟恐不多。刘光业杀死的人有900，王德寿杀700人，其余也不少于500人。太后很久后才知道这些人是冤枉的，下令把六道使者所杀害的人的灵柩送回他们的家中。万国俊等人也相继死去，死时都见到有异物作祟。

太后又自加尊号，称金轮圣神皇帝，在朝廷上设置七种宝物：叫金轮宝，叫白象宝，叫女宝，叫马宝，叫珠宝，叫掌兵臣宝，叫掌府库臣宝，一般有大朝会的时候就把它们陈列出来。太后又尊武氏显祖为立极文穆皇帝，太祖为无上孝明皇帝。延载二年，武三思率领少数民族酋长和一些受人敬重的老人请求建造天枢，记载太后的功德，借此贬唐兴周，太后下诏同意，派纳言姚踌负责监造。于是大量收聚铜铁放在一块熔炼，铸造成天枢，题名为"大周万国颂德天枢"，设置于端门外。它的形状像柱子，高105尺，八面，每面单宽5尺，将铁铸成山形作它的基础部分，铁山上载有铜龙，铁山四周还有用石头雕凿成的怪兽环绕。柱顶铸一个云形的盖，盖上铸一颗大珠，高一丈，圆周长度是高的三倍。又铸造四条蛟龙捧着大珠，每条蛟龙长一丈二尺。天枢的山形基础圈围170尺，高两丈。大概用铜铁200万斤。于是把群臣、少数民族酋长的姓名全刻在天枢上。

太后对薛怀义的宠幸渐衰，而御医沈南璆却得到太后的宠幸，薛怀义大为不满，于是放火烧明堂，太后感到羞愧，掩盖真相不予揭露。薛怀义更加凶暴放肆，怏怏寡欢。于是太后密令太平公主挑选若干健壮妇女，在殿中把薛怀义捆绑起来，命令建昌王武攸宁、将作大匠宗晋卿率领壮士将薛怀义击毙，用运泥车把他的尸体送回白马寺。薛怀义依仗太后的宠爱，气焰压倒当世之人，超出于百官之上，他的门徒大多犯法，御史冯思勖揭发他的恶行，薛怀义发怒，有一次在路上与冯思勖相遇，薛怀义命令自己的随从殴打冯思勖，几乎将他打死，而冯思勖不敢言语。突厥默啜侵犯边地，太后拜薛怀义为新平、伐逆、朔方道大总管，带领十八个将军的部队攻打胡兵，宰相李昭德、苏味道甚至充当他的行军长史、司马。后来薛怀义讨厌进入宫中，暗中招募有力气的少年 1 000 人当和尚，有叛乱的计划。侍御史周矩揭发他的罪状请求太后查治，太后说："你姑且出去，朕将让薛怀义到法庭去。"周矩坐在御史台办公，一会儿，薛怀义驱马驰入御史台的庭院，径直到大床上坐下，周矩召来官吏准备接受口供，薛怀义立即骑马离开。周矩将这事报告太后，太后说："这个和尚一向狂妄，不值得惩治，那些有力气的少年听任你彻底查问、处理。"周矩将他们全流放到贫困的边远地区。后来薛怀义陷害周矩，不久周矩就被免官。

太后在南郊祭天，以文王、武王、武士彟和唐高祖一起配享。太后加天册金轮圣神皇帝的尊号。于是在嵩山祭天，在少室山祭地，册封山神为帝，他的妻子为后。嵩山的祭坛南边有一棵大槲树，当在山上祭天发布大赦令的时候，把鸡放到槲树枝头，太后于是赐名"金鸡树"。太后自撰《升中述志》，刻在石上留示后人。新明堂建成，改名为通天宫，铸造九州鼎，按各州的方向安放，列于通天宫庭中。又收聚全国的黄金铸造大仪钟，未能铸成。过了许久，改西京崇先庙为崇尊庙，祭祀礼仪都比照太庙，接着又改崇尊庙为太庙。

自从薛怀义死后，张易之、张昌宗兄弟就得到太后的宠幸，于是设立控鹤府，置监、丞和主簿、录事等职，控鹤监是三品官，让张易之担任。太后自己觉察到封武氏家族诸人为王不符合天下人的意愿，在这之前，中宗自房州回神都，又立为皇太子，太后害怕自己去世后武氏被唐皇族欺压伤害，死无葬身之地，就领着武氏诸人和相王、太平公主在明堂立誓，并祭告天地，把誓文铸刻在铁券上，藏于史馆。太后下令改昊陵署为攀龙台。久视初年，改控鹤府为天骥府，又改为奉宸府，监改为令，左右控鹤改为奉宸大夫，张易之又任奉宸令。

神龙元年，太后有病，长时间不能平复，居住于迎仙院。宰相张柬之与崔玄暐等定计，请求中宗率兵入宫杀张易之、张昌宗，于是羽林将军李多祚等带兵自玄武门入宫，杀二张于迎仙院旁。太后知道发生事变，从床上起来，桓彦范上前请求太后传位给太子，太后回身躺下，不再说话。中宗于是又即帝位。将太后迁移到上阳宫居住，中宗率领百官到上阳宫观风殿向太后问安，以后中宗大概每十天一次到上阳宫问候太后，不久改成每月初一、十五朝见太后。中宗下令废除奉宸府的官职，将东都武氏七庙的神主迁移到西京崇尊庙，改崇尊庙为崇恩庙，又下令恢复唐朝的宗庙。凡武氏诸人封王的全部降爵。这一年，太后去世，年81岁。遗诏说去掉帝号，改称则天大圣皇太后。太后去世后定谥号为则天大圣皇后，合葬于高宗乾陵。

遇上武三思与中宗韦庶人淫乱，武三思再次当政，于是出现大旱，中宗派人到乾陵祷求则天皇后，竟立即下雨。武三思引诱皇帝下诏规定武氏崇恩庙照旧祭祀，礼仪像太庙一样，斋郎用五品官的儿子充任。太常博士杨孚说："太庙斋郎选取七品官的儿子充任，现在崇恩庙斋郎选取五品官的儿子，不合适。"皇帝说："太庙也像崇恩庙一样，可以吗？"杨孚说："崇恩庙是太庙的家臣，臣以君为标准是逾越本分，而君以臣为标准就是迷乱了。"皇帝于是停止用五品官的儿子充任崇恩庙斋郎。等到韦氏、武氏的党派被诛灭，天子下令则天大圣皇后又改称为天后，废除崇恩庙及武氏诸陵。景云元年，天后改称大圣天后。太平公主干预朝政，请求恢复设立昊、顺二陵的守陵官，又追尊太后为天后圣帝，不久改称圣后。太平公主被杀，天子下令废除周孝明皇帝称号，仍改为太原郡王，孝明皇后改为太原郡王妃，又废除昊、顺等陵。开元四年，追称太后为则天皇后。太常卿姜皎建议："则天皇后配享于高宗庙，神主题作天后圣帝，不正确，请求改题为则天皇后武氏。"天子下诏同意。

开元之治

唐朝自神龙（705 年）以来，政局多变。武氏诸王、中宗的韦皇后及其女儿安乐公主、武后之女太平公主都干预朝政，朝廷大臣也分成几派，相互倾轧，接连发生政变。直到先天二年（713 年）七月，唐玄宗以先发制人的手段，消灭了政敌太平公主集团，杀戮和贬逐了大批武、韦及太平公主余党之后，才算告一段落。唐玄宗励精图治，任用贤臣姚崇为宰相兼兵部尚书，采纳了他的"抑权幸、爱爵赏、纳谏诤、却贡献、不与群臣亵狎"的建议。十一月，加尊号为"开元神武皇帝",次月,改年号先天为开元,并罢黜了涉嫌和诸王交通的功臣张说、刘幽求。

开元二年(714年)正月,玄宗下令选拔有才干器识的京官出任都督、刺史,有政迹的都督、刺史则予以改任京官,使出入常均,永为恒式。采纳姚崇"沙汰天下僧尼"的奏请,让一万二千余人还俗。二月,又下令各地不许创建佛寺,旧寺颓坏应修葺的,须向有关部门申报,经验视后方允许修缮。同时,又严禁百官和僧、尼、道士来往,禁止民间铸佛、写经。五月,开始大量裁减冗官,精简机构,罢免了所有的员外官、试官、检校官,规定如果不是有战功或特别敕令,一律不得再加任命。六月至七月间,任命宋王成器出为岐州刺史,申王成义出为幽州刺史,豳王守礼出为虢州刺史,岐王隆范出为华州刺史,薛王隆业出为同州刺史。五王都出任外州刺史,不得留住京师,并且各州实际事务都由各州上佐处理,诸王没有实权。这样就削弱了皇室内部成员发动政变的政治基础,加强了中央集权。玄宗深感风俗奢侈糜烂,颁布制度要求全国节俭,并且罢除了两京织锦坊。十月,吐蕃入寇渭源,薛讷与吐蕃在武街(今甘肃渭源县内)发生激战,大破吐蕃兵。并且联合陇右群牧使王晙的军队,在长城堡(今甘肃临洮)又击破吐蕃军,前后杀获数万人。吐蕃派遣大臣宗俄因矛到洮水用对等敌国的礼节求和,遭到玄宗的拒绝。此后,吐蕃经常侵扰边境,十二月,唐设置陇右节度大使。

开元三年,突厥十姓前来投降的前后约有万余帐。二月,高丽莫高支文简和跌跌都督思泰等也从突厥率领部众来降,唐王朝把他们都安置在河南地。五月,山东发生大规模的蝗虫灾害,百姓纷纷在田旁焚香膜拜设祭而不敢捕杀蝗虫,姚崇奏请派遣御史督察各地州县捕杀蝗虫,并派遣使者考察各地州县捕蝗勤惰情况,据实上报。因此,虽然连年蝗灾,但并没有造成大饥荒。

开元四年,玄宗鉴于县令的选拔过于冗滥,亲自在宣政殿考核吏部选录的县令,结果有四十五人被罢免回家,并且贬黜了主选的吏部侍郎。六月,拔曳固斩突厥可汗默啜首级来献。拔曳固、回纥、同罗、霫、仆固五部都来降唐,被安置在大武军北面。七月,契丹李失活、奚李大酺率部众来降,唐又设置松漠都督府,任命李失活为都督、封为松漠郡王。第二年,玄宗又把甥女封为永乐公主嫁给李失活。开元四年闰十二月,宋璟继姚崇之后为相。姚崇善于应变成务,璟善于守法持正,二人志向操守各异,但协心辅佐,使得赋役宽平,刑罚轻省,百姓富庶。因此,唐代贤相,前称房、杜,后称姚、宋。

为了增加封建国家的财赋收入，扩大徭役兵役的来源，宇文融在开元九年建议检查色役伪滥，搜括逃户。二月，玄宗下令州县逃户限百日内自首，并令宇文融充当使节主管这件事。由于流亡的农民只有符合令式要求的，才能在当地登录户籍，其余的一律遣还故乡，因此遭到农民的抵制。唐政府被迫修改了逃户自首附籍的条件，允许农民在当地附籍，不再提遣还故乡，并且再次任命宇文融兼任劝农使，设置29个劝农判官，分别派往全国各地，检括逃户和籍外田。新附籍的客户免除六年的租调徭役，只收轻税。因此，这次括户全国各地共搜括到客户八十多万户和相应的田亩。此后，唐王朝不断下令检括浮逃户。

开元十年，小勃律遭到吐蕃的进攻，向唐北庭节度使求援，唐出兵救援，大败吐蕃军。从此以后，吐蕃多年不敢侵扰边境。开元十年以前，唐兵经常有60多万人在周围边境上戍守。至此，宰相张说鉴于目前没有强敌，奏请削减了20多万士兵返家务农。同时，由于府兵之家并不被免除徭役，日趋贫困，大量逃亡，因此张说建议招募壮士充宿卫，也得到唐玄宗的允许。旬日内得精兵13万，分别隶属诸卫。从此，唐兵农开始分离。开元十一年九月，吐谷浑摆脱了吐蕃的控制，率领部众到沙州（今甘肃敦煌）降唐，唐河西节度使接纳了他们。十一月，唐王朝选拔京兆、蒲、同、岐、华州府兵和白丁12万，担当"长从宿卫"，每年轮番两次服役，州县不得役使。同年，把宰相商讨国家大事的议政处"政事堂"改称中书门下，并且设置了吏、枢机、兵、户、刑礼等五房，掌管军政庶务。

开元十三年二月，下令把检括的客户税钱都充作当地的常平仓本钱，委派劝农使和州县商议建立劝农社，使得贫富相恤。同月，把长宿卫改称彍骑，分隶12卫，12万人分作六番。三月，突厥派遣使臣献纳贡物。十一月，玄宗祭拜泰山，行封禅礼。随行的有百官、贵戚、四夷酋长，声势浩大隆重，数十里为人畜遍布，至泰山，仪卫环列山下百余里。经过多年的丰收，唐王朝十分富裕，东都米斗十五钱，青、齐五钱，粟三钱。牧马也繁衍达到43万匹，牛羊的数目也大致相当。同年，唐王朝在黑水靺鞨部落设置黑水都督府（今黑龙江和乌苏里江会合口东岸的伯力），任命黑水靺鞨的大酋长倪属利稽为都督，唐置长史以镇之。至开元十六年，赐倪属利稽名为李献诚，认作本家，唐与之的关系更加密切。玄宗一朝，黑水靺鞨聘问中原有十五次之多。开元十四年，和契丹、奚和亲，把玄宗的从甥陈氏封为东华公主，嫁给契丹王李邵固；成安公主的女儿韦氏封为东光公主，嫁给奚王李鲁苏。据户部统计，到了开元十四年，全国户口已激增到户7 699 565，人口41 419 712。

开元十五年，吐蕃侵扰唐边境。唐河西节度副大使萧嵩委任张守珪为瓜州刺史，多次打败吐蕃军。吐蕃赞普又中了萧嵩的反间计，杀掉了大将悉诺逻。因此，吐蕃势力渐趋衰落。十六年，张守珪在瓜州大败吐蕃军。不久后河西、陇右兵又在渴坡谷大破吐蕃，攻取了吐蕃要寨大莫门城。八月，河西兵在祁连城下又击败了吐蕃兵。吐蕃被打败后，不得不在开元十八年十月向唐求和。唐玄宗命皇甫惟明和内侍张元方出使吐蕃，吐蕃赞普派遣大臣论名悉猎跟随惟明去进贡，表称"甥世尚公主，义同一家"。从此以后，吐蕃重新归附唐王朝，双方关系十分密切，在赤岭（今青海湟源西日月山）互市往来。次年，吐蕃又通过金城公主求取了《毛诗》《春秋》《礼记》《文选》等书籍。

开元二十年唐遣将击败了叛附突厥的奚、契丹，契丹可突干远逃，余党潜藏山谷之中，奚首领李诗琐高率部众五千余帐降唐，唐封他为归义王，把他的部落迁徙到幽州境内。至二十二年，幽州节度使张守珪又大破契丹，斩首了契丹王屈烈及其大臣可突干，传首东都，余众皆降。同年七月，裴耀卿出任江淮、河南转运使，改革漕运，实行沿河设仓、逐级转运来督运漕米。三年中共转输漕米700万斛，节省往日从东都含嘉仓到陕的陆地运输费用30万缗。漕运的改革，使得唐朝的政治中心长安和日益成为经济重心的江南更加紧密地联系起来。

开元二十五年二月，吐蕃又断绝了和唐王朝的友好往来。唐招募丁壮充边军，防备吐蕃。七月，唐大理寺申报当年处死刑的只有58人。九月，颁布了新修律令格式。为了防止岁丰谷贱伤农，唐王朝决定在两畿实行和籴法，增时价什二三和籴东、西畿粟各数百万斛。停止转运江淮的租米，下令各地所纳租庸调、租资课都用当地土特产输京都。从此以后，关中粮食蓄积充足，不再到东都洛阳就食了。开元二十六年，册封南诏皮逻阁为云南王，皮逻阁率领诸部，击破吐蕃，徙居大和城（今云南大理）。开元二十七年，八月，碛西节度使盖嘉运攻碎叶城（今吉尔吉斯共和国北部托克马克附近），擒突骑施可汗吐火仙。又派遣将领和拔那汗王攻入怛逻斯城（今哈萨克共和国东南部江布尔城），擒黑姓可汗尔微，收其众数万给拔那汗王，唐在西陲的威势复振。九月，处木昆、鼠尼施、弓月等诸部纷纷摆脱突骑施的控制归降唐朝，被安置在安西管内。

到了开元二十八年，全国有民户8 412 871，人口48 143 690，比唐初户口数，增加近两倍。西京、东都米斛值钱不足200，绢匹的价格也十分低廉。当时，天下雄富，史称"东由汴、宋，西径岐、凤，夹路列店，陈酒馔待客，行人万里，不持寸刃"。不仅中原地区和江淮地区以及成都平原，繁富如此，而且户口稀少的陇右河西地区也出现了"间阎相望，桑麻翳野"的繁荣景象了。

政治的安定、国力的强盛、社会经济的繁荣必定推动文化事业的发展。唐诗最为后人称道，著名诗人高适、岑参、王维，特别是李白、杜甫都生活在这个时代，而唐代后期的著名诗人，如大历十才子，也是这个时期培养出来的。其它如音乐、绘画、雕刻、等艺术也都有了显著的成就。唐在东西两京设置集贤院，集中学者整理文化典籍，编纂图书目录，校刊补正典籍，抄写经史子集约九万卷，也极大地推动了文化事业的发展繁荣。

"诗仙"李白

李白，字太白。他的祖先于隋朝末年因罪被流放到西域。神龙初年，他的父亲从西域逃回来，客居于巴西（在今四川江油）。

相传李白诞生的时候，他母亲梦见太白星，因而取其字为太白。10岁时就通读诗书，及至长大成人，隐居于岷山。当时所在州郡以有道科举荐他，他没有应举。苏颋为益州（治今四川成都）长史时，见到李白，感到惊异，说："这个青年天才英特，如果再少加努力，增加点学问，便可以同汉代的司马相如相比。"然而李白喜欢纵横家的那一套术数，学击剑，想当个游侠之士，轻财好施。

后来，李白又客居任城（今山东济宁），和孔巢父、韩准、裴政、张叔明、陶沔居于徂来山，成日酣饮沉醉，当时号称"竹溪六逸"。

玄宗天宝初年，李白南游到会稽（今浙江绍兴），和吴筠友善。吴筠被召入京，所以李白也到了长安。

李白在长安，去拜见贺知章。贺知章见到他的诗文，感叹地说："您是个天上贬下人间的仙人啊。"并在玄宗面前说起，玄宗于是在金銮殿召见李白，论当代的大事，献上一篇赋颂。玄宗皇帝赐李白吃的东西，并亲自为他调羹，下诏命他为翰林供奉。李白和酒徒还在街市中醉酒，玄宗皇帝坐在沉香子亭，忽然意有所感，想要听演奏歌唱李白的歌词，于是召李白入宫，而李白已经醉倒，左右侍从用水洗他的面，酒醉稍醒，拿笔给他，他提起笔一挥而就，下笔成文，词章婉转华丽，意精旨切，一气呵成，不留馀思。玄宗皇帝爱他的才华，几次召见宴请。李白曾经陪玄宗皇帝饮酒，醉了，让高力士为他脱鞋。高力士平素为朝中显贵，当替李白脱鞋，深以为耻，于是挑剔他诗中的毛病，并加以附会，以激怒杨贵妃。玄宗皇帝想让李白当官，杨贵妃总是从中作梗加以阻止。

李白自己知道不被玄宗的亲近所容忍，愈加桀骜不群，放荡不羁，和贺知章、李适之、汝阳王李琎、崔宗之、苏晋、张旭、焦遂并称为"酒中八仙人"。李白恳求引退还山，玄宗皇帝也就赐给他金帛，让他回去。

李白浮游漂泊于四方，曾经于夜间借着月色，和崔宗之乘船从采石矶至金陵（今江苏南京），身上穿着皇帝所赐宫锦袍，坐在船中，旁若无人。

安禄山起兵造反，天下大乱，李白辗转于宿松（今属安徽）和匡庐（今江西庐山）之间。永王李璘聘请他到幕下当僚佐，及至永王起兵，心怀不轨，他即逃回彭泽（今属江西）。永王失败后，李白论罪当斩。其初，李白游并州（今山西太原）曾见郭子仪，暗暗称奇。当时郭子仪曾犯法，应受处罚，李白救了他，他才免受处罚。及至李白论罪当诛的时候，郭子仪愿解除官职以赎李白之罪，于是他得免于一死，朝廷下诏，把他长期流放夜郎。正好碰上大赦，又回浔阳（今江西九江），因事获罪下狱。那时宋若思率领吴地之兵三千人将赴河南（今河南洛阳），道经浔阳，将李白释放了，并聘请他为行军参谋，没多久，又辞去参谋之职。李阳冰任当涂（令属安徽）县令，李白去投奔他。代宗即帝位后，召李白任左拾遗之职，而这时李白已经逝世了，终年60余岁。

李白晚年颇好黄老之学，经牛渚矶来到姑孰（今安徽当涂），喜欢谢朓终老的青山，他也想在此地终老。等他死了，先葬在龙山东麓。元和末年，宣歙观察使范传正到姑孰祭奠他的墓，并下令禁止在李白坟墓周围采樵和放牧。范传正访问李白的后裔，只有嫁给平民为妻的两个孙女，行为举止仍然保持着斯文世家的风范。她们见了范传正，哭泣地说："先祖志在青山，临时葬在龙山东麓，不是他的本意。"于是改葬于青山，并立了两通石碑。他还告诉李白的两位孙女，要将她们改嫁给士族为妻；两位孙女辞谢说孤独穷苦而失身于平民，是命该如此，不愿再嫁。范传正嘉奖感叹不已，免除其夫的徭役。

唐文宗时，下诏以李白的歌诗，裴旻的剑舞，张旭的草书，合称为"三绝"。

安史之乱

　　唐朝前期，军事方面上承隋及北周，实行府兵之制。为了保卫唐朝中央政府所在地的长治久安，府兵的军府多数设于关中，"举天下兵不敌关中"，形成了居重驭轻的形势。府兵由百姓中简点，轮番服役，担任宿卫及征防。有事出兵则由朝廷命将统率征行，战争结束则兵散于府，将归于朝，这样，就不会有边将拥兵自重的情况。睿宗时期，始于边境设置节度使，统领边防军镇，逐渐成为常设的地方军事长官。玄宗时期，边烽日警，为控制和防御周边少数民族，节度使数目增加到十人。此时府兵制已逐渐瓦解，朝廷宿卫不给，用招募的"矿骑"（长从宿卫）以代替番上的府兵。边军也由自愿长留戍边的"长征健儿"充当，不再由内地调发。节度使统领"健儿"组成的长驻边军，对外作战，对内镇抚，军权越来越重。不仅如此，节度使还往往兼管区内的支度、营田等使，集军、政、财等大权于一身。此外，节度使最初由胡族将领来担任。天宝中，宰相李林甫为了巩固自己的地位职权，"志欲杜出将入相之源"，进一步造成胡族武人长期专兵的情况。天宝后期，朝廷政治日益腐败，中央军备日益松弛，外重内轻、尾大不掉的局面也因此形成。安禄山便在这样的形势下起兵叛唐。

　　安禄山和史思明都是营州（治今辽宁朝阳）一带的杂种胡人。均通晓边境少数民族语言，而且骁勇多机智。做过互市牙郎，后都成为幽州节度张守张珪手下的捉生将。安禄山升任平卢兵马使时，以贿赂结交唐廷派往河北的使臣，博得玄宗的称许。以后又因善于谄媚逢迎，骗得玄宗和杨贵妃等人对他的信任支持。唐朝河朔一带由于贞观以后东突厥的败亡迁徙，在开元天宝年间逐渐成为一个诸种民族杂居的复杂"胡化"区域。出身胡人，熟悉民族风俗习惯而又多权术智计的安禄山，便被唐朝廷看作羁縻统治这一复杂地区和抚绥周围少数民族，安顿边境的最合适人选。为此安禄山于天宝元年（742年）从营州都督被升为平卢（今辽宁朝阳）节度使；天宝三载，兼范阳（今北京）节度使，河北采访使；十载，又兼河东（今山西太原西南）节度使。一人而身兼三镇，掌握了今河北、辽宁西部、山西一带的军事、民政及财政大权。天宝十一年，史思明也由于他的推荐被任命为平卢兵马使。

安禄山利用唐朝廷对他的信任，不断扩充实力。他曾利用征战和欺诈的手法镇压契丹、奚等少数民族，并借北机会将同罗、奚、契丹降人八千收至麾下，养为假子，称"曳落河"（胡语，意为壮士），皆骁勇善战。又贮备战以数万匹，多聚兵仗，分遣胡商至各处经商致财。天宝十四载，又请以蕃将 32 人代汉将，组成一个以少数族武人为骨干有汉族失意文人参加，并为其出谋划策的武装军事集团。

安禄山在经过长期的准备之后，兵力雄厚。他深知长安朝廷腐朽、兵力虚弱的内情，又因与宰相杨国忠争权，于是在天宝十四年十一月，以讨杨国忠为借口，发所部兵汉、同罗、奚、契丹、室韦共 15 万众，号称 20 万人，在范阳起兵。

安禄山起兵后，河北州县，望风瓦解，守令或逃或降，或被擒杀，没有敢抵抗的。叛军军锋迅速指向洛阳（今河南洛阳东）。消息传到朝廷，唐玄宗相信杨国忠的话，以为叛乱很快就会平息。于是派大将封常清至洛阳，开府库募兵，旬日间即募得六万人。但常清所募兵皆市井白徒，没经过训练，在与安禄山的军队激战中，很快就被打败，洛阳失陷。安禄山纵兵杀掠，封常清与驻屯陕州（今河南三门峡西）的大将高仙芝一起退守潼关（今陕西潼关东北）。玄宗听信监军宦官边令诚的诬告，杀死高、封两人，起用病废在家的大将哥舒翰统兵赴潼关。天宝十五年正月，安禄山在洛阳称大燕皇帝，命令部将史思明经略河北。

洛阳失陷后，常山（今河北正定）太守颜杲卿与平原（今山东陵县）太守颜真卿起兵征讨安禄山，并号召诸郡响应。河北人民不堪忍受叛军的残暴行为。纷纷自发组织队伍，多则二万，少则万人，抗敌自保。这时玄宗已下诏欲亲征，令朔方、河西、陇石等镇节度使率兵勤王。于是唐朝大将郭子仪、李光弼率朔方军步骑一万东征河北。李光弼分兵先出井陉（今河北陉北），与史思明的军队在常山相持不下常山。后与郭子仪合兵，趁史思明军疲惫懈怠之机，大破之于嘉山（在常山郡东），斩首四万级，捕房千余人，史思明狼狈逃奔于博陵（今河北高阳西南）。战争的胜利鼓舞了唐军的士气，河北民众也参加到郭、李军中，河北十余郡多杀叛军守将，重归朝廷，切断了安禄山军队前后方的联络，使家在范阳的叛军将士军心动摇，安禄山甚至想放弃洛阳逃还老巢，唐朝很有讨平叛乱的希望。但杨国忠疑心驻防潼关的哥舒翰，不采纳他据险坚守以待敌内变和由郭子仪、李光弼引兵北取范阳，覆敌巢穴的建议，怂恿玄宗促令哥舒翰出兵收复陕洛。是年六月，哥舒翰被迫出兵，与敌将崔乾佑战于灵宝（在今河南省西部）西原，结果被打得大败，唐20万大军一战覆没，潼关失守，哥舒翰也被擒，投降了安禄山。

潼关陷落后，长安震动，玄宗仓皇逃往成都，行至马嵬驿（今陕西兴平西），军士兵变，杀了杨国忠，玄宗被迫缢杀宠幸的杨贵妃。马嵬民众遮道留玄宗，玄宗没答应。太子李亨留下，遂即奔往朔方节度使所在的灵武（今宁夏灵武西南），依倚朔方军。同年七月，太子即皇帝位于灵武，这就是灵宗，入元至德，遥遵在成都的玄宗为上皇天帝。

安禄山派部将孙孝哲进入长安自己仍留洛阳。叛军在长安，搜捕、屠杀皇亲国戚，百官扈从都的家属及安禄山的政敌等，对投降的官僚则授以官爵，送至洛阳。又大肆搜括坊市民财，搞得民间怨愤不安。百姓日夜盼望唐军的到来。他们时常杀叛军官吏，使叛军穷于应付，连长安西门以外都控制不住。叛军此时声势虽炽，"西胁河陇，南侵江汉，北割河东这半"几乎占领了北半部中国。但安史将领都粗猛没有远略。只知道日夜饮酒，且专以声色财贿为事，已无再进取之意，使唐军得到了重新整备、调集兵力的机会。

在此前后，唐将领鲁炅守南阳，与叛军相持一年之久（至德元载五月到二载五月），后退守襄阳，阻挡了叛军向江汉地区侵扰的道路。填源（今河南鹿邑）县令张巡在吏民支持下，转到雍丘（今河南杞县）坚守十个月，最后到睢阳与太守许远合兵，在矢尽粮绝与朝廷音讯不通的情况下仍苦守十个月（至德元载十二月到二载十月），保卫了江淮地区。睢阳失陷后，张巡等壮烈牺牲。鲁炅、张巡等的抗敌斗争，牵制了安史的兵力，使他们无法向南方发

展，也使唐军赢得了时间，并保障了江南财赋对唐朝廷源源不断的补给。

长安失陷后，郭子仪、李光弼奉命率步骑五万自河北至灵武，壮大了朝廷的声势。河西、北庭、安西等道的兵也前来会合。唐廷又得到回纥、于阗及西域各族的援助。至德二载（757年）正月，

安禄山被他的儿子安庆绪杀死。李光弼坚守太原（今山西太原），史思明攻之不克，屡为所败。郭子仪也收复了河东（今山西记济蒲州镇）郡。这时大臣李泌提出了先取范阳，覆叛军巢穴，以免叛军势焰复帜的建议。但肃宗急于收复两京，未能接受他的意见。这年九月，肃宗使广平王李俶（后为唐代宗）与郭子仪统朔方军及借来的回纥、西域兵共十五万自凤翔（今陕西凤翔）出发，攻克长安，十月收复洛阳，安庆绪逃往邺郡（相州，今河南安阳）。留在范阳的史思明收复残兵，为安庆绪所忌，率领所统十三郡及兵八万降唐，唐封他为归义王，任范阳节度使。但唐廷对他不放心，策划消灭他。事泄，史思明遂反，与安庆绪遥相呼应，战事又起。

乾元元年（758 年）九月，唐朝派郭子仪，李光弼等九节度使统兵 20 余万（后增至 60 万）讨伐安庆绪，声势虽大，但无统一指挥，肃宗以宦寂鱼朝恩为观军容宣慰处置使以统辖之。初期还有进展，包围了邺城，次年三月，史思明率兵来援，焚夺唐军粮草，唐军缺乏粮草。不久接战，唐军 60 万众溃于城下，各归还本镇。史思明杀安庆绪，因到范阳，称大燕皇帝，九朋复攻占洛阳，上元二年（761 年）二月，李光弼攻洛阳失败，三月，史思明为其子史朝义所杀，叛军将士离心，多次为唐军所败。宝应元年（762 年）十月，唐使仆固怀恩再借回纥兵收复洛阳，并乘胜追击。史朝义奔莫州（今河北任丘北），次年正月，史朝义想亲自到幽州发兵救援，至范阳，为部下所拒，欲北奔奚、契丹，为部将李怀仙追及，穷迫自杀，历时七年零两个月的安史之乱，此时才宣告结束。

安史之乱是唐朝由盛而衰的转折点。在这次动乱中，中国北方地区的人民遭受了一场空前浩劫，社会经济也受到严重破坏。同时战乱虽然平定，但安史降将田承嗣、薛嵩、李怀仙等却均被朝廷安置于河朔一带任节度使，藩镇割据的局面开始形成。此后内地也相继设立节度使，与中央相抗衡，造成中央与藩镇及藩镇及藩镇之间连绵不断的战争。此外由于战乱中，朝廷曾内调河西、陇右的边防军队以讨安史，因此边备空虚，吐蕃趁机入侵，唐朝不仅丧失了西域的势力，连关中也不能保证安全，使唐朝中央政府日益陷入困境。

"诗圣" 杜甫

　　杜甫,字子美,祖籍襄阳(今湖北襄樊),后来迁徙河南巩县(今属河南)。曾祖父杜依艺,官位最终为巩县令。祖父杜审言,官终膳部员外郎。他在本书中自立传。父亲杜闲,官终奉天(今陕西乾县)县令。

　　杜甫天宝初年参加进士第考试,没考上。天宝末年,杜甫向朝廷献上《三大礼赋》,玄宗皇帝觉得这篇赋很新奇,便召他入朝考作文,授给他京兆府兵曹参军。

　　天宝十五年,安禄山叛军攻陷京师,肃宗在灵武征集兵力抗击叛军。杜甫夜里逃出京师长安,奔赴河西,在彭原郡拜谒肃宗,任右拾遗之职。房琯没当官以前和杜甫交朋友,这时房琯已官至宰相,请亲自为帅,率军讨伐叛军,肃宗皇帝准许他。当年十月,房琯的军队在陈涛斜战败;第二年春天,房琯被免去宰相职务。杜甫上疏说房琯有才华,不宜罢官。肃宗大怒,贬房琯为刺史,让杜甫离开京城到华州(今陕西华县)任司功参军。那时关中京畿遭到战乱,人民流离,粮食奇贵,杜甫西行,寓居成州同谷县(今甘肃成县),亲自到山中去背柴火,采橡粟,儿女被饿死好几个。过了很久,朝廷召杜甫补京兆府功曹。

　　上元二年(761)冬天,黄门侍郎、郑国公严武出镇成都,上奏举荐杜甫为节度参谋、检校尚书工部员外郎,赐绯鱼袋。严武和杜甫其父辈就有交谊,是世交。所以给杜甫的待遇很优厚。杜甫的个性褊促躁急,器量狭小,依恃严武之恩,放浪恣肆,曾乘醉登上严武所坐的床,盯住严武看,说:"严挺之竟有这样的儿子!"严武虽然也褊急暴躁,但并不认为杜甫这样做是忤逆的举动。杜甫在成都浣花里种竹植树,在江边结庐而居,成天饮酒,长啸吟诗,和乡下野老农父相戏谑,毫无拘检。严武去看望他,他有时不戴冠就和严武相见,十分倨傲怪诞。

　　永泰元年(765)夏天,严武死了,杜甫没有什么人可以依靠的。直到郭英义取代严武来镇成都,英义是位粗暴的武人,不受杜甫的干谒,杜甫只好游东蜀去依靠高适。待他到了东蜀,而高适也已经死了。这一年,崔宁杀死郭英义，杨子琳攻打西川，蜀中军阀混战，乱成一团。杜甫携家出川，避乱到荆楚之地。所乘的船还没在三峡外的江陵靠牢，江陵也已动乱，于是溯流湘江，往游衡山，寓居耒阳。杜甫曾游南岳庙，被暴涨的江水所阻，十天吃不到食物。耒阳聂县令得知这个消息，便亲自驾船将杜甫迎接回来。永泰二年，死在耒阳，死时 59 岁。

杜甫的儿子杜宗武，流落湖湘之间，死在那里。元和年间，宗武之子嗣业，将杜甫的灵柩自耒阳迁葬于偃师县（今属河南）西北首阳山之前。

天宝末年的诗人，杜甫与李白齐名，而李白自负其文风狂放旷达，讥诮杜甫诗局促，因而有《饭颗山》诗的嘲讽。元和中，诗人元稹论李白、杜甫的优劣，说：

我读诗读了杜子美的诗，才知道诗之小者大者都能集其精华。早先唐尧虞舜之时，君主和臣下以古歌互相唱和，此后诗人继起，历夏、商、周经过千余年，孔子辑集选取，录其有关教化的好诗三百篇，余者无所见闻。骚人作《离骚》而抒写怨恨愤怒的形态也就多了，然而离《国风》《小雅》和《大雅》的旨意还比较近，尚可以相比并。自秦朝和汉朝以来，采诗的官署既已废掉，天下的妖谣民歌、赞美之颂讽谕之赋，以及配曲娱乐的词，也随时偶有所作。至汉武帝作《柏梁》体的诗，七言诗体才具备。苏武、李陵之辈，尤其善于作五言诗。虽然断句格律各不相同，雅歌和淫词之音也相互间杂，而词意简练深远，叙事抒情，假如不是有所为而为之，则诗文不妄作。建安以后，天下的士人遭遇兵燹之祸，曹氏父子在战争鞍马间作文，常常横槊作诗，所以其诗风格劲健抑扬、哀冤伤离的作品，尤其近于古人所作。晋代诗文的风概，还稍存于世。南朝宋代、齐代之间，教化失其根本，士人以急慢亲近舒缓相推崇，文章则以风貌色泽放旷清新为高等，吟咏抒写性灵、留连光景的诗文，意义骨力却无足取。衰落至梁朝、陈朝，淫靡艳丽雕刻藻饰小巧琐碎之词更厉害，比起宋代、齐代，更不可取。

唐朝兴起，官设之学大振，历代各种文体，能写的人不断涌现。而沈佺期、宋之问之流，研讨练习，既精又切，稳贴地顺着四声体势，所作诗称为"律诗"。从此以后，诗体的演变已到了极限了。然而时尚莫不是好尚古的而遗弃近的，务于华丽的丢掉质实的，仿效齐代、梁代的，不及于魏代、晋代，工于作乐府的，就极力压低五言诗，诗律切当则骨格难于保存，诗意闲暇则纤繁不能备举。至于杜甫，可以说上逼近《国风》《离骚》，下包括沈佺期、宋之问，其词语可胜苏武、李陵，其气概可压倒曹植、刘桢，超颜延之、谢灵运之孤高，杂徐陵、庾信之流丽，括尽古今诗歌的体势，而兼取历代诗人们所擅长，倘若让孔子来考核推敲其诗的要旨，恐怕也不知贵其多呀。如果以为能其所不能，无可无不可，那么自有诗人以来，还没有像杜甫能做到这一点的。

其时有山东人李白，也以诗文奇巧著称，世人称为"李杜"。我看李白的诗，其壮浪纵恣，摆去拘束，描写物象，以及乐府歌诗，的确可与杜甫比肩并列。至于铺陈排比，讲究声韵，长篇达千言，稍次也有数百言，词气豪迈，而风调清深，对仗工整，而脱弃凡俗，则李白尚且不能到达其藩篱，何况登堂入室！

我曾想分析杜甫的诗，按诗体分别归类，留给后人作为标准范式，只因有偷懒的毛病，所以没有完成。

自此以后，撰写诗文的人，都认定元稹所论是正确的。杜甫有文集六十卷。

现实主义诗人白居易

白居易，字乐天，其先祖是太原（今属山西）人。北齐五兵尚书白建，有功于当时，赐田在韩城（今属陕西），子孙就安家在那里。后来又迁徙下邽（今陕西渭南）。父亲白季庚，当过彭城（今江苏徐州）县令，李正己叛变时，他说服刺史李洧归顺，因而提升为襄州（今湖北襄樊）别驾。

白居易聪敏颖悟超人，善于写文章。还没到成年，拜访顾况。顾况，吴（今江苏）人，自恃其才，很少被他推许称可的。他见到白居易的文章，自失言说："我以为斯文马上就要绝迹了，没想到今天又得到这个先生。"贞元中，白居易考进士和拔萃科，都考中了，补校书郎。元和元年（806 年），参加朝廷对制策考试，得乙等，调任盩厔（今陕西周至）县尉，为集贤院校理；月中，召入翰林院为学士，迁左拾遗。

元和四年，因为旱灾非常严重，天子下诏税赋有所减免，消除灾害。白居易见诏书事端未详述，遂即建议尽免江淮两地之赋，以救流亡贫病，并且多放出宫女。宪宗颇多采纳。那时，于頔入朝，尽将歌伎舞女收入宫禁之中，或说普宁公主取来献上的，其实都是于頔所喜爱的。白居易认为不如将这些女子放回去，不要让于頔将自己做的这种不正之事推到天子头上。李师道上私钱六百万，为魏征的孙子赎回旧宅，白居易说："魏征任宰相，太宗用盖宫殿的材料建造他的正寝之室，他的子孙不能守业，陛下还应因他是贤者的子孙，赎其宅而赐之。李师道作为人臣，不能掠取此美事。"皇帝听从他的意见。河东王锷将加平章事，白居易认为："宰相是天下人所瞩望的，非有威望很高功勋卓著的人是不可胜任的。而王锷这个人千方百计贪求财物，不体恤民间彫伤疾苦，所得的财物号称'羡馀'，借以献上。今天如果给予重任，四方之人闻之，都说陛下得到他所献的财物，所以给他当宰相。各节度使私下议论说：'谁不如王锷呀？'于是都争着去搜刮老百姓，以得到所想要的。如果都满足他们的要求，必国家纲纪大受破坏；如果不满足他们的要求，那就有厚彼薄此之嫌。事情一旦办得失当，就不可追回来了。"那时候，孙璹以禁卫的功劳，提升为凤翔（会属陕西）节度使，张奉国平定徐州，攻打叛臣李锜有功，升为金吾将军。白居易向皇帝进言："宜罢掉孙璹的官，进张奉国，以震动天下忠臣之心。"度支有囚犯关在阌乡（今河南灵宝）狱中，已经历三次赦令却还不得赦免。白居易又上书奏言："父亲死了，抓他的儿子；丈夫长久关在狱中，妻室嫁出去，债务无偿还之期，囚禁无到头的日子，请一切都宽免了。"奏章送上去十多次，白居易更加知名。

遇上王承宗反叛，皇帝下诏让吐突承璀率领大军去征讨，白居易进谏说："唐朝的制度，每有征伐之事，专委任将帅带兵，责之成其功，近年才有以宦官为都监，督兵出征。韩全义讨淮西，以贾良国监督他；高崇文讨蜀，以刘贞亮监督他。而且发天下兵，从未以宦官专权统领的。神策军既不设置行营节度，就是以吐突承璀为制将，又充诸军招讨处置使，实是都统。恐怕四方之人闻之，必定看轻朝廷。后代会传说宦官为制将是从陛下开始的，陛下难道忍心受此坏名声吗？而且刘济等人至诸将，都必然耻于受吐突承璀的节制指挥。心中不痛快，也就无法立功了。这实在是帮助王承宗的奸行，而挫败诸将的锐气。"皇帝不听。接着兵久不发，师老而未决，白居易又上书说："陛下讨伐叛将，本来委托吐突承璀，外援则有卢从史、范希朝、张茂昭。今吐突承璀进兵而不决战，已丧了大将，范希朝、张茂昭经过数月才入叛贼之境，观看其形势，像是暗中相勾结定计，空得一县之地，就壁立不进，定无成功之理。如果不迅速罢掉他，将有四害：以府库的钱币金帛和齐地民脂民血助河北诸侯，使之更加富强，这是一害；河北诸将听说吴少阳受朝廷之命，将要请求洗涤王承宗，奏章一上再上，无不许，则河北合从，各种势力联合，其势必定更加坚固，悬信的予之或夺之，都在下面而不出朝廷，这是二害；今正逢溽暑湿势，而师暴露野外，兵气像被熏被蒸似的，虽有不顾一死的勇气，谁能忍受这样的痛苦？又神策军募来市民杂入其中，不习惯于兵役，如有奔走逃亡相影响，诸军必动摇，这是三害；回鹘、吐蕃常有游骑侦察，听说讨伐王承宗，已历三个季节而无战功，那么我们军队的强弱，军费的多少，他们一旦知道，乘虚而入，进犯边境，那里能救头不救尾呢？兵连必生祸事，哪里没有卿呢？这是四害。事已至此而罢休，则损威望而且失权柄，只可提防，不能追悔。"正好碰到王承宗自己向朝廷请罪，遂罢兵。

后来白居易入殿中对答，持论强硬，皇帝还没说明白，白居易就进言："陛下错了。"皇帝为之变色，遂罢对，对李绛说："这个人是我自己提拔的，竟敢这样狂，我不可忍此，一定要罢斥他！"李绛说："陛下开言者之路，所以群臣敢于直论政之得失是非。若罢黜白居易，是箝住言者之口，使其自谋，这不是发扬盛德的做法啊。"皇帝领悟，对待白居易和初时一样。官期已满，应当迁转，皇帝因白居易资历较浅，而且家境也很清贫，就听任他自己选择官职。白居易请求像姜公辅那样，以学士兼京兆户曹参军，以便于奉养双亲，下诏称可。明年，因母丧解官，直到服丧期满还朝，任左赞善大夫。

这时，有强盗刺杀宰相武元衡，京都震恐骚扰。白居易首先上疏，请求从速追捕凶贼，以洗刷朝廷的耻辱，并限期必捕。宰相厌恶他越位上书，不高兴。不久，有人说"白居易母亲坠井而死，而他还写《新井篇》，他这个人说话浮华，无踏实作风，不可重用"。出为州刺史。中书舍人王涯上书说白居易不适宜治理州郡，于是追贬为江州（今江西九江）司马。白居易既已失意，却能顺其所遇，托佛教生死轮回之说，像忘了自身形骸似的。很久以后，他又转忠州（今四川忠县）刺史。后入朝为司门员外郎，以主客郎中知制诰。

唐穆宗爱好游猎，白居易献上《续虞人箴》加以讽劝，说：

　　唐朝受天命，已经有十二位皇帝，都兢兢业业，勤于执政。鸟禽生在深林里，野兽活在茂草之中。春天冬天两季打猎，猎取有一定的规律。这样鸟兽虫鱼，便会各遂其环境而生存。民在野外，君在朝廷，也都各安其位。以前玄祖的遗训是很明白的，说："驰骋打猎，使心发狂。"谁来仿效，是后羿与康叔。曾经不以此为诫，终于覆亡。高祖刚要打猎，苏长进言："不满一百日，不算大快乐。"高祖心里既已领悟，也就停止打猎，后来到了宋璟，也劝谏过玄宗。皇上温和的颜色，听取了臣下的劝谏，臣下也就从容以诤言进谏。宋璟趋走出宫，鸷鹰已死在手中。哎呀！追逐野兽于原野上，赶着马儿奔跑在路上，岂不痛快，但是车马驱驰，恐有颠覆之危惧呀。仔细审察打猎的安与危，是圣上所宜思虑的。

　　不久，白居易转中书舍人。田布拜官魏博节度使，命白居易持节去宣布解说，田布送他五百匹布，朝廷有诏书让他接受，他推辞说："田布的父仇和国耻都未昭雪，人们当以物资帮助他，却去取他的财物，于情谊来说，实在不忍心。正当朝廷派人慰问纷繁的时候，如果都有所赠送，必定贼人未灭而田布的资财已经枯竭了。"下诏听任他辞掉馈赠。

　　那时候，河朔（黄河以北地区）又乱，汇集诸道的兵力出征，迁延时日，没有战功。河朔贼取弓高（今河北东光），截断运粮之路，深州（今河北深县）之围更加危急。白居易上书说："兵多了就难指挥使用，将多了则指挥不统一。宜下诏魏博、泽潞、定、沧四节度，命令他们各守本境，以省军费粮饷。每道各派出精锐兵员 3 000，让李光颜统率。李光颜原有凤翔、徐州、滑州、河阳、陈许各处兵丁不下四万之众，可直接逼近叛贼，开弓高的粮道，联合下博，解除深州之围，和牛元翼会合。恢复裴度招讨使之任，让他以全部太原军从西边压迫其境，见有利时机乘隙夹攻之，有时下令招降，以动其军心，还没到诛杀夷灭之时，贼军必自生祸变。况且李光颜长期为将，很有威名，裴度为人忠直勇敢，可独当一面，没有像这两人的了。"于是时，天子荒淫放纵，宰相才能低下，赏罚又失当，因而坐视叛贼嚣张，而不能有所作为。白居易虽进了忠言，但是不被听取，于是乞外放。为杭州刺史，开始筑堤保护钱塘湖，集中泻水，灌溉良田千顷；又疏浚李泌所凿六井，民赖其汲。又过很久，以太子左庶子分司东都。又拜官苏州刺史，因患病而免去官职。

文宗即位，以秘书监召入朝廷，迁刑部侍郎，封晋阳县男。大和初年，二李党争事发，险与利皆乘之，互相剥夺推移，进或退，诋毁或赞誉，有如日间与夜里互为更迭。杨虞卿与白居易是姻亲，而与李宗闵友善，白居易嫌恶因涉及党争而受人指斥，于是称病移居东都。升太子宾客分司东都。过了一年，即拜官河南（今河南洛阳）府尹，又以太子宾客分司东都。开成初年，起用为同州（今陕西大荔）刺史，不赴任，改为太子少傅，进冯翊县侯。会昌初年，白居易以刑部尚书退休。会昌六年（846年），白居易死，享年75，追赠尚书右仆射，唐宣宗写诗吊唁他。白居易遗嘱说他死后要薄葬，不要请谥号。

白居易被唐宪宗厚待的时候，事无不言，洗除抉择，多被听纳，然而为当道掌权者所忌妒，遂被排斥，所蕴藏的才能不能施展，于是纵意作文饮酒。待到复用为官，所遇又皆幼君，偃蹇难伸，更加不合于时，虽居官却以病辞退，遂无立功扬名之意。和他的弟弟白行简、堂弟白敏中互相友爱。在东都洛阳他所居住的履道里，疏沼种树，筑石楼于香山，凿八节滩，自号为"醉吟先生"，并写了《醉吟先生传》。晚节迷惑于佛教尤其厉害，乃至成月不吃荤，称为"香山居士"。曾与胡杲、吉旼、郑据、刘真、卢真、张浑、狄兼谟、卢贞饮宴集会，都是年事已高不再干事的，人们羡慕他们，绘成《九老图》。

白居易于文章方面颇为精切，但最擅长的还是诗。初时，白居易颇能以诗来规劝讽谏政治的得或失，待写了很多，更是下合世俗所好，数量之多至数千篇，当时士民争相传诵。鸡林（古朝鲜）的商人拿了白居易的诗卖给他们国家的宰相，大概一篇可换得一金，甚至伪作，也能很容易辨别。其初，和元稹唱酬吟咏，故号称"元白"；元稹死了，又同刘禹锡齐名，所以号称"刘白"。他才生下七个月，就能展书识字，其奶妈指"之"与"无"二字，能辨识，试百数次，都不差错；九岁就能暗辨声律。他对才章之厚实，是天性所禀。白敏中当宰相，为白居易请谥，上级官员说谥"文"。后来履道里白居易的第宅终于捐作佛寺。东都和江州人为白居易立祠祭祀。

唐武宗灭佛

佛教在隋唐时期非常盛行。隋文帝"诏境内之民任听出家",于是"民间佛书,多于六经数百倍。"武则天出于政治需要,修佛寺,造大像,所费巨亿。中宗时,韦后、安乐公主及朝廷贵戚也竞相崇饰寺观,奏度人为僧。玄宗时虽一度淘汰僧尼,整顿寺院,但安史之乱后,社会动荡,统治阶级更大力提倡佛教。肃宗、代宗均在宫中设置道场,"有寇至则令僧讲《仁王经》以禳之,寇去则厚加赏赐。"宰相元载、王缙、杜鸿逐渐都喜好佛法,他们不仅造寺无穷,还为皇帝言因果报应,甚至上朝也多谈佛事,"由是中外臣民承流相化,皆废人事而奉佛",弄得政治刑罚日益紊乱。有唐一代还多次为迎送佛骨兴师动众,大事铺张。宪宗时为去凤翔(今属陕西)法门寺迎佛骨,搞得长安举城若狂,百姓"焚顶烧指,百十为群,解衣散钱,自朝至暮,转相仿效,惟恐后时。"佞佛的情形在唐后期也一直有增无减。武宗时祠部的统计数字表明,当时全国有寺院4 600所,兰若(小寺院)四万所,僧尼260 500人。遍设各地的寺院不仅占据了大量的良田美地,而且了利用它们的免税特权,包庇了众多的人口。当时除了富户多丁,削法避役,将寺院当成最好的庇护所外,许多贫苦百姓为不纳赋税,也投靠依附寺院,成为寺院的寺户或佃户,他们耕种寺院的土地,为寺院提供无偿的劳动,使得寺院经济大为发展,而封建政府的纳税人户却日渐减少。此外,天下佛寺大量销铜铸造佛像,使得市场上铜钱大为减少,加重了唐后期钱重货轻的矛盾。

武宗即位以后,深感佛寺和僧尼众多"耗蠹天下",对国家财政也影响极大。会昌三年(843年)唐朝廷对泽潞用兵,军费不足,而关中、河东等地,又连年发生蝗灾。在这种情况下,冲击佛教寺宇,没收僧尼财富,就成为可行的一途。武宗本人原来就倾向道教,在道士赵归真的鼓动和宰相李德裕的支持下。武宗决心灭佛。他首先下敕没收僧尼的私人钱物田庄,减少僧尼所畜奴婢的数量。会昌三年,长安左顺两街勒令还俗的僧人共3 400余人,同年三月下敕,代州五台山及泗州普光王寺,终南山五台、凤翔府法门寺,"并不许置供及巡礼者",犯者即受春杖处置。由此"四处灵境,绝人往来,无人送供。"

灭佛之举在会昌五年达到高潮。其年八月。下敕省并天下佛寺。规定长安、洛阳两街仅各留二寺，诸道节度观察使治所及同、华、商、汝等州各留一寺，并将寺院分为三等，上等留僧20人，中等留10人，下等留5人。其余26万余僧尼笋冠勒令还俗充两税户，还有寺院的十五万奴婢，以及人数超过僧尼笋冠一倍，投附寺院充使令的良人（即寺户百姓等）也同时放为两税户。除上述应留寺院之外，44 600余所小寺院均限期毁撤，并遣御史分道督察。寺院的财产也没收充官。其时共收良田数千万顷。拆下的佛寺木材用以修葺官府和驿舍。中书又上奏将废寺的铜像、钟磬委盐铁使铸钱，铁像委本州铸为农器，金、银、鍮石等像也销付国库。而且限令衣冠士庶之家所藏金、银铜像也必须如期纳官，否则就按禁铜法处理。在此之后，管理僧尼的部门也从祠部改为主客（祠部、主客为尚书省礼部所隶二司，但祠部主祭祀，主客掌接待外国宾客），以明其为外国之教。与此同时，武宗还在八月的制书中，明确指斥佛教"劳人力于土木之功，夺人利于金宝之饰"，"坏法害人，无逾此道"，并指出其僧尼"皆待农而食，待蚕而衣"，其寺宇招提"皆云构藻饰，僭拟宫居"，是造成民间物力凋耗、风俗狡诈的一个主要原因，同时还将这次废佛称作是"惩千古之蠹源，成百王之典法"、"济人利众"的一件大事，进一步表明了他灭佛的决心。武宗灭佛之举取得很大成功，大批寺院迅速被毁废。唐朝廷也在这次灭佛中获得不少财政收入，并借助它消灭了企图割据泽潞的刘稹。此外，这次运动波及江南、岭南，影响很大，武宗李炎也因此与北魏太武帝拓跋焘、北周武帝字文邕以及五代周世宗柴荣并称为历史上主持灭佛的"三武一宗"。

武宗灭佛后不久就死去，宣宗即位，修复废寺，"度僧几复其旧"，重新恢复了对于佛教的崇奉和寺院的物权。懿宗、僖宗时也都进行大规模迎送佛骨的活动。这些佞佛的举动，使佛教得以再度繁荣。

五代十国

（公元 907 年～公元 979 年）

公元 907 年，唐宣武节度使朱全忠逼唐哀帝禅位于己，建立了后梁，中国历史由统一再次进入分裂时期，即五代十国时期。从 907 年到 960 年短短的几十年期间，相继统治中国黄河流域的有后梁、后唐、后晋、后汉、后周五个朝代，史称五代。与此同时，南方也先后出现了前蜀、吴、闽、吴越、楚、南汉、南平、后蜀、南唐等九个割据政权，再加上在山西建立的北汉，史称十国。

"五代十国"是中国继魏晋南北朝之后再度陷入分裂混乱的时期，是安史之乱以后藩镇割据局面的延续和扩大。与此同时，各地人民反对分立割据带来的制度不一、关卡林立、禁令繁多、商税苛重等种种灾难，又由于契丹贵族的掠夺，人民要求统一，以便集中力量进行抵御。到了五代后期，统一的趋势已日益明显。公元 960 年，后周殿前都点检赵匡胤趁周世宗柴荣在北伐契丹的战争中病死，7 岁幼子柴宗训即位之初，发动陈桥兵变，夺取了后周政权，建立了北宋。此后，经过一系列的战争，到公元 979 年，北宋再次统一中国。五代十国的割据局面也告结束。

五代十国时期，由于北方战乱频繁，政局动荡，南方则相对稳定，全国的经济重心从黄河流域转移到了长江流域，农业、手工业、商业比较发达，海上贸易也相当繁荣。这一时期，起于唐代的词创作开始走上兴盛阶段，书法、绘画领域的成就也在中国文学和艺术史中占有重要地位，对北宋乃至后世都有较大影响。

朱温建梁

　　朱温，宋州砀山县（今安徽砀山）人。黄巢起义后，朱温投军，攻下长安后，任同州防御使，受命进取河中。在攻取河中时，多次为河中节度使王重荣所败，不久叛变，归附唐朝。唐授以左金吾大将军、河中行营招讨副使，赐名全忠。

　　中和三年（883年），唐纠聚诸镇围攻长安，朱温因功被授宣武节度使，与河东节度使李克用击黄巢。汴州之战取胜，朱温在上源译设宴款待李克用，克用乘醉出言不逊，激怒了朱温，于是当晚包围驿馆，四处纵火，想一举消灭李克用。李克用仓皇逃出，回到晋阳，屡次上表奏请讨伐朱温，僖宗下诏，劝谕双方和解。朱温正欲全力对付秦宗权，便厚币卑词，向李克用谢罪，双方冲突暂缓和。

　　横行河南的秦宗权自黄巢东撤之后，独树一帜，自称皇帝，倚仗兵多将广，攻占洛阳、河阳（孟县南）、许州、汝州（临汝）、怀州（沁阳）、郑州、陕州、虢州（灵宝）等地。朱温和陈州刺史赵犨协力，又拉拢兖、郓的朱瑄兄弟共同对付秦宗权。光启三年（887年）秦宗权自郑州猛攻汴梁，朱瑄得兖、郓援兵，大破秦军，斩首两万余级，秦宗权遂弃陕、洛、怀、许、汝诸州南逃。次年，唐朝任朱温为蔡州四面行营都统，节制诸镇，进讨秦宗权。宗权屡遭挫败，被部将押送汴梁斩杀。朱温因讨伐有功，被封为东平郡王。

　　汴州战役刚刚结束，朱温就以朱瑄招诱汴州军士为口实，挑起冲突，派大将朱珍前往侵伐。景福二年（893年），在巨野击败朱瑄，将三千余名俘虏全部杀光。在攻取徐泗、兖、郓三镇同时，进攻淄、青。先取徐州，又在乾宁四年（897年）吞并兖、郓，杀朱瑄，朱瑾以残部投奔淮南杨行密，淄、青镇王师范乞降于朱温。至此，朱温尽得郓、齐、棣、兖、沂、密、许、郑、滑、汴、诸州，势力超过了李克用。

　　僖宗死后，杨复恭立寿王李杰为帝，是为昭宗。杨复恭专横跋扈，为所欲为，使昭宗和宰相孔纬、张濬等不能忍受，决定采取措施，扫除宦官。他们依靠宣武节帅朱温，朱温建议先讨伐李克用，因为李克用是杨复恭的后盾。大顺元年（890 年），唐廷下诏革除李克用官爵，以张濬为统帅，孙揆为泽潞节度使，兼任副统帅，以朱温为南面诏讨使，卢龙节度使李匡威为北面招讨使，三面配合，共同讨伐河东。李克用以杨复恭为内应，动用精锐兵马一举挫败了唐军，昭宗无奈，只有恢复李克用的官爵，谪贬张濬、孔纬。

朱温在昭宗被困华州时，与被黜宰相崔胤勾结，要挟昭宗收回成命，重任崔胤为相。崔胤靠朱温的力量，重登相位，并且劝朱带兵入关，制服李茂贞。李茂贞自知不是朱温的对手，于光化元年（898 年）送昭宗回长安。昭宗回到长安后，就和崔胤密谋

诛灭宦官。光化三年，宦官刘季述等发动兵变，闯入宫中，废昭宗。朱温以勤王为名，出兵讨伐刘季述，朱温尚未入关，崔胤已策动神策将校杀刘季述，昭宗复位。此后，昭宗与崔胤曾打算尽除宦官，但李茂贞与韩全诲却勾结一起，在韩全诲的指使下，先将昭宗劫至凤翔。朱温闻讯，领兵进入长安，继而发兵凤翔。次年，大举围攻凤翔，李茂贞在救援断绝、无力固守之后，请求议和。朱温挟昭宗回长安后，与崔胤合谋，以诏书的名义将朝中宦官数百人全部杀掉，并诏示诸镇，全部独立核算掉在监军中的宦官。

昭宗自到洛阳后，仍每天忧虑发生意外事变，整日与何皇后沉湎酒中，或相对哭泣。朱温让枢密使蒋玄晖侦察昭宗的言行，并随时向他通告。当时，占据各地的藩镇将领李茂贞、李克用、刘仁恭、王建、杨行密等往来传移檄文，以兴复皇室为辞，朱温怕宫中产生变故，就想杀掉昭王，另立幼君，以谋求禅让取代。唐昭宣帝天祐元年（904 年）八月十一日，枢密使蒋玄晖带领龙武牙官史太等 100 人，在夜里敲击何皇后殿门，说军事前线有急事奏报，要面见昭宗。夫人裴贞一去开门，见到来者身怀兵器，就说："有急事奏报用兵器干什么？"史太杀了她。蒋玄晖问："陛下在哪里？"昭仪李渐荣对内大喊道："宁可杀了我们，不要伤害陛下！"昭宗刚睡，急忙起身，穿着单衣绕柱逃跑，史太追上去把他杀了。李渐荣用身体去挡昭宗，也被杀死。史太又要杀何皇后，何皇后向蒋玄晖哀求，才放了她。

八月十二日，蒋玄晖假造诏令，称李渐荣、裴贞一谋杀昭宗，应该立辉王

李祚为皇太子，更名李柷，代理军国政事。十五日，昭宣帝即位，时年 13 岁。此时，朱温听到杀死昭宗的消息，假装震惊，放声大哭起来，说"奴才们害死我了，让我千秋万代蒙受恶名！"但隔年（905 年），朱温仍让蒋玄晖邀请昭宗诸子全到九曲池饮酒，并在那里把他们全部勒死，把尸体投到了九曲池。六月初一，在柳璨等人的怂恿下又将裴枢、独孤损、崔远、陆扆、王溥等名门宿望之臣三十余人诛杀于滑州白马驿，结束了朝中朋党之争的局面。朱温急于废唐称帝，柳璨献策请依惯例先受九锡，再行禅让，朱温以为柳璨心怀异志，拖延时日，以待外援，将柳璨斩杀。天祐四年，朱温废唐昭宣帝，封为济阴王，并加以囚禁。天复三年（903 年）时，朱温曾受唐封为梁王，于是，就以梁为国号，为与南朝萧梁相区别，所建的新王朝史称后梁。朱温为了消除后患，又杀掉唐昭宣宗。称帝后的朱温改名为晃，是为后梁太祖，升汴州为开封府，称东都，以洛阳为西都，改元开平。后梁建国，疆域包括了宣武、宣义、太平、护国、天雄、武顺、佑国、河阳、义武、昭义、保义、忠武、匡国、镇国、武宁、忠义、荆南等 21 镇。

朱温称帝，并非已经有足够的力量征服中原，他感到镇服人心很不容易，不如称帝造成既定事实，以断绝他人之望。所以，在他称帝以后，依然面临着强大的敌对力量。凤翔的李茂贞以唐朝忠臣的面目出现，致书李克用和剑南的王建、淮南的杨渥，欲发兵讨朱，匡复唐室。李克用死后，其子李存勖继为晋王，据守晋阳，冷眼观变，朱温的篡唐成了他联合诸镇讨伐的借口。在开平二年（908 年）李克用死后，他厉行改革，加强整顿队伍，使晋军上下同心，屡次挫败后梁。开平四年，在柏乡（河北高邑县内）之战中使梁军主力龙骧、神捷两军被歼。乾化二年（912 年）幽州刘守光发兵侵成德、义武，朱温乘机应刘之请攻晋，攻陷枣强，晋军援兵李存审出奇制胜，以骑兵数百名袭击梁军五万之众，朱温惊慌遁逃。第二年，朱温被他的儿子朱友珪所杀，友珪称帝于洛阳。胞弟朱友贞依靠杨师厚的力量在洛阳兵变，杀友珪，于汴梁即位，是为后梁未帝。后梁统治集团内部相互纷争，境内百姓因苛政搜刮而聚众反抗，使后梁的形势更趋恶化。而晋军却乘此全力消灭幽、沧刘氏，全部夺取了河北之地，向后梁进逼，最终袭取汴梁。后梁至此灭亡，历时 17 年。

李存勖建后唐

　　李存勖,沙陀部人。祖父朱邪赤心,被唐懿宗赐姓名为李国昌。父亲李克用,中和元年(881年),受僖宗诏命镇压黄巢起义,三年,拜河东节度使,治太原,后封晋王。唐末,与朱温争霸,混战达二十余年,朱温势力逐渐强大,而李克用却只能孤守晋阳。克用死后,李存勖继立晋王,先灭幽州的燕王刘仁恭、刘守光父子,后驱逐南下的契丹兵出境。同光元年(923年),李存勖在魏州称帝,以唐室后裔自称,继承唐朝统治,故建国号为唐,史称后唐,以区别唐朝,建元同光,李存勖即后唐庄宗。即位同年,大举伐梁,派兵渡黄河,袭取郓州(今山东东平)。梁以王彦章、段凝统兵抵御,彦章分兵围郓州,并与后唐军大战杨刘(今山东东阿县北),不久,彦章因进谗言而被罢免,梁以段凝代之,以至使梁遭受战略上的重大损失。

　　自此为止,后唐、后梁军事势力已趋平衡。但后唐后顾之忧仍很重,仓储寡少,契丹于北边逼扰,潞州李继韬举州降梁,与梁军配合攻下泽州,断绝了唐兵归路,而梁将段凝又渡河北掠澶相二州。李存勖满怀忧患,召诸将临商议对策。宣徽使李绍宏建议放弃郓州,与后梁定约和好,以黄河为界,停止战争,使百姓得以休息。李存勖听后不快,随后与枢密使郭崇韬单独久谈,郭以为目前局势不利,他曾详细地询问过降将康延孝黄河以南的情况,梁将段凝据守南边,并无决策,王彦章逼近郓州,现梁都大梁已无什么军队,如能留部分兵力坚守魏州,再亲率精锐部队,向南进入汴梁,捉住梁帝,便能使后梁全军溃崩。李存勖以为此计甚好,便送魏国夫人刘氏、皇子李继岌回兴唐府,与之诀别"事情的成败,在此一举。如不能成功,就把我们全家集合起来到魏宫全部自焚。"

　　十月,后唐帝率大军从杨刘渡过黄河,向大梁进军。中途经中都城,唐将李绍奇刺伤并活捉了王彦章。王彦章一直看不起李存勖,以为他是个"斗鸡小儿"。李存勖听说抓获了王彦章,心里非常高兴,说:"原来我所忧虑的只有王彦章,今天他已被擒,这是天意要灭梁了。"当天晚上,后唐大将李嗣源率先锋队快速直奔大梁,后唐帝则隔日从中都出发,抬着王彦章跟在后面。这时，王彦章败卒有先跑回大梁的，有人告诉后梁主，王彦章已被抓获，后唐军逼近大梁。后梁主问大臣有何办法，大臣都回答不上。初九晨，李嗣源军队达大梁城，向封丘门发起进攻，梁军出门投降，李嗣源入城。当天，后唐帝李存勖也由梁门进入城中，后梁百官在马前迎接，并跪着请罪。不一会，有人拿着后梁主的脑袋献给李存勖，段凝于归途中听说梁主已死，也带兵投降了后唐，梁亡。

后唐主即位魏州时，拥有天雄、成德等十三节度、五十州，灭后梁后，得到它的全部领域，又进军剑南，并岐，灭前蜀，得汉中及两川之地。庄宗以唐室后裔自称，声言要伸张正义，为唐复仇。恢复官名、府号、寺观门额旧号，连后梁所进行的革除唐朝弊政的措施也一并摒弃，还恢复了唐朝旧的制度。但庄宗继位后对宿将功臣不信任，嫉贤和猜忌使得上下无法团结起来。他擅长音律，善为温柔侧艳的词赋，喜爱伶人，致使伶人、宦官得到宠信，开始干预政事。皇后刘氏专以聚敛财物为己任，天下四方贡献分成两份，一份送庄宗，一份送刘氏。为了掠夺更多的财富，庄宗策划并了吞并吴、蜀。同光三年（925年），庄宗以长子李继岌为西川四面行营都统，任郭崇韬为东北面行营都招讨、制置等使，主持军务。前蜀不堪一击，后唐兵不血刃而取檝、岐，长驱入蜀，前蜀灭亡。郭崇韬在蜀招降纳叛，锐意经营，前蜀降将联合请求李继岌荐郭崇韬为西川节度使，宦官诬陷造谣崇韬尽夺蜀中珍宝，欲以蜀为根据地进行谋反，庄宗密令李继岌杀害郭崇韬父子。郭崇韬冤死后，庄宗又冤杀了降唐名臣朱友谦全家，致使人人自危，诸镇怨愤。

天成元年（926年），魏博将领皇甫晖率兵叛乱，拥立效节指挥使赵在礼为统帅，焚掠贝州，攻下邺都（即魏州）。邢、沧等州也相继发生兵变。李存勖先是派大将李绍荣攻下邺都，但久攻不克，又派李嗣源率皇帝的亲军前往讨伐。三月初六，李嗣源到达邺都城下，但不料军中又发生叛乱，叛兵拔出刀剑把李嗣源围住，要立他为帝。这时李绍荣正好驻扎在邺都城南，李嗣源派人和他联系，要联合邺都叛兵。李绍荣怀疑有诈，没有准许，李嗣源只得带兵回朝廷。但还未到洛阳，李绍荣先送信上奏说李嗣源已叛变，并与乱兵合伙，李嗣源屡次送给后唐帝的信，也都为李绍荣拦截。李嗣源听到石敬瑭的话，只得向大梁进军。后唐帝以为要来攻击洛阳，便率宫出逃，到荥泽时，龙骧指使姚彦温背叛后唐帝，归顺了李嗣源。后唐帝到达万胜镇，听说李嗣源已占据大梁，诸军离叛，神色沮丧，登高叹息说："我不能成功了！"

　　四月初一，指挥使郭从谦叛变，率兵从军营出来，攻打行宫。这时后唐帝正在吃饭，听说兵变即率领诸王和近卫骑兵反击，将叛兵赶出兴教门。乱兵焚烧兴教门，沿城墙进入，后唐帝身边的大臣和禁兵都丢盔弃甲偷偷逃跑了，不一会，后唐帝李存勖为流箭击中，很快死去。刘皇后装好金玉珠宝，和申王李存渥、李绍荣领七百骑兵出逃。李嗣源率军进入洛阳、初八，李嗣源在百官的再三请求下，任监国，入兴圣宫居住，称殿下。二十日，嗣源即帝位，改名亶，改元天成，是为明宗。

　　明宗即位后，革除前朝弊政，诛戮宦官，剪除佞幸，惩治贪蚀，废除苛法，关心民瘼，对于伶官则大施放逐、诛杀。这些改革，无疑带来了一定的良好效果，政局出现了转机。但是，由于本身才能不足，又无良臣辅佐，而且猜忌大臣，势必造成奸佞得势、上下离心，对藩镇的姑息，也造成了藩镇力量的膨胀。孟知祥割据剑南，明宗以石敬瑭讨伐，无功而还。明宗便用和解的办法，听任其发展，使诸镇更为骄纵，屡为叛乱，如义武节度使王都勾结契丹的叛乱。明宗吸取了庄宗吝财激起兵变的教训，经常赏军，使府库用资巨大，新增加的赋税又使百姓在饥寒愁怨中聚山林而反。

　　长兴四年（933年）明宗卒，由五子宋王李从厚继位，是为闵帝。当时，明宗养子李从珂镇凤翔，明宗女婿石敬瑭镇河东，两镇各拥重兵。宰相朱弘昭、冯赟对二人很忌惮，二人也并不安心，不赴明宗之丧，朱、冯恐怕他们另有企图，便移敬瑭镇成德，从珂镇河东。

　　应顺元年（934年），李从珂以清君侧为借口，率军东进，闵帝逃奔魏州，从珂杀闵帝，自立为帝，是为末帝。末帝以兵变得位，所以，即位之后，为了满足骄兵悍将的贪欲，极力搜刮百姓，遂使民怨沸腾。

　　清泰二年（935年），石敬瑭在晋阳举兵叛乱，末帝以张敬达为太原四面后马都部署，杨光远为副，统大军讨伐。石敬瑭向契丹求兵援助，自愿为臣子。耶律德光自率五万骑自雁门来援，晋阳围解，耶律德光与石敬瑭会于太原北门外，岫封敬瑭为晋皇帝，敬瑭受册封，于是结为父子之国。石敬瑭割让了燕云十六州给契丹。张敬达拥众五万被困，杨光远杀敬达，率部下归降石敬瑭，各路后唐将领相继投降。耶律德光至潞州时，留下5 000骑兵帮助后晋，石敬瑭进逼洛阳，末帝自杀，后唐至此灭亡。

　　后晋历经晋高祖、晋出帝两帝，前后存在约12年。

耶律阿保机建契丹国

　　耶律阿保机，契丹迭剌部人。其祖先屡次担任迭剌部的军事首领夷离堇。唐天复元年（901 年），阿保机被推立为夷离堇，控制了契丹八部联盟的兵马。唐天复三年，阿保机又进而成为"总知军国事"的于越，并兼任夷离堇的军职，掌握了遥辇氏部落联盟的全部军政实权。后梁开平元年（907 年），契丹八部大人罢免了遥辇氏的痕德堇可汗，改选阿保机为可汗。在三年任期满后，阿保机依仗他的强大力量，屡次拒绝接受替代。后梁开平五年，主管政教的惕隐刺葛和阿保机弟迭剌、寅底石、安端等共同策划了反对阿保机的叛乱。战乱爆发前，安端的妻子粘睦姑向阿保机报告了消息，阿保机立即采取措施平息了这场叛乱。五月，阿保机与刺葛等登山盟誓，祭告天地，然后罢免了刺葛的惕隐职务，改任为迭部的夷离堇。后梁乾化二年（912 年）七月，刺葛和迭剌等再一次发动叛乱，并得到了于越辖底的支持，新任惕隐滑哥也参预了这次密谋。这时，阿保机领兵攻掠西南各部，命刺葛领兵攻打平州（今河北卢龙县）。当阿保机十月间还军时，刺葛自平州领兵阻住了阿保机的归路，阿保机引军南移，并当即举行了传统的选汗仪式柴册仪，使反叛者失去了作乱的理由。次日，刺葛等向阿保机臣服。后梁乾化三年（913 年），阿保机再次平定了刺葛、滑哥等的叛乱，并在这年冬天，在莲花泊焚柴祭天举行了传统的选汗选仪之后，对叛乱的迭剌部贵族作了处置。后梁贞明元年（915 年），七部大人在国境边上设伏截住了刚刚击败黄头室韦返国的阿保机，强迫他解除汗位接受替代。在迫不得已的情况下，阿保机不得不交出了象征可汗权力的旗鼓，但借机提出"我为王九年，得到许多汉人，因此请允许我率领我的种落和汉人定居在古汉城，单独为一部"。古汉城在炭山东南滦河边上，是个土地肥沃，宜植五谷，有盐池之利的好地方。阿保机虽交出了汗位，但掌握了盐池，七部皆依靠其盐池供给。次年，阿保机设计引诱七部大人一起到盐池会宴，埋伏下兵马把他们全灭杀害，灭七部后，并为一国。自称"天皇帝"，妻称"地皇后"，建年号"神册"，立儿子倍为皇太子，建国号契丹，按照中原规制正式建立朝廷。

神册元年（916 年），阿保机出兵西征，接受了幽州节度使卢国用的投降，任命他为幽州兵马留后。七月，又领兵向西平服了突厥、吐谷浑、党项、吐蕃、沙陀等部落，俘虏各部酋长及部民 15 600 户，铠甲兵仗器服九十余万。八月，南侵朔州（今山西朔县），擒晋振武节度使李嗣本，乘胜向东，又攻陷蔚、新、武、妫、儒五州。自代北至河曲，越阴山，都被契丹占有。阿保机把武州（今河北宣化）改为归化州，妫州（北京怀柔）改为可汗州，设置了西南面招讨司。神册二年二月，晋新州（今河北涿鹿）副将卢文进降。三月，契丹攻幽州，大破晋周德威军。神册三年，阿保机在潢河（西拉木伦河）沿岸契丹故地城西筑楼做为皇都。次年二月，阿保机修补了辽阳故城，让汉人、渤海人住进去，改称东平郡。冬天，又征服了乌古部，俘获人口 14 200 多，牛马车乘庐帐器物二十多万件。神册五年（920 年）正月，阿保机从侄鲁不古和突吕不受命模仿汉字偏旁，创制了契丹大字。九月，大字制成，颁行。后来，阿保机弟迭刺研习回鹘语文，又创制了契丹小字，数少而连贯。神册六年，阿保机命大臣制定治理契丹和诸夷的法律，契丹统治下的汉人仍旧依照法律而治。突吕不受命撰"决狱法"，成为契丹最早的一部法典。同时，设置了决狱的法官"夷离毕"，并进一步"正班爵"建立新的统治秩序。同年，新州防御使王郁率领山北兵马向契丹投降，这些人被迁到潢水南岸。阿保机乘机率大军进入居庸关，分兵连下檀、顺、安远、三河、良乡、望都、潞、满城、遂城等十几个城池，把当地人民俘虏到北边草地，其中檀、顺州的人们，被分配在东平沈州。皇子倍和王郁侵犯定州，被晋李存勖、李嗣昭部战败。天赞元年（922 年）又开始进攻幽州、蓟州，次年打下了平州。这时晋王李存勖正式代替了后梁称帝，改国号为后唐。阿保机还军，任命次子德光为天下兵马大元帅，继续南侵。天赞三年 924 年，耶律德光略地蓟北，占领平州，侵占唐的大片地区。同年，阿保机及大元帅德光大举西征吐谷浑、党项、阻卜（鞑靼）诸部。九月，至古回鹘城（鄂尔浑河畔、哈剌巴剌哈孙）刻石纪功。十月，越流沙，攻下浮图城（今新疆吉木萨尔北），征服西北诸部。十一月，捕获甘州回鹘都督毕离遏。第二年四月，甘州回鹘乌主可汗遣使"贡谢"。契丹的政治势力由此西达甘州，西北至鄂尔浑河。

天赞四年冬，阿保机领兵东征渤海。阿保机皇后述律氏、太子倍、次子德光等同行。蓟州汉人韩知古、康默记、幽州汉人韩延徽等统率汉军出征。十二月，契丹兵围扶余（今吉林四平）。第二年正月，占领扶余城，杀渤海守将，进围渤海忽汗城，渤海国王諲撰率僚属三百多人出降，阿保机进驻忽汗城，灭渤海国，改渤海为东丹国，封太子倍为东丹王，统治新占领的渤海旧地。辽天显元年（927年）七月，辽太祖阿保机灭渤海后，死在扶余

府。阿保机时代，契丹奴隶主国家还只是初具规模，但它的建立无疑是契丹族历史上划时代的大事。

阿保机死后，皇后述律氏月理朵称制，摄军国事。天显二年十一月，掌握兵马大权的次子耶律德光在述律后支持下，继皇帝位（辽太宗）。太宗统治期间，一再亲自率兵南下。后唐清泰三年（即辽天显十年，936年），后唐河东节度使石敬瑭反唐自立，以割地称臣的条件求得契丹的支持，灭唐建（后）晋。后晋天福三年（938年），派遣使节向契丹送去幽云十六州图籍。燕云十六州从此归入了契丹的统治区域。辽太宗将皇都建号上京，称临潢府。幽州称南京，原南京东平府改称东京。后晋天福七年（942年），石敬瑭死，其侄石重贵继位，向契丹称孙，拒不称臣。契丹连续三次大举南侵，至后晋开运四年（947年）灭后晋，辽太宗耶律德光入晋都开封，改穿汉族皇帝的服装，受百官朝贺。二月，建国号大辽。四月，辽太宗在返回上京的路上，病死在栾城。

刘知远建后汉

　　刘知远原来是后晋的河东节度使。在契丹与后晋互相攻伐时，刘知远采取观望的态度，据守本境。后晋将领杜重威投降契丹贵族后，一部分后晋军逃归河东，增强了刘知远的势力，契丹贵族耶律德光攻入后晋都城开封称帝时，刘知远有步骑五万多，他一面分兵把守河东四境，以防契丹军侵入，一面派部将王峻以进贺表为名，三次入开封刺探辽的国情。王峻先祝贺契丹攻入开封；又陈述太原夷夏杂居，戌兵所聚，故刘知远不能亲自至开封向耶律德光当面祝贺，三上贡物之表。辽太宗耶律德光虽知刘知远刺探之意，但为了拉拢河东势力而赐刘知远木栅，以表示优礼与器重。同时派遣使臣问刘知远："汝不事南朝，又不事北朝，意欲何所依也？"刘知远部将以为辽主已猜忌河东，情形危机，劝刘知远迅速起兵反辽。刘知远分析了当时的形势，以为"用兵有缓有急，当因时制宜。今契丹新降晋兵，虎居京邑，未有他变，岂可轻动？且观其（契丹）所利，止于货财，货财既足，必将北去。况冰雪已消，势难久留，宜待其去，然后取之，可以万全。"刘知远以静制动的计策取得了成功，并为其建立后汉打下了基础。在耶律德光在开封称帝后，刘知远也在晋阳（今山西太原）称帝。为了收揽人心，刘知远称帝而不建国号，并继续使用后晋高祖石敬瑭所用的年号，以示不忘晋朝。辽太宗耶律德光听说刘知远称帝便下令削夺刘知远的官爵，并派耿崇美为潞州（今山西襄垣县）节度使，高唐英为相州（今河北临漳县）节度使、崔廷勋为河阳（今河南孟县西）节度使，包围河东地区。在与辽的争战中，刘知远以迎晋出帝（即石重贵）到晋阳为名出兵抗辽。其下诏令河东各处官吏，不得搜刮百姓的钱帛贡奉契丹，处死所辖地区残酷剥夺百姓的契丹族官吏，慰劳表彰农民及武装抗辽的民众。刘知远的措施与辽在开封附近大肆掠夺的政策形成鲜明的对照，因而获得了民众的支持，后晋的旧臣武装纷纷归附刘知远，为灭辽出谋划策。河东境内及其它地方的民众也纷纷组织起义军，到处攻杀辽的守军，抢占城镇。一些被迫投降辽的后晋官吏此时也杀辽官而降刘知远，并以此谋求官位。刘知远在民众的支持下，先打破了辽的围攻，他支持潞州权知留后王守恩击退耿崇美的进攻。辽所派相州节度使高唐英尚未到任，州镇早已为梁晖占据。会同十年（946年）年末，辽太宗终因中原地区民众起义此起彼伏，无法控制及契丹人不习惯中原水土等原因而仓惶撤军北返。刘知远闻知辽军撤离开封，则召集大臣商议进取之策，诸将认为应出师井陉（今河北井陉），改取镇（今河北正定县）、魏（今河北大名一带），先平定河北，河北定则河南不战自服。部将郭威力排众议，以为出兵河北，兵少路迁，又无应援，难以制胜。他主张先平定陕、晋，后攻汴、洛。刘知远抓住战机，依照郭威的计策，委派自己的弟弟刘崇镇守太原，自己则亲率大军由太原出阴地关（今山西灵石县西南）至晋（今山西临汾县）、绛（今山西新绛县），安定了陕、晋后方，又委派部将史弘肇为先锋，攻进汴洛。史弘肇治军严明，兵卒人人奋勇，一路所向披靡。辽守将闻刘知远进攻，纷纷弃城北逃。洛阳守将在刘知远发兵的前两天便弃城而逃往大梁（今河南开封附近）。刘知远自太原发兵，仅用了21天便占领洛阳。在洛阳下令改国号为汉，即后汉，仍续用后晋石敬瑭天福年号，刘知远则为北汉高祖。自洛阳进军开封，一路畅行无阻。刘知远入开封后，后晋时的藩镇相继降汉称臣，黄河以南的州镇名义上归后汉所有。

刘知远建后汉后，辽将麻答仍磐居黄河以北的恒州（今河北正定县），对当地人民实行残酷的统治，深为当地百姓所憎恨。及至刘知远入开封的消息传到恒州，当地百姓则群起驱逐麻答与辽人。麻答率辽人逃往定州（今河北满城县），与定州辽守将耶律忠（即耶律郎五）合兵。天雄节度使、后晋的叛将杜重威亦与麻答勾结，磐据魏州抗击后汉。刘知远率兵亲攻魏州，杜重威力竭投降，刘知远杀杜重威，魏州归后汉所有。乾祐元年（948年），麻答与耶律忠慑于定州民众起义，弃城而逃归辽国，定州也被收复。后晋末陷入契丹的州县至此已全部为后汉所有。

郭威建后周

五代十国时，武夫专权，政权频繁更替，后汉武夫的蛮横，可谓登峰造极。天福十二年（947年）春，汉高祖刘知远趁契丹兵马撤退之时在太原称帝，拜他的侍卫亲军都虞侯郭威为枢密副使。汉高祖于乾祐元年（948年）病重，将其子刘承祐（隐帝）托于郭威及史弘肇等，郭威被拜为枢密使。隐帝继位不久，李守贞据河中（今山西蒲县）、赵思绾据长安。王景崇据凤翔，连衡抗命，同时反叛。汉隐帝派白文珂等，常思分征讨无功，加拜郭威同平章事，西督诸将，讨代三叛镇。郭威依文官首领太师冯道的策略，不吝官物，赏赐士卒，大得军心。乾祐二年郭威灭河中、永兴（长安）两镇，杀李守贞、赵思绾，别将赵晖灭凤翔镇，杀王景崇，郭威得胜还朝。

持续一年多的叛乱虽相继被平定，但后汉统治集团内部的矛盾仍十分尖锐，将相之间互为仇视，皇帝也因将相权力过高，"厌为大臣所制"。乾祐三年汉隐帝杀掉了总军政的杨樀，典宿卫的史弘肇、掌财赋的王章，并派侍卫马军指挥使郭崇去杀郭威。当时，为了抵抗辽军入寇，郭威被任命为天雄军节度使、出任魏州，仍兼枢密使，节度河北各镇，有机会便行动。他不仅大权在握，而且赢得了内外诸大臣的信赖，汉隐帝派人往邺都（魏州大名府）谋杀郭威一事，成为导火索，激起了郭威的反叛。

十月，诏杀郭威的使者到了。郭威隐匿诏书，与枢密使院吏魏仁浦策划，密谋反汉。郭威倒用留守印，重新伪造了让郭威诛诸将的诏书，这使得诸将群情激愤，皆为郭威所利用。十一月，郭威留义子郭荣守魏州，自率大军渡河，用抢掠来收买士卒，沿途无阻，七日后到了开封城外，汉隐帝被部下溃兵郭允明杀死，郭威入开封城，放纵诸军大掠三日。

当时，汉高祖弟河东节度使刘崇在太原，以备辽为名，拥有强兵；忠武节度使刘信在许州，刘崇子刘赟为武宁节度使，在徐州。如果三镇连兵，号召复兴汉朝，对郭威是不利的。郭威定假迎刘赟为汉帝之计，率百官朝李太后于明德门，请求立为君主，太后令百僚、将校商议。两天后，郭威又请李太后下令立刘赟为帝，使冯道等大臣到徐州奉迎，太后临朝听政。

十二月，契丹入寇，攻破内丘、饶阳两城，李太后命令郭威率大军渡河击辽兵，又命令军国事暂委郭威的心腹王峻、王殷。郭威到澶州，将士数千忽然大喊起来，展开黄旗披在郭威身上，拥立郭威为皇帝，郭威拥众从澶州返回开封。

澶州兵变时，刘赟已到宋州（今河南商丘），王峻、王殷派人带兵去宋、许二州，刘赟被拘留，以李太后名义，废为湘阴公，刘信自杀。广顺元年（951年）正月，李太后令郭威监国，汉亡，郭威即位建元，是为后周，郭威称周太祖。

郭威出身贫苦，颇知民间疾苦。他执政后，二月，出汉宫中器物数十件，于庭中砸碎，表示以汉隐帝为鉴，令珍华悦目之物，不得入贡。三月，恢复了与南唐的商旅往来。

六月，任命王峻为左仆射兼门下侍郎，范质、李谷并为宰相。当时国家新建，四方多敌，王峻尽心尽力，军旅之事，多由他策划，范质谨守法度，李谷沉毅有谋略，他们相辅相成，郭威虚心纳谏，共同为国家渡过困难时期而努力。

十月，北汉主刘崇联合契丹兵入侵，周太祖以王峻为行营都部署，诏诸军皆受王峻节度，听他吩咐。王峻率兵自绛州至晋州，占领了晋州的最险要地方蒙阬，契丹思归畏惧，烧营夜遁，王峻纵兵奋击，大败契丹及北汉兵，此后北汉无意进取，北周的北方基本稳定。广顺二年（952年）春，周又击退了联略南唐进攻的慕容彦超，向南唐显示了周的国力，了打消了南唐的夺取中原的念头，保证了北周政权的稳固。

二年十一月，周太祖废免了后梁以来长期存在的"牛租"，并将民间牛皮一律官收的方法改变为按田亩分摊。广顺三年正月，周太祖又停止废营田，将田地、耕牛、农具、庐舍等分给佃户为永业，鼓励农民耕垦荒地，留心农田水利，民众的负担有所减轻，这一年，后周直接控制的人口增加了三万多户，国家经济逐渐走上正轨。

郭威建后周不同于后唐代梁、后晋代唐、后汉代晋，他继位后实行的一系列政策措施，恢复了北周的农业生产，开始改变中国北方的残破局面。

周世宗的改革

周世宗，本姓柴名荣，他的姑母是周太祖（郭威）圣穆皇后，柴荣自幼随姑在周太祖家，因谨厚深得周太祖喜爱，被周太祖收为义子。柴荣长大后，器貌英奇，善骑射，性沉重寡言。乾祐三年（950 年）冬天，周太祖推翻了汉隐帝统治，建立后周，柴荣被任命为澶州刺史，检校太傅、同中书门下平章事。广顺三年（953 年）拜为开封尹，进封晋王。显德元年（954 年），后周太祖郭威病死，周世宗继位。他在周太祖革弊的基础上，继续进行改革及新政。

周世宗精明强干、志气宏大。即位后，他澄清吏制，赏罚分明，任用李谷、王溥、范质等人为宰相，魏仁浦为枢密使，整顿纲纪，内政上取得了很大成就。

针对当时佛都传播盛行，各地寺院林立，隐匿编户甚多的现象，周世宗实施了他的毁佛计划。显德二年，周世宗下令天下寺院，非敕额（朝廷特许）者一律废除；禁私度僧尼，只许两京、大名府（魏州）、京兆府（长安）、青州五处设戒坛；不得家长允许，不许受戒出家；禁僧俗舍身、断手足、炼指、挂灯、带钳等等迷惑人的恶俗。令两京及诸州每年造僧尼帐，有死亡、还俗，都随时销账。这一年，天下寺观存留 2 694 所，僧 42 000 余人，尼 18 000 余人，寺院废除 33 036 所。减少寺院和僧尼，就是减少剥削者和坐食者，对民众有利。自佛教盛行以来，寺院多销铜钱造佛像，周世宗下令寺院除钟磬拔铎之类得留用外，所有铜佛像，一律送官府收买，用作铸钱原料，这使唐末以来长期缺钱的局面有所改变，有利于贸易流通的发展。

接着，周世宗又开始了他统一中国的战争。当时后蜀割据四川，并占据了陇西的秦、凤、阶、成四州，为了进取四川，显德二年五月，命郭向训，王景代蜀，攻取了陇西四州，显德三年南征，对南唐用兵，至显德五年三月，攻取了淮南、江北十四个州，势力南达长江。

对外用兵的同时，周世宗很注意本国的生产恢复。当时，战乱频繁，民户多离乡背井，四散逃亡。周世宗鼓励民户回乡定居，减免各种无名科敛，对来自西川、淮西和河东等处的流民，一律分给荒闲田地作为永业。他颁布了逃户田地的处理方法，鼓励农民垦殖逃户田，规定田主在三年内回乡的，归还一半耕地；五年内回归的，归还三分之一，均不包括佃户所盖的屋舍和种植的树木、园圃；五年以外回归的，除坟茔地外，一律不归还。至于从契丹统治下回归的人，对他们在外的年限和获得土地的数量等的规定，都相对放宽。显德五年，他依据元稹《均田表》所说的均田租的办法，制成《均田图》，颁发给诸道节度使、刺史各一份，作均田准备。不久，派出朝官34人，分行诸州，均定黄河以南60州田租，取消特权。十二月，下诏诸色课户俸户编入州县民籍，所有幕职及州县官，由朝廷发给俸钱米麦，扫除唐初以来三百多年的弊政。

周世宗也整理了法制。五代相沿，律令格式敕积至一百五六十卷，文字难懂，条目又繁杂不一，贪官污吏得以舞文弄法，陷害民众。周世宗命令御史张湜等注释删节，王溥、范质等据文评议，评定为《刑统》二十一卷。显德五年（958年），颁布《大周刑统》，使全国遵守统一的法律。宋朝仍沿用《刑统》。《刑统》成为继承《唐律》的一部重要律书。

与恢复生产、整顿法律的同时，周世宗在军事上又继续实施他的远大抱负。显德六年三月，他开始北征契丹，收复了燕云十六州中的瀛、莫二州。但在这次北伐契丹的战役中，他得了重病，没有完成"统一"中国的事业，于六年夏天病逝。

周世宗是中国历史上一位杰出的皇帝，他基本上结束了唐末以来政治腐败、藩镇割据的局面，恢复了北方地区的农业生产，为北宋的统一打下了基础。建隆元年（960年）赵匡胤推翻后周，建立北宋，统一中国，但若论结束分裂割据局面的第一有功之人，当属周世宗。

十国的兴衰

开平元年（907年），朱温灭唐称帝，在中国北方建立起梁国。继梁之后，相继出现了唐、晋、汉、周政权，史称后梁、后唐、后晋、后汉、后周，这就是五代。与北方五代更迭的同时，中国南方先后或同时出现了九个割据国，即吴、南唐、吴越、楚、闽、南汉、前蜀、后蜀、荆南（即南平）。此外，北方山西有刘崇所建的汉国，史称北汉。与五代并存的这些割据国称为"十国"。十国兴衰的经过大致如下：

吴越：唐末农民起义时，杭州人钱镠曾率兵镇压，钱镠被委任为镇东、镇海节度使，治所在杭州。不久又吞并了浙东。天祐四年（907年），钱镠被封为吴越王，建吴越国，割据江浙及太湖周围十三州。在唐末及五代十国战争不息的年代中，吴越是当时最为安静的地方。钱镠及其继承者在境内相对地轻徭薄赋，并竭力避免战争，因此吴越国的经济比较繁荣，当地农民利用战争的空隙大兴农田水利，修建堤堰、河渠，建造圩田。吴越统治者还分拨一部分军队屯驻苏州等地，称"营田都"。吴越国五传至钱镠时，降于北宋。自天祐四年建国，至宋太平兴国三年（978年）降宋，吴越国统治江浙地区长达七十多年。

吴：唐末乾符年间（乾符元年—乾符六年，874—879 年），江、淮地区农民起义不断。杨行密原是农民军中的一员，后被官府逮捕，刺史郑棨因其勇武过人，任命他为步奏官。以后杨行密应募为军卒，补为队长，后杀官吏而据有卢州（今安徽合肥一带），其后又与秦彦、毕师铎、孙儒战于扬州。在战争中，杨行密先后占有宣州（今安徽宣城县）、润州（今江苏镇江市）、滁州（今安徽滁县）、和州（今安徽和县一带）、常州（今江苏常州一带）等地，尽有淮南、宣润。景福元年（892 年），唐朝廷封杨行密为淮南节度使，连年的战争，使淮南地区经济凋敝，人烟断绝。杨行密一面安抚流民，恢复生产，一面选练军队，抵抗北方割据者的南下，使南方避免卷入中原混战中，南方割据政权由此而相对稳定。唐天复二年（902 年），杨行密被唐朝廷封为吴王，统辖今江苏、安徽、江西和湖北部分地区。贞明五年（919 年），部将徐温等尊吴王杨隆演为天子，建大吴国。建元武义。天福二年（937 年），徐温子徐知浩（即李昪）篡吴政权，建唐朝，史称南唐，自天复二年杨行密被封为吴王，至天福二年杨溥失权，吴国共传四世，历时三十多年，吴国的割据在当时保护了南方经济的发展，具有一定的积极作用。

南唐：天福二年，吴国部将李昪灭吴，建都金陵，改国号为唐，改元升元。南唐统治者继续推行吴国"与民休息"的政策，鼓励农桑，国力日强，与同时的割据国相比，南唐"地大力强，人材众多"，"隐然大邦"。同时南唐统治者兴科举，建学校，成为五代十国中封建制度最完备、文化最发展的地区。后唐中主李璟，西灭楚，东灭闽，占地三十余州。但李璟优柔寡断，政治腐败，在他当政期间，剥削加重。境内不时地发生农民起义。至后主李煜时，国势则日渐衰败。李煜长于填词，是著名的文学家，但在政治上却十分腐败，沉湎于宫廷的酒色生活中，荒于政事。开宝八年（975 年），宋将曹彬率兵南下，攻占南唐都城金陵，南唐灭亡。南唐共传三世，历时三十多年。

闽：闽的创建人是王潮和王审知兄弟。唐景福二年（893 年），王潮乘黄巢剿起义军起义之际，率兵入闽，占据了泉州、汀州（今福建三明市以西）等地。唐昭宗封王潮为福建观察使，后又升为威武军节度使。王潮死后，其弟王审知自称福建留后。开平三年（909 年）王审知被后梁封为闽王。王审知选任良吏，轻徭薄敛，与民休息，"三十年间，一境晏然"。福建地区的经济和文化在此期间都有所发展。龙德三年（923年），王审知死，他的儿子王延钧继位，龙启元年（933年），王延钧建都长乐（今福建福州市），并称帝，国号闽。改元龙启。闽政权六传至王延政时，阶级矛盾尖锐，天德三年（945年）后唐出兵灭闽。闽共历六世，37年。闽旧将留从效驱逐了南唐屯守泉州的军队，继续割据称雄。一直持续到北宋建国之后。

南汉：为刘隐所创建。刘隐以镇压唐末农民军而起家。天祐元年（904年），唐朝廷任刘隐为清海军节度使，据有今广东和广西地区。天祐二年（905年）为岭南节度使，割据范围进一步扩大。后梁贞明三年（917年），其弟刘䶮称帝建国，国号越，后又改为汉，史称南汉，建元乾亨。刘䶮及其继承人都很残暴。他们在境内横征暴敛，而且刑法极其残酷，甚至有肢解、剥剔等酷刑。南汉的暴政引起人民的反抗，广东的山区与海滨都出现过反抗南汉的武装起义，其中张遇贤领导的起义便由南汉境内发起，北进一直攻打到南唐境内。张遇贤起义军相继攻克了番禺以东的许多县城，并建号"中天八国王"。南汉政权传至刘鋹时，被宋将潘美所灭。南汉政权共传五世，历时六十余年。开宝四年（971年）灭亡。

楚：九世纪末，杨行密击溃孙儒，孙儒部将刘建锋和马殷率师转入湖南。占据潭州（今湖南长沙市）。不久，刘建锋为部下所杀，众人共推马殷为主，唐朝廷亦封马殷为潭州刺史。此后，马殷相继攻占了衡、永、邵、郴等州。后梁建立之后，天祐四年，封马殷为楚王。建都长沙。成为湖南割据王国。马殷结好中原王朝，以为外援，使邻近的割据国不敢轻易进犯。并于交通要道上设置邸务，卖茶取利。他不征商税，招徕四方商贾，以"境内所余之物易天下百货"。同时奖励民间种桑养蚕，使楚国日益富强。马殷当政时，疆域曾远抵广西东部。马殷死后，诸子争位，政局日益混乱，马氏诸子又豪侈成习，对农民进行残酷的掠夺。迫使境内农民大批逃亡，阶级矛盾因此激化。保大九年，南唐乘机出兵灭楚。楚国共传六世，历时四十余年。楚亡后，楚部将刘言击败南唐守将，继续据有湖南。不久，刘言被杀，马氏旧将周行逢继续控制潭、朗、衡、永数州之地，并将治所迁到武陵（今湖南溆浦南），后为北宋所灭。

荆南：天祐四年，高季兴镇守江陵，后梁朱全忠封他为荆南节度使。朱全忠死后，高季兴便阻兵自固，并占有归、陕二州。后唐同光二年（924年），后唐封高季兴为南平王，据有今湖北江陵、公安一带，建都荆州（今湖北江陵县），荆南是割据十国中占地最小、势力最弱的割据者。高季兴及其继承者便向四周各国"所向称臣，利其赐与"。并靠征收商税和掠夺过境者的财物维持用度，因此而被诸国称为无赖。荆南国共传五世，历时四十余年，乾德元年（963 年）为北宋所灭。

前蜀：九世纪末，唐委派在四川的军人彼此兼并吞噬。大顺二年（891 年），原唐将之一的王建攻取成都，占据了四川的绝大部分地区，天复三年，唐朝廷封王建为蜀王。天复七年当朱全忠杀害唐昭宗建后立梁时，王建也建都成都，称帝，国号蜀，史称前蜀，第二年改元武成。蜀国所辖地据有今四川和甘肃东南部，陕西南部，湖北西部。因素称富庶，唐末士人，多依王建。贞明五年，王建死，其子王衍立。王衍以奢侈荒淫著称，其在成都扩建宫苑，大兴土木。自己荒于游宴，而将军国大事委以"但益家财，不恤民事"的王宗弼和宋光嗣。前蜀政治黑暗，阶级矛盾激化，咸康元年（925 年），后唐出兵击蜀，受到了蜀人的欢迎，前蜀因此而亡。前蜀共传二世，历时 23 年。

后蜀：后唐出兵灭蜀后，统治集团内部的矛盾激化起来。后唐派去统治四川的孟知祥，利用时机，在四川扩充自己的势力。咸康元年后唐封孟知祥为后唐西川节度使，后唐长兴四年（933 年）又封他为蜀王。第二年，孟知祥杀后唐所派的监军李严，在成都称帝，国号蜀，史称后蜀，建元明德。孟知祥称帝仅半年就死去，其子孟昶继位。孟昶当政初期，以前蜀王衍为戒，力求不夺农时，与民休息。但后期则奢纵成性。其手下大臣也大都是贪污腐化的人。宰相李昊"家资巨万，奢侈逾度"。广政二十八年（965 年），宋出兵灭后蜀。后蜀共传二世，历时三十余年。

前蜀后蜀在四川一带相继统治达五十年之久。政府的"府库之积，无一丝一粒入于中原"。又因五十年间未发生过大规模的战争，农民能够安心生产，所以蜀地非常富庶，以致地主之家相竞移于城中居住。

北汉：乾祐四年（951 年）后周灭后汉，后汉河东节度使后汉高祖刘知远之弟刘崇在太原称帝，国号汉，据有今山西北部和陕西、河北部分地区。北汉是十国中惟一的一个北方割据王国，他勾结契丹为外援，与后周、北宋相抗衡。乾祐七年，刘崇联合契丹，大举进攻后周，在高平（山西晋城县）被后周军击败。后周柴荣率兵直奔太原城下，受到北汉所辖地区人民的欢迎，但由于事先无攻城的准备，后周攻太原失败。宋朝建立后，先平定了南方的割据国，然后出兵北汉。开宝元年、二年、三年，北宋都曾大举进攻北汉，但由于契丹对北汉的支援，致使北宋无功而还。太平兴国四年（979 年），宋太宗赵匡胤亲率大军出击北汉。北汉则因"土瘠民贫，内供军国，外奉契丹，赋役繁重，民不聊生"而无法抵抗北宋的强大攻势。同年为北宋所灭。北汉共传四世，历时 29 年。是十国中最后一个被灭掉的割据国。北汉被灭后，中国又进入了南北统一的时代，自唐末以来，藩镇割据的局面到此彻底结束。

宋　朝

（公元 960 年～公元 1279 年）

宋王朝建于公元 960 年，至 1279 年亡于元朝，立国 320 年。其间以公元 1127 年金人俘徽、钦二帝及宗室妃嫔北去为界，分为前后两个时期，此前为北宋时期，此后为南宋时期。

北宋时期虽然就整个中国局势来看仍处于分裂状态，与北宋并存的较大政权除辽国之外，还有西夏、大理、黑汗、回鹘以及吐蕃诸部，但它是一个结束了五代十国分裂局面后相对统一的王朝。创建这一王朝的是赵匡胤，他于公元 960 年发动陈桥兵变，逼迫周恭帝禅位，自己称帝建国。此后北宋又先后灭掉南平、后蜀、南汉、南唐、吴越和北汉等国，基本上将中原地区和南方统一于自己的管辖之下。北宋王朝着眼于长治久安，吸取了唐末藩镇割据、节度拥兵的教训，采取了一系列措施加强中央集权，把军权、政权、财权和司法权都最大限度地集中在皇帝手中。北宋的社会经济取得了显著的进步，农业、手工业、纺织、冶金、煤炭、陶瓷业都有了很大的发展。国内外贸易也相当发达。北宋文化极盛，学术上理学使儒学真正哲学化；史学硕果累累；宋词别具一格，堪称一绝；古文、通俗文学及戏剧说唱艺术迅速发展。印刷、火药、指南针三大发明是北宋时期科技飞跃的显著标志。然而，由于北宋加强中央集权的种种措施矫枉过正，从而造成国弱民贫。北宋后期，王安石变法图强未竟，反而引起党争之祸，统治阶级内部矛盾重重，以致达到无法调和的地步。公元 1127 年，内忧外患的北宋最终招来"靖康之耻"，而走向灭亡。

北宋灭亡之后的一个月，赵构在南京（今河南商丘）即皇帝位，重建宋朝，南宋由此开始。

南宋自建立伊始就与金对峙，其最高统治者继续实行北宋苟安乞和的政策，一直在战战兢兢中过着屈辱的日子。虽有李纲、宗泽、韩世忠、岳飞等为首的一批将领进行了英雄的抗金斗争，取得了一些胜利，但南宋王朝还是于公元1141年与金签订了妥协的"绍兴和议"，向金称臣奉表，割地纳贡。此后，宋金两国东以淮水为界，西以大散关为界，形成了相对稳定的对峙局面。南宋统治者苟安于江南半壁江山，花天酒地，醉生梦死。南宋晚期，史弥远、丁大全、贾似道等奸臣相继专权，朝政一片黑暗。尖锐的民族矛盾和阶级矛盾激起此伏彼起的人民起义。而此时北方成吉思汗所建立的蒙古国迅速强大起来，蒙古铁骑挥军南下，灭夏扫金。

公元1271年，忽必烈改蒙古国号为大元，其后发动大规模的对宋战争。南宋军队节节败退，皇帝一再南逃。公元1279年，走投无路的宋王朝随着陆秀夫抱幼帝投海自尽而宣告灭亡。

南宋退处江南，在政治、社会诸方面承袭了北宋许多特点，尤其在政治制度上建立起了相当完备的中央集权制度。南宋时期，南方经济空前繁荣，棉织业长足发展，造船业异常兴旺，制瓷、造纸、印刷业等也超过前期。在文学方面，完全成熟的南宋词占据文坛的重要地位，与唐诗并称为中国古代文化史上的两朵奇葩。

辽国为契丹族创建，故辽国在很长时期内也称契丹国。契丹族源于东胡，活动于辽河上游一带，唐末五代时实力渐强，其中迭剌部耶律氏迅速崛起。公元916年，耶律阿保机称帝建国，称契丹国（947年，改国号为辽）。

契丹国的建立第一次使北部中国大部分地区得到统一。在一个强大政权的统一管辖之下，中国北部地区的开发和社会经济较之过去都有了较大的发展，从而为中华多民族走向融合和统一做出了重大贡献。辽统治者根据其境内民族成分复杂，居于大漠间的契丹族和其他少数民族与居于长城以南的汉民族，其生活风气和社会生产状况差异甚大等具体国情，制订蕃汉两种政策法律分别治理，治契丹任用契丹贵族，治汉人沿袭唐制。后经过一系列改革，到辽圣宗时期，已使蕃律和汉律逐渐趋于一致。辽国中期的政治和经济都有了很大的发展，公元982年至1031年耶律隆绪在位期间，号称辽的盛世，疆域东至于海，西至金山（今阿尔泰山），暨于流沙，北至胪朐河（今内蒙古克鲁伦河），南至白沟（今河北南部的白沙沟），幅员万里。辽国至12世纪初开始腐朽衰落，特别是辽统治者对女真族政治上的压迫和经济上的剥削都极为残酷，激起了女真人的强烈不满。公元 1125 年，辽国为宋金联兵所败，辽末代皇帝天祚帝被金人俘虏，辽国灭亡。此后，辽开国皇帝耶律阿保机的八世孙耶律大石建立了西辽政权，与南宋、金、西夏并存，公元 1218 年被蒙古所灭。

金朝是由辽朝统治下的松花江以北地区的"生女真"氏族部落发展壮大而来。

公元 1115 年，女真部完颜阿骨打在安出虎水（今黑龙江阿什河流域）地区建国称帝，国号大金。之后他颁法令，造文字，实行勃极烈制度，改革军事制度，实力迅速强大起来。公元 1120 年，宋金缔造"海上之盟"，联兵攻辽。5 年后金兵在应州擒获辽天祚帝，完成了灭辽的战争。金继而把进攻的目标对准了北宋，于灭辽的当年就大兵侵宋。公元 1127 年，金灭北宋，并继续将战火引向南方，腐败无能的南宋于公元 1141 年向金签订了屈辱的"绍兴和议"，由此金夺得了在中原的统治权力。金国最强盛时的疆域，东北至今日本海、鄂霍次克海，外兴安岭，西过积石（今青海贵德西），南达秦岭、淮河。在征伐辽宋的过程之中，金朝统治者不断汉化。公元 1161 年，金世宗即位后，政治上，广泛吸收汉族官员参与军政，增损官制，注重守令之选，严密监察之责；经济上，重农桑之种，广开榷场，规定商税法，铸铜钱，取消部分赋税，形成了多民族的统治核心，出现了经济的繁荣发展。

金朝后期，政治腐败，统治者对中原人民和女真下层人民的掠夺和压迫极为残酷野蛮，激起人民的强烈反抗，各地起义不断，极大地动摇了金朝统治。公元 1234 年，金被蒙古大军所灭。

陈桥兵变建北宋

宋建隆元年（960年），赵匡胤取代后周，建立了宋朝，史称北宋。

赵匡胤，涿郡（治今河北涿州）人。高祖朓仕唐，历任永清、文安、幽都令。祖父敬，历任营、蓟、涿三州刺史。父弘殷，骁勇，有战功，曾领后周岳州防御使。累官检校司徒。母杜氏。匡胤出生在洛阳夹马营。容貌雄伟，器度豁如。年轻时曾助郭威发动兵变，代汉建周，受到重用，仕周，补东西班行首，官至殿前都指挥使。郭威死，养子柴荣继位，即周世宗。匡胤多次跟随周世宗征伐，屡立战功，有了一定声望，深得周世宗信任。世宗临终前，以为他很可靠，特意把禁军的最高职务殿前都点检，从女婿张永德手中转交给他，同时拜他为检校太傅，让他掌握了禁军统帅权。赵匡胤掌军政六年，深得军心，加上多年跟从世宗征伐，屡建战功，为众望所归。

显德六年（959年）周世宗病逝，由七岁的幼子柴宗训（即周恭帝）继位，实由符太后掌大权。这时的赵匡胤，除任殿前都点检外，还兼任归德军节度使，负责防守京城开封，权势更大了。而当时后周的形势却是"主少国疑"，正是赵匡胤夺权，取代后周的好机会。

显德七年正月初一，这时皇宫里正在欢庆新春元旦，赵匡胤以镇（今河北正定）、定（今河北定县）二州的名义，谎报军情，说是契丹勾结北汉大举南侵，请求朝廷派兵抵御。当时的宰相范质、王溥等不明真相，便立即派赵匡胤率兵出征。初三日晨赵匡胤带兵刚出京城，城内便传出"出军之日，当立点检为天子"的传言。而皇宫内全然不知，仍在欢度春节。当晚，赵匡胤驻军于开封东北四十里的陈桥驿，马上布置了兵变事宜。他自己不便出面煽动将士，喝酒装醉睡觉去了。由其弟供奉官都知赵匡义与谋士赵普与禁军的几个主要将领共同商议，说："主上幼弱，我们出力破敌，有谁知道，不如乘机先立点检为天子，再行北征不迟。"决定拥立赵匡胤当皇帝。

第二天早晨，赵匡义、赵普与参加兵变的诸将领涌入赵匡胤的住所，把早

已准备好的黄袍，披在赵匡胤身上，高呼万岁。并簇拥着赵匡胤上马，回师开封，以登基称帝。赵匡胤假意装作无可奈何的样子，揽着缰绳说："是你们贪图富贵，拥立我当皇帝。如能服从我的命令则可，不然，我可不作你们拥戴的人主。"大家表示惟命是从。赵匡胤为稳住京城和宫内局势，提出要保护太后、皇帝，对他们及各公卿大臣均不得侵凌；朝廷府库、士庶之家不得侵掠。如能遵守，事成后皆有重赏，如违背，则严惩族诛。大家都答应了，队伍便向开封进发。与此同时，赵匡胤已派人回开封驰告"素有归心"的殿前指挥使石守信、殿前都虞候王审琦，让他们作好内应。

正月初五，赵匡胤率兵从仁和门进入开封城。事前已派遣潘美入宫示意。当时早朝还未结束，宰相范质闻变，十分慌张，使劲抓住王溥的手说："仓促派赵匡胤出兵，是我们的罪过。"王溥更是害怕得说不出话。大臣们都束手无策，只有侍卫亲军副都指挥使韩通从内廷冲出，想率众抵御，被王彦昇追杀。赵匡胤进登明德门，命令甲士归营，他自己退居官署。将士拥范质等至，赵匡胤还假装是被将士所迫，一副惭愧的样子。未等范质说话，列校罗彦环已按住剑，厉声地对范质等人说："我辈无主，今日须有人当天子。"范质等人全无抗争能力，只有俯首称臣。王溥首先下跪叩拜，范质也只好叩拜，遂请赵匡胤到崇元殿，行禅代礼。翰林承旨陶谷拿出事前准备好的禅代诏书，宣布周恭帝退位。赵匡胤穿上皇帝衣冠，北面拜受，即皇帝位。降周恭帝为郑王，符太后为周太后，迁居西京。大赦，改元。因赵匡胤所领归德军在宋州（今河南商丘），故定国号为宋，年号建隆，北宋建立。

　　为稳定局面，赵匡胤称帝后，派遣使者遍告郡国藩镇，论功行赏。首先加封石守信为侍卫马步军副都指挥使，高怀德为殿前副都点检，张令锋为马步军都虞侯，王审琦为殿前都指挥使，张光翰为马军都指挥使，赵彦徽为步军都指挥使。对后周将领、当时掌握重兵屯驻真定原殿前副都点检慕容延钊升为殿前都点检，领兵巡守北方边境的韩令坤为侍卫马步军都指挥使，与石守信同领禁军。任命他的弟弟匡义（后改名光义）为殿前都虞侯领睦州防御使，赵普为枢密直学士。追赠韩通为中书令。以礼收葬，王彦昇的专杀行动，使赵匡胤很生气，由于北宋才建立，容忍他没有降罪。

平灭北汉

　　北汉是五代汉的延续。开运三年（946年）十二月，契丹灭晋。次年二月，刘知远即帝位，国号汉。刘知远拜弟刘崇（改名旻）为太原尹、北京留守。乾祐元年（948年），刘知远死，其子刘承祐即帝位，拜郭威为枢密使。乾祐三年（950年），刘承祐卒，郭威声称立武宁军节度使刘赟（刘崇子），实际是想自立，遣人杀刘赟于宋州。广顺元年（951年）正月，郭威即帝位，国号周，史称"后周"。刘崇在太原即帝位，国号仍为汉，史称北汉。

　　刘崇拜郑珙、赵华为宰相，派使节到契丹求援，与周对抗。契丹永康王兀欲提出与刘崇结为父子之国，刘崇不愿父事契丹，遣郑珙致书兀欲，称侄皇帝，以叔父事契丹兀欲。

　　建隆元年（960年），赵匡胤取代周，建立宋朝，昭义节度使李筠起兵反抗。四月，北汉主刘钧率兵至潞州，援助李筠。宋败李筠后，刘钧惧怕，带兵回到太原。九月，宋进攻北汉，李继勋攻平遥县、荆罕儒攻汾州。李继勋俘获甚众，荆罕儒战死。宋太祖对荆罕儒之死，非常痛惜，为此斩荆罕儒部将不听命者二十余人。此后，北汉与宋互有出击，争战连年不断。乾德二年（964年），宋将李继勋攻占北汉辽州，曹彬配合李继勋攻北汉石州，大败北汉军。

契丹六万大军援助北汉，又被宋军击败。乾德四年，北汉收复辽州。

开宝元年（968年），汉主刘钧卒，养子刘继恩立。初，宋太祖致书刘钧说："君家与周为世仇，应该不屈。宋朝与你无冤仇，何必困守北方？如果有志统治中国，应下太行以决胜负！"刘钧回书说："河东土地甲兵不足当中国，然我家世非叛者，守此区区之地，只不过是怕汉氏不能血食。"宋太祖看后，对使者说：代我告诉刘钧，会给他一条生路。此后一直到刘钧死，宋未主动攻伐北汉。乾德六年七月刘钧卒。八月，宋遣李继勋等进攻北汉，经过汾河，到达太原城下，焚烧延夏门。北汉供奉官侯霸杀北汉主刘继恩，郭无为立刘继恩弟刘继元为帝。宋太祖致书刘继元劝他归降，许以平卢节度使，许郭无为以邢州节度使。郭无为欲降，刘继元没答应。契丹援兵到，宋军无功而还。

开宝二年，宋太祖亲征北汉，三月至太原，命李继勋军驻城南，赵赞军驻城西，曹彬军驻城北，党进军驻城东，把太原团团包围。又以汾河、晋河水灌太原城，城中大恐，郭无为再劝刘继元降，刘继元不从。四月，契丹遣兵援北汉。宋将韩重赟、何继筠等，大败契丹兵于阳曲、嘉山，俘契丹道领三十余人。宋太祖以契丹俘示城中，城中更加惊恐。南城被汾水淹陷，郭无为欲出降，伪请夜率军击宋兵，刘继元信其言，送郭无为于延夏门，行至北桥，遇大雨至止。卫德贵告发郭无为欲献地投降之谋，刘继元杀郭无为。北汉虽以孤城固守，但先后杀死宋骁将石汉卿、李怀忠等，加上天下大雨，宋将士多病，契丹又遣南大王率兵援救北汉，形势对宋不利，于是宋太祖采纳李光赞、赵普之议，班师回朝。

契丹韩知璠帮助北汉守太原期间，深感刘继元缺乏辅佐之臣。开宝三年正月，韩知璠回国，劝契丹主放还被扣的北汉使臣，增强刘继元的势力。契丹主采纳他的建议，把扣留的十六名北汉使者厚礼遣还，命刘继文为平章事，李弼为枢密使，刘继文等长期留在契丹，又受契丹命主持国政，自然会引起北汉大臣的不满。刘继元既不敢得罪契丹，又想平息大臣的不满，便采取了折中办法，改刘继文为代州刺史，李弼为宪州刺史。这件事充分说明北汉对契丹的依附关系。

北汉主刘继元残忍好杀，亲旧故臣，凡与他意见不合者，就杀害全家。开宝六年，杀其弟禁军统帅刘继钦。大将张崇训、郑进、卫俦，故相张昭敏、枢密使高仲曦等，也先后因为谗言被杀，致使北汉内部政局不稳。

开宝九年，宋太祖命党进、潘美、杨光美、牛进思、米文义率兵，五路进攻太原。又命郭进等率兵攻忻、代、汾、沁、辽、石等州。诸将所到，捷报频传。宋进攻北汉兵于太原城下，刘继元惧，急向契丹求援。契丹主遣耶律沙率兵救北汉，宋军还师。初，宋太祖与赵普议攻北汉，赵普说："太原当西、北两面，太原既下，则两边之患我独当之。不如等到平定诸国之后，再进北汉，北汉弹丸黑子之地，安将逃乎？"宋太祖同意赵普的看法，所以宋军虽多次伐北汉，但到太原城下又撤军。这固然与北汉的顽强抵抗有关，关键还是宋太祖没下决心灭北汉。

宋太宗即位后，泉州和吴越的割据政权先后解决，南方统一实现，客观要求对北汉和契丹用兵。太平兴国四年（979 年），在曹彬推动下，宋太宗决心集中兵力攻击北汉。遂命潘美为北路都招讨使，率崔彦进、李汉琼、刘遇、曹翰、米信、田重进等，四面围攻太原。又命郭进为太原石岭关都部署，切断燕、莉契丹援军。二月，宋太宗亲征北汉。三月，契丹派耶律沙为都统，敌烈为监军，率师赴太原。至白马岭，与郭进军相遇，耶律沙欲借水列阵，敌烈不从，遂渡水迎战，还没等到列阵，郭进急攻，契丹兵大败，敌烈等皆死。四月，宋太宗自镇州进兵，取岚州、隆州，至太原城下，驻军汾水东岸，慰劳围城将士，并亲自指挥攻城，数十万控弦之士，张弓齐发，太原外援断绝，城中万分恐惧。五月，北汉指挥使郭万超踰城降，刘继元亲信多逃亡，太原危在旦夕。宋太宗再次诏谕刘继元出降，许他终身富贵。刘继元无奈，派李勋致书乞降，宋太宗应允。刘继元率百官降，北汉的 10 州、1 军、41 县、35 320 户归于宋。宋太宗下令"毁太原城，改为平晋县"。拜刘继元为特进、检校太师、右卫上将军，封为彭城郡公。

宋辽交争

贞明二年（916 年），契丹贵族耶律阿保机（辽太祖），建立契丹国，开

运四年（947年），改国号为辽。辽朝统治地区，"东西朔北，何啻万里"。它"西臣夏国，南子石晋，而兄弟赵宋"，版图比宋朝还大。自公元960年宋建国，至1125年辽灭亡，两国并存一百六十多年。在长达一个多世纪中，宋辽虽然不断争战，但和平相处时间多于战争。宋辽斗争的焦点是燕云16州。天福三年（938年），石敬瑭为了换取辽的支持，将燕云16州割让给它，并与它以父子相称。显德六年（959年），周世宗柴荣北伐，收复益津、瓦桥、淤口等地。宋朝建立后，继续柴荣收复失地的政策，不断北伐。辽不仅力保现有领土，还想收复被柴荣夺去的关南之地。宋辽围绕燕云16州，展开了长期的斗争。

太平兴国四年（979年），宋伐兵北汉，辽遣耶津沙等率军援救，被宋击溃。五月，宋灭北汉后，不顾军队疲劳，粮饷匮乏，挥师东进，欲乘胜收复幽蓟之地。宋军前进顺利，六月，宋太宗到达幽州城南，把城团团包围。七月，高粱河之战，宋军大败，死万余人。宋太宗仓皇南逃，辽将耶律休哥追至涿州，宋师已溃不成军，宋太宗改乘驴车逃走。雍熙三年（986年），宋再次兴兵北伐，兵分三路。东路曹彬、米信等，率军冒进，攻占涿州后，粮饷不继，退回雄州。见西路进军顺利，曹彬等贪功，再次攻占涿州。辽圣宗耶律隆绪与萧太后率大兵至，曹彬等率军引退，耶律休哥追到岐沟关，大败宋军。耶律休哥穷追不舍，至拒马河，宋军争逃，溺死者不计其数。耶律休哥继续追赶，至沙河，宋军惊溃，死者过半，丢弃的兵甲堆积如山丘。此战以后，宋从进攻转为防守，辽从防守转入进攻。

咸平年间，辽多次南侵。咸平二年（999年），辽兵入侵，宋镇、定、高关都部署傅潜闭营自守，不敢迎战。辽兵抢掠祁、赵、邢、洺、淄、齐诸州。第二年正月，宋将范廷召败辽兵于莫州，辽兵退出宋境。咸平六年，辽兵入寇定州，俘获高阳关副都部署王继忠。景德元年，辽圣宗、萧太后及统军萧挞览率20万大军向南进犯，直至澶州，宋朝野上下一片震惊。主和派王饮若、陈尧叟等力主迁都，主战派寇准等力主皇帝亲征。寇准指出，如迁都"人心崩溃，敌乘胜深入"，江山难保。现实情况和主战派的压力，迫使宋真宗亲征，行至韦城，主和派再议迁都。宋真宗本来无心抵抗，他想南下，寇准为主"惟可进尺，不可退寸"。宋真宗勉强行至澶州，登上北城门楼，宋军士气大振，"诸军皆呼万岁，声闻数十里，声势百倍。"辽军由于统军萧挞览被射杀，锐气受挫。辽圣宗害怕腹背受敌，接受降将王继忠的建议，遣人与宋议和。辽要求宋归还周世宗夺去的关南地，被宋拒绝，但表示愿给钱帛。几经反复，签订了"澶渊之盟"。

宋仁宗对辽继续奉行屈辱求和路线，不修边城，不备兵器，边防空虚，戍军多为老弱病者。辽兴宗见有机可乘，扬言南伐，遣刘六符等使宋，以索取关南地为名，实欲令宋增献"岁币"。宋仁宗遣富弼到辽议和，答应每年增银十万两、绢十万匹。继"澶渊之盟"后，宋再次以屈辱换取苟安。此后几十年，宋辽基本上相安无事。

宋给辽的"岁币"，是重大负担，想摆脱，又无能为力。于是宋徽宗想借用金的力量攻辽，政和八年（1118年），派遣马政以买马为名，从海道使金，商议联合伐辽。宣和二年（1120年），宋金商定，金攻辽中京，宋攻辽燕京，灭辽后，宋把每年给辽的"岁币"转给金。宣和四年金攻占了辽的中京、西京，宋攻燕京却遭到惨败。宋统帅童贯为了逃避失败的罪责，密遣使求金攻燕京，金太祖一举攻占燕京。金太祖提出，把燕京交给宋，宋将燕京租税一百万贯献给金，宋徽宗应允。这样，宋除了把每年给辽的五十万转给金外，又增了一百万贯，作为"燕京代租钱"。宣和五年，金兵撤走时，把燕京掳掠一空，交还的只是一座残破不堪的空城。宣和七年，金灭辽，宋辽交争随之结束。

北宋与西夏的和战

西夏是党项族拓跋氏建立的国家。仁宗景祐五年（1038年），李元昊称帝，国号大夏，习惯上称西夏。西夏强盛时，辖地包括今宁夏回族自治区、甘肃省大部、陕西北部及青海、内蒙古自治区部分地区。拓跋氏的兴起，可上推至唐玄宗时期，当时拓跋辞降，唐封其为西平公，因平定安史之乱有功，升为容州刺史。至拓跋思恭，因平定黄巢起义有功，升为夏州定难节度使，领夏、绥、银、宥四州。赐姓李，晋爵国公，从此，夏州拓跋氏称李氏。

太平兴国七年（982年），李继捧入朝，献银、夏、绥、宥四州（今宁夏乌审旗南部及陕西横山、靖边等地），并请求留在京师。宋太宗拜李继捧为彰德军节度使。六月，李继捧族弟李继迁背叛宋，逃至地斤泽。雍熙元年（984年），尹宪、曹光实袭击李继迁，俘获他的母亲、妻子。不久，李继迁以恢复旧土为号召，聚族抗宋，势力日益壮大。雍熙二年（985年），李继迁用假降的手段，杀曹光实，攻占银州，破会州，自称定难留后，称臣于契丹。淳化元年（990年），契丹封李继迁为夏国王。宋对李继迁用兵无效，拜李继捧为定难军节度使，赐姓名赵保忠遣镇夏州。又拜李继迁为银州观察使，赐姓名赵保吉。淳化五年，李继迁与李继捧联合契丹抗宋，派宋遣李继隆进驻夏州，李继隆把李继捧捕送回京，毁夏州城，徙其民于银、绥。改李继迁为鹿州节使，李继迁拒绝受命，并攻打清远军。至道二年（996年），李继迁在浦洛河，截获宋发往灵州的大批军需粮草。宋太宗遣将五路讨伐李继迁，李继隆出环州，丁罕出庆州，范廷召出延州，王超出夏州，张守恩出麟州，预期会师平夏。由于李继迁熟悉地势，灵活游击，宋军无功而还。宋真宗即位后，李继迁遣使求和，宋拜其为定难节度使，把夏、银、绥、宥、静五州赐给他。咸平五年（1002年），李继迁再叛，攻灵州。宋发兵支援灵州，军未至，灵州已失，李继迁改灵州为西平府。次年，李继迁攻占平凉府。吐蕃族首领潘罗支伪降，击李继迁，李继迁中流矢死，子李德明继位。

李德明一方面向契丹求封，契丹封他为大夏国王；另一方面向宋纳贡乞加，景德三年（1006年），和议成，宋拜他为定难节度使，封西平王，赐银、绢、钱、茶很多。

天圣十年（1032年），李德明卒，子李元昊继位，改姓嵬名氏。景祐元年（1034年），李元昊攻府州，败宋军于环、庆州（今宁夏银川一带）。宝元元年（1038年），李元昊称帝（景宗），国号大夏，年号天授礼法延祚。李元昊称帝后，连年对宋用兵，在三川口、好水川、定川寨，三次大败宋军，宋军损失惨重。西夏虽胜，但也受到损失，在契丹敦促下，庆历四年（1044年），李元昊致书宋，称"两失和好，遂历七年，立誓自今，愿藏盟府……凡岁赐银、绮、绢、茶二十五万五千，乞如常数。"宋仁宗遣使应允。并封李元昊为夏国主，许其自置官吏，赐对衣、黄金带、银鞍勒马、银、绢、茶不等。同年，西夏与契丹关系恶化。契丹兴宗率军三路进攻西夏，入西夏境，被西夏击败。西夏虽胜，但也受到重大打击，故李元昊与契丹议和。从此，形成北宋、契丹、西夏三足鼎立的形势。

熙宁元年（1068 年），西夏主谅祚卒，子秉常立。熙宁三年，西夏攻环、庆州，打败宋军。熙宁四年，西夏攻抚宁诸城，占领宋新建诸堡。元丰四年，宋五路伐西夏，西夏使黄河决口，宋军惨败，刘昌祚军大批冻溺死，种谔军死者不可胜数，王中正军粮尽，士卒死者有二万人。元丰五年，西夏攻永乐，宋徐禧、李稷、李舜举、高永能等将校死者数百人，士卒役死二十余万人。第二年，西夏数十万人围攻兰州，被守将击溃。次年，西夏步骑八十万攻兰州，"督众急攻，矢如雨雹，云梯草洞，百道并进，几十昼夜，不克，粮尽引去。"熙宁以来，宋对西夏用兵，虽占领葭芦、吴堡、义合、米脂、浮图、塞门六堡，但灵州、永乐之役，宋军、熟羌、义堡死者 60 万人，钱、谷、银、绢损失不可胜计。致使"帝监痛悼，为之不食。"

西夏主秉常曾派遣使节要求宋割让兰州、米脂等五寨，宋神宗没有答应。西夏与宋易主后，元祐元年（1086 年），西夏主乾顺，再次遣使要求宋割让兰州等五寨，宋大臣意见不一，司马光等赞同，安焘等反对割让。绍圣三年（1096 年），西夏提出以塞门二寨易兰州，宋仍不应允。于是西夏主乾顺及其母率五十万众攻鄜延，遇顽强抵抗，围而攻陷金明寨后退去。

宋章惇任相后，一改被动挨打的局面，对西夏采取了攻势。他先在沿边地带修筑平夏城、灵平寨等城寨五十余所，然后出击，破西夏洪州、盐州，收复宥州。继而在新开拓地区建西安州及天都寨，接通了泾原与熙河两路，把秦州变成了内地，国防得到巩固。章惇又请求撤消对西夏的"岁赐"。元符元年（1098 年），西夏攻平夏城，守将章楶大败西夏兵，获其大将嵬名阿里、妹勒都逋，"斩获甚众，夏人震骇"。从此，"夏人不复振"。第二年，西夏求救于契丹，契丹遣使到宋朝，为西夏求和，宋应允。于是西夏遣使到宋谢罪，宋答应通好，每年赐给西夏财物如故。从此，西陲百姓稍得安宁。

童贯想借着开边树威，政和五年（1115 年）正月，遣刘法率步骑十五万，从湟州出发；刘仲武率五万众，出会州；童贯驻兰州，为两路军声援。刘仲武无功而还，刘法败西夏兵于古骨龙。二月，宋令永兴、鄜延、环庆、秦凤、泾原、熙河各设置经略安抚司，归童贯统领，西陲兵权皆归于童贯。九月，童贯遣王厚、刘仲武，合泾原、鄜延、环庆、秦凤之师，攻西夏臧底河城，大败，士卒死者近半。第二年，童贯遣刘法、刘仲武率熙河、秦凤十万众，攻西夏，攻下仁多泉城。宣和元年（1119 年），童贯强令刘法率军攻朔方，至统安城，遇西夏主弟察哥，刘法军被围，激战一天，宋军大败，"死者甚众"。刘法乘夜逃走，至盖朱危，被追兵斩杀。刘法死，童贯欺骗朝廷，谎称取得胜仗，受赏者竟达数百人。

在宋与西夏争战不休时，北方政局发生了变化。宣和七年（1125 年），金灭契丹，西夏崇宗向金称臣。西夏与金同时对宋用兵，侵夺宋地。十三世纪蒙古兴起后，成吉思汗向外扩张，多次对西夏用兵。西夏自身难保，再无力对宋用兵，直至宝庆三年（1227 年）被蒙古灭亡，宋与西夏的争战也随之结束。

司马光《资治通鉴》的编纂

司马光，字君实，号迂叟，陕州夏县涑水乡（今属山西）人。司马光青少年读书时，就爱读史书，举进士甲科后进入仕途，同时也开始了他的修史活动，此项工作大约经历了四个时期。

从宝元元年（1038 年）到嘉祐八年（1063 年）是第一个时期，即司马光修《资治通鉴》前的修史活动。司马光中进士第，除奉礼郎、华州推官，为事亲，改签苏州判官事。父母相继去世，服丧五年，闭户读书，著《十哲论》《四豪论》《贾生论》《机权论》《才德论》《廉颇论》《龚君实论》《河间献王赞》及史评十八首。其中许多议论成了后来《资治通鉴》"臣光曰"的内容。因此，在这一阶段，司马光已经在写《通鉴》的有关内容，可以看成《通鉴》编修的开始。

从治平元年（1064 年）至治平四年是第二时期，即司马光全面编制《资治通鉴》的准备时期。仁宗庆历四年（1044 年）司马光服除、任武成军判官。后改大理评事、补国子直讲、被举荐为馆阁校勘，同知礼院。后改直秘阁，开封府推官，修起居注，判礼部。立英宗有殊功，进知制诰、辞，改天章阁待制兼侍讲、知谏院。

司马光作《历年图》五卷，又作《通志》八卷。《历年图》为上起战国，下迄五代的大事年表，治平元年间，《通志》八卷上起周威烈王，下迄秦二世三年，构成以后《通鉴》的前八卷内容。《资治通鉴》的架构已初步形成。

治平二年，司马光为谏官、除龙图阁直学士。次年，英宗命司马光设局于崇文院，自行选择协助修书的人员，编辑《历代君臣事迹》。治平四年，神宗即位。三月，司马光升翰林学士；十月，进读《通志》成，因其书是"鉴于往事，有资于治道"，赐名《资治通鉴》，神宗亲为制《序》，俾日进读。

第三个时期由熙宁元年（1068 年）至元丰八年（1085）年，为《资治通鉴》全书编撰时期。司马光反对王安石变法。在"理财之事"、"论祖宗之法"是否可变、"三司条例司置当否"、"青苗法利弊"等问题上，与王安石的意见相对立。熙宁二年，王安石为参知政事，次年司马光被拜为枢密副使，六上札子，固辞。秋，以端明殿学干知永兴军，徙许州，请改徙西京御史台，"自是绝口不复论事"，专心于《资治通鉴》的编制。在洛阳居位 15 年，与反对变法的人士邵雍、吕海、范镇等交游密切。神宗晚年病得很厉害，但仍关心司马光修《资治通鉴》事。全书在写作过程中，神宗非常喜爱这部书，为促使其早日终篇，赐以颖邸旧书二千四百卷。元丰七年，这部名著《资治通鉴》结篇，加资政殿学士。

《资治通鉴》的编修工作由司马光和他的三个助手刘恕、刘攽、范祖禹共同完成的。刘恕字道原，筠州高安人，精读史学，为司马光赏识。修书的几十年里，凡史事较为复杂的，就委托给他。司马光居洛期间，刘恕奏请身诣光修书事，许之。熙宁九年，刘恕行数千里奔赴洛。由于劳累过度，病重，停留数月后而返回。未至家，其母去世。悲哀忧郁导致瘫痪。病中以口授其子刘羲仲书写。元丰元年九月，刘恕去世，享年四十七。自著有《十四纪年》《通鉴外纪》等。

刘攽字贡父，临江新喻人。刘攽与其兄刘敞及兄子刘奉世都是学识渊博、能潜研史学之士，人称之为三刘。刘攽精通汉史，著有《东汉刊误》等。

司马光于治平年间得刘恕、刘攽为协修，熙宁三年，司马光又乞差范祖禹同修《资治通鉴》。范祖禹，字淳甫，一字梦得，成都华阳人。与刘恕、刘攽相比，范祖禹是最年轻的。范祖禹精通唐史，自己又著《唐鉴》，深明唐代三百年治乱兴衰，为时人称为"唐鉴公"。范祖禹在洛阳十五年，"在书局"专心协助司马光修《资治通鉴》，写成后，被推荐为秘书省正字。

《资治通鉴》既是众手修书，又是体现司马光"一家之言"的成功之作。各个助手承担《通鉴》编修的任务，历来有不同的说法。胡三省、马端临、全祖望及近代学者意见大同小异。范祖禹担任《通鉴》中唐史部分的编修工作。刘攽任汉代部分内容的编修。刘恕为全局副手，他承担的任务或是三国两晋南北朝部分，也有的说是自南北朝至隋的长编，还有人认为是专修五代部分。或考订刘恕担任的工作前后有变化。司马光参与全过程的修史工作，全书定稿"其是非予夺之际，一出君实笔削"。司马光对历史的看法和范祖禹、刘恕的观点也有差异，但《资治通鉴》的"臣光曰"完全贯彻司马光的见解。所以说《资治通鉴》是众手修书，又体现了司马光"一家之言"的成功之作。

第四个时期是《资治通鉴》的刊刻问世阶段。元祐七年（1092年）刻印毕立于学宫。《资治通鉴》是一部编年史巨制，全书二百九十四卷，记载了从周威烈王二十三年（公元前403年）到后周世宗显德六年（959年）的历史。《资治通鉴》编修的主旨在"专取关国家盛衰，系生民休戚，善可为法，恶可为戒者，为编年一书。"司马光治史严谨，考辨材料的方法称为考异法，这部史书有很高的史料价值和文学价值。编纂史书是先编"丛目"，将收集的史料，按照年月顺序，标明事目，剪粘排列。第二步编"长编"，整理丛目，考订取舍，重加组织润饰。最后是定稿。给后人修史留下了宝贵的编纂经验。

《资治通鉴》问世后，编年体史书有了很大的发展。受到《通鉴》的影响，宋代的编年体史书重要的作品有李焘的《续资治通鉴长编》、李心传的《建炎以来系年要录》等。为《资治通鉴》作注释和考辨的著作，重要的是胡三省《资治通鉴音注》《释文辩误》等。与《通鉴》有关的其它体裁史书，最重要的有袁枢的《通鉴纪事本末》、朱熹与他的学生完成《资治通鉴纲目》等。袁枢的《通鉴纪事本末》创造新的史书体裁本末体，这在中国历史编纂学发展史上是一件大事。《资治通鉴纲目》创纲目体裁编纂形式。

活字印刷术

　　古代典籍的流传保存，即图书典籍的制作方法经过了抄写、雕板印刷术、活字印刷术的发展过程。活字印刷术的发明，对文化学术的发展起着巨大作用，故称其为"文明之母"。

　　抄写，抄一次只能得到一本，费工费时，而且不免有错，其读书之难，藏书之贵，是不言而喻的。

　　雕版印刷术，一般选梨木、枣木为版材，经一系列的技术处理方可使用。雕版前，请书法家或写工将原稿用当时流行的字体写在薄而透明的纸上。在版面上涂一层浆糊或胶质，然后把稿纸正面朝下，与版粘合在一起，字的反体清晰地留在版上，刻工将其字迹镌成阳文，书版刻成，即可开印，印时用一刷蘸墨，涂满刻板的字面，再用纸复上，然后以一净刷在纸背上拭过，使墨迹印于纸上，书页印好。一个熟练的印工，一天大约可印一二千张，比起人抄手写不知要快多少倍，对图书典籍的流传保存无疑是个飞跃，加速了中国古代文明的发展。但是，每印一页，就要雕一木板，刻一部大书，往往要花费若干年的工夫，如五代后唐时，由冯道签头，聚集众多名学者，依石经文字刻九经印板，先将石经抄出，做初步校勘，再由详校官进一步精校，确无讹误，才交能书人端楷书写，付匠雕刻，直至后周广顺三年（953 年）才完成全部雕印，历时达23 年之久，期间耗费大量的人力和物力，同时储存书版要占用很多地方，加之要防火、防水、防虫，管理工作有很多困难，需要更好的技术取而代之，而这就是活字印刷术。

　　活字印刷术，最早于宋沈括所著《梦溪笔谈》卷一八《技艺》，他说板印书籍，在唐时尚未盛行，自五代冯道始印五经，以后典籍，皆为板本。直到北宋庆历（1041～1048 年）年中，才有平民毕昇开始制活字板。它的制作方法，即用胶泥刻字，每字为一印，其字薄如钱唇，上火焙烧使其坚挺。摆一铁板，上面以松脂腊和纸灰之类敷之，要印书就以一与版面大小相同的铁框置于铁板之上，在框内布满字印，然后持铁板就火而烤之，待松脂等药稍有溶化，即以一平板按其面，这样整版上的字都在一个平面上，活字板就做成了，其印书的程序与雕版无异。用活字印刷术印二三本，难见其快捷，而若印数十百千本，则极为神速。以其法印书，通常备二铁板，一板印刷，一板则亦布字，此板才印毕，而另一板也已准备就绪，二板交替使用，瞬息便可完成。因一板内会有重复用字，故每一字皆有数印，如"之"、"也"这类的多用字，一般每字要有二十余印。字印不用时以纸贴之，每韵为贴，以木格贮之，便于检字布版。当遇到奇字而无现成的字印，也可以临时刻出以草火烧，很快就能使用，简便易行。毕昇活字以泥为之，而不以木为之，因木理疏密不同，其吸水多少有异，故沾水则高下不平，再者，木活字与药相粘，不易清理，不便再次使用。而泥活字用讫，再上火烤，待药溶化，用手轻拂之，其字印自动落下，不沾一点药迹，可继续使用。元王桢《活字印书法》对活字印刷术的发明和改进做了记载，"后世有人别生技巧，以铁为印盔（即铁框）界行，用稀沥青浇满冷定，取平火上，再行煅化，以烧熟瓦字（即泥活字），排於行内，作活字印板"。这大概即指毕昇之活字板制法。接着又记述了几种改进方法，一是以泥为盔界行，盔内用薄泥，上排布泥活字，再入窑内烧为一段，即可为活字板印之。二是铸锡为字印，以铁条贯之作行，嵌於盔内介行印书，但这种字样，不便使墨，印出效果不佳，故不能久行。三是印盔以板墨为之，削竹片为行，雕板木为字，再用小锯刻开，各为一字，并使诸字大小高低一样，然后排字作行，削竹片夹之，待字布齐，用木屑填之使其牢固，字皆不动，再刷墨印之。这一记述应是木活字印刷术。从王桢的记载，以及北宋泥活字本无存的情况考察，毕昇所发明的泥活字印刷术没有得到推广，而后出现的锡活字、木活字等都是在泥活字基础上改进而成。值得注意的是，毕昇于十一世纪发明活字印刷术，比德国谷腾堡发明活字印刷术要早四百年，故毕昇对活字印刷术有不可辩驳的开创之功，为中国文明、世界文明做出了宝贵的贡献。

指南针的发明

指南针是我国古代人民的伟大发明之一。人们（其中有一些是炼丹家）在长期的采矿和冶炼的过程中，发现了一种带磁性的铁矿石，《山海经》称之为"慈石"。《管子》提到山上有磁石，与其位置相应的山下就有铁矿石。《鬼谷子》曰，"若慈之引鍼"（同针）。《淮南子》曰，"磁石能连铁"。

在两千多年前的战国时期，人们开始用磁石做成一种指南工具——司南。司南就是指南的意思。司南的形状像一把汤匙，经过人们的细心琢磨，把磁石的磁南极一头磨成一根长柄，柄呈椭圆形，底部是圆的，磨得很光滑，将其置于一只方形的底盘上。底盘四周刻有甲、乙、丙、丁、庚、辛、壬、癸、子、丑、寅、卯、辰、巳、午、未、申、酉、戌、亥、乾、坤、巽、艮二十四向，辅助司南定向。底盘中央是一个光滑的圆槽，将司南的圆底放置在里面便能转动自如，当它静止时，匙柄指向即是南方，这是世界上最早的指南仪器。

到了宋朝，人们早已发现钢铁在磁石上磨摩后也会产生磁性，而且不易走失。曾公亮等编写的《武经总要》就记载了用这种人造磁制造的新的指南仪器"指南鱼"。制造这种指南鱼时，先将薄铁片剪成鱼形，放在火上烧红，按磁石的指极方向，分别蘸水冷却，以磁石的磁北极和磁南极各自在鱼头鱼尾上摩擦，铁鱼就被磁化，而具有磁性，这样指南鱼就制成了。辨别方向时，端一碗水放在无风处，将铁鱼片放置在水中，浮在水面上摆动，当它静止时，鱼头自动指向南方。与司南相比，使用较为简便，既不需要光滑的底盘，也无需放平，只要有一碗水就可以了。

指南鱼的制成，是指南仪器的又一进步，但指南鱼指南需要水及无风的环境，这就限制了它的使用范围。人们经过不断地研究和实践，终于造出磁性钢针形的指南器。对此，《梦溪笔谈》有简明具体的记载，沈括说"方家（炼丹家）以磁石磨针，则能指南"。另外，他又提及，"其中有磨而指北者，予家指南北者皆有之"，这是因为以磁石磁北极磨针尖，即指南，以磁石磁南极磨针尖，即指北。针尖指南或指北，只要注明即可，关键是在指南针制成后，如何使它既简便又准确地定方向。沈括记载了四种方法，先是把指南针放在手指甲上或碗边上，虽然能灵活转动，最后指向南方，但指南针容易滑落，此法不稳当。又试图把指南针浮在水面上，而当水摇荡不定时，指南针就难以准确地指向南方。相比之下，以悬挂为最好。方法是从新丝绵中抽一股单丝，点一滴蜡将丝粘在针腰，然后将其悬挂在无风处，这样又牢固、又灵活，指南针就可以灵敏、准确地指向南方。将磁化钢针置于指尖和碗边有不稳当的缺点，但所用的支撑方法对后人则有启发，因而制造出罗盘针，也就是把磁针的中腰顶在一根小针上，小针置于一个刻有二十四向的方位盘，把磁针所指的方向对准盘上的正南方位，使用时，磁针就自然地转向南方。《梦溪笔谈》提到磁针指南，"然微偏东，不全南也"，这是在使用指南针的过程中的一个极其重要的发现。这个磁针的偏向，叫做"磁偏角"，产生这种现象是因为地球上的磁极不是正好的南北两极的缘故。沈括是世界上第一个发现磁偏角的人，在以后的古籍中还明确地指出磁偏角在五度以内，不同地区磁偏角有差异等。

指南针发明制作成功后，很快被应用到航海事业中，大大促进了航海事业的发展。重和二年（公元1119年）朱彧写的《萍洲可谈》，记载一些海船上已装有指南针，有经验的水手善于辨别方向，夜晚观星，白天看太阳，遇到阴雨天就依靠指南针。宣和五年（1123年）徐兢奉命出使朝鲜，从宁波乘船前往，后来在他写成的《宣和奉使高丽图经》一书中，除详细地记述航行时的情景外，而且记载船头、船尾各置一只水浮式指针，逢阴雨天用它定南北，辨方向。十二世纪以后我国沿海各地的海船出海，广泛使用指南针定方向，不仅促进两宋的航海术发展，而且促进了两宋海外贸易的发达。两宋的海船装上指南针，东到日本、朝鲜，南到南洋，西到非洲东海岸，就把指南针的技术带到外国，先传给阿拉伯人和波斯人，再转给欧洲人，促进了世界航海业的发展，加速了世界经济发展的进程。

火药的发明

火药是我国古代的伟大发明之一。火药作为一个名词，有一定的意义，

"火"这个字很明显，知道它是因发火而生；至于"药"字，那是因为火药的三种主要成分硫磺、硝、木炭，都是可治病的药。即使把它们按一定比例配成了火药，医家仍把它看作治病的药，《本草纲目》说，它主治"疮癣杀虫，辟湿气瘟疫"。对于火药的发明，史籍无具体明确的记载，一般认为火药是炼丹家在炼丹时偶然发现的，偶然发现的情况，又不外两种：直接的因制造某种药而发现，间接的因变化某种物质而发现。所以，很难确定火药发明的确切时间，由唐至五代尚未找到"火药"这一名词，但路振《九国志》卷二记载唐哀帝天祐（904～907 年）初"璠以所部发机飞火，烧龙沙门"。许洞《虎钤经》卷六放"风助顺利如飞火"下注曰："飞火者，谓火炮、火箭之类也。"看来飞火包括两类，一是火炮、二是火箭。如果路、许所说的可信，那么火炮这类东西在十世纪初就有了，而火药从发现到应用，必有一个酝酿转化的过程，所以火药的发现肯定早于十世纪。

宋代将火药广泛运用于军事方面，开辟了军事的新纪元，对人类社会的发展也产生巨大影响。开宝三年（970 年），兵部令史冯继升献火箭法，令其试验，且赐其衣帛。开宝九年（976 年），吴越国王向宋进射火箭军士。咸平三年（1000 年）神卫水军队长唐福献火箭、火毬、火蒺藜等。冀州团练使石普自言能为火毬、火箭，真宗召至便殿演之，与宰辅同观之。这反映宋军中已普遍地进行火药武器的试验和制作。

仁宋时，曾公亮、丁度等奉命撰《武经总要》，书中记载了各种火药武器的名称，火箭、火毬、火蒺藜、火鸡、竹火鹞、火枪、毒药烟毬、霹雳火球等，共有十几种。书中还开列了三种火药的配方。一毒药烟球（重五斤）：硫黄，十五两；草乌头，五两；黄蜡，一两；小油，二两半；沥青，二两半；竹茹，一两一分；焰硝，一斤十四两；狼毒，五两；桐油，二两半；芭豆，二两半；木炭末，五两；砒霜，二两；麻茹，一两一分。二蒺藜火球：硫黄，一斤四两；粗炭末，五两；干漆，二两半；麻茹，一两一分；小油，二两半；焰硝，二斤半；沥青，二两半；竹茹，一两一分；桐油二两半；蜡，二两半。三火炮：晋州硫磺，十四两；焰硝，二斤半；干漆，一两；定粉，一两；黄丹，一两；清油，一分；松脂，十四两；窝黄，七两；麻茹，一两；砒黄，一两；竹茹，一两；黄蜡，半两；桐油，半两；浓油，一分。这三个配方成分各不相同，但都具备作为火药的硫黄、焰硝、木炭三种成分，另外从其成分功能看，分别具有爆炸性、燃烧性、毒性。形成固定成分种类、数量的火药配方，绝不是一日的功夫，而是不断试验改进的结果，这表明火药已发展到第二阶段了。

中国初期的火药武器，就性质而言，可分为三种：即燃烧性的、爆炸性的、射击性的。其中射击性的出现较晚。燃烧性火器，如烟毬、毒药烟毬、火药鞭箭、火炮等，其目的主要是焚烧可燃之物，或混合毒气熏人。这种火器用数层纸卷成，涂以火药，用时以火锥烙透，使火药发火燃烧。宋人很重视火炮的操练运用，既用于攻击，亦用于防御；既用于陆地，亦用水上。爆炸性火器有霹雳火毬，一般做法是用干竹二三节，径一寸半，并用薄如铁钱的瓷片三十，和药三四斤，裹竹为球，两头留竹寸许，球外敷药，点法同火炮。它可阻止敌人攻城，亦可水战，据载，"舟中忽发一霹雳炮，而实之以石灰、硫磺。炮自空而下，落水中，硫磺得水而火和，自水跳出，其声如雷，纸裂而石灰散为烟雾，眯其人马之目，人物不相见"。又，赵淳守襄阳，用霹雳炮御金人，"……随即放霹雳火炮、箭，入虏营中，射中死伤不知数目，人马惊敌，自相蹂践"。射击性的火器，是指用管子装上火药而发出去的。这是火器史上的一大进步，它开创了以管形器械操纵火药的先声，成了后世管形枪炮的始祖，这种改进的意义无疑是重大的。绍兴二年（1132 年）陈规守德安（今湖北安陆），以火炮药下竹竿火枪二十余条，皆用两人共持一条，当敌人攻时，用它烧毁。天庆元年（1259 年），寿春府（今安徽寿县）造出新武器突火枪，"以巨竹为筒，内安子窠。如烧放焰绝，然后窠发出如炮，声远闻百五十步"。估计这种子窠又是一个个火炮，其燃烧面积会大得多，提高了对敌方的杀伤力，当然是进步的。

两宋战事频繁，火药武器又是重要的攻防武器，嘉定十四年（1221 年）金人攻蕲州（今湖北蕲春），宋人准备弩火药箭七千支，弓火药箭一万支，蒺藜火炮三千支，皮大炮二万支。一次就提供如此众多的火器，表明宋代火药武器的制造业已达到相当水平。据《鏖史》引《东京记》（已佚）记载，广备攻城作下属有火药青窑，这就是官府经营的制作火药的工厂，这里有严格的保密制度，对所制武器"非长贰当职官，不得省阅及传写，漏世以违制"。另外各州都有作院，如荆州作院，一月制造一二千只，可以拨给襄郢一二万。就因为

制造出如此多的火器，才使军事力量不强的两宋得以维持了三百多年。

火药和火药武器在北宋时已达到相当水平，但与其并存的其它民族，尚不会制造和使用，直到北宋灭亡后，金人才得到火箭、火炮的式样和制作方法，从而有所发展。蒙古人在灭金的过程中学会了火药以及武器的制作技术，在灭金、灭宋的战事中大量使用了火药武器。南宋后期，火药是经南宋和阿拉伯商人传到西南亚各回教国家；而火药武器则是蒙古人西征带到西南亚回教国家的。十三世纪末，阿拉伯人将火药和火药武器传到欧洲，欧洲人制造使用火药武器至少比中国晚四百年。

文学奇才苏轼

苏轼，字子瞻，眉州眉山（今属四川）人。十岁的时候，父亲苏洵去四方游学，母程氏亲自教授苏轼读书，凡是听到古往今来成败兴衰的历史故事，苏轼总是能够概括地说出它们的要点。程氏读东汉《范滂传》，感慨叹息，苏轼就说："我如果做范滂，母亲允许吗？"程氏说："你能够做范滂，我反而不能做范滂母亲吗？"

绍圣（1094～1098 年）初年，哲宗立志恢复神宗时的新法，旧派人物又受到打击。御史弹劾苏轼在掌管内外制的时期内所写作的词命，是用来讥斥先朝的。就以原来的官职知英州（今广东英德），不久又降了一级，人还没有到达英州，又被贬为宁远军节度副使，在惠州（今广东惠阳）安。苏轼在惠州住了三年，对这一切他都能淡然处之，毫不为意。和他共处的人，无论贤愚，都能得到他的欢心。后来他又被贬为琼州（今海南海口）别驾，住在昌化

（今海南儋县）。昌化这个地方古代属儋耳国，这不是人能居住的地方，连药品和糕饼都没有。开始，苏轼租赁官舍居住，有关部门尚且不同意，苏轼就买了土地自己建造住室，儋耳地方的人民帮他运砖、畚土。苏轼就和小儿子苏过住在那里，以著书为乐，常常和那里的父老交游，似乎就将终老于此。

宋徽宗即位，苏轼被移到廉州（今广西合浦），又改为舒州团练副使，徙于永州（今湖南零陵）。历经三次大赦以后，遂为玉局观提举，恢复朝奉郎。苏轼从元祐以来，从来没有把每年的课考作为要求晋升的条件，所以一直到去世的时候，他的官职都是朝奉郎。建中靖国元年（1101 年），在常州去世，终年 66 岁。

苏轼和弟弟苏辙，从小以父亲苏洵为师，学习写文章，以后应该说是得之于自然了。他曾经说："写文章就好比行云流水，开始的时候没有规定的目标，常常是当自己感到有话要说的时候，就应当不停顿地写下去，到了无话可说的时候，就应当立即停止。"虽然是嬉笑怒骂的文辞，他都可以写出来、背出来。苏轼文章的格局雄浑浩涵、光芒四射、雄视百代，真是有文章以来，很少见到的啊！苏洵晚年读《易经》，作《易传》未完成，就命令苏轼完成他的遗愿。苏轼写成了《易传》，又写了《论语说》；后来住在海南，写了《书传》；又有《东坡集》四十卷、《后集》二十卷、《奏议》十五卷、《内制》十卷、《外制》三卷、《和陶诗》四卷。后来名闻一时的文人如黄庭坚、晁补之、秦观、张来、陈师道，当他们还没有被社会上的人们所了解的时候，苏轼对待他们却犹如朋辈，从来没有以师辈自居。

苏轼自从成了举人，一直到作为出入皇宫的侍从，一直把爱护君王作为为臣的根本，忠言规劝，正直敢言，挺挺大节，朝中群臣没有一个能出其上。但是由于被小人妒忌、中伤、排挤，才使他不能安于朝廷之上。

宋高宗即位，追赠苏轼为资政殿学士，把他的孙子苏符封为礼部尚书；又把他的文章置放在御案左右，读着这些文章就忘记了整天的疲倦，赞美他是文章的宗师，亲自写了集赞，赠给他的曾孙苏峤；又推崇追赠苏轼为太师谥为"文忠"。苏轼有三个儿子：苏迈、苏迨、苏过，都善于写文章。

苏迈，是驾部员外郎。苏迨是承务郎。

苏过，字叔党。在苏轼做杭州太守的时候，苏过 19 岁，那年，他从两浙路发解参与诗赋考试，但经礼部考试却没被录取。等到苏轼做兵部尚书时，苏过担任右承务郎。在苏轼统兵定武，贬谪英州，又贬惠州，迁儋耳，以后又不断徙移廉州、永州的这段长时间中，只有苏过独自一人侍奉苏轼。凡是白天夜晚冬天夏天生活中所需要的一切，苏过都一身自为，从不感到为难。初到海上，他写了一篇文章叫《志隐》，苏轼看了以后说："我可以在这个海岛的夷人中安定下来了。"因此让苏过写作《孔子弟子别传》。苏轼在常州去世，苏过将父亲葬在汝州（今河南临汝）郏城小峨眉山，以后在颍昌（今河南许昌）住了下来，在湖的南面种了几亩竹子，名为小斜川，自号"斜川居士"。死的时候，52岁。

苏过一开始是太原府税监，后来为颍昌府鄢城县（今属河南）县令，都是因为法令罢了官。晚年权通判中山府。有《斜川集》二十卷。他的《思子台赋》《飓风赋》很早就在社会上流传。当时人们称苏过为"小坡"。苏过的叔父苏辙经常称赞苏过能尽孝道，把他作为榜样去教导宗族中的子弟。苏辙还说："我哥哥远住在海上，就培养了这个孩子是能写文章的。"

王安石变法

王安石在北宋神宗皇帝（赵顼）的支持下，推行了一系列以富国强兵为目的的变法措施。这些措施的颁布，主要在神宗熙宁年间，因此，王安石一派的变法活动又称为"熙宁新法"。

宋初年的皇帝，以晚唐、五代为鉴戒，力求革除其弊端。但在调整政治、经济、军事大政的同时，又留下许多隐患。为防止地方拥兵自重，尾大不掉，宋太祖（赵匡胤）、太宗（赵光义）等一方面加强禁军的建设，挑选各地武艺高强、体格剽悍的勇夫归并禁军。另外，以文官代替武官做州郡长官，还派使兵将经常流动。造成了兵不识将，将不识兵，兵无常帅，帅无常师的状况。这种苦心经营的结果，虽然消灭了地方抗衡中央的现象，却使得军队数目剧增，并且削弱了军队的战斗力。宋初政府大量吸收文人参政以扩大统治基础，方法是通过科举。宋朝科举职干名额大大超过唐朝。宋初保留了很多唐、五代的旧官位职称，同时，又增设了大批新的官职，使得官员名实不符，冗官冗员，尸位素餐。宋真宗（赵恒）澶渊之盟后，答应每年向辽国贡银、绢数十万两、匹。宋仁宗（赵祯）对辽贡物又有增加，同时，还向夏国"赐"银、绢、茶数十万两、匹、斤。内部供养大批军队和官员，外边受别国的经济掠夺，宋朝财政紧张。向人民摊加赋税，激起了多次农民起义。

面对矫枉过正的恶果，庆历三年（1043 年），范仲淹等人主持以整顿吏治为中心的"庆历新政"，但以夭折告终。到神宗时，外部有辽、夏威胁，内部有冗官冗兵，财政紧张的窘境仍未好转。神宗决定改弦更张，开始物色能革除贫弱积弊、挽救危机的臣属。抚州临川（今江西临川）人王安石，于庆历二年中进士，当年即开始了其地方官生涯。地方生活的经历使他认识到贫富过分悬殊的危害，产生了抑制兼并的思想。嘉祐三年（1058 年）十月下旬，宋政府任王安石为三司度支判官，他回到京城后，向宋仁宗上"万言书"，力主变法。王安石担任三司度支判官只有两年多时间，又调为知制诰。嘉祐八年仁宗病逝，王安石也因母亲去世服丧。熙宁元年（1068 年）神宗召王安石回京城。王安石与神宗富国强兵的构想不谋而合，加上当时朝臣的举荐，神宗于熙宁二年任命王安石为参知政事，负责变法事务。

王安石打着"法先王"的旗帜，以"民不加赋而国用足"为指导思想，开始变法。王安石在得不到元老旧臣支持的情形下，起用新人，设置了制置三司条例司，即皇帝特命设置的制定三司（户部、度支、盐铁）条例的专门机构，与吕惠卿、章惇，曾布共同商议变法。王安石与僚属们陆续推行了财政、民政、军政以及教育方面的改革。

均输法　熙宁二年七月，令东南诸路行均输法，其要点是：设发运使官，总理诸路的赋人，负责茶、盐等税目。发运使官有权周知各路财赋情况，凡籴买、税敛、上供物品，都可依照"徙贵就贱，用近易远"的原则节俭购物资财和运输费用。发运使还有权知道京城开封的库藏情况，对要供办的物品，可"从便变易蓄买"，存贮备用。朝廷拨钱五百万贯，米三百万石供周转之用。这就改变了此前供求关系严重脱节的状况，调节了物价，削弱了富商巨贾屯积居奇，控制市场的能力，借此保证京城官方的消费供应。

青苗法　熙宁二年九月，神宗批准条例司制定的青苗法，命令先在部分地区实施，随后推行全国。青苗法的主要内容为：各路以一定的钱谷作本，每年在夏熟之前和秋熟之前的青黄不接之际，两次贷钱或借谷给民户。夏、秋熟之后，加息十分之二，随每年两税一块交齐。富户也必须借贷。借贷者每五户或十户结成一保，由地主或富裕农民为"甲头"，客户贷款，须与主户合保。贷钱数目由富到贫依次递减。如遇灾伤到五成以上的年景，可延期归还。青苗法旨在限制高利贷者的活动，减轻民户受富户高利盘剥之苦。同时也为朝廷开辟财源。

农田水利法　熙宁二年十一月，条例司颁布《农田利害条约》，规定由官府鼓励农户开垦废田，兴修水利。农田水利法的实施，使许多水利工程得到修复，大批薄地变为良田。

变法不是在一帆风顺中进行的，随着上述三法的实施，王安石招致了反对派的围攻。御史刘琦，知谏院范纯仁以均输法与商贾争利为理由，主张废除此法。为抗议青苗法，重臣富弼称病辞职。司马光、苏轼等人指责青苗法取息过重，并说富人不愿借、贫人不易还青苗钱。针对众口所议，神宗和王安石于熙宁三年正月下令放弃强迫富户借钱出息的做法，青苗法只剩下剥夺富户放债所得的部分利益。二月，旧相韩琦上书历陈青苗法的隐患，其中"若连年灾伤则官本渐失"的攻击使神宗动摇了，王安石被迫奏请罢职。神宗慎重思考后，仍决定倚重王发石继续变法，十二月，任命王安石为同中书门下平章事。针对反对派"背儒崇法"的指责，王安石一方面解释儒家经典，援引为变法之据，同时公开推崇商鞅。王安石借反对派说自己"天变不足畏，人言不足恤，祖宗之法不足守"的批判言词，从正面阐述了"三不足"思想的正确性。伴随着政治上和思想上对反对派斗争的优势，王安石将变法推向了高潮。

免役法（募役法）　该法允许民户出钱雇役，改变了以前按户等轮流充当州县政府差役的办法（差役法）。熙宁四年十月，颁免役法于全国。其要点有：各路、州、县依当地差役事务，自定费用数额，按户等征收，供当地募役之用；定额之外，另外收十分之二，称"免役宽剩钱"，备灾荒年份使用；原来轮充差役的农户出的钱，称为"免役钱"；原不服役的部分城户、享有特权的官户、寺观和农村的未成丁户、单丁户、女户也要按半数交纳役钱，称

"助役钱";农村和城市一些特困户不交纳。

市易法 熙宁五年三月,颁行市易法。即官方设市易机构,出钱作本,收购市上滞销货物,等到畅销时,向商贾赊贷,取年息二分。市易机构还向商贾贷款,也取年息二分。商人以产业作抵押,五人以上互保。政府先在开封设市易务,后又在其它重要城市设置市易务,而改京城市易务为都提举市易司,统领全国市易务。

方田均税法 颁行于熙宁五年八月,即依据原来租税额,按土地多寡、肥瘠平均负担。规定由县官每年九月丈量一次土地,以东西南北各千步为一方,验地质定税额。查出了大户隐瞒不纳税的土地,避免了中下户卖掉土地仍复担税务的现象。此法也是先在一路试行,后又推广开去。

以上各法,王安石着眼于"富国"。同时,为"强兵"实施了如下各法。

将兵法 熙宁六年和熙宁七年,神宗两次下诏,要求设置将领,训练整编后的军队。所选将、副将都是有作战经验和指挥才能的人。起初,将专管练兵,后来可自己负责军政。改变了兵将不相识的旧制,提高了军队的战斗力。

保甲法 熙宁三年十二月,颁布《畿县保甲条例》,规定乡村民户十家为一保,设保长一人;五十户为一大保,设大保长一人;十大保为一都保,设都、副保正各一人。保长、保正由家财丰厚的地主担任。各户有两丁以上者,要抽一人作保丁,熙宁五年又改为只有富户有资格作保丁。保丁要训练武艺,每大保逐夜轮差五人巡警。同保内若有人犯"盗窃、杀人、谋杀、放火"等案,知而不告,连坐治罪。保内如有"强盗"三人以上住三天,同保邻人虽不知情,也要治罪。此法先于开封府推行,后推广到全国。目的在于使保甲代替一部分军队,以及镇压农民的反抗斗争,维护封建统治。

保马法(保甲养马法) 熙宁五年,神宗下诏开封府界各县保甲养马,由官方配给马匹。第二年,颁行保马法于京东等五路。规定保甲愿养马者,每户一匹,富户两匹,对养马户免除一定的税额。富户马死后,由其独自赔偿。贫户十户为一社,马死后由全社共同赔偿马价的半数。并限定各路养马不超过五千匹。所养之马可用来"袭逐盗贼"。此法变革了由牧监养马而费用巨大的状况,加强了保甲的武装力量。

军器监 熙宁六年,神宗采纳安石之子王雱的建议设置军器监,原由三司主管军器制造的权力移归军器监。生产所需材料的地方，建置都作院，由军器监统领。提高了所造军器的质量。

在推行"富国强兵"各项措施时，王安石又着手改革科举与教育，为深入变法"陶冶人才"。

改革科举　熙宁四年开始改革科举，废死背经义注疏的明经科，另设明法科，"试以律令刑统大义断案"。进士科分四场考时务策、论和经义，代替原来的诗赋考试。王安石目的是要改变士人虽博学强记而从政时"茫然不知其方"的弊端。

整顿学制　改革科举的同时，也改革学校制度。太学实行"三舍法"，即分外舍、内舍、上舍三级，经考试合格可升级。上舍生中考察为"卓然优异者"，不经科举可直接授官。太学设置直讲十员，二员共讲一经。把王安石为首的改革派撰注的《诗经》《尚书》《周礼》"三经新义"定为太学教科书。使太学变为培训改革人才的摇篮。整顿太学后，又相继在京城设立了武学、律学、医学等实用专科学校。于熙宁四年至熙宁六年间，改革充实了地方学校。

即使在王安石变法的高潮期间，反对派也从未停止过对新法的攻击。借着熙宁五年山崩和熙宁七年大旱等自然现象，神宗的曹太皇太后（仁宗之后）、高太后（英宗之后）和向后，还有保守派文彦博，司马光、冯京等围攻王安石和他的新法。变法派人物曾布等见风使舵，站到了反对派一边。迫于这种困境，王安石于熙宁七年四月，辞朝出知江宁府（今南京），第一次罢相。此后，韩绛与吕惠卿执政，两人在神宗支持下，流放了一些反变法官员。在韩绛的请求下，熙宁八年二月，神宗下诏恢复王安石相位。但王安石仍处于被围攻之中。又由于内部一些矛盾，变法派韩绛、吕惠卿相继出朝为地方官。趁变法派内部不团结之机，反对派大举攻击王安石，而且神宗在许多方面下诏修改甚至破坏了新法。新法难以继续推行，熙宁九年，王安石连续上书请求罢官归田，获批准后回到江宁府，王安石主持的变法接近尾声。

靖康之变

宋徽宗宣和七年（1125年）十月，金人下诏攻宋。兵分两路，西路军由完颜宗翰（粘罕，即粘没喝）率领，自云中（大同）攻太原；东路军由完颜宗望（斡离不）率领，自平州（河北卢龙）攻燕山。两路金军计划在开封会和。

十二月，童贯在太原得报金兵南下，逃回开封。西路金军破朔、武等州，围攻太原府。东路军金兵南下，宋燕京守将郭药师执蔡靖等降金并作了金人向导，从而使"金尽陷燕山州府"。金军围中山府（今定县），没有攻克，越过中山继续南进，直逼开封。宋徽宗惊慌失措，取消"花石纲"，号召天下勤王，并且让位给太子桓，这就是宋钦宗，徽宗自称道君皇帝。

靖康元年（1126年）正月，金兵东路军攻陷相（今河南安阳）、浚（今河南浚县）二州，金兵至黄河北岸，守将梁方平奔溃。河南守桥者，望见金兵旗帜，烧桥而逃，何灌守滑州，也望风逃溃。宋军在河南者，竟无一人御敌。金人从容渡河，陷滑州。

在金人严重的威胁下，宰相白时中、李邦彦、张邦昌等请宋钦宗弃城逃跑，"出幸襄邓，以避敌锋"。李纲坚决反对这种主张，"力陈不可去之意"，阻止钦宗的逃跑。宋钦宗任李纲为亲征行营使，积极布置防务。刚刚作了一些准备，金兵已经到达开封城下。

金军在降将郭药师的引领下抵达城西北，并获取军、马、兵、粮等大批物资。李纲临阵指挥，击退金兵对宣泽门的夜袭，以后又在开封的天津门、景阳门等地多次击退金军的进攻。宋钦宗及和大臣不顾李纲反对，同金人议和。宗望提出议和条件是："输金五百万两，银五千万两，牛、马万头，锦缎百万匹，尊金帝为伯父……割中山、太原、河间三镇。"宋议和使者对此不敢有任何异议，宋钦宗也不顾李纲等反对，一一答应，在开封城内搜刮金银、珠玉、宝器等，但仍不够。

当时宗翰率领的西路军在太原城遇到激烈抵抗，不能南下。宋各地的勤王之师陆续抵达开封城下。老将种师道督泾原秦凤兵入援，开封城下金军惧怕。宋钦宗为求和，借口种师道的部将姚平仲夜袭金军失利，罢李纲、种师道之职。由于开封军兵激烈反对，李纲复职，各地勤王军继续到达城下。宗望在这样形势下，不等凑足金银数，慌忙北退。

这年秋天，宗望率兵东路军再度南下攻宋。真定（今河北正定）等重镇相继失陷。宋太原守城军民奋战二百六十天，最终城陷。河东失太原，河北失真定，宋钦宗更是惊慌。

宋钦宗先后派康王赵构及耿南仲、聂昌至金军议和。赵构至长垣（今河南长垣）被百姓喧呼拦阻，至磁州（今河北磁县）为百姓和守将宗泽留下，耿南仲害怕百姓，过卫州（今河南滑县）狼狈逃走，聂昌至绛州（今山西新绛）被当地百姓处死，挖掉眼睛，砍成肉泥。十一月，金军兵分二路先后从李固渡和河阳渡过黄河，对开封形成钳形攻势。十一月二十五日，宗望率领的东路金军再次到达开封城下，闰十一月初二，宗翰率领的西路军也抵达开封与东路军会合，金军把开封城团团包围起来，开始了攻城战役。

这时开封城仅有卫士与弓箭手七万余人，西、南两道援军又被唐恪、耿南仲遣还，四方无一人至京师援助。宋钦宗一面作抵抗，一面派人持蜡书出城至相州，任命康王赵构为兵马大元帅，陈遘为元帅，宗泽、王伯彦为副元帅，立即发兵支援开封，又下诏诸路勤王兵援京，但为时已晚。金军加紧攻城，开封城危在旦夕。宋钦宗迷信郭京、刘无忌所谓的"神兵"，幻想依靠这些无赖所组织的"六甲正兵"、"六丁力士"来保卫开封。金人攻通津门、宣化门等，遇到宋军民抵抗。闰十一月二十五日，郭京被逼率领这支"神兵"，出宣化门迎战金军，结果被金军击溃，士卒掉入护城河者不计其数，宋军慌忙关闭城门，郭京见大势已去，骗局已破，偷偷逃出城外，带领余兵向南逃跑。金军乘势登上城墙，焚南薰门。宋统制姚仲友等被杀，汴京城破陷，开封军民与金军展开巷战。金人宣言议和退师，钦宗立即派人至金营求和。十二月，金人来索要金 1 000 万锭、银 2 000 万锭、帛 1 000 万匹。宋钦宗派人又搜刮京师金银。宋各地援京师的军队在途中被金人陷阻。

靖康二年正月，金军先后扣留宋徽宗、宋钦宗为人质，十六日，金军下令废掉宋徽宗、宋钦宗的年号，贬为庶人，北宋灭亡。另立张邦昌为伪楚皇帝。四月一日，粘罕、斡离不俘虏宋徽宗、宋钦宗及赵氏宗室、官员三千余人，满载搜刮的大量金银财宝、车马玉器北归。这就是历史上有名的"靖康之变"。北宋徽、钦二帝到金朝后，分别于南宋绍兴五年（1135 年）和绍兴三十一年，先后死于金朝。

太原之战

宋徽宗宣和七年（1125 年）十月，金军分两路南下侵宋。东路军由宗望（斡离不）为主帅，由平州攻燕山而南下。西路军以宗翰（粘罕）为主帅，由大同进攻太原。

十二月，金西路军在攻下朔州（今山西朔县）、代州（今山西代县）后，包围太原。在金人围城之前，童贯到达太原。事情缘由是这样的：金人曾答应把蔚州、应州及飞狐、灵邱等县割给宋廷。宋徽宗深信不疑，派童贯去接收。童贯至太原，派马扩、辛兴宗到金交涉。金人矢口否认有这样的允诺。马扩劝童贯早作准备以防不测。童贯不听马扩意见。宗翰派使者告诉童贯，战事已起，宋朝当速割河东、河北地，以大河为界，才能保存社稷。童贯闻言，惊恐不安，以要回开封面承圣上为由，逃回京师。太原知府张孝纯阻止童贯，说金人已违背诺言，此时当会合诸路将士，报效朝廷，而且太原地险城坚，百姓习战，金人未必能攻下。童贯居然称自己是"受命宣抚"，不是来此"守土"的。童贯自太原逃回开封，张孝纯斥童贯是："蓄缩畏慑，奉头鼠窜。"宗翰围太原，太原军民坚守。

宗翰围太原，攻下太原城周围相邻各县，独太原城坚守攻不下。于是，宗翰在城外宋军矢石难以达到的地方，筑城防守，围困太原，使太原城内与城外无法联系。宗翰听说宗望已到达开封城下，议和并获金银财物，也派人到汴京，索要钱物。当时诸路勤王大军聚集开封城下，当政者没有答允宗翰的勒索。宗翰分兵南下，折可求、刘光世兵败，平阳府叛卒引金人进入险要的南、北关，知威胜军李植降。金人攻隆德府（今山西长治），知府张确等战死。不久，粘罕回云中，但仍留兵围太原。宋军又收复隆德府、威胜军。

由于太原之围未解，种师道与姚古奉命进军。两军相为掎角，互为呼应。但种师道与姚古不能很好配合。姚古至威胜，有人妄传宗翰将至，因此姚古军没有按期到达。种师道兵粮缺，士卒饥甚，金人复在后，攻打宋军，师道身被四创，力竭战死。名将种师道死，宋士气大落，金人乘胜进军。姚古兵溃，退保隆德。

秋七月，李纲赴两河练士卒。钦宗下诏让李纲赴太原，李纲作了一番布置，各处宋军离太原不远。李纲约定三路并进。但各自将领得到朝廷的旨书，"事皆专达，进退自若"，不能遵从命令。李纲要求朝廷对各路将帅应有约束，朝中接受这一意见，但各路将帅依然如故，各地宋军不能互相配合，统一行动，先后都被金军击败。

太原被围共260天，外援不至，城中粮尽，军民以弓弦、皮甲、树皮、野草为食。城中军民饿死十之八九。在艰难困苦的局面下，太原军民仍固守城池。金人第二次南下，宗翰率大军自云中再度抵太原，知府张孝纯力竭，支持不住，太原城终于陷落。张孝纯被俘，后降金。副都总管王禀在城陷后，率领士民巷战，后力竭投汾水而死。通判方笈、转运韩揆等36人都被金人杀害。

当初，朔州守臣、河东名将孙翊曾率兵援救太原。孙翊离朔州不远，留守朔州宋军降金，孙翊部下多为朔州人，在金人威胁下，孙翊部众反叛，孙翊亦遇害。宋将折可求，也率领二万多宋军，将出天门关，援助太原。金人据守天门关。折可求未能攻下天门关，越山取道松子岭，到达交城，与宗翰军遭遇，大战多时。折可求军远道而来，疲劳不堪，不能战胜金人，退回。

260天的太原保卫战，在宋、金战争史上写下一页可歌可泣的篇章，太原失陷也暴露了宋政府的腐败无能。

绍兴议和

南宋军民在积极抗金斗争中不断取得胜利的时候，也是秦桧加紧向金乞和的时刻。正是所谓"朝廷遣使通问，冠盖相望于道"。王伦等不断至金议和。

与此同时，秦桧进一步迫害那些反对议和的人。绍兴九年（1139年）五月，张焘等自河南回来，上疏给高宗，要求"不可恃和盟而忘复仇之大事"，立即遭到秦桧的打击，张焘立即被贬。大臣李光起初对议和事并不完全反对，后来，秦桧要撤淮南守备，夺抗金将领的兵权，李光才极力陈诉金人有野心，"和不可恃，备不可撤"。李光在高宗面前指责秦桧是"盗弄国权，怀奸误国，不可不察"。这触犯了秦桧，李光离开朝廷，后来秦桧以所谓"私史"案，迫害李光。

解除抗金将领的兵权，是高宗、秦桧为与金人议和扫除障碍的步骤。三大将中张俊又是主和派，枢密院大权实际被张俊所把持。接着刘锜的兵权又被解除。不久，岳飞入狱。

十月，金人占泗州（今江苏盱眙北）、楚州（今江苏淮安），逼迫宋高宗、秦桧投降议和。宋以魏良臣为金国禀议使。十一月，魏良臣到金卑躬屈膝。金宗弼以肖毅、邢具瞻为审议使，同魏良臣一同到宋，议定要以淮水为金、宋的分界，要求割唐（今河南唐河）、邓（今河南邓县）二州和陕西的一些地方，每年给金人以银25万两、绢25万匹。高宗全部接受金人的条件。并且派何铸带高宗的誓表去金。誓表上说明宋接受金人提的条件，要"世世子孙谨守臣节，每年（金）皇帝生辰并正旦，遣使称贺不绝"。申明如果自己违背盟约，则"明神是殛，坠命亡氏，踣其国家"。

十二月，何铸至汴，见到金宗弼，又至会宁。金人不断增加新的要求。最后签订和约，其内容是：（一）宋向金称臣，金册封宋高宗赵构为皇帝。（二）确定宋、金疆界。东以淮河中流为界，西以大散关为界，以南归宋，以北属金。割唐、邓二州及商、秦二州大半土地予金。这样一来，宋仅有两浙、两淮、江东西等十五路，而京西南路只有襄阳一府，陕西路只有阶、成、和、凤四州。宋的疆域大大缩小了，而金人划界后，建五京，置十四总管府，共十九路，还有其他散府一些地方。（三）宋每年向金人贡纳银 25 万两，绢 25 万匹。这就是"绍兴和议"。

南渡的宋廷大官僚和北方大地主，他们和南方的地主一起兼并土地，以高宗、秦桧为代表的大地主阶级的基本方针是秦桧所说的"南自南，北自北"，求偏安一隅。但偏安局面形成过程，却是南宋抗金军民受打击的过程。绍兴和约签订，岳飞被害。

绍兴和约签订后，形成宋、金南北对峙的局面。宋、金的战争暂时告一段落。在相对稳定的局面下，金人更多地接受汉族文化，在金熙宗统治下建立了一套集权的机构，金人的生活从各个方面逐渐地接受了汉俗。

绍兴十二年，四月，金人遣使以衮冕圭册，册封宋高宗为大宋皇帝，七月，金人送回高宗母韦后及徽宗灵柩。九月，高宗给投降有功的秦桧加封，加秦桧太师，封魏国公。此后，秦桧又独揽朝政 13 年。

元　朝

（公元 1206 年～公元 1368 年）

公元 1206 年，蒙古部首领铁木真统一各部，以和林为都城，建立了大蒙古国，他本人被尊称为成吉思汗。成吉思汗和他的后继者不断向外进行军事征服，蒙古国最盛时，势力范围除直辖的北部中国外，还包括中亚与欧洲部分地区的四大汗国。

公元 1271 年，蒙古大汗忽必烈改国号为元，次年迁都大都。公元 1279 年，元军南下攻灭南宋。至此，元王朝结束了从五代到南宋 370 多年多政权并立的局面，中国历史上再一次出现了空前大统一的局面。元朝的政权机构，中央以中书省（有时又设尚书省）、枢密院、御史台分掌政务、军事与监察。地方建置多样化，今山东省、河北省、山西省及内蒙古自治区的部分地区，称为"腹里"，归中书省直接管理；诸王封地及西藏地区，归中央宣政院管理；其他地方划分为 10 个行中书省，简称行省或省。元朝在水陆要道修建驿站，兴修水利，从而使得农业与手工业逐渐恢复，某些边疆地区得到重点开发，科学文化继续发展，海外贸易与中外文化交流有所扩大。

然而，元朝又保存了若干蒙古旧制，南北方经济存在许多区别。各民族的传统观念与生活方式虽然互相渗透，但仍有较大差异，导致各地经济文化的发展很不平衡，表现出复杂的多元性。由于元王朝以蒙古贵族为主体，结合其他民族的上层人物，与汉族大地主组成其统治集团，推行不平等的蒙古人、色目人、汉人、南人等级制度，使阶级矛盾与民族矛盾日益尖锐，反抗斗争此伏彼起，元末终于爆发了全国性的农民大起义。公元 1368 年朱元璋建立了明王朝。同年，明军北伐攻占大都，元朝灭亡。

铁木真事迹

太祖法天启运圣武皇帝，名铁木真，姓奇渥温氏，蒙古部人。

太祖的十世祖名叫孛端叉儿。他的母亲阿兰果火，嫁给脱奔咩哩犍，生了两个儿子，长子名博寒葛答黑，次子名博合睹撒里直。丈夫去世之后，阿兰成为寡妇独自居住，晚上在帐房中睡，梦见白光从帐房的天窗中进来，变成金色的神人，来到她躺着的床边。阿兰惊醒过来，便怀孕了，生下一个儿子，就是孛端叉儿。孛端叉儿的相貌很奇特，沉默寡言，家中人都说他笨。只有阿兰跟其他人说："这个孩子不笨，他的后代子孙一定有大贵人。"阿兰去世，兄长们把财产分了，没有分给孛端叉儿。孛端叉儿说："人的贫贱富贵，都是命里注定的，财产算得了什么。"独自骑着一匹青白马，到名叫八里屯阿懒的地方住了下来。没有饮食，正好有鹰抓取野兽在吃，孛端叉儿便用绳子做成机关擒住了它，这头鹰很快便驯服了。于是他便臂上架鹰猎取兔子和鸟类作为食物，有时食物缺少但立即又有所获，似乎天在保佑他。这样过了几个月，有数十家百姓从统急里忽鲁的旷野追随水草迁到当地，孛端叉儿建造简陋的茅屋给他们住，进出互相帮助，因此生活还算过得去。有一天，二哥忽然想起他，说："孛端叉儿独自出去没有带什么东西，近来会不会挨冻受饥呢？"立即前来探望，要他一起回去。半路上孛端叉儿对他的哥哥说："统急里忽鲁的百姓没有隶属于他人，如果用武力加以威胁，是会屈服的。"哥哥以为有道理。回家以后，立即选派强壮的战士，命令孛端叉儿带领前去，果真把他们都降服了。

孛端叉儿死，其子八林昔黑剌秃合必畜继承家世，生下儿子名叫咩捻笃敦。咩捻笃敦的妻子叫做莫挐伦，生下七个儿子后成为寡妇。莫挐伦的脾气刚强而急躁，当时押剌伊而部有一群孩子挖掘田间的草根作为食物，莫挐伦乘车出门，正好看见，发怒说："这块土地是我儿子跑马的地方，这群孩子胆敢破坏吗！"赶车前去，将这群孩子碾伤，有的被碾死。押剌伊而人忿怒怨恨，将莫挐伦的马群全都赶走。莫挐伦的儿子们听到这一消息，来不及穿上铠甲，便追上去。莫挐伦忧虑地说："我的儿子不穿铠甲前去，恐怕不能战胜敌人。"

便叫儿媳妇载着铠甲前去，已经来不及了。果然吃了败仗，六个儿子全都战死。押剌伊而人乘胜杀死莫挈伦，并把她全家都杀光。只有长孙海都年纪还小，奶妈将他藏在一堆木头中，才得幸免于难。

在此之前莫挈伦第七个儿子纳真在八剌忽的百姓家中当上门女婿，因此灾难发生时与他无关。他听说家中遭遇大祸，前来察看，只见十几位有病的老年妇女与海都还在，他不知怎么办才好。押剌伊而人驱赶马群时，纳真哥哥的黄马三次摆脱套竿逃了回来，纳真得到马骑。于是他便伪装成牧马人，前往押剌伊而人住处。路上碰到父子二人先后骑马行驰，臂上架着鹰打猎。纳真看见鹰，心中说："这正是我哥哥常常托着的鹰。"赶上前去哄骗年少的儿子说："有一匹红马带领一群马往东去了，你看见了吗？"少年回答说："没有。"接着少年问："你经过的地方有水鸟吗？"纳真说："有。"少年说："你能带我去吗？"纳真说："可以。"于是便同行。转过一处河湾，纳真估计后面骑马人距离稍远，便将少年刺死。他将马疋与鹰用绳捆住，然后前去迎接后面的骑手，同样加以哄骗。后面的骑手问道："前面射水鸟的是我的儿子，为什么老躺着不起来呢？"纳真回答说因为鼻子出血。骑手正要发怒，纳真利用这一空子将他刺死。又向前去到一座山下，有几百匹马，放牧的只有几个孩子，正在拿动物的骨关节做游戏。纳真仔细看，也是哥哥家中的东西。用话向孩子们套问，也像先前一样。于是爬上山顶四面张望，到处静悄悄没有人影，他便将孩子们全都杀死，驱赶马群架着鹰回来，带上海都和有病的老年妇女，一起回到叫八剌忽怯谷的地方住下。海都长大了，纳真率领八剌忽怯谷的百姓们拥立他为首领。海都当上首领后，攻打押剌伊而，使之成为自己的属民，势力逐渐壮大。他的营帐排列在八剌合黑河边，在河上造起了桥梁以便于往来。由此周围的部族前来归附的日益增多。

海都死，儿子拜姓忽儿继位。拜姓忽儿死，儿子敦必乃继位。敦必乃死，儿子葛不律寒继位。葛不律寒死，儿子八哩丹继位。八哩丹死，儿子也速该继位，吞并各部落，势力愈来愈大。也速该死。至元三年十月，追谥烈祖神元皇帝。

当初，也速该出征塔塔儿部，捉住了塔塔儿部的首领铁木真。这时正好宣懿太后月伦生下太祖，手中握着凝固的血块如同红色石头一般。也速该很奇怪，便以抓住的俘虏首领的名字铁木真为之命名，用来纪念自己的军事胜利。

同族的泰赤乌部原来和也速该关系很好，后来因为塔儿不台管事，便产生了隔阂，互不往来。也速该死时，太祖年纪还小，部众大多归附泰赤乌部。侍从脱端火儿真也要叛变，太祖哭着挽留他。脱端说："深深的池水已经干涸了，坚硬的石头已经碎裂了，留下干什么！"竟然带着众人骑马离去。太后月伦对他看不起自己感到愤怒，亲自打着旗带着兵追上前去，将大部分企图叛变的部众追了回来。

当时太祖的部下撒只另外居住在萨里河。札木合部的秃台察儿居住在玉律哥泉，时常想要欺侮他们，后来将萨里河放牧的马群抢走。撒只指挥身边的人藏在马群中，将秃台察儿射死。札木合因此怨恨，便和泰赤乌各部共同商议，发动三万人前来打仗。太祖这时屯驻在答阑版朱思草原上，听到消息，便大规模征集各部的军队，分成十三翼等待对方的到来。后来札木合的军队果然前来，太祖和他们激烈交锋，终于将对方打败。

那时，各部之中只有泰赤乌土地广大，人口众多，号称最强大。泰赤乌部中的照烈部，住处与太祖接近。太祖有一次出去打猎，偶然和照烈部的打猎队伍相遇。太祖对照烈部人说："今天晚上可以在一起宿营吗？"照烈部人说："一起宿营当然可以，但是跟从出来打猎的有四百人，因为带的食物不够，已经让一半回去了，现在将怎么办才好？"太祖坚持邀请他们一同宿营，凡是留下的，一概供应饮食。第二天一起打猎，太祖让身边的人将野兽都赶到照烈部人一方，照烈部人得到许多猎物回去。照烈部众都感激太祖，私下相互说："泰赤乌和我们虽是兄弟，却常常抢我们的车马，夺我们的饮食，没有君主度量。有君主度量的，看来只有铁木真太子了。"照烈部的首领玉律这时正遭到泰赤乌部的虐待，难以忍受，便和塔海答鲁带领部众来归顺铁木真，愿意以杀泰赤乌人来表示自己的诚心。太祖说："我正在熟睡，幸亏你们使我醒过来。自今以后凡是有车辙和人行痕迹的道路，我将全部夺过来给你们。"没有多久，二人不能实践自己的诺言，又叛变离去。塔海答鲁行至中途被泰赤乌部众所杀，照烈部就此灭亡了。

这时太祖的功业与德行愈来愈盛，而泰赤乌各部对于他们首领的暴虐行为深感不满，看到太祖待人宽厚仁爱，经常拿皮衣和马匹赏赐给别人，心中都很向往。像赤老温、哲别、失力哥也不干等人，以及朵郎吉、札剌儿、忙兀诸部，都仰慕太祖的恩义，前来投降。

太祖约会同族首领薛彻别吉、大丑等，各自用牛车载着马奶和奶酪，在斡难河边举行宴会。在太祖和同族首领以及薛彻别吉的母亲忽儿真面前，只放着一皮囊马奶，而在薛彻别吉的次母野别该面前，却单独放着一个皮囊。忽儿真发怒说："现在不尊敬我，却要抬高野别该吗？"怀疑是太祖手下管理饮食的失丘儿干的事，就揍他，这样便产生了隔阂。这时太祖兄弟别里古台负责管理太祖的乞列思（乞列思，用汉语来说就是君主营帐外面系马的场所），播里管理薛彻别吉的乞列思。播里手下人偷盗马车用的革带，被别里古台抓住。播里发怒，用刀砍伤别里古台的背。手下人要打架，别里古台制止他们说："你们要报仇吗？我伤得不重，以后再说。"手下人不听，各自拿着撞马奶的木棒大打出手，将忽儿真、火里真两位夫人抢了回来。薛彻别吉派遣使者请求和好，太祖便让两位夫人回去。恰好塔塔儿部首领蔑兀真笑里徒违背与金朝之间的盟约，金朝皇帝派丞相完颜襄带领军队将他们驱赶到北方。太祖听说此事，便派遣近处的军队从斡难河迎头痛击塔塔儿部，又通知薛彻别吉带部众前来相助。等了六天薛彻别吉没有来，太祖独自与塔塔儿部作战，杀死蔑兀真笑里徒，将他们的全部辎重都缴获了。

太祖的部下有人遭到乃蛮部人抢劫，太祖准备讨伐，又派六十人到薛彻别吉处去征兵。薛彻别吉因为过去的怨仇，将其中十人杀死，剥去其余五十人的衣服让他们回来。太祖发怒说："薛彻别吉过去揍我的失丘儿，砍伤我的别里古台，现在又敢利用敌人的势力来欺侮我。"于是便统率军队越过沙漠发起进攻，杀死俘虏了他的部众，只有薛彻别吉和大丑带着妻儿得以幸免。过了几个月，太祖又发兵讨伐薛彻别吉和大丑，追到帖烈徒隘口，将他们歼灭。

克烈部的札阿绀孛前来归附。札阿绀孛是克烈部首领汪罕的弟弟。汪罕原名脱里，金朝封他为王，北方民族语音重，所以称王为汪罕。

起初，汪罕的父亲忽儿札胡思杯禄去世，汪罕嗣位，杀了不少自己的兄弟。他的叔父菊儿罕带着军队与他作战，追逼到哈剌温隘口将他打败，汪罕只剩下一百多名骑兵逃脱，投奔烈祖也速该。也速该亲自带兵将菊儿罕赶走。菊儿罕逃往西夏，也速该夺回部众还给汪罕。汪罕感恩戴德，就与也速该结盟，称为安答（安答，汉语是交换物品的朋友）。也速该死，汪罕的弟弟也力可哈剌怨恨汪罕杀人太多，叛离了他，投向乃蛮部。乃蛮部首领亦难赤为之发兵讨伐汪罕，将他的部众都夺过来给了也力可哈剌。汪罕经过河西、回鹘、回回三

国，投奔契丹。不久又叛变逃回，途中粮食没有了，挤羊奶为饮料，刺出骆驼血来吃，困乏到了极点。太祖因为汪罕与烈祖也速该之间交情很好，派遣侍从去招他。太祖亲自迎接慰劳，安置于军中，给他资助。于是在土兀剌河边聚会，太祖遵汪罕为父。

没有多久，太祖讨伐蔑里乞部，与蔑里乞部的首领脱脱在莫那察山交战，夺得他们的资财、粮食，送给汪罕。汪罕因此逐步将部众收集了起来。

又过了一些日子，汪罕以为自己势力壮大，足以有所作为，没有告诉太祖，独自领兵去攻打蔑里乞部，对方败走，脱脱逃往八儿忽真的险要之地。汪罕大肆抢掠后回来，没有给太祖一点东西，太祖根本不在意。

这时乃蛮部首领不欲鲁罕不服，太祖与汪罕又发兵讨伐。到黑辛八石的旷野，遇到乃蛮部的前锋也的脱孛鲁带领一百骑兵前来作战。看到太祖的军队逐渐逼近，也的脱孛鲁退到高山上据守，途中马鞍脱落而掉下马来，太祖抓住了他。没有多久，太祖又与乃蛮部的猛将曲薛吾撒八剌相遇，正好这一天时间已晚，于是约定明日交战，各回自己的营垒。当天晚上，汪罕在营垒中到处点火，使人相信他没有什么动作，实际上他偷偷将部众转移到其他地方。等到天亮，太祖才发现，因而怀疑他打有别的主意，也带着军队退到萨里河。接着汪罕也回到土兀剌河，汪罕的儿子亦剌合和札阿绀孛都来会合。曲薛吾等发现这种情况，乘其不备，在半路上加以袭击，俘虏了不少人。亦剌合逃走告诉汪罕，汪罕命令亦剌合和卜鲁忽辐一起追上前去，一面派人来说："乃蛮部不讲信义，抢掠我的百姓，太子您有四名优秀将领，能借给我洗雪这番耻辱吗？"太祖立即消除了以前的不满，派遣博尔术、木华黎、博罗浑、赤老温四人带军队前去。军队还没有到，亦剌合已经追上曲薛吾，与他交锋，结果大败，卜鲁忽辐也被俘。飞箭射中了亦剌合的马的屁股，亦剌合差一点也成了俘虏。一会儿四将来到，打败乃蛮部，将他们抢掠的百姓全部夺回还给汪罕。接着太祖与兄弟哈撒儿再次讨伐乃蛮部，在忽阑盏侧山交战，大败对方，将对方的将领和部众全都杀光，将尸首堆积起来封土成为冢丘。乃蛮部的势力因此削弱了。

这时泰赤乌还相当强大，太祖和汪罕在萨里河会合，一起与泰赤乌首领沆忽等在斡难河边大战，将对方击败，杀死俘获敌人不可计数。

哈答斤部、散只兀部、朵鲁班部、塔塔儿部、弘吉剌部听说乃蛮部、泰赤乌部已战败，都感到不安，在阿雷泉相会，杀白马作祭祀品立下誓言，要对太祖和汪罕发动突然袭击。弘吉剌部首领迭夷害怕此事难以成功，偷偷派人前来告密，太祖和汪罕从虎图泽出发，迎战于杯亦烈川，又将对方打得大败。

汪罕于是分兵，自己带领部分部众沿怯绿连河行动。札阿绀孛和按敦阿述、燕火脱儿等商议说："我的哥哥性格做事都很古怪，他既能将我的兄弟都杀光，我们又怎么能单单活命呢？"按敦阿述将这些话泄漏了，汪罕下令将燕火脱儿等抓到自己的营帐前，将燕火脱儿解绑，对他说："我们从西夏回来，在道路上饥饿困乏，一起立有誓言，你难道忘记了吗？"便向他脸上吐唾沫。边上坐着的人也都起来向他吐唾沫。汪罕又责备札阿绀孛，使他深感无地自容。札阿绀孛与燕火脱儿等一起逃往乃蛮部。

太祖在彻彻儿山驻军，发兵讨伐塔塔儿部。塔塔儿部首领阿剌兀都儿等前来迎战，太祖将他们打得大败。

这时弘吉剌部想要前来归附，哈撒儿不知道他们的意图，前去抢劫了他们的东西。于是弘吉剌部归附了札木合，和朵鲁班、亦乞剌思、哈答斤、火鲁剌思、塔塔儿、散只兀诸部在犍河会合，共同推举札木合为局儿罕。众人在秃律别儿河岸盟誓，誓言是："凡是我们同盟中人，如有泄露商议内容的，其下场如同河岸被摧毁，森林被砍伐。"发完誓以后，大家一起举足蹬塌河岸，挥刀砍伐森林，随后驱赶士兵前来进攻。塔海哈当时在众人中间，他与太祖部下抄吾儿是亲家。抄吾儿前去看他，偶然了解到他们的密谋，赶紧回到太祖居住的地方，将这些情况报告了。太祖立即起兵，迎战于海剌儿、帖尼火鲁罕之地，打败了他们。札木合逃走，弘吉剌部前来投降。

壬戌年，太祖在兀鲁回失连真河发兵，讨伐按赤塔塔儿、察罕塔塔儿两部。出发之前誓师时太祖说："如果打败敌人，追赶他们时，见到他们丢下的东西，注意不要拾取，等战争结束后再分配。"后来果然取得胜利，太祖同族按弹、火察儿、答力台三人违背了誓师时的话，太祖发怒，将他们俘获的东西都加以没收，在军中分配。

脱脱逃往八儿忽真隘口之后，又出来骚扰，太祖带领军队将他赶走。到此时，他又与乃蛮部的不欲鲁罕会合，联合朵鲁班、塔塔儿、哈答斤、散只兀诸部一起来进攻。太祖派骑兵登高四望，知道乃蛮部军队快要到了，便与汪罕一起将军队移入险要之处。汪罕的儿子亦剌合从北边过来占领高山立下阵势，乃蛮部军前来冲击，阵势不动，退了回去。亦剌合接着也进入险要之处。交战之前，太祖将辎重转移到其他地方，和汪罕一起，背靠阿兰塞，与乃蛮部军队在名叫阙奕坛的旷野上大战。乃蛮人让神巫祈祷风雪，想要利用风雪之势进攻，后来风向逆转，反过来刮向乃蛮人的兵阵。乃蛮人不能作战，想退兵。这时大雪塞满了沟涧，太祖指挥军队利用有利形势进攻，乃蛮部大败。此时札木合起兵支援乃蛮部，看见乃蛮部已经失败，立即退还。路上遇见拥立自己的各部，大肆抢劫之后退去。

太祖求婚于汪罕，希望自己的长子术赤娶汪罕女儿抄儿伯姬，汪罕的孙子秃撒合想娶太祖女儿火阿真伯姬，都没有成功，此后互相颇有隔阂。起初，太祖与汪罕合兵攻乃蛮部，约定次日作战。札木合对汪罕说："我对你就像白翎雀一样，别人则像鸿雁。白翎雀无论冷热都在北方，鸿雁每逢天气寒冷就飞到南方暖和地方去了。"意思是说太祖的心是靠不住的。汪罕听了这番话果然生疑，就将部众迁移到其他地方。等到后来议婚不成，札木合又利用这一机会对亦剌合说："铁木真太子虽然自己说是汪罕的儿子，实际上曾和乃蛮部有来往，这对您父子是不利的。您如果对铁木真采取军事行动的话，我一定在旁边帮助您。"亦剌合相信了他的话。正好答力台、火察儿、按弹等都背叛了太祖前来归附，他又对亦剌合说："我们愿意帮助您去攻打月伦的儿子们。"亦剌合非常高兴，派遣使者去告诉汪罕。汪罕说："札木合是一个嘴上说得好听但没有信用的人，他的话不能听。"亦剌合坚持自己的意见，使者往返了好几次。汪罕说："我之所以能生存下来，靠的是铁木真太子。我现在胡子已经白了，死后希望有一个安葬的地方，你怎么说个没完呢？你好自为之，不要给我添麻烦就行了。"札木合于是焚烧了太祖的牧地扬长而去。

癸亥年，汪罕父子策划要谋害太祖，派遣使者来说："以前商量的婚事，现在愿意听从您的意见，请您前来喝布浑察儿（布浑察儿，汉语即订婚酒）。"

太祖信以为真，带着十名骑兵前去。在途中产生了疑心，派一名骑兵前去表示谢意，自己回来。汪罕的阴谋没有得逞，便商量发兵来攻。养马人乞失力听说这件事，偷偷和他的弟弟把带前来告诉太祖。太祖立即带着军队驰奔阿兰塞，将辎重全部转移到其他地方，派折里麦为前锋，等汪罕一到立即整队出战。先遇到的是朱力斤部，接着是董哀部，后面是火力失烈门部，太祖都击败了他们，最后与汪罕贴身亲兵交锋，也打败了他们。亦剌合看见形势危急，亲自前来冲阵，被箭射中脸颊，立即收兵退走。怯里亦部人离开汪罕前来投降。

汪罕战败回去，太祖也带着军队回到董哥泽屯驻。派遣阿里海前去责备汪罕说："过去您遭到您的叔父菊儿罕驱逐，困难交加，前来投奔，我父亲立即发兵攻打菊儿罕，在河西将他打败，他的土地、百姓都拿了过来给您。这是有大功于您的第一件事。您遭到乃蛮人的攻击，逃往西边太阳降落的地方。您的兄弟札阿绀孛在金朝国境，我立即派人召他回来。等他回来时，又遭到蔑里乞部的威胁，我请我的同族哥哥薛彻别吉和兄弟大丑去杀掉他们。这是有大功于您的第二件事。您在十分困难而前来投奔时，我经过哈丁里，将各部的羊、马和财产都夺了给您，不到半月的时间，使您饥饿的部众吃得饱饱的，瘦子都长胖了。这是有大功于您的第三件事。您不告诉我就去抢劫蔑里乞部，收获很大，回来以后，没有分给我一点点，我不计较。等到您被乃蛮人颠覆，我派四员将夺回你的百姓。这是有大功于您的第四件事。我征伐朵鲁班、塔塔儿、哈答斤、散只兀、弘吉剌五部，如同凶猛的海东青对付鹅雁一样，看见必有收获，有收获必定送给您。这是有大功于您的第五件事。这五件事都是有明白证据的，您对我不报恩也就罢了，现在怎么能恩将仇报，突然对我发动战争呢？"汪罕听到这些话，对亦剌合说："我以前说的话怎么样？我的儿子你应知道。"亦剌合说："事情已至此，没有法子了结，只有尽力去战斗。我们打赢了就将他们合并过来。他们赢了就吞并我们，多说什么。"

当时和太祖同族的按弹、火察儿都在汪罕身边。太祖派遣阿里海去挖苦责备汪罕时，命令阿里海告诉他们说："过去我国没有君主，以为薛彻别吉、太丑二人是我伯祖八剌哈的后代，准备立他们为主。因为二人坚决推辞，又以你火察儿是伯父聂坤之子，准备立为主，你又坚决推辞。但是此事不能这样中途而废，又以你按弹是我祖父忽都剌的儿子，想立为主，你又坚决推辞。于是你们推戴我为君主，这并非我的本来想法，是形势所逼造成的。三河是我们祖先创业的地方，不要被他人所据有。你们要好好侍奉汪罕，汪罕的本性反复无常，待我尚且这样，何况是你们呢？我现在走了。"按弹等人一句话也没说。

太祖既已派遣使者去汪罕那里，便进兵俘虏弘吉刺的别部溺儿斥。队伍行进到班朱尼河，河水正浑，太祖带着部众共饮河水立下誓言。亦乞烈部的孛徒被火鲁刺部打败，遇到太祖，双方建立同盟。太祖的兄弟哈撒儿另外居住在哈刺浑山，妻子被汪罕俘虏，自己带着小儿子脱虎逃走，粮食断绝，找寻鸟蛋充饥，前来河边相会。这时汪罕的势力强大，太祖的势力微弱，胜负还难以预料，部众颇为担心害怕。凡是一起饮过河水的，称为"饮浑水"，意思是曾经同患难。汪罕的军队前来，太祖在哈阑真沙陀与他们交战，汪罕大败。属臣按弹、火察儿、札木合等密谋杀害汪罕，没有成功，便逃往乃蛮部。答力台、把怜等部也前来叩头投降。

太祖将军队移到斡难河的源头，策划攻打汪罕，又派两名使者前往汪罕那里，假装传达哈撒儿的话，说："我的哥哥铁木真太子现在不知下落，我的妻子老小又在大王您那里，即使我想走，能走到那里去呢！大王如果能够宽恕我以前的错误，想到我过去的好处，我立即就来投奔您。"汪罕相信这番话，就派人跟着两名使者前来，用皮囊盛血准备与哈撒儿订立盟约。到了以后，太祖立即以两名使者为向导，下令兵士衔枚禁止说话，连夜赶往折折运都山，出其不意，袭击汪罕，将他打得大败。克烈部百姓都投降了。汪罕和亦刺合脱身逃走。汪罕叹气说："我被儿子害了，今天的祸事后悔也来不及了。"汪罕在逃走的路上，遇到乃蛮部的将领，被杀。亦刺合逃到西夏，靠抢劫维持生活，很快便被西夏打败，逃到龟兹国。龟兹国君主发兵讨伐，将他杀死。

太祖灭了汪罕以后，在帖麦该川举行盛大的狩猎活动，发布各种命令，凯旋而归。这时乃蛮部君主太阳罕妒忌太祖的才能，派人去和白达达部首领阿剌忽思商量说："我听说东方有称帝的人。天上没有两个太阳，百姓难道能有两个君主吗？如果您能增加我右翼的力量，我将夺过敢于称帝者的弓箭。"阿剌忽思立即将这个情况报告太祖，没有多久，他带着全部百姓前来归附。

甲子年，太祖在帖麦该川举行大聚会，商议讨伐乃蛮部。许多人都认为现在是春天，马正瘦，应该等待秋高气爽马长膘再出兵。皇弟斡赤斤说："应该做的事，要早下决心，怎么能用马瘦作理由呢！"别里古台也说："乃蛮部要夺我们的弓箭，是看不起我们，我等理当共生死。他倚仗国大而吹牛，我们如果乘其不备发起攻势，可以成功。"太祖很高兴，说："以这样的人去作战，还愁打不赢吗！"便出动军队讨伐乃蛮部，驻军于建忒该山，先派虎必来、哲别二人为前锋。太阳罕从按台来，驻军于沆海山，和蔑里乞部首领脱脱、克烈部首领阿怜太石、猥剌部首领忽都花别吉，以及秃鲁班、塔塔儿、哈答斤、散只兀等部会合，兵势相当盛大。这时太祖队伍中的瘦马因受惊跑到乃蛮部营中，太阳罕看见，与大家商议说："蒙古的马如此瘦弱，现在应该引诱他们深入，然后和他们交战将他们俘虏。"将领火力速八赤对他说："先前的国王作战，勇往直前，不让敌人看见自己的背和马的尾巴。现在您拖延行动，是不是心中害怕呢？如果害怕，为什么不让后妃来统领军队！"太阳罕很生气，立即拍马往前要与太祖交战。太祖让哈撒儿负责中军。这时札木合跟随太阳罕前来，看见太祖的军队整齐肃静，对身边的人说："乃蛮部刚出兵时，看待蒙古军如同羊羔，意思是说连蹄皮也留不下。现在我观察他们的气势，恐怕已不同于过去了。"就带自己部下军队逃走了。这一天，太祖与乃蛮部大战，直到日落，擒杀太阳罕。各部军一时都溃散，夜间在非常危险的地方奔走，从山崖掉下去死掉的不可计数。第二天，剩下的都投降了。于是朵鲁班、塔塔儿、哈答斤、散只兀四部也都前来投降。

接着又出征篾里乞部，该部首领脱脱逃往太阳罕的哥哥卜欲鲁罕那里，他的部下带儿兀孙献上自己的女儿求降，很快又叛变了。太祖到泰寒寨，派孛罗欢、沈白二人带着右军前去将带儿兀孙平定了。

乙丑年，太祖出征西夏，攻克力吉里寨，经过落思城，掠取了大量百姓和骆驼回来。

元年丙寅，太祖大会诸王和群臣，树起九游的白旗，在斡难河头登上了皇帝的位置。诸王、群臣将他尊称为成吉思汗。这一年正是金朝泰和六年。

太祖即帝位后，再次发兵去攻打乃蛮部。这时卜欲鲁罕正在兀鲁塔山打猎，将他捉住带了回来。太阳罕的儿子屈出律和脱脱一起逃到也儿的石河边。

太祖开始谈论讨伐金朝之事。以前金朝杀害太祖同族咸补海罕，太祖想报仇。恰巧金朝投降的俘虏陈述金朝皇帝完颜璟任意施行暴虐的统治，太祖于是决定加以讨伐，但是由于条件不够成熟而没有敢轻举妄动。

二年丁卯的秋天，太祖再征西夏，攻克斡罗孩城。

这一年，派遣按弹、不兀剌二人出使乞力吉思。不久野牒亦纳里部、阿里替也儿部都派使者来贡献名贵的鹰。

三年戊辰的春天，太祖从西夏回来。

夏天，在龙庭避暑。

冬天，再次讨伐脱脱和屈出律罕。斡亦刺部等和太祖军前锋遭遇，没有交战就投降了，便以他们作向导。到也儿的石河，讨伐蔑里乞部，将它消灭了。脱脱被飞箭射死。屈出律罕逃往契丹。

四年己巳的春天，畏吾儿国前来归附。太祖进军河西。西夏国王李安全派长子率领军队来作

战，被我军击败，副元帅高令公也成了俘虏。攻克兀刺海城，俘虏西夏的太傅西壁氏。进至克夷门，又击败西夏军队，俘获其将领嵬名令公。包围中兴府，引黄河水淹没这座城。但是水堤决口，水往外流，只好撤围还师。太祖派太傅讹答进入中兴府，向西夏国王招降，西夏国王献女儿请求和好。

五年庚午的春天，金朝打算来进攻，建造乌沙堡。太祖命哲别进行突然袭击，杀死筑堡的人，接着向东掠取土地。

从前，太祖每年固定向金朝进献贡品，金朝皇帝派卫王允济到净州接受。太祖见到允济，不行礼。允济回去，准备请求发兵讨伐。正好金朝皇帝完颜璟死了，允济嗣位，即位的诏书送到蒙古，要太祖跪拜接受。太祖问金朝使节说："新皇帝是谁？"金使说："是卫王。"太祖立即向南方吐了一口唾沫，说："我以为中原的皇帝是天上的神，这等无用胆小的人也能做吗！拜他干什么！"便骑马往北走了。金使回来报告，允济更加恼怒，想乘太祖下一次进贡时，在边境贸易的场所将他杀害。太祖知道这一情况，便与金朝断绝关系，进一步整顿军队作好准备。

六年辛未的春天，太祖居住在怯绿连河。西域哈刺鲁部首领阿昔兰罕来投降。畏吾儿国君主亦都护前来觐见。

二月，太祖亲自带兵南征，在野狐岭打败金朝将领定薛，攻取大水泺、丰利等县。金朝又建造乌沙堡。

秋七月，太祖命哲别攻乌沙堡和乌月营，占领了两地。

八月，太祖和金军在宣平的会河川交战，取得胜利。

九月，攻占德兴府，居庸关的守将逃跑。哲别入关，直抵中都。

冬十月，袭击金朝的群牧监，将群牧监管理的马匹都赶了回来。耶律阿海投降，到太祖临时屯驻的地方来谒见。皇子术赤、察合台、窝阔台分别夺取云内、东胜、武、朔等州，都占领了。

这一年冬天，太祖屯驻在金朝的北部边境。刘伯林、夹谷长哥等前来投降。

七年壬申，春正月，耶律留哥在隆安聚众自称都元帅，派遣使者前来归附。太祖攻破昌、桓、抚等州。金朝将领纥石烈九斤等带领三十万军队前来援救，太祖与他们在獾儿觜交战，金兵大败。

秋天，包围西京。金朝元帅左都监奥屯襄率领军队前来援救，太祖派兵把金军引诱到密谷口，在那里消灭了他们。再攻西京，太祖为飞箭所伤。便撤围而去。

九月，察罕攻克奉圣州。

冬十二月甲申，哲别攻东京，没有成功，立即退去。夜间驰还，发动突然袭击，占领了东京。

八年癸酉的春天，耶律留哥自封为辽王，改元元统。

秋七月，攻占宣德府。接着攻德兴府，皇子拖雷、驸马赤驹先登城，攻克了它。太祖前进到怀来，和金朝行省完颜纲、元帅高琪交战，金军败，追到居庸关北口。金兵占据居庸关固守，太祖命可忒、薄刹守在北口前，自己前往涿鹿。金朝西京留守忽沙虎逃走。太祖出紫荆关，在五回岭击败金军，攻占涿、易二州。契丹人讹鲁不儿献北口，哲别于是占领居庸关，与可忒、薄刹会师。

八月，金朝忽沙虎杀害他的君主完颜允济，将丰王完颜珣立为皇帝。

这一年秋天，太祖分兵三路。命皇子术赤、察合台、窝阔台为右军，沿着太行山往南，攻取保、遂、安肃、安、定、邢、洺、磁、相、卫、辉、怀、孟，抢掠了泽、潞、辽、沁、平阳、太原、吉、隰，占领汾、石、岚、忻、代、武等地，然后回军。皇弟哈撒儿和斡陈那颜、拙赤歹、薄刹为左军，沿海向东去，攻取蓟州、平、滦、辽西等地之后回军。太祖与皇子拖雷为中军，攻取雄、霸、莫、安、河间、沧、景、献、深、祁、蠡、冀、恩、濮、开、滑、博、济、泰安、济南、滨、棣、益都、淄、潍、登、莱、沂等地。又命木华黎攻密州，攻下后进行大屠杀，史天倪、萧勃迭率领队伍来降，木华黎以皇帝的名义授他们以万户之职。太祖到中都，三路军回来会合在一起，屯驻在大口。

这一年，河北郡县都被蒙古军攻克，坚守不下的只有中都、通、顺、真定、清、沃、大名、东平、德、邪、海州等十一城。

九年甲戌，春三月，太祖屯驻在中都的北郊。将领们请求乘胜攻破燕京，太祖没有同意。派遣使节告知金朝皇帝说："山东、河北郡县都已被我占有，你剩下的只有燕京城。天既然已使你衰弱，我又逼迫你走上绝路，天将说我什么！我的军队现在要回去，你难道不能来犒劳我的军队，借此消除我手下将领的愤怒么！"金帝于是遣使求和，献上卫绍王的女儿岐国公主，以及金帛、五百名童男女、三千匹马，还派丞相完颜福兴送太祖出居庸关。

夏五月，金帝迁都到汴，命完颜福兴和参政抹捻尽忠辅助太子守忠，留守中都。

六月，金朝纠军的斫答等杀死统帅，率领队伍前来投降。太祖命三摸合、石抹明安和斫答等包围中都。太祖在鱼儿泺避暑。

秋七月，金朝太子守忠逃往汴京。

冬十月，木华黎征辽东，高州卢琮、金朴等投降。锦州张鲸杀死节度使，自号临海王，派遣使者前来投降。

十年乙亥，春正月，守通州的金右副元帅蒲察七斤投降，被授以元帅之职。

二月，木华黎攻北京，金军元帅寅答虎、乌古伦开城投降。便以寅答虎为留守，吾也而代理兵马都元帅，镇守该地。兴中府元帅石天应来降，以天应为兴中府尹。

三月，金朝御史中丞李英等率领军队前来援救中都，在霸州与我军交战，金军失败。

夏四月，攻克清、顺二州。太祖命张鲸统帅北京十提控的军队跟随南征，张鲸谋反被处死。他的兄弟张致占据锦州，自称汉兴皇帝，改元兴龙。

五月庚申，金朝中都留守完颜福兴服毒自杀，抹捻尽忠丢下中都城逃走，石抹明安便进入中都镇守。这一月，太祖在桓州凉泾避暑，派忽都忽等前往中都查收金朝国库的收藏物品。

秋七月，红罗山寨主杜秀投降，授杜秀以锦州节度使之职。太祖派遣使者前去通知金朝皇帝，要他献出河北、山东没有被攻下的城池，去掉帝号改称河南王，这样的话可以停战。金帝不同意。太祖下令命史天倪向南进军，授以右副都元帅之职，赐给他金虎符。

八月，史天倪攻取平州，金朝经略使乞住投降。木华黎派遣史进道等攻广宁府，守城者投降。

这一年秋天，攻取的城市共八百六十二个。

冬十月，金朝宣抚蒲鲜万奴占据辽东自称天王，国号大真，改元天泰。

十一月，耶律留哥来朝觐，留下他的儿子斜板充当太祖的侍从。史天祥讨伐兴州，俘获兴州节度使赵守玉。

十一年丙子的春天，太祖回到庐朐河边的行宫。张致攻陷兴中府，木华黎将他消灭。

秋天，撒里知兀歹、三摸合拔都鲁带领军队由西夏前往关中，越过潼关，俘获金朝西安军节度使尼庞古浦鲁虎，攻克汝州等地，抵达汴京之后还师。

冬十月，蒲鲜万奴投降，送他的儿子帖哥入朝充当侍从。不久反叛，自称东夏。

十二年丁丑的夏天，强盗祁和尚占据武平，史天祥平定了这起叛乱，并擒获金朝将领巢元帅献给太祖。察罕在霸州击败金朝监军夹谷，金方求和，察罕回军。

秋八月，太祖授木华黎以太师之职，封他为国王，统领蒙古、纠、汉各路军马南征。木华黎攻克遂城、蠡州。

冬天，攻克大名府，接着向东攻取了益都、淄、登、莱、潍、密等州。

这一年，秃满部百姓叛乱，派钵鲁完、朵鲁伯前去平定。

十三年戊寅，秋八月，军队出紫荆口，俘获金朝行元帅事张柔，让他继续保持原来的职务。木华黎从西京进入河东，攻克太原、平阳以及忻、代、泽、潞、汾、霍等州。金朝将领武仙向满城进攻，张柔将他打败。

这一年，讨伐西夏，包围西夏的王城。西夏国王李遵顼逃往西凉。契丹人六哥占据高丽江东城，太祖命哈真、札剌带军队将他消灭，高丽王嗷投降，每年进贡本地特产。

十四年己卯的春天，张柔击败武仙，祁阳、曲阳、中山等城投降。

夏六月，西域杀害使者，太祖带领军队亲自出征，攻克讹答剌城，活捉城中首脑哈只儿只兰秃。

秋天，木华黎攻克苛、岚、吉、隰等州，又向绛州进攻，占领了该城之后将城中百姓全部屠杀。

十五年庚辰，春三月，太祖攻克蒲华城。

夏五月，攻克寻思干城，太祖的营帐屯驻在也儿的石河。

秋天，攻克斡脱罗儿城。木华黎攻取土地，来到真定，武仙投降。木华黎便以史天倪为河北西路兵马都元帅，管理真定府的事务，以武仙作他的副手。东平严实带着彰德、大名、磁、洺、恩、博、滑、浚等州三十万户前来投降，木华黎以太祖的名义授予严实金紫光禄大夫、行尚书省事。

冬天，金朝邢州节度使武贵投降。木华黎攻打东平城，未能攻下，撤出围城军队前往洺州，分兵攻取河北诸郡。

这一年，授予董俊龙虎卫上将军、右副都元帅之职。

十六年辛巳，春天，太祖进攻卜哈儿、薛迷思干等城，皇子术赤攻占了养吉干、八儿真等城。

夏季四月，太祖屯驻在铁门关，金朝皇帝派遣乌古孙仲端带着国书来请求和好，称太祖为兄，太祖没有答应。金东平行省事忙古丢掉城池逃跑，严实入城镇守。宋朝派遣苟梦玉前来请求和好。

六月，宋朝涟水忠义统辖石珪率领部众前来投降，以石珪为济、兖、单三州总管。

秋天，太祖进攻班勒纥等城，皇子术赤、察合台、窝阔台分兵攻打玉龙杰赤等城，都占领了。

冬季十月，皇子拖雷攻克马鲁察叶可、马鲁、昔剌思等城。木华黎出河西，攻克葭、绥德、保安、鄜、坊、丹等州，进攻延安，未能占领。

十一月，宋朝京东安抚使张琳以京东诸郡前来投降，被授予张琳沧、景、滨、棣等州行都元帅之职。

这一年，太祖下诏告谕德顺州。

十七年壬午，春天，皇子拖雷攻克徒思、匿察兀儿等城还军途中经过木剌夷国，进行大规模掳掠。渡过搠搠阑河，攻克也里等城，随即与太祖相会，合兵攻下塔里寒寨。木华黎的军队连克乾、泾、檊、原等州，进攻凤翔，没有成功。

夏天，太祖在塔里寒寨避暑。西域君主札阑丁出逃，与灭里可汗会合，忽都忽与他们交战，被打败。太祖亲自带兵进攻，捉住灭里可汗，札阑丁逃走。太祖派八刺追捕，没有抓住。

秋天，金朝又派乌古孙仲端前来请和，在回鹘国觐见太祖。太祖对他说："我过去要你的君主将河朔地区给我，让你的君主当河南王，彼此罢兵停战，你的君主不肯。现在木华黎已经夺取了全部河朔地区，你这时才来请求不太晚了吗？"仲端苦苦哀求，太祖说："念你远来不易，河朔既然都已为我所有，关西还有几座没有攻下的城，若割付给我，可以让你的君主当河南王。不要再违背我的意思。"仲端于是回去。金朝平阳公胡天作以青龙堡来降。

冬季十月，金朝河中府归附，授石天应为兵马都元帅镇守该地。

十八年癸未，春三月，太师国王木华黎去世。

夏天，在八鲁弯川避暑。皇子术赤、察合台、窝阔台和八刺的军队会合，随即平定西域各处城市，设置达鲁花赤进行监督治理。

冬季十月，金朝皇帝完颜珣死，其子完颜守绪嗣位。

十九年甲申的夏天，宋朝大名总管彭义斌侵犯河北，史天倪在恩州与他交战，将他打败。

这一年，太祖到东印度国，角端出现，于是班师。

二十年乙酉，春正月，回到行宫。

二月，武仙在真定叛变，杀死史天倪。董俊手下的判官李全也在中山叛变。

三月，史天泽向武仙发起攻击，武仙逃走，收复真定。

夏季六月，彭义斌以军队响应武仙，史天泽在赞皇防御，将他捉住杀死。

二十一年丙戌，春正月，太祖因为西夏收留仇人亦腊喝翔昆不送质子，亲自带领军队去讨伐。

二月，攻取黑水等城。

夏天，在浑垂山避暑。攻取甘、肃等州。

秋天，攻取西凉府搠罗、河罗等县，接着越过沙漠，到黄河九渡，攻取应里等县。

九月，李全捉住张琳，带孙郡王指挥军队将李全围困于益都。

冬季十一月庚申，太祖攻灵州，西夏派嵬名令公前来援救。丙寅，太祖渡过黄河攻击西夏军，取得胜利。丁丑，五星相聚，出现在西南，太祖屯驻在盐州川。

十二月，李全投降。授予张柔行军千户、保州等处都元帅之职。

这一年，皇子窝阔台和察罕的军队包围金南京，派遣唐庆前往金朝责问为什么不交纳每年进贡的钱物。

二十二年丁亥，春天，太祖留下一部分部队攻打西夏王城，自己带领大部军队渡过黄河攻打积石州。

二月，破临洮府。

三月，占领洮、河、西宁三州。派遣斡陈那颜攻打信都府，占领了。

夏季四月，太祖到龙德，攻取德顺等州，德顺节度使爱申、进士马肩龙战死。

五月，派唐庆等出使金朝。

闰五月，太祖在六盘山避暑。

六月，金朝派遣完颜合周、奥屯阿虎前来请求和好。太祖对群臣说："我在去年冬天五星聚会时，已经许愿不再杀掠，急促中忘记下诏书了。现在可以向中外发布告示，让他们的使者也了解我的意思。"这个月，夏国王李睍投降。太祖到清水县西江。

秋季七月壬午，太祖身体不适。己丑，在萨里川哈老徒的行宫去世。临死前对身边的人说："金朝精锐部队都在潼关，南边有连绵的山脉可以凭借据守，北边有广阔的黄河为天险，很难迅速攻破。如果向宋朝借路，宋金是世代的仇敌，一定会答应我们的要求，于是我军攻占唐、邓，直捣金朝都城汴梁。金朝着急，必然从潼关征调军队。然而他们数万军队，从千里外前来援救，人马疲乏，即使到了也不能打仗，我们一定能取得胜利。"说完就死了，年六十六岁。葬于起辇谷。至元三年冬十月，追谥圣武皇帝。至大二年冬十一月庚辰，加谥法天启运圣武皇帝。庙号太祖。在位二十二年。

太祖为人深沉，有伟大的志向，用兵如神，灭四十国，平定西夏。他的奇勋伟迹很多，可惜的是当时没有设置史官，不少事迹没有能记载下来。

戊子年。这一年，由皇子拖雷监守国政。

忽必烈治理中原

蒙哥汗元年（1251年），蒙哥即位后，任命二弟忽必烈总管漠南汉地军国庶事。忽必烈南下驻于爪忽都（蒙古人对金北边部族的泛称）之地，建藩府于金莲川（今内蒙古正蓝旗闪电河），常驻于桓（今内蒙古正蓝旗北）、抚（今内蒙古兴和县）二州间。在他身边招纳了一批汉族士人为幕僚，如刘秉忠、姚枢、许衡、郝经等人。通过他们的引荐，吸引了更多的中原士人。他们用儒家思想和历代行之有效的治国之道影响忽必烈，促使忽必烈采纳他们的策略，以汉法来治理中原。

蒙哥汗二年正月，谋士姚枢建议改变春去秋来，夺城后剿杀掳掠的作战方式，采取以守为主，亦战亦耕，广积粮储，充实边备的灭宋方针。忽必烈采纳了这一建议，首先整治邢州（今河北邢台）。当时，邢州在两个答剌军统治下，民户由一万多户锐减为五千七百户。忽必烈任用汉人张耕为邢州安抚使、刘肃为邢州商榷使。他们到邢州后，革除弊政，惩办贪暴，召抚流亡，仅几个月时间，邢州大治，于是，忽必烈请设经略司于汴（今河南开封），以汉人史天泽、杨惟中、赵璧等为经略使，整顿河南军政。汉将史天泽等到河南后，打击暴虐贪淫的地方军阀，处死横暴的州官，兴利除害，深得民心。他们还在唐（今河南唐河县）、邓（今河南邓县）屯田。屯田的农民，敌至则战，敌走则耕，不久，河南大治。

蒙哥汗三年，蒙哥把关中地区封给忽必烈。第二年，忽必烈在京兆（今陕西西安）立宣抚司，以孛兰和儒臣杨惟中为宣抚使并屯田于凤翔（今陕西凤翔）。又奏割河东解州盐池的收入以供军食，招募百姓以盐换粮，支援四川前线。他们改革弊政，努力恢复农业生产，减免关中赋税整顿吏治，处死害民的贵族，并进一步严肃军纪，关中情况大为改观。忽必烈还任命许衡为京兆提学，在关中建立学校，释放俘掠的儒士，编入儒籍；又立京兆交钞提举司，所发纸钞，以佐经用。关陇地区的社会经济得以恢复。忽必烈上述措施，得到了汉族地主、儒生的广泛支持，巩固了自己的地位。他也从中学到了统治汉地的方法。

蒙哥汗六年春，忽必烈命刘秉忠在桓州东、滦河北岸的龙冈（今内蒙古多伦西北）营建宫室、房舍。三年后建成，称开平府（今内蒙古锡林郭勒盟正蓝旗东五十里），作为藩王府的常驻地。开平府聚集了忽必烈的重要谋士，成为他治理汉地的政治中心。汉地社会经济的恢复，也为后来建立元朝奠定了物质基础。

忽必烈采用汉法治理中原地区，取得了显著成效，改变了过去那种人民逃亡，农田荒芜、典章不立的混乱状乱。但是却招致了蒙古统治集团中一部分贵族的不满。蒙古旧贵族企图用旧的统治方式来统治中原汉地。于是，有人向蒙哥大汗告状，说忽必烈在中原收买人心，财赋尽入王府，恐枝大于本，不利朝廷等等，引起了蒙哥的疑忌。蒙哥汗七年春，蒙哥以王府诸臣多擅权营奸利事为名，派遣亲信阿兰答儿等到关中主管政务，并在关中设钩考局，核查关中、河南等处钱谷事。阿兰答儿从忽必烈所任命的经略、宣抚司官员中，罗列罪状一百四十余条，企图通过罢免忽必烈所信任起用的官员来打击他的势力。蒙哥下令解除忽必烈在汉地的军权。忽必烈于冬天亲自送家属到和林，并单独朝见蒙哥，这才解除了蒙哥对他的猜忌。蒙哥决定不追究忽必烈，同时停止了对关中、河南的核查。但是，忽必烈所设置的行部、安抚、经略、宣抚、都藩诸司全部废除。蒙哥伐南宋时，仍以忽必烈患足疾为名，不予统兵之权。直到蒙哥汗九年十月才不得不改命忽必烈统东路军征南宋。忽必烈以谦恭忍让保全了自己，避免了一场不测之祸。

忽必烈征服大理

蒙哥汗二年（1252年）六月，忽必烈到曲先脑儿（蒙语脑儿意为湖，蒙古驻夏之地）朝见蒙哥。蒙哥命忽必烈率军征云南。老将兀良合台（速不台之子）总督军事，士人姚枢、刘秉忠等人随行参谋。

云南地区早在唐代就由南昭国（乌蛮族即今彝族建立的政权）统治。宋时白蛮族（今白族）取得政权，建立了以大理（今云南大理）为都城的大理国。统治区域包括今云南、贵州、广西西部和四川南部，以及缅甸、泰国、老挝的一些地区。主要民族为乌蛮和白蛮。其他的还有摩些（今纳西族）、和泥（今哈尼族）、金齿、白夷（今傣族）等，再加上与各少数民族杂居的汉族。这时大理国事衰微，内政腐败，阶级矛盾尖锐。有些地区的少数民族正逐渐摆脱大理国的统治。

同年秋，忽必烈从蒙古起兵南下。第二年夏，忽必烈率军驻屯六盘山，秋天，军至临洮（今甘肃临洮），取道吐蕃（今四川甘孜藏族自治州地区），到达忒剌（今四川松潘），然后分兵三路前进。兀良合台率军由西路晏当（今云南丽江北部）进；诸王抄合、也只烈率东路军由白蛮境（今西昌、会理境）进；忽必烈自己带领中路军，经大雪山，过大渡河，穿行山谷二千余里，抵达金沙江北岸。忽必烈军队分别招降大理以北四百余里的摩些蛮等部。冬天，西路军进到此会合。忽必烈派使者入大理招降。大理国拒绝投降并杀死蒙古使臣。忽必烈与兀良合台分兵进攻大理。兀良合台破大理北的龙首关（上关）。大理国主段兴智与权臣高祥、高和兄弟弃城逃跑。忽必烈军与兀良合台会合，顺利进入大理城。

忽必烈命姚枢裂帛为旗，写上禁止杀戮的命令，大理居民得以保全。他又命姚枢等搜访大理国图书典籍。这时东路兵取道吐蕃，也到达大理。忽必烈命人追击高祥兄弟，擒斩于姚州（今云南姚安）。

蒙哥汗四年春，忽必烈率军北返，留下兀良合台率军戍守大理，并继续征服未降伏的诸部。任命刘时中为宣抚使，对云南地区进行治理。秋，兀良合台继续向东追击段兴智，进取善阐（又称押赤即今云南昆明）。善阐城陷。段兴智逃到昆泽（今云南宜良），终于被蒙军擒获。兀良合台遣送段兴智等首领去蒙古见蒙哥。蒙哥施以怀柔，赐金牌，让他们回去继续管理原属各部。段兴智回部后，献出地图，并统率本族军队，亲自为先锋，引导兀良合台去征服继续抵抗的各部。蒙古军经过两年的激战，相继征服了赤秃哥（今贵州西部）、罗罗斯（今四川凉山彝族自治州地区）和白蛮波丽国（今元江一带）。从此，大理五城的八府四郡之地，和大部分乌蛮、白蛮部归附于蒙古。兀良合台在云南设置统治机构，管理这一地区的事务。

忽必烈用武力征服了大理，通过征服，统一了大理各部。以后又按中原的封建制度设置郡县，并在大理屯田，不断推广中原地区先进的生产技术，传播科学文化，使云南地区的经济、文化不断进步，对我国多民族国家的形成和发展产生了积极的作用。

忽必烈建国

蒙哥汗九年（1259 年）七月，蒙哥死于合州（今四川合州），因对汗位继承未作任何安排，因此导致了一场新的汗位争夺。忽必烈在鄂州（今湖北武昌）前线得知蒙哥死讯后，断然与宋议和，接受宋称臣，以江为界，每年纳银 20 万两，绢 20 万匹的条件，双方停战。年底，忽必烈到达燕京（今北京）。留守和林的幼弟阿里不哥已派脱里赤在燕京召集各地军队以包抄忽必烈。忽必烈到燕京后，马上遣散脱里赤已集结的军队，同时急召自己在鄂州的军队北返。阿里不哥通知他去漠北参加忽里台会葬蒙哥，他不加理睬，并命兼希宪到开平（今内蒙古锡林格勒盟正蓝旗东 50 里），观察事态的发展。

元世祖中统元年（1260 年）三月，忽必烈到达开平。得到东道诸王塔察儿、移相哥、莫哥、忽剌忽儿、爪都和西道诸王合丹、阿只吉等人的支持，于是召开忽里台大会，忽必烈一举登上大汗宝座。四月，忽必烈定当年为中统元年。中统建元表示大蒙古国继承中原封建王朝的定制和统一全国的决心，也是忽必烈仿效中原王朝改造蒙古国的开始。

同时，阿里不哥也在和森（今蒙古后杭爱省厄尔得尼召北）召集忽里台大会，自立为大汗，分据漠北地区。支持他的除阿兰答儿、塔里赤外，主要是西路诸王，有察合台系宗王阿鲁忽、窝阔台系宗王阿速台、蒙哥之子玉龙答失、和蒙哥留守六盘山的大将浑都海、驻守四川的密者火里等蒙古将领。争夺汗位的斗争十分激烈，阿里不哥派霍鲁海、刘太平到陕、甘任职，拘收钱粮，准备与六盘山的大将浑都海联合，从关中进攻忽必烈，陕、川一带的局势立即严重起来了。忽必烈针锋相对地派兼希宪、商挺进驻京兆（今陕西西安），任陕西、四川等路宣抚使。六月，兼希宪先发制人，以谋反罪捕杀霍鲁海与刘太平。又派使者处死四川军中附阿里不哥的密者火里等将领，阿里不哥失去了西线的军势和陕川的财力物力。忽必烈却稳定了关陇局势，随后召集诸军联合防

御六盘山浑都海部的袭击。

七月，忽必烈率师征讨阿里不哥。九月，阿里不哥遣阿兰答儿率兵南下，与浑都海、哈喇不花等部会合于甘州（今甘肃张掖）。忽必烈派合彤与将汪良臣率领部队迎接。双方大战于甘州东删丹（今甘肃山丹），浑都海、阿兰答儿被击毙。从此，忽必烈完全控制了关陇山蜀地区。同年冬，忽必烈决定亲征和林。阿里不哥失去了陕川，只得逃到封地谦州（今叶尼塞河上游南）。忽必烈命宗王移相哥驻守和林，以防御阿里不哥，自己班师回到开平。

阿里不哥在谦州休整之后，于中统二年秋，率军突袭驻守漠北的移相哥军，占领和林，乘胜南下。忽必烈急忙调军迎战。十一月，忽必烈与阿里不哥大战于昔木土脑儿（蒙语脑儿意为湖）。两军反复较量，死伤都相当严重，双方只好退兵。由于忽必烈切断了中原汉地对漠北的物资供应，使阿里不哥陷入困境。阿里不哥派往察合台兀鲁思的阿鲁忽（察合台孙）取得汗位后，立即拒绝向他提供援助，并扣留使者，宣布倒向忽必烈。阿里不哥于第二年春天出兵西征阿鲁忽。这时忽必烈乘阿里不哥西征之机，收复和林。阿里不哥在攻占阿里订里（今新疆霍城）等地后，纵兵掳掠，终于众叛亲离，处境孤立。至元元年（1264年），阿里不哥走投无路，只得率领身边的诸王和大臣到开平，向忽必烈投降。在汗位斗争中，忽必烈由于取得了中原汉族地主的支持，掌握了中原汉族地区的人力、财力和物力，最终取得了胜利，也是蒙古贵族中主张采用汉法治理汉地一派的成功，有利于元朝的建立和巩固，是符合历史发展要求的。

中统三年春，正当忽必烈与阿里不哥相持不下时，山东益都行省长官、江淮大都督李璮勾结执政的平间政事王文统，以降宋为外援，起兵叛乱，占据济南。正在进军和林的忽必烈，听到李璮叛乱的消息后，立即转而向南，调遣军队，处死王文统，又派右丞相史天泽到山东前线节度各路军队。李璮错误估计形势，起兵后，各地汉人军阀响应者少，而各路蒙古、汉军已向济南进逼，接受忽必烈的调度，李璮陷于孤立的境地。四月，史天泽派各路将士开河筑城，准备长期围困济南。七月，济南城破，山东之乱不到半年就被平息。李璮之乱对忽必烈影响很大，使他感到虽用汉法，但汉人不可完全信赖。为了稳定大局，忽必烈慎重地处理了变乱后的有关人和事，又因势利导的进行了一系列政治改革。

忽必烈中统建元后，视中原汉地为政权的重心。平定漠北与镇压李璮叛乱，排除蒙古贵族中的保守势力和汉人军阀割据势力的干扰，适时地着手全面推行"汉法"，改革蒙古对汉地旧的统治方式。他在建元中统诏书中明确提出了"祖述变通，还在今日"，"稽列圣之洪规，讲前代之定制"，提倡"文治"的政治纲领。在中央设中书省，在各地设宣抚司，任汉人儒士为使。另外，严格执行地方兵、民分治制度，不相统属；罢诸侯世袭，行迁转法；实行易将制，使将不专兵。李璮之乱后，又迫使汉人军阀交出兵权。史天泽带头请求解除自己子弟和姻亲的兵权。北方汉族地主武装实力大大削弱。为了加强对汉人的防范，忽必烈在各级政权中都起用色目人为帮手，分掌事权和汉人官僚互相牵制。从此，色目人在政治上的实权日渐增强。中统四年，升开平为上都。中统五年八月，又改中统为至元，燕京为中都。至元三年，忽必烈命刘秉忠在原燕京城东北营建都城宫室。至元四年，迁都到燕京。至元八年，忽必烈公开废弃"蒙古"国号，按照《易经》"大哉乾元"之意，建国号为"大元"。至元九年，忽必烈根据刘秉忠的建议，改中都为大都。元朝的建立，结束了中国历史自五代十国以来的分裂割据局面，实现了一次新的大统一，使我国多民族国家的发展进入一个新阶段。同时标志着蒙古从一个区域性政权，转变为统治全国的统一封建政权，有利地促进了南北经济文化的发展，也使我国与西方的交流更加频繁。

马可·波罗来华

　　杰出的旅行家马可·波罗（1254～1324 年），出身于意大利威尼斯巨商之家。其父尼可罗·马可，叔父马飞阿于 1260 年往东方经商，在布哈拉留居三年。巧遇旭烈兀派往忽必烈处的使臣，就随同东来，于 1265 年到达上都（今内蒙古多伦县西北）。尼可罗兄弟在旭烈兀使臣的引见下，朝觐了忽必烈。大汗向他们询问了西方各国的情况，恳请尼可罗兄弟陪同元朝使臣科加达尔出使罗马，并修御书交给尼可罗兄弟，请转呈罗马教皇，想与罗马基督教取得联系。尼可罗兄弟接受使命，终于在 1269 年 4 月到达阿迦城（今海法北）。这时，教皇刚刚逝世，尼可罗兄弟向教皇驻阿迦城的大使报告了元朝大汗交给的使命。大使劝告他们等选出新教皇，于是，尼可罗兄弟决定先回威尼斯探亲，此时马可·波罗已经 15 岁了。

　　1271 年，尼可罗兄弟决定带 17 岁的马可·波罗去东方。他们三人到阿迦后，新教皇仍未选出，于是请驻阿迦大使转呈大汗的书信，然后离开阿迦。不久，驻阿迦的教皇大使当选为新教皇，取名格雷戈里十世。新教皇急忙派特使，寻找尼可罗兄弟一行，这时，他们还未离境，便应召，重返阿迦。新教皇用特别隆重的礼节接见了他们，并写好书信，派两位教士随同。尼可罗一家，经伊朗，越过帕米尔高原进入新疆，经甘肃、宁夏，历经三年半的艰辛于元至元十二年（1275 年）夏到达上都。忽必烈表示欢迎。尼可罗兄弟详细汇报了他们的出使经过，呈上新教皇的书信礼品。忽必烈十分高兴，下令将马可的名字列入元朝侍从名册，并将波罗一家留居朝中任职。

　　马可·波罗聪明好学，很快学会了中国的语言、礼仪、风俗、骑射，并且精通四种文字，能够流利地读书和写作，深得大汗器重。多次奉命出使，执行机密使命。由于马可的才能和谦虚谨慎的精神，总能把事情办得十分妥善。他还十分留心所到之地的风俗民情和奇闻轶事，认真搜集采访，详细记录，回朝后向大汗汇报，博得了大汗信任。

　　马可的足迹遍及中国各地。他曾受命穿行山西、陕西、越秦岭到四川、经过川、藏边区少数民族聚居地区，渡过金沙江到云南昆明直至缅甸的北部去执行任务。他自称曾在扬州做过三年官。到过淮安、宝应、高邮、泰州、南京、镇江、常州、苏州、杭州、九江、福州、泉州等地。他还出使过南洋，到过越南、爪哇、新加坡、苏门答腊、泰国、菲律宾、斯里兰卡、印度等地。他每到一地都收集当地风情，并不辞劳苦分门别类地记录下来。

马可·波罗一家在中国旅居了17年。他们思念故国，很想早日衣锦还乡。只因忽必烈不允，未能如愿。适逢至元二十六年伊儿汗国阿鲁王妃去世，阿鲁浑派三名使臣到元求婚。忽必烈选中蒙古公主阔阔真为伊儿汗国王妃，准备从海道送往伊儿汗国。马可一家争取到护送阔阔公主到波斯的使命，准备顺道回乡。至元二十八年年初，他们带着大汗致教皇、法兰西、西班牙王的信和公主及随从六百余人乘大船从福建泉州出发，在海上航行两年多到达波斯，完成了护送使命。波罗一家继续西行，1295年冬回到了威尼斯。

1298年威尼斯和热那亚城发生战争。马可出资装备了一艘战舰，亲任舰长。九月七日威尼斯舰队全军覆没，马可不幸被俘。在热那亚监狱里，他把自己在东方的见闻向同狱难友比萨作家鲁思梯谦口述。鲁思梯谦记录下来，于1298年整理成《马可·波罗游记》，也称《东方见闻录》。

《游记》叙述了中亚、西亚、东南亚，重点是中国的情况。书中盛赞东方之富庶，文物之昌明，大大开阔了中世纪欧洲人的视野，激起了哥伦布等人冒险的决心。此书在中世纪一直是欧洲人了解亚洲和中国的主要依据。对中西交通史，中意关系史等方面有很重要的历史价值。

郭守敬修授时历

郭守敬，字若思，是顺德路邢台（今属河北）人。他祖父郭荣熟悉五经，精通数学与水利。当时正好有刘秉忠、张文谦、张易与王恂等人，一起在滋州西部紫金山学习，郭荣就让郭守敬去跟刘秉忠学习。

中统三年（1262）时，张文谦向朝廷推荐郭守敬是位擅长水利工程的人才，并且思想灵巧，胜过平常人。元世祖忽必烈命他进见时，他当面陈述了应该兴办的六项水利事业。

每奏报一项，皇帝总是赞赏道："像这样去办事的人，方才不是白吃饭的。"于是派他担任提举诸路河渠的官职。中统四年，升任佩银符副河渠使。

至元元年，郭守敬随从张文谦去到已改为行省的前代西夏国地方去任职。那里的中兴州本来有两处古代的河渠。一条名唐来渠，长400里；另一条名汉延渠，长250里。其它各州还有正渠十条，都长200里；大大小小的支渠有68条。一共灌溉着九万余顷的土地。发生战乱以来，渠道废坏，河也淤积了。郭守敬修复了水坝水闸，整治了河身，恢复了原状。

至元二年，郭守敬升任都水监。他上奏说："从中兴州乘船沿黄河而行，四昼夜可抵达东胜。这一段能够开辟水运，应该加以修治。"又说："金朝时，从燕京西面的麻峪村，引卢沟河一条支流穿过西山向西，叫做金口河。它灌溉着金口以东、燕京以北的一大片土地，利益是极大的。自从进军燕京以来，守卫人员惧怕发生失误，用大石块将它填塞了。现在如查察原有河道，仍使水道畅流，上游段可把西山的货物运出来，下游段可以沟通燕京的水运。"他又道："还应该在金口西面预先开挖一条分水渠，从西南方回归到主流道，要深一些和宽一些，以防涨水时洪水冲入京师。"皇帝认为都是很好的意见。至元十二年，伯颜丞相进军南宋，需要设立水路驿站，派郭守敬去视察河北、山东一带可以行船的河道，绘图上报。

至元二十八年，朝廷派郭守敬去视察。他回来汇报道，滦河不能通行，沪沟河亦不能通舟。他就此陈报关于水利的十一项工作。其中之一为，大都城的运粮河，可不再采用一亩泉原有的水源，另外开引北山白浮泉的水，先向西行，再折而向南，通过瓮山泊，从西水门流入城内，汇集于积水潭。然后再往东，转向南面出南水门，使它流入原有的运粮河。每隔一里设置一道水闸，通往通州共设水闸七道。离闸一里余，再加设斗门，配合作开闭，以便调整河水而通船。皇帝看了奏章，认为应该赶快就办。就此又重新设立了都水监机构，使郭守敬为主管。皇帝命令，开工时自丞相以下百官，带头参加劳作。

至元三十年，皇帝从上都回朝，路过积水潭，只见船头接连船尾，把水面都遮没了。他大为高兴，把它起名为通惠河，赐给郭守敬钱钞12 500贯，仍任太史令，兼任提调通惠河漕运事。至元三十一年，他被任命为昭文馆大学士，知太史院事。

大德七年，朝廷下诏书，内外官员年纪到了 70 岁的，都可退休，惟独没有同意郭守敬的请求。从此以后，翰林、太史、司天官员都不退休，成为一项规定。延佑三年（1316 年），郭守敬在 86 岁时去世了。

元朝初年采用大明历。大明历是祖冲之在南朝刘宋大明六年（462 年）制成的，所以称为"大明历"；又因这个历法以甲子为历元，所以也称为"甲子元历"。这是当时比较精密的一种历法。但是随着社会的进步和科学的发展，人们对历法提出了越来越精密的要求，加上大明历沿用多年，在当时出现了很明显的误差。于是，工部郎中刘秉忠首先上书元世祖请求修订新历。

至元十三年，元军完全占领江南以后，元世祖决定设立太史局，进行修订新历的工作。这时，刘秉忠已去世，郭守敬调任工部郎中，主持修订历法。他向元世祖建议：在修订新历之前，应该进行一次大规模的天象观测。根据测验结果制订出来的历法，才是比较准确的。元世祖任命郭守敬和王恂率领南北日官（观测天象的官员）进行观测和推算工作。

在观测天象的工作中，首先需要解决的是仪表问题。当时所有的仪表都是从宋朝遗留下来的，仪表上的规环和零件已经不能使用。其中主要的一种仪器——铜浑仪，因为从汴京移到大都，两地的纬度不同，须移动四度，方合观测之用。而且表石也因年代久远，倾斜得不能再用。郭守敬一面修复了旧的仪表，一面着手创制了一套新的仪表。至元十六年太史局扩建为太史院，王恂任太史令，郭守敬任同知太史院事。郭守敬把新仪表的图样绘成以后，献给元世祖，并为元世祖讲解新仪表的构造和功能，元世祖当时立即批准了创制新仪表的计划。郭守敬创制的新仪表有：简仪、高表、候极仪、浑天象、玲珑仪、仰仪、立运仪、论理仪、景符、阙几、日月食仪、星晷定时仪等 12 种。为了方便去各地观测人员的使用，又创制"正方案"、"丸表"、"悬正仪"和"座正仪"等四种仪表。此外，还制作了"仰规覆矩图"、"异方浑盖图"、"日出入永短图"等五幅可同仪表相互参考使用的图。

仪表的问题解决后，郭守敬和王恂率领南北日官开始在全国范围内进行大规模的天文观测。首先在大都设立了司天台，并在上都、洛阳等五地分置天文仪表和观测天象的监候官。然后又从南北日官中挑选和培养了一批掌握观测技术的人，携带着郭守敬设计的正方案、丸表、悬正仪和座正仪等四种新制仪象，到达指定的地点进行观测。其观测的范围"东至高丽，西极滇池，南逾朱崖，北尽铁勒，四海测验，凡二十七所"。这样的观测规模，不仅超过了唐代一行和南宫说所领导的那一次，而且在世界天文学史上，也算得上是一次少有的天文观测。

郭守敬和太史院的其他负责人根据这次观测得到的材料，加以精密计算，先后经过两年时间，到至元十七年，终于完成了《授时历》，这一名称取自"敬授民时"，就是推动农耕事业的意思。六月，元朝政府公布天下，订于第二年——至元十八年正月初一日颁行授时历。

至元十九年（1282 年）太史令王恂去世。郭守敬承担起太史院的全部工作，同时将未定稿的一部分有关的历书进行整理和抄写，陆续完成了《推步》七卷、《立成》二卷、《历议拟稿》三卷、《转神选择》二卷等著作。至元二十三年，郭守敬受任为太史令，将上述著作献给元朝政府。为了在民间普及授时历的知识，名副其实地做到授民以实，郭守敬还编制了各种通俗易懂的歌诀，对《授时历》的推行有重要作用。《授时历》是我国历史上一部精确的历法，对后世有重大影响。

平定西北诸王

按照元窝阔台汗元年（1229 年）宗室诸王的盟约，蒙古大汗之位世世代代由窝阔台的后代承袭。然而，从蒙哥汗开始，大汗之位转到了拖雷一系。由此埋下了宗室失和的种子。忽必烈在位期间推行汉化政策，更加剧了与保守的西北诸王的矛盾，终于爆发了长达四十年之久的海都、笃哇、昔里吉之乱。

海都是窝阔台的孙子，元宪宗蒙哥汗二年（1252 年）被蒙哥汗封于海押立（前苏联塔尔迪—库尔干东北）。海都对此一直耿耿于怀，蒙哥汗六年扣押了蒙哥汗的使臣断事官石天麟，后来又支持阿里不哥与忽必烈争位。他还结交术赤汗别儿哥，逐渐控制了窝阔台的封地叶迷立（亦称也迷里，今新疆额敏河流域），成为雄踞于察合台汗国与蒙古本土之间的强大势力。元世祖至元元年（1264 年）阿里不哥失败后，忽必烈邀请海都参加库里尔台大会。海都以道远马瘦，不堪劳苦为托辞，表示只愿意在自己领地内服从大汗的命令。后忽必烈将蔡州（今河南汝南，辖今渤海西南部）分封给海都，海都仍不为所动。至元三年，察合台汗阿鲁忽去世，堂侄木八剌沙继位。忽必烈派木八剌沙的堂兄弟八剌去辅佐并监视木八剌沙。八剌回国发动兵变，自立为汗。这时，忽必烈封皇子那木罕为北平王，主持西北军务，并派使者说服术赤汗忙帖木儿进攻海都。

至元五年，忽必烈出兵击败海都，追击到阿历麻里（今新疆霍城）。忙哥帖木儿、八剌也出兵攻击海都。海都先和忙哥帖木儿讲和，然后在失儿答里牙（前苏联锡尔河）一线迎击八剌。海都失利，损失惨重。不久，得到忙哥帖木儿的五万援兵，才挽回局面，连连击败八剌。八剌退过失儿河，聚兵募饷，继续与海都周旋。海都为解除后顾之忧，主动与八剌和解，结为安答（义兄弟）。

至元六年，海都、八剌等在塔剌思（前苏联江布尔召开大会），将察合台领地的三分之二划归八剌，三分之一分属海都和忙哥帖木儿。与会诸王宣誓恪守蒙古传统风俗制度，派遣使者质问忽必烈为何在汉地建都和采用汉法。第二年，八剌去世，海都立八剌堂叔捏古伯为汗。八剌诸子和阿鲁忽诸子不服，联兵进攻海都。

西北诸王混战给了忽必烈从容布置的时机。忽必烈先是任命刘好礼为乞儿吉里、撼合纳、廉州，益兰州等五部（前苏联叶尼塞河流域）断事官，大量迁入中原农户、军人，实行屯田，修筑道路，建立驿站，形成了进攻叛王的基地。又命北平王那木罕建节阿力麻里，作为总管西北军事的中枢。至元十年，捏古伯与海都兵戎相见，元军乘机出兵察合台汗国。十二月，捏古伯阵亡。第二年，八剌诸子与海都讲和，立八剌之子笃哇为察合台汗。不久，忽必烈下令追缴颁给海都、八剌的金银符，并派中书右丞相安童辅佐那木罕，调那木罕之弟阔阔出、蒙哥之子昔里吉、忽必烈之侄脱脱木儿、阿里不哥之子明里帖木儿、药木忽儿等赴军前效力。

正当元朝集结兵力之时，对忽必烈心怀不满的昔里吉等人发动了叛乱。至元十三年秋，脱脱木儿发难。昔里吉奉命征讨，暗中勾结脱脱木儿等人，发兵拘捕那木罕、阔阔出和安童。叛王拥戴昔里吉为王，进攻岭北。八月，忽必烈派汉军都元帅阔阔带、李庭率侍卫军 2 000 人西征。第二年春天，昔里吉分兵东进，弘吉剌万户折儿瓦台也起兵响应，将忽必烈女儿囊家真围困在应昌

（今内蒙古阿巴哈纳尔旗东南）城中。忽必烈听后便急调诸王伯木儿和丞相伯颜的南征大军北上平叛。伯木儿军与叛军激战于鱼儿泊（今达赉泊）等地，大获全胜，活捉折儿瓦台。但这时昔里吉率主力已越过杭海岭（今蒙古杭爱山），渡过斡耳寒河（今蒙古鄂尔浑河）了。元将土土哈在土兀拉河（今蒙古土拉河）阻击叛军。六月，伯颜大军到达土兀拉河，大破叛军，败退斡耳寒河。七月，叛军分裂，忽鲁带率领部队投降。伯颜挥师进攻，吉里昔仓促应战，大败而逃。同年冬，南平王秃鲁在六盘山起兵响应昔里吉，很快就被平息。

至元十五初，元将土土哈部越过按台山（今新疆阿勒泰山）。昔里吉逃往也儿的石河（今新疆额尔齐斯河），脱脱木儿逃往吉利吉思。同年冬，元将刘国杰率侍卫军五万人戍守和林（今蒙古哈尔和林东北）。元重新控制了岭北。第二年，脱脱木儿南下侵扰杭海山东。元军主帅别吉迷失采用刘国杰避实就虚的计策，直捣叛军巢穴，占领谦州（前苏联克孜尔西南）。脱脱木儿慌忙回师，与元军大战于谦河（前苏联叶尼塞河），大败而逃。

至元十八年，叛军内讧。先是脱脱木儿向昔里吉求援，遭拒绝，便改奉蒙哥孙子撒里蛮为帝。药木忽儿反对这一做法，将脱脱木儿击败，俘送昔里吉处。昔里吉处死脱脱木儿。撒里蛮孤立无援，被迫投奔昔里吉。昔里吉将其押送术赤后王火赤斡兀立处。途中，撒里蛮被旧部救走，重整旗鼓，打败昔里吉。将昔里吉、药木忽儿押送大都。药木忽儿途中行贿得以脱身，借兵突袭撒里蛮。撒里蛮兵败，投降忽必烈。后来，昔里吉被流放到海南岛。

在昔里吉叛乱期间，海都侵占阿力麻里，侵扰天山南北。忽必烈派诸王阿只吉等率10万之众驻守别失八里（今新疆奇台西北）等地，以防备海都。至元十九年，海都释放那木罕等人，以求和解，但又派兵进攻斡端（今新疆和田）等地。至元二十二年，笃哇率兵12万包围哈剌火州（今新疆吐鲁番），围城六个月。海都也侵扰了纳思河，在洪水山（今新疆呼图壁县西南）设埋伏，大败元军，乘胜经彰八里（今新疆乌鲁木齐、昌吉之间），进入哈密力（今新疆哈密），杀死元畏兀儿亦都护火赤哈的斤。元军马上派兵增援畏兀儿，海都撤走。

至元二十四年，海都准备出兵10万，呼应东北叛王十三颜。忽必烈派伯颜镇守和林，切断东、西叛王的联系。海都见东进受阻，转向西方。二十六年春，海都在杭海山打败忽必烈之孙甘麻剌部。不久，和林元军也投降了海都。七月初一，忽必烈下诏亲征，海都闻讯而退。

至元二十九年，诏命玉昔帖木儿取代伯颜镇守和林。当年秋，元将土土哈在按台山俘海都部民三千余户，进取吉利吉思。第二年春天，土土哈军入谦河（前苏联叶尼塞河）流域，收复五部地区，将海都势力逐出按台山。

元贞元年（1295 年），在别失八里设北庭元帅府，以平章合伯为都元帅，主持西北军务。不久，叛军再度发生内讧。第二年秋，药不忽儿、兀鲁思不花等脱离笃哇，投降元朝。大德二年（1298 年）十月，笃哇夜袭合剌合塔（约在今蒙古哈腊乌斯湖一带），俘元朝驸马阔里吉思。回师途中，遭到元将朵儿朵哈的袭击，损失惨重。不久，海都之子斡鲁温孙与元将床兀儿大战于阔客（今新疆和布克赛尔），元军大胜。皇侄海山率兵越过按台山，直捣海都王庭海押立，重创叛军后回师按台山。接着，海都、笃哇联合诸王四十余人率部大举进犯，超过按台山，直逼和林。海都率军布防于杭海山一线。八月，两军前锋激战于迭怯里古，叛军失利。两天后，海都率主力赶到，大战于合剌合塔，元军失利被困。第二天再战，元军又败。同时，笃哇部与元军激战于兀儿秃，大败而逃。海都只得撤退，途中病逝。笃哇拥立海都长子察八儿为主。

长达几十年的战争使双方都精疲力尽。大德七年（1303 年），笃哇主动求和。元成宗派遣使者招抚。大德十年（1306 年），笃哇、察八儿失和，交战于忽毡（前苏联列宁纳巴德）。察八儿大败。元怀宁王海山趁机越过按台山追击察八儿，叛王秃满等投降。察八儿投奔笃哇。笃哇善待察八儿，收回了海都时占去的察合台领地。至此，西北诸王之乱才彻底平息。

石人一只眼，挑动黄河天下反

元朝末年，政府不修水利，以致于造成黄河决口，粮田被淹，漕运中断，盐场被毁。为此元顺帝下令征发 15 万民工开凿新河道治理黄河，与此同时政府又变更钞法，滥发纸币，造成物价飞涨，致使怨声载道。"开河"和"变钞"加速了元末农民起义的爆发。

至正十一年（1351 年）四月开河后，北方白莲教首领韩山童及其教友刘福通等决定利用这一时机，发动武装起义，反对元朝。他们一面派教徒在治河民工中大力宣传"弥勒佛下生，明王出世"，一面又暗地里凿了一个独眼石人，埋在即将挖掘的黄陵冈附近的河道上，然后到处散布民谣"石人一只眼，挑动黄河天下反"。等到治河民工挖出这个独眼石人以后，个个惊诧不已，以为真的应验了。消息传出以后，大河南北，人心浮动。

四月下旬，韩山童、刘福通、杜遵道、罗文素、盛文郁、韩咬儿等，聚众 3 000 人于颍州颍上（今安徽颍上），刘福通等称韩山童为宋徽宗八世孙，当为中国主。刘自己则称是南宋名将刘光世后代，当辅佐之。韩山童发布文告说："蕴玉玺于海东，取精兵于日本。贫极江南，富称塞北"。又打出大旗，上写："虎贲三千，直抵幽燕之地；龙飞九五，重开大宋之天"。表现出了要推翻元朝，恢复大宋王朝的坚定决心。不幸事情败露，地方官追捕十分紧急，韩山童最后被杀，其妻杨氏，子韩林儿逃到了武安（今江苏徐州）。刘福通等仓促起兵。五月初三一举攻克颍州（今安徽阜阳）。由于起义军成员都头裹红巾为标志，故称为红巾军。又因为起义军成员多数崇信白莲教，烧香拜佛，故又称香军。

当月，红巾军占领亳州（今安徽亳县），徐州兵马指挥使秃鲁战死。不久，又攻破项城（今河南项城南），朱皋（今河南固始北）。七月，元将安车万户朵哥、千户高安童在颍州皆中流矢而死。八月，红巾军攻克确山县（今河南确山县）。九月，刘福通又攻克汝宁府、息州（今河南息县）、光州（今河南潢川），聚众达到十万，全国各地纷纷起兵响应。

在北方，至正十一年八月，邳州（今江苏邳县北）人李二（人称"芝麻李"，因在饥荒时以家中所贮芝麻赈济饥民，故得此称）与赵君用、彭早住等人以"烧香聚众"来反对元朝，攻占徐州。不久，又占领了徐州附近的许多州县，拥众十余万人。次年正月，元顺帝派兵前往徐州镇压，九月徐州城被元军攻破，芝麻李等逃走。一个多月后，芝麻李被元军捕获，惨遭杀害。

至正十一年十二月，王权（绰号"布王三"）与张椿等起义，攻占邓州（今河南邓县）、南阳（今河南南阳），被称为"北琐红军"，不久，起义军占领唐（今河南唐河）、嵩（今河南嵩县）、汝（今河南临汝）、河南府（今河南洛阳），进逼滑（今河南滑县东）、浚（今河南浚县）等地。至正十二年正月，孟海马等占领襄阳（今湖北襄樊），称为"南琐红军"。接着又取房（今湖北房县）、归（今湖北秭归南）、均（今湖北均县西北）、峡（今湖北宜昌）、荆门（今湖北荆门）等州。元朝统治者从至正十二年闰三月起，先后派出了几路元军对北琐红军和南琐红军进行"围剿"。五月，元军攻陷襄阳，布王三被俘，北琐红军被镇压了下来。至正十四年正月，元军又攻陷峡州，南琐红军也被镇压。

至正十二年二月，定远富豪郭子兴与农民出身的孙德崖、俞某、鲁某、潘某等四人起兵，攻占濠州，郭子兴等称元帅。闰三月，朱元璋投奔郭子兴。

以上均称为北方红巾军，与此同时，在南方长江中游、汉水流域也有红巾军起义，他们以徐寿辉、彭莹玉为首领，称为南方红巾军。

另外，不属于红巾军系统的有方国珍和张士诚的队伍，他们也是反元的主要武装力量之一。

明 朝

（公元 1368 年～公元 1644 年）

明朝是由朱元璋在南京建立的统一王朝，它建立于公元 1368 年，到公元 1644 年灭亡，共 277 年，先后经历了 16 个皇帝。永乐十九年（1421 年）迁都北京。

朱元璋称帝后，又经过 20 年征战，统一了全国。疆域最广时，北达乌第河，东北达日本海，西达哈密，包括西藏在内的西南及东海南海诸岛尽在版图之内。朱元璋在政治、军事等方面对前朝的制度革旧鼎新，集军政大权于一身，加强了中央集权，在经济上采取了一系列恢复和发展社会经济的措施，使社会经济在洪武时期就达到了历史最高水平，为明代社会经济的繁荣奠定了良好的基础。明成祖时期，明帝国达到了全盛时期。15 世纪初，郑和七次下西洋，成为中国乃至世界航海史上的壮举。

明代自正统朝（1436 年）开始走向衰落，宦官当权，吏治腐败，土地兼并加剧，农民起义频频爆发。虽然有万历年间的张居正等人的改革，但都是杯水车薪，无法挽救其衰败之势。阶级矛盾的激化最终导致了明朝灭亡。崇祯十七年（1644 年），李自成领导的起义军攻占北京，宣告明朝统治的结束。

明代是中国封建社会经济文化继续发展的时代，但总的来看，我国的科技已落后于西方。而且，当西方在同时期已进入资本主义社会的时候，我国在东南沿海地区零星出现的资本主义萌芽却由于封建制度的束缚而夭折了。这一点导致了我们伟大富强的文明古国开始远远地落后于西方诸强国。

朱元璋起兵

朱元璋幼时名为重八，又名兴宗，字国瑞，出身濠州钟离县一个贫农家里，自幼丧父母，因此入皇觉寺为僧。郭子兴领导的农民起义军打败了在濠州的元军，元军撤离濠州时，将皇觉寺焚掠一空。至正十二年（1352 年）闰三月，25 岁的朱元璋走投无路，于是来到濠州城，投奔到郭子兴领导的红巾军中。因他在战场上打仗机智勇敢，很快被提拔为亲兵十夫长，留在郭子兴身边。郭子兴为人"枭悍善斗，而性悍直少容。"每在关键时刻，都让朱元璋出谋划策，故与郭子兴"亲信如左右手"。

在进军滁州（今安徽滁县）途中，李善长来到军中谒见。朱元璋问李善长："如今四方战乱，什么时候才能太平呢？"李善长答："秦末大乱时，汉高祖以布衣起兵，他为人豁达大度，知人善任，不乱杀人，五年而成帝业。"又说："你是濠州人，离刘邦的家乡沛县不远，只要你认真学习这位老乡的长处，天下是可以平定的。"李善长的这一席话，对朱元璋的影响十分深远，一直到建国以后的政治、经济政策，朱元璋大多数都是学习汉高祖刘邦而运用于明代的。

郭子兴的部将朱元璋在至正十四年攻占滁州，势力逐渐壮大，并发展成了一支独立的武装力量，郭子兴乘机从濠州发动进攻。至正十五年正月，郭子兴用朱元璋之计，派张天祐等进攻和州。郭此时命朱元璋统领其军。三月，郭子兴病死。刘福通占据安丰和颖州之后，派人把逃匿在砀山夹河的韩林儿及其母杨氏，迎回到亳州（今安徽亳县），拥立韩林儿为皇帝，号小明王，建国号为大宋，年号龙凤，都亳州。立韩林儿之母杨氏为皇太后。杜遵道、盛文郁为丞相，刘福通、罗文素为平章。大宋建立后，韩林儿任命郭子兴之子郭天叙为都元帅，部将张天祐、朱元璋为右、左副元帅。不久，张天祐、郭天叙都战死，朱元璋就成为大元帅，郭子兴的旧部全归他指挥。

同年，朱元璋又兼并了巢湖红巾军的水师。早在刘福通、彭莹玉等在颖州发动起义时，巢湖地区彭莹玉的教徒金花小姐和李国胜、赵胜普联络廖永安兄弟、俞廷玉父子等起来响应颍州起义。金花小姐（在起义斗争中）战死，李国胜、赵胜普退居巢湖，拥有水师万余人，船只千余艘，称为彭祖水寨。这年年初，廖永安、俞廷玉等投降了朱元璋。李国胜谋杀朱元璋未遂后，反被朱元璋处死，至此巢湖水师全归朱元璋指挥。同年六月，就用巢湖水师乘水涨入江，从牛渚矶强渡长江，攻占采石镇。乘胜一举攻下了集庆上游的太平，活抓了元朝万户纳哈出。在同元军作战中，朱元璋令幕僚李善长预为戒戢军士榜，"禁剽掠，有卒违令，斩以徇"纪律严明，军中肃然。

朱元璋按照能力大小任官职，注重招贤纳士。早在江北初起时，就陆续招集了一些随从起义的地主儒士，如上文提到的李善长，还有冯国用、冯国胜，作为参谋。攻下太平后，又召用老儒李习为知太平府，陶安参谋幕府事。为了稳固太平的根基或基础，他利用乡兵修城浚濠，加强防固。接着，朱元璋攻取了溧阳、溧水、句容、芜湖等处。

至正十六年春二月，朱元璋率领大军，在采石大破蛮子海牙舟师。至此，起义军打破了元军对长江的封锁，农民起义军重新振作起来。此年三月，朱元璋乘胜水陆并进，大举进攻集庆，在江宁镇攻破陈兆先军，继而又在蒋山大败元兵，集庆城破，此时朱元璋又得到了夏煜、孙炎、杨宪等十余位儒士，他们为朱元璋献计献策。

朱元璋攻下集庆后，以它为中心，向四周发展，在此后的一年多时间里，派诸将先后攻克镇江、广德、长兴、常州、宁国、江阴、常熟、徽州、池州、扬州等应天周围的据点。至正十六年七月，诸将尊奉朱元璋为吴国公。并设置了江南行中书省，自己总管此省所有事务，设僚佐，但名义上仍用韩林儿的大宋旗号。朱元璋以集庆为中心后，根据地日益巩固，地盘也更加扩大了，并且有充足的兵力向更远的地方扩展。接着，朱元璋派兵攻取浙西、浙东，消灭了盘踞在这里的元军。至正十八年三月，命邓愈进攻建德路。十二月，命胡大海攻婺州，但久攻不下，朱元璋亲自前往攻取，城立即攻破。入城之后，立即发粟赈济贫民，并改州为宁越府。朱元璋连续占领江左、江右诸郡，并与陈友谅占据的地区相邻。早在至正十七年，朱元璋部将常遇春夺取陈友谅占据的池州之后，朱陈两军就开始不断地互相攻伐。

当朱元璋攻下安徽徽州（今安徽歙县）后，他召见名儒朱升，问："今后我该怎么办？"朱升说："高筑墙，广积粮，缓称王。"意思是说，首先要巩固后方基地；其次要在后方发展生产，屯田积谷，增强经济实力；最后，不要急于称王，免得树大招风。朱元璋把他留在自己军中当参谋。后来，朱元璋势力壮大后，就改吴国公为吴王。从投军到称王，仅仅几年的时间，朱元璋就由一名小卒之辈，发展成为称雄一方的一代霸主，随后他削平群雄，统一中国，改朝建国，成为中国历史上一位伟大的皇帝。

建文帝削藩

明朝建立后，太祖朱元璋鉴于自己先后两个皇位继承人都不太理想。太子朱标，文弱而早逝；太孙朱允炆，"仁柔少断"超过其父。相反，同自己一起打天下的功臣勋爵，却一个个精明强悍，文能安邦，武能定国。因而，他时刻都在担心这些人会对其朱氏王朝形成危害。正是在这种强烈自私的疑忌心理支配下，朱元璋一方面极为残酷地杀戮或暗害功臣，以扫清稳定朱氏明朝的不利因素；另一方面，则又尽可能地倚重自己的众多的皇子。

早在洪武二年（1369 年）四月，朱元璋于编制《祖训》的同时，便确定了"封建诸王，屏藩皇室"的制度。翌年四月，封皇子朱樉为秦王，朱棡为晋王，朱棣为燕王，朱橚为吴王（后改周王），朱桢为楚王，朱木为榑齐王，朱梓为潭王，朱檀为鲁王；从孙朱守谦（侄朱文正子）为靖江王。让他们分别镇守长安（今西安）、太原、北平（今北京）、开封、武昌、青州、长沙和兖州等地。洪武十一年正月，又分封皇子朱椿为蜀王，朱柏为湘王，朱桂为豫王（后改封代王）、朱楧为汉王（后改封肃王），朱植为卫王（后改封辽王）。让他们分别镇守成都、荆州、大同、甘州（今甘肃省张掖县）等地。洪武二十四年（1391 年），又分封皇子朱㮵为庆王，朱权为宁王，朱楩为岷王，朱橞为谷王，朱松为韩王，朱模为沈王，朱楹为安王，朱桱唐王等，让他们分别镇守宁夏、大宁（今河北省平泉县）、云南、宣府（今河北省宣化县古称上谷郡）等。全国的大部分重要城市，几乎都在他们的控制之下。在封王的过程中规定，诸王在其封地都可以建立王府，设置官署，拥有重兵，护卫甲士少者 3 000，多者 19 000 余人。为此一来诸王的地位，仅低天子一等，公侯大臣对他们都必须伏而拜谒。其所率兵马，名义上虽隶属兵部，但朝廷如要调用，则必须持有御宝文书分别交给该王守镇官，而守镇官还须得王令旨，方许发兵。实际上，明太祖已赋于诸王该地区的军事指挥权。特别是分封在北部边疆的几个所谓"塞王"，势力更大。如燕王朱棣，多次受命出塞巡边，筑城屯田，总领诸卫所的军队和将领，是名符其实的拥有精兵辖地的军事统帅。宁王朱权，也是带甲 8 万，革车 6 000，骁勇善战，曾多次会集诸王出塞征伐，以善谋断而著称。

洪武三十一年闰五月朱元璋去世，皇太孙朱允炆正式即位，是为建文帝，史称明惠帝。

建文帝仍以巩固自己的皇位为当务之急。首先考虑如何消除这些藩王对皇位的武力威胁。他起用原在东宫的近臣齐泰为兵部尚书，侍读老师黄子澄为太常寺卿，命令他同齐泰等人共同谋划削藩之策。齐泰主张，以迅雷不及掩耳之势，首先解除势力最强、最有危险性的燕王朱棣的兵权。黄子澄则认为，燕王久据北平要地，而且拥有重兵，轻易废黜，风险太大。不如先从周王朱橚开刀，一是周王早在洪武时期就多行不法，削之有名；二是周王乃燕王之同母兄弟，削他则等于去掉了燕王的一只膀臂，一举两得。于是最终议决，只从削减内地诸王开始。

洪武三十一年六月，建文帝下令，命曹国公李景降调领大军迅速到达河南，逮捕周王朱橚及其世子和妃嫔等，押解送京，废为庶人，迁至云南。第二年，又以"伪造大明宝钞"和"擅自杀人罪"，派使逮捕湘王柏，迫使其自焚而死。接着，又以调回朝内议事之名，诱齐王朱榑到京，废为庶人，加以软禁。又在大同幽禁代王朱桂。藩王虽然都有护卫，但是因本身多是骄奢淫逸之辈，因此根本没有什么指挥才能，且本身又确实都是一些不法之徒，所以，朝廷对他们是削之有名，削藩进行得也很顺利。然而，当他们要进一步去削夺燕王朱棣的权力时，却遇到了引火烧身之祸。由于朱棣早就蓄谋已久，积极准备夺取皇位了，而建文集团策划的这项削藩措施，恰恰成为燕王朱棣集团的口实。终于在建文元年（1399 年）秋七月初四日朱棣杀建文使者谢贵和张昺，接着誓师燕京，援用《祖训》中"朝无正臣，内有奸逆，必举兵诛讨，以清君侧之恶"为名，以削藩为导火线，发动了为时四年的"靖难之役"。

靖难之役

朱棣是明太祖朱元璋第四子。洪武三年（1370 年）四月封为燕王，治理北平。十三年开始进驻封地。受太祖特许，王邸用元旧宫殿。由于北平毗邻蒙古，因此为防御元残余势力侵扰，故特诏配以精锐重兵，归其指挥，以拱卫京师；并任傅友德为将军，指挥军队听其节制。同秦王樉、晋王棡分道率诸将北征。后因秦、晋二王久不出师，只有燕王率傅友德军多次出塞征伐，直抵迤都山，生擒敌将乃儿不花等；又时常巡边，筑城屯田，建树颇多，是明初军功最显著的塞王之一。

洪武二十五年，皇太子朱标病死，朝廷经多次商议，以标子允炆为皇太孙，做皇位继承人。对此，朱棣颇为不满。朱允炆天资聪敏，但却生性怯懦，优柔寡断。太祖对棣倍加宠爱，曾一度萌发更换皇位继承人的念头。后来太祖为了遵守传统礼法稳定政局，方才做罢。虽如此，但却在无形中诱发起了朱棣谋夺皇位继承权的欲望。

洪武三十一年闰五月，太祖驾崩，皇太孙即位，是为建文帝，史称明惠帝，以明年为建文元年。燕王棣赴京奔父丧，但行至淮安，便接到朝廷关于"诸王临国中，毋到京师会葬"的"遗诏"。棣甚恼火，想必是建文宠臣齐泰、黄子澄等改了诏书，但实情不明，只好暂时返回。

同年七月，建文帝果然颁布了"削藩"令，并首先从朱棣同母弟周王橚开刀。先派大将军李景隆统兵到了封地逮捕王橚到京，不久便废为庶人，全家发配云南。朱棣见周王被抓以后，完全证实了齐、黄用事。于是便挑选壮士为护卫，以"勾军"为名，广招"异人术士"。这时，齐王榑、代王桂等也相继被削，湘王柏甚至被迫自焚而死。随后，朝廷更下令"今后诸王均不得节制文武官员"，更进一步限制诸王权力。这就更迫使朱棣高度警惕，加紧练兵，准备起事。

建文元年七月初五日，燕王正式誓师，援引《祖训》中"朝无正臣，内有奸逆，必举兵诛讨，以清君侧之恶"条文，以"诛齐泰、黄子澄"为名，起兵靖难。取消了建文年号，仍称洪武三十二年。设置官属，任张玉、朱能、丘福为都指挥佥事。第二天，留郭资辅世子守北平，亲率大军抵达通州，指挥房胜不战而降。用张玉计，攻下了蓟州、遵化，解除后患，然后又向南推进。一场以夺皇位为实质的武装斗争开始了。十六日，燕王认为自己"居庸险隘，北平之咽喉，我得此，可无北顾忧"，于是挥军攻占居庸，转攻怀来，开平、龙门、上谷、云中守将望风归降。燕王又攻克了永平、克滦河，直趋南下。由于北平多年来一直为基地，因此附近州县卫所，一呼百应，士气旺盛，并有鞑靼兵马为后盾，南方宫中太监为内应，朱棣不仅兵精粮足，而且对建文集团内动静虚实，了如指掌。加之指挥得当，又有姚广孝等能者相助，出谋划策，因此在斗争中始终处于伏势地位。建文集团相反，虽位居正统，兵众粮足，但因建文帝生性怯懦迂腐，缺乏魄力，处事忧柔寡断，易信谗言。因此先后任用耿炳文、李景隆分镇真定、河间。结果，耿先大败于真定，困守孤城；李代耿后，虽乘燕军攻大宁之机而围攻北平，但在北平军民合击下又大败，逃回德州。建文无奈，答应罢免齐泰、黄子澄的兵权（实则仍典兵如故），以求罢兵。燕王知诈，不听，继续进攻德州。建文二年（1400 年）四月，燕王连续攻下德州、济南，景隆只身逃走。惟铁铉、为盛庸代景隆坚守济南，燕军久攻不下，只好暂回北平。

建文四年正月，建文令魏国公徐辉祖主山东。燕军连续到达汶上、沛县，直捣徐、淮。三月，到了宿州，攻破萧县，大败敌主将平安于小河。接着，同徐辉祖大战齐眉山，自午至酉，难分胜负。而建文集团却因暂时的小胜冲昏了头脑，听信谗言，以"京师不可无帅"为由，撤回徐辉祖，放松了戒备。燕王先用分兵进扰，使敌兵势力分割削弱，应顾不暇，燕军乘敌将何福移兵灵壁就食之机，展开大战。四月初八日，燕王亲率诸将首先登城，军士紧跟其后。生擒平安、陈晖等大将，仅以何福身免，燕王大获全胜。与此同时，宋贵又成功截击了前往援助济南的辽军，并全歼其军。南军的势力更加衰弱了。五月，燕王连下泗州，拜了祖陵；巧渡淮水，取盱眙，乘胜直捣扬州，攻克仪征。时，建文帝又派使以"割地南北"议和。燕王称"凡所以来，为奸臣耳。得之，谒孝陵，朝天子，求复典章之旧，免诸王罪，即还北平。"并指出此议和实为"奸臣缓兵之计"，拒绝接受。议和未成之后，建文集团便自恃长江天险，打算募兵勤王，进行顽抗。

六月初一，燕王汇集高邮、通、泰船于瓜州，向京城进发，在浦子口大败盛庸军；又得子高煦的援兵，势力盛极。一时朝臣多暗地里派使者向燕王献计充内应，前往增援前线的陈瑄，亦率舟师降了燕。燕军势力更加旺盛。初三，燕王誓师渡江，舳舻相衔，旌旗蔽空，金鼓大震，声威浩荡，当时，盛庸列兵沿江 200 里迎战。燕王指挥诸将先登，以精骑数百冲入敌军阵营，庸师溃，单骑逃走，余众都投降。随后移师长江咽喉镇江，守将不战而降。此时举朝震惊。建文除令谷王橞、安王楹分守都门外，又派遣李景隆和诸王反复同燕王求和。燕王仍以"欲得奸臣，不知其他"为由，盛宴后送回。建文无计，方孝孺坚请守城待增援。齐泰、黄子澄分奔赴广德州、苏州逃难征兵，都没有取得成效。十一日，燕军进入朝阳，谷王和景隆献出金川门，朝廷文武都迎降。建文左右仅剩数人，于是关闭了所有的后妃宫，纵火焚之。在烈火中，建文帝不知去向。

朱棣入宫后，大肆进行报复行动。建文谋臣齐泰、黄子澄先后被磔，诛灭九族。拒草"即位诏书"的方孝孺和藏刀上殿行刺的景清，更祸灭十族，不仅株及九族，连门生之门生，姻亲之姻亲，均不放过，史称"瓜蔓抄"。前后被杀者数以万计，镇压十分残酷。

七月初一，朱棣正式登基，史称明太宗（嘉靖时改谥"成祖"），以明年（1403 年）为永乐元年，升封地北平为北京，改京师为南京，统一了明代南北两京之制。一切恢复太祖时旧制。"靖难之役"就此宣告结束。

【国学精粹珍藏版】

李志敏⊙编著

◎尽览中国古典文化的博大精深 ◎读传世典籍，赢智慧人生——受益终生的传世经典

中国通史

卷四

民主与建设出版社
·北京·

朱棣亲征漠北

　　元朝残余势力被逐出中原后，仍然雄踞漠北，势力强大。明太祖曾多次派兵进攻北元残余势力，终于促使北元分裂，东部兀良哈归附明朝，中部鞑靼和西部瓦剌仍然与明朝为敌。尤其是鞑靼仍沿袭元朝帝号，势力最为强大。永乐元年（1403 年），鞑靼别部首领鬼力赤杀死北元皇帝坤帖木儿，自立为可汗，不再沿用元朝国号、帝号。同时，与瓦剌相互仇杀，使蒙古势力大为削弱。鬼力赤等各部首领纷纷与明朝建立了朝贡关系。

　　永乐四年，鞑靼太保、知院阿鲁台杀死鬼力赤，迎立元宗室本雅失里为可汗。阿鲁台自任太师，一面继续与瓦剌为敌，一面断绝与明朝的关系。永乐七年四月，本雅失里、阿鲁台杀害明朝使节郭骥。明成祖朱棣为控制鞑靼，于五月封瓦剌首领马哈木为顺宁王，太平为贤义王，把秃孛罗为安乐王。然后在七月任命淇国公丘福为大将军，十万大军讨伐本雅失里、阿鲁台。由于丘福轻敌冒进，率领千余骑兵渡过胪朐河（今蒙古克鲁伦河），结果落入鞑靼重兵埋伏之中。丘福全军覆没。

　　消息传到京师，成祖大怒，认为如不及早除去北方鞑靼这个祸患，边疆将永无宁日，于是决定亲自率军北征。同年十月，成祖下令户部尚书夏原吉筹备北征的军需粮草。夏原吉按成祖的意图，准备了 3 万辆车辆和 20 万石粮食。拟跟在大军的后面，每隔十天的路程就建一座贮粮城，以备大军回师时食用。

　　永乐八年正月，成祖发动了第一次北征。率 50 万大军出塞，五月初一，明军到胪朐河。前锋与鞑靼游骑交战，获得小胜。初八，明军从俘虏口中得知本雅失里在兀古儿札河（今蒙古乌勒扎河）。成祖亲率精兵，携带 20 日粮草，长途奔袭敌军大战。十二日，明军到达兀古儿札河，本雅失里仓皇逃走。第二天，明军追到斡难河，与本雅失在这里展开激战。成祖亲自指挥冲锋，一鼓作气，打垮了本雅失里。本雅失里丢下所有辎重，只率七骑人马渡河逃走。

　　六月，明军在回师途中的阔滦海子（今内蒙呼伦湖）附近与阿鲁台遭遇。成祖亲率骑兵冲入敌阵，杀声阵天，阿鲁台大败而逃。明军追击一百余里，斩杀百余人，因天热缺水而收兵回营。阿鲁台虽受重创，但仍派出小股骑兵尾随明军之后，袭扰明军的后卫。成祖便亲自率一千余名精兵前去断后，在途中设下埋伏，痛歼了尾随的鞑靼兵，使其不敢再来侵扰。摆脱了敌人的追随，但是明军又面临着严重的缺粮问题。成祖一面拿出自己节省的一部分口粮分给士卒，一面下令携带粮食多部队的借给缺粮士兵，回京后给予加倍偿还。七月，成祖回到北京。

阿鲁台战败之后，于永乐九年十二月派遣使节求和，并请求让他管理女真、里巴为可汗，实际上将大权握在自己手中。阿鲁台被瓦剌打败之后，逃到明边塞附近，向明朝纳贡称臣，明成祖知道阿鲁台是走到穷途末路才来投降的，并非心悦诚服，但仍接受了阿鲁台的朝贡，封他为和宁王。这样一来，马哈木怨恨明朝收容阿鲁台，不再向明朝进贡。

永乐十二年二月，成祖下令进行第二次北征，命安远侯柳升等率五十万大军随同出征。三月，成祖离京。四月，全军出塞。马哈木终因抵挡不住明军的攻击，开始撤退。明军乘胜追击，一直追到土剌河边。马哈木连夜向北逃遁跑。直到深夜，成祖才回到帐中。成祖考虑自身损失也较大，不宜再战，便下令班师回朝。去回师途中，又击退了瓦剌的袭扰，于八月回到北京。

忽兰忽失温一战，瓦剌元气大伤。永乐十三年十月，马哈木派遣使节向明朝谢罪，进贡马匹。两年之后，马哈木去世，明朝让他的儿子脱欢继承爵位。

阿鲁台的势力日益强大之后，常常侮辱明朝使节，甚至派兵侵扰明朝边境。永乐二十年年初，阿鲁台大举进攻兴和（今河北张北），杀死明将王祥。成祖决心举行第三次亲征。同年三月，成祖率大军离京。阿鲁台闻风而逃。五月，明军大举出塞。在这一形势下，鞑靼各部纷纷叛离阿鲁台。阿鲁台见势不妙，匆忙将牛马驼羊等辎重丢在阔滦海子，携家属北逃。明军收容鞑靼部众，班师回朝。回师途中，分出一支精兵突袭兀良哈，大获全胜。

永乐二十一年七月，成祖听说阿鲁台又要侵犯边境，决心进行第四次亲征。九月，成祖到达沙城（今河北张北西北），从前来投降的鞑靼首领阿失帖木儿等人口中得知阿鲁台刚被瓦剌打败，不会有南下的意图。但成祖仍率大军到达胪朐河附近，接受了鞑靼王子也先的归降，然后班师回朝。

永乐二十二年正月，阿鲁台率兵进攻大同。四月，成祖离京，进行第五次北征。六月，明军到达答兰纳木儿河一带（今内蒙古伊尔施西南中蒙边境地区），分兵搜索，没有看见阿鲁台踪影。成祖担心粮草接济不上，于是决定班师。七月，成祖病逝在军中。太子朱高炽即位，是为仁宗。

土木之变

明王朝经过了洪武、建文、永乐、洪熙和宣德几朝的经营，国势达到了鼎盛。从正统年间起，国势开始转弱，走下坡路。而蒙古贵族的统治势力，却逐渐强大起来。当时，瓦剌部首领也先，打败兀良哈和鞑靼部，统一了蒙古各部，虽名义上尊元室后裔脱脱不花为"可汗"，自己只称太师、淮王，但实际上已成为统一蒙古诸部的真正领袖。他在连续征服了中亚、西域和女真等地区后，基本上完成了对明朝的包围，并时刻准备向明朝发动进攻。

正统十四年（1449 年）二月，也先又派使臣前来贡马。他不仅将 2 000 名使者，诈称为 3 000 名，期望能冒领明政府更多的赏赐；而且，还公然将贡马说成是向明朝公主订亲的聘礼。这种无礼举动，连权宦王振都忍无可忍，宣布决定削减其马价，并警告瓦剌的使者，求亲之事朝廷根本不知，更没有许诺过什么，也不会承担这种责任，请他们休做非分之想。也先闻知大怒，当即于七月初八日，率领四路军兵，大举侵犯明朝。当时北部边防来报，一日内敌军已进占了当里之地，一日数至。王振为了炫耀自己，在没有任何准备的情况下，竟然鼓动着英宗皇帝"御驾亲征"。

初十日，英宗正式下诏，命其弟郕王朱祁钰在朝中坐镇。自己亲率太师英国公张辅、太师成国公朱勇，已久户部尚书王佐，兵部尚书邝埜，学士曹鼐、张益等文臣武将数百员，大军五十万，浩浩荡荡，仓促出师。当队伍行至宣化府时，突然风雨大作，而边报益急，加上粮饷不继，前锋遭敌击大败。邝埜等群臣诸将多次请求暂停，均被王振等斥退。大军继至阳和见到尸横遍野，更为畏惧。八月初一日，军至大同，王振还想继续前进，经在阳和之战中幸存者郭敬，暗中告知其惨败真相，才开始畏惧，下令后撤。返回途中，大队本应走紫荆关，才方便安全，但是，王振却异想天开地决定绕过紫荆关，而走自己的家乡蔚州，借以炫耀自己。但当大队已走出了四十余里后，王振因怕人马践踏了自家的庄稼突又反悔。于是，改回原路转走宣化。这样迂回反复，贻误了时机，终于被也先骑兵赶上。

十三日，明军到土木堡（今河北省怀来县官厅水库北岸），距怀来县城只有20里。众人都主张赶到怀来城内。但王振却因自己还有一千多车辎重未到，定要坚持等齐再走。木土堡地处荒滩，水草皆无，掘地二丈余深，还不得水。往南十五里处有河，又已为敌军控制。人马饥渴，束手无策。兵部尚书邝埜深感危险，到行殿力请速行。王振竟怒加训斥；"腐儒知道什么兵事，再妄言必

死！"。邝埜辩说："我是为的社稷生灵，为何以死吓我？"王振更怒，竟派人硬是把邝埜驾出行殿。终于大军驻扎在了木土堡。十四日，欲行，敌已逼近，不敢动。人困马乏，正无计施，十五日，也先遣使议和。遂派曹鼐起草敕书，派二通事去议和。敌军也稍后撤，王振急令起营速行，但在回旋间，行伍已乱，南行不到三四里，敌军又四面围攻，明军争相奔逃，势不能止，死伤无数，乱而大败的50万大军，几乎全军覆灭。张辅等数百将士皆战死。英宗被俘，王振被大将樊忠怒极锤杀。只有从臣萧惟祯等数人幸免。这一事件，历史上称为"土木之变"。土木堡之败，充分暴露出以英宗、王振为首的明朝统治集团的腐朽和军队战斗力的低下。这一事件，成为明王朝由盛到衰的重大转折点，从此导致了严重的内忧外患。

曹石之变

曹吉祥，滦州（今河北省滦县）人。明代宦官，由于投靠权宦王振而逐渐得势。正统六年（1441 年）开始被任命为监军，随从定西侯蒋贵等，率领四川、贵州、湖广、南京等处十五万兵马，征讨麓川（今云南省瑞丽县）少数民族土官、宣慰司思任发的叛乱。此后，又陆续监军征讨蒙古兀良哈部的叛乱和福建沙田邓茂七领导的农民起义等，权势日益显赫起来。每次出征，他都要从降卒中挑选一批达官和锐卒，养于家中，以备驱使。成为明代内臣总兵的开始。景泰中，他分掌京营。后同石亨勾结，率兵发动了"夺门之变"。

天顺元年（1457 年），因迎立英宗复辟有功，迁司礼监，总督三大营。其养子曹钦进封昭武伯，侄子曹铉等皆官封都督，门下所养之士冒功者多达千人，开内臣子弟封爵之罪恶先例。朝臣多依附之，其权势与石亨相当。

石亨，渭南（今陕西省渭南县）人。幼承父职，初任宽河卫指挥佥事。正统十四年，因击败兀良哈部入侵有功，升都督同知。在英宗出征瓦剌也先时，他为先锋。在大同阳和口大战中，诸将皆战死，惟有他单人独骑逃回。英宗大怒，处以降职。"土木"之败后，郕王监国，于谦为保卫北京，举荐他掌管五军大营，进右都督，封武清伯。在北京保卫战中，他负责守卫德胜门。采用谦计，设伏诱击，杀敌甚多，功推第一，进侯爵。

景泰元年（1450 年）二月，佩镇朔大将军印，率领京军三万巡视大同。秋，景帝改立己子为太子后，加亨为太子太师。于谦创京军精锐"团营"，亦归其掌管。其权益重。天顺元年正月，景帝病重，他被委任代帝赴南郊斋祭。因察帝不能起，便暗中勾结权宦曹吉祥，策划发动了"夺门之变"，迎立幽禁南宫的英宗复位。因此，天顺元年又以"功推第一"，进爵"忠国公"，得到英宗的高度信任，对他言听计从。同曹吉祥并称"曹石"。他们相互勾结，为报私仇，唆使英宗残杀于谦、王文、范广等爱国将领。又大贬言官，数兴大狱，将朝中重臣纷纷发戍。连策划"夺门之变"的徐有贞，亦被他们以"怨望"罪，谪戍金齿（明代称永昌城，即今云南省保山县城）。石亨恃宠，时常上殿干预政事。英宗不胜其忧，秘密问计于大学士李贤。李贤指出"权不可下移，惟独断乃可"。英宗从此便开始疏远曹、石诸人。九月，敕左顺门守卫："今后不经宣召，总兵官等不得进官。"天顺二年正月，英宗又拒绝了石亨、曹钦等移太仆寺马政于兵部的奏议。四月，英宗为整顿边军军纪，又恢复了文官提督军务的制度，重设督镇巡抚官，限制武将权力。石亨见帝对己日渐疏远，便欲谋反。但是还没来得及动手就被英宗发觉。天顺三年八月，英宗便以"骄横"、"屡侮总兵官"等罪名，将其从子石彪从大同调回，投入诏狱。石亨害怕，向皇帝谢罪。英宗念其功，只罢其兵权，不委以重任。

天顺四年正月，锦衣卫指挥逯杲进一步揭发石亨及其从孙石俊等造妖言惑众和养无赖，窥伺朝廷动静，图谋不轨。因此下亨于诏狱。以谋叛罪论斩，没其家赀。一个月后，石亨饿死狱中，石彪、石俊等皆予斩首。石亨败死后，曹吉祥非常害怕，于是决定铤而走险，同曹钦积极策划叛乱。

天顺五年七月，曹钦因害怕原在己家当差的曹福来走漏消息，便指使家人将其捉了回来殴打得半死。此事遭到了廷臣弹劾，英宗一面派锦衣卫指挥逯杲负责处理，一面将奏章让曹钦看，以示警告。钦非常害怕，于是同其义父吉祥谋划，准备杀死当时总领禁卫军的怀宁侯孙镗、兵部尚书马昂，然后趁城中空虚之际，以吉祥公所常管禁军为内应，于七月初二日凌晨发动政变。但此事不巧被都指挥完者秃亮得知，予以告发。朝廷立即逮捕了曹吉祥，并命令孙镗和恭顺侯吴瑾都留宿在朝房应变。曹钦虽不知曹吉祥被逮，但却知完者秃亮出走，于是连夜先闯入锦衣卫指挥逯杲家杀杲。然后攻入东朝房，砍伤大学士李贤，并提逯杲人头，声称"是逯杲逼我反的！不得已也。可为我草疏进上。"又抓住尚书王翱。李贤则要来纸笔草草书写，同翱投入长安左门空隙，门太坚固不能打开，钦纵火烧，守卫拆御河岸砖堵之。钦来往奔呼，以李贤为护身，杀数人，不得已弃贤逃走。钦又想抓马昂不得，天已大亮，叛兵渐散。孙镗携其二子孙辅、孙轼，奋力追杀曹军，连斩曹钦党羽曹铉、曹璥。曹钦欲突围安定门等处，门尽闭，又奔回家拒战。孙镗督军闯入。钦走投无路，跳井自杀，全家被斩。三日后，磔曹吉祥于市，冯益及吉祥姻党皆伏诛。完者秃亮以告发功，授官都督。

至此，曹吉祥、石亨两起叛乱方告平定。史称"曹石之变"。这是明代统治阶级内部又一次的斗争，是自英宗以来宠信和重用宦官酿成的恶果。

李时珍与《本草纲目》

李时珍生于正德十三年（1518年），字东璧，号濒湖，湖广蕲州（今湖北蕲春）人。嘉靖三十年（1551年），明政府礼部通知各地推荐医学人才，以入太医院补缺。李时珍因学识渊博，被湖广的官吏荐举到北京皇家的太医院工作。李时珍在北京不到一年，就托病辞职，回到蕲州。李时珍回到家乡后，一边行医，一边坚持对《本草》进行深入的研究和采访。在研究过程中他发现，从汉朝到宋代，研究本草的著作达四十种以上，但都存在许多缺点，如药物不全，分类不科学，解释错误，于是，他立志写一部新的科学而又全面的药物学著作。为此，他"穷搜博采，芟烦补缺，历三十年，阅书八百余家"。他还不辞劳苦，实地考察采访，到湖广一带的深山峡谷，进行医药调查，采集标本，潜心研究，弄清每种药物的名称、产地、形状、气味、功能、栽培方法以及生长情况。把诸家《本草》重复者删除，疑误者辨正，采取精华，三易其稿，终于在万历六年（1578年）著成一部药物学的伟大巨著《本草纲目》。

《本草纲目》共五十二卷，分水、火、土、金石、草、谷、菜、果、木、服器、虫、鳞、介、禽、兽、人等十六部。每部又分若干类，共计六十类。每一类再列出各种药物。全书共收药物1 892，附药方11 096个，附图1 160幅。共计190万字。每种药物解释详尽，首先标出药物名称，叫做"纲"，其余各栏的解释叫做"目"，"物以类从，目随纲举"，所以书名定为《本草纲目》。纲目分明，体例先进，方便索检。"目"的其他栏内有："释名"，解释药物名称来由之根据；"集解"，说明药物产地，形态和采集方法；"修治"，说明炮制的方法；"发明"，记述前人及李时珍本人对药物的临床经验；"性味"，分析药物的性质和气味；"主治"，说明药物的功效。另外，有的药物设有"正误"栏目，以便纠正前人对该药物的错误认识。每种药物之后，附怎样使用的处方。

《本草纲目》把十六世纪以前的中国药物学进行了科学的总结，并且把药物学提高到一个新阶段。它是一部伟大的科学巨著，是我国医药学发展史上的里程碑，为中医的进一步发展奠定了科学的基础，所以它对后世医学的发展影响很大。

《本草纲目》自万历二十四年刊布于全国以来，广为流传，辗转翻刻达数十次。万历三十四年首先传入日本、朝鲜，以后陆续流传到亚洲、欧洲、美洲、非洲、澳洲等五大洲，成为世界科技史上重要的著作之一，对国内外的医药界有着广泛而深远的影响。

李时珍在《本草纲目》中，把中国药物分为十六部，六十类，对药物的生产、形状、气味、主治、体用都作了精确的分析和详细的记载，从而形成中国药物学和中国植物学自身的科学体系。另外，李时珍在《本草纲目》中新增加药物达 374 种，这是他苦心调研发现的成果，是他对中国药物学的新贡献。在该书里，他提出"脑为元神之府"，在我国历史上最早提出了人脑是全身主宰的理论。

努尔哈赤称汗

努尔哈赤（1559～1626 年），姓爱新觉罗，其先祖猛哥帖木耳自明永乐十年（1412 年）受明册封为建州左卫指挥，世代是受明封爵的地方官。原先女真各部一直不和，图伦部的尼堪外兰，勾结胆军，谋害了努尔哈赤的祖父觉昌安和父亲塔克世。万历十一年（1583 年），年仅 25 岁的努尔哈赤凭其先祖所遗 13 副盔甲，起兵征讨尼堪外兰，开始了他统一女真各部的征程。努尔哈赤集合残部数百人，征讨尼堪外兰，一举攻克图伦城，获兵百人，盔甲 30 副。尼堪外兰逃奔鄂勒珲城，明廷遂封努尔哈赤为指挥使。努尔哈赤继续东征西讨。次年（1584 年）九月，攻取董鄂的翁鄂洛城；万历十三年，攻取浑河部的界凡等城；十四年攻并苏克苏护河部的瓜之佳城、浑河部的贝珲城、哲陈部的托摩和城，继而又进攻尼堪外兰于鄂勒珲城，尼堪外兰逃往抚顺请求明军保护，明军抓住他送给努尔哈赤。努尔哈赤遂与明讲和，通贡受封。万历十六年，努尔哈赤灭完颜部，至此他正式统一了建州五部，力量迅速壮大。女真人向来熟习弓马，骁勇善战，当时就有"女真不满万，满万不可敌"的谚语，努尔哈赤又是自成吉思汗以来难以一见的军事天才，由此开始，他率领的铁骑奔驰于北陲大漠，南疆高原，扩土万里，为清代建立中国历史上疆域最大的大帝国奠定了基础。

自努尔哈赤起兵之后，势力不断壮大，至万历二十九年，努尔哈赤开始创立八旗制度。八旗制由牛录制扩充而来。1 牛录为 300 人，首领称"牛录额真"（汉译"佐领"）；5 牛录为一甲喇，首领称"甲喇额真"（汉译"参领"）；5 甲喇为一固山，首领称"固山额真"（汉译"都统"）。每一固山有特定颜色之旗帜，当时满洲军共有 4 个固山，分红、黄、蓝、白 4 种颜色之旗帜。万历四十三年，满洲军建制扩大，又增设镶黄、镶白、镶红、镶蓝 4 个固山，共有 8 个固山，6 万人。"固山"即满语"旗"之意，故 8 固山之建立，亦称"八旗制度"。努尔哈赤将全体女真人都编入八旗之中，实行一种军政合一的制度。每旗的固山额真皆有王贝勒担任，称为"旗主"，一般百姓则称"旗下"。旗民出则为兵，入则为民；有事征调，无事耕猎。在行军时，逢地广则八旗分路并行，逢地狭则合为一路。征战时，长矛大刀为先锋，善射者从后射击，精兵相机接应。八旗兵剽悍善战，纪律严明，此后，满族统治者主要依靠这支武装力量统一全国。在八旗制度下，旗主对旗下进行封建统治剥削。努尔哈赤则高居八旗旗主之上，为八旗的首领。

明万历四十四年一月一日，女真族（满族）首领努尔哈赤在赫图阿拉（今辽宁新宾西老城）称汗，年号天命，国号金，史称后金。他就是后来的清太祖高皇帝。努尔哈赤称汗，标志着后金的迅速崛起。自此后金成为明王朝在东北的主要威胁力量。他即位后，继续扩张自己的势力，日益加强与明王朝的对抗，为建立大清王朝打下了坚实的基础。

戚继光抗倭

戚继光，字元敬，号南塘，祖籍定远（今安徽定远县），后居山东登州（山东蓬莱县）。父戚景通，是一个文武全才，为人正直不阿。戚继光从小家贫，好读书，通经史大义。从小崇拜英雄豪杰的丰功伟业，极端痛恨倭寇在我国东南沿海的横行掠杀。16 岁时，慷慨赋诗："封侯非我愿，但愿海波平"，立志要保卫祖国的海防。同年，以祖先军功世袭为登州卫指挥佥事，从此开始了他的戎马生涯。在四十多年的南征北战中，他立下了赫赫战功，成为"威名震寰宇"的著名的抗倭民族英雄和明代杰出的军事家。

十五世纪中叶至十六世纪中叶，日本处于历史上的"战国时期"。日本国内战争频繁，内战中失败的残兵败将，以及一部分浪人和商人，在日本西部一些封建诸侯的资助下，驾海盗船到我国沿海抢掠，史称"倭寇"。明代自成化以来，又行海禁政策，日本各诸侯争相与中国通商，他们通商未成，就用武力抢掠。明中叶以后的"倭寇"成分很复杂，既有日本海盗，又有中国海盗，而且中日海盗往往内外勾结，如汪直、徐海、毛海峰等中国的海盗集团和东南"舶主"结合在一起，依靠海外贸易发财，同时与"倭寇"勾结在一起，对我国沿海实行频繁的海盗抢掠。这些"大姓舶主"勾引番船，公然往来于海上，转卖其货，牟取暴利，勾结"倭寇"，成为他们的窝主。还有一些找不到生路的沿海流民，也参加了"倭寇"活动。同时，正统以后沿海武备废弛，沿海卫所军士大批逃亡，战船、哨船不剩十之一二。特别到嘉靖时严嵩父子专权乱政，使"倭寇"之患成为震惊全国的一大灾害。嘉靖二十五年（1546 年），倭寇侵扰宁波、台州，攻掠诸郡邑无算，官民廨舍焚毁至数百千区。嘉靖二十六年，明廷任命朱纨为浙江巡抚，提督浙闽海防军务以抗倭。他一方面加紧训

练军队，巩固海防设施；一方面逮捕了通倭的富豪和奸商李光头等九十六人，斩首示众。朱纨的正确措施，打击了浙闽大姓、富豪，也沉重地打击了倭寇的"窝主"，这引起了浙闽豪绅地主的极大不满，他们通过在朝廷的代理人御史周亮劾朱纨，说他"举指乖方，专杀启衅"。嘉靖帝听信谗言，于是夺朱纨官，命还籍听理。朱纨在"纵使天子不欲死我，闽浙人（也）必杀我"的境况下，

含恨自尽。后来，罢巡抚御吏不设，中外摇手，不再敢提海盗之事。此时，"舶主"、浙闽大姓欣喜若狂勾结倭寇，狼狈为奸日甚一日，官司更不可禁止。这样，"海盗大作"，嘉靖三十二年（1553 年），嘉靖三十三年，嘉靖三十四年，倭寇数次侵扰。嘉靖三十四年三四月间，广西、湖广的"士兵"相继调到，在张德和俞大猷的指挥下，在浙江嘉兴的王江泾，将倭寇打得大败，斩杀倭寇近 2 000，焚溺死者无数。这是中国取得第一次抗倭战役的胜利。就在抗倭斗争取得空前胜利的时候，抗倭名将张德，遭到严嵩的爪牙、来到浙江督察军情的工部侍郎赵文华的诬陷，说他"纵寇"。于是张德被逮捕处死。张德之死，极大地打击了抗倭将领和士兵的志气。从此，军心瓦解，倭寇肆虐，一直到抗倭民族英雄戚继光，从山东调到浙江抗倭，东南沿海的抗倭斗争才取得胜利。

嘉靖二十七年，戚继光奉命戍守蓟门（今北京东北），初步显露了他的军事才能和英雄胆略，嘉靖三十二年，明廷擢升他为署都指挥佥事，调到山东专门负责防倭。戚继光看到山东海防卫所残破，军士缺乏训练，决心从严治军，他一面筑营建卫所，一面严肃军纪，加强训练。

嘉靖三十四年七月，戚继光转任浙江都司，管屯局事，翌年七月，进分守宁波、绍兴、台州三郡，被任为参将。九月，倭寇进犯龙山所，威胁省城杭州，戚继光领兵迎敌，明军十倍于敌，却被倭寇杀得纷纷溃退。在危急时刻，他跳到一块高石上，连射三箭，将三个倭酋射倒，这样才稳住明军，杀退了敌人。十月，再次在龙山所打败倭寇。于嘉靖三十六年二月，戚继光上《练兵议》。议获准后，招募绍兵，军容威整，但这些兵士害怕短刃格斗，兵员素质差。两年之后，他再上《练兵议》，请招募金华、义乌矿工、农民等入伍，罢去所部旧兵，对重新招募的新兵严加训练，组成了有名的"戚家军"：

"其选编之法，凡城居者不用，曾败于敌者不用，服从官府者不用，得四千余人。其前绍兵弊习，一切反之，遂以成军。练之期月，皆入彀。再易月，而偏部中法，无不以一当百。"

戚继光的新兵组织原则明确，为其在浙平倭铸成了一把利剑。戚继光结合抗倭斗争的实际经验，根据江南地多沼泽，创造了有名的"鸳鸯阵"法，以12 人为一队，长短兵选用，组成一个坚强而灵活的战斗集体。"戚家军"在戚继光的"保国安民"思想武装下，对倭寇采取集中力量主动进攻的战略，用灵活、快速的攻击战术，充分发挥人的主观能动作用，逐渐形成战略优势，能动地争取抗倭斗争的最后胜利。戚继光率领"戚家军"在浙抗倭的突出成绩是台州大捷。嘉靖四十年夏，倭寇船数百艘，一二万人大举侵犯台州（今临海），分侵州治滨海之新河所、桃渚所、健跳所和隘顽所等，大肆掳掠。依浙江总督胡宗宪部署，戚继光以"锐不可挡"之师，分路策应，并力合击，先讨敌大股，后以次歼除。他急趋宁海，扼三面阻山，一面滨海的桃渚，败敌于龙山。倭寇分流七百余兵突击新河，时城内空虚，继光夫人令城守士卒及妇女，都假兵装，布列城上，旌旗丛密，铳喊齐哄。敌疑有重兵防守，其实由戚夫人导演了一场空城计。戚继光率师回救，敌又乘虚袭击台州。他号召士卒，奋勇直前，尽歼敌军，同时他身先士卒，手歼其酋，获得花街之捷，败敌汩没瓜邻江波底。"戚家军"又在健跳之圻头、隘顽，水陆并击，各路相继打败敌。台州之役，历时 40 天，九战皆捷，共斩俘敌人 4 100 余人，释敌男女 8 000 余人，缴获器械无数，取得全歼之胜。"戚家军"胜利班师入府城，老弱男女齐出欢呼迎接。这是戚继光在浙江平倭中取得的最为辉煌胜利之役，从此"戚家军"更为闻名遐迩了。

福建御倭，连获三捷。浙东平倭，闽中告急，嘉靖四十一年八月，戚继光被派援助福建抗倭斗争，在横屿、平海、仙游等多次告捷。此年，倭盗大举犯闽，戚继光移师至宁德。距城十里海中的横屿，是倭寇老巢，倭踞三年，结营其中，潮长成海，潮退为泥。八月八日，"戚家军"值退潮之际，"陈列鸳鸯，负草填泥，匍匐而横进"。抵岸后，戚兵南北夹击，背水血战。倭贼拒城而守，拼死顽抗。戚军力拔重城，焚其巢居，如奔雷迅电，立见扫除，杀敌 2 600 余人，一举击溃敌主力。在攻陷横屿当夜，戚军奇袭牛田，攻夺林墩，歼敌 60 营，攻入兴化，勒石于平远台。嘉靖四十二年，倭寇上年破兴公府（今莆田县），至是又据平海卫，此为倭犯以来首陷府城，远近震动。巡抚谭纶命参将戚继光将中军，广东总兵刘显统领左军，福建总兵俞大猷统领右军，合攻窜入兴化前哨平海之倭寇。戚军捷足先登，左右军相助进击，擒斩敌人 2451 人，放还被掠者 3 000 余人，取得平海卫之役全胜。兴化也被收复。嘉靖四十三年二月，倭党万余侵掠仙游，此时戚继光被任为福建总兵官，用寡击众，以正为奇，戚军连破敌寇，击破重围，尽收全捷。仙游之役是戚继光东南用兵以来，"军威未有若此之震，军功未有若此之奇也"。至此，福建倭寇基本肃清。

嘉靖四十三年，俞大猷调任广东总兵官。第二年八月，戚继光与俞大猷二军密切配合，大败盘踞在广东南澳的汉奸吴平率领的海寇。吴平等企图逃往安南，被明军击溃。至此侵犯东南沿海的倭寇全部消灭，倭患始息。

戚继光在鲁、浙、闽、粤的抗倭斗争，长达 15 年之久，成功赫赫，就其斗争性质来论，这是一场在中国土地上进行的、反抗早期外国侵略的正义战争。戚继光以他那炽热的爱国主义精神、卓越的军事组织才能和超群的战斗艺术，将长期侵掠我国东南沿海的倭寇彻底扫除，成为了中华民族的民族英雄，在中华几千年的辉煌历史上写下了光辉灿烂的一页。

隆庆年间，北方蒙古时时南犯，戚继光奉朝廷之命，北调蓟镇，镇守蓟门。在蓟镇十多年，亲自督修东起山海关，西至镇边（今北京昌平县西）的长城，在这一千多里的长城上又筑 1 200 余座雄伟的敌台，形成一道坚固的防线，"边备修饬，蓟门宴然"，边塞内出现了太平景象，京师安全也有保障，为明代的安全立下丰功伟绩。

这位戎马一生的民族英雄于万历十六年，病逝于家乡蓬莱，享年六十岁。

东林党争

万历时期，以皇帝、宦官、王公、勋戚为代表的统治阶级中最反动腐朽的势力操纵了朝政，朝中一时政治腐败，军事窳败，财政拮据。横征暴敛十分严重，人民群众反抗不断出现。崛起于东北的满洲贵族，不仅不服从明朝中央政府管辖，而且还成为对明朝的威胁，对朝廷虎视眈眈，伺机入关。

面对国事每况日下的形势，一批政治头脑清醒的地主阶级知识分子，发出"风声、雨声、读书声，声声入耳；家事、国事、天下事，事事关心"的呼声。当时的代表人物是明末东林党人著名领袖顾宪成。顾宪成是无锡人，万历八年（1580 年），中进士后历任京官。万历二十一年，任吏部文选司郎中，掌管官吏班秩迁升、改调等事务。他敢于直谏，因争立皇太子，引起神宗反感。万历二十二年，朝廷会推内阁大学士，顾宪成提名的人，均为神宗厌恶，因此更加触怒了神宗，竟被削去官籍，革职回家。

　　顾宪成回到家乡无锡，在东林书院讲学，在从事讲学的过程中，他也宣传了自己的政治主张。由于他德高学湛，在士大夫中声望极高，得到常州知府和无锡知县的资助，在万历三十二年重新修复了这所宋朝书院。同年十月，顾宪成会同顾允成、高攀龙、安希范、刘元珍、钱一本、薛敷教、叶茂才（时称"东林八君子"）等，发起东林大会，制定《东林会约》，规定每年举行一二次，每月小会一次。东林书院既讲学又议政，吸引了众多有识之士，包括因批评朝政而被贬官吏，人数之多，竟使东林书院的学会无法容纳。一部分官员，也同东林讲学者"遥相应合"，东林书院实际上由学术团体变成了一个政治派别，因此他们的反对派称他们为"东林党"。

　　东林党人在明末经历了神宗万历、熹宗天启、思宗崇祯三朝，存在时间达半个世纪之久。他们的政治主张大致有：强烈要求改变宦官专权乱政的局面，主张"政事归于六部，公论付之言官"，使国家欣欣望治；反对皇帝派矿监、税监到各地大肆掠夺、搜刮民财，主张重视农、工、商，要求惠商恤民、减轻赋税、兴修水利，开垦荒地；反对科举舞弊行为，主张取士不分等级贵贱，按个人才智破格录用；在军事上，主张加强辽东军事力量，积极防御满洲贵族的威胁，以保证东北边疆的安定。

　　顾宪成、顾允成、高攀龙等在东林书院讲学议政，逐渐聚合发展成一个政治集团——东林党时，另一批贪权的官僚，依附皇室、勋戚、交结宦官，结党营私，不断打击、排斥清廉正直的官员，形成反对东林党的几个"党"。按籍贯而言，这几个"党"是：浙党，昆党，楚党，宣党，齐党。其中浙党势力最大，浙党首领沈一贯、方从哲先后出任内阁首辅，齐党、楚党、宣党、昆党等重要人物纷纷占据要津，成为"当关虎豹"，他们不以国事为重，专门热衷于攻击东林党，并且往往作为他们首要任务，不遗余力地残酷打击东林党人。而东林党人则一再抓住他们的弊端，加以揭露和参劾，于是出现了明末历史上著名的东林党争。

　　东林党同各对立派的争论，涉及的问题很多，范围也很广，但主要是围绕是否拥立朱常洛（神宗万历帝长子）为皇太子这条主线，在宫廷三案即"梃击案"、"红丸案"和"移宫案"中激烈斗争。东林党争中，双方都利用明朝"京察"制度作为打击对方的工具和手段。

　　东林党争开始于"争国本"，所谓"国本"，指皇帝的继承人。"国本之争",是围绕着立皇长子朱常洛还是皇三子朱常洵为皇太子。按封建礼制,"有嫡立嫡,无嫡立长",应当立朱常洛为太子,作为神宗之继承人。神宗的宠妃郑氏生了皇三子朱常洵,神宗十分宠爱郑氏,且封她为"贵妃",还想立常洵为皇太子,作为皇位的继承人,由于东林党人顾宪成等的反对,到万历二十九年神宗才册立年满二十的皇长子常洛为太子。

"梃击案"发生在万历四十三年,张差手执木棍,闯进太子(光宗)住的慈庆宫,击伤守门太监。被抓后供出系郑贵妃手下太监庞保、刘成所差被斩首于市,将庞、刘在内廷击毙了案。

"红丸案"发生于光宗即位的泰昌元年(1602年),光宗重病,司礼监秉笔兼掌御药房太监崔文升下泻药,病情加剧。鸿胪寺丞李可灼进红丸,自称仙方,光宗服后即死。东林党人杨涟、高攀龙等上书,指出系郑贵妃指使下毒,结果崔文升发南京,李可灼遣戍。

"移宫案"。光宗死,熹宗当立,抚养他的宫嫔李选侍与心腹宦官魏忠贤,企图利用熹宗朱由校年幼,把持政权,占据乾清宫。东林党人、朝臣杨涟、左光斗等不让她同熹宗同居一宫,迫其迁至哕鸾宫,然后举行即位仪式。

东林党人同反东林党各派斗争还表现在争"京察"。京察是明代考核京官的制度,规定六年举行一次,称职者予奖或晋升,不称职者处罚或斥退。争京察就是争朝廷的人事大权。万历三十三年的京察,由东林党人、吏部侍郎杨时乔主持,他不讲情面、刚直廉洁,在京察中提出要处分的几个人,是浙党首脑沈一贯的党羽。由于沈一贯蒙蔽万历皇帝,其党羽钱梦皋等人受到包庇,未

遭处分,而杨时乔反被严旨斥责。东林党人一再奏劾沈一贯遍置私产结党营私,沈也被迫谢病不出。万历三十九年京察,由东林党人大学士叶向高主持朝政,将齐党、楚党、浙党、宣党、昆党大批人物罢官。但是,这次主持南京京

察的是浙党、楚党和齐党官员，他们合谋，排斥所有支持以李三才为首的东林党人。李三才任凤阳巡抚时，刚直廉政，深得民心，是东林党的领袖之一。万历四十五年京察时，方从哲掌政，浙、楚、齐党多居要职，尽力排斥东林党。终万历一朝，东林党人大部分不掌朝政，在京察中处于被排斥打击的地位。后来熹宗即位，他们竭力支持熹宗，才受到重用。天启三年（1623年）东林党人叶向高任首辅，赵南星也系东林党人，以左都御史身份参与主持京察，他痛斥楚党官应震等"四凶"，坚决罢了他们的官，取得了胜利，使"天下快甚"。赵南星任吏部尚书时，纠正选用官吏中的弊端，锐意澄清，独行己志，皇帝宠信的宦官也不得有所干政。东林党打击的都是贪黩奸邪的官吏，他们力求革除弊政，澄清吏治。

东林党人反对矿、税之弊。贪财成癖的明神宗，从万历二十四年起，派宦官到各地采矿和征税，滥肆搜刮。仅万历二十九年一年，由宦官运至北京献给神宗的白银九十余万两，黄金1 575两，除此之外，还有大批珠宝。其中直接装入矿监、税使私囊的达所给神宗的十之八九。各地人民反抗矿监、税使斗争一直持续了二十余年，斗争的范围东至苏常，西至陕西，南至滇粤，北达辽东。东林党人同人民站在一起反矿、税之弊。万历二十八年五月，东林党领袖李三才上疏："自从矿、税迭兴以来，万民失业，朝野嚣然，莫知为计。皇上为民之主，不惟不给民以衣食，反而剥夺民手中之衣食。征税之吏，急如星火；搜刮之令，密如牛毛"。"臣请皇上焕发德音，罢除天下矿、税；欲心既去，然后政事可理。"李三才的奏疏击中了万历皇帝派出的矿、税之弊的要害，奏折只能束之高阁。但李三才凭借凤阳巡抚，对派驻徐州的矿监、税使陈增及其爪牙，作了坚决斗争。由于李三才的德政，赢得了民心和朝野正直人士的赞赏，声望日高，极有可能被推举进入内阁。浙党、齐党和楚党一派官僚，怕李三才入阁对他们不利，连连上疏攻击李三才，诬陷他奸诈贪横。顾宪成等东林党领袖则痛斥这些流言。这样，双方展开一场笔墨官司。由于李三才一再受到攻讦，万历三十九年，不得已自动辞职，才结束了李三才入阁事件。

万历四十八年，神宗死，朝廷才宣布撤掉一切矿监、税使，过去反矿监、税使的官员，也得到酌量起用。至此，反矿、税之弊的斗争取得了一定胜利。

东林党人不顾迫害、猛烈抨击阉党。神宗、光宗相继死去，熹宗即位，东林党人因支持熹宗而得到重用，但东林党人参掌朝政只维持了一个很短的时期，就被以魏忠贤为首的阉党势力，控制了朝廷，以至形成魏忠贤一人专政的独裁局面。天启四年（1624 年）六月，东林党人、左副都御史杨涟奏劾魏忠贤二十四大罪状，把反对阉党的斗争推向高潮。魏忠贤为了报复，对劾奏他的东林党人往往进行恶毒进攻，甚至将有的人毒打致死，把杨涟和左光斗削职为民。东林党人基本上失去了参预朝政的权力。

魏忠贤为了一网打尽东林党人，天启五年十二月，以朝廷的名义，把东林党人的姓名榜示全国，共 309 人。凡榜上有名者，生者削职为民，死者追夺官爵。魏忠贤编《三朝要典》，说宫廷三案颠倒是非，混淆黑白，污蔑东林党人借三案"快私愤"，并颁布全国，成为迫害东林党人的另一工具。天启六年二月，阉党再次制造屠杀东林党人的大冤案。魏忠贤对已罢官居家的东林党领袖高攀龙、周顺昌、缪昌期、李应升、周宗建、黄尊素、周起元等七人（史称"七君子"），诬以贪赃罪予以逮捕，七人最后均被迫害致死。阉党残酷地镇压了东林党人，但东林党人并未殄尽，东林党争一直持续到明朝灭亡。

西学东渐

明中叶以来，西方的一批传教士来到中国，他们一般都是耶稣会会员，为到中国传教，同时使传教工作顺利进行并且取得成功，他们都在传教中夹带着西方的某些先进的科学技术，利用当时中国某些期望西方科技知识而使国家富强的士大夫要求改变现状的心理，并通过他们打入中国宫廷，进而影响最高统治者皇帝，使天主教得以在中国传播并能扩大其势力。西方传教士来华最早的是意大利人利玛窦，他是"西学东渐"的先行者。

利玛窦，出生在意大利安可纳洲马切拉塔城的一个官员家庭。幼年颖异聪敏。稍长就到罗马读书，先后学习文学、法律，并研究神学。在著名的库拉维尤斯神甫指导下，学习几何学、天文学、地理学等自然科学，对这些学科研究造诣颇深。

利玛窦是一位虔诚的天主教徒，1571 年加入耶稣会。1577 年从意大利航海东行，终于在万历九年（1581 年）八月来到我国广东香山澳（即今澳门），开始在中国传教。同时也开始了他向中国传播西方近代自然科学的生涯。

利玛窦为了在中国顺利传教，不仅学习汉语，而且改随中国习俗，改服儒服，还把自己的意大利名字改称中国名字，称"利玛窦"。在他之后的传教士，一到中国，也都仿效他，为自己起一个适当的中国名字，形成一种固定的习惯，这给他们在中国的活动带来很大方便。

利玛窦先后在广东肇庆、韶州、梅岭及南昌、南京等地传教。利玛窦的传教，往往寓意于传授西方的自然科学之中。这位传教士赢得了人们的好感，所到之处往往宾客盈门。

1596 年，法国当局任命利玛窦为中国教区主教。1598 年随南京礼部尚书王忠到了北京，想向皇帝面献贡礼，未果。途中完成了拉丁字母拼音的汉字字汇表。万历二十七年到南京。主张把孔孟之道及中国敬祖思想同天主教教义相融合，宣称中国古书上的"天"或"上帝"即西方崇奉的"天主"。万历二十九年再次到北京，向明神宗朱翊钧献自鸣钟、八音琴、三棱镜、天主像、圣母像等。万历皇帝朱翔钧接见了他。能见到中国皇帝，是他的久有愿望，也是其最高荣耀。万历帝允准他长驻北京传教，在朝廷任职，赐给他俸禄。

利玛窦与徐光启合作翻译的《几何原本》六卷，使西方几何学第一次传到我国，对我国的几何学发展起了十分重要的作用。后来，两人又合译了《测量法》一书，将几何学原理应用到测量学上、运用到水利工程和建筑行业上。

利玛窦同李之藻合译《浑盖通宪图说》。他本人撰写《乾坤体仪》（上卷为天文学，下卷为数学）、《天学实义》（一名天主实义）和《天主教传入中国史》等。

利玛窦不仅对数学、天文学造诣颇深，而且亲手制造了地球仪、浑天仪、日晷，把西方的天文学介绍到了中国。当时，我国使用的大统历已沿用二百余年时间，差距很大。欧洲在 1576 年采用的格里历（另一说是 1582 年始用），是一种更准确的历法。万历二十八年利玛窦曾毛遂自荐，要为中国历法的改革尽力，因种种原因，其宏愿未能实现。后来，由徐光启主持修订的《崇祯历法》，就采用了利氏的先进知识和技术。

利玛窦不仅擅长数字、天文学，对地理学也颇有研究。他亲自绘制的《万国舆图》（又名《刊舆万国全图》），使中国有较多的人第一次看到以"地圆说"绘制的地图，使人们的耳目为之一新，对于我国古代的"天圆地方"说开始怀疑和动摇起来，对"地圆"说开始重视和注意起来。虽然利玛窦的《万国舆图》在当时被封建士大夫魏濬之流认为是"荒唐惑世"，大加诽谤，但是利氏地图还是不胫而走，风靡全国。由于利氏地图的影响，清初我国的地图学有了很快的发展，康熙年间绘制的《皇舆全图》就是最明显的标志之一。

李之藻，字振之，浙江杭州人。万历二十六年进士，曾任南京工部员外郎和太仆寺少卿，出任过广东左参政。崇祯年间，协助徐光启修改历法。他同当时来华的传教士交往较多，也是利玛窦的中国好友之一，曾从师于利玛窦，学习西方算法，编著成《同文算指》一书，于万历四十二年出版，把欧洲的数学引入我国。与此同时，还将西洋的历法介绍到中国。

王徵，陕西三原人。天启二年（1622 年）进士，崇祯年间任登莱监军道。天启七年，编著《新制诸器图说》，这是我国第一部有条有理的机械工程的专门著作。王徵还翻译《远西奇器图说》，将西方的先进的军事器械，第一次用中文予以论述。

徐光启、李之藻、王徵等人出于爱国热忱，想通过传教士找出一条富国强兵的道路，而利玛窦以及其后的汤若望等西方传教士，为了在中国顺利地传教，夹带了西方的先进科学技术，为了取得当时中国当权者皇帝的宠信，他们必须结识皇帝周围的一批中国知识分子，这样，西方传教士和中国的有识之士开始结合，在当时形成了"西学东渐"的热潮，使西方大量的先进的自然科学和技术，广泛地传入了中国，也对中西文化的交流作出了重要贡献。

萨尔浒之战

万历四十四年（1616 年）努尔哈赤建立了后金（清），建元天命。两年来，努尔哈赤为做好征明的准备，发布"七大恨"，诉说明军"起衅边陲，害我祖、父"，宣扬与明军有深仇大恨。同时，修整器械，申明军纪，颁布《兵法之书》，进行军事上的训练。万历四十六年四月十五日，努尔哈赤计取抚顺，装着令部夷到市，潜以精兵跟在，突入抚顺城，杀死中军千总王命印、把总王学道等，俘获李永芳等，攻陷了抚顺城。八旗兵不仅夺占抚顺、东州、马根单，而且梳掠小堡、庄屯五百余处，抚顺城陷。掳获人畜三十余万。

抚顺清河被攻破，明总兵张承荫等全军覆没的消息，传至京师，明廷上下，举朝震骇。万历帝怒不可遏，立即下达征努尔哈赤的上谕，要求作积极进攻后金的准备：以兵部侍郎杨镐为辽东经略，周永春为辽东巡抚，起用了山海关总兵杜松，征调还乡的老将刘綎，特起已废将领李如柏。到第二年二月，调集福建、浙江、四川、山东、山西、陕西、甘肃等兵星驰援辽，集驻辽阳，号称24万，分四路深入进攻赫图阿拉，每路兵6万，实则不过9万人。由兵部侍郎杨镐任四路总指挥，坐镇沈阳。

万历四十七年（1619年）二月二十一日出师，正赶上十六日天降大雪，不能前进，又改为二十五日。但大学士方从哲、兵部尚书黄嘉善等日发红旗，催杨镐进兵。杜松、刘綎以大雪迷路不熟悉地形，要求缓师。杨镐勃然大怒："国家养士，正为今日，若复临机推阻，有军法从事耳！"杨镐不顾地理、天气、军心以及敌情，大张旗鼓地执意下令出师。

努尔哈赤探明明军的部署、师期，针对杨镐兵分四路，分进合击，决定不以分散兵力，四面出击，他言："恁尔几路来，我只一路去！"于是决定采取集中兵力，各个击破的战略原则。

明军抚顺路主将总兵官杜松，率领所部三万官兵，二十八日从沈阳起行，廿九日乘夜列炬，出抚顺关。

三月初一日，杜松军到了萨尔浒。分兵为二：一部分在萨尔浒山下结大营；另一部由杜松亲自率领进抵吉林崖，攻打界凡城。其时，明军其他几路军的形势是：东路刘綎军于二月二十五日出了宽奠，但因在凉马佃会合朝鲜，因此仍在马家口一带行进中；北路马林军二月二十九日出铁岭，因叶赫军未出动，加上后金砍树设路障，尚在途中；南路李如柏军，第二天刚出清河鸦鹘关。这种形势既没有对后金造成真正威胁，也不能真正援助杜松军。

努尔哈赤命代善、皇太极以二旗兵援助界凡，自己亲率六旗铁军45 000人攻打明军萨尔浒大本营。明军列炬以战，金兵从暗击明，万矢雨集，发无不中；而明军从明击暗，铳炮都打中树木，八旗兵却并未受伤。明军最后被金军一鼓作气攻下萨尔浒大本营。

攻下萨尔浒的后金军，麾师援助吉林崖。当时，金兵所派遣的援助吉林崖

3 000人，自山驰下冲击；皇太极率领的右翼二旗兵，直前夹攻在界凡山麓的明军。杜松听到萨尔浒营陷的败绩后，已经狼狈失措，军心开始动摇。又遇到从吉林崖山上压下来的八旗兵，士气更加颓丧。努尔哈赤又以萨尔浒致胜之六旗，与之前后配合，四面围攻。明军从河畔与莽林，山崖与谷地，以数倍于明军的劲旅，把明军团团围住。《清太祖高皇帝实录》载："短兵相接，我兵纵横驰突，无不以一当百，遂大破其众。杜松、王宣、赵梦麟都战没。横尸山野，血流成渠，旗帜、器械及士卒死者，蔽浑河而下，如流澌澌焉！追奔逐北，二十余里，至舒钦山，时已皆，军士沿途搜剿者，又无数"。杜松、王宣、赵梦麟等主将战死，杜松部尸横遍野，全军覆没。

初二日，努尔哈赤击败尚间崖马林营，又命将士驰往斐芬山，攻击潘宗颜军。

潘宗颜在斐芬山，依山扎营，楯车为垒，以列火器，督军坚守。努尔哈赤令八旗兵一半下马，持刀枪者在前冲，操弓矢者在后紧跟；另一半骑马，环山包围，并且令步骑仰山而攻。明军居高临下，施放火器，八旗兵死伤惨重。八旗兵虽死者枕藉，仍顶冒火器，缘山猛冲，明军终于被八旗军突破营阵，摧其坚楯，一军尽没。至此，北路马林军，除主将马林仅以数骑逃回开原外，全军覆没。

初三日，努尔哈赤又接到明总兵刘綎由宽奠进董鄂路、总兵李如柏由清河进虎拦路之警报。他派一支军队往南，防御清河路李如柏军；派主力部队，由大贝勒代善、三贝勒莽古尔泰和四贝勒皇太极统率，设伏山谷，以待刘綎军。自己返回赫图阿拉，亲自率兵四千留守，并坐镇指挥与刘綎军展开了决战。

初四日，努尔哈赤派去迎击刘綎的八旗兵互相配合。"浙兵崩溃，须臾间斯杀无余，目睹之惨，不可胜言。"接着，代善移师富察，进击监军康应乾统领的刘綎余部及助明作战的朝鲜兵。在明监军乔一琦的催促下，姜弘立率领的朝鲜兵四日到达富察。都元帅姜弘立下令朝鲜兵分左、中、右安营，自驻中营。营刚扎下，代善率数万骑冲杀向富察，来势凶猛，康应乾、乔一琦瞬间战败，乔一琦奔向朝鲜营。当朝鲜左右两营铳炮初放，还未来得及再燃，后金骑兵已突入营中。无奈之际，都元帅姜弘立、副元帅金景瑞投降。监军乔一琦走投无路，跳崖而死。

明军抚顺路、开原路、宽奠路相继惨败，经略杨镐急檄清河路李如柏回师。李如柏逃回清河，后下狱自裁。

努尔哈赤在萨尔浒大战中大败明军。据统计，明军文武将吏死亡 310 余员，军丁死亡 45 870 余人，阵失马、骡、驼共计 28 600 余匹。后金士卒仅伤数百人。萨尔浒之战，是决定后金兴明朝亡最为关键的一次战役。之后，明朝只得由进攻转为防御，后金则由防御转为进攻。

宁远之战

天启二年（1622 年），努尔哈赤亲统八旗劲旅，西征广宁。明军败绩的消息报至明廷，京师戒严，举朝岌岌。明以日讲官孙承宗为兵部尚书兼东阁大学士，管理军事，遴选袁崇焕是一位员杰出的将领，可协助他防御后金。

袁崇焕，字元素，广西藤县人。万历四十七年（1619 年）进士，为邵武知县。他机敏、胆壮、喜误兵，善骑射。天启二年正月，他单骑出阅塞外，巡历关上形势。回京后言："予我军马钱谷，我一人足守此。"袁崇焕的豪言壮语，使同僚们极为赞叹其胆略。二月，明廷授袁崇焕为兵部职方司主事，旋升为山东按察司金事山海监军。

袁崇焕主张积极防御，坚守关外，屏障关内，营筑宁远城，以图大举之计。八月，孙承宗自请督师天启帝赐尚方剑。承宗到达关外后，重用袁崇焕。

天启三年秋，孙承宗同意袁崇焕建议，决计戍守宁远。袁崇焕亲自制定营筑宁远城规划，亲自督责。使荒凉凋敝的宁远，立即变成明朝抵御后金南犯的关外重镇。孙承宗与袁崇焕商议，遣将率卒分据锦州、松山、杏山、右屯、大凌河、小凌河，修缮城郭，驻扎军队，进图恢复辽东大计。但是，魏忠贤专权后，阉党凶陷更加嚣张，他们将不肯归附于魏党功高望重的权臣孙承宗罢去。天启五年十月，以高第为兵部尚书代为辽东经略，辽东形势急剧逆转。

高第素不知兵，以附焰趋势，投靠阉党魏忠贤而受封疆重任。他畏敌如虎，只图守关、采取了不图进取的消极防御策略。撤锦州、右屯、大凌河及松山、杏山、塔山守具，尽驱屯兵、屯民入关，这种不战而退的策略，使军心涣散，民怨沸腾，哭声震野。宁前道袁崇焕得不到兵部尚书高第的支持，大批兵

民撤回关内，袁崇焕铁骨铮铮，不畏强敌，不怕孤立，率领一万余名官兵拒守宁远。

努尔哈赤占领广宁后的几年间，加强整顿内部，训练军队，发展生产，积蓄力量，准备再次进攻明朝。这次得知孙承宗被罢去，高第庸懦，宁远孤城，认为时机已到，决计进攻袁崇焕，夺取宁远城。

天启六年正月十四日，后金汗努尔哈赤亲率诸王大臣，统领13万大军，号称20万，向宁远方向推进。十六日到了东昌堡，十七日西渡辽河，八旗军布满辽河平原，旌旗如潮，剑戟似林，凶猛地扑向宁远。

袁崇焕率领士卒仅一万余人，驻守着孤城宁远。城中兵民，在袁崇焕爱国热忱的激励下，誓与宁远共存亡。袁崇焕在面临十倍于己的强敌，后无援师的情况下，临危不惧，指挥运筹若定。他召集诸将议守城之策：参将祖大寿力主紧关城门，奋力把守，不可与其争锋，避实就虚。诸将和袁崇焕均赞同祖大寿之议。

将士们同仇敌忾，准备迎击努尔哈赤的进犯。

努尔哈赤统率13万大军西渡辽河之后，长驱直入，于二十三日到达宁远城郊。努尔哈赤命令军队远离城五里，横截山海大路，安营扎寨。在宁远城北设大营。他在发起攻城之前，释放被虏汉人回宁远城，劝袁崇焕投降，遭到崇焕严辞拒绝。袁崇焕命孙元化、罗立等向宁远城北后金军大营燃放西洋大炮，一炮歼敌数百，迫使努尔哈赤西移大营，并下令准备战具，明日攻城。

二十四日，后金兵发起猛攻。步骑蜂拥至城前，万矢齐射城上，城堞箭镞如雨注。后金军集中攻打城西南隅，左辅率兵坚守，祖大寿率军支援，两支军队发西洋大炮下射，抛矢石、铁铳、后金兵死伤累累，只好移师南面。努尔哈赤命在城门角两台间火力弱处凿城，后金兵冒严寒、顶炮火，用斧凿城不止，明军掷礌石、飞火球，投药罐，炮击不断。后金兵前仆后继，冒死凿城，凿开高二丈余之大洞三四处，宁远城危急。袁崇焕急中生智，缚柴浇油并搀火药，用铁索系下烧之。选50名壮士缒下，以棉花、火药等物烧杀挖城之后金兵。是日，自清晨至深夜，后金兵久攻不下，尸首堆积如山。

二十五日，后金兵再次奋力攻城。城上施放火炮，炮击之处，后金兵死伤一片。后金兵一面继续攻城，一面抢走城下尸体，至城西门外焚化。此日后金兵攻城仍不克，死游击二员，备御二员，兵500。

二十六日，后金兵继续围城，仍久攻不下。又下令武讷格率军履冰渡海，攻觉华岛，杀明将，焚营房，烧民舍以及船只，掠走粮货。

二十七日，努尔哈赤这位久经沙场"战无不胜、攻无不克"的老将，在久攻宁远不克，损兵又折将的情况下，"遂大怀忿恨而回"。后金军全部回师。袁崇焕守卫宁远城取得辉煌胜利。

宁远之捷，是明朝从抚顺失陷以来取得的第一个大胜仗，也是"辽左发难"，八年来第一次击败后金之大进犯。袁崇焕在宁远之战中，立下殊功，理应得到明廷的嘉奖。但是正由于他击败努尔哈赤所取得的奇勋，遭到敌仇众忌，加上后金反间，阉党诬陷和明帝昏暗，使之含冤被磔。

张献忠起义

张献忠，明末农民起义首领。字秉吾，号敬轩，延安柳树涧（在今陕西定边东）人。出身贫苦。人称之为"黄虎"。崇祯元年（1628年），延安饥荒，府谷人王嘉胤起义，从小具有反抗精神的张献忠加入王嘉胤起义。

崇祯三年四月，张献忠率领米脂县十八寨穷苦人民举起义旗，宣布起义，绰号"八大王"。起义军的连续获胜，使统治阶级坐卧不安。六月，在清涧与明官军洪承畴、杜文焕作战受挫，为保存实力，献忠假降于杜文焕。

崇祯五年，献忠乘机又起义，随农民起义军首领高迎祥、紫金梁转战于山西诸郡县。崇祯六年（1633年）二月，张献忠率军由晋北南下垣曲，经过陕西向四川进发。三月，攻克四川的夔州（今奉节县）、大宁（今巫溪县）、大昌、新宁（今开江县）等州县。并由太平（今万源县）经长茅岭攻克通江，由巴州攻克保宁（今阆中县）、广元。这是献忠农民军第一次入川作战。

崇祯七年正月，献忠农民军进攻河南信阳、邓州，逃入应山。又率军西上，从郧阳渡过汉水，攻克陕西商名雒、周至（今改周至县）、鄠县（今改户县）。南下洵阳、紫阳、平利、白河、向四川方向进发。此时，献忠农民军已扩大到13营，"号十万"。二月，献忠农民军第二次进入四川，攻克川东的大宁、大昌和巫山。后又攻克川东门户夔州，统治阶级大为震惊。七月，献忠由白水江进入陕西，同李自成农民军联合攻克了澄城，而围攻郃阳（今合阳）、韩城、到达平凉、邠州。十月，又进入河南西部卢氏县。十一月，由卢氏进达嵩县、汝阳一带。

此年年底，农民起义军各支向河南荥阳地区集结。崇祯八年正月，农民军13家72营的领袖们在荥阳召开了明末农民大起义史上具有重大意义的荥阳大会。会议由13家中威望最高的西营八大王张献忠、闯王高迎祥主持。闯将李自成作为高迎祥部的裨将也参加了会议。李自成在会议上指出，今后农民军的军事路线，宜"分兵定向"，这得到了大家的一致赞同。即各支农民军都打击明军的主攻方向，而老回回、九条龙来往策应。会上商定了共同的组织纪律和互相援助的方法。

荥阳大会标志着明末农民大起义进入了一个新阶段，它使农民军由分散作战开始向协同作战、互相声援的作战转变。

荥阳大会后，献忠率农民军东进安徽，直取凤阳，焚毁皇陵，挖了朱家王朝的祖坟，这是明末农民大起义以来的第一次重大胜利，给了明朝统治阶级一次十分沉重的打击。农民军焚毁皇陵的消息传到北京，崇祯帝朱由检惊慌失措，哀痛至极。

献忠农民军在直捣凤阳的同时，另一支部队乘胜向凤阳东南地区挺进。崇祯八年正月，农民军合围庐州府，十二月，献忠农民军第二次东进。二十四日再克含山，二十六日包围和州，以大炮攻破西门，胜利进入和州。三十日到达江浦，直逼长江东岸的明南都——南京。

崇祯九年正月，献忠军会合高迎祥、闯塌天、扫地王等"连营百余里"，以兵数十万，进攻江浦西北之全椒、滁州。卢象升官兵前来镇压，起义军受挫后，向西进入河南，活动于舞阳、南阳、内乡。

崇祯十年二月，献忠以数十万农民军围攻湖北重镇隋州。攻克应城、隋州的农民军乘胜东下广济，全歼广济典史魏时光纠集的三百余地主武装。四月，献忠农民军在安庆西南的丰家店，同敌军进行了一场歼灭战，不到一天，就把庆天巡抚亲自选拔的官僚地主子弟的地主武装彻底消灭。农民军接着继续东进，其先头部队到达南京与镇江之间的六合、仪真，扬州告急，明廷急令督理太监刘元斌、卢九德选勇卫万人前往援助。

献忠军东进苏、皖，给明廷军队以重大打击后，回师西进，由湖北东部向鄂、豫、陕交界地区进发。崇祯十年十月，兵分两路进入四川，这是献忠军第三次入川作战。

崇祯十一年正月，总兵左良玉、陈洪范大败献忠于郧西。献忠受挫后，为了保存实力，决定假降，在谷城接受了熊文灿的招抚。崇祯十二年五月，献忠认为时机成熟，在谷城又举义旗，杀谷城知县阮之钿。又威胁御史林鸣球上书，求封于襄阳，鸣球不从，于是杀之。七月，熊文灿檄诸将进攻谷城，献忠樊谷城西走，与罗汝才军合。左良玉追击于房县西，献忠设下埋伏，尽歼敌军，良玉掉失了印，文灿、良玉都被革职。九月，大学士杨嗣昌督师进剿献忠。十月至襄阳，捕败将熊文灿并处死。

崇祯十三年二月，左良玉大败献忠于太平县之玛瑙山，精锐尽杀。仅以骁骑千余逃往兴安、平利。在此战役中，献忠的不少有实战经验的将领被杀，他的一个妻子俘后被杀，一个八岁之子被俘后死。另两个妻子歼氏、高氏及抚子惠儿也被俘。献忠在兴归山中得到休整，"伏深箐中，重贿山氓，市盐刍米未酪，山中人安之，反为贼耳目"。被敌人打散的士兵也迅速归队，"献忠得以休息，收散亡，养夷伤。"兵士又振作起来。六月，献忠率部队向白平山进发，以神速的行动进入巫山隘。在土地岭大败官军，全歼官军5 000人，杀死敌将白显等，杀伤总兵张应元、汪凤云等。汪凤云伤后，"卧血凝臆而卒。"接着又全歼张令、秦良玉军3万人，从而彻底粉碎了杨嗣昌企图在"楚蜀交界"消灭献忠军的"专剿"计划，扭转了农民军被动挨打的局面。献忠率领起义军，于九月长驱入川，大步前进，以走致敌。这是献忠军第四次入川。十月十七日，从剑州北向四川广元进发。二十四日，攻克绵州（今绵阳县），渡绵河而西，经绵竹南下什邡、德阳、金堂、新都、汉州（今广汉县）等地，于十一月到达了成都城下。十二月，攻取泸州。之后，越过了成都，走汉州、德阳，复至绵河。

崇祯十四年正月，献忠、罗汝才入巴州，走达州（今达县），直抵开县之黄陵城，在这里与官军进行了一场决战。将尾随而来的明军总兵猛如虎部打得大败。

张献忠军乘开县黄陵城之战的胜利，决定夺取围剿总司令、兵部尚书杨嗣昌的大本营——襄阳。二月，烧了襄王府，抓了襄王。襄阳知府王承曾、福清王朱常澄、进贤王朱常洤在乱中化装出逃。襄阳知县李大觉自杀。献忠军第二次攻克襄阳。三月，督师大学士杨嗣昌自缢而死。左良玉以襄阳失陷而削职。为了扩大战果，更沉重打击敌人，献忠军再次转战鄂、豫、皖。八月，农民军到达了豫之信阳，与左良玉军相遇而战。献忠负重伤，只得换了衣服潜夜逃出，逃入山中。农民军损失惨重。十月，献忠与革里眼、左金王等农民军在英、霍山中实现联合，后又出攻舒城。

崇祯十五年二月，献忠攻陷了亳州。四月攻陷了舒城，六安。五月，轻取庐州，六月攻陷庐江。八月，献忠军一分为三：一军上六安，一军趋庐州，一军往庐江三河，掠巨舟二百，建水师营，合水陆为五十六营。

九月下旬，献忠军扎营于潜山，分营为四，步骑 90 哨，前阻大沟，后枕山险，为持久之计。不料，官军夜半缘山突袭，献忠军跳涧四溃，损失惨重。接着，献忠又向东进攻，攻陷了桐城，又陷无为州、黄梅、太湖。

崇祯十六年正月，献忠以兵二百乘夜袭击，陷蕲州。三月，攻破黄州，献忠据府自称西王。五月，献忠军向武昌挺进，沿江而上，攻破了汉阳。临江欲渡，武昌大震。二十九日，攻克武昌，进驻楚王府。在武昌建立大西政权，献忠自称大西王，宣布武昌为京城，名天授府，铸西王之宝。设五府六部，开科取士，殿试三十人为进士，授郡县官。七月，献忠决定留张其在守武昌，自己率领大西军分水陆两路向湖南长沙进发，八月二十二日直抵长沙城下，守城的明总兵尹先民、何一德等决定向大西军投降。顺利进入长沙。献忠既陷长沙，"设立伪官"，"大书伪榜，驰檄远近。"

九月四日，献忠率领军队夺取衡州，复分军为三：一军往永州；一军入广西全州，一军攻江西袁州。十月十一日，大西军开入袁州城。十八日夺取吉安。十一月，大西军与明军在岳州展开了水战，明军水师全部被歼，岳州又为农民军占领。

崇祯十七年三月，献忠决定向四川进军，同李自成争天下。此时李自成已建立了大顺政权，李攻下北京后，崇祯帝自缢，李自成登上了帝位。张献忠决计入川，以四川为基地，然后"兴师平定天下"，打算从自成手中夺取帝位。六月，献忠攻陷涪州、泸州，蜀王告急，在南都请济师。献忠顺流攻陷佛图关，遂围重庆。悉力拒守，四日而陷。攻入重庆的大西军，立即逮捕了瑞王朱常浩，处死明原巡抚陈士奇，严惩宗藩顽敌。八月，献忠攻陷了成都，杀死蜀王和巡抚龙文光。成都攻克后，四川除遵义府（今属贵州省）、黎明（今汉源县）土司外，均被大西军所占领。献忠在成都称帝，年号大顺，以成都为西京。设立内阁六部，有左右丞相、六部尚书等。分辖70营（一说为120营），辖境为四川大部分地区。

李自成进北京

大顺军渡河东征的消息传到京城，崇祯坐卧不宁，崇祯十七年（1644年）正月二十四日，决定命李建泰以督师辅臣身份"代朕亲征"，并为他举行了隆重的遣将礼。但李建泰率兵到邯郸时，传来了大顺军左营刘芳亮部沿黄河东进的消息，他便立即率兵往北开始撤退。

与此同时，朝廷也开始商议抽调驻守宁远防备清军的吴三桂部队。

不久，起义军更加逼近，明廷一片恐慌。于是于三月初六正式下令放弃宁远，命蓟辽总督王永吉、宁远总兵吴三桂统兵入卫京师，并檄调蓟镇总兵唐通、山东总兵刘泽清率兵勤王。但吴三桂因路途遥远，直到京师被占，他的军队还在跋涉途中。刘泽清接诏后，谎称坠马负伤，无法从行。唐通率8 000兵卒至京，屯扎于齐化门（即朝阳门）外，但不久又撤兵而去，盘踞在居庸关上。大小群臣见大势已去，也纷纷逃离京师。

三月十五日，大顺军进抵居庸关，唐通随即投降。

大顺军围攻北京时，李自成在昌平与北京之间的沙河设下临时总部，由大将刘宗敏担任前线总指挥。

崇祯领太监王承恩爬到煤山（即景山）顶眺望，见无处可逃，便决计自尽。

　　三月十九日，大顺军占领了北京。军队通过正阳门、崇文门、宣武门进入城内。午刻，李自成由刘宗敏、牛金星、宋献策等文武官员陪同，着毡笠缙衣，乘乌马区骏马，由沙河的巩华城大营入城。

　　从此，执政 277 年的朱明王朝，被李自成农民起义军推翻。

　　四月初，大顺政权将崇祯帝厚葬于昌平县田贵妃墓。

清　朝

（公元 1644 年 ~ 公元 1911 年）

　　清朝是以满族为核心建立的中国最后一个封建王朝。公元 1616 年，努尔哈赤征服建州各部后建立了后金政权，公开向衰败的明王朝发出挑战。公元 1644 年清兵入主中原（其间公元 1636 年改国号为清），开始了大清朝的统治。到 1912 年即宣统三年，清帝溥仪退位，计 268 年，共历 10 个皇帝。

　　清朝前期，统治者很善于总结历朝历代的统治经验，采取了有利于社会安定和经济发展的积极措施，从而在康熙、雍正、乾隆三朝逐步达到鼎盛。由此出现了一个国家统一、政权巩固、社会安定、生产恢复、经济文化都比较繁荣的时期，这就是历史上的"康乾盛世"。在此期间，解决了中俄边界问题，并先后统一了台湾、外蒙古、西藏、青海和新疆等地，从而奠定了近代中国辽阔的版图。乾隆时期是清代强盛的顶峰，也是其衰败的起点。各种社会矛盾日趋尖锐，表面的强盛掩盖着内在的虚弱。中国已逐渐脱离了世界先进国家行列，并与西方各国在经济实力和科学技术方面大大拉开了距离。

　　19 世纪 40 年代后，中国社会面临着一个"数千年未有"的大变局。第一次鸦片战争中，清王朝一败涂地，被迫割地赔款，对外打开国门，中国开始了半殖民地的苦难历史。1856 年发生的第二次鸦片战争使中国更进一步陷入半殖民地的地位，其后中法战争、中日甲午战争以及八国联军侵华，完全把中国推入了半殖民地的深渊。中国人民奋起反抗，三元里人民抗英、太平天国运动、戊戌维新变法、义和团运动，直至辛亥革命推翻腐朽的清王朝，翻开了中国历史的新篇章。

顺治皇帝事迹

世祖体天隆运定统建极英睿钦文显武大德弘功至仁纯孝章皇帝，讳福临，太宗第九子。母孝庄文皇后方娠，红光绕身，盘旋如龙形。诞之前夕，梦神人抱子纳后怀曰："此统一天下之主也。"寤，以语太宗。太宗喜甚，曰："奇祥也，生子必建大业。"翌日上生，红光烛宫中，香气经日不散。上生有异禀，顶发耸起，龙章凤姿，神智天授。

八年秋八月庚午，太宗崩，储嗣未定。和硕礼亲王代善会诸王、贝勒、贝子、文武群臣定议，奉上嗣大位，誓告天地，以和硕郑亲王济尔哈朗、和硕睿亲王多尔衮辅政。丙子，阿济格、尼堪等率师防锦州。丁丑，多罗郡王阿达礼，固山贝子硕托谋立和硕睿亲王多尔衮。礼亲王代善与多尔衮发其谋。阿达礼、硕托伏诛。乙酉，诸王、贝勒、贝子、群臣以上嗣位期祭告太宗。丙戌，以即位期告郊庙。丁亥，上即皇帝位于笃恭殿。诏以明年为顺治元年，肆赦常所不原者。颁哀诏于朝鲜、蒙古。

九月辛丑，地震，自西北而南有声。壬寅，济尔哈朗、阿济格征明，攻宁远卫。丙午，颁即位诏于朝鲜、蒙古。以太宗遗诏减朝鲜岁贡。辛亥，昭陵成。乙卯，大军攻明中后所，丁巳拔之。庚申，攻前屯卫。

冬十月辛酉朔，克之。阿济格、尼堪等率师至中前所，明总兵官黄色弃城遁。丁丑，济尔哈朗、阿济格师还。壬午，篇古、博和托、伊拜、杜雷代戍锦州。

十二月壬戌，明守备孙友白自宁远来降。辛未，朝鲜来贺即位。乙亥，罢诸王、贝勒、贝子管部院事。鄂罗塞臣、巴都礼率师征黑龙江。壬午，谭泰、准塔代戍锦州。

是岁，朝鲜暨土默特部章京古禄格，库尔喀部赖达库及炎楮库牙喇氏二十六户，索伦部章京崇内，喀尔喀部土谢图汗、马哈撒嘛谛塞臣汗、查萨克图汗，图白忒部甸齐喇嘛俱来贡。

顺治元年春正月庚寅朔，御殿受贺，命礼亲王代善勿拜。甲午，沙尔虎达率师征库尔喀。己亥，来达哈巴图鲁等代戍锦州。郑亲王济尔哈朗谕部院各官，凡白事先启睿亲王，而自居其次。

二月辛巳，艾度礼成锦州。戊子，祔葬太妃博尔济锦氏于福陵，改葬妃富察氏于陵外。富察氏，太祖时以罪赐死者。

三月丙申，地震。戊戌，复震。甲寅，大学士希福等进删译《辽》《金》《元史》。是月，流贼李自成陷燕京，明帝自经。自成僭称帝，国号大顺，改元永昌。

夏四月戊午朔，固山额真何洛会等讦告肃亲王豪格悖妄罪，废豪格为庶人，其党俄莫克图等皆论死。己未，晋封多罗饶馀贝勒阿巴泰为多罗饶馀郡王。辛酉，大学士范文程启睿亲王入定中原。甲子，以大军南伐祭告太祖、太宗。乙丑，上御笃恭殿，命和硕睿亲王多尔衮为奉命大将军，赐敕印便宜行事，并赐王及从征诸王、贝勒、贝子等服物有差。丙寅，师行。壬申，睿亲王多尔衮师次翁后，明山海关守将吴三桂遣使致书，乞师讨贼。丁丑，师次连山，三桂复致书告急，大军疾驰赴之。戊寅，李自成率众围山海关，我军逆击之，败贼将唐通于一片石。己卯，师至山海关，三桂开关出迎，大军入关。自成率众二十余万，自北山横亘至海，严阵以待。是日，大风，尘沙蔽天。睿亲王多尔衮命击贼阵尾，以三桂居右翼，大呼薄之。风旋定，贼兵大溃，追奔四十余里，自成遁还燕京。封三桂为平西王，以马步军一万隶之，直趋燕京。誓诸将勿杀不辜，掠财物，焚庐舍，不如约者罪之。谕官民以取残不杀之意，民大悦，窜匿山谷者争还乡里迎降。大军所过州县及沿边将吏皆开门款附。乙酉，自成弃燕京西走，大军疾追之。

五月戊子朔，以捷书宣示朝鲜、蒙古。己丑，大军抵燕京，故明文武诸臣士庶郊迎五里外。睿亲王多尔衮入居武英殿。令诸将士乘城，厮养人等毋入民家，百姓安堵如故。庚寅，令兵部传檄直省郡县，归顺者官吏进秩，军民免迁徙，文武大吏籍户口钱粮兵马亲赍至京，观望者讨之。故明诸王来归者，不夺其爵。在京职官及避贼隐匿者，各以名闻录用，卒伍欲归农者听之。辛卯，令官吏军民为明帝发丧，三日后服除，礼部太常寺具帝礼以葬。壬辰，俄罗塞臣、巴都礼、沙尔虎达等征黑龙江师还。故明山海关总兵官高第来降。癸巳，令故明内阁、部院诸臣以原官同满洲官一体办理。乙未，阿济格等追击李自成于庆都，败之。谭泰、准塔等追至真定，又破走之。燕京迤北各城及天津、真定诸郡县皆降。辛丑、徵故明大学士冯铨至京。己酉,葬故明壮烈帝后周氏、妃袁氏,熹宗后张氏,神宗妃刘氏,并如制。

六月丁巳朔,令洪承畴仍以兵部尚书同内院官佐理机务。己未,以骆养性为天津总督。庚申,遣户部右侍郎王鳌永招抚山东、河南。壬戌,故明大同总兵官姜瓖斩贼首柯天相等,以大同来降。丙寅,遣巴哈纳、石廷柱率师定山东。免京城官用庐舍赋税三年,与同居者一年,大军所过州县田亩税之半,河北府州县三之一。丁卯,睿亲王多尔衮及诸王,贝勒、贝子、大臣定议建都燕京,遣辅国公屯齐喀、和讬、固山额真何洛会奉迎车驾。庚午,遣固山额真叶臣率师定山西。甲戌,故明三边总督李化熙降。壬午,上遣使劳军。癸未,艾度礼有罪,伏诛。甲申,迁故明太祖神主于历代帝王朝。乙酉,铸各官印兼用国书。

秋七月丁亥,考定历法,为时宪历。戊子,巴哈纳、石廷柱会叶臣军定山西。壬辰,以吴孳昌为宣大山西总督,方大猷为山东巡抚。癸巳,以迁都祭告上帝、陵庙。丁酉,故明德王朱由𣒴降。时故明福王朱由崧即位江南,改元弘光,以史可法为大学士,驻扬州督师,总兵刘泽清、刘良佐、黄得功、高杰分守江北。己亥,山东巡抚朱朗镕启新补官吏仍以纱帽圆领临民莅事。睿亲王多尔衮谕:"军事方殷,衣冠礼乐未遑制定。近简各官,姑依明式。"庚子,设故明长陵以下十四陵官吏。辛丑,免盛京满、汉额输粮草、布疋。壬寅,大赦,除正额外一切加派。癸卯,罢内监征收涿州、宝坻皇庄税粮。甲辰,以杨方兴为河南总督,马国柱为山西巡抚,陈锦为登莱巡抚。免山东税,如河北例。壬子,睿亲王书致史可法,劝其主削号归藩。可法答书不屈。以王文奎为保定巡抚,罗绣锦为河南巡抚。裁六部蒙古侍郎。癸丑,雨雹。是月,建乾清宫。

八月丙辰朔,日有食之。丁巳,以何洛会为盛京总管,尼堪、硕詹统左右翼,镇守盛京。辛酉,大学士希福有罪,免。癸亥,行总甲法。戊辰,免景州、河间、阜城、青县本年额赋。己巳,定在京文武官薪俸。乙亥,车驾发盛京。庚辰,次苏尔济,察哈尔固伦公主及蒙古王、贝勒等朝行在。壬午,征故明大学士谢升入内院办事。癸未,次广宁,给故明十三陵陵户祭田,禁樵牧。

九月甲午,车驾入山海关。丁酉,次永平。始严稽察逃人之令。己亥,建堂子于燕京。庚子,贼将唐通杀李自成亲族乞降。辛丑,遣和讬、李率泰、额孟格等率师定山东、河南。癸卯，车驾至通州。睿亲王多尔衮率诸王、贝勒、贝子、文武群臣朝上于行殿。甲辰，上自正阳门入宫。己酉，太白昼见。庚戌，初定郊庙乐章。睿亲王多尔衮率诸王及满、汉官上表劝进。故明福王遣其臣左懋第、马绍愉、陈洪范齐白金十余万两、黄金千两，币（帛）万匹求成。壬子，奉安太祖武皇帝、孝慈武皇后、太宗文皇帝神主于太庙。

冬十月乙卯朔，上亲诣南郊告祭天地，即皇帝位，遣官告祭太庙、社稷。初颁时宪历。丙辰，以孔子六十五代孙允植袭封衍圣公，其《五经》博士等官袭封如故。丁巳，以睿亲王多尔衮功最高，命礼部建碑纪绩。辛酉，上太宗尊谥，告祭郊庙、社稷。壬戌，流贼余党赵应元伪降，入青州，杀招抚侍郎王鳌永，和托等讨斩之。甲子，上御皇极门，颁诏天下，大赦。诏曰："我国家受天眷佑，肇造东土。列祖创兴宏业，皇考式廓前猷，遂举旧邦，诞膺新命。迨朕嗣服，越在冲龄，敬念绍庭，永绥厥位。顷缘贼氛存炽，极祸中原，是用倚任亲贤，救民涂炭。方驰金鼓，旋奏澄清，用解倒悬，非富天下。而王公列辟文武群臣暨军民耆老合词劝进，恳请再三，乃以今年十月乙卯朔，祗告天地、宗庙、社稷，定鼎燕京，仍建有天下之号曰大清，纪元顺治。缅维峻命不易，创业尤艰。况当改革之初，爰沛维新之泽。亲王佐命开国，济世安民，有大勋劳，宜加殊礼。郡王子孙弟姪应得封爵，所司捐益前典以闻。满洲开国诸臣，运筹帷幄，决胜庙堂，汗马著勋，开疆拓土，应加公、侯、伯世爵，锡以诰券。大军入关以来，文武官绅，倡先慕义，杀贼归降，亦予通行察叙。自顺治元年五月朔昧爽以前，官吏军民罪犯，非叛逆十恶死在不赦者，罪无大小，咸赦除之。官吏贪贿枉法，剥削小民，犯在五月朔以后，不在此例。地亩钱粮，悉照前明《会计录》，自顺治元年五月朔起，如额征解。凡加派辽饷、新饷、练饷、召买等项，俱行蠲免。大军经过地方，仍免征粮一半，归顺州县非经过者，免本年三分之一。直省起存拖欠本折钱粮，如金花、夏税、秋粮、马草、人丁、盐钞、民屯、牧地、灶课、富户、门摊、商税、鱼课、马价、柴直、枣株、钞贯、果品及内供颜料、蜡、茶、芝麻、棉花、绢、布、丝绵等项，念小民困苦已极，自顺治元年五月朔以前，凡属逋征，概予豁除。兵民散居京城，实不获已，其东、中、西三城已迁徙者，准免租赋三年；南、北二城虽未迁徙，亦免一年。丁银原有定额，年来生齿凋耗，版籍日削，孤贫老弱，尽苦追呼，有司查核，老幼废疾，并与豁免。军民年七十以上者，许一丁侍养，免其徭役；八十以上者，给与绢丝、米肉；有德行著闻者，给与冠带；鳏寡孤独、废疾不能自存者，官与给养。孝子、顺孙、义夫、节妇，有司谘访以闻。故明建言罢谪诸臣及山林隐逸怀才抱德堪为世用者，抚按荐举，来京擢用。文武制科，仍于辰、戌、丑、未年举行会试，子、午、卯、酉年举行乡试。前明宗室首倡投诚者，仍予禄养。明国诸陵，春秋致祭，仍用守陵员户。帝王陵寝及名臣贤士坟墓毁者修之，仍禁樵牧。京、外文武职官应得封诰麾叙，一体颁给。北直、河南、山东节裁银，山西太原、平阳二府新裁银，前明已经免解，其二府旧裁银，与各府新旧节裁银两，又会同馆马站、驴站馆夫及递运所车站夫价等银，又直省额解工部四司料银、匠价银、砖料银、苘麻银、车价银、苇夫银、苇课银、渔课银、野味银、翎毛银、活鹿银、大鹿银、小鹿银、羊皮银、弓箭撒袋折银、扣剩水脚银、牛脚牛筋银、鹅翎银、天鹅银、民夫银、椿草子粒银、状元袍服银、衣粮银、砍柴夫银、搬运木材银、抬柴夫银、芦课等折色银，盔甲、腰刀、弓箭、弦条、胖袄、裤、鞋、狐麂免狸皮、山羊毛课、铁、黄栌、椰、桑、胭脂、花梨、南枣、紫榆、杉条等木、椴木、桐木、板枋、冰窖物料、芦席、薄草、榜纸、瓷坛、槐花、乌梅、栀子、笔管、芒帚、竹扫帚、席草、粗细铜丝、铁线、镀白铜丝、铁条、碌子、青花棉、松香、光叶书籍纸、严漆、罩漆、桐油、毛、笙、紫、水斑等竹、实心竹、棕毛、白圆藤、翠毛、石磨、川二硃、生漆、沙叶、广胶、焰硝、螺壳等本色钱粮，自顺治元年五月朔以前逋欠在民，尽予蠲免，以苏民困。后照现行事例，分别蠲除。京师行商、车户等役，每迁金役，顿至流离，嗣后永行豁除。运司盐法，递年增加，有新饷、练饷杂项加派等银，深为厉商，尽行豁免，本年仍免额引三分之一。关津抽税，非欲困商，准免一年，明末所增，并行豁免。直省州县另星税目，概行严禁。曾经兵灾地方应纳钱粮，已经前明全免者，仍与全免，不在免半、免一之例。直省报解屯田司助工银两，亦出加派，准予豁除。直省领解钱粮被贼劫失，在顺治元年五月朔以前，一并豁免。山、陕军民被流寇要挟，悔过自新，概从赦宥，胁从自首者前罪勿论。巡按以访拿为名，听信衙蠹，诬罚良民，最为弊政，今后悉行禁革。势家土豪，重利放债，致民倾家荡产，深可痛恨，今后有司许追比。越诉诬告，败俗伤财，大赦以后，户婚小事，俱就有司归结，如有讼师诱陷愚民入京越诉者，加等反坐。赎锾之设，劝人自新，追比伤生，转为民害，今后并行禁止，不能纳者，速予免追。惟尔万方，与朕一德。播告遐迩，咸使闻知。"

加封和硕睿亲王多尔衮为叔父摄政王。乙丑，以雷兴为天津巡抚。丁卯，加封和硕郑亲王济尔哈朗为信义辅政叔王，复封豪格为和硕肃亲王，进封多罗武英郡王阿济格为和硕英亲王，多罗豫郡王多铎为和硕豫亲王，贝勒罗洛宏为多罗衍禧郡王，封硕塞为多罗承泽郡王。叶臣等克太原。故明付将刘大受自江南来降。辛未，封贝子尼堪、博洛为多罗贝勒，辅国公满达海、吞齐、博和托、吞齐喀、和托、尚善为固山贝子。定诸王、贝勒、贝子岁俸。癸酉，以英亲王阿济格为靖远大将军，率师西讨李自成。戊寅，定摄政王冠服、宫室之制。己卯，以豫亲王多铎为定国大将军，率师征江南。檄谕故明南方诸臣，数其不能灭贼复仇，拥众扰民，自生反侧，及无明帝遗诏擅立福王三罪。

十一月乙酉朔，设满洲司业、助教，官员子孙有欲习国书、汉书者，并入国子监读书。故明福王使臣陈洪范南还，中途密启请留左懋第、马绍愉，自欲率兵归顺，招徕南中诸将。许之。壬辰，石廷柱、巴哈纳、席特库等败贼于平阳，山西悉平。庚子，封唐通为定西侯。甲辰，罢故明定陵守者，其十二陵仍设太监二名，量给岁时祭品。丁未，祀天于圜丘。庚戌，封勒克德浑为多罗贝勒。遣朝鲜质子李汪归国，并制减其岁贡。

十二月丁巳，出故明府库财物，赏八旗将士及蒙古官员。叶臣等大军平直隶、河南、山西府九、州二十七、县一百四十一。丁卯，以太宗第六女固伦公主下嫁固山额真阿山子夸扎。戊辰、多铎军至孟津，贼将黄士欣等遁走，滨河十五寨堡望风纳款，睢州贼将许定国来降。己巳，多铎军至陕州，败贼将张有曾于灵宝。丁丑，谕户部清查无主荒地给八旗军士。己卯，遣何洛会等祭福陵，巩阿岱等祭昭陵，告武成。辛巳，有刘姓者自称明太子，内监杨玉引入故明嘉定侯周奎宅，奎以闻。故明宫人及东宫旧僚办视皆不识。下法司勘问，杨玉及附会之内监常进节、指挥李时荫等十五人皆弃市，仍谕中外，有以故明太子来告者给赏，太子仍加恩养。

是岁，朝鲜暨虎什喀里等八姓部，鄂尔多斯部济农，索伦部章京敖尔拖木尔，归化城土默特部古禄格，喀尔喀部塞臣绰尔济、古伦地瓦胡土克图、余古折尔喇嘛、土谢图汗，苏尼特部腾机思阿喇海，乌朱穆秦部台吉满瞻俱来贡。

二年春正月戊子，图赖等破李自成于潼关，贼倚山为阵，图赖率骑兵百人掩击，多所斩获。至是，自成亲率马步兵迎战，又数败之，贼众奔溃。己未，大军围潼关，贼筑重壕，坚壁以守。穆成格、俄罗塞臣先登，诸军继进，复大败之。自成遁走西安。丙申，阿济格、尼堪等率师抵潼关，贼将马世尧降，旋以反侧斩之。丁酉，命多罗饶余郡王阿巴泰为总统，固山额真准塔为左翼，梅勒章京谭泰为右翼，代豪格征山东。庚子，以太宗第七女固伦公主下嫁内大臣鄂齐尔桑子喇玛思。河南孟县河清二日。壬寅，多铎师至西安，自成奔商州。癸卯，大学士谢陞卒。乙巳，真定、大名、顺德、广平山贼悉平。丙午，命房山县岁以太牢祭金太祖、世宗陵。丁未，免山西今年额赋之半。更国子监孔子神位为大成至圣文宣先师孔子。庚戌，禁包衣大等私收投充汉人，冒占田宅，违者论死。壬子，免济源、武陟、孟、温四县今年额赋及磁、安阳等九州县之半。癸丑，免修边民壮八千余人。

二月丙辰，阿巴泰败贼于徐州。己未，修律例。以李鉴为宣大总督，冯圣兆为宣府巡抚。降将许定国袭杀明兴平伯高杰于睢州。辛酉，谕豫亲王多铎移师定江南，英亲王阿济格讨流寇余党。丙寅，禁管庄拨什库毁民坟茔。己巳，以祁充格为内弘文院大学士。庚午，阿济格剿陕西余寇，克四城，降三十八城。丁丑，多铎师至河南，贼将刘忠降。

三月甲申朔，始祀辽太祖、金太祖、世宗、元太祖、明太祖于历代帝王庙，以其臣耶律曷鲁、完颜粘没罕、斡离不、木华黎、伯颜、徐达、刘基从祀。庚寅，多铎师出虎牢关，遣固山额真拜伊图等出龙门关，兵部尚书韩岱、梅勒章京宜尔德、侍郎尼堪等由南阳合军归德，所过迎降，河南悉平。辛卯，免山东荒赋。庚子，故明大学士李建泰来降。乙巳，遣八旗官军番戍济宁。丙午，朝鲜国王次子李淏归。己酉，免蓟州元年额赋。壬子，太行诸贼悉平。

夏四月丙辰，遣汉军八旗官各一员驻防盛京。辛酉，以王文奎为陕西总督，焦安民为宁夏巡抚，黄图安为甘肃巡抚，故明尚书张忻为天津巡抚，郝晋为保定巡抚，雷兴为陕西巡抚。甲子，葬故明殉难太监王承恩于明帝陵侧，给祭田，建碑。己丑，多铎师至泗州。阿山等取泗北淮河桥，明守将焚桥遁，我军遂夜渡淮。丁卯，谕曰："流贼李自成杀君虐民，神人共愤。朕诞膺天命，抚定中华，尚复窃据秦川，抗阻声教。爰命和硕豫亲王移南伐之众，直捣崤、函，和硕英亲王秉西征之师，济自绥德，旬月之间，全秦底定。悯兹黎庶，咸与维新。其为贼所胁误者，悉赦除之，并蠲一切补赋。大军所过，免今年额赋之半，余免三之一。"庚午，豫亲王多铎师至扬州，谕故明阁部史可法、翰林卫胤文等降。不从。甲戌，以孟乔芳为陕西三边总督。以太宗第八女固伦公主下嫁科尔沁土谢图亲王巴达礼子巴雅斯护朗。丁丑，拜尹图、图赖、阿山等克扬州，故明阁部史可法不屈，杀之。辛巳，初行武乡试。

五月壬午朔，河道总督杨方兴进瑞麦。上曰："岁丰民乐，即是祯祥，不在瑞麦。当惠养元元，益加抚辑。"癸未，以旱谕刑部虑囚。命内三院大学士冯铨、洪承畴、李建泰、范文程、刚林、齐充格等纂修《明史》。丙戌，多铎师至扬子江，故明镇海伯郑鸿逵等以舟师分守瓜州、仪真，我军在江北，拜尹图、图赖、阿山率舟师自运河潜济，梅勒章京李率泰乘夜登岸，黎明，我军以次毕渡，敌众咸溃。丁亥，以王志正为延绥巡抚。免高密元年额赋。赐诸王以下及百官冰，著为令。己丑，宣府妖民刘伯泗谋乱伏诛。庚寅，以王文奎为淮扬总督，赵福星为凤阳巡抚。丙申，多铎师至南京，故明福王朱由崧及大学士马士英遁走太平，忻城伯赵之龙、大学士王铎、礼部尚书钱谦益等三十一人以城迎降。兴平伯高杰子元照、广昌伯刘良佐等二十三人率马步兵二十三万人先后来降。丁酉，以郝晋为保定巡抚。免平度、寿光等六州县元年额赋。戊戌，命满洲子弟就学，十日一赴监考课，春秋五日一演射。故明中书张朝聘输木千章助建宫殿，自请议叙。谕以用官惟贤，无因输纳授官之理，令所司给直。庚子，免章丘、济阳京班匠价，并令直省除匠籍为民。甲辰，定叔父摄政王仪注，凡文移皆曰皇叔父摄政王。乙巳，免皇后租，并崇文门米麦税。庚戌，宣平定江南捷音。乾清宫成，复建太和殿、中和殿、位育宫。

六月癸丑，免兴济县元年额赋。甲寅，免近畿圈地今年额赋三之二。乙卯，以丁文盛为山东巡抚。丙辰，谕南中文武军民剃发，不从者治以军法。是月，始谕直省限旬日剃发如律令。辛酉，豫亲王多铎遣军追故明福王朱由崧于芜湖。明靖国公黄得功逆战，图赖大败之，得功中流矢死。总兵官田雄、马得功执福王及其妃来献，诸将皆降。免永宁等四县元年荒赋。丙寅，申剃发之令。免深、衡水等七州县元年荒赋。丁卯，陕西妖贼胡守龙倡乱，孟乔芳讨平之。戊辰，皇太妃死。辛未，何洛会率师驻防西安。命江南于十月行乡试。己卯，诏曰："本朝立国东陲，历有年所，幅员既广，无意并兼。昔之疆场用兵，本冀言归和好。不幸寇凶极祸，明祚永终，用是整旅入关，代明雪愤。犹以贼渠未殄，不遑启居，受命二王，誓师西讨。而南中乘衅立君，妄窃尊号，亟行乱政，重虐人民，朕凤夜祗惧，思拯穷黎，西贼既摧，乃事南伐。兵无血刃，循汴抵淮。甫克维扬，遂平江左。金陵士女，昭我天休。既俘福藩，南服略定，特弘大赉，嘉与维新。其河南、江北、江南官民絓砫误，咸赦除之。所有横征逋赋，悉与蠲免。大军所过，免今年额赋之半，余免三之一。”

闰六月甲申，阿济格败李自成于邓州，穷追至九江，凡十三战，皆大败之。自成窜九宫山，自缢死，贼党悉平。故明宁南侯左良玉子梦庚、总督袁继咸等率马步兵十三万、船四万自东流来降。丙戌，定群臣公以下及生员耆老顶戴品式。己丑，河决王家园。庚寅，诏阿济格等班师。辛卯，改江南民解漕、白二粮官兑官解。壬辰，谕曰：“明季台谏诸臣，窃名贪利，树党相攻，眩惑主心，驯致丧乱。今天下初定，百事更始，诸臣宜公忠体国，各尽职业，毋蹈前辙，自贻颠越。”定满洲文武官品级。癸巳，命大学士洪承畴招抚江南各省。甲午，定诸王、贝勒、贝子、宗室公顶戴式。乙未，除割脚筋刑。癸卯，命吴惟华招抚广东，孙之獬招抚江西，黄熙允招抚福建，江禹绪招抚湖广，丁之龙招抚云、贵。多铎遣贝勒博洛及拜尹图、阿山率师取杭州，故明潞王出降，淮王自绍兴来降。嘉兴、湖州、严州、宁波诸郡悉平。分遣总兵官吴胜兆克庐州、和州。乙巳，改南京为江南省，应天府为江宁府。命陕西于十月行乡试。

秋七月庚戌朔，享太庙。壬子，命贝勒勒克德浑为平南大将军，同固山额真叶臣等往江南代多铎。设明太祖陵守陵太监四人，祀田二千亩。癸丑，故明东平侯刘泽清率所部降。乙卯，以刘应宾为安庐巡抚，土国宝为江宁巡抚。丙辰，命谢弘仪招抚广西。戊午，禁中外军民衣冠不尊国制。己未，以何鸣銮为湖广巡抚，高斗光为偏沅巡抚，潘士良抚治郧阳。甲子，上太祖武皇帝、孝慈武皇后、太宗文皇帝玉册玉宝于太庙。乙丑，免西安、延安本年额赋之半，余免三之一。戊辰，西平贼首刘洪起伏诛，汝宁州县悉平。河决兖西新筑月堤。己巳，诏自今内外章奏由通政司封进。丁丑，以陈锦提督操江，兼管巡抚。故明总漕田仰陷通州、如皋、海门，凤阳巡抚赵福星、梅勒章京谭布等讨平之。己卯，以杨声远为登莱巡抚。

八月辛巳，免霸、顺义等八州县灾赋。乙酉，免彰德、卫辉、怀庆、河南各府荒赋。己丑，英亲王阿济格师还，赐从征外藩王、台吉、将佐金帛有差。癸巳，免真定、顺德、广平、大名灾额赋。丙午，降将金声桓讨故明益王，获其从官王养正等诛之，并获锺祥王朱肇莕等九人。丁未，以英亲王阿济格出师有罪，降郡王，谭泰削公爵，降昂邦章京，鳌拜等议罚有差。

九月庚戌，故明鲁王将方国安、王之仁犯杭州，张存仁击走之。癸丑，命镇国公傅勒赫、辅国公札喀纳等率师协防江西。丁巳，故明怀安王来降。辛酉，故明新昌王据云台山，攻陷兴化，准塔讨斩之。甲子，以河间，滦州、遵化荒地给八旗耕种，故明勋戚、内监余地并分给之。庚午，田仰寇福山，土国宝击败之。丁丑，江西南昌十一府平。

冬十月癸未，以马国柱为宣大总督。戊子，故明翰林金声受唐王敕起兵于徽州，众十余万。洪承畴遣提督张天禄连破之于绩溪，获金声，不屈，杀之。是时，故明唐王朱聿钊（应为键）据福建，鲁王朱彝垓（应为朱以海）据浙江，马士英等兵渡钱塘结营拒命。庚寅，免宝坻县荒赋。壬辰，免太原等府州灾赋。癸巳，豫亲王多铎师还，上幸南苑迎劳之。丙申，以苗胙土为南赣巡抚。乙巳，以太宗次女固伦公主下嫁察哈尔汗子阿布鼐。丙午，以申朝纪为山西巡抚，李翔凤为江西巡抚，肖起元为浙江巡抚。戊申，加封和硕豫亲王多铎为和硕德豫王，赐从征王、贝勒、贝子、公及外藩台吉、章京金币有差。命孔有德、耿仲明还盛京。

十一月壬子，以张存仁为浙闽总督，罗绣锦为湖广四川总督。癸丑，故明大学士王应熊、四川巡抚龙文光请降。甲寅，以吴景道为河南巡抚，命巴山、康喀赖为左右翼，同洪承畴驻防江宁，朱玛喇驻防杭州，贝勒勒克德浑率巩阿岱、叶臣讨湖广流贼二只虎等。己未，朝鲜国王李倧请立次子淏为世子，许之。丁卯，朱玛喇败马士英于余杭，和托败方国安于富阳。士英、国安复窥杭州，梅勒章京济席哈等击走之。戊辰，以何洛会为定西大将军，遣巴颜、李国翰师师会之，讨四川流贼张献忠。戊寅，以陈之龙为凤阳巡抚。

十二月巳卯朔，日有食之。乙酉，故明阁部黄道周寇徽州，洪承畴遣张天禄击败之。故明总兵高进忠率所部自崇明来降。癸巳，佟养和、金声桓进讨福建，分兵攻南赣，败故明永宁王、罗川王、阁部黄道周等数十万众。丙午，更定朝仪，始罢内监朝参。丁未，朱玛喇等败方国安、马士英于浙东。固原贼武大定作乱，总兵官何世元等死之。

是岁，朝鲜，归化城土默特部章京古禄格，鄂尔多斯部喇嘛塔尔尼齐，乌朱穆秦部车臣亲王，席北部额尔格讷，喀尔喀部土谢图汗、古伦迪瓦胡土克图喇嘛、石勒图胡土克图、嘛哈撒马谛塞臣汗，厄鲁特部顾实汗子多尔济达赖巴图鲁台吉及回回国，天方国俱来贡。朝鲜四至。

三年春正月戊午，贝勒勒克德浑遣将败流贼于临湘，进克岳州。辛酉，固山额真阿山、谭泰有罪，阿山免职，下谭泰于狱。流贼贺珍、孙守法、胡向化犯西安，何洛会等击败之。金声桓遣将攻克故明永宁王于抚州，获之，并获其子朱辇荣等，遂平建昌。丙寅，故明潞安王、瑞昌王率众犯江宁，侍郎巴山等击败之。戊辰，以宋权为国史院大学士。己巳，以肃亲王豪格为靖远大将军，暨多罗衍禧郡王罗洛宏、贝勒尼堪、贝子屯齐喀、满达海等帅师征四川。故明唐王朱聿钊（应为键）兵犯徽州，洪承畴遣张天禄等击败之，获其阁部黄道周杀之，进克开化。

二月己卯，贝勒勒克德浑破流贼于荆州，奉国将军巴布泰等追至襄阳，斩获殆尽。大军进次夷陵，李自成弟李孜等以其众来降。辛巳，免密云荒赋。甲申，罢江南旧设部院，差在京户、兵、工三部满、汉侍郎各一人驻江宁，分理部务。乙酉，明鲁王将刘福援抚州，梅勒章京屯泰击败之。何洛会遣将破流贼刘文炳于蒲城，贼渠贺珍奔武功。戊子，以柳寅东为顺天巡抚。命肃亲王豪格分兵赴南阳，讨流贼二只虎、郝如海等。丙申，遣侍郎巴潜、梅勒章京张大猷率师镇守江宁，甲喇章京傅夸蟾、梅勒章京李思忠率师镇守西安。潜山、太湖贼首石应琏拥故明樊山王朱常皋为乱，洪承畴遣将击斩之。丙午，命贝勒博洛为征南大将军，同图赖率师征福建、浙江。

三月辛亥，译《洪武宝训》成，颁行中外。乙卯，免近京居民田宅圈给旗人别行拨补者租赋一年。丁巳，何洛会败贼刘体纯于山阳。己未，以王来用总督山、陕、四川粮饷，马鸣佩总督江南诸省粮储。乙丑，赐傅以渐等进士及第出身有差。己巳，何洛会击贼二只虎于商州，大败之。昌平民王科等盗发明帝陵，伏诛。壬申，多罗饶余郡王阿巴泰死。癸酉，封乌朱穆秦部塞冷、蒿齐忒部薄罗特为贝勒，阿坝垓部多尔济为贝子。豪格师抵西安，遣工部尚书兴能败贼于邠州，固山额真杜雷败贼于庆阳。故明大学士张四知自江南来降。

夏四月己卯，诏贝勒勒克德浑班师，孔有德、耿仲明、尚可喜、沈志祥各统所部来京。甲申，免钱塘、仁和间架税。乙酉，命今年八月再行乡试，明年二月再行会试。丁亥，免睢州、祥符等四州县灾赋。戊子，除明季加征太平府姑溪桥米税、金柱山商税、安庆府盐税。乙未，免静海、兴济、青县荒赋。丙申，江西浮梁、余干贼合闽贼犯饶州，副将邓云龙等击败之。戊戌，摄政王多尔衮谕停诸王大臣启本。己亥，以张尚为宁夏巡抚。罢织造太监。辛丑，谕曰："比者蠲除明季横征苛税，与民休息。而贪墨之吏，恶其害己而去其籍，是使朝廷德意不下究，而明季弊政不终厘也。兹命大臣严加察核，并饬所司详定《赋役全书》，颁行天下。"谕汰府县冗员。甲辰，修盛京孔子庙。

五月丁未，苏尼特部腾机思、腾机特、吴班代、多尔济思喀布、蟒悟思、额尔密克、石达等各率所部叛奔喀尔喀部硕雷。命德豫亲王多铎为扬威大将军，同承泽郡王硕塞等率师会外藩蒙古兵讨之。四子部温卜、达尔汉卓礼克图、多克新等追斩吴班代等五台吉。庚戌，申隐匿逃人律。戊午，金声桓克南赣，获其帅刘广胤。辛酉，豪格遣八颜、李国翰败贼于延安。壬戌，故明鲁王、荆王、衡王世子等十一人谋乱，伏诛。癸亥，以叶克书为昂邦章京，镇守盛京。豪格遣贝勒尼堪等败贼贺珍于鸡头关，遂克汉中，珍走西乡。乙丑，贝勒博洛遣图赖等击败故明鲁王将方国安于钱塘。鲁王朱彝垓（应为以海）遁保台州。庚午，官军至汉阴，流贼二只虎奔四川，孙守法奔岳科寨。巴颜、李国翰追延安贼至张果老崖败之。辛未，免沛、萧二县元、二年荒赋之半。

六月戊寅，免怀柔县荒赋。丙戌，禁白莲、大成、混元、无为等教。壬辰，以高士俊为湖广巡抚。乙未，张存仁遣将擒故明大学士马士英及长兴伯吴日生等斩之。

秋七秋甲寅，贝勒勒克德浑师还。丁巳，多铎破腾机思等于殴特克山，斩其台吉毛害，渡土喇河击斩腾机思子多尔济等，尽获其家口辎重。又败喀尔喀部土谢图汗二子于查济布喇克上游。戊午，硕雷子阵查济布喇克道口，贝子博和托等复大败之。硕雷以余众走塞冷格。庚申，李国翰、图赖等拔张果老崖。壬戌，江西巡抚李翔凤进正一真人符四十幅。谕曰："致福之道，在敬天勤民，安所事此，其置之。"戊辰，豪格遣贝子满达海、辅国公哈尔楚浑、固山额真准塔趋徽州、阶州分讨贼武大定、高如砺、蒋登雷、石国玺、王可臣等，破之。如砺遁，登雷、国玺、可臣俱降。

八月丙子，多罗衍禧郡王罗洛宏死于军。丁丑，豪格遣蠹章京哈宁阿攻武大定于三台山，拔之。丁亥，博洛克金华、衢州，杀故明蜀王朱盛浓、乐安王朱谊石及其将吴凯、项鸣斯等，其大学士谢三宾、阁部宋之普、兵部尚书阮大铖、刑部尚书苏壮等降。浙江平。戊子，以孔有德为平南大将军，同耿仲明、沈志祥、金砺、佟代率师征湖广、广东、广西。免太湖、潜山二年及今年荒赋。癸巳，命尚可喜率师从孔有德南讨。

九月己酉，故明瑞昌王朱谊氻谋攻江宁，官兵讨斩之。甲子，免夷陵、石首等十三州县荒赋十之七，荆门、江陵等四州县十之五，兴国、广济等十六州县十之三。丙寅，故明崇阳王攻歙县，副将张成功等败之。丁卯，故明督师何腾蛟等攻岳州，官军击败之。

冬十月丙子，郑四维等克夷陵、枝江、宜都，改湖广承天府为安陆府。己卯，和硕德豫亲王多铎师还，上郊劳之。辛巳，金声桓遗将擒故明王朱常淓及其党了悟等，诛之。甲申，以胡全才为宁夏巡抚，章于天为江西巡抚。金声桓遗将克赣州，获故明阁部杨廷麟杀之。癸巳，以李栖凤为安徽巡抚。丁酉，免怀宁四县灾赋。已亥，免延绥、庄浪灾赋。壬寅，太和宫、中和宫成。

十一月癸卯朔，贝勒博洛自浙江分军进取福建，图赖等败故明阁部黄鸣骏于仙霞关，遂克浦城、建宁、延平。故明唐王朱聿钊（应为键）走汀州，阿济格、尼堪等追斩之，遂定汀州、漳州、泉州、兴化，进克福州，悉降其众。福建平。癸丑，免河间、任丘及大同灾赋。丁巳，祀天于圜丘。己巳，豪格师至南部，时张献忠列寨西充，鳌拜等兼程进击，大破之，斩献忠于阵，复分兵击余贼，破一百三十余营。四川平。

十二月癸酉朔，故明遂平王朱绍鲲及党杨权等拥兵太湖，结海寇为乱，副将詹世勋等讨斩之。庚戌，山东贼谢迁攻陷高苑，总兵官海时行讨平之。壬午，故明高安王朱常淇及党江于东等起兵婺源，张天禄讨平之。丙戌，以于清廉为保定巡抚，刘武元为南赣巡抚。免蓟、丰润等五州县灾赋。甲午，位育宫成。庚子，明金华王朱由㲈起兵饶州，官军击斩之。

是岁，朝鲜，蒙古及归化城土默特部古禄格，厄鲁特部多尔济达来巴图鲁、顾实汗、喀尔喀部买达里胡土克图、额尔德尼哈谈巴图鲁、戴青哈谈巴图鲁、青台吉，科尔沁部多罗冰图郡王塞冷，蒿齐忒部多罗贝勒额尔德尼，索伦部、使鹿部喇巴奇，鄂尔多斯部济农台吉查木苏、库尔喀部赖达库及达赖喇嘛，吐鲁番俱来贡。朝鲜、厄鲁特顾实汗、达赖喇嘛皆再至。

四年春正月戊申，辅国公巩阿岱、内大臣吴拜等征宣府。壬子，命付都统董阿赖率师驻防杭州。兴国州贼柯抱冲结故明总督何腾蛟攻陷兴国。总兵官柯永盛遣将擒抱冲及其党陈珩玉斩之。乙卯，以杨声远为淮扬总督，黄尔性为陕西巡抚。辛酉，以朱国柱为登莱巡抚。壬戌，陕西官军击延庆贼郭君镇、终南贼孙守法，败之。洪承畴遣将击贼帅赵正，大破之。

二月癸酉，以张儒秀为山东巡抚。乙亥，佟养甲平梧州。丁丑，副将王平等击贺珍、刘二虎贼党于兴安，败之。癸未，诏曰："朕平定中原，惟浙东，全闽尚阻声教，百姓辛苦垫隘，无所控诉，受命征南大将军贝勒博洛振旅而前。既定浙东，遂取闽越。先声所至，穷寇潜捕。大军掩追，及于汀水。聿钊（应为键）授首，列郡悉平。顾惟僭号阻兵，其民何罪，用昭大赉，嘉与维新。一切官民罪犯，咸赦除之。横征捕赋，概予蠲免。山林隐逸，各以名闻录用。民年七十以上，给绢米有差。"己丑，洪承畴擒故明瑞昌王朱议贵及湖贼赵正，斩之。乙未，朱聿钊（应为键），弟聿鐭（应为鏍）僭号绍武，据广州，佟养甲、李成栋率师讨之，斩聿鐭（应为鏍）及周王肃㲱、益王思炏、辽王术雅、邓王器㷮、钜野王寿鎺、通山王蕴越、高密王弘椅、仁化王慈鮪、鄢陵王肃沏、南安王企坴等。广州平。戊戌，以佟国鼎为福建巡抚。

三月戊午，赐吕宫等进士及第出身有差。己未，以耿焞为顺天巡抚，周伯达为江宁巡抚，赵兆麟抚治郧阳。庚申，谕京官三品以上及督、抚、提、镇各送一子入朝侍卫，察才任使，无子者以弟及从子代之。壬戌，免崇明县盐课、马役银。乙丑，《大清律》成。丙寅，佟养甲克高、雷、廉三府。丁卯，命祀郊社太牢仍用腥。己巳，禁汉人投充满洲。庚午，罢圈拨民间田宅，已圈者补给。

夏四月丁丑，田仰率所部降。己卯，高士俊克长沙。昂邦章京傅喀蟾讨刘文炳、郭瑞君镇，歼之。乙酉，贝勒博洛班师。是役也，贝子和托、固山额真公图赖皆卒于军。甲午，陕西官军斩孙守法。

五月壬寅，舟山海贼沈廷扬等犯崇明，官军讨擒之。己酉，故明在籍通政使侯峒曾遣谍致书鲁王，伪许洪承畴、土国宝以公、侯，共定江南，为反间计，柘林游击获之以闻。上觉其诈，命江宁昂邦章京巴山等同承畴穷治其事。庚戌，免兴国、江夏等十州县上年灾赋。癸丑，以佟养甲为两广总督，兼广东巡抚。辛酉，投诚伯常应俊、总兵李际遇等坐通贼，伏诛。癸亥，上幸南苑。乙丑，班代、峨齐尔、胡巴津自苏尼特来降。

六月壬申，免成安等七县上年灾赋。丙子，朝鲜国王李倧遣其子李澄来朝。庚辰，故明赵王朱由棷来降。戊子，免绥德卫上年灾赋。己丑，封贝勒博洛为多罗郡王。癸巳，陕西贼武大定陷紫阳，总兵官任珍击败之。湖广官军克衡州、常德及安化、新化等县。甲午，苏松提督吴胜兆谋叛，伏诛。丁酉，免山东上年荒赋。

秋七月辛丑，加封和硕德豫亲王多铎为辅政叔德豫亲王。癸卯，建射殿于左翼门外。甲辰，免徐州上年荒赋。己酉，封敖汉部额驸班第子墨尔根巴图鲁为多罗郡王。癸丑，以申朝纪为宣大总督。丁巳，郧阳贼王光代用永历年号，聚众作乱，命侍郎喀喀木等剿之。戊午，改马国柱为江南江西河南总督。甲子，诏曰："中原底定，声教遐敷。惟粤东尚为唐藩所阻，额海怨咨，已非一日。用移南伐之师，席卷惠、潮，遂达省会。念尔官民，初非后至，一切罪犯，咸赦除之。逋赋横征，概与豁免。民年七十以上，加锡粟帛。所在节孝者旌，山林有才德者录用。南海诸国能向化者，待之如朝鲜。"丙寅，以祝世昌为山西巡抚。丁卯，上幸边外阅武。是日，驻沙河。

八月庚午，金声桓擒故明宗室麟伯王、霭伯王于泸溪山，诛之。甲戌，次西巴尔台。丙子，次海流土河口。壬午，次察汉诺尔。乙酉，豪格遣贝勒尼堪等先后克遵义、夔州、茂州、内江、荣昌、富顺等县，斩故明王及其党千余人。四川平。丙戌，次胡苏台。辛卯，以张文衡为甘肃巡抚。丙申，上还宫。

九月辛丑，京师地震。辛亥，淮安贼张华山等用隆武年号，啸聚庙湾。丁巳，以李犹龙为天津巡抚。辛酉，官军讨庙湾贼，破之。

冬十月庚午，以王慬为安徽巡抚。壬申，喀喇沁部卓尔弼等率所部来降。癸未，以吴惟华为淮扬总督，缐缙为偏沅巡抚。戊子，定直省官三年大计。壬辰，以广东采珠病民，罢之。

十一月庚戌，以陈泰为靖南将军，同梅勒章京董阿赖征福建余寇。辛亥，免山西代、静乐等十四州县，宁化等六所堡，山东德、历城等十五州县灾赋。裁山东明季牙、杂二税。戊午，五凤楼成。癸亥，祀天于圜丘。

十二月戊辰，免保定、河间、真定、顺德灾赋。壬申，以陈锦为闽浙总督。己卯，以太宗十一女固伦公主下嫁喀尔吗索纳木。甲申，苏尼特部台吉吴巴什等来归。丙戌，大军自岳州收长沙，故明总督何腾蛟等先期遁。次湘潭，败桂王将黄朝选众十三万于燕子窝，又败之于衡州，斩之，送克宝庆，斩鲁王朱鼎兆等。进击武冈，桂王由榔走，追至靖州，下其城。复克沅州，岷王朱埏峻以黎平降。湖南平。庚寅，故明将郑彩犯福州，副将邹必科等败走之。

是岁，科尔沁、喀喇沁、乌朱穆秦、敖汉、翁牛特、苏尼特、札鲁特、郭尔罗斯、蒿齐忒、阿坝垓诸部来朝。朝鲜暨喀尔喀部札萨克图汗、墨尔根绰尔济、额尔德尼绰尔济、迈达礼胡土克图、额尔德尼顾锡、伊拉古克三胡土克图、嘛哈撒马谛塞臣汗、俄木布额尔德尼、塞勒胡土克图、满朱习礼胡土克图、札萨克图汗下俄木布额尔德尼、巴颜护卫、舍晋班第、迈达礼胡土克图、诺门汗下丹津胡土克图，土谢图汗下泽卜尊丹巴胡土克图，硕雷汗下伊赫额木齐格隆、额参德勒哈谈巴图鲁，厄鲁特部台吉吴霸锡、顾实汗，罗布藏胡土克图下巴汉格隆、盆苏克札穆苏，阿布赉诺颜下讷门汗、巴图鲁诺颜、达云绰尔济、鄂济尔图台吉、苏尼特部台吉魏正，札鲁特部台吉桑图，鄂尔多斯部济农，归化城土默特部章京托博克、诺尔布，唐古忒部与喇布札木绰尔济、喇嘛班第达等俱来贡。

五年春正月辛亥，故明宜春王朱议衍据汀州为乱，总兵官于永绥擒斩之。癸丑，免太原、平阳、潞安三府，泽、沁、辽三州灾赋。癸亥，和硕肃亲王豪格师还。衍禧郡王罗洛宏卒于军，至是丧归，辍朝二日。

二月甲戌，金声桓及王得仁以南昌叛。辛巳，江南官军复无为州，福建官军复连城、顺昌、将乐等县。癸未，免济南、兖州、青州、莱州上年灾赋。辛卯，以固伦公主下嫁巴林部塞卜腾。壬辰，以吕逢春为山东巡抚，李鉴为宁夏巡抚。故明贵溪王朱常彪、恢武伯向登位寇沅州，纛章京绵国安等讨斩之。

三月己亥，贝子吞齐、尚善等讦告和硕郑亲王济尔哈朗，罪连莽加、博博尔岱、鳌拜、索尼等，降济尔哈朗为多罗郡王，莽加等降革有差。辛丑，和硕肃亲王豪格有罪，论死。上不忍置之法，幽系之。庚戌，命谭泰为征南大将军，同何洛会讨金声桓。辛酉，以耿•为宣大山西总督。甲子，武大定犯宁羌，游击张德俊等大破之。

四月丁卯，以杨兴国为顺天巡抚。戊辰，免渭原、金县、兰州卫灾赋。壬申，官军复建宁，斩故明郧西王朱常湖等。己卯，封科尔沁杜尔伯特镇国公色冷为贝子。庚辰，遣固山额真阿赖等驻防汉中。壬午，大军克辰州，遂破永宁，至全州，故明督师何腾蛟遁，获贵溪王朱长标、南威王朱寅卫、长沙王朱由栮等。铜仁、兴安、关阳诸苗、瑶来降。丙戌，命刘之源、佟图赖为定南将军，驻防宝庆，李国翰为定西将军，驻防汉中。丁亥，吴三桂自锦州移镇汉中。

闰四月戊戌，复济尔哈朗爵为和硕郑亲王。癸卯，以李国英为四川巡抚。己未，以迟日益为湖广巡抚。癸亥，命贝子吞齐为平西大将军，同韩岱讨陕西叛回。

五月己丑朔，日有食之。戊辰，官军破叛回于巩昌，复临洮、兰州。辛未，游击张勇破叛回于马家坪，获故明延长王朱识锛，斩之。壬午，以赵福星为凤阳巡抚。癸未，以朱延庆为江西巡抚。甲申，官军破金声桓，复九江、饶州。己丑，以刘弘遇为安徽巡抚。

六月甲午朔，免西安、延安、平凉、临洮、庆阳、汉中上年灾赋。癸卯，以周文业为甘肃巡抚。甲辰，额塞等大破叛回于兰州，余党悉平。丙辰，京师地震有声。癸亥，太庙成。

秋七月丁丑，初设六部汉尚书、都察院左都御史，以陈名夏、谢启光、李若琳、刘余祐、党崇雅、金之俊为六部尚书，徐起元为左都御史。

八月癸巳朔，金声桓、王得仁寇赣州，官军击走之。己亥，陈泰、李率泰等败郑彩于长乐，又败之于连江，复兴化。己巳，命和硕英亲王阿济格、多罗承泽郡王硕塞等讨天津土贼。丁未，禁民间养马及收藏军器。己酉，以王一品为凤阳巡抚。壬子，令满、汉官民得相嫁娶。乙卯，以夏玉为天津巡抚，张学圣为福建巡抚。

九月壬戌朔，官军获故明巡抚吴江等于南康湖口，斩之。甲子，和硕英亲王阿济格讨曹县土贼，平之。己巳，封贝勒勒克德浑为多罗顺承郡王，博洛为多罗端重郡王。壬申，和硕郑亲王济尔哈朗为定远大将军，讨湖广贼李锦。丁丑，封贝勒尼堪为多罗敬谨郡王。

冬十月壬寅，和硕礼亲王代善死。甲辰，佟图赖复宝庆。丙辰，降将刘泽清结曹县贼叛，泽清及其党李洪基等俱伏诛。

十一月甲子，广东叛将李成栋据南雄，结峒蛮犯赣州，巡抚刘武元等击走之。丙寅，总兵官任珍击贺珍，破之。戊辰，祀天于圜丘，以太祖武皇帝配。追尊太祖以上四世：高祖泽王为肇祖皇帝，曾祖庆王为兴祖直皇帝，祖昌王为景祖翼皇帝，考福王为显祖宣皇帝；妣皆为皇后。上诣太庙册宝。辛未，以配天及上尊号礼成，御殿受贺，大赦。辛未，和硕英亲王阿济格、多罗端重郡王博洛、多罗承泽郡王硕塞等帅师驻大同，备喀尔喀。

十二月辛卯朔，命郡王瓦克达，贝子尚善、吞齐等诣阿济格军。调八旗游牧蒙古官军之半，戍阿尔齐土苏门哈达。癸巳，姜瓖以大同叛，总督耿焞走阳和。丙申，免平山、隆平、清丰灾赋。戊戌，阿济格围大同。辛丑，复遣梅勒章京阿喇善、侍郎噶达浑诣阿济格军。癸卯，免大同灾赋。壬子，杨捷等复都昌，获故明兵部尚书余应桂，斩之。丁巳，以佟养量为宣大总督。

是岁，苏尼特、札鲁特等部来朝。朝鲜，喀尔喀部俄木布额尔德尼、戴青讷门汗喇嘛、塞尔济额尔德尼魏正、硕雷汗、迈达理胡土克图、札隆克图汗下额尔德尼哈谈巴图鲁，厄鲁特部顾实汗、锡勒图绰尔济、诺门汗，索伦部阿济布，鄂尔多斯部单达，苏尼特部腾机式，科尔沁贝勒张继伦，归化城固伦第瓦胡土克图、丹津喇嘛额尔德尼寨桑，土默特部古禄格，乌思藏阐化王王舒克，汤古特达赖喇嘛俱来贡。朝鲜、厄鲁特顾实汗、汤古特达赖喇嘛再至。

六年春正月壬戌，官军复罗源、永春、德化等县。癸亥，命多罗敬谨郡王尼堪等征太原。戊辰，谕曰："朕欲天下臣民共登衽席，日夕图维，罔敢怠勿。往年流寇作乱，惨祸已极，入关讨贼，士庶归心。乃迩年不轨之徒，捏作洗民讹言。小民无知轻信，惶惑逃散，作乱者往往而有。朕闻不嗜杀人，能一天下。书云：'众非元后何戴，后非众罔与守邦。'君残其民，理所蔑有。自元年来，今六年矣，宁有无故而屠戮民者。民苟思之，疑且冰释。至于自甘为贼，乐就死地，必有所迫以致此。岂督、抚、镇、按不得其人，有司朘削，民难自存欤？将蠲免赋税，有名无实欤？内外各官其确议兴利除弊之策，朕次第酌行之。"辛未，姜瓖党姚举等杀冀宁道王昌龄，陷忻州，固山额真阿赖破走之。乙亥，谕曰："设关征税，原以讥察奸宄，非与商贾较锱铢也。其各以原额起税，毋得横征以充私橐，违者罪之。"谕山西大同军民，无为姜瓖胁诱，来归者悉予矜免。戊寅，行保举连坐之法。庚辰，谕言官论事不实者，廷臣集议，毋辄下刑部。辛巳，以金廷献为偏沅巡抚。壬午，谭泰、何洛会复南昌，金声桓投水死，王得仁伏诛，九江、南康、瑞州、临江、袁州悉平。癸未，山西贼党刘迁寇代州，阿济格遣军破走之。

二月癸卯，摄政王多尔衮征大同。免直隶省六年以前荒赋、四川商民盐课。辛亥，故明宗室朱森釜等犯阶州，吴三桂击斩之。

三月癸亥，多尔衮拔浑源州。丙寅，汉羌总兵官张天福平贼渠覃一涵，获故明山阴王等斩之。丁卯，土贼王永强陷延安、榆林等十九州县，延绥巡抚王正志等死之。己巳，应州、山阴降，多尔衮旋师，留阿济格于大同。辛未，进封多罗承泽郡王硕塞多罗端重郡王博洛、多罗敬谨郡王尼堪为亲王。王永强陷同官。壬申，广信府知府杨国桢等复玉山县。宁夏官军克临河等堡。乙亥，甘、凉逆回米喇印、丁国栋复作乱，甘肃巡抚张文衡等死之。丁丑，辅政和硕德豫亲王多铎死，摄政王多尔衮师次居庸，还京临丧。甲申，减隐匿逃人律。谭泰、何洛会破贼于南康，进克信丰，叛将李成栋走死，复抚州、建昌。江西平。丙戌，博洛遣鳌拜等大破姜瓖于大同北山。吴三桂击败王永强，复宜君、同官。

夏四月庚寅，遣罗硕、卦喇驻防太原。癸巳，阿济格复左卫。乙未，命贝子吴达海等代征大同。丙申，吴三桂克蒲县。癸卯，福建官军复平和、诏安、漳平、宁洋。甲辰，赐刘子壮等进士及第出身有差。乙巳，皇太后崩。壬子，谕曰："兵兴以来，地荒民逃，流离无告。其令所在有司广加招徕，给以荒田，永为口业，六年之后，方议征租。各州县以招民劝耕之多寡、道府以责成催督之勤惰为殿最。岁终，抚按考核以闻。"癸丑，以董宗圣为延绥巡抚。官军克福宁，福建平。乙卯，贼党陷汾州，命和硕端重亲王博洛为定西大将军，率师讨之。和硕敬谨亲王尼堪移师大同。丁巳，封贝子满达海为和硕亲王。

五月辛酉，遣图赖率师赴太原军。丙子，以李栖凤为广东巡抚，郭肇基为广西巡抚。免太原、平阳、汾州三府，辽、泽二州灾赋。丁丑，改封孔有德为定南王，耿仲明为靖南王，尚可喜为平南王。命孔有德征广西，耿仲明、尚可喜征广东，各挈家驻防。裁直隶、江南、山东、浙江、陕西同知十，直隶、江南、河南、湖广、江西、浙江通判二十一。免宝坻、顺义五年灾赋。辛巳，吴三桂、李国翰复延安。壬午，四川边郡平。乙酉，和硕端重亲王博洛复清源、交城、文水、徐沟、祁等县。

六月庚子，朝鲜国王李倧死。壬子，免沧州、清苑六年以前荒赋。癸丑，封张应京为正一嗣教大真人。乙卯，免江西四年、五年逋赋。

秋七月戊午朔，摄政王多尔衮复征大同。乙丑，满达海、瓦克达征朔州、宁武。丁卯，免开封等府灾赋。辛未，多尔衮至阿鲁席巴尔台，校猎而还。遣纛章京索洪等益海达海军。癸酉，官军平黄州贼三百余砦，斩故明王朱蕴铲等。甲申，广东余寇犯南赣，官军击却之。丙戌，吴三桂、李国翰复延绥镇城。

八月癸巳，摄政王多尔衮还京。山西贼党陷蒲州及临晋、河津，孟乔芳讨平之。甲午，免真定、顺德、广平、大名灾赋。满达海复朔州、马邑。丁酉，端重亲王博洛拔孝义。丙午，郑亲王济尔哈朗等克湘潭，获何腾蛟，不屈，杀之。辰州、宝庆、靖州、衡州悉平。进克全州。丁未，封朝鲜世子李淏为朝鲜国王。辛亥，以张孝仁为直隶山东河南总督。壬子，遣英亲王阿济格、贝子巩阿岱等征大同。癸丑，梅勒章京根特等拔猗氏。乙卯，大同贼被围久，饿死殆尽，伪总兵杨震威斩姜瓖及其弟琳来献。丙辰，宁武关伪总兵刘伟等率众降，静乐、宁化山寨悉平。

九月戊午，封鄂穆布为多罗达尔汉卓礼克图郡王，苏尼特部噶尔麻为多罗贝勒。甲子，鄂尔多斯部额林臣、布达岱、顾禄、阿济格札穆苏等来降，封额林臣为多罗郡王，布达岱子伊廪臣、顾禄子色冷为固山贝子，阿济格札穆苏为镇国公。丙寅，以夏玉为山东巡抚。癸酉，封固伦额驸祁他特为多罗郡王。甲戌，满达海、博洛克汾州、平阳。

冬十月戊子，封多尼为和硕亲王，杰书为多罗郡王。壬辰，京师地震。甲午，封劳亲为亲王。官军复郓城。戊戌，降将杨登州叛，陷山阴。己亥，免山东东平、长山等十八州县五年灾赋，江西六年以前明季辽饷。辛丑，摄政王多尔衮征喀尔喀部二楚虎尔。乙巳，陕西总兵官任珍击故明将唐仲亨于屠油坝，斩之，并诛故明王朱常涑、朱由杠等。丙午，官军复潞安。丁未，官军克榆林。己酉，满达海等拔沁、辽二州。庚戌，命满达海还京，留瓦克达等定山西。

十一月丙寅，免直隶开、元城等县徭赋，陕西岷州灾赋。甲戌，多尔衮自喀吞布喇克旋师。免宣府灾赋。壬午，耿仲明军次吉安，畏罪自杀。

十二月乙酉朔，山西兴、芮城、平陆三县平。戊子，故明桂王将焦琏寇全州，勒克德浑等击败之，进克道州。努山等拔乌撒城。宜尔都齐等黎平。己酉，官军复邻水、大竹二县。庚戌，宁波、绍兴、台州土寇平。

是年，朝鲜、阿坝垓、乌朱穆秦、土默特诸部、厄鲁特部、阿巴赖诺颜、绩克什虎巴图鲁台吉、顾实汗子下达赖乌巴什温布塔布囊，鄂尔多斯部郡王额林臣，喀尔喀部土谢图汗、硕雷汗、戴青诺颜、归化城土默特部古禄格等，伊喇古克三胡土克图下戴青温布达尔汉囊苏及达赖喇嘛俱来贡。朝鲜、喀尔喀土谢图汗再至。

七年春正庚申，官军复永宁、宁乡。壬戌，官军复南雄。癸酉，封鄂尔多斯部单达为贝勒，沙克查为贝子。甲戌，故明德化王朱慈业，石城王朱议滋陷大田，官军讨平之。丁丑，和硕郑亲王济尔哈朗师还。

二月丁亥，上太后谥曰孝端正敬仁懿庄敏辅天协圣文皇后。甲午，以刘弘遇为山西巡抚，王一品为广西巡抚。李建泰据太平叛，官军围之，出降，伏诛。平阳、潞安、泽州属境俱平。

三月己未，日赤色如血。

夏四月甲午，孔有德擒故明将黄顺、林国瑞于兴宁，降其众五万。丙申，封科尔沁贝勒张继伦为郡王。甲辰，多罗谦郡王瓦克达师还。

六月乙酉，保德州民崔耀等擒故明将牛化麟，斩之，以城降。癸卯，官军复宁都、石城。

秋七月壬子朔，享太庙。乙卯，摄政王多尔衮议建边城避暑，加派直隶、山西、浙江、山东、江南、河南、湖广、江西、陕西九省钱粮二百五十万两有奇。辛酉，幸摄政王多尔衮第。多尔衮以贝子锡翰等擅请临幸，下其罪，贝子锡翰降镇国公，冷僧机、鳌拜等黜罚有差。壬戌，以马之先为陕西巡抚。辛未，免西宁各堡寨五年灾赋。

八月丁亥，降和硕端重亲王博洛、和硕敬谨亲王尼堪为多罗郡王。己丑，封巴林部塞卜腾、蒿齐忒部芊罗特为多罗郡王，科尔沁国顾穆、喀喇沁部古禄思喜布为多罗贝勒，改承泽亲王硕塞、亲王劳亲为多罗郡王。

九月甲寅，故明将郑成功寇潮州，总兵官王邦俊击走之。丙子，免蕲、麻城等七州县五、六年荒赋。

冬十月辛巳朔，日有食之。己亥，定陕西茶马例。庚子，官军克邵武，获故明阁部揭重熙等，斩之。己酉，免桐城等六县荒赋。

十一月甲寅，免甘肃去年灾赋。乙卯，吴三桂复府谷，斩故明经略高友才等，余众降。壬戌，摄政王多尔衮有疾，猎于边外。乙丑，尚可喜复广州，余众降。戊寅，祀天于圜丘。

十二月戊子，摄政和硕睿亲王多尔衮死于喀喇城。壬辰，赴闻，上震悼，臣民为制服。丙申，丧至，上亲奠于郊。己亥，诏曰："太宗文皇帝升遐，诸王大臣吁戴摄政王。王固怀挟让，扶立朕躬，平定中原，至德丰功，千古无二。不幸死逝，朕心摧痛。中外丧仪，合依帝礼。"庚子，收故摄政王信符，贮内库。甲辰，尊故摄政王为懋德修道广业定功安民立政诚敬义皇帝，庙号成宗。乙巳，谕曰："国家政务，悉以奏闻。朕年尚幼，暗于贤否，尚书缺员，其会推贤能以进。若诸细务，理政三王理之。"

是年，喀尔喀、厄鲁特、乌斯藏诸部巴郎和罗齐、达尔汗囊素、盆挫坚挫等来朝。朝鲜，喀尔喀部硕雷汗、札萨克图汗、土谢图汗、绰克图魏正诺颜、戴青诺颜、那穆齐魏正诺颜、察哈尔墨尔根台吉、索那穆、厄鲁特部巴图鲁贝勒、台吉鄂齐尔图、干布胡土克图、噶木布胡土克图、舒虎儿戴青，乌斯藏部阐化王，索伦、使鹿诸部，归化城土默特部古禄格俱来贡。朝鲜再至。

八年春正月己酉朔，蒿齐忒部台吉噶尔马撒望、储护尔率所部来归。辛亥，以布丹为议政大臣。甲寅，和硕英亲王阿济格谋乱，幽之。其党郡王劳亲降贝子，席特库等论死。乙卯，以苏克萨哈、詹岱为议政大臣。丙辰，罢汉中岁贡柑及江南桔、河南石榴。戊午，罢诸处织造督进官役及陕西岁贡绒褐皮革。命和硕睿亲王多尔衮子多尔博袭爵。己未，罢临清岁造城砖。庚申，上亲政，御殿受贺，大赦。诏曰："朕躬亲大政，总理万机。天地祖宗，付托甚重。海内臣庶，望治甚殷。自惟凉德，夙夜祗惧。天下至大，政务至繁，非朕躬所能独理。凡我诸王贝勒及文武群臣，其各殚忠尽职，洁己爱人，利弊悉以上闻，德意期于下究。百姓亦宜咸体朕心，务本乐业，共享泰宁之庆。"孔有德克桂林，斩故明靖江王及文武官四百七十三人，余党悉降。壬戌，罢江西岁进龙碗。丙寅，以夏一鹗为江西巡抚。丁卯，升附孝端文皇后于太庙。追尊故摄政王多尔衮为成宗义皇帝，袝于太庙。移内三院于禁城。己巳，以伊图为议政大臣。免安州芝棉税。丁丑，复封端重郡王博洛、敬谨郡王尼堪为和硕亲王。以巩阿岱、鳌拜为议政大臣。戊寅，以巴图鲁詹、杜尔玛为议政大臣。

二月庚辰，进封满达海为和硕巽亲王，多尼为和硕信亲王，罗可铎为多罗平郡王，瓦克达为多罗谦郡王，杰书为多罗康郡王。更定钱制，每百文准银一钱。辛巳，免朔州、浑源、大同荒赋。癸未，罗什、博尔惠有罪，论死。上欲宥其死，群臣执奏不可，遂伏诛。戊子，上昭圣慈寿皇太后尊号。己丑，大赦。免汶上等五县六、七两年灾赋。辛卯，罢边外筑城之役；加派钱粮准抵八年正赋；官吏捐输酌给议叙并免之。癸巳，苏克萨哈、詹岱、穆济伦首告故摄政王多尔衮逆节皆实，籍其家，诛其党何洛会、胡锡。甲午，免山西荒赋。戊戌，封贝勒岳乐为多罗安郡王。己亥，暴多尔衮罪于中外，削其尊号及母妻追封，撤庙享。庚子，调陈泰为吏部尚书，以韩岱为刑部尚书。辛丑，上幸南苑。壬寅，命孔有德移驻桂林。癸卯，上还宫。乙巳，封和硕肃亲王豪格子富寿为和硕显亲王。

闰二月戊申朔，湖南余寇牛万才率所部降。庚戌，封和硕郑亲王济尔哈郎子济度为多罗简郡王，勒度为多罗敏郡王。甲寅，谕曰："国家纪纲，首重廉吏。迩来有司贪污成习，百姓失所，殊违朕心。总督、巡抚，任大责重，全在举劾得当，使有司知所劝惩。今所举多冒滥，所劾多微员，大贪大恶乃徇纵之，何补吏治？吏部其详察以闻。"调党崇雅为户部尚书，金之俊为兵部尚书，刘余祐为刑部尚书，谢启光为工部尚书。免祥符等六县七年灾赋。乙卯，进封硕塞为和硕承泽亲王。谕曰："榷关之设，国家藉以通商，非苦之也。税关官吏，扰民行私，无异劫夺。朕灼知商民之苦。今后每关设官一员，悉裁冗滥，并不得妄咨勤劳，更与铨补。"丙辰，谕督抚甄别有司才德并优兼通文义者擢之，不识文义任役作奸者黜之，吏部授官校试文义不通者除名。己未，总兵官许尔显克肇庆、罗定；徐成功克高州。禁喇嘛贡佛像、铜塔及番犬。壬戌，幽阿济格于别室，籍其家，削贝子劳亲爵为庶人。乙丑，大学士冯铨、尚书谢启光等以罪免。谕曰："国家设官，必公忠自矢，方能裨益生民，共襄盛治。朕亲政以来，屡下诏令，嘉与更始。乃部院诸臣因仍前弊，持禄养交。朕亲行黜陟，与天下见之。自今以后，其淬砺前非，各尽厥职。若仍上下交欺，法必不贷。"丙寅，谕曰："各省土

寇，本皆吾民，迫于饥寒，因而为乱。年来屡经扑剿，而管兵将领，杀良冒功，真盗未歼，民乃荼毒，朕深痛之。嗣后各督抚宜剿抚并施，勿藉捕扰民，以称朕意。"丁卯，孔有德克梧州、柳州。戊辰，大学士洪承畴兼都察院左都御史，陈之遴为礼部尚书，张凤翔为工部尚书。己巳，裁江南、陕西督饷侍郎，淮安总理漕运侍郎。庚午，固山额赵阿喇善等剿山东贼。壬申，免涿、良乡等十三州县圈地。乙亥，定阿附多尔衮诸臣罪，刚林、祁充格俱坐罪。丁丑，谕曰："故明宗藩，前以恣行不轨，多被诛戮，朕甚悯焉。自后有流移失所甘心投诚者，有司礼送京师，加恩畜养。镇国将军以下，即其地占籍为民，各安厥业。"免宛平灾赋。

三月壬午，端重亲王博洛、敬谨亲王尼堪以罪降郡王。癸未，命诸王、贝勒、贝子分管六部、理藩院、都察院事。乙酉，湖南保、靖、永顺等土司来归。丙戌，免武强上年灾赋。己丑，以希福为弘文院大学士，陈泰为国史院大学士。改李率泰为弘文院大学士，宁完我为国史院大学士。以噶达浑为都察院承政，朱玛喇为吏部尚书，雅赖为户部尚书，谭布为工部尚书，蓝拜为镶蓝旗满洲固山额真。辛卯，定王公朝集例。壬辰，定袭爵例。癸巳，谕曰："御史巡方，职在安民察吏。向来所差御史，苟且请托，身已失检，何由察吏？吏不能察，民何以安？今后各宜洗濯自新，务尽职事，并许督抚纠举，都察院考核

以闻。"癸卯，定斋戒例。丙午，许满洲、蒙古、汉军子弟科举，依甲第除授。

夏四月庚戌，诏行幸所过，有司不得进献。遣官祭狱镇海渎、帝王陵寝、先师孔子阙里。土贼罗荣等犯虔州，副将杨遇明讨擒之。乙卯，幸沙河。辛酉，次赤城。以王文奎总督漕运。甲子，次上都。丙寅，翁牛特部杜棱郡王等来朝。己巳，次俄尔峒。庚午，免朝鲜岁贡柑、柚、石榴。巴林部固伦额驸色布腾郡王等来朝。命故靖南王耿仲明子继茂袭爵。辛未，还次上都河。壬申，次俄尔峒河。

五月丁丑朔，次谟护里伊札里河。夏一鹗击明唐王故将傅鼎铨等，追入福建，擒鼎铨等斩之。辛巳，次库尔奇勒河。壬午，乌朱穆秦部贝勒塞棱额尔德尼等来朝。乙酉，次西喇塔。调噶达浑为户部尚书。以觉善为都察院承政，绰贝为镶白旗蒙古固山额真。壬辰，次孙河。癸巳，还宫。丙申，免英山五年至七年荒逋赋。庚子，复博洛、尼堪亲王爵。甲辰，御史张煊以奏劾尚书陈明夏论死。

六月丙午朔，幸南苑。官军破陕西贼何柴山等于洛南。丁巳，阿喇善击山东盈河山贼，平之。壬戌，罢太和山贡符箓、黄精。乙丑，定诸陵坛祀典。庚午，谕曰："朕以有司贪虐，命督抚察劾。乃阅四五月之久而奏闻。毋乃受贿徇私，为有司所制，或势要挟持，不敢弹劾欤？此盗贼所由滋，而黎民无起色也。其即奉行前昭，直陈无隐。"辛未，诏故明神宗陵如十二陵，以时致祭，仍设守陵户。广东官军复廉州及永安等十二县。壬申，命修善祖陵，设守户，定祭礼，复朝日、夕月礼。

秋七月丙子朔，谕曰："比者投充汉人，生事害民，朕甚恨之。夫供赋役者编氓也，投充者奴隶也。今反厚奴隶而薄编氓，如国家元气及法纪何？其自朕包衣牛录，下至王公诸臣投充人，有犯法者，严治其罪，知情者连坐。前有司责治投充人，至获罪谴。今后与齐民同罚，庶无异视。使天下咸知朕意。"又谕曰："大小臣工，皆朝廷职官，待之以礼，则朝廷益尊。今在京满、汉诸臣犯罪，有未奉旨革职辄提取审问者，殊乖大礼。嗣后各衙门遇官员有犯，或被告讦，皆先请旨革职。然后送刑部审问，毋得径行提审，著为令。"戊子，大学士陈泰、李率泰以罪免。以雅秦为内国史院大学士，杜尔德为议政大臣。乙未，幸南苑。己亥，以陈名夏为内弘文院大学士。

八月丙午朔，上还宫。丁未，科尔沁卓礼克图亲王吴克善来朝。己酉，副将许武光请括天下藏金充饷。上曰："帝王生财之道，在节用爱民。掘地求金，自古未有。"命逐去之。乙卯，以赵开心为左都御史。定顺天乡试满洲、蒙古一榜，汉军、汉人为一榜，会试、殿试如之。戊午，册立科尔沁卓礼克图亲王吴克善女博尔济锦氏为皇后。壬戌，更定马步军经制。吏部尚书谭泰有罪，伏诛，籍其家。乙酉，大婚礼成，加上太后尊号为昭圣慈寿恭简皇太后。丙寅，御殿受贺，颁恩赦。戊辰，追复肃亲王豪格爵。己巳，昭天下岁贡物产不便于民者悉罢之。癸酉，陈锦、金砺等追故明鲁王于舟山，获其将阮进。

九月庚辰，定朝仪。壬午，命平西王吴三桂征四川。陈锦、金砺克舟山，故明鲁王遁走。丙戌，雅赖、谭布、觉善免，以卓罗为吏部尚书，车克为户部尚书，蓝拜为工部尚书，俄罗塞臣为都察院左都御史，赵国祚为镶红旗汉军固山额真。封阿坝垓部都司噶尔为郡王。固山额真噶达浑征鄂尔多斯部多尔济。丁亥，除永平四关荒屯赋。壬辰，改承天门为天安门，癸巳，上猎于近郊。辛丑，还宫。癸卯，喀尔喀部土谢图汗、车臣汗、塞臣汗等来贡。

冬十月己酉，以和硕承泽亲王硕塞、多罗谦郡王瓦克达为议政王。辛亥，免宣府灾赋。丁巳，以额色黑为国史院大学士。庚申，赐阿济格死。辛酉，李国翰会吴三桂征四川。以马光辉为直隶山东河南总督。甲子，免诸王三大节进珠、貂、鞍马及衍圣公、宣、大各镇岁进马。乙丑，封肇祖、兴祖陵山曰启运山，景祖、显祖陵山曰积庆山，福陵山曰天柱山，昭陵山曰隆业山。是日，启运山庆云见。

十一月乙亥朔，皇第一子牛钮生。丙子，于大海率所部至夷陵请降。丙戌，尚可喜克雷州。乙未，免平阳、潞安二府，泽、辽、沁三州上年灾赋。戊戌，以伊尔德为正黄旗满洲固山额真，佟图赖为正蓝旗汉军固山额真。庚子，免阳曲等四县上年灾赋。壬寅，免宁晋荒赋。

十二月丙午，免桐城等四县上年荒赋。丁卯，以周国佐为江宁巡抚。

是年，朝鲜，厄鲁特部额尔德尼台吉，昆都伦吴巴什、阿巴赖，喀尔喀部土谢图汗、车臣汗、塞臣汗、顾实汗、台吉吴巴什，达赖喇嘛俱来贡。

九年春正月癸酉朔，上幸南苑。辛巳，以陈泰为礼部尚书。壬午，大学士陈名夏以罪免。雪张煊冤，命礼部议恤。京师地震。乙酉，以陈维新为广西巡抚。壬寅，皇第一子牛钮死。

二月丁未，以祜锡布为镶红旗满洲固山额真。噶达浑等讨鄂尔多斯部多尔济等于贺兰山，歼之。戊申，和硕巽亲王满达海死。追封和硕简亲王。庚戌，颁六谕卧碑文于天下。庚申，加封郑亲王济尔哈朗为叔和硕郑亲王。辛酉，以陈之遴为弘文院大学士，孙茂兰为宁夏巡抚。

三月乙亥，以王铎为礼部尚书，房可壮为左都御史。赠张煊太常寺卿，仍录其子如父官。庚辰，定官员封赠例。丙戌，罢诸王、贝勒、贝子管理部务。追降和硕豫亲王多铎为多罗郡王。丁亥，和硕端重亲王博洛死，追封和硕定亲王。己丑，以陈泰为镶黄旗满洲固山额真。癸巳，以遏必隆、额尔克戴青、赵布泰、赖塔库、索洪为议政大臣，觉罗郎球、胡世安为礼部尚书。巩阿岱、锡翰、西讷布库、冷僧机以罪伏诛，籍其产。拜尹图免死，幽系。戊戌，多罗顺承郡王勒克德浑死，追封多罗恭惠郡王。己亥，赐满洲、蒙古贡士麻勒吉，汉军及汉贡士邹忠倚等进士及第出身有差。

夏四月丙午，以蔡士英为江西巡抚。丁未，裁登莱、宣府巡抚。乙卯，以韩岱为吏部尚书，蓝拜为刑部尚书，星讷为工部尚书，阿喇善为都察院左都御史。戊午，孔有德克广西南宁、庆远、思恩，故明将陈邦傅以浔州降。己未，免府州县官入觐。庚申，定诸王以下官名舆服之制。乙丑，允礼部议，一月三朝，春秋一举经筵。设宗人府官。

五月丁丑，诏京察六年一举行。己卯，免江阴、青浦牛税。壬午，以喀喀木为昂邦章京，镇守江宁。庚子，幸南苑。

六月丁未，裁并直隶诸卫所。戊申，上还宫。庚戌，以和硕敬谨亲王尼堪掌宗人府事，贝勒尚善、贝子吴达海为左右宗正。官军讨肇庆、高州贼，平之。丁巳，诏军政六年一举行。丙寅，设詹事府官。追谥图尔格为忠义公，图赖为昭勋公，配亨太庙。

秋七月癸酉，故明将孙可望陷桂林，定南王孔有德死之。丙子，名皇城北门为地安门。浙闽总督陈锦征郑成功，至漳州，为其下所杀。庚辰，免淮安六年、七年牙行通税。甲申，以和硕敬谨亲王尼堪为定远大将军，征湖南、贵州。定满官丧制。丁亥，以巴尔处浑为镶红旗满洲固山额真。免磁、祥符等八州县及怀庆卫上年灾赋。吴三桂、李国翰定漳腊、松潘、重庆。遣梅勒章京戴都围成都，故明帅刘文秀举城降。己丑，免临邑四县荒徭赋。辛卯，天全六番、乌思藏等土司来降。戊戌，以祖泽远为湖广四川总督。

八月乙巳，更定王公以下婚娶礼。丙午，多罗谦郡王瓦克达薨。丁巳，命尼堪移师讨广西余寇。

九月庚午朔，以朱孔格、阿济赖、伊拜为议政大臣。辛巳，更定王以下祭葬礼。癸未，以蠹章京阿尔津为定南将军，同马喇希征广东余寇。甲申，以刘清泰为浙江福建总督，王来用为顺天巡抚。辛卯，幸太学释奠。癸巳，赍衍圣公、五经博士、四民子孙，祭酒、司业等官有差。敕曰："圣人之道，如日中天，上之赖以致治，下之资以事君。学官诸生当共勉之。"

冬十月庚子，免沛县六年至八年灾赋。尚可喜、耿继茂克钦州、灵山，故明西平王朱聿𨱑铁缚贼渠李明忠来降，高、雷、廉、琼诸郡悉平。壬寅，官军复梧州。癸卯，以岁饥，诏所在积谷，禁遏籴，旌输粟。丙午，免三水等三县六年灾赋。壬子，以刘余祐为户部尚书。癸丑，免坝州、东安、文安荒赋。甲寅，孙可望寇保宁，吴三桂、李国翰大败之。以希福、范文程、额色黑、车克、觉罗郎球、明安达礼、济席哈、星讷为议政大臣，巴哈纳为刑部尚书，蓝拜罢。戊午，命和硕郑亲王世子济度，多罗信郡王多尼，多罗安郡王岳乐，多罗敏郡王勒都，贝勒尚善、杜尔祜、杜兰议政。辛酉，以阿尔津为安西将军，同马喇希移镇汉中。丙寅，以李化熙为刑部尚书。丁卯，尊太宗大贵妃为懿靖大贵妃，淑妃为康惠淑妃。

十一月庚午，以卓罗为靖南将军，同蓝拜等征广西余寇。己丑，祀天于圜丘。庚寅，故明将白文选寇辰州，总兵官徐勇、参议刘升祚、知府王任杞死之。辛卯，尼堪抵湘潭，故明将马进忠等遁宝庆，追至衡山，击败之，又败之于衡州。尼堪死于军。追封尼堪为和硕庄亲王。乙未，免忻、乐平等州县灾赋。

十二月辛丑，免太原、平阳、汾州、辽、沁、泽灾赋。壬寅，诏还清苑民三百余户所拨投充人地，仍免地租一年。官军复安福、永新。丙午，撤卓罗等军回京。庚戌，幸南苑。戊午，还宫。广东贼犯香山，官军讨平之。己未，复命阿尔津为定南将军，同马喇希等讨辰、常余寇。甲子，免长武灾赋。

是年，达赖喇嘛来朝。朝鲜，厄鲁特部顾实汗、巴图鲁诺颜，喀尔喀部土谢图汗下戴青诺颜、喇吗达尔达尔汉诺颜，索伦部索郎阿达尔汉及班禅胡土克图、第巴、巴喀胡土克图喇嘛俱来贡。厄鲁特顾实汗三至。

十年春正月庚午，谕曰："朕自亲政以来，但见满臣奏事。大小臣工，皆朕腹心。嗣凡章疏，满、汉侍郎、卿以上会同奏进，各除推诿，以昭一德。"

辛未，谕："言官不得捃撫细务，朕一日万几，岂无未合天意，未顺人心之事。诸臣其直言无隐。当者必旌，戆者不罪。"癸酉，免庄浪、红城堡、洮州卫灾赋。丁丑，改洪承畴为弘文院大学士，陈名夏为秘书院大学士。庚辰，以贝勒吞齐为定远大将军，统征湖南军，授以方略。丙戌，以多罗额驸内铎为议政大臣。诏三品以上大臣各举所知，仍严连坐法。庚寅，调金之俊为左都御史，以刘昌为工部尚书。癸巳，更定多罗贝勒以下岁俸。丙申，幸内苑，阅《通鉴》。上问汉高祖、文帝、光武及唐太宗、宋太祖、明太祖孰优。陈名夏对曰："唐太宗似过之。"上曰："不然，明太祖立法可垂永久，历代之君皆不及也。"

二月庚子，封蒿齐忒部台吉噶尔玛萨望为多罗郡王。壬子，大学士陈之遴免。甲寅，以陈之遴为户部尚书。乙卯，以沈永忠为剿抚湖南将军，镇守湖南。己未，裁各部满尚书之复者。庚申，以高尔俨为弘文院大学士，费扬古为议政大臣。辛酉，明安达礼、刘余祐有罪，免。甲子，喀尔喀部土谢图汗下贲塔尔、衮布、奔巴世希、札穆苏台吉率所部来归。

三月戊辰，幸南台较射。上执弓曰："我朝以此定天下，朕每出猎，皆练习骑射。今综万几，日不暇给，然未尝忘也。"赐太常寺卿汤若望号通玄教师。免山西岢岚、保德七十四州县六年逋赋，代、榆次十二州县十之七。己巳，封喀尔喀部贲塔尔为和硕达尔汉亲王，衮布为卓礼克图郡王，奔巴世希为固山贝子。免蓟、丰润等十一州县九年灾赋。庚午，幸南苑。甲戌，免五台县逋赋及八年额赋之半。己卯，免江西六年荒地逋赋。辛巳，设宗学，亲王、郡王年满十岁，并选师教习。乙酉，还宫。丙戌，济席哈免，以噶达浑为兵部尚书。甲午，复以冯铨为弘文院大学士。

夏四月丁酉，亲试翰林官成克巩等。庚子，御太和殿，召见朝觐官，谕遣之。谕曰："国家官人，内任者习知纪纲，外任者谙于民俗，内外扬历，方见真才。今亲试词臣，其未留任者，量予改授，照词臣外转旧例，优予司、道各官。"始谕吏部、都察院举京察。甲辰，免湖南六年至九年逋赋、山西夏县荒赋。丙午，以佟国器为福建巡抚。丁未，以图海为弘文院大学士。壬子，以旱，下诏求直言，省刑狱。甲寅，命提学御史、提学道清厘学政。定学额，禁冒滥。改折民间充解物料，行一条鞭法。丁巳，定满官离任持服三年例。己未，以成克巩为吏部尚书。癸亥，免福州等六府九年以前荒赋三之一。

五月甲戌，停御史巡按直省。免祥符等七县九年灾赋，沔阳、潜江、景陵八年灾赋。乙亥，封郑芝龙为同安侯，子成功为海澄公，弟鸿逵为奉化伯。以喀喀木为靖南将军，征广东余寇。免历城等六十九州县八、九年灾赋。丁丑，定旌表宗室节孝贞烈例。己卯，诏曰："天下初定，疮痍未复，频年水旱，民不聊生，饥寒切身，迫而为盗。魁恶虽多，岂无冤滥，胁从沈陷，自拔无门。念此人民，谁非赤子，摧残极易，生聚綦难，概行诛锄，深可悯恻。兹降殊恩，曲从宽宥，果能改悔，咸与自新。所在官司，妥为安插，兵仍补伍，民即归农，不愿还乡，听其居住，勿令失所。咸使闻知。"庚辰，定热审例。乙酉，追封舒尔哈齐为和硕亲王、额尔衮、界堪、雅尔哈齐、祜塞为多罗郡王。免武昌、汉阳、黄州、安陆、德安、荆州、岳州九年灾赋。庚寅，加洪承畴太保，给略湖广、广东、广西、云南、贵州。壬辰，以张秉贞为刑部尚书。甲午，免坝、保定等三十一州县九年灾赋。

六月乙未朔，追封塔察篇古、穆尔哈齐为多罗贝勒。丁酉，谕曰："帝王化民以德，齐民以礼，不得已而用刑。法者天下之平，非徇喜怒为轻重也。往者臣民获罪，必下部议，以士师之任，职在明允。乃惑私心揣度，事经上发，则重凝以等亲裁；援引旧案，又文致以流刻历。朕群生在宥，临下以宽。在饥寒为盗之民，尚许自首，遐方未服之罪，亦予招携。况于畎庶朝臣，岂忍陷慈冤滥？自后法司务得真情，引用本律，钩距罗织，悉宜痛革，以臻刑措。"大学士高尔俨免。癸卯，复秋决朝审例。乙巳，命祖泽远专督湖广，孟乔芳兼督四川。丙午，免慈谿等五县八年灾赋。辛亥，赐故明殉难大学士范景文、户部尚书倪元潞等及太监王承恩十六人谥，并给祭田，所在有司致祭。改折天下本色钱粮，行一条鞭法。癸丑，贝勒吞齐等败孙可望于宝庆。庚申，以李率泰为两广总督。慈宁宫成。辛酉，增置内三院汉大学士，院各二人。癸亥，谕曰："唐、虞、夏、商未用寺人，至周仅具其职，司阍阓洒扫、给令而已。秦、汉以来，始假事权，加之爵禄，典兵干政，贻祸后代。小忠小信，固结主心，大憝大奸，潜持国柄。宫庭邃密，深居燕闻，淆是非以涸贤奸，刺喜怒而张威福，变多中发，权乃下移。历览覆车，可为鉴戒。朕酌古准今，量为设置，级不过四品。非奉差遣，不许擅出皇城。外官有与交结者，发觉一并论死。"

闰六月丙寅，以成克巩为秘书院大学士，张端为国史院大学士，刘正宗为弘文院大学士。乙亥，以金之俊为吏部尚书。庚辰，谕曰："考之《洪范》，作肃为时雨之征，天人感应，理本不爽。朕朝乾夕惕，冀迓天休。乃者都城霖雨匝月，积水成渠，坏民庐舍，穷黎垫居艰食，皆朕不德有以致之。今一意修省，祗惧天戒。大小臣工，宜相儆息。"

秋七月甲午朔，上以皇太后谕，发节省银八万两赈兵民潦灾。辛丑，以宜永贵为南赣巡抚。庚戌，皇第二子福全生。辛酉，以安郡王岳乐为宣威大将军，率师驻防归化城。

八月壬午，以太宗十四女和硕公主下嫁平西王吴三桂子应熊。尚可喜克化州、吴川。甲申，定武职品级。丙戌，以雷兴为河南巡抚。己丑，废皇后为静妃。辛卯，李定国犯平乐，府江道周永绪，知府尹明廷，知县涂起鹏、华钟死之。

九月壬子，复刑部三覆奏例。丙辰，耿继茂、喀喀木克潮州。丁巳，孟乔芳讨故明宜川王朱敬镠于紫阳，平之。

冬十月癸亥朔，命田雄移师定海。乙丑，马光辉等讨叛将海时行于永城，时行伏诛。丙寅，遣济席哈讨山东土寇。乙酉，设粥厂赈京师饥民。免通、密云等七州县灾赋。戊子，命大学士、学士于太和门内更番入直。

十一月甲午，祀天于圜丘。戊戌，郑成功不受爵，优谕答之。戊申，以亢得时为河南巡抚。己酉，官军讨西宁叛回，平之。乙卯，朱玛喇、金之俊免。丙辰，免江南灾赋。戊午，刘清泰剿九仙山贼，平之。己未，免江西五十四州县灾赋。

十二月丙寅，以陈泰为宁南靖寇大将军，同蓝拜镇湖南。丁卯，以吕宫为弘文院大学士，博博尔代为议政大臣，冯圣兆为偏沅巡抚。辛未，幸南苑。甲戌，免金华八县九年灾赋。癸未，设兵部督捕官。以罗毕为议政大臣。甲申，免开封、彰德、卫辉、怀庆、汝宁九年、十年灾赋。丙戌，郑成功犯吴淞，官军击走之。丁亥，还宫，是夜，地震有声。

是年，朝鲜、琉球，喀尔喀部土谢图汗下索诺额尔德尼、额尔德尼哈谈巴图鲁，厄鲁特部顾实汗、顾实汗下台吉诺穆齐，索伦部巴达克图，富喇村宜库达，黑龙江乌默忒、额尔多科，乌思藏达赖喇嘛俱来贡。朝鲜再至。

十一年春正月辛丑，罢织造官。戊申，免江宁、安徽、苏、松、常、镇、庐、凤、淮、徐、滁上年灾赋。己酉，以袁廓宇为偏沅巡抚，胡全才抚治郧阳。庚戌，广东仁化月峒贼平。癸丑，郑成功犯崇明、靖江、泰兴，官军击走之。甲寅，以金砺为川陕三边总督。乙卯，郑成功犯金山。丁巳，免顺德、广平、大名、天津、蓟州上年灾赋。辛酉，官军击贼于桃源，诛伪总兵李阳春等。

二月癸亥，朝日于东郊。丙寅，谕曰："言官为耳目之司，朕屡求直言，期遇綦切。乃每阅章奏，实心为国者少，比党徇私者多，朕甚不取。其涤肺肠以新政治。"以金之俊为国史院大学士。庚午，甄别直省督抚，黜陟有差。丙子，始耕藉田。戊寅，免江西缺额丁赋。辛巳，命尚可喜专镇广东，耿继茂移驻桂林。壬午，以马鸣珮为宣大山西总督，耿焞为山东巡抚，陈应泰为山西巡抚，林天擎为湖广巡抚，黄图安为宁夏巡抚。癸未，官军复平远县。甲申，谕曰："比年以来，军兴未息，供亿孔殷，益以水旱，小民艰食，有司失于拊循，流离载道。朕心恻然，不遑寝处。即核库储，亟图赈抚。"乙丑，免河南州县卫所十年灾赋。庚寅，以李荫祖为直隶山东河南总督。

三月壬辰，官军击桂东贼，擒其渠赖龙。戊戌，免湖广襄阳、黄州、常德、岳州、永州、荆州、德安及辰、常、襄三卫，山东济南、东昌十年灾赋。辛丑，宁完我劾陈名夏罪，鞫实，伏诛。乙巳，以王永吉为左都御史。戊申，皇第三子玄烨生，是为圣祖。以蒋赫德为国史院大学士。乙卯，以多罗慧哲郡王额尔衮、多罗宣献郡王界堪、多罗通达郡王雅尔哈齐配享太庙。以孟明辅为兵部尚书。

夏四月壬戌，贼渠曹志攀犯饶州，官军击败之，志攀降。庚午，四川贼魏勇犯顺庆，官军击败之。壬申，地震。官军击故明将张名振等于崇明，败之。癸酉，免洛南上年灾赋三之一。己卯，幸南苑，赍所过农民金，乙酉，免保康等四县上年被寇灾赋。丁亥，以王永吉为秘书院大学士，秦世桢为浙江巡抚。戊子，江南寇徐可进、朱元等降。

五月壬辰，上还宫。甲午，幸西苑，赐大臣宴。庚子，以胡图为议政大臣。甲辰，免平凉卫上年灾赋。丙午，起党崇雅为国史院大学士，以龚鼎孳为左都御史。丁未，遣官录直省囚。庚戌，免兴安、汉阴、平利等州县上年灾赋。辛亥，太白昼见。丙辰，以杨麟祥为平南将军，驻防杭州。

六月己未朔，河决大王庙。丙寅，陕西地震。丁卯，以朱玛喇为靖南将军，征广东余寇。甲戌，立科尔沁镇国公绰尔济女博尔济锦氏为皇后。庚辰，大赦。

秋七月戊子朔，封琉球世子尚质为中山王。壬辰，免秦州、朝邑、安定灾赋。戊甲，免镇原、广宁二县灾赋。丙辰，以佟代为浙闽总督。

八月戊午朔，免延安府荒赋。己未，官军剿瑞金余寇，诛伪都督许胜可等。庚申，罢直省恤刑官，命巡抚虑囚。辛酉，免真宁县十年灾赋。壬戌，山东濮州、阳谷等县地震有声。甲戌，以张中元为江宁巡抚。丙子，以张秉贞为兵部尚书。庚辰，以傅以渐为秘书院大学士，任浚为刑部尚书。壬午，故明乐安王朱议溯谋反，伏诛。

九月己丑，范文程以病罢。免西安、平凉、凤翔三府十年灾赋。庚寅，封缐国安为三等伯。壬辰，申严隐匿逃人之禁。癸巳，免宣府、万全右卫灾赋。丙申，以董天机为直隶巡抚。壬子，以冯圣兆为延绥巡抚。

冬十月丁巳朔，享太庙。辛未，免庐、凤、淮、扬四府，徐、滁、和三州灾赋。丁丑，命重囚犯罪三法司进拟，仍令议政王、贝勒、大臣详议。壬午，赈畿辅被水州县。免祁阳等七县逋赋。李定国陷高明，围新会，耿继茂请益师。

十一月丁亥，以陈泰为吏部尚书，阿尔津为正蓝旗满洲固山额真。尚可喜遣子入侍。壬寅，诏曰："朕缵承鸿绪，十有一年，治效未臻，疆圉多故，水旱叠见，地震屡闻，皆朕不德之所致也。朕以眇躬托于王公臣庶之上，政教不修，疮痍未复，而内外章奏，辄以'圣'称，是重朕之不德也。朕方内自省抑，大小臣工亦宜恪守职事，共弭灾患。凡章奏文移，不得称'圣'。大赦天下，咸与更始。"癸卯，幸南苑。甲辰，耿继茂遣子入侍。

十二月辛酉，和硕承泽亲王硕塞薨。戊辰，免荆门、钟祥等六州县灾赋。己巳，免磁、祥符等三十六州县灾赋。壬申，以济度为定远大将军，征郑成功。尚可喜、耿继茂、朱玛喇败李定国于新会，定国遁走。乙亥，郑成功陷漳州，囤泉州。丁丑，命明安达礼征罗刹。免西安五卫荒赋。江西贼霍武等率众降。

是年，朝鲜，琉球，厄鲁特部阿巴赖诺颜、诺门汗、额尔德尼达云绰尔济，索伦部索朗噶达尔汉，汤古忒部达赖喇嘛、谛巴班禅胡土克图均来贡。

十二年春正月戊子，官军败贼于玉版巢，又击藤县贼，破之。庚寅，免东平、济阳等十八州县上年灾赋。乙未，免直隶八府，河南彰德、卫辉、怀庆上年灾赋。戊戌，诏曰："亲政以来，五年于兹。焦心劳思，以求治理，日望诸臣以嘉谟入告、匡救不逮。乃疆圉未靖，水旱频仍，吏治堕污，民生憔悴，保邦制治，其要莫闻。诸王大臣皆亲见祖宗创业艰难，岂无长策，而未有直陈得失者，岂朕听之不聪，虚怀纳谏有未尽欤？天下之大，几务之繁，责在一人，而失所辅导。朕虽不德，独不念祖宗培养之泽乎！其抒忠尽，以慰朕怀。"辛丑，以韩岱为吏部尚书，伊尔德、阿喇善为都统。癸卯，以于时跃为广西巡抚。甲辰，命在京七品以上，在外文官知府、武官付将以上，各举职事及兵民疾苦、极言无隐。辛亥，修《顺治大训》。

二月庚申，复遣御史巡按直省。壬戌，大学士吕宫以疾免。癸亥，免成安等六县上年灾赋。己巳，赈旗丁。免平凉、汉阴二县上年灾赋。丙子，封博穆博果尔为和硕襄亲王。免滨、宁阳等二十一州县上年灾赋。己卯，免滁、和二州上年灾赋。庚辰，以陈之遴为弘文院大学士，王永吉为国史院大学士。癸未，耿继茂、尚可喜败李定国于兴业。广东高、雷、廉三府，广西横州平。

三月戊子，免湖广石门县上年灾赋。以戴明说为户部尚书。庚子，以佟国器为南赣巡抚，宜永贵为福建巡抚。壬寅，免郧阳、襄阳二府上年被寇荒赋。甲辰，赐图尔宸、史大成等进士及第出身有差。丁未，削续顺公沈永忠爵。壬子，谕曰："自明末扰乱，日寻干戈，学问之道，阙焉弗讲。今天下渐定，朕将兴文教，崇儒术，以开太平。直省学臣，其训督士子，博通古今，明体达用。诸臣政事之暇，亦宜留心学问，佐朕右文之治。"癸丑，设日讲官。

夏四月乙丑，免沈丘及怀庆卫上年灾赋。丁丑，进封尼思哈为和硕敬谨亲王，齐克新为和硕端重亲王。癸未，诏修《太祖·太宗圣训》。

五月乙酉，以图海兼刑部尚书。辛卯，和硕郑亲王济尔哈朗薨，辍朝七日。丁酉，以石廷柱为镇海将军，驻防京口。戊戌，以胡沙为镶黄旗固山额真。庚子，以觉罗巴哈纳为弘文院大学士。辛丑，灵丘县地震有声。乙巳，以觉罗郎球为户部尚书。丙午，以李际期为兵部尚书。丁未，以恩格德为礼部尚书。己酉，以卫周祚为工部尚书。

六月甲寅，免杭州、宁波、金华、衢州、台州灾赋。丁卯，谕曰："朕览法司章奏，决囚日五、六人，或十余人。念此愚氓，兵戈灾祲之后，复罹法纲，深可悯恻。有虞之世，民不犯于有司。汉文帝、唐太宗亦几致刑措。今犯法日众，岂风俗日偷欤？抑朝廷德教未敷，或谳狱者有失入欤？嗣后法司其明慎用刑，务求平允。"戊辰，免房山县上年灾赋。桂王将刘文秀寇常德，遣其党犯岳州、武昌，官军击走之。己卯，封博果铎为和硕庄亲王。辛巳，命内十三衙门立铁牌。谕曰："中官之设，自古不废。任使失宜，即贻祸乱。如明之王振、汪直、曹吉祥、刘瑾、魏忠贤辈，专权擅政，陷害忠良，出镇典兵，流毒边境，煽党颂功，谋为不轨，覆败相寻，深可鉴戒。朕裁定内官职掌，法制甚明。如有窃权纳贿，交结官员，越分奏事者，凌迟处死。特立铁牌，俾世遵守。"

秋七月癸未朔，日有食之。壬辰，复遣廷臣恤刑。辛亥，命直省绘进舆图。

八月丙辰，免灵丘县灾赋。癸亥，以阿尔津为宁南靖寇大将军，同卓罗驻防荆州，祖泽润防长沙。乙丑，以多罗安郡王岳乐为左宗正，贝勒杜兰为右宗正。癸酉，谕曰："畿辅天下根本，部臣以运河决口，议征逋赋。朕念畿内水旱相仍，人民荼苦，复供旧税，其何以堪。今悉与蠲免。工筑之费，别事筹划。"免曹、城武等七州县及临清卫、齐河屯上年灾赋。

九月癸未，免凤阳灾赋。壬寅，定武会试中式殿试如文进士。朱玛喇、敦拜师还。丙午，颁御制《资政要览》《范行恒言》《劝善要言》《儆心录》，异姓公以下，文三品以上各一部。戊申，免两当、宁远二县灾赋。

冬十月辛亥朔，设尚宝司官。壬子，免蔚州及阳和、阳高二卫灾赋。己未，免甘州、肃州、凉州、西宁灾赋。辛酉，命每年六月虑囚，七月覆奏，著为令。癸亥，免磁、获嘉等八州县灾赋。甲子，免隆平十一年以前逋赋、淄川等八县灾赋。丙寅，免宣府、大同灾赋。戊辰，诏曰："帝王以德化民，以刑辅治。苟律例轻重失宜，官吏舞文出入，政平讼理，其道曷由。朕览谳狱本章，引用每多未惬。其以现行律例缮呈，朕将亲览更定之。"辛未，以祝世允为镶红旗满洲固山额真。癸酉，以孙廷铨为兵部尚书。乙亥，修王牒。丙子，龚鼎孳以罪免。

十一月壬午，免滨、堂邑等十三州县灾赋。癸未，郑成功将犯舟山。乙酉，巡按御史顾仁坐纳贿，弃市。丁亥，谕曰："国家设督抚巡按，振纲立纪，剔弊发奸，将令互为监察。近来积习，乃彼此容隐。凡所纠劾止末员，岂称设官之意。嗣有瞻顾徇私者，并坐其罪。"郑成功将陷舟山，副将把成功降于贼。戊子，幸南苑。免郧阳、襄阳逋赋，汲、淇、胙城等县灾赋。戊申，免临漳灾赋。

十二月丙辰，免耀州、同官、洛南灾赋。癸亥，免安吉、仁和等十州县，宣化八卫灾赋。乙丑，颁《大清满字律》。免临清、齐河等十州县，东昌卫灾赋。丙寅，于时跃、祖泽远平九团两都瑶、僮一百九十二寨。己巳，多罗敏郡王勒度死。癸酉，免涿、庆云等三十三州县，永平卫灾赋。甲戌，以宜尔德为宁海大将军，讨舟山寇。以秦世祯为安徽巡抚，提督操江，陈应泰为浙江巡抚，白如梅为山西巡抚。免临海等十八县，祥符、兰阳二县，怀庆、群牧二卫灾赋。

是年，喀尔喀部额尔德尼诺穆齐台吉、门章墨尔根楚虎尔台吉、伊世希布额尔德尼台吉、额尔克戴青台吉来朝。朝鲜，喀尔喀部毕席勒尔图汗、俄木布额尔德尼、泽卜尊丹巴胡土克图、丹津喇嘛、车臣汗、土谢图汗、土谢图汗下喇嘛塔尔达汉诺颜、厄鲁特部杜喇尔浑津台吉、都喇尔浑津阿里录克三拖因、阿巴赖诺颜、鄂齐尔图台吉、噶尔丹霸，索伦部马鲁凯，讷墨礼河头目伊库达，黑龙江头目库拜，班禅胡土克图，俄罗斯察汗遣使均来贡、朝鲜三至。厄鲁特阿巴赖、鄂齐尔图台吉再至。

十三年春正月庚辰朔，幸南苑。癸未，谕修《通鉴全书》《孝经衍义》。丙申，免汉中、凤翔、西安上年灾赋。己亥，郑成功将犯台州，副将马信以城叛，降于贼。庚子，免广德上年灾赋十之一。甲辰，免富阳等六县上年灾赋。乙巳，免江西八年逋赋。

二月戊午，免荆州、安陆、常德、武昌、黄州上年灾赋。庚申，免广平上年灾赋。丙寅，免岢岚、五台上年灾赋。戊辰，命两广总督移驻梧州。官军败李定国于南宁。庚午，定部院满官三年考满，六年京察例。以李率泰为浙闽总督，王国光为两广总督。甲戌，以赵布泰为镶黄旗固山额真。丙子，幸南苑，较射。免东平、濮、长山上年灾赋。己卯，大学士冯铨致仕。

三月庚辰，幸瀛台。癸未，免景陵等九县上年灾赋。癸巳，以费雅思哈为议政大臣，马之先为川陕三边总督。乙未，陈之遴有罪，以原官发盛京闲住。癸卯，谕曰："朝廷立贤无方，比来罢遣虽多南人，皆以事论斥，非有所左右也。诸臣毋岐方隅，毋立门户，毋挟忿肆诬，毋摭嫌苛讦，庶还荡平之治。"丙午，谕曰："朕亲政以来，夙夜兢业，每期光昭祖德，蚤底治平，克当天心，以康民物。方睿王摄政，斥忠任奸，百姓怨嗟，望朕亲政。乃者冬雷春雪，陨石雨土，所在见告。六载之中，康濑未奏，灾祲时闻。是朕有负于百姓也。用是恐惧靡宁，冀昭告于上帝祖宗，实图省戒，有司其洄日以闻。"

夏四月辛亥，广西故明永安王朱华塝及土司等来降。乙卯，以灾变祭告郊庙。辛酉，官军破贼姚黄于夷陵。壬戌，太原阳曲地震。丁卯，以觉罗科尔坤为吏部尚书。庚午，免麟游荒赋。壬申，以梁清标为兵部尚书。丁丑，尚可喜复揭阳、普宁、澄海三县。

五月辛卯，免大宁荒赋。癸巳，幸南苑。己亥，以罗托为镶蓝旗满洲固山额真。觉罗郎球免。命明安达礼为理藩院尚书。以张悬锡为宣大总督。免荆门、京山等十一州县，襄阳卫上年灾赋。

闰五月戊申，幸瀛台。丙辰，广西都康等府土官来降。己未，乾清宫、坤宁宫、交泰殿及景仁、永寿、承乾、翊坤、钟粹、储秀宫成。以郎廷左为江南江西总督，刘汉祚为福建巡抚。丙寅，以张朝璘为江西巡抚。

六月己丑，谕曰："满洲家人皆征战所得，故立严法以敬逋逃。比年株连无已，朕心恻焉。念此仆隶，亦皆人子。苟以恩结，宁不知感。苦任情困辱，虽严何益。嗣后宜体朕意。"壬辰，莒州地震有声。庚子，免桃源上年荒赋。辛丑，容美土司田吉麟降。癸卯，命固山额真郎赛驻防福建。撤直省督催税粮满官。宁化贼帅黄素禾来降。

秋七月丁未朔，享太庙。戊申，官军败明桂王将龙韬于广西，斩之。己酉，和硕襄亲王博穆博果尔薨。庚戌，郑成功将黄梧等以海澄来降。壬子，上初御乾清宫。癸丑，大赦。戊午，以佟延平为甘肃巡抚。

八月戊寅，免广信、饶州、吉安上年灾赋。己丑，免莆田、仙游、兴平卫十一、十二两年灾赋。辛卯，赈畿辅。壬辰，封黄梧为海澄公。停满官榷关。癸巳，郑成功军陷闽安镇，进围福州，官军击却之。丁酉，免顺天比年灾赋。己亥，免靖远、洮岷等卫灾赋。辛丑，命三年大阅，著为令。乙巳，免大同上

年灾赋。

九月丙午，官军败郑成功将于夏关，又败之于衡水洋，遂复舟山。癸亥，郑成功将官顾忠来降。壬申，追封和硕肃亲王豪格为和硕武肃亲王。

冬十月丁丑，以蒋国柱为安徽巡抚，提督操江。戊寅，设登闻鼓。己卯，免宣府灾赋，延绥镇神木县十之三。庚辰，四川贼帅邓希明、张元凯率众降。甲午，以胡全才为湖广总督。乙未，幸南苑。丙申，以张尚抚治郧阳。辛丑，官军复辰州。壬寅，免和顺县灾赋十之三。永顺土司彭弘澍率所属三州六司三百八十峒来降。癸卯，命陈之遴还京。

十一月丙午，还宫。丁未，兴京陵工成。庚午，祀天于圜丘。辛亥，幸南苑。申严左道之禁。戊午，免清水县、凤翔所灾赋。丙寅，以张长庚为湖南巡抚，免海州荒赋。辛未，免洛川灾赋。

十二月己卯，册内大臣鄂硕女董鄂氏为皇贵妃，颁恩赦。戊子，还宫。己丑，封盆挫监挫为阐化王。乙未，以李荫祖为湖广总督。丁酉，加上皇太后尊号曰昭圣慈寿恭简安懿章庆皇太后。戊戌，颁思赦。

是年，土谢图亲王巴达礼、卓礼克图亲王吴克善、达尔汉巴图鲁郡王满朱习礼、固伦额驸阿布鼐亲王来朝。朝鲜、荷兰，吐鲁番，乌斯藏阐化王，喀尔喀部索特拔、宜尔登诺颜、喇嘛塔尔多尔济达尔汉诺颜、车臣汉、土谢图汗，土谢图汗下丹津喇嘛、戴青、额尔德尼喇嘛，厄鲁特部达赖吴巴什台吉、讷穆齐台吉、阿巴赖诺颜、察罕台吉、马赖台吉、什虎儿戴青、额尔德尼台吉、顾实汗下色剩棱诺颜，索伦部达尔巴均来贡。喀尔喀土谢图汗、宜尔登诺颜再至。

十四年春正月辛亥，祈谷于上帝，以太祖武皇帝配。癸丑，以魏裔介为左都御史。甲寅，宜尔德师还。乙卯，以张悬锡为直隶山东河南总督。官军败郑成功将于乌龙江，又败之于惠安县。戊午，谕曰："制科取士，计吏荐贤，皆朝廷公典。臣子乃以市恩，甚无谓也。师生之称，必道德相成，授受有自，方足当之。岂可攀援权势，无端亲匿。考官所得，及荐举属吏，辄号门生。贿赂公行，径窦百出，钻营党附，相煽成风。朕欲大小臣工杜绝弊私，恪守职事，犯者论罪。"修金陵寝。庚申，以卢崇峻为宣大总督。甲子，谕曰："我国家之兴，治兵有法。今八旗人民，怠于武事，遂至军旗隳敝，不及曩时。皆由限年定额，考取生童，乡会两试，即得录用，及各衙门考取他赤哈哈番、笔帖式，徒以文字得官，迁转甚速，以故人乐趋之。其一切停止。"丁卯，封猛峨、塔尔纳为多罗郡王，多尔博为多罗贝勒，皇贵妃父鄂硕为三等伯。

二月戊寅，祭社稷。命儒臣纂修《易经》。癸未，故明崇阳王朱蕴钤等来降。丁酉，祭历代帝王庙。己亥，宽隐匿逃人律。以赛音达理为正白旗汉军固山额真。壬寅，山西云镇地震有声。癸卯，免沔阳、益阳上年灾赋。

三月己酉，奉太宗文皇帝配享圜丘及祈谷坛。多罗郡王塔尔纳死。壬子，奉太祖武皇帝、太宗文皇帝配享方泽。癸丑，以配享礼成，大赦天下。甲寅，诏求遗书。丙辰，复孔子位号曰：至圣先师。丁卯，定远大将军济度师还。

夏四月甲戌，兴宁县雷连十二峒瑶官庞国安等来降。丁丑，流郑芝龙于宁古塔。癸未，四川保宁府威、茂二州地大震。乙酉，以济席哈为正红旗满洲都统。丁亥，以久旱，恤刑狱。辛卯，祷雨于郊坛，未还宫，大雨。丁酉，幸南苑。戊戌，置盛京奉天府。

五月癸卯朔，日有食之。丙午，以道喇为正红旗蒙古固山额真。甲寅，封济度为和硕简亲王。丁巳，以觉罗伊图为兵部尚书。戊午，还宫。

六月辛巳，免彰德、卫辉二府上年灾赋。壬午，免武陵县上年灾赋。辛丑，洪承畴以疾解任。

秋七月丙辰，削左都御史魏裔介职，仍戴罪办事。庚申，以朱之锡为河道总督。

八月壬申，命敦拜为总管，驻防盛京。己丑，免山西荒地逃丁徭赋。丙申，郑成功犯台州，绍台道蔡琼枝叛，降于贼。丁酉，赉八旗贫丁。

九月辛丑，以亢得时为漕运总督，李国英为川陕三边总督。丙午，初御经筵。以贾汉复为河南巡抚。癸丑，以高民瞻为四川巡抚。停直省秋决。丙寅，官军复闽安镇。丁卯，京师地震有声。戊辰，诏曰："自古变不虚生，率由人事。朕亲政七载，政事有乖，致灾谴见告，地震有声。朕躬修省，文武群臣亦宜协心尽职。朕有阙失，辅臣陈奏毋隐。"

冬十月壬申，以开日讲祭告先师孔子于弘德殿。免新乐上年灾赋。癸酉，命固山额真赵布泰驻防江宁。丙子，皇第四子生。修《赋役全书》。辛巳，幸南苑。乙酉，阅武。丁亥，修孔子庙。戊子，还宫。庚寅，改梁化凤为水师总兵官，驻防崇明。甲子，顺天考官李振邺、张我朴等坐受贿弃市。乙未，昭事殿、奉先殿成。

十一月壬寅，幸南苑。皇第五子常宁生。丙午，进安郡王岳乐为亲王。庚戌，免吉水等八县灾赋。戊午，免霸、宝坻等二十八州县，保安等四卫灾赋。辛酉，荆州贼田国钦等来降。壬戌，明桂王将孙可望来降。固山贝子吞齐喀以罪削爵。

十二月癸酉，复命洪承畴经略五省，同罗托等取贵州。免新建、丰城灾赋。甲戌，封孙可望为义王。癸未，命吴三桂自四川，赵布泰自广西，罗托自湖南取贵州。丙戌，明桂王将谭新傅等降。丙申，以皇太后疾愈，赍旗兵，赈贫民。

是年，朝鲜、喀尔喀部毕席勒尔图汗、冰图台吉、额尔德尼韦征诺颜、吴巴什诺颜、土谢图汗下完书克诺颜，厄鲁特部敖齐尔图台吉子伊拉古克三、班第大胡土克图、绰克图台吉、巴图鲁台吉、达赖乌巴什台吉、索伦部马鲁喀、虎尔格吴尔达尔汉、东夷托科罗氏、南迪欧、达赖喇嘛、班禅胡土克图均来贡。朝鲜三至。

十五年春正月庚子，大赦。诏曰："帝王孝治天下，礼莫大乎事亲。比者皇太后圣躬违和，朕夙夜忧惧。赖荷天眷，今已大安。遭兹大庆，宜沛殊恩。其自王公以下，中外臣僚，并加恩赉。直省逋赋，悉与豁免。吏民一切诖误，咸赦除之。"壬寅，停祭堂子。以多礼信郡王多尼为安远靖寇大将军，率师征云南。戊午，祀圜丘。己未，祀方泽。辛酉，祀太庙、社稷，以太后疾愈故。皇帝四子死。丙寅，以周召南为延绥巡抚。

二月甲戌，赈畿辅。甲申，免武清、潞上年灾赋。己丑，减辽阳税额。辛卯，山东贼帅张京等来降。甲午，命部院官各条陈事宜。乙未，御经筵。

三月辛丑，李定国党闫维龙等陷横州，官军击走之。甲辰，内监吴良辅以受贿伏诛。壬子，免襄阳、郧阳荒赋。戊午，追封科尔沁巴图鲁王女为悼妃。甲子，追封皇第四子为和硕荣亲王。

夏四月辛未，赐孙承恩等进士及第出身有差。丙子，官军败贼于合州，克重庆。癸未，免江夏等七县十三年灾赋。丙戌，较射于景山。辛卯，免淳化荒赋。大学士王永吉以罪免。壬辰，大学士陈之遴复以罪流盛京。

五月丁酉朔，日有食之。癸卯，调卫周祚为吏部尚书。戊申，以刘昌为工部尚书。更定铨选法。辛亥，郑成功将犯澄海，游击刘进忠以城叛，降于成功。壬子，免山东十一年以前灶丁逋课。己未，较射于景山。辛酉，裁詹事府官。壬戌，广西贼将贺九仪犯宾州，官兵击败之。癸亥，以胡世安、卫周祚、李霨为内院大学士。甲子，官军复沅靖，进取贵阳、平越、镇远等府，南丹、那地、独山等州，抚宁土司俱降。

六月戊辰，吴三桂等败李定国将刘正国于三坡，克遵义，拔开州。辛未，以赵廷臣为贵州巡抚。壬申，以佟国器为浙江巡抚，苏弘祖为南赣巡抚。丙子，官军败海寇于白沙。辛巳，以李栖凤为两广总督。甲申，以王崇简为礼部尚书。壬辰，免靖、沅陵等十五州县及平溪九卫所额赋。癸巳，郑成功犯温州，陷平阳、瑞安。

秋七月己亥，裁宣大总督。己酉，以潘朝选为保定巡抚。庚戌，沙尔虎达击罗刹，败之。改内三院大学士为殿阁大学士。设翰林院及掌院学士官。增各道御史三十人。己未，免桂阳、衡阳等十州县上年灾赋。甲子，以巴哈、费扬古、郭迈、屠录会、马尔济哈、鄂莫克图、坤巴图鲁、邬布格德墨尔根袍、喀兰图、鄂塞、博洛塞冷、巴特玛、巴泰俱为内大臣，赵国祚为浙江总督。李率泰专督福建。

八月癸酉，以李显贵为镶白旗汉军固山额真。丙子，敕谕多尼等，授以方略。李定国将王兴及水西宣慰使安坤等来降。癸巳，御经筵。

九月丁酉，以孙塔为镶蓝旗蒙古固山额真。庚戌，更定理藩院大辟条例。己酉，以能图为左都御史。壬子，赐镶黄、正黄、正白三旗官校金。甲寅，改内院大学士觉罗巴哈纳、金之俊为中和殿大学士，额色黑、成克巩为保和殿大学士，蒋赫德、刘正宗为文华殿大学士，洪承畴、傅以渐、胡世安为武英殿大学士。卫周祚为文渊阁大学士，李霨为东阁大学士。己未，免福州、兴化、建宁三府，福宁州十二、十三两年荒赋。癸亥，发帑赐出征军士家。

冬十月壬午，以祖重光为顺天巡抚。荆州、襄阳、安陆霪雨，江溢，漂没万余人。

十一月甲午朔，海寇犯洛阳内港，官军击败之。乙未，免郧阳、襄阳荒赋。庚子，定宫中女官员额、品级。辛丑，免林县灾赋十之三。江南考官方犹、钱开宗等纳贿弃市。

十二月壬申，以索浑为镶白旗满洲固山额真。甲戌，免五台灾赋。壬午，故明宗室朱议㴖率众降。乙酉，以邬赫为礼部尚书。免山阴等八县上年灾赋。戊子，以明安达礼为安南将军，率师驻防贵州。己丑，谕曰："川、湖、云、贵之人，皆朕臣庶，寇乱以来，久罹汤火。今大军所至，有未归者，加意拊循，令其得所。能效力建功者，不靳爵赏。"

是年，朝鲜，喀尔喀部窦尔格齐诺颜、噶尔当台吉、土谢图汗、毕席勒尔图汗、丹津喇嘛，厄鲁特部阿巴赖诺颜，车臣台吉下车臣俄木布、鄂齐尔图台吉，索伦部达把代，库尔喀部塔尔善，使尤国头目替尔库，达赖喇嘛俱来贡。朝鲜、喀尔喀土谢图汗、厄鲁特阿巴赖诺颜再至。

十六年春正月甲午，桂王将谭文犯重庆，其弟谭诣杀之，及谭弘等来降。丁酉，以徐永正为福建巡抚。庚子，多尼克云南，以捷闻。初，多尼、吴三桂、赵布泰会师于平越府之杨老堡，分三路取云南。多尼自贵阳入，渡盘江至松岭卫，与白文选遇，大败之。三桂自遵义至七星关，不得进，乃由水西间道趋乌撒。赵布泰自都匀至盘江之罗颜渡，败守将李成爵于山谷口，又败李定国于双河口，所向皆捷，遂俱抵云南，入省城。李定国、白文选奉桂王奔永昌。癸卯，以林天擎为云南巡抚。甲辰，以巴海为昂邦章京，驻防宁古塔。辛亥，赐外藩蒙古诸王贫乏者马牛羊。癸丑，以赵廷臣为云贵总督，卞三元为贵州巡抚。

二月丙寅，免潼关卫辛庄等屯上年灾赋。丁卯，海寇犯温州，官军击败之。庚午，以云、贵荡平，命今秋举会试。辛未，免荆州、潜江等九州县及沔阳、安陆二卫上年灾赋。丙子，命罗托等班师，明安达礼驻防荆州。壬午，以许文秀为山东巡抚。三月丙申，以蒋国柱为江宁巡抚。己亥，以张仲第为延绥巡抚。戊申，以朱衣助为安徽巡抚。郑成功犯浙江太平县，官军击败之。己酉，御经筵。甲寅，命吴三桂镇云南，尚可喜镇广东，耿继茂镇四川。丁巳，免襄阳等六县灾赋。

闰三月壬戌，大学士胡世安以疾解任。丁卯，定犯赃例，满十两者流席北，应杖责者不准折赎。甲申，免钟祥县上年灾赋。图海有罪，免。丙戌，封谭弘为慕义侯，谭诣为向化侯。丁亥，以张自德为陕西巡抚。

夏四月甲寅，多尼、吴三桂军克镇南州，白文选纵火烧澜沧江铁桥遁走。我军进克永昌，李定国奉桂王走腾越，伏兵于磨盘山，我军力战，复克腾越。

五月壬戌，广西南宁、太平、思恩诸府平。己巳，以刘秉政为宁夏巡抚。晋封满朱习礼为和硕达尔汉巴图鲁亲王。戊寅，官军击成功于定关，败之，斩获甚众。辛巳，发内帑银三十万两，以其半赈云、贵穷黎，其半给征兵饷。

六月庚子，朝鲜国王李淏死。壬子，郑成功陷镇江府。

秋七月丁卯，以达素为安南将军，同索洪、赖塔等率师征郑成功。丙子，郑成功犯江宁。庚辰，幸南苑。甲申，还宫。

八月己丑朔，江南官军破郑成功于高山，擒提督甘辉，烧敌船五百余艘。成功败遁，我军追至瓜州，敌兵大溃。先是，成功拥师十余万，战舰数千，抵江宁城外，列八十三营，络绎不绝，设大炮、地雷、云梯、木栅，为久困之计，军容甚盛。我军噶褚哈、马尔赛等自荆州以舟师来援，会苏松水师总兵官梁化凤及游击徐登第、参将张国俊等各以军至，总督郎廷佐合军会战，水陆并进，遂以捷闻。庚寅，御经筵。癸巳，幸南苑。以刘之源为镇海大将军，同梅勒章京张元勋等驻防镇江。以葵士英为凤阳巡抚，总督漕运；宜永贵为安徽巡抚，提督操江。丙申，安南国都将武公恣遣使纳款于洪承畴军前。戊戌，还宫。甲辰，郑成功复犯崇明，官军击败之。乙巳，幸南苑。丙午，还宫。

九月庚申，免台州四年至十年被寇税赋。乙亥，赐陆元文等进士及第出身有差。丁丑，以杜立德为刑部尚书。戊寅，予故朝鲜国王李淏谥，封世子㴭为国王。庚辰，以海尔图为镶蓝旗汉军固山额真。辛巳，尊兴京祖陵为永陵。甲申，幸南苑。

冬十月庚戌，洪承畴以疾解经略任。甲寅，奈曼部达尔汉郡王阿汉以罪削爵为庶人。

十一月己未，论故巽亲王满达海、端重亲王博洛、敬谨亲王尼堪前罪，削巽亲王、端重亲王爵，降其子为多罗贝勒。敬谨亲王独免。壬戌，以公渥赫、公朴尔盆为内大臣。丙寅，上猎于近畿。壬申，次昌平州，上硕酒明崇祯帝陵，遣学士麻勒吉祭王承恩墓。甲戌，遣官祭明帝诸陵，并赠陵户，加修葺，禁樵采。戊寅，皇第六子奇授生。己卯，次汤泉。甲申，次三屯营。追谥明崇祯帝为壮烈愍皇帝。丙戌，吴三桂取沅江。

十二月戊戌，还京。乙巳，定世职承袭例。庚戌，加公主封号。壬子，命耿继茂移驻广西。

是年，朝鲜，喀尔喀部丹津喇嘛、土谢图汗、车臣汗、毕席勒尔图汗、鲁布臧诺颜、车臣济农、昆都伦托音、土谢图汗下多尔济台吉，厄鲁特部阿布赖诺颜、达来吴霸西诺颜、俄齐尔图台吉，黑龙江能吉勒屯头目韩批理，索伦部胡尔格乌尔达尔汉俱来贡。朝鲜，喀尔喀部土谢图汗、丹津喇嘛再至。

十七年春正月丙寅，以朱国治为江宁巡抚。庚辰，京师文庙成。以能图为刑部尚书。辛巳，诏曰："自古帝王，统御寰区，治效已臻，则乐以天下；化理未奏，则罪在朕躬。敬天勤民，道不越此。朕续承祖宗鸿绪，兢兢图治，十有七年。乃民生犹未尽遂，贪吏犹未尽除，滇、黔伏戎未靖，征调时闻。反复思维，朕实不德，负上天之简畀，忝祖宗之寄托，虚太后教育之恩，孤四海万民之望。每怀及此，罔敢即安。兹以本年正月，祭告天地、太庙、社稷，抒忧引责。自今以后，元旦、冬至及朕寿令节庆贺表章，俱行停止。特颁恩赦，官民除十恶死罪外，悉减一等，军流以下，咸赦除之。直省通赋，概予豁免。有功者录，孝义者旌。诞告中外，咸使闻知。"免洮州卫上年灾赋。甲申，免莒、宁阳十二州县上年灾赋。

二月戊子，诏京官大学士、尚书自陈。其三品以下，亲加甄别。吴三桂军破贼于普洱。征南将军赵布泰师还。壬辰，尚书刘昌自陈年老，致仕。癸巳，免贵阳等六府及土司上年灾赋。复设凤阳巡抚，驻泰州。戊戌，甄察直省督抚及京职三品以上汉官，石申、冯溥等录叙黜有差。壬寅，以林起龙为凤阳巡抚。免淮、扬、凤三府，徐州上年灾赋。定每年孟春合祭天地日月及诸神于大享殿。癸卯，谕礼部："向来孟春祈谷礼于大享殿举行，今既行合祭礼于大享殿，以后祈谷礼于圜丘举行。"壬子，免梁城所上年灾赋。

三月癸亥，定平西、靖南二藩兵制。甲子，以史纪功为浙江巡抚。辛未，谕礼部："朕载稽旧制，岁终袷祭之外，有奉先殿合祭之礼。自后元旦、皇太后万寿及朕寿节，合祀于奉先殿。其详议礼仪以闻。"论陷镇江罪，革巡抚蒋国柱、提督管效忠职,免死为奴,协领费雅柱等弃市。甲戌,定固山额真汉称曰都统,梅勒章京曰副都统,甲喇章京曰参领,牛录章京曰佐领,昂邦章京曰总管。满仍其旧。以袁懋功为云南巡抚。丙子,御经筵。癸未,定王、贝勒、贝子、公妻女封号。甲申,更定民公、侯、伯以下,章京以上盔缨制。

夏四月丙戌,免宝坻、丰润、武清上年灾赋。甲午,以张长庚为湖广总督。丙申,以刘祚远为保定巡抚,张椿为陕西巡抚。辛丑,诏定匿灾不报罪。癸卯,以白秉贞抚治郧阳。丙午,皇第七子隆禧生。己酉,合祀天地于大享殿。

五月乙卯朔,以觉罗伊图为吏部尚书。庚申,免绥德、肤施五州县上年灾赋。甲子,以阿思哈为兵部尚书,苏纳海为工部尚书。甲戌,以佟壮年为正蓝旗汉军都统,郭尔泰为镶白旗蒙古都统。免沅州、镇远二卫上年灾赋。己卯,诏曰:"前者屡诏引咎责躬,由今思之,皆具文而鲜实益。且十二、十三年间,时有过举,经言官指陈,虽加处分,而此心介然未释。今上天示儆,亢旱厉疫,灾眚叠至。寇盗未息,民生困悴。用是深自刻责,夙夜靡宁。从前以言获罪者,吏部列名具奏。凡国计民生利害,及朕躬阙失,各直言无隐。"庚辰,以张天福为正黄旗汉军都统。壬午,觉罗巴哈纳等以旱引罪自陈。上曰:"朕以旱灾迭见,下诏责躬。卿等合辞引罪,是仍视为具文,非朕实图改过意也。卿等职司票拟,仅守成规,未能各出所见,佐朕不逮。是皆朕不能委任大臣之咎。自后专加委任,其殚力赞襄,秉公持正,以副朕怀。"多罗信郡王多尼师还。癸未,云南土司那佩来降。

六月乙酉,始命翰林官于景运门入直。以阿思哈兼摄左都御史事。戊子,遣官省狱。以杨茂勋为湖广巡抚。免澧、巴陵十二州县及岳州等卫上年灾赋。己丑,增祀商中宗、高宗、周成王、康王、汉文帝、宋仁宗、明孝宗于历代帝王庙。罢辽太祖、金太祖、元太祖庙祀及宋臣潘美、张浚从祀。以苏纳海为兵部尚书。癸巳,以穆里玛为工部尚书,白色纯署河道总督。丙申,上以祷雨步至南郊斋宿。是日,大雨。戊戌,祀天于圜丘,又雨。己亥,大学士刘正宗、成克巩、魏裔介以罪免。辛丑,命修举天下名山大川、古帝王圣贤祀典。

秋七月甲寅朔,以霍达兼摄左都御史事。和硕简亲王济度薨。戊午,编降兵为忠勇、义勇等十营,隶吴三桂,以降将马宝等统之。丁卯,移祀北岳于浑源州。己巳,免荆州、祁阳十三州及衡州等卫上年灾赋。庚午,免均、保康七州县及郧、襄二卫上年荒赋。以杨义为工部尚书。丁丑，命耿继茂移驻福建。宁古塔总管巴海败罗刹于使犬部地，招抚费牙喀十五村一百二十余户。改徙席北流犯于宁古塔。庚辰，停遣御史巡按直省。壬午，以罗托为安南将军，率师征郑成功。癸未，能图免。

八月丁亥，以彭有义为河南巡抚。己丑，免化、茂名四州县及商州所上年灾赋。庚寅，免武冈上年灾赋。丙申，云南车里土司刁木祷来降。戊戌，以沈永忠为挂印将军，镇守广东。辛丑，以爱星阿为定西将军，征李定国。壬寅，皇贵妃董鄂氏死，辍朝五日。甲辰，追封董鄂氏为皇后。己酉，降将郝承裔叛，陷邛州，围嘉定，官军击败之。辛亥，以穆里玛为镶黄旗满洲都统。

九月癸丑朔，安南国王黎维祺奉表来降。甲子，以佟凤彩为四川巡抚。丁卯，伪将邓耀据海康，官军击走之。壬申，以王登联为保定巡抚。甲戌，免保昌六县及南、韶二所十四年灾赋。戊寅，幸昌平，观故明诸陵。己卯，还宫。

冬十月丁亥，以觉罗雅布兰为刑部尚书。戊子，罢朝鲜贡鹰。辛卯，幸近郊。甲午，还宫。己亥，以郭科为工部尚书。丁未，免睢、商丘十一州县及归德、睢阳二卫上年灾赋。

十一月甲寅，免赵、柏乡四州县及真定卫上年灾赋。乙卯，免宁、上饶四十六州县上年灾赋。丁巳，撤直省恤刑官。安南将军明安达礼师还。辛酉，大学士刘正宗以罪免。壬戌，复遣御史巡按直省。乙丑，敬谨亲王尼思哈死。戊寅，免睢、虞城六州县灾赋。庚辰，免五河、安东上年灾赋。十二月癸巳，免邳、宿迁四州县灾赋。戊戌，免庆都灾赋。甲辰，皇第八子永干生。

是岁，朝鲜、喀尔喀部丹津喇嘛，土谢图汗下万舒克诺颜、七旗，厄鲁特部鄂齐里汗，达赖喇嘛、班禅胡土克图，阿里禄克山托因，虎尔哈部宜讷克，俄罗斯部察罕汗，使鹿索伦部头目布勒、苏定噶、索朗阿达尔汉子查木苏来贡。朝鲜再至。

十八年春正月壬子，上不豫。丙辰，大渐。赦死罪以下。丁巳，崩于养心殿，年二十四。遗诏曰："朕以凉德，承嗣丕基，十八年于兹矣。自亲政以来，纪纲法度，用人行政，不能仰法太祖、太宗谟烈，因循悠忽，苟且目前。且渐习汉俗，于淳朴旧制，日有更张。以致国治未臻，民生未遂，是朕之罪一也。朕自弱龄，即遇皇考太宗皇帝上宾，教训抚养，惟圣母皇太后慈育是依。隆恩罔极，高厚莫酬，朝夕趋承，冀尽孝养。今不幸子道不终，诚恫未遂，是朕之罪一也。皇考宾天，朕止六岁，不能服衰绖行三年丧，终天抱憾。惟侍奉皇太后顺志承颜，且冀万年之后，庶尽子职，少抒前憾。今永违膝下，反上厪圣母哀痛，是朕之罪一也。宗室诸王贝勒等，皆太祖、太宗子孙，为国藩翰，理宜优遇，以示展亲。朕于诸王贝勒，晋接既疏，恩惠复鲜，情宜暌隔，友爱之道未周，是朕之罪一也。满洲诸臣，或历世竭忠，或累年效力，宜加倚托，尽厥猷为。朕不能信任，才有莫展。且明季失国，多由偏用文臣。朕不以为戒，委任汉官，即部院印信，间亦令汉官掌管。致满臣无心任事，精力懈弛，是朕之罪一也。朕夙性好高，不能虚己延纳。于人之际，务求其德与己侔，未能随才器使，致每叹乏人。若舍短录长，则人有微技，亦获见用，岂遂至于举世无才，是朕之罪一也。设官分职，惟德是用，进退黜陟，不可忽视，朕于廷臣，明知其不肖，不既罢斥，仍复优容姑息。如刘正宗者，偏私躁忌，朕已洞悉于心，乃容其久任政地。可谓见贤而不能举，见不肖而不能退，是朕之罪一也。国用浩繁，兵饷不足。而金花钱粮，尽给宫中之费，未尝节省发施。及度支告匮，每令诸王大臣会议，未能别有奇策，止议裁减俸禄，以赡军饷。厚己薄人，益上损下，是朕之罪一也。经营殿宇，造作器具，务极精工。无益之地，糜费甚多。乃不自省察，罔体民艰，是朕之罪一也。端敬皇后于皇太后克尽孝道，辅佐朕躬，内政聿修。朕仰奉慈纶，追念贤淑，丧祭典礼，过从优厚。不能以礼止情，诸事太过，逾滥不经，是朕之罪一也。祖宗创业，未尝任用中官，且明朝亡国，亦因委用宦寺。朕明知其弊，不以为戒。设立内十三衙门，委用任使，与明无异。致营私作弊，更逾往时，是朕之罪一也。朕性耽闲静，常图安逸，燕处深宫，御朝绝少。致与廷臣接见稀疏，上下情谊否塞，是朕之罪一也。人之行事，孰能无过？在朕日理万几，岂能一无违错？惟听言纳谏，则有过必知，朕每自恃聪明，不能听纳。古云：'良贾深藏若虚，君子盛德，容貌若愚。'朕于斯言，大相违背。以致臣工缄默，不肯进言，是朕之罪一也。朕既知有过，每自刻责生悔。乃徒尚虚文，未能省改，过端日积，愆戾愈多，是朕之罪一也。太祖、太宗创垂基业，所关至重，元良储嗣，不可久虚。朕子玄烨，佟氏妃所生，歧嶷颖慧，克承宗祧，兹立为皇太子。即尊典制，持服二十七日，释服即皇帝位。特命内大臣索尼、苏克萨哈、遏必隆、鳌拜为辅臣。伊等皆勋旧重臣，朕以腹心寄托。其勉矢忠尽，保翊冲主，佐理政务。布告中外，咸使闻知。"

三月癸酉，上尊谥曰体天隆运英睿钦文大德弘功至仁纯孝章皇帝，庙号世祖，葬孝陵。累上尊谥曰体天隆运定统建极英睿钦文显武大德弘功至仁纯孝章皇帝。

清朝定都北京

清朝发源于东北地区的建州。十六世纪末，太祖努尔哈赤以十三副遗甲起兵，四方征讨，至明万历四十四年（1616年）建立起后金汗国。万历四十六年，后金开始向明朝发起进攻，并在几年之内攻占了辽东的大部地区，迁都至沈阳。崇祯九年（1636年），清太宗皇太极改国号为大清，即皇帝位，继续攻击明朝。崇祯十五年，清军夺得松山、锦州等地，明朝在关外仅存宁远一城，至此，清朝基本上具备了入主中原的实力。

崇祯十七年春，农民军李自成部进军北京，向明王朝发起总攻击。清朝统治集团的核心人物摄政王多尔衮感到时机成熟，遂于这年四月率大军西进，准备乘战乱伺机夺取明朝天下。此时李自成农民军已经攻克北京，明亡。原明平西王吴三桂据山海关降清。四月二十二日，清军和吴三桂军联兵在山海关内大败李自成农民军，农民军溃退回京。多尔衮于当日封吴三桂为平西王，统马步兵一万隶之。第二天即向北京进军。

清军及吴三桂部在西进京师的途中发布榜文告示，宣传"义师为尔复君父仇，非杀尔百姓"。多尔衮也极重视部队的政策与纪律，向诸将提出"今入关西征，勿杀无辜，勿掠财物，勿焚庐舍。"这种做法消除了许多汉族官僚地主的疑惧，因而在向北京进发的过程中几乎没有遇到抵抗。这样，清军兵不血刃，轻易地占领了北京这座故明都城。

入关后的清军把大顺农民军看作自己的主要敌人，进京后立即马不停蹄地继续深入攻击围剿。而对故明势力，清方则采取了安抚拉拢的政策。在清军的政策攻势下，直隶和山东、山西等地的大批官僚士绅归顺清朝，清朝在京畿及其周围地区的统治初步巩固。

摄政王多尔衮在占领北京后就以北京作为对关内军事、行政发号施令的指挥中心，常驻下来。

十月初一日，顺治帝在北京行登基礼。宣布仍用大清国号，顺治纪元。初十，顺治帝于皇极门向全国颁即位诏书。诏书除宣布自己作为天下最高君主的无庸置疑的合法性之外，还提出五十五款。其主要内容有：加封亲王宗室及满洲开国功臣；察叙满洲将领及入关后降顺之文武官绅；赦免十月初一日以前的罪犯；加恤出征兵丁；地亩钱粮俱照前朝原额，而加派辽饷、新饷、练饷、召买等项悉行减免；大兵经过地方免征正粮一半，无大兵经过者免三分之一；各直省拖欠钱粮，自五月初一以前，凡未经征收者尽行减免；等等。

清朝迁都北京，顺治帝在北京行定鼎礼，标志着清朝政权在中原地区统治的初步确立。尽管清朝统治者又用了近二十年的时间，才真正统一了天下，但其新的统治中心北京地区却一直是相当巩固的。北京作为清朝的首都，也就一直延续到二十世纪初清朝灭亡，二百多年中始终没有改变地位。

抗击沙俄入侵

顺治七年至十七年（1650～1660年），沙皇俄国先后派遣哈巴罗夫和斯捷潘诺夫武装入侵我国东北地区，当地清军和各族人民坚决抗击，重创沙俄侵略者，捍卫了祖国的神圣领土。

早在明崇祯十六年（1643年），俄国雅库次克督军戈洛文就曾派出以文书官瓦西里·波雅科夫为首的远征军130余人，侵入我国黑龙江流域进行烧杀抢掠，直到顺治三年，才取道鄂霍次克海返回雅库次克。俄国侵略者的暴行遭到当地各族人民的坚决反击，全队133人，只有53人生还俄国。

顺治七年一月，叶罗菲·哈巴罗夫率领70名哥萨克人越过外兴安岭，侵入我国雅克萨以西达斡尔族聚居地区。哈巴罗夫见当地人民已有准备，自己力量薄弱，乃放火烧毁村庄，撤回雅库次克。

第二年初，哈巴罗夫再次率领他新招募的一百余名侵略军侵入黑龙江流域。他们首先攻占了战略要地雅克萨城，又于同年六月向黑龙江中下游进犯。

十月到达乌扎拉村，并在此休整过冬。乌扎拉村是赫哲族人聚居地区。他们一面以简陋的武器对抗俄国侵略者，一面派人向驻守今吉林宁安的清军报警。顺治九年春，清宁古塔章京海色率领 600 名清军前往乌扎拉村，同时赶来助战的还有黑龙江流域各族人民千余人，清朝军民英勇作战，冲入敌营，200 余名沙俄侵略军被压缩成一团，但由于海色下令只准生俘，不能击杀，束缚了自身的手脚，给敌人以可乘之机，致使战斗失利，清军被迫撤出乌扎拉村。尽管初战失利，仍给了侵略者以沉重打击。哈巴罗夫不敢继续深入，率部向黑龙江上游撤退。途中遭到清军及沿江各族人民的阻击。

哈巴罗夫回国后，沙皇改派斯捷潘诺夫前来中国，继续率军在黑龙江流域进行侵略。顺治十年，清政府任命沙尔虎达为第一任宁古塔昂邦章京，负责抗击沙俄侵略，保卫边境安宁。顺治十一年，沙尔虎达率满洲兵 300、虎尔哈兵 300、朝鲜兵 100 前往松花江口，抗击沙俄侵略军。当时斯捷潘诺夫率哥萨克 370 余名活动于该地。两军相遇，俄国侵略者倚仗船大枪多，向清军挑衅。清军占据有利地形，设置埋伏，诱敌登岸，伏兵四起，俄军大败，狼狈逃窜，许多哥萨克兵被打死打伤，士气大为低落。顺治十二年二月，清政府命尚书都统明安达礼自京师率军前往黑龙江征剿沙俄侵略军。其时斯捷潘诺夫及其部下正盘跨在呼玛尔城中。二十七日，明安达礼所部到达呼玛尔，向城内俄军发起进攻。俄军凭借坚固的工事和精良的武器进行顽抗。双方激战十天，清军未能攻破呼玛尔城，反而由于劳师袭远，粮草不足，难以持久，遂班师还朝。

顺治十五年七月，斯捷潘诺夫又带领哥萨克侵略军五百余名窜到松花江流域进行骚扰。他们抢劫粮食、貂皮，杀人放火，给当地各族人民的生产生活造成极大破坏。七月十五日，宁古塔昂邦章京沙尔虎达率领清军分乘 47 只小船，在松花江与牡丹江会流处以逸待劳，设下伏兵，高丽国闻讯，也派兵前来助战。当斯捷潘诺夫率部到来后，清军在朝鲜兵的协助下，将俄国侵略者团团包围。面对清军强有力的攻势，俄军大乱，180 多名哥萨克士兵脱离大队四处逃窜，斯捷潘诺夫等 300 余人被困核心，无法脱身。经过一场激战，清军大获全胜，打死、打伤及俘获俄军 270 余名，击毙敌酋斯捷潘诺夫，顺治十六年，沙尔虎达去世，其子巴海继任宁古塔昂邦章京。顺治十七年，巴海率领清军继续在黑龙江流域进行围剿，最终肃清了中下游地区的沙俄侵略者残部。

三藩之乱

"三藩"，是指平西王吴三桂、增南王尚之信、靖南王耿精忠。早在清入关之前，耿精忠之祖耿仲明和尚之信之父尚可喜就先后降清，并受到重用；吴三桂则在山海关降清，为清朝定鼎中原立过汗马功劳。清廷入关后，吴三桂等人分别率军南下追剿农民军和南明势力。顺治末年，吴三桂受封于云南，尚可喜受封于广东，耿仲明之子耿继茂受封于福建，不但各自握有重兵，而且把持地方政务，截留地方税收，成了一方的霸主。康熙初年，平定国内反清势力的战争已经全部结束，而三藩仍据于南方各省，耗费巨大的国家财政开支，而且对清廷的中央集权构成极大威胁。康熙帝亲政后，以三藩隐患为关心的第一大事，决心伺机解决。

康熙十二年（1673 年）初，尚可喜上疏请求归老辽东，由其长子尚之信继承爵，在粤继续掌管藩中事务。康熙帝认为这正是分别削弱三藩实力的良机，不允许尚之信袭爵，而令平南全藩一起撤离广东。清廷的这一举动引起了吴三桂和不久前才袭靖南王爵位的耿精忠的不安。为了窥测清廷意向，吴三桂和耿精忠于这年七月也分别上疏请撤藩。清廷中一部分人不同意遽然撤藩，认为撤藩则吴三桂必反。康熙帝却看到，吴三桂等"蓄彼凶谋已久，今若不及早除之，使其养痈成患，何以善后？况其势已成，撤亦反，不撤亦反，不若先发制之可也。"决计三藩同时裁撤，并派员前往滇、粤、闽三省料理搬迁事宜。

吴三桂和耿精忠早怀异心，见到朝廷决然撤藩，分别积极准备反叛。十一月二十一日，吴三桂杀云南巡抚朱国治反叛，自称天下都招讨兵马大元帅，立国号为周，令部属皆蓄发易衣冠。并命其部将马宝等率军由贵州进攻湖广，王屏藩等率军进攻四川以威胁陕西。吴三桂还致书耿精忠和尚可喜以及各地旧部好友，约定共同起兵。清廷在一个月以后才得到吴三桂叛乱的消息，立即决定暂停撤平南、靖南二藩，并派兵分守荆州、常德、岳州、汉中、南昌等要地，同时还宣布削吴三桂爵，诏谕且下，"其有能擒斩吴三桂头献军前者，即以其爵爵之。"表示了坚决镇压叛乱的决心。

吴三桂早有叛乱准备，兵精粮足，进展非常顺利。短短四个月的时间里，叛军和清军几乎还没有正式对阵，就已经占据了云南、贵州、四川、湖南、福建五省全部和广东、广西、浙江、江西、湖北、陕西六省的一部，形势对清廷十分不利。

康熙十三年初，吴三桂亲统主力已经抵达长江南岸，设营于松滋。这时清廷仓促布防，各地的叛清之风涌起。吴三桂如果当机立断渡江北上或是顺流而下占领江南地区，都将给清廷以沉重打击。在吴军最初的攻势面前，一些满族大臣甚至有撤回关外的打算。但吴三桂贪恋云贵根据地，又想保存实力以待天下自乱，长期下不了这决心，因而在最初几个月的长足进展之后就止步不前了。吴三桂的这一重大战略失误使清廷赢得了宝贵的时间，得以从容调兵遣将，安排布防。自康熙十二年底至十三年九月，康熙帝先后任命宗室贵族顺承郡主勒尔锦等六人为大将军，率八旗劲旅和大批绿营军奔赴前线，分别担任湖广、川陕、闽浙和两江方面的统帅。勒尔锦出兵最早，又直接面对吴三桂主力，是清军诸方面军中的核心力量。但勒尔锦是纨绔子弟，既无克敌的谋略，又无进攻的勇气。因此吴三桂主力与勒尔锦部在彝陵（今宜昌）至今岳阳一线的长江两岸长期对峙，却基本上没有战斗。康熙十三年至十五年（1674～1676年）间，清军与叛军的战斗主要发生在东南、西北和两广战线。

耿精忠于康熙十三年三月叛乱于福州，囚禁福建总督范承谟，自称总统兵马大将军，分兵三路向浙江和江西进攻。清廷数次招抚不成，于四月削耿精忠之爵以示决裂。

耿精忠叛乱之初，曾邀台湾郑经登陆支援。但郑经率军入闽后，与耿精忠不和，反而从背后攻袭耿部，连陷数府。耿精忠腹背受敌，无力抵抗，先杀范承谟而后降。耿精忠降后，康熙帝命还其爵如故，但在三藩之乱平定后被凌迟处死。

在平定三藩之乱初期，清廷对绿营军很有疑虑，不肯重用，对出征的绿营军在待遇方面也多有歧视。康熙十三年末，参加进剿四川的平凉提督王辅臣部因缺粮饷而发生兵变，西北战况对清廷的安危关系很大，康熙帝几欲御驾亲征。后调集甘肃绿营军张勇、王进宝、孙思克等部与定西大将军贝勒董额军夹击王辅臣，形势才得缓解。康熙十五年六月，王辅臣困于平凉，再度降清。吴三桂军也相继退入川中，双方在陕南一带再次陷于对峙状态，一直到最后清军全面反攻的时候。王辅臣后自杀。

两广方面最先叛应吴三桂的是孙延龄。由于他与三藩渊源甚深，清廷对他也非常不信任。康熙十三年二月，孙延龄诱杀都统王永年，自称安远大将军，配合吴三桂行动。不久，广西提督马雄亦叛，广西全陷，广东方面三面受敌，形势吃紧。平南王尚可喜始终忠于清廷，在吴三桂叛清后一直竭力支撑广东局面。但尚可喜老病，其长子尚之信昏暴狂妄，掌握着藩中实权。康熙十五年二月，吴三桂军在广东节节胜利，广东各路总兵纷纷反叛，尚之信遂降于广州，接受吴三桂封号为辅德亲王。尚可喜不能控制形势，郁愤而死。不久福建耿精忠部平定，清廷命莽依图为镇南将军入广东。康熙十六年五月，尚之信率官军剃发降清，康熙帝命其袭父王爵。在平定三藩大局初定后，尚之信于康熙十九年被处死。孙延龄则在此之前被吴三桂杀死。

康熙十六年以后，清军的作战对象主要是吴三桂军本部，战场主要在湖南和广西。驻荆州的勒尔锦和岳州外围的安远靖寇大将军贝勒尚善仍然怯懦不敢出战，岳乐，喇布之军围攻长沙等地也没取得什么进展。但吴三桂早已成强弩之末，同样不能有所突破，双方再次陷入僵局。为了鼓舞士气，吴三桂于康熙十七年三月在衡州（今衡阳）称帝，建元昭武。随后，吴军欲开辟向闽南的通道，与郑经相呼应，于是以大兵攻永兴。清军野战失利，都统宜理布等大将阵亡，永兴城被困，形势紧迫。但八月间，吴三桂病死，吴军阵营大乱。主攻永兴的马宝闻讯自焚其营垒撤军还衡州，各处吴军守将也人心瓦解，丧失斗志。

康熙十八年初，清军向叛军发动总攻。康熙二十年初，清三路大军相继入云南，吴军溃败不能成阵。三月，遂围昆明，吴三桂之孙吴世蘉与大将郭壮图等固守孤城十余月，终因粮尽无援而生内变。吴世蘉自杀，其所部开城迎降。三藩之乱平定。

清朝统一台湾

　　郑成功及其子郑经在收复台湾后，仍然用南明永历年号，以明朝遗臣的身分继续同清廷对抗。但是，清朝政府经过入关之后数十年的统治，已经完全巩固了其地位，国内满汉之间的民族矛盾也已趋于缓和，台湾郑氏实际上成为阻碍国家走向统一的一股割据势力。早在康熙初年，统一台湾的问题已经提到清朝统治者的议事日程上来，只是由于掌握实际权力的鳌拜集团以为"海洋险远，风涛莫测，驰驱制胜，计难万全"，才被搁置下来。

　　"三藩"之乱爆发后，郑经乘机率军进攻福建等地，客观上起了策应吴三桂叛军的作用，增加了清军平息叛乱的困难。直至康熙十九年（1680 年）夏，郑经军连遭失败，才再度退归台湾。

　　康熙二十年初，郑经病逝于台湾，其子郑克𡒀监国。郑经的亲信侍卫冯锡范等人为了争夺权力，诱杀了郑克𡒀，又奉郑经年幼次子郑克塽继位。此后台湾地方大权落入冯锡范与刘国轩二人手中。郑氏集团内部争权夺利的斗争削弱了自己的力量，岛上人心不稳。

　　这年六月，康熙帝在确知郑经已死和台湾统治集团内乱的消息后，即谕令福建总督姚启圣、巡抚吴兴祚、提督诺迈、万正色等人乘机进兵台湾、澎湖。但由于当时进军准备尚不充分，水军提督万正色等人对进取台湾又存有疑议，这次军事行动没能立即实施。稍后由于内部长学士李光地的荐举，康熙帝决定任用熟悉海上情况，并曾为郑成功部将的施琅，于七月任命他为福建水师提督总兵官、加太子太保，率军进攻台湾。

　　康熙二十一年正月，施琅至福建上任，即于厦门调集军队，修整船只，积极准备攻台。台湾方面得知情况，也加强了防备，以刘国轩统兵六千人镇守海上要冲澎湖。

　　康熙二十二年六月，施琅率军由铜山（今东山）出发，进军澎湖。这时澎湖的刘国轩部已增兵至二万，战船二百余艘，而且在岸上和外布列了大炮和炮船，防御体系相当坚固。十六日，清军发起进攻，刘国轩迎战，双方各有伤亡。施琅首战不胜，只得暂时退兵，集全军船队于八罩屿。二十二日，施琅再次发动进攻，派总后官陈蟒、董义等分别率船攻打牛心湾、基隆屿，作为偏师和疑兵，自己则率大船五十余艘居中直冲娘妈宫。刘国轩亲率船队迎战。双方自辰时开战，炮火交攻，极其激烈。至巳时，南风忽起，施琅命乘风放火，郑军于是大溃，战船大量被击沉焚毁，一些将士阵前投降，刘国轩仅率残余的31 只大小船只自吼门逃走。澎湖 36 岛于是全部剃发归清。

澎湖的失陷引起台湾郑氏当局的极大恐慌。七月二十七日，郑克塽正式向清军递降表，台湾自此统一于清朝。

施琅在台湾也采取了安民措施。八月十三日，施琅率军来到台湾，颁布《谕台湾安民告示》，提出"土地既入版图，则人民皆属赤子，保义抚绥，倍常加意"。又严束部队，不许扰民。台湾全局于是安定如常。

在平定台湾郑氏之后，清廷内部对于如何处置台湾这个岛屿发生过分歧。一部分人主张彻底放弃台湾，迁其人，弃其地，而以兵力驻防澎湖。施琅则力主坚守台湾。他的数次上疏陈述利害，建议留守台湾。

清廷最后做出决定，在台湾设置台湾府，隶属福建省，康熙二十三年春，清朝驻台湾的第一批文武官员全部就职。

康熙南巡

康熙帝即位后，经过二十余年的励精图治，创下了重大业绩，先后平定三藩之乱，击败沙俄侵略，收复台湾。国内形势得到了稳定。于是从康熙二十三年（1684 年）起，至康熙四十六年（1707 年）六次下江南巡视，也成为他的重要业绩之一。

自从宋代以来，黄河下游河道从河南经江苏北部入海，在淮阴附近与淮河运河汇合。明末清初，因战事频繁，黄河没有治理，因此水灾时有发生。顺治至康熙初年，即决堤八十余次。不仅淹没宿迁以东的今江苏淮安七州县，而且危及南北运输的命脉——运河，每年400万漕粮的北运，常因黄河水患而受阻。因此，康熙深知治河的重要性，早在平定三藩之前，就列入国家亟须解决的三件要务，书于宫中柱上。康熙二十三年十月，他第一次南巡到山东泰山，再到宿迁，查访了黄河北堤岸180里。随后到宝应、高邮一带，再由扬州到京口，乘沙船西下，抵苏州而回。在南京，康熙帝亲自祭奠了明太祖陵墓，又赴高家堰检查堤岸工程，最后经泗水回曲阜，拜谒孔林后，由德州返回。康熙二十八年（1689年）正月，康熙帝开始第二次南巡，于二月到达杭州，渡过钱塘江拜谒禹陵，三月由南京起程回北京。康熙三十八年二月，康熙与皇太后一同举行第三次南巡，他"亲乘小舟，不避水险，各处周览，"还登上堤岸，用水平仪测量地势水位，命令河道总督于成龙绘出河图。经过实地勘测，康熙帝认识到造成水患的原因，是"黄河逼近清口，黄水倒灌，以致淤垫。"于是洪泽湖的水位低于黄河，下游山阳、高邮等七洲县尽被淹没。针对此弊，他提出要"深浚河身"，加高两岸堤坝，使河水湍急，带走泥沙入海。康熙四十二年，康熙帝第四次南巡中，又查看了高家堰、徐家湾、翟家坝等处堤岸工程。两年后，康熙帝南巡到济宁，看到黄河情况已与初次南巡泛滥横行时大不一样。初次所见，两岸人烟树木历历在目，船高地低十分明显。二次南巡时，则只见两旁堤岸。至四次南巡中，船已低于河岸不少。显然浚通河岸、加高堤坝已经收到了较大效果。此后，黄河水患得到了较好的控制。康熙帝的最后一次南巡是在康熙四十六年正月，他检查溜淮套后来到杭州，住至四月回京。他在谕旨中自称："朕廑念河防，屡行亲阅，凡自昔河道之源流，治河之得失，按图考绩，靡不周知。"

康熙南巡的另一个目的，是为了查访江南的吏治民情，笼络团结汉族士大夫。江南是明朝的心腹之地，物产丰富，人才荟萃。而自清兵入关以后，在江南扬州、嘉定等地进行了血腥镇压，引起汉族士大夫的普遍抵触情绪。为了改变这种状况，康熙在南巡途中广泛接见当地的名士闻人，屡加慰抚，这些都起到了笼络人心，消除对立情绪的作用。在南巡中，康熙还通过耳闻目睹的了解，对吏治进行考察，发现了一批人才。

康熙在六次南巡中，勤于公事，不讲排场，巡访所需费用及供应物品，大多数出自内务府开销。沿途所设行宫，也比较俭朴。尽管康熙帝的六次南巡不可能做到毫不扰民，在南京、杭州等地由李煦、曹寅安排的行宫也是相当豪华的，但与其前其后的各代皇帝相比，从他南巡的主要目的看，他的六次南巡还是应当作为正面业绩予以肯定。

雅克萨之战

顺治年间，中国军民击毙了沙俄侵略头子斯捷潘诺夫，将沙俄侵略者赶出了黑龙江中下游地区，但他们仍占据着黑龙江上游的尼布楚城（今俄罗斯涅尔琴斯克）等待时机，策划着新的侵略活动。康熙四年（1665 年），俄军重占雅克萨城，并建堡筑寨，勒索财物，设置殖民农庄，奴役和镇压当地中国人民。康熙十五至二十一年沙俄又利用清廷全力镇压南方"三藩之乱"、无暇北顾之机，派出大量军队入侵黑龙江各支流，并调集大批枪炮、物资到尼布楚、雅克萨等地，加强侵略力量。对此，清朝政府多次提出交涉、抗议，警告他们必须停止对中国的侵略。沙俄侵略者不但置若罔闻，反而变本加，公然在中国领土上设立据点，强征贡赋，开采银矿，烧杀抢掠。清政府忍无可忍，遂于"三藩之乱"平定之后，立即集中力量，准备武力驱逐沙俄侵略者。

事先，康熙帝总结了三十多年来与沙俄斗争的经验，进行了周密、细致的准备工作。康熙二十二年十月，清廷以萨布索为第一任黑龙江将军，着手扫除俄军在黑龙江中下游设置的侵略据点。与此同时，当地各族人民也纷纷拿起武器，以各种形式打击沙俄侵略军。在各族人民的配合下，清军相继拔除了许多俄军据点。至该年年底，除尼布楚、雅克萨等少数地区外，侵入黑龙江流域的沙俄侵略者基本被肃清。

在加紧军事部署的同时，清政府始终未放弃谋求政治解决的努力，曾通过各种途径表示，只要沙俄停止侵略活动，清朝愿与之保持和平。直到大兵进发雅克萨之前，康熙帝还写信给沙皇，劝其迅速撤回雅克萨之兵，"互相贸易遣使，和睦相处"。但是，沙俄政府将清方的和平努力看成是软弱可欺，不但不予接受，反而继续扩大侵略。他们调整了侵略黑龙江地区的军事指挥机构，任命熟悉当地情况且以骁勇著称的弗拉索夫和托尔布津分别担任尼布楚和雅克萨督军，又增调援军，贮存粮草，加固城防，还派普鲁士军官拜顿在托博尔斯克召招哥萨克来中国助战。至此，清政府已别无选择，只有下决心以武力将侵略者赶出中国。

康熙二十四年四月，都统彭春、郎谈、黑龙江将军萨布素等分率满、蒙、汉等官兵三千余人自黑龙江城（今爱辉）和卜魁城（今齐齐哈尔），水旱两路向雅克萨进发。五月二十二日，彭春率部抵达雅克萨城下，立即向俄方发出咨文，要求其撤出雅克萨，归还逃人，以雅库（今俄罗斯雅库次克）为界，遭到俄方拒绝。次日清军列阵，包围雅克萨城。二十五日，一队增援雅克萨的俄军自黑龙江顺流而下，被清军将领林兴珠率福建藤牌兵拦于江西。一场激战，毙伤俄军四十余人。随即，清军架设"神威无敌大将军"炮，向雅克萨城猛烈轰击，同时水陆并进，四面围攻。经过一昼夜激战，俄军伤亡惨重，城内到处起火。二十六日，郎谈命积柴焚城。俄国雅克萨督军托尔布津走投无路，只得出城投降，并发誓不再回雅克萨城。清军准其投降。派人将托尔布津及其手下官兵、眷属等七百余人送到额尔古纳河河口，收复了被俄军侵占达20年的雅克萨城。不久，清军撤回黑龙江城。

托尔布津等残兵败将回到尼布楚后，仍不死心。正项拜顿率领六百名哥萨克援兵也到达尼布楚，又探得清军全部撤退，并未留兵驻防的消息，遂率领五百余名俄军返回雅克萨，加筑工事，重新盘踞。康熙二十五年五月，萨布素、郎谈、班达尔沙等奉命率领清军2 100余人会师于查克丹，再次进兵雅克萨。命俄俘鄂克索木果带信入城警告俄军，如不立即撤出，必将其全部歼灭。是时，盘踞城中的俄国侵略军共有800余人，他们凭借充足的火器装备、弹药粮草和坚固的城防工事负隅顽抗，并自城中频繁出击，不让清军炮位和攻城器械逼近城墙。萨布素率领清军将士在当地各族人民的协助下，屡次击败出城挑战的俄军。六月初九日夜，萨布素下令向雅克萨城发起进攻。自夜到晨，重创俄军，数日之内毙敌100余人，托尔布津也中炮毙命，由拜顿继任其职。但是，由于清军除拥有少量大炮外，士兵作战主要依靠刀矛弓箭，杀伤力较小，对攻坚战尤为不利，故未能迅速拿下雅克萨城，战事一时陷入僵持状态。萨布素等为避免牺牲过大，停止强攻，于城外东、南、北三面挖掘长壕，修筑堡垒，又于城西江南布置水师，封锁来自尼布楚方向的援兵航道，对城中俄军进行长期围困。由于城中无井，通常依靠通向黑龙江的水道引来水源。清军经过四昼夜激战，切断了城中水源。数月之后，城中饮水、粮食、弹药皆已告罄，加之疾疫流行，800 多名俄军只剩下 66 人，尼布楚方面也无力派来援军，困守雅克萨的俄国侵略者已经濒临绝境。

尽管清方在军事上取得重大进展，但为求得边界上持久的和平，仍然不断谋求与沙俄进行谈判。此时的俄国，正值彼得一世之姐索菲亚公主执政，统权极不稳固，不可能再派大批军队前来中国，眼看困在雅克萨的俄军将被全歼，遂决定接受清政府的建议，派出以戈洛文为全权代表的谈判使团与清朝进行边界谈判。该年十月，俄国信使文纽科夫和法沃罗夫等到达北京，呈递沙皇给康熙帝的书信，要求清政府停止攻打雅克萨，等待戈洛文一行到达后进行谈判。清政府以礼接待了俄国信使，并在雅克萨城唾手可得的情况下同意了俄国的请求，命令萨布素等撤雅克萨之围，又派太医赴雅克萨为患病俄军治疗，且发粮赈济，保住了坐困城中坐以待毙的俄国人性命。次年七月，清政府闻知戈洛文使团抵达边境，遂命萨布素等率部返回黑龙江、墨尔根（今嫩江）等地驻守。至此，历时两年之久的第二次雅克萨之战正式结束。

蒲松龄与《聊斋志异》

《聊斋志异》作者蒲松龄，字留仙，一字剑臣，别号柳泉，淄川（今山东淄博）蒲家庄人。蒲松龄出身于"书香"门第，19 岁接连考取县、府、道三个第一，但此后屡试不第。直到 71 岁才考得了一个岁贡。科举不得意，他便一生隐居，做私塾先生，生活相当清苦。正是因为科举的失意，使他从不满科举制度开始，逐渐看到现实中诸多的黑暗，而贫困的生活，又使他能够体恤农民的疾苦，以致其部分作品能够摆脱个人的积郁，在很大程度上反映社会矛盾，表达出人民的某些思想和愿望。

蒲松龄一生著述颇丰。除《聊斋志异》外，还有诗集六卷，文集四卷，通俗俚曲14种，以及长篇白话小说《醒世姻缘传》等。《聊斋》是蒲松龄的代表作，《聊斋》中绝大多数篇章记述了当时民间和下层文士间的故事传说。作者有意借用花妖狐魅的故事抒发自己的情感，寄托自己的悲愤，以避开当时严酷的文网。

《聊斋志异》的主要篇章反映了广阔的现实生活，有着深刻的思想意义。书中有部分作品对科举制度的腐败进行了猛烈抨击。蒲松龄一生深受科举之害，对其弊端感受尤深，因而这类作品入木三分，思想性特别突出。《聊斋》还以大量篇幅揭露了现实政治的腐败与统治阶级对人民的残酷迫害。《聊斋》的少数篇章还赞美了劳动者善良、纯朴、豪爽、机智的优秀品格。

浓烈的浪漫主义色彩，是《聊斋》最突出的艺术风格。在许多篇章中，妖魅和幽幽冥间都起着重要作用。作者有意将妖魅人格化、社会化，借助妖魅的超现实力量来实现自己的理想。人物的刻画也很独特，生动是一方面，几笔就能传神，更重要的是作者表现人物不拘泥于现实，敢于突破生与死、人与妖的界限，因而给人一种亦真亦幻又鲜明可爱的感觉。情节的曲折也增加了作品的魅力。整体而言，《聊斋志异》是部针砭现实的好作品，但其中亦宣传了因果报应、地狱轮回等宿命论的观念，这就导致了作品思想意义的复杂性。

《聊斋》问世之后风靡一时，形成我国文言短篇小说的一个高峰。《聊斋》之后，文坛上出现大量摹仿作品，《谐铎》《夜谭随录》《阅微草堂笔记》即此类作品。这些作品或仅搬用《聊斋》的形式，或思想趋于保守，离《聊斋》达到的艺术境界相去甚远。《聊斋》的精华所在，如现实精神、精湛的白描刻画与讽刺手法倒是被清代长篇小说中的优秀之作《儒林外史》等继承下来。

吴敬梓与《儒林外史》

"乾隆盛世"时，吴敬梓创作了杰出的讽刺小说《儒林外史》。吴敬梓（1701～1754年），字敏轩，晚年号文木老人，安徽全椒县人，清代著名文学家。出身于科甲鼎盛的缙绅世家，36岁时曾被荐应博学鸿词考试，即以病辞，

54 岁时（1754 年）穷愁潦倒死于扬州。《儒林外史》的社会批判锋芒所指，主要集中在封建科举制度对士人灵魂的腐蚀毒化方面。吴敬梓站在一定的思想高度上俯视整个封建文化，深刻地剖析了儒林众生的种种心态和生态。《儒林外史》以其高度的思想艺术成就奠定了我国古典讽刺小说的基础。它对晚清谴责小说及现代讽刺文学都有深远影响。它与稍晚的《红楼梦》同样标志了中国长篇小说从内容到形式的成熟。

曹雪芹与《红楼梦》

曹雪芹（1715～1763 年），名霑，字梦阮，号雪芹，又号芹圃、芹溪，祖籍辽阳，是清代伟大的现实主义作家。曹雪芹的曾祖、祖父、父亲三代都是江宁织造，家世在祖父曹寅时达到鼎盛。由于雍正初年封建统治阶级内部政治斗争的株连，曹雪芹之父曹頫被革职下狱，抄没家产，家道从此日渐衰微。曹雪芹经历了由锦衣玉食的宫廷贵族到"举家食粥"的平民百姓的沧桑之变，对封建统治阶级的没落命运有切身感受，对社会上的黑暗和罪恶有全面而深刻的认识，在此基础上，他"披阅十载，增删五次"，写出了不朽的现实主义巨著《红楼梦》。

《红楼梦》以贾宝玉和林黛玉的爱情悲剧及贾宝玉与薛宝钗的婚姻悲剧为经线，纵向剖析了造成悲剧的深刻的社会根源；同时以贾府的兴衰为纬线，横向展示了由众多人物构成的广阔的社会生活环境。由此揭露了封建社会后期的种种罪恶及其不可克服的内在矛盾，使读者看到封建制度行将崩溃的必然命运。《红楼梦》的艺术成就是辉煌的。首先，曹雪芹以精雕细琢的功夫，塑造了贾宝玉、林黛玉、薛宝钗、王熙凤等一大批栩栩如生的典型人物。其次，小说以贾、林、薛的爱情婚姻纠葛为主线，把众多的人物、事件组织起来，情节纵横交错，形成了一个严密完整的网状结构，既宏大又清晰，有条不紊地将错综复杂的内容表现出来。《红楼梦》在继承民族文化传统的基础上进行了巨大创造和发展，成为我国古典小说现实主义的高峰，给后代作家提供了丰富的艺术经验，对《红楼梦》的研究成为一种专门的学问——"红学"。

军机处的设立

清初承明朝旧制，"章疏票拟，主之内阁。军国机要，主之议政处"。至雍正年间，因与准噶尔部作战，往返战报频繁，而内阁距内廷过远，不能亲授机宜，为紧急处理西北军务，始左隆宗门内设立"军需房"，亦称"军机房"。挑选内阁中谨慎可靠的官员办理机密事务。雍正七年（1729年），任命怡亲王允祥，大学士蒋廷锡、张廷玉办理事务。次年添设军机章京。雍正十年三月，"办理军机处"，简称"军机处"。

军机处初设时所掌仅限军事，其后事权逐渐扩大，总职掌为"掌军国大政，以赞机务"，具体职权则既重要，又广泛。其作为皇帝私人的工作班子，直接听命于皇帝，"常日值禁廷以待召见"，拟定皇帝发布的谕旨，办理皇帝交议的大政，审办大狱案件，奏补文武官员，考查行军之山川道里与兵马钱粮，查考大典礼旧案与考证历史事件，等等。并兼管方略馆和内翻书房。所谓"军国大计，罔不总揽"。且在京各衙门，惟军机处不在十五道稽察之内。故此，军机处在清代国家机关中，虽居于内阁之下，其实权却已超越内阁。军机处的设立，实质在于分内阁之权，以利于皇帝集权独裁，是为统治者加强君权的一种措施。

军机处作为封建专制主义中央集权高度发展的产物，其特点为处理政务迅速而机密，但自身无独立性。军机处起草的谕旨，先下内阁，以次及于部院，层层下达者称"明发"；不经内阁，由军机处封缄严密，驿马传递，直达督抚者为"廷寄"，其主要传送重要机密事件，据缓急分为日行三、四、五、六百里或八百里。地方督抚的奏折亦直接送军机处直达皇帝。"廷寄"制度的建立，使皇帝的意志得以毫无阻碍直达地方，进一步加强了中央和地方的联系。军机处为办理机务，承写密旨之地，关防严密。军机处虽然地位显赫，但须绝对听命附属于皇帝，没有丝毫独立行动和决策的余地。军机处的组织形式也很特别，既无官署（仅有值房），又无专官（均为兼职），亦无属吏，为非独立、非正式的衙门。

军机处职官有军机大臣（俗称"大军机"，又称"枢臣"）、军机章京（俗称"小军机"，又称"枢曹"），都是兼职。军机大臣由皇帝从满、汉大学士、尚书、侍郎、京堂（院、寺等衙门堂官）中特选，或由军机章京升任，其权超越大学士。军机章京初无定额，由军机大臣在内阁中书及六部司员中传取任用。随军机处事权的扩大，成为"天下政务之总汇"，清统治者为避免"君权旁落"，采取了一些限制方法，以掣其权。如军机处印信收藏于"大内"，凡有应用印之官文书，须由值日章京亲到内奏事太监处"请印"，用毕即行送还。

军机处在其沿革中曾有反复。雍正十三年，弘历帝即位，于当年十月废军机处，改设"总理事务处"。原办理军机事务的大臣，有的改"协办总理事务"，有的回本任。乾隆二年（1737年）十一月，弘历又谕令大学士鄂尔泰等仍办理国机事务。军机处停两年后至此恢复，总理事务处废除。嘉庆年间，军机处更加巩固，职权日益发展，以至修会典时，将其列为正式机关。直至光绪二十七年（1901年），另设督办政务处，略分军机处之职。到宣统三年（1911年）四月，改设责任内阁，执政一百八十余年的军机处始告废止。

清王朝的中枢机构，由最初的议政大臣会议为最高中枢机构，到顺治年间设立内阁，辅助皇帝处理政务，削弱王公贵族权力，再到康熙时设立南书房，作为皇帝处理政务的机要秘书班子拟写谕旨，发布政令，压抑阁权，直至雍正时期设立军机处，掌握军国大政。内阁宰辅，名存实无；以及雍正元年将掌勘察官府公事的吏、户、礼、兵、刑、工六科隶属于中央监察机关都察院，取消六科奏事中负责封驳皇帝诏旨的职权，都察院六科给事中和十五道监察御史（清末增至二十二道）合称"科道"，分别负责对京内外官吏的监察和弹劾，使自唐朝以来封国家监察机关"台"、"谏"并列局面合而为一，专制皇权不断得到加强，将以皇权为核心的清代封建专制主义推上了历史的最高峰。

鸦片战争

　　十八世纪末，英国开始对中国实行侵略政策，同时向中国大量输入鸦片。道光十八年（1838年），鸦片输入量已达四万余箱。烟毒在中国泛滥，民气不振，官府腐败，军队失去斗志，白银大量外流。这年十二月，道光皇帝任命林则徐为钦差大臣，节制广东水师，前往广州查禁鸦片。次年三月，林则徐到达广州，立即与两广总督邓廷桢、广东水师提督关天培等商议对策，一面整顿海防，缉拿烟贩；一面通知外国烟贩在三天内将所存烟全部交出，并要求他们出具甘结，保证以后永不携带鸦片来华。否则一经查出，货即没收，人即正法。林则徐还严正宣布："若鸦片一日未绝，本大臣一日不回，誓与此事相始终，断无中止之理！"迫于形势，英、美烟贩被迫陆续交出所存鸦片两万余箱，共计237万多斤。六月三日至二十五日，林则徐将缴获的全部鸦片在虎门海滩当众销毁。八月，虎门销烟的消息传到伦敦后，英国政府上下哗然，十月，正式作出向中国出兵的决定。次年二月，正式任命乔治·懿律为东方远征军总司令，兼谈判全权代表，查理·义律为副代表。是年六月，英军战船18艘抵达广东海面，并在美、法两国支持下，挑起战端，鸦片战争正式爆发。英军首先进犯广州海口，这时林则徐已任两广总督，他制定了以守为战的积极防御战略，认真备战。他相信民心可用，于是招募疍户、渔民五六千人编为水勇，并告示民众：英军兵船一进内河，人人可持刀痛杀。英军见广州防备森严，不便进攻，就北犯厦门。这时已调任为闽浙总督邓廷桢督师迎战，击退英军。于是英军又继续北上，攻陷定海，八月，到达天津大沽口，向清政府递交了英外交大臣巴麦写给清政府的照会，提出鸦片贸易合法化及向清政府提出赔款、割地等要求，并声称如不答应，则"必相战不息"，以武力威胁清政府。这时以首席军机大臣穆彰阿、直隶总督琦善、两江总督伊里布等为首的弛禁派，借机向道光皇帝进谗言。道光皇帝看到英军来势凶猛，于是发生动摇，指责林则徐禁烟措施失当，并派琦善到天津海口与英军谈判。在谈判过程中，琦善一再妥协，并散布英军船坚炮利，难以取胜的谣言，并说即便今年能把英军击退，明年他们依旧还会来，"边衅一开，兵结莫释"。与此同时还向英人表示，一定替英国惩办林则徐、邓廷桢，只要英军退回广东，一切问题都可在广州谈判解决。在琦善的允诺下，英军同意退回南方交涉。九月，道光皇帝任命琦善为钦差大臣、两广总督，到广州继续与英军议和。不久，又以"误国病民，办理不善"之名，将林则徐、邓廷桢革职查办。十一月二十九日，琦善到达广州，首先查办了"林则徐禁烟案"，并自动撤防，解散水勇，摆出与英人议和的态势。道光二十一年一月七日，英军乘琦善解除战备之时，派军舰突然袭击沙角、大角炮台。清军不敌，副将陈连升及其子举鹏、守台张清龄均战死，沙角、大角两座炮台相继陷落。此时，广东巡抚怡良、将军阿精阿、副都统英隆等人都主张立即增兵反击，均遭琦善拒绝。一月二十五日，琦善乘船亲自前往狮子洋面与义律会晤于莲花山，全部接受了义律提出的《穿鼻草约》，允割香港，赔烟价 60 万元，开放广州等。

消息传到北京后，道光皇帝对《穿鼻草约》所提条件不予批准，感到有损尊严，因此又倾向主战。当得知沙角、大角炮台被占的消息后，于一月底决定对英宣战，并派御前大臣奕山为靖逆将军，到广东主持战事。英军闻讯后，在奕山还未到达广州时，就派兵进攻虎门炮台，守将提督关天培率兵坚守，终因寡不敌众，与将士数百人全部殉国，虎门炮台陷落。三月，英军继续发动进攻，占领了离广州城 30 里的二沙尾炮台，后又攻陷海珠等炮台，此时广州城完全陷于英军的威胁之中。四月，奕山率大军 17 000 人齐集广州，于五月二十一日怀着侥幸心理派军队夜袭英舰，初获小胜。第二天，英军开始反扑，经过五天激战，城外炮台尽失。二十七日，奕山竖白旗向英军乞和，并签订了《广州和约》，答应缴赎城费六千万元，一周内交付，清军退出广州城六十英里。道光皇帝听到消息后，借口"准令通商"，批准了《广州和约》。五月底，广州城郊三元里等地民众数万，奋起抗英，迫使英军退回军舰。

这年四月，英国政府接到义律的《穿鼻草约》，认为所得利益太少，不予批准，并决定召回义律，改派璞鼎查为全权公使，扩大对华战争。临行前，英国首相训令璞鼎查，让他到中国后，再占舟山，恫吓清政府。英外交大臣给璞鼎查的训令中指示，只有清政府无条件地接受英国提出的全部要求，签订一个有广泛特权的条约，才能停止军事行动。八月，璞鼎查抵达中国。这时，清政府对英国调兵遣将扩大战争毫无准备，沿海各省还在继续裁兵撤勇。八月初，两江总督裕谦获知英军准备再度进犯浙江的消息后，奏请朝廷暂缓撤退江、浙两省调防官兵，可是道光皇帝却批驳说："不必为浮言所惑，以致糜饷劳师"。这样当战争爆发后，清军完全处于被动挨打的地位。八月二十六日英军首先攻陷厦门。后又进攻定海，总兵葛云飞、王锡朋、郑国鸿率领 5000 守军奋战六昼夜，最后全部牺牲，定海再次失陷。接着，英军进攻镇海，裕谦率军队浴血奋战，终因力战不支，镇海城陷，裕谦投水自尽。不久之后，宁波也失陷，英军在进获浙江的同时，先后两次进攻台湾，遭到当地军民的顽强抵抗，英军被歼俘数百人，只好退却。

在浙江连失三城，清军相继失利的情况下，清政府又急忙派协办大学士奕经为扬威将军，率兵救援浙江，并从江西、湖北、安徽、四川、河南、陕西、甘肃等省调集军队。道光二十二年二月，奕经及各省军队陆续到达绍兴前线。在准备不充分的情况下，奕经命令部队从绍兴分兵三路，冒雨向宁波、镇海、定海出发，希望同时收复三城。因事机不密，英军早有准备，清军大败，奕经撤到广州，从此畏战议和，不敢再战。道光皇帝闻知奕经惨败，从此便停止调兵，一意求和，并派盛京将军耆英带同伊里布到浙江与英军议和，要他们千万不能失去议和的良机。然而，英军对耆英等人的求和活动不予理睬，进一步对清军进行攻击，要彻底压服清政府，不许清政府有讨价还价的余地。五月，英军又攻占了江、浙海防重镇乍浦。六月，英国又从印度派来援兵，进攻长江口吴淞炮台，江南提督陈化成率部奋起抗击，力竭牺牲，上海、宝山相继陷落。而后，英军又进犯镇江，副都统海龄率领军民殊死奋战，重伤英军，最后镇江失守。八月初，英军到达南京江面。二十九日，耆英与璞鼎查在南京江面英舰皋华号上，按照英国提出的全部条款，签订了中国近代史上第一个不平等条约——《南京条约》，第一次鸦片战争结束。

虎门销烟

十九世纪开始，鸦片大量涌入中国。面对着烟毒泛滥带来的种种危害，清廷内部发生了激烈的争论，形成驰禁派和严禁派之争。道光十六年（1836 年）

六月，太常寺卿许乃济上奏折，提出放弃禁烟政策。驰禁派的主张受到一部分开明官员的反对。道光十八年六月，鸿胪寺卿黄爵滋上书道光皇帝，痛陈鸦片的种种危害，提出严禁的主张。提出以"重治吸食"的办法，抵制鸦片的输入。道光皇帝把他的奏折发给各省将军及督抚大军复议。七月，林则徐遵旨筹议《严禁鸦片章程》六条，赞成黄爵滋的主张，他同时在两湖地区切实执行禁烟措施，成绩显著。九月，他又上《钱票无甚关碍宜重禁吃烟以杜弊源片》一折，进一步指出鸦片的祸害。面对鸦片造成的"兵弱银涸"的严重形势，道光皇帝倾向了严禁派的主张，决定派林则徐为钦差大臣到广东查禁鸦片。

道光十九年三月十日，林则徐到达广州，经过调查，确定禁烟应先断绝鸦片的来源，所以一面与邓廷桢和水师提督关天培等加紧整顿海防，一面严拿烟贩，并缉拿颠地，惩处受贿买放的水师官弁，并调查了解鸦片屯户、小贩的活动以及贩卖内幕。十八日，林则徐召集行商，宣布禁烟政策，传令烟贩三日内从速将存放的鸦片尽数缴出，造具清册，经点检后毁掉。并要他们保证以后永远不再带鸦片，如有重犯，一经查出，全部没收，人即正法。林则徐还宣布："若鸦片一日未

绝，本大臣一日不回，誓与此事相始终，断无中止之日。"表示了禁绝鸦片的决心。

英国驻华商务监督义律在接到通知后，便想方设法抗拒禁烟，唆使英商拒交鸦片。英国方面还用威胁手段相对抗，令珠江口外英船开到香港，悬挂英国国旗，由英军舰调度，作出战斗态势；又抗议中国在广州设防，准备迫令英国侨民撤离广州。二十四日，义律经澳门潜入广州洋馆，指使烟贩颠地乘夜逃走。为此，林则徐下令停止中英贸易，并派兵封锁洋馆，撤出仆役，断绝了广

州与澳门的交通。义律得知这些情况后，觉得无法用直接抵抗的办法来保护鸦片贸易，便想利用缴烟一事引起中英两国的直接冲突，以此来破坏林则徐的禁烟。于是他命令英商交出鸦片，并保证其所受损失由英政府赔偿。同时为联合美国共同侵华，也让美商交出鸦片，损失将来也由英国政府负责赔偿。英美烟贩在得到义律的保证后，陆续交出鸦片两万多箱，合计 2 376 000 余斤。义律交出烟后，林则徐立即下令恢复中英贸易。

六月三日至二十五日，林则徐率领地方官吏，在虎门海滩将所缴获的鸦片当众销毁。海滩高处用树栅围起，开池漫卤，然后投进石灰，顷刻间池内沸腾。最后打开池前涵洞，被烧毁的鸦片，随潮冲入大海。整个销烟过程，准许外国人观看。前去现场观看的中国百姓熙熙攘攘，无不感到欢欣鼓舞。

虎门销烟在当时产生极大影响，是中国反对外来侵略的一项重大胜利。

中英《南京条约》

道光十三年（1833 年）十二月，英国政府派律劳卑为驻华商务监督，并以东印度公司前驻广州大班的德庇时、罗宾臣为第二三商务监督，试图通过地方当局和清政府建立正式外交关系，以达到增加口岸、扩大中英贸易的目的。临行前，英国外相巴麦尊曾给律劳卑训令，要他来华后必须开辟商埠、推销鸦片、获得海军据点，以便适当时机进行武装侵略。

次年七月，律劳卑到达澳门，随即要求清政府与他进行直接联系，为此遭到两广总督卢坤的抵制。九月，律劳卑令两只英国兵船，强行驶入珠江口，轰击虎门炮台，并煽动在广州的英商支持他的行动。在此形势下卢坤下令中止中英贸易。从而使64家英商经济利益受到威胁。

道光十六年六月，巴麦尊将原来驻华的三个商务监督，改为一个，并任命义律担任此职，决心用武力支持在华的商务谈判。这时，在鸦片问题上，清朝政府内驰禁派与严禁派斗争激烈。广东邓廷桢坚持禁烟主张，并在广州查禁鸦片，使义律在广州的活动受阻。于是，义律要求英国政府使用武力，得到英国政府同意。道光十八年七月，东印度舰队司令马他仑率领舰船到广州示威。

次年三月，钦差大臣林则徐到广州查禁鸦片。这时，在华的鸦片贩子以英商名义上书巴麦尊，要求英政府过问，采取重大措施，把对华贸易放在"安全和坚固的基础上"。英国国内伦敦等很多地方商会也一致主张对中国使用武力，迫使中国开放口岸、协定关税、赔偿烟价、割让岛屿等等，此为日后南京条约的雏形。

九月，巴麦尊接到义律关于中国禁烟情况的正式报告，当即表示动用武力对付中国。十月，密函通知义律，英国政府决定派海军"远征"中国，届时封锁广州、白河，占领舟山，拘捕中国船只。

道光二十年一月，英王维多利亚在议会上发表演说，预示英国政府发动对华战争决心。二月，巴麦尊等任命懿律、义律为对华交涉的全权代表，并具体部署对华作战步骤。同时照会清政府，要求赔偿烟款、割岛屿、偿还商欠等，并声明英国远征军费，全部由中国负担。在给义律训令中详细规定，凡协定关税、领事裁判权、开放五口岸等项，一概包括在内。

三四月，英国议院通过对华侵略政策。六月，鸦片战争爆发。次年一月，中英签订了《穿鼻草约》，英国政府对此《草约》并不满意，认为勒索鸦片赔款太少，《草约》中对军费、商欠又一字未提，又要过早撤出舟山。于是解除了义律在华职务，以璞鼎查来代替，要以扩大战争来攫取远比《穿鼻草约》更多的利益。在璞鼎查启程来华前，巴麦尊给以详细的训令，规定抵华后的步骤，要求必须使中国全权代表无条件地接受英国所提出的全部要求，英国才停止军事活动。

八月，璞鼎查到达澳门，立即向广东当局递交了一份议和纲要。声明如果中国不派全权代表接受纲要上所列举的全部条款，就要北上进攻中国，并拒绝以广东地方官为谈判对手。接着，便进军北上，攻占了宁波，并声称将中国沿海区域并入英国版图。

道光二十二年四月，道光决意妥协，派钦差大臣耆英、伊里布会和。但英国为迫使清政府接受全部条款，决定不到南京不进行谈判。于是六月进犯长江。八月，英军侵入南京下关江面，牛鉴出面乞降，璞鼎查以其"无权作主"不答应议和。随后英舰佯装进攻，伊里布、牛鉴等连夜派人到英舰，表示钦差大臣耆英即日到省，并出示道光"永定和"谕旨。次日，耆英、伊里布赶到南京。耆英给道光皇帝的奏报中说："该夷船坚炮猛，初尚得以传闻，今既亲自上船，目睹其炮，益知非兵力所制伏"。就这样，在炮口的威逼下，接受了璞鼎查提出议和的全部条款。八月二十九日，耆英、伊里布在英国军舰"皋华丽"号上，完全按照英方提出的条件，签订了《南京条约》（又称《江南条约》）。

《南京条约》共十三款。主要内容有：

（1）中国开放广州、福州、厦门、宁波、上海等五处为通商口岸，允许英国携带家眷寄居、贸易通商。英国可以在上述口岸设领事，管理商事；

（2）中国割让香港给英国常远据守主掌，任其立法治理；

（3）中国赔偿英国鸦片烟价 600 万银元；

（4）英国商人在粤贸易，原归商行办理，现规定英国人在通商口岸，与何商交易均听其便，中国赔英商欠款 300 万银元；

（5）中国赔偿英国军费 1 200 万银元；

（6）以上三条计赔英款 2 100 万银元，广州赎城费在外。分期交清，按期未交足数，以每年百元加息五银元；

（7）英国商人在通商各口应纳进出口货税，均宜秉公议定细则；

（8）中国六百万银元鸦片赔款交足，英军退出南京、白河口等，并不再阻拦中国各省商贾贸易，退出镇江。但舟山、鼓浪屿两岛英军待赔款全部交清，各通商口岸开辟，方撤出；

（9）为英国效劳的奸细全然免罪，被监禁起来的要加恩释放。

《南京条约》签订后，为了议定关税税率及其他有关问题，中英又在广州继续谈判。道光二十三年七月，中英《五口通商章程》在香港公布。十月，耆英与璞鼎查在虎门签订《五口通商附粘善后条款》，亦称《虎门条约》。

英国又从这两个条约中取得了如下特权：

（1）领事裁判权。据五口通商章程，英国人在中国犯罪时，由英国领事按照英国法律处理；

（2）据五口通商章程，英商大部分主要进口货物按时价的百分之五交税；

（3）片面的最惠国待遇。据虎门条约，中国将来给予其他国家任何权利时，英国人可一律均沾；

（4）英国可派军舰常驻中国各通商口岸；

（5）英国人可以在通商口岸租赁土地及房屋。

《海关税则》是璞鼎查委派英国怡和洋行职员罗伯聘拟定的。分为出口和进口两大类，前者包括六十一种货物，后者包括四十八种货物。绝大部分出口货和进口货的税率，都比鸦片战争前降低百分之五十左右，有的甚至降低百分之九十。这个税则的签订，使中国海关失去保护本国工农业生产的作用。

《南京条约》是中国近代史上第一个丧权辱国的不平等条约。中国从此开始步入半殖民地半封建的深渊。

第二次鸦片战争

咸丰四年（1854 年），英国公使包令曲解中美《望厦条约》中关于 12 年后"所有贸易及海面各款，恐不无稍有变通之处"的内容，援引所谓"一体均沾"的条款，向清政府提出全面修约的要求。随后，法国、美国公使也援例向清政府提出相似的修约要求。他们还以协助清政府镇压太平天国为诱饵，以换取权益的扩大。清廷为维持"大国体面"，决定采取"坚守成约"的方针，拒绝了"修约"的要求。英法美未达到目的，便威胁要诉诸武力。但当时英法正与俄国进行克里米亚战争，无力在中国开辟新的战场，美国也因国内局势不稳，不可能发动侵华战争。

两年后，美国驻华公使巴驾联合英法驻华公使，再次提出"修约"要求，但清廷仍坚持原订条件，拒绝全面"修约"。英法美由于外交讹诈失败，决心用武力达到其目的。这时克里米亚战争以英法获胜而结束，于是便积极准备发动新的侵华战争。

为了诉诸武力，强迫清政府就范，英国蓄意制造了一起所谓"亚罗号事件"，并以此为借口，于咸丰六年十月，在海军头目西马縻各厘指挥下英国军舰向广州进犯，挑起第二次鸦片战争。英军攻占了珠江沿岸的一系列炮台，并一度攻入广州城。中国军民奋起反击，放火烧毁了城郊十三洋行商馆，迫使英军退出广州，全部逃回船上。

次年，英国政府派遣额尔金为全权专使，率领英军到中国进行战争讹诈，并且照会法美俄等国，约其联合出兵，迫使清政府签订新的不平等条约。法国欣然接受其约，并以所谓"马神甫事件"为借口，打着"为保卫圣教而战"的旗号，任命葛罗男爵为特命全权专使，率领一支法国远征军，继英军之后来华。美、俄也分别派遣公使列卫廉和普提雅廷到中国，与英法策划"联合行动"。

英军在入侵广州失败后，于第二年底又联合法军再犯广州。两广总督叶名琛在清廷"息兵为要"的方针指导下，既不做应敌的准备，也不准广州军民抵抗。结果英法联军只用两天，就占领了广州。叶名琛被俘，押往印度加尔各达，次年在囚禁中毙命。面对联军进攻，广州将军穆克德纳、广东巡抚柏贵竖起白旗投降。联军入城后，烧杀抢掠，无恶不作。并组成以巴夏礼为首的"联军委员会"，对广州实行殖民统治的"军事管制"。柏贵等在英法联军的监督下继续"任职"，成为中国近代史上第一个地方傀儡政权。

咸丰八年二月，英、法、美、俄公使分别照会清政府，要求于三月底以前派全权代表到上海举行谈判，否则即向白河口进发。其要求又遭到清廷拒绝，四国公使便决计率领由香港集中到上海的英舰10余艘，法舰6艘、俄舰1艘，分批北上。

四月二十日，英、法、美、俄四国公使会集白河口外，几天后，分别照会清政府，要求派全权大臣在北京或天津举行谈判。英法公使限令六日内答复，否则即采取军事行动。美俄公使则打出"调停"的旗号，劝告清政府尽快会谈。与此同时，联军舰队陆续驶抵大沽口，做了进攻大沽炮台的各种准备。

清廷接到四国照会后，咸丰帝令谭廷襄与其谈判，要求英法美公使返回广东，听候黄宗汉办理，俄公使则仍到黑龙江等处会办。英法借口谭廷襄非全权大臣，拒绝谈判。美俄公使则假充"调停人"单独和谭廷襄周旋，麻痹清政府。英法联军在美俄掩护下，做好一切战争准备，并于五月二十日对大沽炮台发动突然袭击。驻守炮台的官兵奋起抵抗，由于直隶总督谭廷襄等文武官员带头逃跑，使得大沽炮台很快失陷。英法联军占领大沽炮台，直犯天津，并扬言要进攻北京。清政府惊慌失措，急忙派全权大臣桂良和花沙纳赶赴天津议和。桂良等与四国代表进行了多次交涉。在英法代表蛮横要挟下，桂良等被迫接受了全部要求，分别于六月二十六日和二十七日签订了中英《天津条约》和中法《天津条约》。条约的主要内容是：公使常驻北京；增开牛庄（今营口）、登州（今烟台）、台湾（今台南）、淡水、潮州（今汕头）、琼州、汉口、九江、南京、镇江为通商口岸；扩大领事裁判权；对英赔款四百万两、对法赔款二百万两；修改税则等等。条约规定第二年在北京交换批准书。

当桂良等与英法代表谈判时，美俄公使假演“调停者”的角色，玩弄阴谋诡计，竟抢在英法之前，诱逼清廷分别于六月十三日和十八日签订了中俄《天津条约》和中美《天津条约》。在中俄《天津条约》签订以前半个月，黑龙江将军奕山在沙俄武力威胁下与西伯利亚总督穆拉维约夫签订了《瑷珲条约》。沙俄侵吞了中国黑龙江北岸、外兴安岭以南六十多万平方公里的领土。同年十一月，桂良、花沙纳又在上海同英法美三国分别签订了《通商章程善后条约》及《海关税则》，作为《天津条约》的补充。

咸丰九年六月，英国公使普鲁斯，法国公使布尔布隆各率一支舰队北上大沽口，准备进京换约。清政府指定换约代表由北塘登陆经天津至北京，并要求换约代表不得携带武器，各兵船武装人员不得登陆。而英法公使却仗恃武力，坚持要从大沽口溯白河进京，蓄意利用换约时机，重新挑起战争，向清廷索取更多的权益。二十五日，英法兵舰突然炮轰大沽炮台，守军奋起迎击获胜，英舰司令贺布受伤，击沉击伤联军兵舰十余艘，伤毙敌兵四百多人，英法舰队在美舰支援下撤走。不久之后，英法两国政府分别再次任命额尔金、葛罗为特命全权代表，以陆军中将格兰特和孟托班为英法远征军总司令，组织一支新的联军约两万余人，于咸丰十年春开始第三次北犯。先后占领了舟山、大连湾、烟台。七月联军再次闯入大沽口。由于北塘守军毫无戒备，联军顺利登陆北塘。而后，清军又在新河、军粮城、唐儿沽（今塘沽）节节败退，大沽炮台失陷，联军长驱直入占领天津。

联军占领大沽炮台后，咸丰帝极度惊恐，急派桂良为钦差大臣赶赴天津，会同直隶总督恒福向英法联军乞和，因联军索需苛重，天津、通州谈判相继破裂。于是联军又进攻通向北京的要隘张家湾、八里桥，清军先后败绩。消息传到北京，清廷极为震惊，咸丰帝命其弟恭亲王奕䜣为钦差大臣留守北京"督办和局"，自己却于九月二十二日带着皇妃等逃奔热河。

十月五日，北京附近海淀失陷。英法联军将圆明园内的宝藏洗劫一空，最后又纵火焚烧。火势延续三昼夜，罕世名园成了一片焦土。

十月十三日，北京被联军占领。奕䜣按着咸丰皇帝"委曲将就，以其保全大局"的谕旨，屈膝求和，于十月下旬，与英法交换了《天津条约》批准书，全部接受了《天津条约》的侵略要求，而且还订立了《北京条约》。《北京条约》除承认《天津条约》有效外，还增加了几项内容：开天津为商埠、准许华工出国；割九龙司给英国；将以前被充公的天主教产发还；准许"法国传教士在各省租买田地，建造自便"；把《天津条约》中规定的对英法的赔款各增加为800万两；"恤金"，英国50万两，法国20万两。

沙俄借口"调停"有功，要求订立新约。同年十一月，清政府又被迫订立了中俄《北京条约》，沙俄再次割去中国大片领土和攫取更多特权。美国虽未与清政府签订新约，但根据"一体均沾"的条款，同样可以享受英法俄所攫取的特权。同月，侵略军陆续撤离北京，第二次鸦片战争结束。

甲午战争

同治七年（1868年），日本进行明治维新后，就走上了对外扩张的军国主义道路，并制定了所谓"大陆政策"，利用地理上的便利条件，加紧进行对中国和朝鲜的侵略战争准备。光绪二十年（1894年）春，朝鲜发生大规模的东学党农民起义，朝鲜政府请求清政府出兵协助镇压，这时日本也怂恿清政府派兵，并保证在此过程中，日本不图其它利益。于是清政府派淮军将领直隶提督叶志超率领部队1500多人赶赴朝鲜，驻守在离汉城二百余里的牙山，协助朝鲜政府镇压农民起义。与此同时，日本以保护本国使馆和侨民为借口，陆续向朝鲜派军队达两万多人，占据了从仁川到汉城一带的战略要地，使叶志超部陷入被围的险境。在日本步步紧逼和国内舆论的压力下，清政府不得不派兵增援。一方面将驻扎天津附近的盛军卫汝贵部6 000余人、驻防旅顺后路的毅军马玉昆部2 000余人以及奉军左宝贵部八营和丰升阿部盛军六营汇集起来，命其从辽宁越过鸭绿江，从陆路开赴平壤；另一方面调天津新军2 000余人雇英轮从水路运送朝鲜，增援牙山驻军。七月二十三日，日军占领朝鲜王宫，成立以大院君李是为首的政权，迫使他宣布废除中朝间所有条约，授权日军驱逐在朝鲜的清军。两天之后，日本联合舰队司令官伊东祐亨率领舰船15艘，在朝鲜牙山口外丰岛附近，不宣而战，袭击中国运兵船和护航舰，中国军舰济远号战败退却，广乙号中炮受重伤，操江号被劫走，日舰又强迫载运清兵的英轮高升号降帆随行，船上士兵坚决抵抗，结果高升号被击沉，中国士兵七百余人殉难。至此，揭开了中日战争的序幕。

八月一日，中日两国同时宣战。中日战争正式爆发。1894年为甲午年，故称之为甲午战争。

八月初，卫汝贵、左宝贵等四部先后到达平壤，清政府任命叶志超为统领。然而叶志超既不派兵侦察敌情，又没有部署战局，而是把平壤以南的广阔地带弃置不顾，仅在城内外筑垒防守。日军在完成进攻平壤的周密部署后，

于九月初，日军万余人采取分进合击的战术，向平壤进攻。日军一部首先对平壤东面连续佯攻，吸引清军专防东路。随后日军四路同时向清军发起猛攻。东路战斗十分激烈，清军马玉昆部英勇顽强。北路战斗也极为激烈，左宝贵亲自登城，指挥士兵拼死奋战。敌炮兵攻占了附近的山头，发排炮轰击清军，左宝贵中炮殉国，营官多名力战牺牲，玄武门失守。日军军队猛攻平壤西门，卫汝贵率部继续抵抗，叶志超见形势危机，下令撤退，夜间率诸将弃平壤逃走。清军后路已被日军切断，突围时溃不成军，士兵2 000余人遭伏击牺牲，600余人被俘，叶志超率一万余人渡过鸭绿江撤回国内，这样，日本便轻易地占领了整个朝鲜。

九月十六日，海军提督丁汝昌率领北洋海军护送增援平壤的清军到达大东沟。十七日返航途中，日舰12艘组成一字竖阵队形来袭击。中国军舰大小13

艘排成人字形阵迎击敌舰。提督丁汝昌乘坐旗舰定远号发出第一炮，舰上飞桥被震断，丁从桥上跌落负伤。右翼总兵定远号管带刘步蟾代替指挥作战。日军先攻中国舰队右翼，扬威号、超勇号二舰中炮起火沉没。致远号负重伤，弹药用尽，管带邓世昌命舰艇猛撞日舰吉野号，准备与敌人同归于尽，不幸中敌鱼雷沉没。经远号管带林永生力战殉职，全船官兵奋战到最后，英勇牺牲。济远号匆忙出逃途中撞沉搁浅的"扬威"号，"广甲"也触礁搁浅，后被击沉于海。黄海海战经历五小时，双方损失相当。这次海战后，李鸿章严令北洋海军舰队全部避藏在威海卫港内，不准出海迎战，从而使日本取得制海权。

清军从平壤溃败后，清政府在鸭绿江设下十里防线，部署重兵，由淮军提督宋庆和黑龙江将军依克唐阿统帅，但渤海湾旅顺的防守却减弱了。日军在黄海海战之后，经一个月的休整、部署，以三、五师团组成第一军，由陆军大将山县有朋任司令官，以一二师团，第十二混成旅团组成第二军，由陆军大将大山岩任司令官，并出动海军全部主力配合作战。计划攻下旅顺、大连为作战重点，由朝鲜义州冲击鸭绿江防线，牵制清军，从而达到在中国东北建立侵略基地的作战目标。十月二十四日，日军第一军突破清军的鸭绿江防线，侵入中国本土，占领九连城、凤凰城、海城一带，其目的在于牵制清军，掩护第二军进攻金洲、大连和旅顺。同日，日军第二军在距大连湾百余公里处的花园登陆，采取迂回包围，截断后路的办法，从陆路夺取旅顺、大连。十一月四日，日军开始进攻金州，两天之后，金州失陷，随后日军不战而获大连。十八日日军又开始攻旅顺，清军各部仅总兵徐邦道部拼死抗敌。二十二日旅顺失陷，中国当时最大的海防要塞落入日军之手。日军占领旅顺后，一方面以第一军继续在辽南地区与清军相持；另一方面又从国内调部队来华，编为"山东作战军"，在海军舰队的配合下进攻威海卫，企图全歼北洋海军。李鸿章命令北洋海军死守港内，不准出击，坐待敌人进攻。次年一月二十日，日本仍采取包抄后路的办法，一方面在荣成县成山头登陆；另一方面以海军22艘舰艇、15艘鱼雷艇封锁威海卫港口。二月初日军占领南、北、帮炮台，北洋海军和刘公岛、日岛守军被日军封锁在威海卫港中，受到水陆夹攻，陷入绝境。到二月十一日，北洋海军的定远、靖远、威远、来远诸舰先后沉没，鱼雷艇全部丢失，日岛炮台失守。丁汝昌召集诸将会议，提出拼死突围，但军官们不同意，北洋海军洋员海军副统带英国人马格禄及美国顾问浩威，勾结中国官员，胁迫丁汝昌降敌，丁汝昌知事不可为，随即于二月十七日自杀殉国。先后自杀殉国的重要将领还有定远号管带刘步蟾、刘公岛护军统领张文宣、镇远号管带杨用霖等。丁汝昌自杀后，浩威起草投降书，以丁汝昌的名义，由广丙号管带程璧光向日军舰队司令伊东祐亨投降。将镇远、济远、平远、广丙等大大小小十艘舰船以及大批军火全部送给日军，洋务派耗费无数金钱而建立的北洋海军，全军覆灭。

旅顺陷落后，日军第一军在第三师团长桂太郎率领下，西犯海城，清军守将丰升阿弃城逃走，海城失陷。奉天府受到威胁，辽西震动。十二月底，日军第二军八千余人由第一旅团长乃木希典率领，北犯盖平，盖平守将章高元率军英勇抵抗，营官杨寿山、李仁党力战阵亡，盖平沦陷。清军这时源源不断地开到关外援辽。其中最为清廷寄予厚望的是湘军，并任命湘系军阀首脑两江总督刘坤一为钦差大臣，节制山海关内外各军。二月二十日，二十七日，清军出动六万人，以九倍于日军的兵力进行收复海城战斗，经过多次激烈争夺，清军失败。二月下旬，日军第一军、第二军会合，开始执行对辽东平原扫荡性作战方案。三月二日，日军攻陷鞍山站。两天之后，日军进攻牛庄，镇守牛庄清军抵抗一昼夜。七日，日军轻取营口。九日，日军三个师团会攻田庄台，湘、淮军二万余人顽强抵抗，田庄台终于失守。至此，清军在辽南一线全部崩溃，这是自平壤、九连城失败后，清军的又一次溃入。三月二十三日至二十五日，日本海军掩护混成支队在彭湖文良港登陆，很快占领澎湖列岛。辽南定局后，日本动员全部常备军及后备部队的三分之一，宣称要在直隶平原与清军决战，压迫清政府在《马关条约》上签字。光绪二十一年（1895年）四月十七日，清政府派李鸿章与日本最后签订了《马关条约》，甲午战争以中国失败而结束。

中日《马关条约》

光绪二十年（1894年）八月一日，中日两国同时宣战，中日战争正式开始。九月下旬以后，随着清军的不断失利，清朝廷中的主和派便开始乞求外国调停，由于列强各国或认为时机未到，或态度冷漠，也由于日本确定的媾和条件太苛刻，同时清朝廷中的主战派还拥有一定实力，因此，主和派的几次乞求外国调停活动都未成功。次年二月，北洋海军的全军覆灭，湘、淮等军在辽东战场相继失败，这使朝廷中的主战派大为泄气，一时间感到束手无策。二月十八日，清政府通知日本，将按照日本的要求派出全权代表，准备接受包括割地在内的屈辱条件。几天后，清政府又进一步明确向日本宣布，任命李鸿章为全权大臣，日方提出的割地、赔款、订约等谈判内容，李均能全权处理。至此，日本同意议和。二十日，李鸿章应召到京，他考虑到日本提出的条件，深感此次议和责任重大，于是就先同军机处商议。翁同和希望能做到不割地，而其余大臣则担心不割地就不能议和。李鸿章又先后同美英公使进和商量，但都不得要领。三月二日，恭亲王奕䜣向李鸿章传达光绪面谕，授予李以商让土地之权。同日，李鸿章上摺陈述其对议和的看法，认为割地之事，古今中外皆有，"但能力图自强之计，原不嫌暂屈以求伸"，只是地有多寡要次之分，须力与争辩，谈判定有一番周折，朝廷必须密为筹备，防止日军直犯京畿等等。

三月十四日，李鸿章率参议李经方，参赞马建忠、伍廷芳、罗丰禄、美国顾问科士达等随员一百多人，前往日本马关议和。二十日，李鸿章与日本首相伊藤博文、外相陆奥宗光在马关春帆楼开始谈判，双方交换全权证书，李鸿章劝日本不要"寻仇不已"，要求先议停战协定。第二天，双方举行第二次谈判，商议停战之事。伊藤提出停战条件：日军占领大沽、天津、山海关，解除上述各地清军武装，日军管理天津至三海关铁路，清政府负担停战期内日本军费。在这种情况下，李鸿章被迫要求先不谈停战，只议和条款。对此伊藤限定李鸿章于三日内答复停战要求。二十四日，李鸿章正式备文拒绝日本提出的停战条件，要求先谈议和条款。伊藤允许第二天提出议和条件。当李鸿章在返回寓所的途中，被一早已隐伏的日本浪人小山丰太郎用枪击中左颧、血流不止，顿时晕倒。小山是日本自由党方面的打手，他们认为议和时机未到，不占领北京是日本的耻辱，所以有意来破坏议和，以此扩大对华战争。李鸿章被刺后，伊藤、陆奥感到人心已变，不能再战，如果此时谈判破裂，对日极为不利，同时，也担心因此招致列强干涉。于是在二十八日，陆奥与李鸿章在病榻前议定无条件停战。三十日，中日签订为期二十一天的停战条约，但范围不包括澎湖和台湾。但是，两天后日本首次公布议和条件，提出和约底稿，条件苛刻，并限四日内答复。李鸿章为此进行了多次争辩。先后两次向日本送说帖。逐条请求减让。四月九日，李鸿章提出体面修正案，允割辽南、安东、宽甸、凤凰、岫岩四地与澎湖列岛，赔款一亿两，新订商约"以中国与泰西各国现行约章为本"。次日，李鸿章与伊藤举行第四次谈判，日本提出修改稿，将辽东割地由北纬41°以南缩至营口、海城、凤凰城、安平河以南，将赔款由三万万两减为二万万两，商埠由七处减为四处，声称此为尽头条款，中国只有答应或不答应而已，不能减少。同时又威吓：如果谈判破裂，中国全权大臣一旦离去此地，是否再能安然出入北京城门，亦不以保证。李鸿章急忙请旨应付。清廷闻讯后，答应割台湾一半，但是，一定要争回牛庄、营口。日方得到李鸿章的答复后，继续进行恫吓，并运兵至大连湾加以威胁。四月二十日，清政府致电李鸿章：倘无可再商，即与订约。李鸿章连续发回三封电文，催促清政府照日方改款定约。十四日，清廷批准李鸿章"遵前旨与之下约"。第二天，中日双方举行最后一次谈判，李鸿章与伊藤博文议定《中日马关新约》（即中日《马关条约》），共十一款，附有《另约》，《议订专条》。

《马关条约》主要内容是：（一）中国承认朝鲜完全独立自主。（二）割让辽东半岛、台湾全岛及所有附属各岛屿和澎湖列岛。（三）中国赔偿日本军费二万万两白银，分八次交完，三年之内全数清还。（四）开放沙市、重庆、苏州、杭州为商埠，"以中国与泰西各国现行约章为本，订立两国通商行船条约及陆路通商章程。新订约章未经实行之前，所有日本政府官吏、臣民及商业、工艺、行船船只，陆路通商等，与中国最为优待之国礼遇护视一律无异"。（五）允许日本在中国通商口岸设立工厂，任便从事各项工艺制造；产品远销中国内地时，只按进口货纳税，并准在内地设栈寄存。条约还规定日本在条约批准后三个月内撤退，但为保证中国履行条款，日军暂时占领威海卫。在另约中又规定：第一，所有暂行驻守威海卫的日本军队驻守需费，"中国自本约批准互换之日起，每一周年届满，贴交四分之一——库平银五十万两"。第二，在威海卫，应将刘公岛及威海卫口湾沿岸四十里以内地方，为日本国军队伍驻守之区。无论何处中国军队不宜逼近或驻扎，以杜生衅之端。第三，日本军队所驻地方，"治理之务仍归中国官员管理；但遇有日本国军队司令官为军队卫养安宁军纪及分布管理等事必须施行之处，一经出示颁行，则于中国官员亦当责守"。

四月二十二日，光绪皇帝看到李鸿章派专人送来的条约之本，鉴于割地一事太苛刻，曾拒绝批准，但他毫无实力，顶不住内外压力，延至五月二日，不得不批准《马关条约》。第二天任命伍廷芳、联芳为换约大臣。五月八日，伍廷芳、联芳与日本伊东美久治在烟台换约，《马关条约》开始生效。

义和团运动

十八世纪末到十九世纪初，兴起于长江以北各省的白莲教大起义和白莲教的支派天理教起义被清廷镇压后，白莲教的各个支系继续斗争，北方几省相继出现了八卦教、红阳教、荣华教等组织，秘密从事反清斗争，其中八卦教影响最大。朝廷规定，传习八卦教者要查拿缉捕，为首者处以死刑，于是八卦教徒便以传习拳术来隐蔽自己。义和团运动便由此萌芽而来。

甲午战争期间，山东沿海民众遭受日军侵略之苦，战争结束后，日军占领了威海卫。三年后，日军撤离，此地又立即被英军强占。不久，德国又占据了胶州湾，并强行把山东划为它的势力范围。光绪二十四年（1898 年），英国强行租借威海卫，随之外国教会也大批进入山东各地，修建大小教堂 1 100 多座，传教士和教徒发展到 8 万多人。许多加入教会的地主豪绅，仰仗教会势力，乘多年荒灾之机，囤积居奇，抬高粮价，居众苦不堪言，对之切齿痛恨，多次与教会发生冲突。

当年十月，山东冠义县义和拳在闫书勤带领下，聚众数千人，树起"助清灭洋"的旗帜，占领了梨园屯。第二年，平原县义和拳组织和教会发生冲突，地方官吏派兵镇压，逮捕了数名义和拳成员，于是他们向茌平县义和拳首领朱红灯求救。朱红灯率领几百人的义和拳武装成员赶到平原，与当地义和拳群众会合，使官府十分恐慌。济南知府带兵在平原县与恩县交界的森罗殿与朱红灯的队伍发生争斗。此时，茌平、恩县、长清、高唐等地义和拳纷纷响应，不久，东昌、武定、泰安、济南等地的群众也闻风而动。面对义和拳运动的蓬勃兴起，清朝官吏内大体出现两种倾向，一种是主张立即用武力消灭，一种则主张安抚、收编。山东巡抚张汝梅上奏朝廷，要求采取安抚、收编政策，主张"化私会为公奉，改拳勇为民团"，把拳民编到诸乡团之内。次年二月，毓贤继任山东巡抚，出告示改"拳"为"团"，把参加义和拳的群众称之为"拳民"，允许他们设厂习拳，同时把武装反抗教会的人称为"匪徒"，缉拿惩处，借以安抚义和拳。由此一来，义和拳反倒取得半合法的地位，迅速发展起来，成为一个官方默许的公开团体，"义和团"的名称从光绪二十四年春开始逐渐地广为流传起来。

山东义和团的迅猛发展，引起在华各国势力的恐慌。驻扎胶州湾的德国军队出兵到胶州、高密、日照等地，焚毁村庄、抢劫城镇抢杀居民。英、美、意等国驻华公使也向清政府施加压力，要求清廷下令取缔义和团。光绪二十五年底，美国公使唐格向总理衙门提出了撤换毓贤的要求，清廷迫于压力，申斥毓贤对义和团镇压不力，将之调任山西巡抚，由袁世凯接任山东巡抚。袁世凯上任后，立即发布了《禁示义和拳匪告示》，不承认义和团具有合法性，规定：不仅练拳，就是赞成义和拳的，都要被杀。随后依仗他统带的武卫右军和扩编的武卫军先锋队马步炮队共二十营兵力，对活动于山东黄河北岸的义和团发起进攻。先后斩杀了王玉振、王文玉、孙洛泉等义和团首领，消灭十多部义和团，光绪二十六年春，山东义和团运动告以平息，义和团运动的中心移到了直隶省。

早在两年前，直录南部威县，曲周、景州、阜城义和拳就已经开始活动，许多村庄建立拳厂、练习拳术，并逐渐向北发展，与教会和官兵多次发生冲突。此时，直隶总督裕禄根据上谕发布《严禁义和团》的告示，宣布"招引徒众，私立会合，演习拳棒，均属违禁犯法"，"再有设厂练习拳棒，射利惑民悖事，即由地方官会营捕拿，从严惩办。"此时总理衙门也对此忧心忡忡，电令裕禄，"此事关系紧要，务须赶紧严密查办，免滋事端。"于是裕禄派出官兵，分路对义和团进行镇压。然而，义和团运动不仅没被镇压下去，反而愈演愈烈，势力扩展到直隶全省，直逼京城附近地区，甚至在京城内和直隶总督所在地天津，也已经有自称义和团的人开始活动，沿街练拳，招收徒弟。

消息传到清廷，有官员主张对义和团用兵讨伐极其危险，应采取安抚政策。是年四月初，监察御史郑炳麟上奏，主张在直隶、山东派道府大员当"团练局总办"，选择乡绅做"团总"，收编义和团，把义团改造为官办的团练。这个建议遭到裕禄和袁世凯的反对。一时间清廷陷入对义和团是"剿"还是"抚"的两难境地。

四月初，涞水、定义、新城、涿州、易县等地的义和团同教会势力发生冲突、焚烧了当地的教堂，随后裕禄派军队前往镇压，遭到义和团的顽强抵抗，淮军副将杨福同被打死。裕禄随即又派提督聂士成所部的武卫前军赶去镇压，又遭到义和团的抵抗。义和团以"反洋"的名义破坏了芦保铁路，阻止前来镇压的清军。继而相继焚毁了高碑店、涿州、琉璃河、长辛店、卢沟桥的火车站，京津铁路上的丰台站和机器制造局也被捣毁。五月初，义和团拥进涿州城。

慈禧太后见形势十分紧迫，就派协办大学士刚毅和刑部尚书赵舒翘、顺天府尹何乃莹到涿州方向去进行招抚，向义和团宣布朝廷的"德意"。刚毅等人到涿州一带后，感到义和团势力极大，不能进行剿杀，于是向朝廷报告，主张撤回聂士成的部队，采用劝导、晓谕的办法解散或收编义和团。

正当刚毅等人在涿州一带活动时，京城内的义和团活动越来越频繁，声势也越来越大。小股外县拳民陆续涌入北京城，城内居民也纷纷加入义和团，出现了以义和团名义出现的反对洋人的揭帖，公开设立坛棚，焚烧外国人的教会房屋，并围攻西什库教堂和东交民巷使馆。朝廷屡次下令解散、严禁、缉拿，均无济于事，到了不能控制的局面。与此同时，天津城内义和团活动也十分频繁，烧毁教堂，进攻紫竹林租界，捣毁监狱，释放犯人。这时裕禄不得不改变手段，由高压转为安抚，以总督名义邀请义和团首领张德成，并用轿将他抬到总督衙门。

这年四月，英、美、德、意已派兵船驶入大沽口，随后，英、美、德、法四国公使先后向总理衙门发出照会，要求清政府采取措施迅速剿灭义和团。不久，十一国公使又以外交使团名义照会清政府，要求严禁团民练拳设堂，传布揭帖，并命令各国的大沽口的海军准备登陆。五月二十八日，驻北京的各国公使举行会议，决定立即以保护使馆的名义调兵来北平，并将此决定通报给总理衙门。经过一番交涉后清政府退步了，经慈禧太后批准，总理衙门同意各国立即派兵入京，要求兵数少一些，随后又通知裕禄，为从塘沽登陆经津入京的外国军队准备火车。几天后，英、俄、德、法、日、美、意、奥等国海军陆战队450人，分两批到达北京，另一支外国联军600多人，由塘沽登陆开进天津。六月十日，八国联军2 000多人，在英国海军中将西摩尔的率领下，由天津向北京进发。裕禄虽想阻止他们，但联军仍然取得了所需的机车和车厢，开始了八国联军侵华战争。一路上，联军遭到义和团的反抗。义和团拆毁铁路，致使联军四天里才走了一半路，抵达廊坊。一天早晨，义和团在廊坊车站袭击联军，几天后又再次袭击。此时去往北京的铁路已被破坏，联军只好退回天津。

六月十六日起，慈禧太后召集大臣，连续四天举行御前会议，主剿主抚两派争执不下。权衡利弊，慈禧太后决定宣战，"大张挞伐，一决雌雄。"但是，"宣战上谕"内容极其含糊，令有些属下不知所措。同时，慈禧又面谕李鸿章，让他去向各国保证对义和团要"设法相机自惩办。"由此，义和团受到内外夹困。

正在朝廷举行御前会议期间，联军以朝廷当局"并不倾力剿办"义和团为借口，炮轰大沽口炮台，并迅速将其占领。随后又水陆并进，进逼天津，义和团与之顽强作战，双方激战一个月之久，此时聂士成的部队加入了反抗联军的战斗。义和团曾一度占领了紫竹林租界。在激战中，联军投入上万人的兵力，而清军主力却按兵不动，致使义和团力单难支。七月十四日，天津被联军攻破。与此同时，北京义和团向东交民巷使馆发起进攻，相继烧毁了比利时、奥地利、荷兰、意大利四国公使馆，连续围困各使馆五十六天。八国联军攻陷天津后，于八月初向北京进攻，遭到义和团的阻击，但清军却节节败退，致使联军前进速度很快。八月十四日，联军攻占北京，慈禧太后率王公大臣仓皇出逃，义和团被迫退出北京，在八国联军的镇压下，义和团运动终遭失败。

八国联军侵华

清光绪二十五年至二十六年（1899～1900年），在中国北方爆发了大规模的义和团反帝爱国运动，波及全国，西方列强见清政府镇压无效，极其恐慌，从光绪二十六年三月开始，用各种手段不断恐吓清政府，一步步加紧对中国的侵略。各国外交使团先是警告清政府，必须明令禁止义和团的活动，否则各国政府将采取"必要手段"保护外侨生命财产。随后，英、美、德、法四国公使又照会总署，要求清政府两月内"剿灭"义和团，否则将出兵"代剿"。随后，英、美、德、意、法、俄军舰在大沽口外举行联合示威。五月二十一日，外交团照会总署，勒令清廷将参加习拳、传布揭贴恐吓外人者，一律查办；将拳众聚会之住处屋主，一并收监；将查办拳众不利之员一律惩办；将为首焚杀之拳众，一并正法；将纵拳助拳之人尽行诛戮；直隶与邻省有拳团之处，地方官出示严禁。否则各国将自行调兵办理。二十八日，公使团议定调兵来京，武装干涉义和团运动。三十一日，美、英、法、意、日、俄六国公使借口"保卫使馆"，调兵300多人侵入北京。随后，德、奥又派军队80名侵入北京，进驻东交民巷各使馆，建筑工事，枪击义和团民。俄、英、德、日、美、法、意兵船24艘停在渤海湾和大沽口外示威，并派一部分军队在大沽口强行登陆，并且进驻天津租界。

六月十日，英、美、德、法、俄、日、意、奥等组成八国联军2 100百多人，在英国海军中将西摩尔的率领下，乘火车由天津向北京进犯。为阻挡八国联军进犯，义和团和清军拆毁了通往北京的铁轨，沿途阻击敌人，使联军三天才走了130里。在落垡和廊坊，义和团在董福祥的甘军配合下给八国联军以重创，联军"进京之路，水陆俱穷"。迫使联军逃往杨村，又向天津方向节节败退。沿途又遭到团民袭击，在西沽武库又被清军和义和团层层包围。直到二十六日，才在大队援兵解围之下回到天津租界。在西摩尔联军进犯期间，北京的联军经常开枪射杀义和团民和普通群众。六月十四日下午，德国公使克林德带领一排德国兵外出，命令士兵开枪，打死正在练武的团民约20人。当西摩尔联军在廊坊车站受阻时，沙俄海军中将基利杰勃兰特与各国海军头目合谋夺取大沽炮台，作为大举进攻中国的滩头阵地。十六日下午八时，联军向大沽炮台守将提督罗荣光发出最后通牒，限于十七日午夜二时前交出炮台，被罗荣光断然拒绝。于是，联军先于通牒限定时间轰击大沽炮台，正式挑起了八国联军大举入侵中国的战争。罗荣光率领将士与敌激战六小时，毙伤敌军130余人，击伤敌舰6艘。但是罗荣光孤军无援、腹背受敌，导致大沽口三个炮台失守。随后，联军从大沽登陆，强占了塘沽等地。经过三天的烧杀，塘沽变成一片废墟。清政府于六月二十一日颁布谕旨向联军宣战。大沽失守后，义和团和清军开始了天津保卫战，在老龙头火车站、紫竹林租界地等处与联军展开浴血奋战。六月三十日从大沽登陆的联军增至18 000多人，其中日、俄军队最多。七月九日，联军在天津城南发起总攻。直隶提督聂士成率部4 000多人，在城南八里台与敌遭遇。聂士成冒着枪林弹雨一马当先迎战来犯之敌，不幸中炮，腹裂肠出，壮烈牺牲。七月十四日天津失陷。八国联军在天津城内抢劫、纵火与屠杀，致使天津"积尸数里，高数丈"，河上浮尸"阻塞河流"。官署、钱庄、商店、工厂、仓库、民宅均被抢劫一空。七月二十二日，由列强主持的天津都统衙门成立，对天津、静海、宁河等地实行殖民统治。沙俄率先在占领区成立俄租界，各国纷起效仿，已占有租界的英、法、日、德则扩大地盘；未占有租界的意、比、奥也各占一块，形成列强分割天津的局面。

八国联军占领天津后，兵力增至两万人，八月四日自天津沿运河两岸分兵两路向北京大举进攻。两天后，直隶提督裕禄在杨村兵败自杀。清政府不但不全力抵抗，反而于七日任命李鸿章为议和大臣，乞求停战，但联军对此置之不理。八日李东衡率领的"勤王军"，在京津之间的河西务一触即溃，退走通州张家湾，李服毒自杀。十三日，八国联军攻占通州。次日，英国攻破广渠门，北京陷落了。慈禧太后携带光绪帝和皇室成员仓皇出京，逃往西安。途中派奕䜣和李鸿章为全权大臣，向联军乞和。

八国联军攻陷北京时，部分爱国清军和义和团同联军展开了激烈巷战。在北京保卫战中毙伤侵略军400余人，清军也有640多人战死。八国联军在北京进行疯狂的烧杀抢掠，繁华的街市成为废墟，成群的居民被集体射杀。北京"自元明以来之积蓄，上自典章文物，下至国宝奇珍，扫地遂尽"，所失"已数十万万不止"。联军占领北京后，将全城分为英、日、俄、美、法、意等几个占领区。为镇压当地居民反抗，美占区成立了"协巡公所"；日占区设立"安民公所"；英占区设立"保卫公所"；德占区设立"华捕局"等等。八月德国陆军元帅瓦德西率两万名德军来华，九月瓦德西任联军统帅，十月二十五日瓦德西到京，八国联军增至十万人。十二月十日，联军设立"北京管理委员会"，对北京实行殖民统治。联军还四处攻掠，北犯张家口、东占山海关，南侵保定、正定，俄国在参加八国联军侵略京、津的同时，还单独出兵，占领了东北三省。

在八国联军的一再逼迫下，清政府不得不派全权代表奕䜣、李鸿章与英、美、俄、德、日、奥、法、意、西、荷、比等十一国在北京签订了《辛丑条约》，以屈辱、赔款等条件与联军议和。

《辛丑条约》的签订

　　光绪二十六年（1900 年）八月十四日，八国联军占据北京后，他们之间的矛盾日趋激化，形成英、俄两国争霸中国的局面。沙俄为求得清政府对他独占东北的承认，首先表示"认皇太后为合例"政府，李鸿章为议和全权代表，主张各国军队撤出北京，开始议和。沙俄独占东北的阴谋，遭到各国的反对。英国不承认李鸿章为议和代表，反对联军从北京撤退，声称要等"中国立有合例政府才可开议"。德国在联军占据北京后继续调兵，企图以武力攻占烟台，进而抢占山东全省，并提出惩办西太后，用以恫吓清政府，以攫取更大的利益。日本是后起的强国，侵略中国时派兵最多，他与俄国争夺中国东北有矛盾，所以支持英国的主张。法国企图吞并云南，对英国在两广的扩张极为不满，所以支持俄国以抑制英国。美国为防止别国趁机强占中国更多的地盘，对自己不利，又第二次提出"门

户开放"政策，主张"保持中国的领土和行政的完整"，维持现在的西太后为首的清政府，实际上是要求对中国建立列强共管的局面。这样，经过长期反复斗争、妥协、协商，最后美国"门户开放"政策逐渐被各国所接受。

十月四日，法国提出谈判的六项条件：（一）惩办各国公使提出的罪魁祸首；（二）禁止运入军火；（三）给予各个国家、社团和个人的公平的赔偿；（四）各国在驻北京使馆设立永久性的卫队；（五）拆毁大沽口炮台；（六）在北京至大沽口的道路线上选择两三处据点，实行军事占领。十月十五日议和谈判开始后，奕䜣和李鸿章向各国代表发出一份同文照会，提出了一个"我们建议的初步和约"草案五款：第一，中国承认围攻使馆是违反国际公法，已经认罪，并且保证以后不再发生类似事件。第二，中国承担对各国偿付赔款的责任。第三，中国同意根据各国的要求，重新订立通商条约。第四，联军交还总理衙门机关和中国档案。第五，和议开始后应立即宣布停战。各国公使对中国的议和草案断然拒绝，并蛮横地斥之为"狂妄"，表示在列强之间达成协议之前，不能和中国代表进行谈判。

各国代表在法国提出的六项谈判条件基础上，反复磋商，最后拟定了"议和大纲"十二条。此大纲基本上包括了后来正式和约的内容。十二月二十四日，外交团以照会形式，将"议和大纲"十二条交给清政府议和代表奕䜣、李鸿章，转达西安，并声称：所列全部条款，都是"无可更改"的。李鸿章为了保全西太后的地位，在谈判过程中，奔走于列强公使间，特别请沙俄从中斡旋。他和俄国公使格尔思签订了《天津俄租界议定书》，承认俄国强占租界合法，甚至准备以东北主权作交易。在沙俄坚持下，列强终于同意用苛刻的条件换取对西太后的谅解。逃到西安的西太后惧列强以首祸议己，常惊惶不安。当她接阅"议和大纲"之后，如得免罪赦书，说："今兹议约，不侵我权，不割我土地"，立即以"警念宗庙社稷，关系至重，不得不委屈求全"为词，于十二月二十七日电复奕䜣、李鸿章："所有十二条大纲，应即照允"。此后，各国在强迫清政府惩办祸首和勒索最大限度赔款及保证上，又展开了长达九个月的争论，直至和约内容已经基本确定之后，列强才开始同中国全权代表商谈余下的一些细节问题。

光绪二十七年九月七日，清政府全权代表奕䜣、李鸿章与英、美、俄、德、日、奥、法、意、西、荷、比等十一国在北京签订了《辛丑条约》，即《辛丑议定书》或《辛丑各国和约》十二款，附件十九件。

主要内容是：

一、派头等专使到德国谢罪，在德国公使被杀的地方树立纪念碑。

二、惩办支持或协助过义和团运动的官吏，凡义和团战斗过的城镇和农村，一律停止文、武各等考试五年。以后凡民间产生反帝斗争组织，地方官吏必须严加惩办。对镇压不力的官吏要"一概革职，永不叙用。"

三、派官员为专使到日本谢罪。

四、外国人的坟墓被挖掘及损坏的地方，要立"涤垢雪侮"之碑。

五、两年内禁止军火及为制造军火的各种器材进口。

六、赔款四亿五千万两。此款分三十九年付清，本息合计九亿八千万两。英规定以关余、盐余（即每年关税、盐税在分别归还外债后的剩余部分）和常关（即清政府在水陆交通要道和商品集散地设立的税关）三项收入，作为担保。

七、划定外国使馆区，各国可以在使馆区内驻兵。

八、削平大沽炮台及大沽到北京沿线的所有炮台。

九、从北京到山海关沿线的十二个战略要地，由外国人驻兵驻守。

十、不准中国人民建立反对外国列强的组织，违者处斩，各地官员在自己管辖范围内如发现有"伤害"外国人的事件发生，必须立即镇压。否则即行革职，永不叙用。

十一、修改过去所订的各国认为需要修改的条约。

十二、把总理各国事务衙门改为外务部，列六部之首。

《辛丑条约》的签订，将外国列强与清政府的关系完全确定下来，公使团成为清政府的"太上皇"，清政府完全成了"洋人的朝廷"。标志着中国完全沦为半殖民地半封建社会。

中国同盟会成立

二十世纪初，各种反清的革命小团体在国内纷纷建立起来。这些革命小团体，大多都互不联合，各自为政，缺乏明确而完备的纲领，没有严密的组织。为了便于"召集同志，合成大团，以图早日发动"，完成革命任务，革命党人已经意识到必须将这些分散的、带有地方性的革命力量尽量联合起来，组成一个全国性的统一的革命组织。

光绪三十一年（1905年）夏，孙中山由欧洲前往日本。这时的日本东京，已成为中国留日学生从事反清斗争的活动中心，华兴会、光复会、科学补习所等革命团体的一些领导和骨干分子，如黄兴、刘揆一、宋教仁、陈天华等，也先后来到这里。

七月十九日，孙中山到达日本后，经日本友人宫崎寅藏介绍，孙中山认识了华兴会领袖黄兴。孙中山建议兴中会与华兴会联合，共同致力革命，对此黄兴欣然应允。孙中山又约华兴会的重要骨干宋教仁、陈天华在《20世纪之支那》杂志社会面。会见时，孙中山着重强调建立统一的革命组织的重要性，指出："现今之主义，总以互相联络为要"，而不相联络，各自起事，单独行动，"各国乘而干涉之，则中国必亡无疑矣"。

经过孙中山的积极活动，他所提出的建立统一革命组织的设想，得到了在日本的各革命小团体中大多数人的同意。

三十日，孙中山和黄兴派人分头邀请各省有志革命的留日学生，到东京赤坂区桧町三番内田良平的住宅，召开建立统一革命组织的筹备会。到会的有孙中山、黄兴、张继、陈天华、宋教仁、冯自由、居正、胡毅生、曹亚伯、朱执信、宫崎寅藏、内田良平等七十余人，包括除甘肃在外的国内十七个省的留学生。会上，孙中山被推为会议主席，并用了大约一个小时的时间演讲革命的道理、革命的形势和革命的方法。接着黄兴等也相继发表演说，说明革命后如何普及教育，如何振兴实业，如何整理内政，如何修睦外交。他们的演讲得到与会者的赞同。在讨论统一后的革命组织的名称时，孙中山提议为"中国革命同盟会"，有人则主张用"对满同盟会"。对此孙中山做了阐述，他认为革命的目的并不专在排满，还要废除封建专制制度，建立共和国。还有人建议，这是个秘密组织，不应明用"革命"二字。经过大家反复讨论，最后定名为"中国同盟会"。在讨论宗旨时，孙中山提议以"驱除鞑虏，恢复中华，创立民国，平均地权"十六字作为同盟会的革命宗旨。但有人对"平均地权"表示疑议，要求取消。孙中山当即历举世界革命发展的趋势和社会民生问题的重要性，说明平均地权就是解决社会民生的第一步方法，并指出，作为世界最新的革命党，应高瞻远瞩，不仅仅只去解决种族、政治这两大问题，还应将最大困难的社会问题，一起连带解决，才可建设一个世界上最良最善的富强国家。

孙中山解释完，众人鼓掌，表示赞同。于是同盟会宗旨获会议通过。接着，黄兴提议，与会者签订盟书。于是，每人抄写一份，由孙中山带着大家举右手宣誓。誓词是："当天发誓，驱除鞑虏，恢复中华，创建民国，平均地权。矢信矢忠，有始有卒，有渝此盟，任众处罚"。宣誓后，孙中山又到隔壁一屋，分别传授同志相见的握手暗语和三种秘密口号。随后，孙中山与各会员一一握手，并祝贺说："为君等庆贺，自今日起，君等已非清朝人矣！"会议最后推举黄兴、陈天华、马君武等八人起草同盟会章程，准备召开成立大会。

经过二十天的筹备后，八月二十日下午二时，在东京赤坂区灵南坂阪本金弥住宅内举行了同盟会的正式成立大会。出席会员有一百多人。会上，首先由黄兴宣读了同盟会章程草案三十条。这个章程明确规定："本会以驱除鞑虏，恢复中华，创立民国，平均地权为宗旨"。设本部在东京。本部机构根据三权分立原则，在总理之下设执行、评议、司法三部。执行部权力最重，由总理直接领导，内分庶务、内务、外务、书记、会议、调查六科。在这六科中，又以庶务科最为重要，如总理不在本部，"庶务"可代行总理职权。另外在评议部里，设有评议长和评议员；在司法部里，设有判事长、判事和检事长。同盟会章程还规定在国内外分设九个支部，接受东京本部的领导。国内有东、南、西、北、中五个支部，国外有南洋支部、美洲支部、欧洲支部、檀岛支部。支部之下还设立各省区的分会。这个章程草案经过讨论修改，被大会通过。接着，在黄兴的倡议下，选举了孙中山为同盟会总理。会上又根据会章选举了同盟会各部职员，黄兴当选为执行部庶务，协助总理处理本部工作；汪精卫被推选为评议长，邓家彦为判事长，宋教仁为检事长。最后，黄兴提议把《20世纪之支那》杂志作为同盟会的机关报，大家一致鼓掌通过。整个会议过程十分热烈。

中国同盟会的成立，基本上结束了各革命小团体分散斗争的局面，中国革命运动开始有了一个统一的领导机关，将推翻帝制的革命推向一个新阶段。

武昌起义

武汉素称"九省通衢"，各种矛盾尖锐集中。武昌起义前，武汉地区的革命团体主要是文学社和共进会，其成员大部分是湖北新军中的士兵。宣统三年（1911 年）九月，为镇压四川保路运动，清政府抽调一部分鄂兵入川，造成湖北统治的空虚，为发动武装起义提供了有利条件。

九月十四日，在同盟会的策动下，文学社和共进会两个革命团体召开联合会议，决定联合行动，在武昌发动起义。会上，文学社领导人蒋翊武被推为革命军总指挥，共进会领导人孙武为参谋长，二十四日，文学社和共进会又联合召开会议，详细讨论制定了起义计划并分配了任务，决定利用中秋节（十月六日）休假时间举事，以左臂缠白布为记号。不料，起义的消息被泄漏出去，武汉的街头巷尾传遍了中秋起义杀鞑子的消息。清军为此而加强了防务，起义未能按期举行。同时，上海的同盟会中部总会负责人及在香港的黄兴得到报告后，也不同意马上起义，建议推迟半个月，等待十一省同时发动。

十月九日，孙武等在汉口俄租界宝善里机关部配制炸药，由于不慎引起爆炸，孙武头部受伤，在同伴掩护下逃离现场。俄国巡捕闻声前来搜查。机关内的旗帜、文告、印信、名册、符号、弹药等，均被搜走。鉴于起义计划被暴露，情况紧急，蒋翊武便以总司令的名义，于下午五时在小朝街 85 号发出紧急命令十条，决定半夜 12 点以炮声为令，同时行动。命令被复写 20 余份，派人分头传送新军各标、营。但是，由于给炮队的命令没有送到，夜里 12 点，炮声未响。尽管其他标营的新军革命党人都做好了准备，起义仍然未能按时举行。就在这一夜，清政府开始了大搜捕。小朝街的起义总部和其他许多机关都被破获，蒋翊武逃脱，彭楚藩、刘复基、杨宏胜等 30 多人被捕。彭、刘、杨三人当夜受到审问，次日早晨先后英勇就义，史称辛亥三烈士。清政府湖北当局在杀害三烈士后，又下令紧闭城门，封锁营门，禁止士兵出入，并根据所获名册搜捕革命党人。由于起义未能按时举行，当时的武昌形势已是十分危急。这时，革命基础比较雄厚的新军第八镇工程第八营的革命党人总代表熊秉坤，秘密联络三十标和二十九标的革命士兵，相约在十日晚上二道名时，鸣枪为号，发动起义。

　　十日晚，工程第八营后队二排排长陶启胜在巡查中，看见士兵金兆龙行动有疑，就厉声呵斥，并命令将金兆龙捆绑起来，金兆龙大喊道："今不动手，尚待何时？"士兵程定国举枪托击陶头部，继开一枪，起义的第一枪打响了，参加起义的士兵纷纷持枪，反动军官或被击毙，或闻风而逃。起义士兵40余人，在熊秉坤的率领下，向楚望台军械所进攻。守卫军械所的士兵也响应起义，军械所很快被工程八营的革命党人占领。在枪声与炮声中，武昌城各处的步兵、炮兵、辎重各营及陆军测绘学堂的学生，也不断奔赴楚望台。午夜，集中起来的起义军拥戴工八营左队队官吴兆麟为临时总指挥。吴兆麟根据当时情况，提出作战方针，并宣布纪律。在他的指挥下，发起了对湖广总督署的三次进攻。清军死力抵抗，起义军步炮工兵合力围攻，举火照明，大炮击中总督衙署，总督瑞徵等挖后墙，逃到停泊在长江的兵舰上，第八镇统领张彪继续负隅顽抗。这时，由革命士兵组成的敢死队冲在前边，占领了湖广总督署。张彪逃往汉阳，后转至汉口日租界。经过一夜的激战，到十一日晨，武昌城里自藩属以下各官署、各城门，全部都由革命军占领。汉口和汉阳的革命军也响应武昌起义。至十二日上午，武汉三镇全部光复，红底十八星大旗飘扬在武汉三镇的上空。

　　起义胜利后，同盟会的主要领导人都不在武汉，而直接组织这次起义的文学社和共进会的领导者，有的遭杀害，有的受伤，有的被迫逃亡。这样，十一日下午，在谘议局召开的一次会议上，被革命士兵用枪口威胁来参加会议的原新军二十一混成协统领黎元洪，被推为湖北军政府都督。可他直到十六日才正式就职。所以，最初几天里军政府的一切大事是由十一日成立的谋略处来决定的。十二日，由谋略处以黎元洪的名义，通电全国，宣告武昌光复。

　　武昌起义胜利的消息传出后，得到许多省区的响应。湖南、陕西、江西等省区相继发动起义。至十一月下旬，仅一个月的时间，清政府所统辖的全国二十四省区，就有十五个宣布脱离清政府，没有独立的省区，也积极在行动，清政府面临着最后的崩溃。

辛亥南北议和

宣统三年（1911年）武昌起义后，清政府急调北洋军"赴鄂剿办"，接着又复请袁世凯出山，袁世凯在向清政府讨价还价后，就下令北洋军向汉口发动猛烈进攻，不久北洋军占领汉口。接着袁世凯一面奏请停止进攻，一面与黎元洪进行联系，向革命阵营进行试探。他先是让其幕僚刘承恩，以同乡关系给黎元洪写了三封信，希望黎袁之间能和平了事，早息兵争。而后又派刘承恩、蔡廷干为代表，亲赴武昌与黎元洪会晤。十一月十一日，黎元兴接待了刘、蔡二位，刘、蔡要求暂息兵事，实行君主立宪。黎元洪表示不同意保持清朝皇帝的君主立宪，但希望袁世凯能赞助共和，并说以袁世凯的威望，"将来大功告成，选举总统，当推首选"，经过这次议和试探，袁世凯已经刺探到革命阵营中的虚实。十一月十三日，他北上组织内阁，清政府的军政大权全部落入他手中。

十一月二十六日，袁世凯在北京和英国公使朱尔典会晤，表示愿意与黎元洪在双方满意的条件下求得和解，并要求英国人将此意转达给黎元洪。朱尔典于当天立即电告英国驻汉口的总领事出面调停。同时，袁世凯向革命军施加军事压力。二十七日，北洋军攻陷汉阳，并隔江炮轰武昌。这时，袁世凯是想利用南北对峙的局面，"挟北方势力与南方接洽，借南方势力以胁制北方"。

经英国人从中斡旋，南北双方决定从十二月三日起在武汉地区停战三天，期满后又暂延三日。十一月三十日至十二月七日，在汉口英租界为商议成立中央临时政府而召开的各省都督府代表会议上，接受了由英国人转达的袁世凯的建议，决定在第二个三天停战期满后，继续在全国范围内停战十五天，并同意袁世凯、唐绍仪为代表与黎元洪或其代表讨论时局。十二月九日，黎元洪电告袁世凯伍廷芳为各省一致同意的南方议和代表。

十二月十一日，唐绍仪到达原定议和地点汉口，但伍廷芳表示不愿离开上海。为此又特求助于英国驻上海总领事周旋，议和地点遂改在上海。十七日，唐绍仪及其随从人员四十余人由鄂抵沪。十八日，以伍廷芳和唐绍仪为代表的

"南北议和"在上海英租界市政厅正式开始。会上，伍廷芳首先提出，在双方约定的停战期内，山西、陕西、安徽、山东等地均遭清军进攻，北方如此违约，和议无法继续进行，除非得确实停战承诺后，始可开议。并指出，既要停战，就不应有例外的地区。唐绍仪则急于要求南方使停战状态继续保持下去，所以表示同意。于是，双方通知交战地区各自的军队一律停战。

十二月二十日，双方举行了第二次会议，决定有预备的停战期满后，继续停战七天，拟定了停战条文。在这一天的和议中，双方还就国体和召开国民会议进行了磋商。伍廷芳提出，根据当时中国人心皆共和的情形，应使君主退位，优待满人，实行共和立宪。唐绍仪则表示，他对共和立宪并无反对意向，袁世凯也赞成共和，只不过不能说出口，现在的问题只在于"宜筹一善法，使和平解决，免致清廷横生阻力"，也"使清廷易于下台，使袁氏易于转移"。对此，伍廷芳还表示，只要北方承认共和，其它一切事情都可以商量。最后唐绍仪建议，召开国民大会，以少数服从多数的办法，来决定是实行君主还是共和，伍廷芳表示同意。

会后，唐绍仪致电袁世凯，告知谈判内容。袁世凯得知消息后，便要求召集宗室王公，对国体问题表态。十二月二十八日，清廷经过御前会议讨论后，发布谕旨，同意召开临时国会付之公议。

这样，十二月二十九日，双方又举行了第三次会议。会上伍廷芳提出七条议案。双方商讨的主要问题是关于退兵问题，并达成协议。

第二天，又举行第四次会议，就伍廷芳的七条议案继续进行谈判。双方争论的主要问题是召开国民会议的地点、选举及借外款。关于开会地点，双方各持己见，争执不下。伍廷芳提议在上海或香港，唐绍仪则主张在北京或汉口、威海卫、烟台。对于借外款之事，这次会议也未达成协议，但就召开国民会议如何选派代表作出了规定，决定由南北各省包括内外蒙古、西藏各派三名代表，每人都有表决权，还规定了召集、通知各省代表的办法。

十二月三十一日，双方再一次举行会议。这是伍廷芳与唐绍仪之间举行的最后一次公开谈判。这次谈判仍是就第三、第四次会议上没有达成协议的借款至开会地点问题进行商讨。双方议定于一九一二年一月八日在上海召开国民会议。至于借外款一项，双方决定南三北二分成。

从十二月十八日到三十一日，在整个和议过程中，双方的公开谈判及报刊刊载的电文只不过是一些表面文章，实质性的问题及私人电传都秘而不宣。双方代表在议场时，神情严肃，打着官腔，但在夜间则到"惜阴堂"赵凤昌寓所再行商洽。

一九一二年一月一日，孙中山在南京宣誓就职，就任中华民国临时大总统。同日，唐绍仪按照袁世凯的旨意，请求辞职。第二天，袁世凯批准，同时电告伍廷芳，宣称唐绍仪超越了只以讨论为范围的权限，签订了他所不能承认的协议。他要求同伍廷芳通过电报继续进行谈判。第二天，袁世凯又指使他的部将冯国璋等48名将领联名电告伍廷芳，声称他们反对共和，拥挤君主立宪。这时，西方诸国也对南京政府施加压力，胁迫孙中山让位。

从表面上看南北议和和一时陷于停顿状态，但是唐绍仪并未离开上海，而是以袁世凯个人密使的身份继续与伍廷芳秘密联系。实质性的问题还是通过密电来商谈的。这时，双方争议的中心，是如何结束南北两个政权的对立局面。在内外压力下，孙中山于一月十五日致电伍廷芳，再次表示，如果清帝退位，宣布共和，他就让位于袁世凯。袁世凯在得到这个许诺后，马上加紧进行"逼宫"。从一月十七日起，清廷连开几次御前会议，最后万般无奈，二月三日授予袁世凯全权，要他同南京政府磋商退位条件。经过南北双方的多次交涉，确定了优待皇室条件八款、优待皇族条件四款、优待满蒙回藏各族条件七款。二月十二日，朝廷接受了这些条件，溥仪退位。第二天，孙中山遵诺言，提出辞职咨文。十五日，临时参议院选举袁世凯为临时大总统。南北议和以袁世凯篡夺政权而告终。